VOLUME I
ORDEM E HISTÓRIA

VOLUME I
ORDEM E HISTÓRIA

ISRAEL E A REVELAÇÃO

Introdução
Maurice P. Hogan

Tradução
Cecília Camargo Bartolotti

Revisão técnica
Marcelo Perine

Edições Loyola

Título original:
Order and History – The collected works of Eric Voegelin, v. I
© 2001 by The Curators of the University of Missouri
University of Missouri Press, Columbia, MO 65201
ISBN 0-8262-1351-0

Preparação: Carlos Alberto Bárbaro
Diagramação: So Wai Tam
Capa: Mauro C. Naxara
Revisão: Maurício Balthazar Leal

Edições Loyola Jesuítas
Rua 1822, 341 – Ipiranga
04216-000 São Paulo, SP
T 55 11 3385 8500/8501 • 2063 4275
editorial@loyola.com.br
vendas@loyola.com.br
www.loyola.com.br

Todos os direitos reservados. Nenhuma parte desta obra pode ser reproduzida ou transmitida por qualquer forma e/ou quaisquer meios (eletrônico ou mecânico, incluindo fotocópia e gravação) ou arquivada em qualquer sistema ou banco de dados sem permissão escrita da Editora.

ISBN 978-85-15-00963-3

3ª edição: 2014

© EDIÇÕES LOYOLA, São Paulo, Brasil, 2009

Plano da obra
ORDEM E HISTÓRIA

I Israel e a revelação
II O mundo da pólis
III Platão e Aristóteles
IV A era ecumênica
V Em busca da ordem

Sumário

Introdução do editor   9
Prefácio   27
Agradecimento   33
Sumário analítico   35
Introdução   A simbolização da ordem   45

Parte 1   A ordem cosmológica do antigo Oriente Próximo

Capítulo 1   Mesopotâmia   63
Capítulo 2   O império aquemênida   93
Capítulo 3   O Egito   99

Parte 2   A ordem histórica de Israel

Capítulo 4   Israel e história   167
Capítulo 5   O surgimento do significado   187
Capítulo 6   O trabalho historiográfico   199

Parte 3   A história e o rastro dos símbolos

Capítulo 7   Da sociedade de clãs ao regime monárquico   245
Capítulo 8   A luta pelo império   277
Capítulo 9   O clímax mundano   313
Capítulo 10   O fim da existência mundana de Israel   369

Parte 4   Moisés e os profetas

Capítulo 11   A Torá deuteronômica   411
Capítulo 12   Moisés   435
Capítulo 13   Os profetas   483

Índice de referências bíblicas   569

Índice remissivo   575

Introdução do editor

Israel e a revelação é o primeiro volume de uma série projetada, *Ordem e história*, que se propõe a descrever a história da ordem na sociedade humana, de seu surgimento nas civilizações do antigo Oriente Próximo até o período moderno. À medida que esse trabalho progredia, o plano de Eric Voegelin passou por modificações com o lançamento do volume IV da série, intitulado *A era ecumênica*[1]. Não obstante, apesar de aprimoramentos e alterações subsequentes no pensamento do autor, *Israel e a revelação* conserva sua validade e merece por si só ser objeto de estudo.

Para Voegelin, a história torna-se inteligível quando considerada uma luta pela ordem verdadeira, que é uma "realidade a ser descoberta retrospectivamente no fluxo de eventos". O tema com que se inicia o prefácio serve de introdução à série como um todo: "A ordem da história surge da história da ordem". A tarefa empreendida pelo autor consistiu em discernir no curso da história as formas simbólicas com que os seres humanos têm organizado sua existência pessoal e social. *Israel e a revelação* examina as civilizações do antigo Oriente Próximo, com seu *locus* cósmico-divino da ordem, bem como o *locus* histórico da ordem, em Israel. Voegelin entende por *ordem*, em termos específicos, a "ordem do ser" transcendental com que a vida pessoal e social deve entrar em sintonia a fim de realizar-se plenamente e que indivíduos talentosos conseguiram, ao longo das eras, articular e formular como simboliza-

---

[1] Eric VOEGELIN, *A era ecumênica*, in ID., *Ordem e história*, São Paulo, Loyola, 2009, v. IV.

ções da ordem. A palavra *história* abarca a existência humana sob condições políticas mutáveis, pela ascensão e queda de civilizações, mas se refere de modo especial ao movimento geral da vida humana, numa direção dotada de sentido, à luz da qual se podem entender os eventos políticos. A história torna-se então a luta pela sintonia com os parceiros na comunidade do ser, uma luta pela verdade em relação a Deus, aos seres humanos, à sociedade e ao mundo: "Toda sociedade vê-se sob o ônus da tarefa de, em suas condições concretas, criar uma ordem que dote de significado o fato de sua existência em termos dos fins divinos e humanos".

Eric Voegelin, um dos principais filósofos políticos de sua época, empreendeu seu estudo em resposta aos movimentos ideológicos de massa do começo do século xx que tiveram sucesso em impor uma cegueira espiritual e uma "amnésia" social. Seu objetivo foi recuperar a verdade, uma abertura à realidade que incluísse as dimensões pessoais, sociais, históricas e ontológicas reveladas pelas experiências e simbolizações "mais diferenciadoras" deixadas pela marcha humana no curso do tempo. Seu estudo seria a ocasião de uma redescoberta da ordem verdadeira como um remédio para a crise moderna: "não uma tentativa de explorar as curiosidades do passado, mas uma investigação da estrutura da ordem em que vivemos no presente".

Voegelin é um dos poucos filósofos políticos a incluir as experiências de Israel como parte da busca da ordem política na história. Tornou-se costumeiro pensar a ciência política como voltada exclusivamente para a história pragmática. Voegelin convida-nos a ponderar sobre a fonte metafísica da ordem, e *Israel e a revelação* apresenta sua interpretação da experiência política de Israel sob o símbolo da "revelação". Para ele, a experiência do Deus transcendente que estabeleceu uma aliança com Israel figura, ao lado da descoberta grega da vida da razão, como um dos dois grandes "saltos no ser" ocorridos no mundo ocidental. O presente volume analisa o salto israelita no ser contra o pano de fundo das civilizações antigas como uma contribuição para a compreensão da ordem na história. O drama de Israel resume os problemas associados com a tensão da existência conforme Israel esforçava-se por conciliar as exigências da ordem transcendente com as da existência pragmática e, assim, torna-se paradigmático. A meta do estudo de Voegelin era esclarecer a ordem do ser articulada no salto no ser de Israel para além do modo cosmológico de existência. A partir daquele momento, o Deus que transcende o mundo vai ocupar o primeiro plano, enquanto a participação na existência terrena recua para o segundo. Uma análise dos símbolos proporcionará a chave para avaliar o caráter distintivo de Israel: "Apenas Israel tinha a história como uma forma interior, enquanto as outras sociedades existiam na forma de mito cosmológico".

A ambição de Voegelin era desenvolver uma ciência da política que refletisse mais apropriadamente a plena gama da realidade humana.

Na introdução, "A simbolização da ordem", Voegelin expõe claramente o arcabouço conceptual no qual sua visão da ordem da história vai se desenvolver. Ele concebe a ordem política como um ato de participação na ordem universal do ser. A estrutura e o alcance do ser são experimentados e simbolizados como Deus e seres humanos, mundo e sociedade, que formam uma comunidade primordial do ser. A exploração desse campo está voltada para a verdadeira natureza de cada um desses parceiros e das relações entre eles. Os seres humanos não são espectadores que observam essa comunidade do ser: são já atores dentro dela. O conhecimento dos parceiros surge apenas da participação no todo. Contudo, os seres humanos nunca compreendem totalmente o drama da existência nem seu próprio papel dentro dele. Quando chegam a apreender o significado, eles criam símbolos para tornar inteligível a ordem necessariamente incognoscível do ser mediante o uso da analogia com o que já é conhecido. Esses símbolos têm inevitavelmente de ser modificados e até substituídos por outros mais adequados à tarefa à medida que os seres humanos aumentam seu conhecimento e sua experiência.

As sociedades têm criado desde o início uma sequência de ordens que simbolizam a verdade pertencente à ordem do ser da qual a sociedade é considerada participante. O exame desse "rastro de símbolos" deixado na história leva à descoberta do processo histórico de simbolização e ao processo correspondente da consciência humana a ele subjacente. Para expressar esse desenvolvimento dentro da história, Voegelin usa termos como *diferenciação*, *salto no ser* e *sintonia* com o ser. As sucessivas tentativas de simbolização formam a base de uma história da simbolização, que Voegelin caracteriza como uma passagem de símbolos "compactos" para símbolos mais "diferenciados". Dessa maneira, a verdadeira ordem do ser é abordada com graus cada vez mais adequados de precisão. Por meio de seu conceito de "simbolismo", ele consegue vincular a existência ao conhecimento, e a estrutura política à sintonia com a ordem do ser.

A experiência da participação pode ter força bastante para converter-se em experiência de consubstancialidade entre os diferentes parceiros da comunidade do ser. Não há entre eles uma separação clara e essa experiência de existência é compacta. Há uma só ordem, que é a um só tempo divina, cósmica, antropológica e política. Os indivíduos vivenciam a si mesmos como parte da ordem abrangente do ser com a qual eles devem sintonizar-se, e essa sintonia chega à articulação no mito cosmológico. Voegelin chama esse tipo de sociedade de "cosmológica". Os símbolos que os seres humanos elaboraram para iluminar sua existência estendem-se também ao que é geralmente chamado de "revelação". O relato da história israelita tal como é narrada no Antigo Testamento é visto por Voegelin como a perda da consciência mitológica compacta, que foi substituída por uma consciência histórica mais diferenciada. Esse desenvolvimento foi iniciado por uma intrusão divina que ocasionou um salto na autoconsciência e no entendimento humanos.

Na parte 1, Voegelin traça o perfil da civilização cosmológica. A Mesopotâmia é seu modelo primário. Sua simbolização exprimia "a participação mítica da sociedade no ser divino que organiza o cosmos". Um breve capítulo sobre o império aquemênida trata da história posterior da Pérsia. A cultura egípcia é outro exemplo, uma vez que também foi fundada na consubstancialidade da ordem divina com a ordem faraônica. Em alguns momentos durante a sua longa história, houve vislumbres de um avanço rumo ao Ser transcendente na teologia menfita e na reforma de Akhenaton. Esse avanço, no entanto, nunca se materializou: a sociedade egípcia permaneceu no âmbito da "experiência primária" expressa em modelos míticos de simbolismo.

As outras seções de *Israel e a revelação* tratam do caráter ímpar da sociedade israelita. Depois de esclarecer, na parte 2, a ordem histórica de Israel, Voegelin traça, na parte 3, o surgimento da história paradigmática de Israel por meio do estudo de eventos pragmáticos em seu processo de adquirir sentido simbólico. Na parte 4 ele se debruça mais detidamente sobre o sentido paradigmático ao estudar o Moisés bíblico e a literatura profética.

Na experiência do Êxodo, Israel rompeu a forma cosmológica de existência por meio da revelação a Moisés do Deus transcendente ao mundo. A relação de aliança estabelecida no Sinai transformou Israel no povo eleito que se instalou na terra prometida. Segundo Voegelin, esses foram eventos reais da história e por isso prestam-se a análise empírica. A revelação foi vivenciada como uma intrusão divina do além-cosmos. É com a "realidade ontológica" desse evento e a consequente existência de Israel como um povo no presente sob Deus que Voegelin começa seu estudo. O que sucedeu no Sinai foi um passo decisivo não só na história de Israel, mas também na tentativa humana de realizar a ordem política. A revelação a Moisés e a aliança com Israel foram atos representativos realizados por Moisés para Israel e por meio de Israel, o Povo Escolhido de Deus, para todo o gênero humano. Na ordem política de Israel, Voegelin encontra uma diferenciação de experiências religiosas e éticas e, consequentemente, uma ordem política não derivada da sintonia com os ritmos do cosmos. Em Israel, a história torna-se uma forma de existência. Israel constituiu-se por um ato de resposta coletiva a Deus e interpretou o seu próprio passado como uma série de êxitos e fracassos inteligíveis à luz da ordem transcendente do ser que foi revelada. A história como uma forma da vida foi criada pela vez primeira por Israel, isto é, o reconhecimento por seres humanos de sua existência sob um Deus transcendente e a avaliação das suas ações como de acordo com a vontade divina ou em desobediência a ela.

A forma simbólica, na qual a revelação encontra expressão e que constitui Israel na história, é a narrativa paradigmática do Antigo Testamento. Nela, a história é vista tanto pragmaticamente, como um registro de eventos, quanto paradigmaticamente, como a manifestação do presente vivido sob a égide de Deus. O curso da história pragmática é transformado agora em "história sagrada", em que "eventos únicos tornam-se paradigmas das relações de Deus com o homem no mundo". A existência humana na sociedade é história precisamente por ser dotada de uma dimensão espiritual como um movimento no curso do tempo em parceria com Deus em direção ao cumprimento escatológico do reino de Deus. Embora Voegelin reconheça a importância da história pragmática, seu principal interesse é a história como a "forma interior" da existência de Israel. Os eventos da vida de Israel realmente deixaram "um rastro de símbolos" na tradição. Historiadores posteriores destacaram esses eventos paradigmaticamente à luz da ordem da aliança e completaram a tarefa na criação do trabalho historiográfico. O simbolismo da ordem histórica foi levado para trás até além da época dos patriarcas, alcançando o começo da história da humanidade e a própria criação para dar origem a uma história do mundo. Os eventos posteriores ao Sinai foram avaliados de acordo com a conformidade ou desobediência à vontade de Deus sucessivamente ao longo da organização social de confederação tribal a monarquia, império, reino dividido, sucessão profética e, por fim, exílio. Essa narrativa paradigmática, por sua vez, veio a exercer uma função constitutiva na vida do povo. Respondendo a ela, no contexto do culto, as gerações subsequentes tornavam-se membros de Israel.

A aliança forneceu a relação correta entre Deus e os seres humanos e entre os próprios seres humanos, mas não proporcionou nenhum dispositivo para a organização governamental, levantando assim a questão da relação entre a história pragmática e a história paradigmática. Desde os primórdios, a manutenção da nova vida do espírito foi difícil devido às pressões da existência mundana, que aumentaram durante a monarquia. Voegelin critica especialmente a adoção do "simbolismo imperial" a partir da época de Davi, que considerou equivalente a "uma reentrada no *sheol* da civilização cosmológica" e uma "queda do ser". A revelação de Deus para a humanidade, sustenta Voegelin, não conseguiu alcançar uma clareza ideal porque estava demasiado ligada à história pragmática de Israel, o povo de Deus, que vivia na terra de Canaã, uma limitação que ele chama de "a hipoteca de Canaã". A organização do Povo Escolhido numa entidade política, embora necessária para a sobrevivência, deu origem a um conflito que foi articulado pelos profetas. A passagem no nível pragmático da confederação tribal à monarquia e ao império, e da guerra civil e do reino dividido à catástrofe do exílio, forneceu o campo de batalha em que Israel veio a articular sua ordem e tornar claro o sentido de sua existência sob a vontade de Deus. Isso foi realizado pelo trabalho historiográfico, porém mais especialmente pela pregação dos profetas. A pessoa de Moisés tornou-se o centro ao redor do qual historiadores, profetas e legisladores organizaram seus esforços para reconstituir Israel como o Povo Escolhido.

A autoridade espiritual passou então aos profetas como "os novos portadores do significado". Sua missão era relembrar Israel do modo de existência fundado na aliança, mas seus esforços, de modo geral, não encontraram receptividade. A ênfase foi deslocada do Povo Escolhido para o próprio profeta como o portador da ordem divina. A grande realização dos profetas, segundo Voegelin, foi a percepção de que a forma normativa do Decálogo, que tinha fornecido a substância da ordem da aliança sob Deus, trazia em si uma articulação existencial da ordem certa da alma: "O discernimento de que a existência sob Deus significa amor, humildade e retidão de ação, em vez da legalidade da conduta, foi a grande realização dos profetas na história da ordem israelita". Isso levou Jeremias à diferenciação do simbolismo original da aliança num novo símbolo de uma aliança escrita no coração. Tornava-se necessária uma mudança no coração por causa da constante deserção de Israel, mas Israel quase sempre recusou-se a realizá-la e o Povo Escolhido teve de ser substituído pelo homem escolhido: "Em Jeremias, a personalidade humana rompeu a compacidade da existência coletiva e se reconheceu como a fonte autorizada da ordem na sociedade".

A grandeza de Jeremias é a sua expressão do discernimento de que a existência profética é uma participação no sofrimento de Deus por seu povo, e isso instaura o cenário para o Servo Sofredor. O clímax do Antigo Testamento, na visão de Voegelin, é a representação no Dêutero-Isaías do Servo Sofredor, que representa uma nova comunidade que se estende para as nações. Com ele começa "o Êxodo de Israel de si mesmo", o ato final do drama do movimento do Êxodo, com o Servo como o sofredor representativo da humanidade. Ele desencadeia a passagem da "ordem da sociedade concreta para a ordem da redenção". O sofrimento e a salvação são ligados numa nova ordem de redenção. Para Voegelin, só então a ordem do ser diferenciada na experiência israelita emerge plenamente em toda a sua clareza, "o mistério da redenção como a flor do sofrimento". Deus é proclamado não só o Deus de Israel, mas também o Deus verdadeiro de todas as nações, o Redentor universal. A tarefa do Servo é proclamar para o mundo a boa nova da redenção de Deus ao se tornar "a luz da salvação para a humanidade". Israel aprende que a redenção vem de uma fonte divina que se acha além de si mesmo. Contudo, a plena realização da redenção na história precisa esperar a participação de Deus no sofrimento humano.

Israel e a revelação é a mais completa análise filosófica de que dispomos da visão histórica do Antigo Testamento. Baseia-se num exame crítico que recorre aos melhores instrumentos exegéticos disponíveis na época. Permanecem muitos problemas que requerem correção, esclarecimento e complementação, mas isso de modo algum pesa contra as conclusões gerais que Voegelin apresenta. Como exemplos de aspectos que pedem correção, tenham eles maior ou menor importância, foram selecionados os apresentados a seguir para uma consideração preliminar.

Uma das palavras hebraicas para designar Deus no Antigo Testamento é *elohim*, um substantivo plural que, gramaticalmente, significa "deuses". Já na época de Moisés, porém, tinha passado a significar a totalidade de manifestações do divino nos textos de Amarna e Ras Shamra[2]. A forma plural também podia ser usada para um único Deus grandioso. É assim bastante enganosa a afirmação de Voegelin de que "Os Elohim criaram o homem à sua imagem, para assemelhar-se a eles" (p. 63), uma vez que o texto hebraico usa um verbo singular e um sufixo singular masculino (*besalmo*): "Deus criou a humanidade à sua imagem" (Gn 1,27).

---

[2] J. B. Pritchard (ed.), *Ancient Near Eastern Texts*, Princeton, Princeton University Press, 1950, 483-490.

O livro do Deuteronômio é descrito como "uma recuperação notável da ordem javista" por ter cuidado da "preservação da ordem javista numa comunidade concreta na história pragmática". Os editores "traduziram com sucesso a ordem divina do amor em um modelo institucional". Ainda assim, Voegelin alega que a palavra de Deus tornou-se o livro da Torá, que promovia antes a conformidade à letra da lei do que a obediência do coração. O livro teve sucesso em congelar a forma de existência histórica no presente sob Deus em uma doutrina constitucional para os povos de Judá. Mas a finalidade do Deuteronômio era primordialmente fornecer uma mensagem para ser ensinada e não um código de conduta a ser imposto. Uma exortação para amar a Deus de todo o coração é seguida por um chamado a manter essas palavras no coração dos ouvintes e ensiná-las a seus filhos (Dt 6,5-7). Longe de ser um sepultamento de Israel, como sustenta Voegelin, a Torá deuteronômica serviu como o transmissor de seu espírito. Na qualidade de um documento dotado de autoridade atribuído a Moisés, proclamou a contemporaneidade da aliança do Sinai para uma geração posterior, dando orientação e instrução sobre a maneira como Israel deveria se comportar. Compreendendo tanto narrativa como mandamento, tornou-se a base da vida das pessoas na comunidade pós-exílica restaurada do judaísmo.

Em seu estudo do Antigo Testamento, Voegelin ignora Ezequiel, os profetas pós-exílicos e a tradição sacerdotal com seu simbolismo da presença tabernacular de Deus no meio de seu povo. Trata somente de passagem do problema do mal dramaticamente retratado em Gênesis 1–11 e adota um ponto de vista negativo sobre o mal mais radical na história articulado na literatura apocalíptica.

Voegelin não considera um importante bloco de escritos do Antigo Testamento, a literatura sapiencial, que dá testemunho do que é constante na experiência humana com base na teologia da criação. Trata-se de uma omissão importante numa ontologia filosófica que não separa radicalmente a história revelatória de Israel da comunidade primordial do ser de que a criação é parte. O entendimento mais diferenciado que Israel tem da história leva necessariamente a uma visão mais diferenciada da criação sob o Deus transcendente. Um estudo da literatura sapiencial seria também relevante para uma consideração de como Israel absorveu o simbolismo centrado na criação de seus vizinhos, modificando-o e transformando-o. Em *A era ecumênica*, Voegelin credita à sabedoria a contribuição para "uma diferenciação adicional de consciência espiritual".

Voegelin não faz plena justiça à relação do Deus transcendente com a ordem social de Israel quando deixa de apreciar as dimensões positivas da organização política de Israel. Ele vê a teologia da aliança real como um "descarrilamento". De seu ponto de vista, a decisão de ter um rei "como as nações" representou uma "queda do ser" quando Israel deslizou para uma sociedade cosmológica sob Davi e Salomão. É difícil ficar satisfeito com uma avaliação tão negativa da monarquia em Israel. O próprio testemunho do Antigo Testamento é ambivalente (1Sm 8–12). Por um lado, aprova a realeza como um desenvolvimento providencial, enquanto outro ponto de vista a vê como uma concessão relutante por parte de Deus a um povo rebelde. A adoção do simbolismo cosmológico na época de Davi exigiu uma nova compreensão das tradições de Israel. Esse simbolismo, longe de substituir o mosaico, continuou a interagir com ele e enriqueceu a compreensão de Israel sobre o relacionamento de Deus com seu povo, com a sociedade e com a própria criação.

O desafio à corte real a partir da época de Davi viria a adaptar e integrar à perspectiva de fé de Israel as duas instituições que eram originalmente estranhas à experiência de Israel, a saber, a realeza dinástica e o Templo. Esse processo levou ao simbolismo da aliança real com Davi (2Sm 7) e a Sião como a morada de Deus na Terra. Os intérpretes da aliança davídica recorreram ao mundo simbólico externo a Israel, especialmente ao Egito, mas o simbolismo foi reinterpretado e historicizado para caber na concepção de fé de Israel. Assim, o Deus transcendente transformou-se no "Deus-conosco" sempre presente para seu povo, governando mediante seu ungido e residindo entre eles no Templo. O rei e o Templo simbolizavam a ordenação da criação por Deus, e a ordem social refletia a justeza e a paz da ordem cósmica.

A filosofia do ser de Voegelin trata inadequadamente da realidade social de Israel. Não pode haver nenhuma sintonia verdadeira com o Deus transcendente a menos que ela se manifeste na esfera social. Aqueles que estão em relacionamento com Deus são chamados a agir no mundo, a assumir responsabilidade por questões mundanas de modo que a justiça possa prevalecer. Deus também está ativamente envolvido na esfera social desde a época do Êxodo, quando interveio na história humana para mudar circunstâncias sociais opressivas. Voegelin tem tanta preocupação com a ordem universal do ser que negligencia o esforço pela justiça neste mundo. Isto se evidencia particularmente em seu tratamento dos profetas. Embora enfatizando "a ordem reta da alma", os profetas defendiam também uma ordem social baseada num relacionamento reto com Deus. Voegelin negligencia em larga medida a centralidade das preocupações éticas e sociais dos profetas e parece relutante em apreciar seus apelos pela justiça social.

De acordo com Voegelin, a mensagem dos profetas representou um esforço de recuperação da aliança original e do legado de Moisés, que estava prestes a se perder. Tanto o rei como o povo tinham rejeitado o Deus da aliança e seguiam falsos deuses. Isaías fornece uma ilustração daquilo que Voegelin identifica como o problema profético. A primeira ocasião foi durante a guerra de siro-efraimita, quando Jerusalém estava ameaçada por uma coalizão siro-israelita e Isaías foi falar ao rei Acáz de Judá, que contemplava a possibilidade de pedir a ajuda assíria na crise. A palavra do Senhor intermediada por Isaías foi: "Toma as tuas precauções, mas conserva a calma e não tenhas medo" (Is 7,4), que, para Voegelin, parece dizer somente, "Põe tua confiança em Deus". Num segundo caso, quando Judá foi ameaçado por uma invasão assíria e procurou firmar uma aliança com o Egito, o conselho de Isaías foi: "Na conversão e na calma estava a vossa salvação, na tranquilidade e na confiança estava a vossa força" (Is 30,15). Aqui, outra vez de acordo com Voegelin, a palavra profética dizia simplesmente que se tivesse fé em Deus e não em alianças humanas, uma confiança que parece rejeitar toda ação humana: "Se não crerdes, não vos mantereis firmes" (Is 7,9). Na perspectiva de Voegelin, tudo isso tem algo de magia ou ao menos de uma fé mergulhada num nível mágico. É por esse motivo que ele chama Isaías de pensador "metastático", alguém que espera uma mudança na constituição do ser do mundo que resultaria em circunstâncias mundanas completamente transformadas. Isaías, na concepção de Voegelin, estava tentando o impossível: tornar um salto no ser um salto para fora da existência tal como a vivenciamos "num mundo divinamente transfigurado para além das leis da existência mundana". Mas essa metástase é um mundo ideal, porque representa uma negação da realidade tal como constituída por Deus; é uma revolta contra a ordem histórica em que a existência humana é constituída e em que os seres humanos continuam a viver.

Pode-se perguntar se Voegelin interpretou Isaías corretamente. Isaías pretendia de fato que seu conselho ao rei Acáz fosse um programa político? Não seria uma exortação espiritual para apoiar e orientar o rei quando este estabelece suas diretrizes para a ação política? Além disso, as visões metastáticas aplicam-se mais ao *uso* dado à mensagem profética pelo gnosticismo em suas versões antiga e moderna. A noção de um componente mágico na mensagem profética também é recebida com sérias reservas por estudiosos bíblicos. O conselho de Isaías ao rei é mais a expressão de uma postura humana geral diante de Deus, uma "espera pelo Senhor" que pede uma atitude de confiança em Deus. Há uma necessidade de esperar de modo que se possam discernir as demandas de Deus numa situação particular e agir de acordo com essas demandas. A garantia profética é que àqueles que esperam a vontade de Deus se tornar clara será mostrado o curso de ação a seguir. A calma e a confiança, longe de substituir a ação, na verdade preparam para ela. Esse conceito de ação política leva em conta tanto as demandas de Deus como as demandas da situação específica.

Pode-se lançar mais luz sobre o conselho de Isaías colocando-o no contexto mais amplo da pregação do profeta (Is 1–39). Vistas sob essa luz, as palavras de Isaías não são um programa político, mas uma mensagem enraizada nos dois pilares básicos da teologia de Jerusalém que Isaías herdou. O chamado à calma diante da crise pode ser considerado um chamado à fé num Deus que escolheu Sião como sua morada e que rege por intermédio do herdeiro davídico. Não era a confiança na capacidade militar e em alianças com forças estrangeiras, mas o compromisso de Deus com seu povo que lhes permitia relaxar diante do conhecimento de que ele é o criador e o regente da história e a base de sua segurança. É tolice temer as pequenas nações cujo poder já estava em declínio (Is 7,4.9). Ao emitir um chamado ao realismo diante do problema, Isaías está tentando dissuadir o rei de seguir uma política externa suicida. Embora não seja um político, Isaías reconhece que a fé em Deus libera o povo da confiança infundada em esforços humanos de controlar o futuro. Ainda que as decisões políticas fossem de responsabilidade do rei, o profeta lembra ao rei que essas decisões precisam ser iluminadas pelas tradições de Israel.

Embora a tese básica de *Israel e a revelação* mantenha sua validade, avanços nos estudos e novos métodos de interpretação surgidos depois de sua publicação podem contribuir para uma melhor compreensão (J. DEARMAN, *Religion and Culture in Ancient Israel*, Peabody, Massachusetts, Hendrickson, 1992; H. JAAGERSMA, *A History of Israel to Bar Kochba*, London, SCM, 1994). Aspectos da sociedade patriarcal foram mais bem esclarecidos (R. DE VAUX, *The Early History of Israel*, Philadelphia, Fortress Press, 1978; F. CROSS, *Canaanite Myth and Hebrew Epic*, Cambridge, Cambridge University Press, 1973). Foram também elucidados a estrutura da aliança do Sinai e o papel do decálogo (G. MENDENHALL, *The Tenth Generation:* the Origins of the Biblical Tradition, Baltimore, Johns Hopkins University Press, 1973; D. J. MCCARTHY, *Treaty and Covenant*, Roma, GUP, 1978), bem como a relação entre história, lei e ritual de culto (D. HILLIERS, *Covenant: the History of a Biblical Idea*, Baltimore, Johns Hopkins University Press, 1969). O papel do profeta como porta-voz de Deus na sociedade israelita é hoje objeto de uma avaliação mais precisa (J. SAWYER, *Prophecy and Prophets of the Old Testament*, Oxford, Oxford University Press, 1993; R. E. CLEMENTS, *Old Testament Prophecy*: from Oracle to Canon, Louisville, Westminster, 1996). No período pós-exílico, quando a profecia perdeu seu lugar de destaque, a sabedoria floresceu (J. L. CRENSHAW, *Old Testament Wisdom: an Introduction*, Louisville, Westminster John Knox Press, 1998) e as visões apocalípticas retrataram um mundo em guerra consigo mesmo, mas a vitória ultima do Reino de Deus é prevista (D. S. RUSSELL, *The Method and Message of Jewish Apocalyptic*, London, SCM Press, 1966; J. J. COLLINS, *The Apocalyptic Imagination*, Cambridge, Cambridge University Press, 1998). Estudos sobre a história das religiões usados por Voegelin para lançar luz sobre as civilizações do antigo Oriente Próximo continuam a avançar (W. DEVER, *Recent Archeological Discoveries and Biblical Research*, Seattle, University of Washington Press, 1990; J. SASSONS [ed.], *Civilizations of the Ancient Near East*, New York, Scribners, 1995, 4 v.).

Em décadas recentes, a metodologia dos estudos bíblicos seguiu novas direções que vão além do método histórico-crítico empregado por Voegelin seguindo os estudiosos alemães e escandinavos, particularmente G. von Rad e a escola de Uppsala. Um ponto de inflexão na interpretação bíblica foi alcançado quando B. Childs[3] mostrou os pontos fracos de uma revelação fundada apenas em eventos históricos. Embora Deus de fato se revele no domínio temporal, os primórdios da história de Israel permanecem, em larga medida, indefinidos. Um caminho mais seguro é a aceitação da forma final da tradição tal como estabelecida no cânon que a comunidade de fé considera dotado de autoridade. Voegelin, com a atenção que dava ao texto veterotestamentário e suas formas simbólicas, por certo daria boa acolhida a essa perspectiva, ainda que pudesse nos acautelar quanto aos efeitos potencialmente deformadores de um cânon.

Houve ainda um deslocamento da história *per se* para uma avaliação da narrativa e do papel da imaginação e da memória na historiografia, devido em particular à influência de Paul Ricoeur. Voegelin, em seus últimos anos, devotou sua atenção a relato, narrativa e evento no volume V de *Ordem e história*:

---

[3] *Biblical Theology in Crisis*, Philadelphia, Westminster, 1970.

Em busca da ordem[4]. O referido volume mostra sua sensibilidade à mediação linguística da experiência humana, evitando, contudo, o mero esteticismo literário, que separaria o mundo do texto da história. Novas abordagens baseadas nas ciências humanas, especialmente na sociologia e na antropologia cultural, empenham-se em estudar a sério a existência histórica de Israel. A variedade de perspectivas e métodos hoje empregados nos estudos bíblicos é descrita e avaliada por G. Perdue[5]. Ainda que de modo algum tenha se tornado obsoleto, o método histórico-crítico já não é dominante nos estudos do Antigo Testamento. Como resultado, é atualmente possível fazer uma leitura e uma avaliação do texto bíblico de cunho mais holístico. Mas a obra de Voegelin não é invalidada pela redução da relevância do método histórico-crítico, visto que ele está mais interessado na revelação na consciência humana, na alma de indivíduos inspirados como Moisés e Jeremias, do que na revelação na história considerada em termos puramente pragmáticos.

Apesar de todos os seus novos métodos e abordagens, a hermenêutica bíblica continua a necessitar de uma filosofia da história como a apresentada por Voegelin. É dele a observação de que os estudiosos do Antigo Testamento em geral carecem de clareza filosófica e tendem a se preocupar em demasia com questões filológicas. A fraqueza de uma análise puramente filológica do texto reside no tratamento da narrativa bíblica como literatura, desconsiderando sua natureza como um simbolismo que articula as experiências de ordem de um povo. Voegelin censura os estudiosos bíblicos por sua falta de autocrítica e sua ingenuidade filosófica, crítica essa que ainda mantém sua validade. Os estudiosos do Antigo Testamento têm, de modo geral, dado pouca atenção à obra de Voegelin, apesar de sua filosofia das formas simbólicas ter imensas implicações para a atual passagem da história para a linguagem e a apreciação literária do Antigo Testamento.

A despeito das interrogações e críticas que desperta, a realização de Voegelin consiste em ter proporcionado uma base firme para uma genuína ciência da política, e as eventuais falhas evidentes em sua obra não devem empanar essa sua conquista. Ele nos lembra que toda ordem social finca raízes num Ser transcendente e que nos bastidores da ordem política está a realidade das

---

[4] Eric VOEGELIN, *Em busca da ordem,* org. e introd. Ellis Sandoz, in ID., *Ordem e história*, São Paulo, Loyola, 2009, v. V.

[5] *The Collapse of History:* Restructuring Old Testament Theology, Minneapolis, Fortress Press, 1994.

experiências essenciais da vida humana expressas em símbolos. Voegelin ancora o significado da história no movimento humano em direção à verdadeira ordem do ser e à fonte divina dessa ordem. Sua escrupulosa pesquisa histórica e exegética serve para demonstrar o lugar ímpar de Israel no surgimento da ordem na sociedade humana. Voegelin nos inicia na sintonia com *todos* os parceiros do ser, o que pode muito bem ser sua contribuição mais importante para o pensamento político.

Ele também desenvolve ricas percepções do Antigo Testamento por sua leitura do texto como parte do drama universal do ser. *Israel e a revelação* merece ser considerado, em si e por si, uma exposição iluminadora e uma interpretação original do Antigo Testamento. Trata-se de algo ainda mais notável por vir de alguém de fora do campo. Em sua abordagem transdisciplinar, Voegelin é bem-sucedido em integrar história e teologia, bem como filosofia e erudição bíblica, para produzir uma grandiosa concepção da revelação do Antigo Testamento. O caráter perene de sua obra manifesta-se no fato de quase meio século depois de sua publicação *Israel e a revelação* ainda despertar grande interesse em pesquisadores de um amplo espectro de disciplinas[6]. Voegelin acredita que "a experiência do ser divino como transcendente ao mundo é inseparável de um entendimento do homem como humano". Esta é a sua resposta à crise moderna.

Reconheço com gratidão minha dívida para com muitos estudiosos, particularmente Bernhard W. Anderson. William M. Thompson e Ellis Sandoz. Meus sinceros agradecimentos a Geoffrey L. Price, Joyanna Wilson, Andrew Tallon, Brendan Purcell e Caroline Nolan por sua valiosa colaboração na preparação deste trabalho.

Maurice P. Hogan

---

[6] W. Thompson, D. Morse (eds.), *Voegelin's Israel and Revelation*: An Interdisciplinary Debate, Milwaukee, Marquette University Press, 2000.

Israel e a revelação

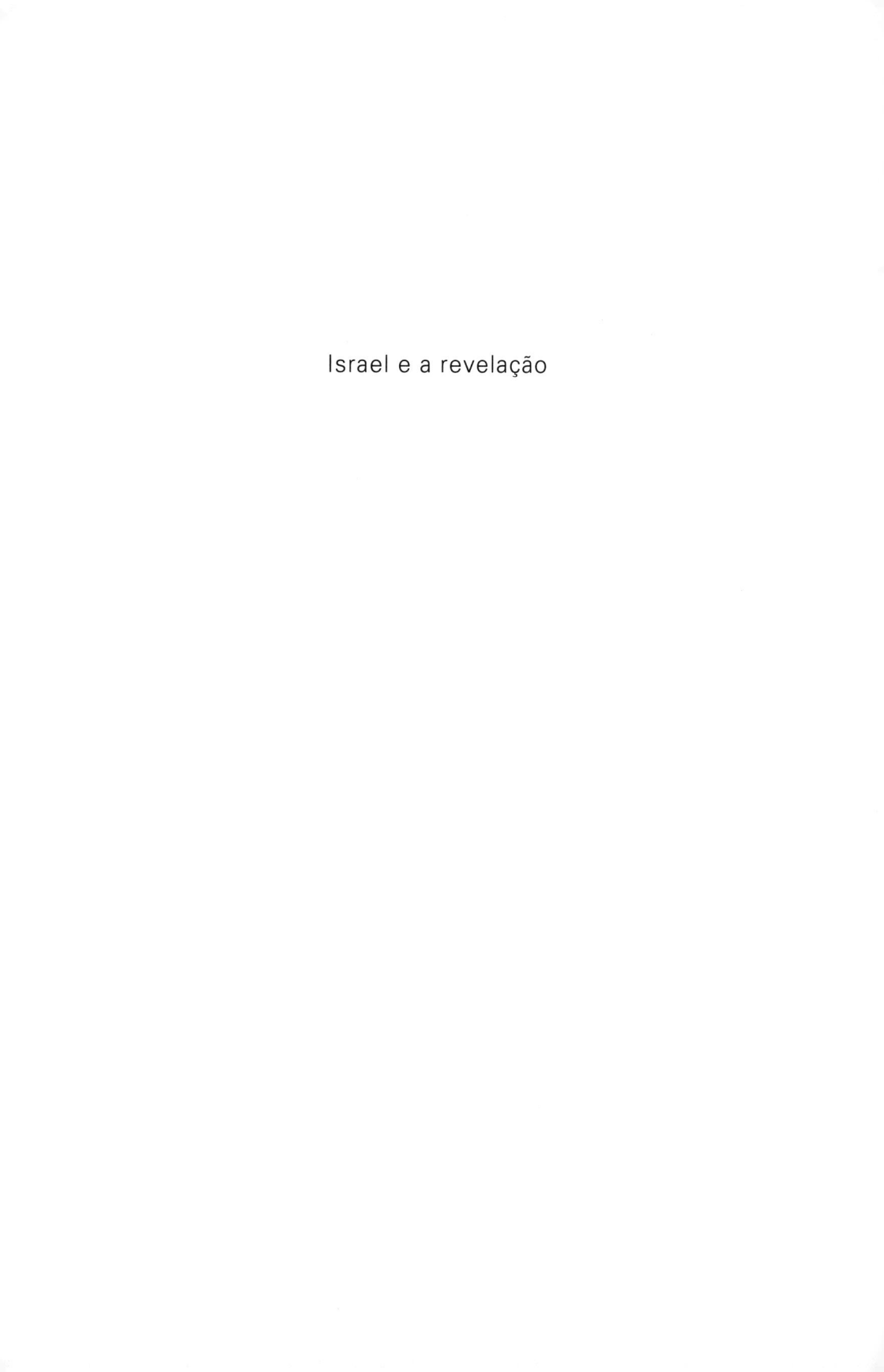

coniugi dilectissimae

In consideratione creaturatum non est vana et peritura curiositas exercenda; sed gradus ad immortalia et semper manentia faciendus.

[No estudo da criatura, não se deve exercer uma curiosidade vã e perecedoura, mas ascender rumo àquilo que é imortal e permanente.]

Santo Agostinho, *De vera religione*

Prefácio

A ordem da história surge da história da ordem. Toda sociedade vê-se encarregada da tarefa de, sob suas condições concretas, criar uma ordem que dote de significado o fato de sua existência em termos dos fins divinos e humanos. E os esforços de encontrar as formas simbólicas que exprimam adequadamente esse significado, ainda que imperfeitos, não constituem uma série sem sentido de fracassos. Pois as grandes sociedades, a começar pelas civilizações do antigo Oriente Próximo, criaram uma sequência de ordens inteligivelmente vinculadas entre si como avanços na direção de, ou afastamentos de, uma simbolização adequada da verdade referente à ordem do ser de que a ordem da sociedade é parte. Isso não quer dizer que cada ordem sucessiva seja inequivocamente marcada como progressiva ou regressiva com relação às precedentes. Pois novos discernimentos acerca da verdade da ordem podem ser alcançados em alguns aspectos, ao mesmo tempo em que o próprio entusiasmo e a própria paixão do avanço lançam um manto de esquecimento sobre descobertas do passado. A amnésia com relação às realizações passadas é um dos mais importantes fenômenos sociais. No entanto, embora não haja um padrão simples e único de progressão ou ciclos percorrendo a história, seu processo é inteligível como um esforço na direção da ordem verdadeira. Mas não se descobre essa estrutura inteligível da história na ordem de qualquer uma das sociedades concretas que participam do processo. Não se trata de um projeto para ação humana ou social, mas de uma realidade a ser discernida retrospectivamente num fluxo de eventos que se estende indefinidamente do presente do observador para o futuro. Os filósofos da história chamavam essa realidade de providência, quando ainda viviam na órbita do cristianismo, ou de *List der Vernunft* (astúcia da razão), quando atingidos pelo trauma do Iluminismo. Em ambos os casos, referiam-se a uma realidade além dos planos dos seres humanos concretos — uma realidade da qual a origem e o fim são desconhecidos e que, por essa razão, não pode ser trazida para o alcance da ação finita. O que é cognoscível é somente a parte do processo que se desenrolou no passado, e apenas na medida em que é acessível aos instrumentos de cognição que emergiram do próprio processo.

O estudo de *Ordem e história*, cujo primeiro volume é aqui apresentado ao público, é uma investigação da ordem do homem, da sociedade e da história até a medida em que esta se tornou acessível à ciência. Os principais tipos de ordem, ao lado de sua autoexpressão em símbolos, serão estudados em sua sucessão na história. Esses tipos de ordem e de formas simbólicas são os seguintes[1]:

1. as organizações imperiais do antigo Oriente Próximo e sua existência na forma histórica do mito cosmológico;
2. o Povo Escolhido e sua existência em forma histórica;
3. a pólis e seu mito e o desenvolvimento da filosofia como a forma simbólica da ordem;
4. os impérios multicivilizacionais desde Alexandre e o desenvolvimento do cristianismo;
5. os Estados nacionais modernos e o desenvolvimento da gnose como a forma simbólica da ordem.

O tema será distribuído em seis volumes. Um volume tratará das ordens do mito e da história; dois outros volumes serão dedicados à polis e à forma da filosofia; um quarto volume tratará dos impérios multicivilizacionais e do cristianismo; e os dois volumes restantes tratarão dos Estados nacionais e da forma simbólica da gnose. Os seis volumes terão como títulos:

    I. Israel e a revelação
    II. O mundo da pólis
    III. Platão e Aristóteles

---

[1] Essa divisão tipológica, assim como a divisão em 6 volumes abaixo indicada, correspondia ao plano original da obra, que foi modificado para o atual (N. do E.).

IV. Império e cristianismo
V. Os séculos protestantes
VI. A crise da civilização ocidental

A investigação dos tipos de ordem e de suas formas simbólicas será, ao mesmo tempo, uma investigação da ordem da história que surge de sua sucessão. O primeiro volume, que é este sobre *Israel e a revelação*, vai explorar não só as formas da ordem cosmológica e histórica, mas também o surgimento do Povo Escolhido a partir do contexto dos impérios cosmológicos. Uma verdade sobre a ordem do ser, vista apenas indistintamente por meio dos símbolos compactos das sociedades mesopotâmica, cananeia e egípcia, articula-se, na formação de Israel, a um ponto da clareza em que o Deus transcendente ao mundo revela-se como a fonte original e última da ordem do mundo e do homem, da sociedade e da história, isto é, de todo o ser imanente ao mundo. Sob esse aspecto da dinâmica da história, o estudo de resto autônomo da ordem cosmológica adquire o caráter de pano de fundo para o surgimento da história, como a forma de existência em resposta à revelação, alcançada pelo êxodo de Israel da civilização em forma cosmológica. Os volumes sobre pólis e filosofia abordarão, então, tanto a forma filosófica da ordem conforme desenvolvida por Platão e Aristóteles como o processo em que essa forma se desliga da matriz da variante helênica do mito e, mais remotamente, dos antecedentes minoicos e micenianos da ordem cosmológica.

As formas simbólicas mais antigas não são, ademais, simplesmente superadas por uma nova verdade sobre a ordem, mas conservam sua validade no que diz respeito às áreas não cobertas pelos discernimentos mais recentemente alcançados, ainda que seus símbolos tenham de sofrer mudanças de significado quando se movem para a órbita da forma mais recente e agora dominante. A ordem histórica de Israel, por exemplo, aproxima-se de uma crise, tanto espiritual como pragmática, quando se torna óbvio que as exigências da existência no mundo são negligenciadas numa ordem dominada pela revelação sinaítica. O simbolismo cosmológico retorna à ordem de Israel com o estabelecimento de um governo permanente sob o poder de reis e não advindo da palavra de Deus no Sinai; e os conflitos entre as duas experiências de ordem e seus simbolismos ocupam a maior parte da história de Israel. A investigação tem, consequentemente, de estender-se a uma classe considerável de fenômenos adicionais, isto é, às interações entre formas simbólicas. Essa parte do estudo assumirá grandes proporções, a começar pelo quarto volume, quando os impérios multicivilizacionais proporcionam a arena para a luta entre as formas cosmológicas babilônica e egípcia, o mito romano da pólis, a forma helênica de filosofia, os símbolos históricos israelitas iniciais e os símbolos apocalípticos judaicos posteriores; quando todos os tipos de ordem enumerados entram na grande luta com a nova ordem do cristianismo; e quando, desse emaranhado de invalidações e limitações mútuas, surge o amálgama da ordem medieval ocidental. E dois volumes inteiros, por fim, serão necessários para descrever a dissolução do amálgama medieval por meio de uma gnose que havia sido reduzida a um ralo filete de movimentos sectários no começo da Idade Média, bem como as consequências da dissolução.

O leitor que se vê diante da perspectiva de seis volumes esperará, com razão, um prefácio que descreva a situação intelectual que, na opinião do autor, torna uma empresa dessa natureza possível e necessária. Essa expectativa só pode ser atendida dentro de certos limites — pois a dimensão da obra é causada pela complexidade da situação e as respostas às perguntas que se impõem só podem ser dadas no desenrolar do próprio estudo. Ainda assim, algumas breves observações orientadoras são possíveis.

A obra pôde ser empreendida em nosso tempo, em primeiro lugar, porque o avanço das disciplinas históricas na primeira metade deste século forneceu a base material. A enorme ampliação de nosso horizonte histórico por meio de descobertas arqueológicas, edições críticas de textos e um sem-número de interpretações monográficas é um fato tão conhecido que não requer maiores explicações. As fontes estão à mão; e as interpretações convergentes de orientalistas e semitólogos, filólogos e historiadores da Antiguidade clássica, teólogos e medievalistas facilitam e estimulam a tentativa de usar as fontes primárias como base para um estudo filosófico da ordem. O estado da ciência nas várias disciplinas, bem como minha própria posição quanto às questões fundamentais serão apresentados no curso do estudo. Quanto a este volume, *Israel e a revelação*, gostaria de remeter o leitor às digressões sobre o estado da crítica bíblica (cap. 6, §1) e da interpretação dos Salmos (cap. 9, §5).

A segunda razão pela qual o estudo pôde ser empreendido em nosso tempo é bem menos tangível do que a primeira, visto que só pode ser descrita negativamente como o desaparecimento dos compromissos ideológicos no trabalho científico. Refiro-me ao generalizado clima de opinião em que um estudo crítico da sociedade e da história era praticamente impossível porque as variedades de nacionalismo, de ideologias progressistas e positivistas, liberais e socialistas, marxistas e freudianas, as metodologias neokantianas em imitação das ciências naturais, ideologias cientificistas como o biologismo e o psicologismo, a forma vitoriana de agnosticismo e as formas mais recentes de existencialismo e teologismo impediam com eficácia social não somente o uso de padrões críticos, mas até mesmo a aquisição do conhecimento necessário para sua formação. A afirmação de que esse íncubo sobre a vida do espírito e do intelecto desapareceu deve ser limitada, entretanto, pela consciência de que as forças da época gnóstica ainda são forças sociais e políticas no cenário mundial e permanecerão como potências formidáveis por muito tempo. O "desaparecimento" deve ser entendido como o fato de que, no curso das guerras e revoluções de nosso tempo, sua autoridade lhes foi tirada. Suas concepções do homem, da sociedade e da história são muito obviamente incongruentes com a realidade que está ao alcance de nosso conhecimento empírico. Assim, embora ainda sejam forças, elas só exercem poder sobre aqueles que não lhes dão as costas e procuram pastagens mais verdes. Obtivemos uma nova liberdade na ciência e é uma alegria usá-la.

As reflexões sobre o íncubo ideológico levaram-nos da possibilidade à necessidade do estudo sobre *Ordem e história*. É obrigação do homem compreender sua condição; parte dessa condição é a ordem social em que ele vive; e essa ordem tornou-se hoje mundial. Essa ordem mundial, além disso, não é recente nem simples, mas contém como forças socialmente eficazes os sedimentos da luta milenar pela verdade da ordem. Essa é uma questão não de teoria, mas de fato empírico. Poderíamos fornecer como prova fatos óbvios como a relevância para nossa própria vida de uma China ou de uma Índia que lutam com os ajustes necessários de uma ordem basicamente cosmológica às condições políticas e tecnológicas que são criações ocidentais. Prefiro, entretanto, chamar a atenção do leitor para a análise do problema metastático neste volume sobre *Israel e a revelação* (cap. 13, §2.2), e ele verá imediatamente que a concepção profética de uma mudança na constituição do ser está na base de nossas crenças contemporâneas na perfeição da sociedade, seja mediante o progresso ou uma revolução comunista. Não só os aparentes antagonistas revelam-se como irmãos ocultos, como os últimos descendentes gnósticos da fé profética numa transfiguração do mundo; também é obviamente importante compreender a natureza da experiência que se expressará em crenças desse tipo, assim como as circunstâncias nas quais ela surgiu no passado e das quais ela deriva sua força no presente. A fé metastática é uma das grandes fontes de desordem, se não a principal, no mundo contemporâneo; e é uma questão de vida ou morte para todos nós compreender o fenômeno e encontrar remédios para combatê-lo antes que ele nos destrua. Se hoje o estado da ciência permite a análise crítica desses fenômenos, é claramente dever de um estudioso empreendê-la por si mesmo como homem e para tornar os resultados acessíveis aos outros homens. *Ordem e história* é obra que deve ser lida não como uma tentativa de explorar as curiosidades de um passado morto, mas como uma investigação da estrutura da ordem em que vivemos no presente.

Falei dos remédios contra a desordem do tempo. Um desses remédios é a própria investigação filosófica.

A ideologia é a existência em rebelião contra Deus e o homem. É a violação do primeiro e do décimo mandamentos, se quisermos empregar a linguagem da ordem israelita; é a *nosos*, a doença do espírito, empregando a linguagem de Ésquilo e Platão. A filosofia é o amor ao ser por meio do amor ao Ser divino como a fonte de sua ordem. O Logos do ser é o objeto próprio da investigação filosófica, e a busca da verdade concernente à ordem não pode ser conduzida sem um diagnóstico dos modos de existência na inverdade. A verdade da ordem tem de ser reconquistada na luta perpétua contra a queda em relação a ela, e o movimento rumo à verdade tem seu início na consciência que um homem tem de sua existência na inverdade. A função diagnóstica e a função terapêutica são inseparáveis na filosofia como uma forma de existência. E desde que Platão, na desordem de sua época, descobriu a conexão, a investigação filosófica tem sido um dos meios de estabelecer ilhas de ordem na desordem da época. *Ordem e história* é uma investigação filosófica da ordem da existência humana na sociedade e na história. Talvez venha a ter algum efeito terapêutico — na modesta medida que, no curso passional dos eventos, é concedida à filosofia.

Eric Voegelin
1956

Agradecimentos

Um empreendimento desta magnitude não poderia ser realizado ao longo dos anos sem o apoio material de várias instituições. Agradeço nesse respeito a John Simon Guggenheim Memorial Foundation, à Rockefeller Foundation, ao Social Science Research Council e ao Research Council of Louisiana State University. Meus agradecimentos especiais, pela ajuda num momento crítico do trabalho, vão para uma instituição que não deseja ser mencionada.

Este volume sobre *Israel e a revelação* exigiu conhecimentos da literatura escandinava, em especial do trabalho mais recente dos estudiosos escandinavos, que não puderam ser obtidos neste país. Desejo agradecer a meus colegas de Upsala por sua generosa ajuda, e à universidade de Upsala pela permissão do uso de sua excelente e eficiente biblioteca.

Registro com especial prazer meus agradecimentos ao amigo e colega professor Robert B. Heilman (University of Washington) por sua ajuda em melhorar meu inglês. Sua cuidadosa análise de partes do original, seus ponderados conselhos referentes à gramática e ao estilo, seu adequado entendimento das relações entre temas filosóficos e meios de expressão linguística tiveram um efeito importante. Posso apenas esperar que o discípulo não decepcione muito profundamente o mestre.

E. V.

Sumário analítico

Introdução: A simbolização da ordem
Ser e existência. A comunidade do ser: Deus, homem, mundo, sociedade. Participação por meio da existência. A ordem do ser em perspectiva. Ignorância e ansiedade essenciais. Experiências de ordem. A experiência de consubstancialidade. A experiência de duração e passagem. Graus de durabilidade. Hierarquia de existentes. A sintonia do homem com os existentes duradouros. A experiência da obrigação. Formas de simbolização: a sociedade como microcosmo e macroantropo. O colapso dos impérios cosmológicos e a orientação para o Ser Transcendente. A natureza dos símbolos. Conflitos de análogos e a tolerância inicial. A unicidade do ser e a pluralidade dos símbolos. Tentativas de racionalização. A inadequação radical dos símbolos para sua tarefa. O amor do ser e da existência. A intolerância pelo amor do ser. Conversão. O salto no ser. Os níveis de sintonia. Tolerância pelo amor à existência.

Parte 1: A ordem cosmológica do antigo Oriente Próximo
A ordem da sociedade e a ordem da humanidade. A ordem cosmológica como um tipo. Variações históricas no âmbito do tipo. A organização dos materiais.
1. A Mesopotâmia
   §1 A criação de Deus e o domínio do homem

Hybris e castigo. A rivalidade entre Deus e o homem no Gênesis. O mito de Adapa.

§2. A simbolização da ordem política

A ordem política em símbolos cosmológicos. Da cidade-estado ao império. Governo divino e reinado terreno. Tempo, espaço e substância. O ônfalo. O zodíaco e o número doze. O sol e o ciclo de renovação. Racionalização

§3. A simbolização da ordem cósmica

A ordem cósmica em símbolos políticos. Os casos mesopotâmico, chinês e miceniano. A aptidão das civilizações para o salto no ser. Comparação dos três casos. O *Enuma elish*. A fusão de cosmogonia, teogonia e política. Gerações de deuses e crises civilizacionais.

2. O império aquemênida

O paralelo de Deus e Rei. Influência do zoroastrismo. O dualismo de bem e mal. A Inscrição de Behistun. O império da verdade. Politeísmo e construção pluralista da conquista. Consciência dinástica. Racionalização — monista e dualista.

3. O Egito

§1. A estrutura dos cursos civilizacionais

O debate Toynbee-Frankfort. As fases da história egípcia. A questão da religiosidade osírica. Análise do conflito. Instituições, experiências, forma civilizacional. O clima da experiência e estabilidade da forma. O "Canto do Harpista". Ceticismo e hedonismo. Tipos de forma civilizacional. Compacidade e diferenciação das experiências. O caso chinês. A forma civilizacional e o drama supracivilizacional da humanidade.

§2. A forma cosmológica

O nascimento das Duas Terras. A experiência do Nilo. Os hinos do sol. Conflito com o símbolo do Nilo. O deus visível e o deus invisível. Conflito com o simbolismo cosmológico. O componente transcendental da ordem faraônica. Reis e animais divinos. A manifestação divina em Faraó. Manifestações em corpos celestiais, em espécies animais, em homens representativos. Causas prováveis da peculiaridade egípcia. A irradiação da ordem cósmica para a sociedade. O filho de deus — nos Textos das Pirâmides, no Médio e Novo Império. O significado da Maat. A transmissão da Maat.

§3. A dinâmica da experiência
1. O tipo egípcio de diferenciação. Cosmogonia egípcia e especulação jônica. A estrutura do mito: blocos componentes da experiência; a experiência da consubstancialidade como a força de união. O valor da compacidade mítica. Especulação dentro dos limites da consubstancialidade. A evolução no sentido do monoteísmo. Os Hinos de Amon na XIX Dinastia. *Theologia negativa* e *analogia entis*.
2. A teologia menfita. O drama mítico da ordem a partir do caos. Unificação do Egito e fundação de Mênfis. Especulação teogônica. Ptah como o criador *ex nihilo*. Criação divina–fundação régia. A nota de rodapé epistemológica. Consciência racional na criação do mito. Comparação com a especulação do Logos cristão.
3. A reação à desordem. O Texto de Tumba sobre uma comunidade de iguais. A "Disputa de um homem, que contempla o suicídio, com sua alma".
4. Akhenaton. A nova posição de Faraó. A ascendência de Tebas. As "Instruções" para Meri-ka-re. As "Admoestações de Ipuwer". As "Profecias de Neferrohu". A Revolução de Amarna. Um hino ao sol de Amenhotep III. Os "Hinos de Akhenaton". O monopólio reacionário da mediação faraônica. O impasse da ordem faraônica.

Parte 2: A ordem histórica de Israel
A casa da escravidão e a liberdade de Deus. Os símbolos da ruptura com a civilização: Xeol, Êxodo, Deserto, Reino de Deus. O Povo Escolhido e a terra prometida.
4. Israel e história
1. Israel e os cursos civilizacionais. Três quadros de eventos: a narrativa bíblica, migrações e dominações, o ciclo de Toynbee da civilização siríaca. História pragmática e paradigmática. O salto no ser como a fonte da ordem verdadeira. O Povo Escolhido como portador da verdade. A história paradigmática como a confirmação da verdade. A forma histórica de existência. O eclipse de Deus. A teoria de Spengler-Toynbee dos ciclos civilizacionais.
2. O significado da história. Equívocos: o tempo objetivo dos cursos civilizacionais — a forma interna da sociedade. História compacta

na forma cosmológica. História diferenciada no presente sob Deus. A origem do significado no presente histórico. A irradiação do significado sobre o passado compacto. Problemas na irradiação do significado: a realidade ontológica da humanidade — a origem da história num presente em movimento — a perda de substância histórica.

5. O surgimento do significado
Salmo 136. O surgimento do significado: criação, aliança, Canaã. História do mundo. A variedade de motivos: Êxodo, Sinai, Siquém. A expansão dos motivos: eventos, experiências, cultos, lendas de culto, elaboração historiográfica. O padrão de surgimento: avanço e recaída. A linhagem sagrada e a humanidade. O ritmo do livro dos Juízes. O Reino e os profetas. Exílio e retorno. Retrospectiva pela posição rabínica. A ambiguidade de Canaã. Judaísmo e cristianismo.

6. O trabalho historiográfico
A narrativa bíblica. As camadas de significado. O estrato historiográfico.

§1. As fontes da narrativa: comentário sobre o estado do problema
A natureza do problema. A escola de Wellhausen. A concepção de fontes. Insatisfação crescente. Crítica. A posição de I. Engnell. O método histórico-tradicional. Os conjuntos de tradições. Círculos de tradicionalistas. J. Pedersen. A pluralidade de centros motivadores.

§2. Os símbolos da historiografia
Justificação do termo *história*. Compacidade da experiência israelita. *Toroth* (instruções) e *sepher* (livro). *Toldoth* (gerações). Expansão das genealogias do clã para a humanidade. Separação do resto. Uso especulativo de *toldoth*. O *toldoth* de Adão e o *toldoth* do Céu e da Terra. Descendência gerativa de Deus. *Berith* (aliança). Expansão dos acordos de clãs para a *berith* mosaica. Uso institucional do símbolo. O uso historiográfico. As quatro eras da história do mundo. As quatro eras na especulação cristã.

§3. As motivações da historiografia
O âmbito da narrativa. Seu conteúdo: história, mito, representação do mito. A narrativa, uma forma simbólica *sui generis*. As motivações: a fundação do reino e a aliança. Os dois focos da construção e a experiência compacta de ordem. A hipoteca da existência imanente ao mundo. Os alvos do ataque. A base do ataque. Comparação com problemas cristãos. A luta por liberdade espiritual.

Parte 3: A história e o rastro dos símbolos
A existência pragmática e a ordem da aliança. A complexidade dos símbolos israelitas. A história como um símbolo da revelação. Organização do tema.
7. Da sociedade de clãs ao regime monárquico
    §1. A história de Abrão
        1. A *berith* de Yahweh com Abrão. O relato de Gênesis 14. A natureza da fonte. O cenário político antes de 1500 a.C. O Baal Berith. A transformação do símbolo da *berith*. A *berith* com Yahweh. O Deus dos Pais.
        2. A continuidade da situação política. O cenário no período de Amarna — na época da conquista.
    §2. O Cântico de Débora
        1. A transmissão do javismo até a época de Moisés. A confederação israelita.
        2. O Cântico de Débora. Yahweh e a guerra. O ritual da guerra santa. Guerra e organização política permanente.
    §3. O reinado de Gedeão
        A fusão de hebreus e cananeus. O novo Israel. Gedeão e as guerras madianitas. O santuário de Yahweh em Efra. A política de casamentos. A função do harém. O *coup d'état* de Abimelec. "A fábula das árvores em busca de um rei".
8. A luta pelo império
    §1. A amplitude do javismo
        A assimilação aos deuses cananeus. Sumodeísmo *in statu nascendi*. A formação da personalidade por meio do espírito de Yahweh.
    §2. O reinado de Saul
        1. A ascensão de Saul. A expansão filisteia. O reinado nacional de Saul. A versão realista do reinado de Saul. O rei e o Deus. Profetismo — coletivo e solitário. Javismo popular. Os grupos de profetas. Extaticismo e articulação.
        2. A ordem espiritual da alma. Saul e a feiticeira de Endor. A proibição dos *elohim*. A alma em Israel e na Hélade. Realismo histórico *versus* filosofia. A transferência da função redentora para Yahweh. O retorno de Deus à história. A elegia fúnebre de Davi para Saul e Jonatã.
        3. A teocracia. A versão antirrealista do reinado de Saul. Samuel e a teocracia.

§3. A ascensão de Davi

A entrada de Judá na história israelita. As novas forças sociais. A comitiva dos líderes guerreiros e o surgimento dos exércitos profissionais. O clã do rei. A guerra dos generais. Davi torna-se rei.

9. O clímax mundano

§1. O império davídico

O império e a identidade de Israel. As limitações econômicas.

§2. A história de Davi e Betsabé

"A fábula da ovelha do homem pobre". A desintegração do ritual de guerra. Israel como reserva estratégica no exército imperial. O caráter de Davi. A justiça.

§3. O reinado de Davi

As duas unções. A *berith* de Davi com Israel. A sucessão de Salomão. A *berith* de Yahweh com a casa de Davi.

§4. Davi e Jerusalém

O programa imperial. O significado de "Davi". Gênesis 14. El Elyon. Os nomes teofóricos. Os sacerdócios. Salmo 110.

§5. Os salmos imperiais: uma digressão sobre a situação do problema

1. A natureza dos salmos. Sua função no culto. Individualismo poético e religioso como causas de equívocos na interpretação.
2. Os métodos crítico-formal e funcional-cultual. H. Gunkel. S. Mowinckel.
3. Reinado divino e padronismo. A questão teórica. Os rituais do Ano Novo. S. H. Hooke. A. R. Johnson. A literatura sobre o reinado.
4. As dificuldades da nova posição. A fundação filosófica insuficiente.
5. A resistência à mitologização. O culto do Sinai. G. von Rad. A profecia de Natan. H.-J. Kraus. Crítica literária *versus* análise da ordem.
6. Conclusão. A. J. Wensinck sobre o simbolismo cosmológico. A relação entre a forma cosmológica e a forma histórica. O vácuo institucional da ordem da aliança. A complementação por meio do império. A pressão da forma histórica sobre o significado dos salmos.

§6. O simbolismo imperial

Os símbolos cosmológicos. A profecia de Natan. Influências egípcias. Os salmos imperiais. Transformação escatológica. Salmos de Salomão 17. A Epístola aos Hebreus.
10. O fim da existência mundana de Israel
   §1. Os reinos divididos
   A explosão literária. A ordem além da existência mundana. O crescimento de Israel. O rastro dos símbolos. O destino de Israel. A revolta arcaica.
   §2. A situação pragmática
   A organização interna do Reino do Norte. A intervenção egípcia. Aspectos egípcios do reinado de Salomão. A filha de Faraó. O Templo. O manto do sumo sacerdote. A reforma cultual de Jeroboão. A ascensão da Assíria. A política omrida. A revolta de Jeú.
   §3. O Livro da Aliança
   O interesse pela lei. Oseias. A resposta à crise da existência mundana. A legislação sinaítica. *Debharim* e *mishpatim*. A forma decalógica. O Decálogo e a ordem social.
   §4. O profeta Elias
   Os textos de Malaquias. A experiência do julgamento. A visão no monte Tabor. O Dia de Yahweh. Os estágios da escatologia. Elias. Moisés e Elias. Os omridas e Elias. O ataque ao Baal. Elias no Deserto. A sucessão profética.

Parte 4. Moisés e os profetas
11. A Torá deuteronômica
   1. Os profetas e a ordem de Israel. Assimilação e nacionalismo. Universalismo e paroquialismo. A vontade judaíta de existência. "Teologia" deuteronômica.
   2. Os discursos de Moisés. Período de sua criação. Supressão, descoberta e representação.
   3. As instruções de Yahweh e a Torá de Moisés. O mito da autoria mosaica — da Palavra de Deus.
   4. A regulação da revelação. Motivações da revolta profética. A inclusão das circunstâncias no conteúdo da revelação. A regulação: o rei, os sacerdotes, os profetas. A linha divisória entre as histórias de Israel e dos judeus.

5. O Deuteronômio e os primórdios do judaísmo. Aspectos israelitas e judaicos da Torá. G. von Rad e W. Eichrodt. Aplainamento da existência e paz de espírito. A experiência do "hoje". Reforma militar e guerras religiosas. Definição de religião. O modelo institucional da ordem divina. Pressão imperial, repristinação e preservação da ordem.

12. Moisés

§1. A natureza das fontes.

As perguntas e respostas permitidas. Forma e substância histórica. A forma da Torá. A forma da lenda profética. A substância histórica: ordem javista *versus* ordem faraônica. A forma da lenda pascal.

§2. O Filho de Deus

O resumo de motivos. Ex 4,21-23. Israel: o novo Filho de Deus. Serviço a Yahweh *versus* serviço ao Egito. O rebaixamento histórico do Egito. O nome de Moisés. O povo e o líder. Egipcianização. Mosheh: "Aquele que tira e aquele que é tirado". O milagre do mar Vermelho. A transferência do símbolo de Mosheh para Davi. O Salmo 18. O Filho de Deus régio e a ordem da humanidade. Transição para o messianismo. A transferência do símbolo de Mosheh para Jesus. Hb 13,20. Moisés como a prefiguração do Filho de Deus. O símbolo experimental de Moisés, o deus. Yahweh tenta matar Moisés. Os lábios incircuncisos e a boca de Deus.

§3. O Deus

1. O Yahweh de Moisés. A biografia espiritual de Moisés em Êxodo 2. A revelação na sarça. Estrutura literária do episódio. A interpretação do EU-SOU-QUEM-EU-SOU. São Tomás sobre o episódio da sarça. O Deus escondido e o Deus revelado. Revelação e constituição histórica do povo. Relação do episódio da sarça com os Hinos de Amon. A data de Moisés.

§4. A nova dispensação

Revelação e resposta humana. A construção do drama do êxodo. A construção do drama da *berith*. A mensagem do Sinai. O reino de sacerdotes. A ordem da humanidade com seu centro no domínio real. A aliança. O Decálogo. A constituição da organização teopolítica. A supressão da rebelião antidivina e anti-humana. O fluxo do povo no ritmo do tempo.

13. Os profetas
    §1. O esforço profético
    O contínuo da forma histórica. Lembrança do passado e chamado no presente. O descarrilamento para a Torá. Resistência profética. Universalismo e personalismo. Relegação ao passado.
    §2. O desdobramento do problema
    1. O Decálogo. O discurso de Jeremias no Templo. O Decálogo como a medida de conduta. Autoridade profética e autoridade pública. O julgamento de Jeremias. Comparação com Sócrates. O chamado de Isaías.
    2. A Aliança. A Lei *versus* a ordem da alma. A forma normativa de questões existenciais. O ataque de Jeremias aos deuses estrangeiros. Queixas sobre a conduta — Amós, Oseias, Isaías. A exigência de virtudes. A ontologia dos profetas. Isaías e a guerra. Metástase. Operações metastáticas. Experiência metastática e a questão existencial. A aliança escrita no coração.
    3. A Mensagem. A crítica do simbolismo sinaítico. A revelação ineficaz. A dialética de presciência divina e decisão humana. O duplo simbolismo dos profetas. Ontologia e história. A representação por Jeremias do destino de Israel. A contração do Povo Escolhido no Homem Escolhido. O chamado de Jeremias. O profeta como o filho régio de Deus, como o novo Moisés, como o servo de Yahweh, como o senhor da história. O profeta para as nações. Amós. A forma literária dos profetas. O problema messiânico. As últimas palavras de Davi. A imagem do governante. A fase institucional do problema messiânico — Amós, Oseias. A fase metastática. Isaías. O *kabhod* de Yahweh. O chamado. A intervenção política. A profecia de Emanuel. Os discípulos e o fechamento da mensagem. A profecia do Príncipe da Paz. A visão metastática. A fase existencial. Jeremias. Autobiografia espiritual de Jeremias. Sofrimento, lamento, vingança. A justiça de Deus. O mistério da iniquidade. O diálogo com Deus. A existência profética como participação no sofrimento de Deus.
    §3. O Servo Sofredor
    O problema da ordem israelita. As posições de Isaías e Jeremias. O movimento para além da ordem da sociedade concreta. O êxodo de Israel de si mesmo. Dêutero-Isaías. A obra, um drama simbólico. Erros de interpretação. Os *logoi* da filosofia e da revelação. O

tempo da experiência, da composição, da salvação. Organização da obra. Substância e forma da revelação. Um novo tipo de profecia. O prólogo no céu. Os motivos: as coisas antigas e as coisas novas. O Deus Redentor. Deus como o Criador do mundo, de Israel, da salvação. Teologia da história. A queda da Babilônia e a experiência da redenção. O Deus de toda a humanidade. O servo e sua obra de redenção. A ordenação do servo no céu. O servo na história — como a luz para as nações, como o discípulo de Deus. Seu sofrimento e obra. O sofredor representativo pela humanidade.

Introdução
A simbolização da ordem

Deus e homem, mundo e sociedade formam uma comunidade primordial do ser. A comunidade, com sua estrutura quaternária, é e não é um dado da experiência humana. É um dado da experiência na medida em que é conhecida pelo homem em virtude da participação deste no mistério de seu ser. Não é um dado da experiência na medida em que não se apresenta à maneira de um objeto do mundo exterior, mas só é cognoscível pela perspectiva da participação nela.

A perspectiva da participação deve ser entendida na plenitude de sua qualidade perturbadora. Não significa que o homem, localizado mais ou menos confortavelmente no cenário do ser, possa olhar ao redor e avaliar o que vê na medida em que o possa ver. Essa metáfora ou variações comparáveis sobre o tema das limitações do conhecimento humano destruiriam o caráter paradoxal da situação. Sugeririam um espectador autossuficiente, de posse de e com conhecimento de suas faculdades, no centro de um horizonte do ser, ainda que o horizonte fosse restrito. Mas o homem não é um espectador autossuficiente. Ele é um ator, desempenhando um papel no drama do ser e, pelo simples fato de sua existência, comprometido a desempenhá-lo sem saber qual ele é. A própria circunstância em que um homem se vê acidentalmente na condição de não ter plena certeza de qual é a peça e de como deve se conduzir para não estragá-la já é desconcertante; mas com sorte e habilidade ele poderá livrar-se do embaraço e retornar à rotina menos desnorteante de sua vida. A participação no ser, entretanto, não é uma participação parcial do homem; ele se acha engajado com o todo de sua existência, pois a participação é a própria existência. Não há nenhuma posição fora da existência a partir da qual seu significado possa ser visto e um curso de ação possa ser traçado de acordo com um plano, nem há uma ilha bem-aventurada para a qual o homem possa se retirar a fim de recapturar seu eu. O papel da existência deve ser desempenhado na incerteza de seu significado, como uma aventura da decisão na linha entre a liberdade e a necessidade.

A peça e o papel são desconhecidos. Mas, pior ainda, o ator não sabe com certeza quem ele mesmo é. Nesse ponto, a metáfora da peça poderá confundir se não for usada com cautela. Na verdade, a metáfora se justifica, e talvez seja mesmo necessária, porque transmite a percepção de que a participação do homem no ser não é cega, mas iluminada pela consciência. Há uma experiência de participação, uma tensão reflexiva na existência, que irradia sentido na proposição: O homem, em sua existência, participa do ser. Esse sentido, entretanto, torna-se absurdo se esquecemos que o sujeito e o predicado da proposição são termos que explicam a tensão da existência e não conceitos que denotam objetos. Não há um "homem" que participa do "ser" como se este fosse um empreendimento de que ele poderia muito bem não participar; há antes um "algo", uma parte do ser, capaz de experimentar-se como tal, e capaz, além disso, de usar a linguagem e de chamar essa consciência que tem a experiência pelo nome de "homem". O chamar por um nome é certamente um ato fundamental de evocação, de convocação, de constituição dessa parte do ser como um parceiro discernível na comunidade do ser. Não obstante, embora fundamental — porque constitui a base de tudo o que o homem virá a aprender acerca de si mesmo no curso da história —, esse ato de evocação não é, em si, um ato de cognição. A ironia socrática da ignorância transformou-se no caso paradigmático da consciência desse ponto cego que ocupa o centro de todo o conhecimento humano sobre o homem. No centro de sua existência o homem é desconhecido para si mesmo, e deve permanecer assim, pois a parte do ser que chama a si mesma de homem só poderia ser inteiramente conhecida se a comunidade do ser e seu drama no tempo fossem integralmente conhecidos. A parceria do homem no ser é a essência de sua existência, e essa essência depende do todo de que a existência é uma parte. O conhecimento do todo, entretanto, é impossibilitado pela identidade entre o conhecedor e o parceiro, e a ignorância do todo impossibilita o conhecimento essencial da parte. Essa situação de ignorância com relação ao núcleo decisivo da existência é mais do que desconcertante: é profundamente perturbadora, porque das profundezas dessa ignorância básica jorra a ansiedade da existência.

A ignorância básica, essencial, não é a ignorância completa. O homem pode alcançar um conhecimento considerável sobre a ordem do ser, e a distinção entre o cognoscível e o incognoscível não é a parte menos importante desse conhecimento. Essa conquista, no entanto, vem tardiamente no longo e contínuo processo de experiência e simbolização que constitui o tema do presente estudo. A preocupação do homem com o significado de sua existência no campo do ser não permanece presa nas torturas da ansiedade, mas pode expressar-se na criação de símbolos que se propõem a tornar inteligíveis as relações e as tensões entre os termos distinguíveis do campo. Nas fases iniciais do processo criativo, os atos de simbolização ainda são por demais limitados pela estonteante multiplicidade de fatos inexplorados e de problemas não resolvidos. Pouco fica realmente claro além da experiência de participação e da estrutura quaternária do campo do ser, e essa clareza parcial tende a gerar mais confusão do que ordem, como é fatal acontecer quando materiais variegados são classificados em um número demasiado pequeno de rubricas. Mesmo na confusão desses estágios iniciais, porém, há método suficiente para permitir a distinção de características típicas no processo de simbolização.

A primeira dessas características típicas é a predominância da experiência de participação. Seja o homem o que for, ele sabe que é uma parte do ser. A grande corrente do ser, em que ele flui e que flui nele, é a mesma corrente a que pertence tudo aquilo que flutua até a sua perspectiva. A comunidade do ser é vivenciada com tal intimidade que a consubstancialidade dos parceiros se sobrepõe à separação de substâncias. Movemo-nos em uma comunidade encantada em que tudo o que vem ao nosso encontro tem força, vontade e sentimentos, em que animais e plantas podem ser homens e deuses, em que homens podem ser divinos e deuses são reis, em que o diáfano céu da manhã é o falcão Hórus e o Sol e a Lua são seus olhos, em que a unicidade subterrânea do ser é um condutor de correntes mágicas de forças boas ou más que alcançarão subterraneamente o parceiro superficialmente inalcançável, em que as coisas são as mesmas e não são as mesmas, e podem se transformar umas nas outras.

A segunda característica típica é a preocupação com a duração e a passagem (isto é, a durabilidade e a transitoriedade) dos parceiros na comunidade do ser. Apesar da consubstancialidade, há a experiência da existência separada na corrente do ser, e as várias existências distinguem-se por seus graus de durabilidade. Um homem dura enquanto outros passam, e passa enquanto outros duram. Todos os seres humanos são superados em durabilidade pela sociedade de que são membros, e as sociedades passam enquanto o mundo dura. E o mundo não somente é superado em durabilidade pelos deuses, mas talvez seja mesmo criado por eles. Sob esse aspecto, o ser exibe os traços de uma hierarquia da existência, da humilde efemeridade do homem à existência eterna dos deuses. A experiência de hierarquia fornece um elemento importante de conhecimento sobre a ordem do ser e esse conhecimento, por sua vez, pode se transformar, e de fato se transforma, numa força de ordenação da existência do homem. Pois as existências mais duradouras, sendo as mais abrangentes, fornecem por meio de sua estrutura o arcabouço em que a existência menos duradoura precisa se encaixar se não está disposta a pagar o preço da extinção. Um primeiro raio de significado projeta-se sobre o papel do homem no drama do ser, na medida em que o sucesso do ator depende de sua sintonia com as ordens mais duradouras e mais abrangentes da sociedade, do mundo e de Deus. Essa sintonia é, entretanto, mais do que um ajuste externo às exigências da existência, mais do que um encaixe planejado em uma ordem "sobre" a qual sabemos. "Sintonia" sugere a penetração do ajuste até o nível da participação no ser. O que dura e passa é, claro, a existência, mas, como a existência participa do ser, durar e passar revela algo do ser. A existência humana é de curta duração, mas o ser de que ela participa não cessa com a existência. Na existência experimentamos a mortalidade; no ser experimentamos o que só pode ser simbolizado pela metáfora negativa da imortalidade. Em nossa separação distinguível como existentes experimentamos a morte; em nossa parceria no ser experimentamos a vida. Mas também nesse caso alcançamos uma vez mais os limites que são estabelecidos pela perspectiva de participação, porque durar e passar são propriedades do ser e da existência tal como nos aparecem na perspectiva de nossa existência; assim que tentamos objetivá-los, perdemos até mesmo o que já temos. Se tentarmos explorar o mistério da passagem como se a morte fosse uma coisa, não encontraremos mais do que o nada que nos faz tremer de ansiedade desde o fundo da existência. Se tentarmos explorar o mistério da duração como se a vida fosse uma coisa, não encontraremos a vida eterna, mas nos perderemos no conjunto de imagens de deuses imortais, de existência paradisíaca ou olímpica. Das tentativas de exploração, somos lançados de volta à consciência da ignorância essencial. Ainda assim, nós "sabemos" algo. Experimentamos nossa própria duração na existência, passageira como ela é, bem como a hierarquia da duração; e nessas experiências a existência torna-se transparente, revelando algo do mistério do ser, do mistério de que ela participa, embora não saiba o que é. Sintonia, portanto, será o estado da existência quando ela der ouvidos àquilo que é duradouro no ser, quando mantiver uma tensão de consciência de suas revelações parciais na ordem da sociedade e do mundo, quando escutar atentamente as vozes silenciosas da consciência e da graça na própria existência humana. Somos lançados na existência e fora da existência sem saber o Porquê ou o Como, mas enquanto estamos nela sabemos que somos do ser ao qual retornamos. Desse conhecimento advém a experiência da obrigação, pois, embora esse ser confiado à nossa administração parcial na existência enquanto ela dura e passa possa ser alcançado pela sintonia, ele também pode ser perdido pela ausência. Por esse motivo, a ansiedade da existência é mais do que um medo da morte no sentido de extinção biológica; é o horror mais profundo de perder, com a passagem da existência, o tênue apoio na parceria do ser que experimentamos como nosso enquanto dura a existência. Na existência, desempenhamos nosso papel no drama mais amplo do ser divino que entra na existência passageira a fim de redimir o ser precário para a eternidade.

A terceira característica típica do processo de simbolização é a tentativa de tornar a ordem essencialmente incognoscível do ser o mais inteligível possível por meio da criação de símbolos que interpretem o desconhecido por analogia com o realmente, ou supostamente, conhecido. Essas tentativas têm uma história na medida em que a análise reflexiva, respondendo à pressão da experiência, gerará símbolos cada vez mais adequados à sua tarefa. Blocos compactos do cognoscível serão diferenciados em suas partes componentes, e o próprio cognoscível será gradualmente distinguido do essencialmente incognoscível. Assim, a história da simbolização é uma progressão de experiência de símbolos compactos para diferenciados. Uma vez que esse processo é o tema de todo o estudo subsequente, vamos, no momento, mencionar apenas duas formas básicas de simbolização que caracterizam grandes períodos da história. Uma delas é a simbolização da sociedade e de sua ordem como um análogo do cosmos e de sua ordem; a outra é a simbolização da ordem social por analogia com a ordem de uma existência humana bem sintonizada com o ser. Na primeira forma, a sociedade será simbolizada como um microcosmo; na segunda forma, como um macroantropo.

A primeira forma mencionada é a primeira também cronologicamente. A razão disso não requer explicações muito elaboradas, pois a Terra e o céu são de modo tão notável a ordem abrangente em que a existência humana deve se encaixar para sobreviver que o parceiro avassaladoramente poderoso e visível da comunidade do ser sugere inevitavelmente a sua ordem como o modelo de toda ordem, incluindo a do homem e da sociedade. De qualquer maneira, as civilizações do antigo Oriente Próximo que serão abordadas na parte 1 deste estudo simbolizaram a sociedade politicamente organizada como um análogo cósmico, como um *cosmion*, fazendo que os ritmos vegetativos e as revoluções celestes funcionem como modelos para a ordem estrutural e procedural da sociedade.

O segundo símbolo ou forma — a sociedade como macroantropo — tende a aparecer quando os impérios cosmologicamente simbolizados desabam e, em seu desastre, arrastam a confiança na ordem cósmica. A sociedade, apesar de sua integração ritual na ordem cósmica, ruiu; se o cosmos não é a fonte da ordem duradoura na existência humana, onde pode ser encontrada a fonte da ordem? Nessa conjuntura, a simbolização tende a se deslocar para o que é mais duradouro do que o mundo visivelmente existente — ou seja, para o ser invisivelmente existente além de todo ser na existência tangível. Esse ser divino invisível, que transcende todo o ser no mundo e o próprio mundo, só pode ser vivenciado como um movimento na alma do homem, e, assim, a alma, quando ordenada pela sintonia com o deus invisível, torna-se o modelo de ordem que fornecerá símbolos para ordenar a sociedade analogicamente à sua imagem. O deslocamento para a simbolização macroantrópica manifesta-se na diferenciação da filosofia e da religião a partir das formas precedentes, mais compactas, de simbolização, e pode de fato ser observado empiricamente como uma ocorrência na fase da história que Toynbee classificou como o Tempo de Problemas. No Egito, o colapso social entre o Antigo e o Médio Império viu a ascensão da religiosidade de Osíris. Na desintegração feudal da China apareceram as escolas filosóficas, especialmente as de Lao-Tsé e Confúcio. O período de guerra antes da fundação do império Mauria foi marcado pelo surgimento do Buda e do jainismo. Quando o mundo da pólis helênica se desintegrou, os filósofos apareceram, e os problemas posteriores do mundo helenístico foram marcados pela ascensão do cristianismo. Seria entretanto imprudente generalizar essa ocorrência típica em uma "lei histórica", pois há complicações nos detalhes. A ausência de um deslocamento desse tipo no colapso da sociedade babilônica (até o ponto em que a escassez de fontes autoriza esse parecer negativo) sugere que a "lei" teria "exceções", enquanto Israel parece ter chegado à segunda forma sem nenhuma conexão perceptível com um colapso institucional específico e um período de problemas subsequente.

Uma característica típica adicional dos estágios iniciais do processo de simbolização é a consciência do homem do caráter analógico de seus símbolos. A consciência se manifesta de várias maneiras, correspondentes aos vários problemas da cognição por meio de símbolos. A ordem do ser, embora permaneça na área da ignorância essencial, pode ser simbolizada analogicamente pelo uso de mais de uma experiência de ordem parcial da existência. Os ritmos da vida vegetal e animal, o ciclo das estações, as revoluções do sol, da lua e das constelações podem servir de modelos para a simbolização analógica da ordem social. A ordem da sociedade pode servir de modelo para simbolizar a ordem celestial. Todas essas ordens podem servir de modelos para simbolizar a ordem no reino de forças divinas. E as simbolizações da ordem divina, por sua vez, podem ser usadas para a interpretação analógica de ordens existenciais dentro do mundo.

Nessa rede de elucidação mútua, inevitavelmente ocorrem símbolos concomitantes e conflitantes. Essas concomitâncias e esses conflitos são gerados, durante longos períodos, com equanimidade pelos homens que os produzem; as contradições não geram desconfiança quanto à verdade dos símbolos. Se há algo característico dos primórdios da história da simbolização é o pluralismo na expressão da verdade, o reconhecimento generoso e a tolerância para com simbolizações rivais da mesma verdade. A autointerpretação de um império antigo como o único e exclusivo representante da ordem cósmica na terra em nada é abalada pela existência de impérios vizinhos que fazem em relação a si próprios o mesmo tipo de interpretação. A representação de uma divindade suprema sob uma forma e um nome especiais numa cidade-estado da Mesopotâmia não é abalada por uma representação diferente numa cidade-estado vizinha. E a fusão de várias representações quando um império unifica diversas cidades-estado anteriormente independentes, a mudança de uma representação para outra quando mudam as dinastias, a transferência de mitos cosmogônicos de um deus a outro, e assim por diante, mostram que a variedade das simbolizações é acompanhada por uma consciência viva da uniformidade da verdade a que o homem aspira por meio de seus vários símbolos. Essa tolerância inicial avança pelo período greco-romano e encontrou sua grande expressão no ataque de Celso ao cristianismo como o perturbador da paz entre os deuses.

A tolerância inicial reflete a consciência de que a ordem do ser pode ser representada analogicamente de mais de uma maneira. Todo símbolo concreto é verdadeiro na medida em que contempla a verdade, mas nenhum é completamente verdadeiro, já que a verdade sobre o ser está essencialmente fora do alcance humano. Nessa zona obscura da verdade cresce a rica flora — luxuriante, surpreendente, assustadora e encantadora — dos contos sobre deuses e demônios e suas influências ordenadoras e desordenadoras sobre a vida do homem e da sociedade. Há uma magnífica liberdade de variação e de elaboração de temas fundamentais, e cada novo crescimento e hipercrescimento adiciona uma faceta ao grande trabalho de analogia que cerca a verdade invisível; é a liberdade de que, no plano da criação artística, ainda podem partilhar os épicos de Homero, a tragédia do século V e a *mythopoeia* de Platão. Essa tolerância, entretanto, alcançará seu limite quando a consciência do caráter analógico da simbolização for atraída pelo problema da maior ou menor adequação dos símbolos à sua finalidade de tornar transparente a ordem verdadeira do ser. Os símbolos são muitos, enquanto o ser é um só. A própria multiplicidade dos símbolos pode, consequentemente, ser experimentada como uma inadequação, e é possível empreender tentativas de integrar um conjunto múltiplo de símbolos numa ordem racional e hierárquica. Nos impérios cosmológicos, essas tentativas assumem tipicamente a forma da interpretação de múltiplas divindades locais superiores como aspectos do deus único e supremo do império. O sumodeísmo político, porém, não é o único método de racionalização. As tentativas também podem assumir a forma mais técnica de especulação teogônica, fazendo que os outros deuses se originem por meio da criação pelo único deus verdadeiramente supremo, como é o caso, por exemplo, da teologia menfita, datada do começo do terceiro milênio a.C. Essas antigas irrupções especulativas na direção do monoteísmo parecerão anacrônicas para os historiadores que desejam encontrar uma progressão clara do politeísmo para o monoteísmo; e, como os fatos não podem ser negados, os casos mais antigos devem ao menos ser considerados "precursores" do surgimento posterior e mais legítimo do monoteísmo, a menos que, como um esforço adicional de racionalização, se empreenda uma busca para provar uma continuidade histórica entre o monoteísmo de Israel e Ikhnaton, ou entre a filosofia do Logos e a teologia menfita. As irrupções iniciais, entretanto, parecerão menos surpreendentes, e uma busca de continuidades será menos premente, se percebermos que a rígida diferenciação entre politeísmo e monoteísmo, sugerida pela exclusão mútua lógica do um e dos muitos, na verdade não existe. Pois o livre jogo imaginativo com uma pluralidade de símbolos só é possível porque a escolha das analogias é compreendida como mais ou menos irrelevante em comparação com a realidade do ser a que elas visam. Em todo politeísmo há um monoteísmo latente que pode ser ativado a qualquer momento, com ou sem "precursores", se a pressão de uma situação histórica encontra uma mente sensível e ativa.

No sumodeísmo político e na especulação teogônica alcançamos o limite da tolerância de simbolizações rivais. Ainda assim, não é preciso que ocorra nenhuma ruptura. A especulação teogônica de um Hesíodo não foi o início de um novo movimento religioso em oposição à cultura politeísta da Hélade, e o sumodeísmo romano, por intermédio de Constantino, pôde até puxar o cristianismo para o seu sistema de simbolização. O rompimento com a tolerância anterior não resulta de reflexão racional sobre a inadequação da simbolização pluralista (embora tal reflexão possa, na prática, ser um primeiro passo para iniciativas mais radicais), mas do discernimento mais profundo de que nenhuma simbolização por meio de análogos da ordem existencial do mundo pode ser, nem de longe, adequada ao parceiro divino de quem a comunidade do ser e sua ordem dependem. Apenas quando a distância na hierarquia do ser que separa a existência divina da mundana for sentida, quando a fonte originadora, ordenadora e preservadora do ser for experimentada em sua transcendência absoluta para além do ser em existência tangível, poderá toda a simbolização por analogia ser compreendida em sua inadequação e mesmo impropriedade. A propriedade dos símbolos — emprestando o termo de Xenófanes — vai se tornar então uma preocupação premente, e uma liberdade de simbolização até então tolerável tornar-se-á intolerável, porque é uma complacência inapropriada que revela uma confusão quanto à ordem do ser e, mais profundamente, uma traição do próprio ser por falta de sintonia adequada. O horror de uma queda do ser no nada motiva uma intolerância que não está mais disposta a distinguir deuses mais fortes de deuses mais fracos, mas opõe o deus verdadeiro aos falsos deuses. Esse horror induziu Platão a criar o termo *teologia*, a distinguir tipos verdadeiros e falsos de teologia e a fazer a ordem verdadeira da sociedade dependente do governo dos homens, cuja sintonia adequada com o ser divino manifesta-se em sua teologia verdadeira.

Quando a impropriedade dos símbolos passa para o foco da atenção, parece, à primeira vista, não ter havido muita mudança no entendimento humano da ordem do ser e da existência. Na verdade, algo é ganho pela ênfase diferenciadora conferida à área da ignorância essencial, assim como pela distinção consequente entre realidade imanente cognoscível e realidade transcendente incognoscível, entre existência mundana e existência divina, e parece perdoável um certo zelo em resguardar os novos discernimentos de resvalarem para uma aceitação renovada de símbolos que, em retrospectiva, aparecem como uma ilusão da verdade. Ainda assim, o homem não pode escapar da ignorância essencial pela intolerância à simbolização imprópria; nem pode superar o perspectivismo da participação pela compreensão de sua natureza. O discernimento profundo da impropriedade dos símbolos parece dissolver-se numa ênfase, talvez exagerada, em algo que era conhecido o tempo todo e não recebeu mais atenção precisamente porque nada seria alterado se esse algo tivesse sido enfatizado.

E no entanto algo mudou, não só nos métodos de simbolização, mas na própria ordem do ser e da existência. A existência é uma parceria na comunidade do ser; e a descoberta da participação defeituosa, de uma má administração da existência devido à falta de sintonia adequada com a ordem do ser, do perigo de uma queda do ser, é de fato um horror, que obriga a uma reorientação radical da existência. Não só os símbolos perderão a magia de sua transparência em relação à ordem invisível e tornar-se-ão opacos, como uma palidez cairá sobre as ordens parciais da existência mundana que até então forneceram as analogias para a ordem abrangente do ser. Não só os símbolos impróprios serão rejeitados, como o homem voltará as costas para o mundo e a sociedade como as fontes da analogia enganosa. Ele experimentará uma reviravolta, a *periagogé* platônica, uma inversão ou conversão no sentido da verdadeira fonte da ordem. E essa reviravolta, essa conversão, resulta em mais do que um aumento de conhecimento da ordem do ser; é uma mudança na própria ordem. Pois a participação no ser muda a sua estrutura quando se torna enfaticamente uma parceria com Deus, enquanto a participação no ser mundano recua para o segundo plano. A sintonia mais perfeita com o ser pela conversão não é um aumento na mesma escala, mas um salto qualitativo. E, quando essa conversão ocorrer a uma sociedade, a comunidade convertida experimentará a si mesma como qualitativamente diferente de todas as outras sociedades que não empreenderam o salto. Além disso, a conversão é experimentada não como o resultado de uma ação humana, mas como uma paixão, como uma resposta a uma revelação do ser divino, a um ato de graça, a uma seleção para uma parceria enfática com Deus. A comunidade, como no caso de Israel, será um Povo Escolhido, um povo peculiar, um povo de Deus. A nova comunidade cria, assim, um simbolismo especial para expressar sua peculiaridade, e esse simbolismo pode, daí em diante, ser usado para distinguir o novo elemento estrutural no campo das sociedades em existência histórica. Quando as distinções forem mais plenamente desenvolvidas, como o foram por santo Agostinho, a história de Israel tornar-se-á, então, uma fase da *historia sacra*, da história da Igreja, em contraste com a história profana em que os impérios ascendem e caem. Desse modo, a parceria enfática com Deus remove uma sociedade da condição de existência profana e a constitui como a representante da *civitas Dei* na existência histórica.

Assim, uma mudança no ser de fato ocorreu, com consequências para a ordem da existência. No entanto, o salto ascendente no ser não é um salto para fora da existência. A parceria enfática com Deus não abole a parceria na comunidade do ser em geral, que inclui o ser na existência mundana. Homem e sociedade, se querem reter o seu ponto de apoio no ser que torna possível o salto para a parceria enfática, precisam manter-se ajustados à ordem da existência mundana. Assim, não há uma era da Igreja que viria suceder uma era da sociedade no plano da sintonia mais compacta com o ser. Em vez disso, desenvolvem-se tensões, fricções e equilíbrios entre os dois planos de sintonia, uma estrutura dualista de existência que se expressa em pares de símbolos, de *theologia civilis* e *theologia supranaturalis*, de potências temporais e espirituais, de Estado secular e Igreja.

A intolerância à simbolização imprópria não resolve esse novo problema e o amor ao ser que inspira a intolerância precisa acomodar-se às condições da existência. Essa atitude de acomodação pode ser discernida na obra do Platão idoso, quando sua intolerância à simbolização imprópria, forte em seus anos iniciais e médios, passa por uma notável transformação. Na verdade, o discernimento da conversão, o princípio de que Deus é a medida do homem, longe de ser comprometido, é afirmado com ainda mais intensidade, mas sua comunicação tornou-se mais cautelosa, recolhendo-se mais profundamente atrás dos véus do mito. Há uma consciência de que a nova verdade sobre o ser não é um substituto, mas antes uma adição à verdade antiga. As *Leis* contemplam uma pólis que é construída como um análogo cósmico, talvez revelando influências da cultura política oriental; e da nova verdade será infiltrada apenas tanto quanto o recipiente existencial puder conter sem se quebrar. Além disso, há uma nova consciência de que um ataque à simbolização imprópria da ordem pode destruir a própria ordem junto com a fé em suas analogias, de que é melhor ver a verdade obscuramente do que não a ver de forma alguma, de que a sintonia imperfeita à ordem do ser é preferível à desordem. A intolerância inspirada pelo amor ao ser é equilibrada por uma nova tolerância, inspirada pelo amor à existência e pelo respeito pelos caminhos tortuosos em que o homem se move historicamente para mais perto da verdadeira ordem do ser. No *Epinomis*, Platão pronuncia a palavra final de sua sabedoria — que todo mito tem a sua verdade.

Parte 1
A ordem cosmológica do antigo Oriente Próximo

As sociedades do antigo Oriente Próximo eram ordenadas na forma do mito cosmológico. Na época de Alexandre, porém, a humanidade havia se movido, por intermédio de Israel, para a existência no presente sob Deus e, por intermédio da Hélade, para a existência no amor da medida invisível de todo ser. E esse movimento para além da existência numa ordem cósmica abrangente acarretou um progresso da forma compacta do mito para as formas diferenciadas de história e filosofia. Desde o início, portanto, um estudo da ordem e de sua simbolização carrega em si o problema de uma humanidade que desenvolve uma ordem própria no tempo, embora não seja ela própria uma sociedade concreta.

A ordem da humanidade para além da ordem da sociedade, além disso, desdobra-se no espaço, na medida em que o mesmo tipo de forma simbólica ocorre simultaneamente em várias sociedades. O próprio título desta primeira parte do estudo, "A ordem cosmológica do antigo Oriente Próximo", suscita a questão: qual ordem deve ser o tema da investigação? Pois o antigo Oriente Próximo não é uma sociedade organizada individual com uma história contínua, mas compreende uma série de civilizações com histórias paralelas. Além disso, enquanto na civilização do vale do Nilo podemos falar legitimamente de uma continuidade do "Egito", apesar das interrupções da ordem imperial por problemas internos e invasões estrangeiras, na Mesopotâmia os nomes dos impérios sumério, babilônico e assírio indicam uma pluralidade de organizações políticas de diferentes povos. E, no entanto, falamos não só do "antigo Oriente Próximo" como o tema da ordem cosmológica, mas mesmo de uma "humanidade" que expressava seu modo de existência por meio do mito cosmológico. Tal linguagem implica que um grupo de sociedades com histórias separadas pode ser tratado, para nossos fins, como se fosse uma única unidade na história, e até mesmo que os símbolos desenvolvidos para expressar uma ordem concreta podem ser abstraídos da sociedade de sua origem e atribuídos à humanidade em geral.

O problema da humanidade não foi suscitado a fim de ser solucionado agora em sua primeira aparição. Ele estará conosco ao longo de todo o estudo. No momento, é suficiente a consciência de sua existência como uma base para a observação empírica que vem a seguir, a qual tem uma influência direta na organização do material da parte 1.

É conhecimento empírico que o mito cosmológico surge num certo número de civilizações sem influências mútuas aparentes. É verdade que já se levantou a questão da possibilidade de que as civilizações mesopotâmica e egípcia, vizinhas no tempo e no espaço, tenham influenciado uma à outra, ou tenham uma origem comum que pudesse explicar os aspectos semelhantes de sua cultura política. Qualquer que venha a ser o resultado de um debate até aqui inconclusivo, a questão em si parecerá menos premente se considerarmos que o mesmo tipo de símbolos ocorre na China da dinastia Chou e nas civilizações andinas, onde influências babilônicas ou egípcias são improváveis. O estado do conhecimento empírico torna aconselhável, portanto, tratar o mito cosmológico como um fenômeno típico na história da humanidade e não como uma forma simbólica peculiar à ordem da Babilônia, ou do Egito, ou da China. É menos aconselhável ainda lançar-se em especulações sobre "difusão cultural" do mito cosmológico a partir de um centro hipotético de sua primeira criação.

O mito cosmológico, até onde sabemos, é geralmente a primeira forma simbólica criada pelas sociedades quando elas ultrapassam o nível de organização tribal. Ainda assim, os vários casos de seu aparecimento são suficientemente variados para permitir a distinção de estilos de mito inconfundivelmente mesopotâmicos, egípcios e chineses. Além disso, é fortemente provável, embora não conclusivamente demonstrável, que as diferenças de estilo tenham algo a ver com a potencialidade das várias civilizações para o desenvolvimento de experiências que acabarão resultando no salto no ser. Na área do antigo Oriente Próximo, os impérios mesopotâmicos mostraram-se os mais estéreis nesse sentido, enquanto a sequência de impérios egípcios apresentou um desenvolvimento notável, porém malogrado. O grande avanço foi conseguido apenas entre os povos da civilização siríaca, por meio de Israel. Assim, as variedades dentro do tipo geral de mito cosmológico não devem ser negligenciadas.

Para fazer justiça aos vários aspectos do problema, os materiais serão organizados na parte 1 da seguinte maneira: o capítulo 1 tratará dos impérios mesopotâmicos, porque a rigidez dos símbolos mesopotâmicos, com seus traços insignificantes de experiências diferenciadoras, é mais adequada para a elaboração dos elementos típicos do mito cosmológico. O capítulo 2, sobre o império aquemênida, abordará as modificações do tipo sob o impacto do zoroastrismo. O Egito será abordado no capítulo 3, porque o seu desenvolvimento local de experiências e símbolos tendeu a romper a forma do mito cosmológico. Esse arranjo permitirá que abordemos tanto o tipo como as variedades e mostrará o progresso do homem pela sequência de civilizações[1].

---

[1] A literatura sobre problemas específicos será apresentada conforme esses problemas forem aparecendo. Para a história política dos impérios tratados na parte 1, foram usadas, em geral, as obras a seguir: Eduard MEYER, *Geschichte des Altertums*, Stuttgart–Berlin, ⁵1926, I/2; ²1928, II/1; ²1931, II/2; Cotta'sche Buchhandlung, ²1937, III;. Eugène CAVAIGNAC, *Histoire de L'Antiquité*, Paris, Fonemoing, 1913; *Javan*, Paris, 1917, I/1; *L'Orient et les Grecs*, Paris, 1919, I/2; M. ROSTOVTZEFF, *The Orient and Greece*, in ID., *A History of the Ancient World*, Oxford, Clarendon Press, 1926, v. 1; Arnold J. TOYNBEE, *A Study of History*, London, Oxford University Press, 1934–1939, 6 v. Os capítulos pertinentes do volume 1 da *Cambridge Ancient History*, Cambridge, Cambridge University Press, 1924: Stephen H. LANDON, Early Babylonia and its cities, cap. 10, e, do mesmo autor, The Dynasties of Akkad and Lagash, cap. 11; R. Campbell THOMPSON, Isin, Larsa, and Babylon, cap. 13, e, do mesmo autor, The Golden Age of Hammurabi, cap. 14. Os ensaios pertinentes de *Historia Mundi*, v. 2, *Grundlagen und Entfaltung der aeltesten Hochkulturen*, Berna, 1953: Anton MOORTGAT, Grundlagen und Entfaltung der sumerischakkadischen Kultur; Giuseppe FURLANI, Babylonien und Assyrien; William F. ALBRIGHT, Syrien, Phoenizien und Palaestina. Para as bases da história das ideias, foram usadas estas obras: Alfred JEREMIAS, *Handbuch der Altorientalischen Geisteskultur*, Berlin/Leipzig, W. de Gruyter, ²1929; Bruno MEISSNER, *Babylonien und Assyrien*, Heidelberg, C. Winter, 1920-1925; H. e H. A. FRANKFORT, John A. WILSON, Thorkild JACOBSEN e William A. IRWIN, *The Intellectual Adventure of Ancient Man*, Chicago, University of Chicago Press, 1946; Henri FRANKFORT, *Kingship and the Gods*, Chicago, University of Chicago Press, 1948.

Capítulo 1
Mesopotâmia

§1 A criação de Deus e o domínio do homem

Estabelecer um governo é uma experiência de criação do mundo. Quando o homem cria o *cosmion* da ordem política, ele repete analogicamente a criação divina do cosmos. A repetição analógica não é um ato de imitação fútil, pois ao repetir o cosmos o homem participa, na medida permitida por suas limitações existenciais, da criação da própria ordem cósmica. Além disso, ao participar da criação da ordem, o homem experimenta a sua consubstancialidade com o ser do qual ele é uma parte criada. Desse modo, em seu esforço criativo, o homem é um parceiro no duplo sentido de uma criatura e um rival de Deus.

O complexo de experiências descrito acima pode ser discernido como a força motivadora do mito cósmico nos escassos fragmentos de origem mesopotâmica. Seus elementos são preservados nos vários relatos que o Gênesis oferece da crise nas relações entre Deus e o homem.

Um primeiro relato está incorporado na história da criação. No sexto dia, os Elohim criaram o homem à sua imagem, para assemelhar-se a eles, e deram-lhe o domínio sobre o resto da criação (Gn 1,26). Mas a semelhança não foi completa, pois os Elohim haviam retido o conhecimento do bem e do mal e ordenado ao homem, sob a ameaça de morte no mesmo dia, que não comesse da árvore do conhecimento (2,17). O tentador, porém, sabe a versão verdadeira: o homem não morrerá quando comer da árvore do conhecimento;

ele se tornará mais semelhante aos deuses, conhecendo o bem e o mal (3,4-5). Surge em cena o motivo da rivalidade e o fruto proibido é comido. O homem, de fato, não morre como lhe havia sido ameaçado; em vez disso, surge uma ameaça para os Elohim. "Eis que o homem tornou-se como um de nós pelo conhecimento do que seja bom ou mau. Agora, que ele não estenda a mão para colher também da árvore da vida, dela comer e viver para sempre" (3,22)[1]. O homem, por isso, foi expulso da região perigosa e guardas foram designados para impedir a aproximação da árvore da vida (3,23-24).

Um segundo relato da crise está incorporado na pré-história do grande dilúvio. O relato é obscuro, porque o narrador bíblico teve de encaixar à força uma fonte politeísta recalcitrante em sua história monoteísta. Ainda assim, é possível discernir a origem da crise em alguma licenciosidade no "acampamento dos Elohim" (32,2 s.). As filhas dos homens foram vistas com prazer por alguns dos Elohim (discretamente abrandados para "anjos" na narrativa bíblica), e do matrimônio entre deuses e homens surgiu uma raça de gigantes semidivinos arrogantes, mais inclinados para o mal que para o bem (6,1-4). A nova aproximação da divindade teve uma vez mais de ser contida, primeiro por um decreto divino que negou imortalidade à prole perigosa (6,3) e, quando a sua má conduta não se atenuou, por sua extinção por meio do grande dilúvio, do qual apenas Noé e sua família foram poupados (6,5-8).

Um terceiro relato é apresentado na história da Torre de Babel. Os descendentes de Noé eram uma única humanidade, que falava uma só língua (11,1). Eles se estabeleceram na planície de Senaar (Babilônia) e conceberam o plano de construir uma cidade e uma torre que chegaria até o céu, a fim de fazer um nome para si e não se dispersar pela ampla terra (11,4). Yahweh desceu, observou a obra e decidiu: "Todos eles são um povo só e uma língua só, e é esta a sua primeira obra! Agora, nada do que projetarem fazer lhes será inacessível!". E Ele confundiu sua língua e os espalhou pela ampla terra (11,5-9).

Dos três relatos, o homem surge como uma criatura à semelhança de Deus, especificamente elevado acima de todas as outras criaturas pelo seu conhecimento de, e liberdade para, o bem e o mal. Ele tem dificuldades para encontrar o equilíbrio certo de sua existência e é irresistivelmente inclinado a buscar a divindade da qual é apenas uma imagem. É lançado de volta a um

---

[1] A maioria das citações bíblicas desta tradução será reproduzida da *Bíblia — Tradução ecumênica* (TEB), São Paulo, Loyola, 1994. No entanto, algumas adaptações serão necessárias para manter o texto fiel às reproduções escolhidas pelo autor. Por exemplo: será mantida a denominação "Yahweh", preferida pelo autor, em substituição ao "Senhor" adotado pela TEB (N. do E.).

entendimento de sua condição pela consciência da morte, de sua temporalidade humana em comparação com a permanência divina; conscientiza-se da precariedade e da fraqueza de sua existência por intermédio de catástrofes naturais incontroláveis; e a diversificação da humanidade em povos ensina-lhe que não há "Um Mundo" de humanidade que rivaliza com o céu, mas apenas um ajuste humilde de cada sociedade, no espaço e tempo que lhe é atribuído, à majestade da ordem cósmica. Com um domínio esplêndido de suas fontes, o autor do Gênesis funde os três relatos numa história espiritual do homem. Depois das três grandes revoltas e quedas, um homem purificado pela punição, Abrão, é chamado pelo Senhor a deixar a Babilônia para se estabelecer em um novo país e fundar a nação em que todas as nações da Terra serão abençoadas (12,1-3). As relações turbulentas encontraram o seu equilíbrio e o domínio do homem pode agora ser sinceramente, sem ambiciosas ultrapassagens de limites, um análogo da criação de Deus, conforme louvado no Salmo 8. No salmo, Deus habita em sua majestade sobre todo o mundo; seu esplendor é estabelecido num ponto elevado no céu para deter os inimigos e esmagar os rebeldes. E o que é o homem em comparação com Deus?

> Quando vejo teu céu, obra de teus dedos,
> a lua e as estrelas que fixaste,
> quem é o homem para que nele penses,
> e o filho do homem para que dele te ocupes?

E no entanto

> Tu o colocaste um pouco abaixo dos elohim,
> Tu o coroas de glória e esplendor,
> Tu o fazes reinar sobre as obras de tuas mãos,
> Tudo submeteste a seus pés.

As histórias babilônicas originais sofreram mutilações e alterações para ser encaixadas no Gênesis hebraico. Ainda assim, mesmo em sua forma distorcida, os relatos ajudarão a compreender o mito muito mais arcaico de Adapa, preservado apenas em fragmentos, que pertence à mesma classe[2]. O mito de Adapa tem sido tema de debate porque alguns estudiosos queriam reconhecer nele a versão babilônica original da história de Adão e sua queda, enquanto outros defendiam que esta honra cabia à Bíblia, detalhando os

---

[2] Os fragmentos do mito babilônico de Adapa encontram-se disponíveis numa tradução para o inglês em Alexander HEIDEL, *The Babylonian Genesis*, Chicago, University of Chicago Press, ²1951, 147-153; análises do mito podem ser encontradas às páginas 122 ss. do mesmo volume e em MEISSNER, *Babylonien und Assyrien*, v. II, 188-189.

pontos de diferença. Uma certa relação temática entre as duas histórias, o ganho de sabedoria e a perda da vida eterna, não pode ser negada; ainda assim, suspeitamos que o debate tenha sido conduzido em vão, porque o mito de Adapa provavelmente não pertence ao tipo da história de Adão, mas antes ao tipo representado pelo segundo relato, em Gênesis 6, que fala dos "homens poderosos que foram famosos nos tempos antigos", da raça que derivou dos Elohim e das belas filhas do homem. O Gênesis é conciso quanto às atividades mais voluptuosas dos Elohim e não fala nada das façanhas pelas quais a sua prole ganhou seu renome. É possível que, no mito babilônico, possuamos pelo menos uma dessas histórias da era de heróis semidivinos.

O Adapa do mito não é o primeiro homem, como se supunha. Ele é caracterizado como a "semente da humanidade", mas a comparação filológica com expressões relacionadas tornou convincente a ideia de que "semente" não significa "pai", mas "descendente" do homem. Ao mesmo tempo em que é, assim, um filho do homem, ele é também o filho de Ea, o deus da sabedoria, e, desse modo, um ser semidivino, dotado por seu pai de sabedoria, mas não de vida eterna. Ea o criou como um líder entre a humanidade e o aprimorou para esclarecer os decretos da terra. E Adapa atuava como um provedor do templo, o observador de ritos em Eridu, a cidade de Ea, assando pão com os padeiros, trazendo comida e água, pondo e tirando a mesa (provavelmente no templo) e pescando para Eridu. O conjunto de funções mostra que Adapa foi um sacerdote e governante na cidade do deus Ea.

Um dia, quando estava pescando no golfo, uma rajada repentina do vento sul o submergiu. O furioso Adapa, dotado de poderes mágicos, amaldiçoou o vento sul e, pela maldição, quebrou-lhe a asa, causando, desse modo, uma perturbação no cosmos. Depois de sete dias, Anu, o senhor do céu, reparou que o vento sul não estava soprando e, informado da razão, convocou Adapa à sua presença. Ea equipou seu filho com bons conselhos, dizendo-lhe como se portar a fim de ganhar amigos no céu e, especialmente, alertando-o a não provar nenhuma comida ou bebida que lhe fosse oferecida, pois seriam a comida e a água da morte. Graças aos conselhos argutos, Adapa conseguiu acalmar a ira de Anu e o senhor do céu começou a refletir sobre o que fazer com o réu. O dano original fora causado quando Ea revelou a um homem os segredos do céu e da terra (dotando-o de poderes mágicos); Adapa é agora forte, e tem um nome; o melhor curso a tomar será torná-lo um deus completo. Assim, Anu ordena que a comida e a água da vida lhe sejam trazidas. Adapa, porém, recusa-se a comer ou beber, atento ao conselho de seu pai, e Anu libera-o para voltar à sua terra. O restante (fragmento 4) está danificado demais para transmitir uma história coerente. Parece apenas que Anu riu da má ação de Adapa, admirando o poder de sua maldição e imaginando como aumentar a sua autoridade. Seja como for, ele decretou liberdade do serviço compulsório para Eridu, a cidade de Adapa, e concedeu-lhe a glória de seu sumo sacerdócio (exercido por Adapa) até os dias mais distantes.

A interpretação do mito começará adequadamente pelo seu cenário pragmático. A história de Adapa é preservada na forma de um longo preâmbulo a um encantamento de Ninkarrak, a deusa da cura (fragmento 4). Ninkarrak curará as doenças e enfermidades que Adapa trouxe para os homens quando se recusou a comer o alimento da vida. A partir desse cenário ficamos sabendo, em primeiro lugar, que o mito não pretende contar a aventura de um herói entre outros, mas que Adapa é o representante da humanidade e, segundo, que a morte não é considerada essencial à existência humana, mas um infortúnio que poderia ter sido evitado. O mito é claramente relacionado à existência e ao ser humano.

Ao lidar com seu significado precisamos portanto distinguir o conteúdo da história mítica da experiência por ela simbolizada, pois se selecionarmos partes do mito sem cautela crítica e as examinarmos como se fossem proposições num discurso, carregando o seu próprio significado, chegaremos a conclusões duvidosas (que, de fato, foram tiradas), como, por exemplo, que os babilônios acreditavam que a morte era consequência de um conselho deliberadamente enganoso de Ea ou de um erro de cálculo por parte de Ea e Adapa. Interpretações desse tipo tratam o mito como se ele fosse um estudo empírico do comportamento humano, o que um mito de deuses e semideuses obviamente não é.

Os símbolos do mito devem ser relacionados à experiência expressa. A existência humana é privada da duração eterna que pertence aos deuses. Embora esse núcleo esteja claramente indicado, é menos fácil identificar os matizes da privação. Certamente há um sentimento de "poderia ter sido" e a sensação de consubstancialidade predomina fortemente, superando a condição de separação das existências. O homem pode ser metade deus, pode ter poderes mágicos que infligem danos por meio de maldições e a sua substância semidivina pode ser aperfeiçoada pelo consumo físico da substância da vida; parece não haver razão para ele não ser um deus. Apesar dessa sensação de consubstancialidade, porém, o motivo de rivalidade com os deuses, de uma busca irresistível da vida eterna (da qual Adão é suspeito no Gênesis), é curiosamente contido. A vida eterna não está dentro do alcance de Adapa; seu pai, Ea, a nega para ele, quando ele tem uma chance de ganhá-la, ela lhe é livremente oferecida por Anu[3].

A conduta dos dois deuses é intrigante. Ea é o deus da sabedoria, que ele transmite a seu filho. Há algo prometeico em sua presteza em equipá-lo como um líder entre a humanidade. Por que ele nega a vida eterna que, aparentemente, também poderia ter lhe concedido? O mito sugere, talvez, uma verdadeira sabedoria que não anseia por um prolongamento da existência além da duração que lhe cabe? Não se pode descartar a possibilidade de que haja uma vaga tonalidade homérica nesses deuses. Há, talvez, um vislumbre de aceitação no mito de uma vontade de ser homem e não de ser deus. Na verdade, seria ir longe demais sugerir que nenhum engano tenha ocorrido quando Adapa rejeitou a comida da vida, que Ea queria que ele a rejeitasse porque a comida iria trazer a morte para a sua natureza humana. Ainda assim, há algo estranho nessa advertência contra a comida e a água da morte, pois as substâncias míticas não são venenos ministrados num banquete renascentista. E como sua consequência não é um ataque cardíaco, mas a mortalidade, que dano elas poderiam causar ao Adapa mortal? Talvez o mistério possa ser resolvido recorrendo-se a uma estranheza similar no mito do Gênesis. Quando o homem é expulso do Éden, ele é, assim, impedido de provar da árvore da vida. Mas por que a expulsão é tão importante? Que diferença faz se a aproximação da árvore da vida é interditada por uma barreira física ou por uma proibição de tocar o seu fruto? Será que apenas isto estabeleceria a diferença entre uma vida hedonista e vegetativa e uma vida de trabalho duro? No Gênesis há uma resposta: a "morte" que foi estabelecida como o castigo para a transgressão não é a mortalidade, a passagem da existência, mas a queda espiritual da condição do ser. O mito de Adapa não levanta o problema de uma queda do ser, mas essa curiosa advertência contra a comida da morte, que termina numa rejeição da comida da vida, talvez oculte sob o seu simbolismo opaco e compacto o problema que vem a ser articulado no Gênesis.

Dessa obscuridade, chegamos novamente à luz com as consequências da rejeição de Adapa à comida e à água da vida. Anu libera-o generosamente para voltar ao domínio duradouro e glorioso de Eridu. O herói que rejeita a

---

[3] Essa contenção, porém, não é característica dos mitos babilônicos em geral. Na épica de Gilgamesh, o herói segue ardentemente em busca da erva que dará a vida. Essa diferença permitiria que a épica de Gilgamesh fosse classificada como o mais arcaico (e, portanto, talvez anterior?) dos dois mitos.

vida eterna é o governante que cria e mantém a ordem entre os homens. Teria sido a oferta de Anu, talvez, uma tentação? Uma vez mais, isso seria ir longe demais, pois essa faceta da experiência não é diferenciada, como o é na serpente do Gênesis. O resultado, porém, é o mesmo: o domínio do homem é a compensação analógica para a ordem eterna.

§2 A simbolização da ordem política

A simbolização da ordem política por meio de analogia com a ordem cósmica na civilização mesopotâmica não derivou de um sistema especulativo criado num momento definido, mas foi resultado de um processo em que a realidade política e a simbolização cresceram uma em direção à outra até que um núcleo bem definido de símbolos foi alcançado na época da Primeira Dinastia Babilônica[4]. A organização política cresceu de cidades-estado independentes para impérios que dominaram todo o território da civilização sumério-acadiana, e paralelamente ao seu crescimento evoluiu a concepção do império como um análogo do cosmo e de sua ordem.

A mais antiga forma política conhecida, longe de ser primitiva, foi a cidade-estado, um aglomerado de templos com grandes possessões de terras, cada uma propriedade de um deus e administrada pelo fazendeiro inquilino

---

[4] Hamurabi foi o sexto rei da Primeira Dinastia Babilônica. Seu reinado durou quarenta e três anos. As datas da dinastia, e do reinado de Hamurabi, foram avançadas substancialmente durante os últimos trinta anos, em particular por influência das escavações sob Mari. Eduard Meyer (1926) aceitou para a dinastia *c.* 2225–1926 a.C. e para Hamurabi *c.* 2123–2081 a.C. Para o desenvolvimento do debate desde Meyer, cf. Sidney SMITH, *Early History of Assyria*, London, Chatto e Windus, 1928; do mesmo autor, *Alalakh and Chronology*, London, Luzac and Company, 1940; e P. van der MEER, *The Ancient Chronology of Western Asia and Egypt*, Leiden, E. J. Brill, 1947. As opiniões quanto à data de Hamurabi atualmente variam de 1848-1806 (Sidersky, Thureau-Dangin) a 1704-1662 (Weidner, Boehl). Os anos 1728-1686 são defendidos por Albright e de Vaux. A datação de Sidney Smith, 1792-1750, encontra a aprovação de Parrot (*Archéologie mesopotamienne*, Paris, Albin Michel, 1953). Esse levantamento de opiniões foi tirado da exposição do Louvre *Les Archives Royales de Mari (1800-1750 av. J.-C.)*. Um levantamento similar é oferecido em James B. PRITCHARD, *The Ancient Near East in Pictures*, Princeton, Princeton University Press, 1954, XII. Giuseppe Furlani prefere a data 1704-1662 (*Historia Mundi*, II, 262). Embora a redução das datas nesse caso específico ou de uma maneira geral na história antiga não afete os detalhes de nossa análise, ainda assim é de importância para nossos problemas, na medida em que a redução cria um meio mais denso e mais provável para a evolução de experiências, substituindo os intervalos de tempo impressionantes, porém vazios.

do deus. A população dessas cidades chegava a até 20 mil habitantes. As várias unidades de templos que formavam uma cidade eram organizadas numa unidade maior pelo comando ou governo, tanto sacerdotal como cívico, do fazendeiro inquilino do deus mais importante da cidade[5]. Esse personagem era o *ensi* (sumério) ou *ishakhu* (acadiano). A organização pressupunha a existência de um panteão desenvolvido com uma hierarquia de deuses. E esse panteão, de fato, estendia-se além dos confins de uma única cidade-estado para abranger o deus das múltiplas cidades-estado mesopotâmicas. As várias cidades pertenciam, assim, a uma mesma civilização, no sentido de que estavam unidas por uma cultura religiosa comum. Atritos de fronteira entre cidades não precisavam portanto resultar em guerras, mas podiam ser resolvidos por arbitragem, com o fazendeiro inquilino de uma terceira cidade atuando como o juiz cujas decisões eram respaldadas pela autoridade do deus que ele representava. O deus Enlil de Nippur ocupava a posição mais elevada entre os deuses de cidades, e essa cidade, consequentemente, desfrutava de uma autoridade religiosa especial, comparável à de Delfos na Hélade.

A organização política por meios pacíficos além do plano da cidade-estado parece ter se defrontado com dificuldades ainda mais insuperáveis do que na Hélade, pois não encontramos federações de cidades comparáveis às helênicas, e a formação de domínios territoriais maiores devia-se exclusivamente a guerras e conquistas. Os conquistadores e unificadores vitoriosos assumiam o título de *lugal* (literalmente, "o grande homem"), um título régio que já estivera em uso nas cidades-estado, pois indicava os governantes locais de Kish e Ópis, embora não seja muito claro por que essas cidades teriam preeminência sobre as outras. O título era usado em acréscimo ao de governador de cidade,

---

[5] Sobre a organização interna dessas cidades-estado foi lançada recentemente uma luz interessante sobre a breve épica sumória de "Gilgamesh e Aga", traduzida parcialmente por Thorkild Jacobsen em *Journal of Near Eastern Studies* 2 (1943) e em sua totalidade por S. N. Kramer em James B. PRITCHARD (ed.), *Ancient Near Eastern Texts Relating to the Old Testament*, Princeton, Princeton University Press, 1950 (doravante citado como *ANET*). Gilgamesh, o rei de Erech, antes de partir para a guerra com Aga, de Kish, consulta as assembleias dos anciãos e dos guerreiros. Desse modo, a existência das mais antigas assembleias políticas já conhecidas, conforme ressaltou Jacobsen, é atestada pelo menos nas cidades-estado sumérias. Não abordarei esta questão de forma mais aprofundada porque os materiais são escassos demais para que neles possa ser baseada qualquer conclusão. Uma atenção considerável é dada à questão, com algum exagero em vista da escassez de fontes, por E. A. SPEISER, Ancient Mesopotamia, in *The Idea of History in the Ancient Near East*, New Haven, American Oriental Society, 1955. Nenhum traço dessas assembleias é encontrado no nível imperial de organização na Mesopotâmia.

ou *ensi*, e mesmo bem posteriormente, na época do império assírio, os reis mantiveram o título de *ensi* de Assur em sua designação. Desse modo, a organização da cidade-estado foi preservada no âmbito da administração local mesmo nos períodos imperiais. Ainda assim, a posição de um *ensi* foi inevitavelmente afetada pela criação de uma administração central; quando o governo imperial era forte, o *ensi* tornava-se pouco mais do que um funcionário público que podia ser transferido de uma cidade para outra.

O crescimento do domínio territorial foi realizado pelo desenvolvimento de um simbolismo correspondente. Da época de Lugalzaggisi (meados do terceiro milênio a.C.) foi preservada uma inscrição que revela o novo problema:

> Quando Enlil, rei de todos os países [*kurkur*],
> dera o governo da terra [*kalama*] para Lugalzaggisi;
> Quando Enlil voltara os olhos da terra [*kalama*] para ele
> e pusera todos os países [*kurkur*] aos seus pés;
> Enlil conquistara para ele do nascer do sol até o seu poente
> e abrira as estradas para ele do Mar Inferior no Tigre
> e Eufrates até o Mar Superior.

A inscrição parece ser rigorosamente construída. As duas primeiras linhas descrevem a decisão na esfera cósmica, as duas linhas seguintes, os eventos na esfera política terrena, e o restante do texto, o domínio resultante. O deus Enlil, que é o senhor de todos os países (*kurkur*), decretou que o governo da terra de Sumer (*kalama*) seria de Lugalzaggisi. Em cumprimento ao decreto, os olhos da terra de Sumer (*kalama*) se voltaram para Lugalzaggisi como rei e, tendo o domínio de Sumer como base, ele pôde subjugar todos os países (*kurkur*) que estavam sob o comando de Enlil. O resultado foi um domínio que, na direção leste-oeste, se estendia do nascente ao poente do sol, ao passo que na direção norte-sul estendia-se do Mediterrâneo ao Golfo Pérsico[6]. O domínio do governante ampliava-se para além da terra de Sumer propriamente dita e tornava-se coextensivo com o governo cósmico do deus. O estilo de simbolização teve continuidade na dinastia dos sargônidas de Acad, onde, entre os títulos reais, encontram-se "aquele que governa os quatro cantos [do mundo]" e "Rei dos Quatro Cantos".

---

[6] Texto da inscrição em François Thureau-Dangin, *Les inscriptions de Sumer et d'Akkad*, Paris, E. Leroux, 1905, 219. Para interpretações, ver Meyer, *Geschichte des Altertums*, I/2, seções 390-391, e Frankfort, *Kingship and the gods*, 227-228. A tradução segue o texto apresentado em Frankfort, com ligeiras alterações para enfatizar a construção.

Os novos símbolos foram plenamente desenvolvidos durante a Primeira Dinastia Babilônica. O principal documento é o preâmbulo ao Código de Hamurabi:

> Quando o sublime Anu, rei dos Anunnaki, e Enlil, senhor do céu e da terra, que determina os destinos do território,
> Atribuíram a função de Enlil [governo] sobre todo o povo a Marduk, o filho primogênito de Enki, fizeram-no grande entre os Igigi,
> Quando chamaram a Babilônia pelo seu nome exaltado, fizeram-na inigualável no mundo,
> Quando em seu meio estabeleceram para ele um reinado perene cujas fundações são tão sólidas quanto o céu e a terra —
>
> Então Anu e Enlil chamaram-me, Hamurabi, o príncipe obediente, venerador dos deuses, pelo meu nome,
> Para fazer a justiça prevalecer na terra, para destruir os maus e os perversos, para impedir que os fortes oprimissem os fracos,
> A fim de que eu me elevasse como o sol sobre os povos de cabeças escuras, para iluminar a terra.

A construção é a mesma que na inscrição de Lugalzaggisi, mas tornou-se mais elaborada[7]. Há o claro paralelismo entre a criação da ordem, a fundação da Babilônia sob o reinado de Marduk no céu e a criação do reino terreno da Babilônia sob o comando de Hamurabi[8]. Além disso, começa a surgir algo como um "sistema" de símbolos que expressam coerentemente a existência de um império com relação ao tempo, ao espaço e à substância.

Uma organização política existe no tempo e origina-se no tempo como uma unidade reconhecível. No estilo cosmológico de simbolização, porém, não há um fluxo de tempo histórico articulado por um evento originador. A fundação de um governo é concebida como um evento na ordem cósmica dos deuses, da qual o evento terreno é a expressão análoga. O que hoje chamaríamos de categoria do tempo histórico é simbolizado pela origem num decreto cósmico[9]. Há

---

[7] Robert Francis HARPER, *The Code of Hammurabi King of Babylon*, London/Chicago, University of Chicago Press, 1904; Hugo WINKLER, *Die Gesetze Hammurabis in Umschrift und Uebersetzung*, Leipzig, J. C. Hinrichs, 1904; Chilperic EDWARDS, *The Hammurabi Code and the Sinaitic Legislation*, London, Watts and Co., 1921; JACOBSEN, *The Intellectual Adventure of Ancient Man*, 193; Theophile J. MEEK, *ANET*, 164. Todas essas traduções foram utilizadas.

[8] O eco desse paralelismo ainda pode ser encontrado na concepção de uma "Jerusalém celestial" que desce sobre a Terra em Gálatas 4,26 e Apocalipse 21.

[9] Cf. o preâmbulo da Lista do Rei suméria: "Quando o reinado baixou do céu, o reinado foi primeiro em Eridu" (trad. A. Leo Oppenheim, *ANET*, 265). Cf. também a "Lenda de Etana" (trad. E. A. Speiser, *ANET*, 114 ss.).

poemas cosmogônicos preservados do período da Primeira Dinastia Babilônica que descrevem a criação da "terra celestial" como precedendo a criação da "terra terrena". Os centros político-religiosos de Nippur, Uruk, Eridu e Babilônia são primeiro criados na terra celestial, depois os centros terrenos correspondentes são construídos. Assim, a origem das unidades políticas dominantes remonta ao início do mundo.

Enquanto no tempo o processo político é um reflexo do processo cosmogônico, a organização espacial do império reflete a organização espacial do cosmo. A ordem espacial do universo é determinada pelas revoluções dos principais corpos celestes do leste para o oeste, criando o sistema dos quatro pontos cardeais, dos quatro cantos do mundo e das quatro regiões correspondentes. O império terreno corresponde à ordem celestial na medida em que toda a terra está dividida, na concepção babilônica, nos quatro domínios de Acad (sul), Elam (leste), Subartu e Gurtium (norte) e Amurru (oeste). Inversamente, uma geografia celestial elaborada encontra no céu os originais correspondentes à configuração terrena. O Tigre e o Eufrates celestiais são identificados a constelações definidas, da mesma forma que as grandes cidades. Até mesmo o sol e a lua são divididos em regiões correspondentes aos cantos terrestres, "o lado direito da Lua sendo Acad, seu lado esquerdo Elam, seu lado superior Amurru e seu lado inferior Subartu"[10].

Com relação à substância, uma vez mais a ordem política reflete a ordem cósmica. O deus-sol Marduk é designado governante de todos os povos, e seu análogo terreno, Hamurabi, eleva-se como o sol sobre o povo e ilumina a terra, ministrando os fundamentos da ordem justa. O império é, assim, um microcosmo que, por princípio, só pode existir no singular. E essa concepção permanece imperturbada apesar de sua incompatibilidade lógica com a existência de poderes rivais fora do análogo cósmico.

O simbolismo do microcosmo foi mantido ao longo de toda a história dos impérios babilônico e assírio até a conquista persa. Ainda assim, há uma diferença notável entre as inscrições assírias e babilônicas, que pode ser devida ao temperamento peculiar dos dois povos. No Código de Hamurabi, os deuses entregaram o governo ao rei, mas os meios bastante sangrentos pelos quais o governo deve ter sido obtido não são mencionados. O rei simplesmente faz a justiça prevalecer, destrói os maus e perversos e presta serviços sociais. As inscrições assírias, no entanto, apresentam amplos relatos das guerras régias.

---

[10] MEISSNER, *Babylonien und Assyrien*, II,110.

Uma inscrição de Tiglat-Pileser III, por exemplo, louva o rei como "o bravo herói que, com a ajuda de Assur, seu senhor, esmagou todos os que não obedeceram a ele, como potes, e os abateu, como um furacão, dispersando-os pelos ventos; o rei que, promovendo o nome de Assur, Shamash e Marduk, os grandes deuses, trouxe para o seu domínio as terras desde o Mar Amargo de Bît-Iakin até o monte Bikni, do sol nascente, e até o mar do sol poente, chegando ao Egito — do horizonte ao zênite, e exerceu o domínio sobre eles"[11]. Quanto ao resto, a concepção do governante-sol manteve-se substancialmente inalterada; uma inscrição de Tukulti-Urta I, por exemplo, diz: "Tukulti-Urta, rei do universo, rei da Assíria, rei dos quatro cantos do mundo, o Sol de todos os povos, o rei poderoso, rei de Karduniash [Babilônia], rei de Sumer e Acad, rei do mar superior e inferior, rei das montanhas e das amplas planícies do deserto, rei do Shubarî e Kutî, e rei de todas as terras de Nairi etc."[12]. Apenas às vezes aparece uma nuança interessante, como quando a criação divina da ordem estende-se além da designação do rei para a sua própria formação corpórea, como encontramos numa inscrição de Assurbanipal: "Eu sou Assurbanipal, prole [criatura] de Assur e Bêlit, o príncipe mais velho do harém real, cujo nome Assur e Sin, o senhor da tiara, designaram para o governo desde dias distantes, e a quem formaram no útero de sua mãe, para o comando da Assíria; que Shamash, Adad e Ishtar, por seu decreto inalterável, ordenaram que exercesse a soberania"[13].

A simbolização cosmológica não é nem uma teoria, nem uma alegoria. Ela é a expressão mítica da participação, experimentada como real, da ordem da sociedade no ser divino que também dá ordem ao cosmo. Na verdade, o cosmo e o *cosmion* político continuam sendo existências separadas, mas um fluxo de ser criativo e ordenador flui através deles de forma tão intensa que, como vimos, o deus é o proprietário de um templo, enquanto seu sacerdote e governante é apenas o seu fazendeiro inquilino; o governo de Marduk sobre toda a terra é estabelecido no céu, enquanto a ascensão do rei terreno ao poder é apenas a realização da nomeação divina; e a ordem geográfica na terra é a imagem da ordem original nos céus. A participação é tão íntima, de fato, que,

---

[11] D. D. LUCKENBILL, *Ancient Records of Assyria and Babylonia*, Chicago, University of Chicago Press, 1926, v. 1, seção 787.
[12] Ibid., seção 142.
[13] Ibid., v. 2, seção 765.

apesar da separação das existências, império e cosmo são partes de uma única ordem abrangente. É justificadamente, portanto, que se pode falar da ideia babilônica de um cosmo ordenado como um Estado, e que cosmo e império são, em substância, uma mesma entidade.

Tal unidade, que compreende as existências separadas como partes, necessita da criação de um símbolo que possa expressar o ponto de conexão física entre as duas partes separadas, o ponto em que o fluxo do ser flui do cosmo para o império. Um estilo de simbolização, uma vez que o núcleo tenha sido formado e aceito, requer, pela sua lógica interior, a criação de símbolos adicionais. O símbolo mencionado acima como um requisito sempre que a ordem política é simbolizada cosmologicamente pode ser chamado pelo nome grego de *omphalos*, ou seja, o umbigo do mundo, em que as forças transcendentes do ser fluem para a ordem social. Na Hélade, esse ônfalo era a pedra em Delfos que marcava o centro do universo. Na civilização babilônica, o símbolo ocorreu, como vimos, no preâmbulo ao Código de Hamurabi. Lá, a Babilônia tornou-se inigualável no mundo quando foi estabelecida "no meio do mundo" como um reino perene; e o nome *Bab-ilani* significava de fato Portão dos Deuses. A ideia pôde ser observada em formação na inscrição de Lugalzaggisi, com a sua distinção da *kalama*, a terra de Sumer, e *kurkur*, os outros países, sendo a *kalama* o centro do domínio terreno e *kurkur* a sua expansão periférica. Na história israelita, o símbolo foi elaborado, com mais detalhes, em Gênesis 28,11-22. Jacó deitou-se num "certo lugar" para dormir tendo uma pedra como travesseiro. Em seu sonho, viu uma escada que ia da terra até o céu e os anjos de Deus subindo e descendo. No alto da escada, apareceu o próprio Deus, que deu a Jacó e a seus descendentes a terra em que ele estava deitado. "Tua descendência será igual ao pó da terra. Espalhar-te-ás a oeste, a leste, a norte e a sul; em ti e na tua descendência serão abençoados todos os clãs do solo". Quando Jacó acordou, reconheceu o lugar como a casa de Deus e o portão do céu; e erigiu a pedra sobre a qual estivera dormindo como um pilar e chamou o local de Beth-el, casa de Deus[14]. O tênue eco do sonho de Jacó é a Baitylion, a pedra que se encontra sob o trono da coroação da Inglaterra, na abadia de Westminster, a qual se acredita ser a pedra em que Jacó dormiu em Betel.

O símbolo do ônfalo mostrou-se adaptável a todas as situações empíricas. O ônfalo em Delfos já foi mencionado, e o marco romano no fórum,

---

[14] Compare-se o relato em Gênesis 35.

em forma de ônfalo, era o símbolo do império mundial. Na civilização mesopotâmica, Babilônia era o ônfalo no período babilônico, enquanto Nippur foi o ônfalo no período sumério anterior. Em Israel, além de Betel como o ônfalo mais antigo em Canaã, há pelo menos indícios de Jerusalém como o ônfalo do mundo em tempos posteriores. Em Ezequiel 5, o profeta recebeu a seguinte mensagem a ser transmitida para a comunidade de Israel: "Esta é Jerusalém! Eu a havia situado no meio das nações, com outras terras em torno dela. Ela se rebelou contra minhas decisões com mais perversidade do que as nações; e contra minhas leis mais que as terras que a cercam" (5,5-6). O povo do ônfalo tinha uma obrigação especial de agir de acordo com a ordem do Senhor. O que era perdoável nas áreas periféricas do mundo era uma ofensa imperdoável se cometida pelo povo do centro. Se o povo do ônfalo imitasse o modo de agir dos vizinhos periféricos, seria visitado por um castigo severo (5,7-17).

O fluxo do ser divino que flui da fonte divina pelo ônfalo para a ordem social, portanto, não penetrará o mundo uniformemente até o canto mais distante. O ônfalo é um centro civilizacional do qual a substância da ordem irradia, com força decrescente, para a periferia. A concepção de graus decrescentes de qualidade com o aumento da distância em relação ao centro é atribuída por Heródoto aos persas: "Eles honram acima de tudo aqueles que vivem mais perto deles, em seguida os que vivem na distância seguinte e, prosseguindo sempre dessa maneira, atribuem honra segundo essa regra; aqueles que moram a maior distância são considerados por eles os menos merecedores de honra entre todos; pois eles se consideram, em todos os aspectos, de longe os melhores de todos os homens, com os demais podendo reivindicar apenas um mérito proporcional, até aqueles que moram a maior distância e que têm o menor mérito entre todos". Heródoto conta ainda que os medos haviam organizado o seu império de tal forma que eles próprios tinham a soberania sobre todos os povos em seus domínios, mas governavam diretamente apenas os grupos imediatamente vizinhos, enquanto os grupos vizinhos, por sua vez, governavam as camadas externas de grupos étnicos. A organização do império, assim, refletia o grau de excelência determinado pela distância do centro[15].

Por fim, para enfatizar o aparecimento típico do ônfalo em civilizações cosmológicas, deve-se lembrar o símbolo chinês de um *chung kuo*, de um do-

---

[15] HERÓDOTO 1.134, trad. A. D. Godley, in Loeb Classical Library.

mínio central e sede do rei. O *chung kuo* era cercado pelos Estados feudais de dignidade menor, que por sua vez eram cercados pelas tribos bárbaras. No início do período Chou, o *chung kuo* indicava o domínio real propriamente dito, ao passo que nas dinastias Ch'in e Han o seu significado foi transferido para o império unificado que agora era cercado pelo resto da humanidade, como uma zona exterior bárbara.

As expressões míticas de tempo, espaço e substância do domínio, juntamente com o ônfalo, formam um conjunto central de símbolos. Esse núcleo é cercado por uma infinidade de símbolos auxiliares, mantidos juntos entre si e unidos aos quatro principais por sua origem comum no sistema astronômico sumério-babilônico. Apenas um ou dois deles podem ser analisados aqui e estes serão selecionados sob o aspecto de sua importância na história posterior.

Têm tal importância geral os símbolos do zodíaco e o número doze. Estes devem ser estudados juntos, porque se fundem no símbolo do *dodekaoros*, de modo que, em especial depois do século V a.C., é difícil dizer se o *dodekaoros* exerceu sua influência na formação de certas ideias de ordem ou se foi o número doze independentemente. O zodíaco é a faixa larga no céu pela qual o Sol, a Lua e os planetas seguem sua trajetória, delimitada por dois círculos, cada um deles a cerca de nove graus da eclíptica. Os astros dentro dessa faixa foram distinguidos e denominados pela imaginação dos astrônomos babilônios como uma série de constelações. A história do zodíaco nesse sentido é em muitos aspectos obscura, devido à escassez de fontes, mas parece certo que já no tempo de Hamurabi o "caminho da lua" passava por dezesseis dessas constelações no zodíaco. A redução das constelações para doze, produzindo a conhecida série de Áries a Peixes, não é atestada antes do século V a.C., embora possa ser muito mais antiga. Essa redução do zodíaco para o *dodekaoros* é um feito de racionalização astronômica sob a influência do número doze. O número em si e a sua importância resultam da ocorrência de doze luas cheias no ano solar, de forma que a divisão do ano em doze meses lunares sugere-se inevitavelmente. Além disso, no sistema astronômico babilônico, os meses eram associados simbolicamente às constelações que o sol tocava a cada duodécimo de seu curso, de modo que o oitavo, por exemplo, era conhecido como "o mês da estrela do Escorpião", e assim por diante. A divisão do zodíaco em doze seções de trinta graus cada uma, denominadas de acordo com a constelação que as ocupa, integra-o, na forma do *dodekaoros*, ao sistema solar-lunar.

O uso que pode ser feito do simbolismo é ilustrado, na própria civilização babilônica, pela épica de Gilgamesh, que é composta por mitos e lendas de várias origens. As principais fontes da composição ainda podem ser discernidas como as histórias do Gilgamesh semidivino, o governante de Erech; as lendas de seu companheiro Enkidu, um homem primitivo; e a história de Utnapishtim, um Noé babilônico, que testemunhou e sobreviveu ao grande dilúvio. As fontes são de origem suméria antiga e a data da composição original deve ser anterior a Hamurabi, pois Marduk, o governante divino do período babilônico, não tem nenhuma função na épica. A composição, porém, deve ter passado por revisões, pois o episódio final (a atual Tábua 12) parece um apêndice depois do encerramento formal na Tábua 11. Na forma preservada, a épica consiste em doze episódios em doze tabuinhas de argila da época de Assurbanipal, no século VII a.C. Essa organização em doze episódios em doze tábuas é o ponto de interesse para nós no momento, porque provavelmente reflete a influência do simbolismo zodiacal. O estado de preservação não nos permite detectar o pleno significado do ciclo zodiacal, mas pelo menos os pontos a seguir podem ser discernidos: o episódio do touro divino morto por Gilgamesh e Enkidu (Touro); o episódio de Ishtar e Gilgamesh (Virgem); a morte do gigante Huwawa na escura floresta de cedros com a ajuda do deus-sol Shamash, simbolizando a vitória da luz sobre a escuridão, o que, nas artes plásticas, é representado por um leão matando um touro (Leão); o encontro com o povo dos Escorpiões (Escorpião); e a história do grande dilúvio (Aquário).

A influência do simbolismo zodiacal, assim, se faz sentir na organização mais ou menos artificial de materiais preexistentes sob o número doze, bem como em sua associação com constelações zodiacais. Em Gênesis 25,12-15, por exemplo, os filhos de Ismael são identificados, em número de doze; e Gênesis 25,16 resume a enumeração como sendo a dos "doze príncipes de acordo com suas nações". Em Gênesis 49, Jacó abençoa seus filhos, chamando-os e caracterizando-os, novamente em número de doze. Nessa ocasião, algumas das caracterizações revelam o significado zodiacal dos doze, como, por exemplo, Aquário (Gn 49,4 ou 49,13?), Leão (49,9), um Burro (49,14), uma Serpente (49,17), Sagitário (49,23-24), um Lobo (49,27). E, ainda na tradição judaica, não se deve esquecer dos doze apóstolos de Cristo. Na Hélade encontra-se uma tendência similar para o número doze na ordenação das tribos. Heródoto tem conhecimento de doze cidades jônias, aqueias e eólias[16]. O número doze, por fim, domina a construção da segunda melhor pólis nas *Leis* de Platão.

O zodíaco adquiriu suas plenas possibilidades para a interpretação de fenômenos políticos no período helenístico, depois do desenvolvimento do *dodekaoros*, quando a ordem celestial das doze constelações foi relacionada a uma ordem terrena de doze seções ou climas. A cada região importante da época foi atribuída uma das figuras do zodíaco. A mais antiga tabela preservada, a ser datada provavelmente do século II a.C., enumerava doze países em associação com as doze constelações e apresentava influência egípcia em vários dos nomes zodiacais (Gato, Escaravelho, Íbis, Crocodilo). Esses foram os primórdios de uma geografia astrológica que alcançou o seu pleno desenvolvimento no *Tetrabiblos* de Ptolomeu no século II d.C. Na obra de Ptolomeu, a causalidade astrológica foi estendida das regiões para seus habitantes. O *dodekaoros* e os planetas influenciariam as regiões terrestres correspondentes e os climas terrestres, por sua vez, determinariam os caracteres das nações. A geografia astrológica havia se expandido para uma psicologia e uma etnografia astrológicas.

A obra de Ptolomeu permaneceu como o sistema-padrão de etnografia por toda a Idade Média e chegou a crescer em importância, conforme medida pelas numerosas reedições, quando o colapso da cultura racional na baixa Idade Média foi seguido pela irrupção astrológica dos séculos XVI e XVII. No século XVI, porém, o acúmulo de conhecimentos geográficos e etnográficos na sequência das descobertas obrigou a uma reconsideração da divisão de climas e da caracterização de tipos nacionais de Ptolomeu. Além disso, a crescente influência da teoria política grega sugeriu o abandono do aparato zodiacal babilônico. Bodin, em seu *Methodus*, empreendeu a revisão à luz do novo conhecimento. A divisão de climas, bem como a caracterização de tipos, embora deixando evidente a sua origem em Ptolomeu, foram reorganizadas sob a influência nítida de Platão e Aristóteles. O mundo foi dividido em quatro partes, às quais correspondiam tipos nacionais e constitucionais, com a França ocupando uma posição superior no centro como o ônfalo da nova ordem. E a ligação astrológica na cadeia de causalidade foi abandonada, de modo que apenas as zonas climáticas foram deixadas como as causas que apresentavam seus efeitos nos caracteres nacionais — um sistema que se assemelhava muito à etnografia meteorológica encontrada no tratado de Hipócrates sobre *ares, águas e lugares*. Nessa forma revisada, como uma teoria das influências climáticas sobre os caracteres

---

[16] HERÓDOTO 1.142, 145, 149.

nacionais, e dos caracteres nacionais sobre as instituições políticas, o sistema de geografia e etnografia astrológicas sobreviveu, passando por intermediários famosos, como, por exemplo, Montesquieu, até o presente[17].

Os vários símbolos discutidos até aqui revelam a importância do Sol no sistema babilônico. O zodíaco é determinado pela eclíptica do Sol, e o número doze é o número de luas cheias no ano solar. Alguns comentários precisam ser acrescentados sobre as ramificações políticas do símbolo do Sol.

O preâmbulo do Código de Hamurabi, bem como as inscrições assírias, mostraram a função do deus-sol como o original celestial do governo terreno. O rei era entendido como o análogo terreno do deus-sol e, consequentemente, era intitulado o Sol da Babilônia ou o Sol de todos os povos. O caráter do governo como o análogo da ordem celestial era enfatizado na decoração da insígnia real com emblemas celestiais. Em particular, o manto imperial era concebido como o análogo dos céus estrelados e ornamentado de acordo, enquanto os céus, por sua vez, eram concebidos como o manto imperial do deus-sol. O simbolismo do manto imperial, bordado com o Sol, a Lua, os planetas e as constelações zodiacais, continuou da Antiguidade para a Idade Média, uma vez que o imperador reteve o caráter de um cosmocrator[18]. O Sol como o símbolo da ordem política difundiu-se da Mesopotâmia e do Egito para o Ocidente. No século IV, apareceu na obra de Platão na *República* e nas *Leis*. Depois da conquista de Alexandre, o Sol que brilha igualmente sobre todos os homens tornou-se o símbolo da ordem social justa em projetos heliopolitanos da melhor sociedade, bem como nas revoltas de escravos. Após a captura de Palmira, Aureliano introduziu os deuses Hélios e Bel da cidade como o *Sol Invictus* em Roma[19]. O sumodeísmo solar foi continuado por Constantino e, embora ele tenha eliminado a imagem de Hélios da moeda do reino, a coluna de pórfiro com a representação do deus-sol recebia sacrifícios em Constanti-

---

[17] A literatura sobre o símbolo do zodíaco é bastante volumosa. Como uma entrada no tema, sugere-se Jeremias, *Handbuch*, 113 ss., assim como as seções sobre "Tierkreis", 201, e "Dodekaoros", 242 ss., nessa obra; além disso, Meissner, *Babylonien und Assyrien*, especialmente o v. 2, s.v. "Tierkreisbild", e as referências bibliográficas nessas obras. A épica de Gilgamesh está disponível em tradução para o inglês em Alexander Heidel, *The Gilgamesh Epic and Old Testament Parallels*, Chicago, University of Chicago Press, 1946.

[18] Robert Eisler, *Weltenmantel und Himmelszelt*: Religionsgeschichtliche Untersuchungen zur Urgeschichte des antiken Weltbildes, München, C. H. Beck, 1910, 2 v.

[19] Franz Cumont, *Les religions orientales dans le paganisme romain*, Paris, P. Geunther, ⁴1929, 106.

nopla. No século IV, ajustando-se à tendência, a Igreja mudou o dia de nascimento de Cristo, o "Sol da Justiça", para 25 de dezembro, uma vez que, na crença pagã, esse era o dia de aniversário do Sol, o dia em que ele começava a se elevar novamente. Além disso, o dia do Senhor (*dies dominicus*) manteve o nome de Domingo desde as constituições de Constantino[20].

A concepção do governo real como o análogo do reinado de Marduk, o deus-sol, motiva um conjunto complicado de símbolos a que o presente estudo só pode se referir brevemente. O Sol, a Lua e os planetas são corpos celestes em movimento, e a revolução do Sol, em particular, determina o ciclo de fertilidade e morte sazonais. A periodicidade dos movimentos celestes presta-se a representações analógicas na esfera política por meio de festivais de morte e renascimento, de renovação da situação e de um novo começo. Além disso, a regularidade do declínio e do renascimento anuais sugere uma periodicidade na ordem do cosmo na escala maior, de uma vitória periódica da ordem sobre o caos e da volta ao caos, ou seja, a ideia de éons cósmicos.

Na prática do Estado mesopotâmico, as revoluções cósmicas encontraram sua expressão nas cerimônias de Ano Novo, quando o rei-Sol tinha de realizar importantes ritos como um símbolo do Sol preparando-se para um novo período. Esses festivais, porém, não eram celebrações de Ano Novo no sentido moderno, mas estavam carregados da representação da periodicidade nos três níveis da renovação da fertilidade do solo, da renovação do período do Sol de que a fertilidade dependia e da vitória eônica da ordem sobre o caos de que a própria revolução solar era o símbolo. Nos três aspectos, o festival do Ano Novo era a expressão de um novo começo, de um endireitamento de tudo o que estava errado, de uma redenção cósmica dos males caóticos. E, em todos esses aspectos, o rei-Sol assumia o caráter de um Soter, de um salvador, do arauto de uma nova era, de um sofredor representativo da comunidade, que carregava o fardo de seus pecados e os redimia e, no processo, redimia a si próprio a fim de retomar o seu reinado sem máculas. A experiência de perfeição e salvação ainda estava profundamente entranhada na experiência de um ritmo cósmico da sociedade; no plano da cultura cosmológica, pode-se dizer, o ciclo de redenção correspondia funcionalmente à escatologia da perfeição transcendente no plano da cultura soteriológica[21].

---

[20] Para as fontes deste parágrafo em geral, ver JEREMIAS, *Handbuch*, s.v. "Sonne".
[21] Sobre a função soteriológica do reinado, ver ibid., cap. 13, Die Erloesererwartung als Ziel der Weltzeitalterlehre. Uma reconstrução e uma interpretação elaboradas do Festival de Ano Novo babilônico pode ser encontrada em FRANKFORT, *Kingship and the Gods*, cap. 22.

Experiências e símbolos estão expostos à pressão da análise reflexiva, de modo que, mesmo em culturas politeístas e cosmológicas, se tornam visíveis as linhas de racionalização que levarão, por meio do sumodeísmo político e da especulação teogônica, a um entendimento da transcendência radical do ser divino e, concomitantemente, a um entendimento da natureza da realidade mundana.

Tal linha acabara de se tornar visível quando a experiência de revoluções celestiais e de ciclos de fertilidade sugeriu ciclos eônicos de caos e ordem no cosmo. Sob as condições da simbolização politeísta, o reconhecimento dessas graduações de ordem, de movimentos dentro de movimentos, de períodos dentro de períodos, teve de se expressar na criação de hierarquias de deuses. Por trás da graduação de seres celestiais visíveis havia forças divinas em ação, que decretaram a soberania de Marduk, o deus-sol; e por trás dos deuses que indicaram o governante do éon presente havia outros deuses que os haviam criado. Por trás do poder de Marduk e dos outros deuses celestiais, existia o poder de Anu, o senhor dos céus, e a sua geração de deuses; e estes, por sua vez, originaram-se de uma Magna Mater primordial, Tiamat, e de Apsu, o gerador de deuses. Embora a simbolização politeísta seja preservada, torna-se claro que as construções teogônicas desse tipo podem levar ao reconhecimento do poder divino numa realidade transcendente ao mundo e resultar na especulação monoteísta. Nenhum rompimento radical desse tipo ocorreu na civilização mesopotâmica, e a simbolização política, em consequência, permaneceu no nível de complexidade que encontramos no festival de Ano Novo babilônico. Os graus mais elevados de racionalização apareceram, em continuidade com a história mesopotâmica e persa, apenas no período helenístico, sob a influência da especulação grega, e na teologia imperial romana. No entanto, outras civilizações cosmológicas (a China, por exemplo) desenvolveram dentro de sua própria órbita e com seus próprios meios a concepção de uma monarquia mundial como o análogo terreno do deus individual que governa o cosmo; e os documentos oficiais do império mongol, do século XIII d.C., desenvolveram com total clareza racional o princípio de "um deus no céu, um imperador na terra".

Melhor do que nas próprias fontes babilônicas, os estágios do esforço de racionalização podem ser discernidos nas tradições de Israel. O nível de simbolização celestial sobreviveu no anteriormente mencionado simbolismo zodiacal das doze tribos de Israel, bem como no sonho de José (Gn 37,9-10), em que o Sol, a Lua e as onze estrelas prostraram-se diante dele como seu chefe político.

E mesmo bem posteriormente, em Apocalipse 12,1, São João vê a "grande maravilha no céu: uma mulher vestida com o Sol, e a Lua sob seus pés e, sobre sua cabeça, uma coroa de doze estrelas" — a mulher que está dando à luz a criança que mata o dragão e redime o mundo. Gênesis 6, como vimos, retém a ideia de um éon cósmico de gigantes semidivinos que precisam perecer no dilúvio antes que o mundo do homem possa surgir. E a Magna Mater sobreviveu em Provérbios 8 na figura de Sofia, a companheira do Senhor antes da criação do mundo. Além disso, o livro de Jó preservou traços da transição do politeísmo para o reconhecimento do criador invisível único. A tentação celestial ainda é forte, mas o conhecimento maior está disposto a resistir a ela (31,26-28):

> Se, ao contemplar o resplender do Sol,
> e o trajeto radioso da Lua,
> em segredo deixei seduzir meu coração
> e minha mão lhes atirou beijos de minha boca,
> também isso seria um delito para meu juiz punir,
> pois teria renegado a Deus no alto.

É complicado abandonar os deuses que, de forma tão convincente, reinam no céu com sua presença esplêndida, e há algo desconcertante no novo Deus (9,11):

> Passa perto de mim, não o vejo,
> vai embora, nada compreendo.

É difícil encontrar esse Deus, apresentar-lhe suas queixas e argumentar com ele (23,2-4 e 8-9):

> Também hoje minha queixa é rebelde,
> quando minha mão reprime o meu gemido.
> Ah, se soubesse onde encontrá-lo,
> eu chegaria a seu trono!
> Exporia ante ele a minha causa,
> encheria minha boca de argumentos!
>
> Mas vou ao Oriente, ali não está;
> vou ao Ocidente, não o percebo;
> Está ocupado no Norte, não o descubro,
> escondido no Sul, tampouco o vejo.

Em busca desse Deus, como os últimos versículos mostram, Jó move-se para os quatro cantos, como um rei babilônico ou imperador chinês, mas a busca no espaço não mais revela uma presença divina, porque a Terra não é mais o análogo do céu divino. Um mundo que é vazio de deuses começa a lançar sua sombra sobre o ânimo do homem (23,15-17):

> Eis por que sua presença me perturba.
> Mais reflito nisso, mais o temo.
> Deus amoleceu minha coragem,
> o Poderoso me transtornou.
> Diante das trevas não fui aniquilado,
> mas não me poupou da escuridão à minha frente.

O pavor causado pela divindade invisível ainda era um problema no início do cristianismo, e a tentação de retornar ao esplendor visível dos deuses deve ter sido grande. Em Gálatas 4,8-11, São Paulo precisa admoestar uma comunidade em recaída:

> Outrora, quando não conhecíeis a Deus, estáveis escravizados a deuses que, por sua própria natureza, não o são; agora, porém, que conheceis a Deus, ou, antes, sois conhecidos dele, como podeis ainda voltar a elementos fracos e pobres, com vontade de vos escravizardes novamente a eles? Observais religiosamente os dias, os meses, as estações, os anos! Fazeis-me temer o ter trabalhado por vós em pura perda!

Às vezes não é suficientemente percebido o grau em que Israel e o cristianismo estavam engajados no mesmo esforço, não um contra o outro, mas contra a cultura religiosa babilônica. O obstáculo no caminho da racionalização parece ter sido a dificuldade de experimentar na plenitude de seu significado o abismo entre o ser divino criativo, transcendente ao mundo, e o ser na existência mundana criada; encontramos repetidamente as tentativas de amenizar a imediação da relação entre o homem e o Deus transcendente por meio da introdução ou reintrodução de existências mediadoras. Contra essas tendências dirige-se a garantia de São Paulo em Romanos 8,38-39:

> Sim, eu tenho certeza: nem a morte nem a vida, nem os anjos nem as dominações, nem o presente nem o futuro, nem as potências, nem as forças das alturas, nem as das profundezas, nem outra criatura alguma, nada poderá nos separar do amor de Deus, manifestado em Jesus Cristo, nosso Senhor.

Na prática da política, a racionalização das forças do ser, ainda indiferenciadas em forças "religiosas" e "políticas", é a condição de construção do império. O mundo da política é essencialmente politeísta, no sentido de que cada centro de poder, por menor e insignificante que seja, tem uma tendência a se postular como uma entidade absoluta no mundo, indiferentemente à existência simultânea de outros centros que se consideram igualmente absolutos. Desse modo, um construtor de império enfrenta a tarefa inelutável de inventar uma hierarquia de forças que permita soldar unidades anteriormente independentes em um único *cosmion* político. O principal instrumento dessa racionalização, o sumodeísmo político, já foi comentado aqui. As cidades-estado mesopotâmicas tinham suas divindades locais, constituindo uma unidade político-religiosa; e, com a sucessão de impérios, os respectivos deuses vitoriosos — Enlil de Nippur, Marduk da Babilônia, Assur da Assíria — sucederam-se uns aos outros como o *summus deus* do império. As outras divindades, porém, não eram abolidas, mas apenas lhes era atribuída uma posição inferior. A coerência interna e a força guerreira de um império, além disso, dependiam do grau em que a racionalização dos símbolos podia ser traduzida em técnicas de centralização governamental. Uma diferença decisiva entre as administrações babilônica e assíria, por exemplo, estava em que, no império babilônico, o festival do Ano Novo era comemorado pelos governantes locais nas capitais religiosas locais, enquanto a mais centralizada organização assíria requeria que os governantes locais realizassem a cerimônia na capital do império nos anos depois de ela ter sido realizada pelo rei. O comandante-em-chefe e governador da importante província de Harran, por exemplo, tinha de realizar a cerimônia no ano seguinte à sua realização pelo rei e não podia ocupar o cargo a menos que fosse o oficiador epônimo, o *limmu*, do ano seguinte ao do rei. O surgimento dos governos hereditários, como havia ocorrido na Babilônia, foi impossibilitado pela prática assíria; e a força militar superior da Assíria provavelmente deveu-se à centralização assim conseguida. Enquanto o império babilônico era mais um aglomerado de cidades-estado, o império assírio chegou mais perto de um Estado nacional organizado.

§3 A simbolização da ordem cósmica

A simbolização cosmológica, num sentido estrito, pode ser definida como a simbolização da ordem política por meio de analogias cósmicas. A vida do homem e da sociedade é experimentada como ordenada pelas mesmas forças do ser que ordenam o cosmos, e as analogias cósmicas tanto expressam esse conhecimento como integram o social na ordem cósmica. Os ritmos das estações e da fertilidade na vida vegetal e animal, bem como as revoluções celestes de que esses ritmos dependem, devem ser entendidos como a ordem que fornece as analogias. O conhecimento da ordem cósmica nesse sentido, em especial com relação à astronomia, era fortemente desenvolvido na civilização sumero-babilônica.

As seções anteriores, porém, revelaram uma estrutura do problema muito mais complexa. A cultura política mesopotâmica foi muito além da simbolização cosmológica no sentido estrito e até mesmo inverteu a direção da simbolização. Na verdade, a ordem política era entendida cosmologicamente, mas a ordem cósmica também era entendida politicamente. Não só o império era um análogo do cosmo, como eventos políticos aconteciam na esfera celestial. O estabelecimento ou mudança do governo imperial era precedido de sublevações políticas entre os deuses, que viriam a depor um Enlil de Nippur e transferir sua jurisdição para um Marduk da Babilônia. Além disso, as relações entre o céu e a Terra eram tão íntimas que a separação de suas existências ficava indistinta. O império era parte do cosmo, mas este era um império do qual o domínio do homem era uma subdivisão. Havia *uma* ordem abrangendo o mundo e a sociedade que podia ser compreendida tanto cosmológica como politicamente.

A mutualidade da iluminação analógica e, em especial, a concepção do mundo como uma ordem política, são peculiares à Mesopotâmia; não são características de todas as civilizações cosmológicas. Na civilização chinesa, por exemplo, o governo de uma dinastia depende de ela possuir uma virtude específica, o *teh*. Como todas as coisas sob os céus, o *teh* é esgotável; e, quando enfraquece a ponto de causar sofrimento ao povo e inquietação revolucionária, um novo possuidor de *teh* com sua família terá sucesso em destronar a dinastia decadente. A ascensão e queda de dinastias, então, está integrada na ordem do cosmo na medida em que um decreto celestial, o *ming*, determina o governo de uma família que possuir o *teh* e também determina sua deposição quando ela tiver perdido o *teh*. A sintonia da sociedade com o cosmo depende do filho do céu e de seu *teh* dinástico, enquanto o poder do céu, o *t'ien*, cuidará da ascensão e queda das dinastias. Assim, os eventos políticos, embora participem da natureza das forças cósmicas, permanecem estritamente na esfera de uma luta humana pelo poder; o céu preserva a sua majestade de ordem imperturbada, enquanto a sociedade se engaja em sua luta por sintonia. Na civilização chinesa, a ordem política é simbolizada como devida à operação de forças cósmicas impessoais.

Uma luz adicional poderá ser lançada sobre a peculiaridade da forma simbólica mesopotâmica se dermos uma rápida olhada na civilização miceniana tardia conforme refletida nos poemas épicos homéricos. Em Homero, como na Mesopotâmia, a sociedade de homens é duplicada por uma sociedade de deuses; à ordem de guerreiros aristocráticos sob o governo de um rei corresponde a ordem aristocrática de deuses olímpicos sob o governo de um monarca poderoso, porém limitado. A relação entre as duas ordens é ainda mais íntima que na Mesopotâmia, pois os deuses não só dirigem de longe os destinos dos homens, por meio de seus decretos, como descem para a arena humana em forma invisível ou sob diversos disfarces e até participam de batalhas. Além disso, eles encontram prazer não só nas filhas dos homens, como faziam os Elohim, mas também nos filhos, e os exércitos diante de Troia, de ambos os lados, contêm uma distribuição generosa de descendentes semidivinos. Deuses e homens formam uma só grande sociedade e as linhas de combate entre os mortais também dividem os imortais. Ainda assim, por mais importantes que sejam esses paralelos entre as formas simbólicas micenianas e mesopotâmicas, elas devem ser consideradas secundárias a uma diferença decisiva. Os deuses homéricos praticamente perderam o seu caráter de forças cósmicas e poderes celestiais; eles são humanizados tanto quanto possível para concebê-los antropomorficamente sem destruir a sua divindade. Em Homero, sem dúvida, está presente a experiência de participação na comunidade do ser, mas essa participação não é simbolizada pela analogia com a ordem cósmica; em vez disso, a simbolização traz para o seu alcance, sem mediação, as próprias forças divinas do ser. A ordem da sociedade depende de uma sintonia não com o cosmo, mas diretamente com os deuses antropomorficamente concebidos e, em especial no período helênico, com a Dike de Zeus. Na transição da civilização miceniana para a helênica, encontramos um primeiro florescimento da simbolização antropológica.

Ao comparar os três casos — mesopotâmico, chinês e miceniano — podemos talvez tocar (embora certamente não resolver) um dos problemas mais obscuros da história intelectual da humanidade: ou seja, a aptidão de várias civilizações para o desenvolvimento na direção do "salto no ser". No caso mesopotâmico, encontramos a antiga interpenetração de simbolismos, a simbolização cosmológica da ordem política com a simbolização política da ordem cósmica. Parece possível que o reforço mútuo das duas ordens tenha tornado o simbolismo particularmente inflexível e resistente à dissolução por experiências diferenciadoras. O simbolismo cosmológico mais simples da China deixou liberdade suficiente na esfera humana para permitir, no colapso da dinastia Chou, uma concepção da ordem social dependente não apenas do filho do céu, mas de conselheiros e de uma administração formada de acordo com o espírito de Confúcio. Esse foi um passo na direção antropológica, mas não um avanço completo. A posição intermediária do confucionismo reflete-se no debate sobre o confucionismo ter sido ou não uma "religião". Ele não era uma "religião", porque não ia além da concepção do sábio confucionista como um homem que estava tão bem sintonizado com o *tao* do cosmos que poderia ser uma força ordenadora na sociedade, apoiando, se não suplantando, o *teh* dinástico. Mas, na medida em que o confucionismo foi uma descoberta da ordem da alma, em sua autonomia e sua imediação sob a ordem divina, ele foi um rompimento revolucionário com o coletivismo cosmológico e continha as sementes de uma "religião" que poderia ter florescido sob circunstâncias mais favoráveis. No caso homérico, o simbolismo cosmológico de fato desmoronou, provavelmente porque a invasão dórica e o deslocamento geográfico de populações causaram uma perturbação muito mais profunda do que os Tempos de Problemas comuns de outras civilizações. Os deuses não ficaram mais limitados à estrutura do cosmo e, quando a descoberta da alma ocorreu na civilização helênica, o homem viu-se em sua imediação sob um Deus transcendente. Estavam criadas as precondições para a fusão da filosofia grega com os discernimentos religiosos alcançados nos caminhos históricos de Israel e do cristianismo.

Embora a simbolização política do cosmo esteja pressuposta nas fontes mesopotâmicas mesmo no terceiro milênio a.C., uma exposição coerente do simbolismo é preservada apenas na forma de uma épica cosmogônica da primeira metade do segundo milênio, chamada *Enuma elish*, suas palavras iniciais, que significam "Quando acima". O herói da epopeia é Marduk da Babilônia, que estabelece a ordem no mundo presente. Suas características na história, porém, pertencem a Enlil de Nippur; assim, a épica, em sua forma original, deve ter sido uma criação suméria muito anterior. Além disso, foi preservada uma versão posterior, do período assírio, em que Marduk foi substituído por Assur. A épica é, portanto, representativa do simbolismo mesopotâmico desde os sumérios até os assírios[22].

A natureza do *Enuma elish* não pode ser facilmente descrita, porque nosso vocabulário diferenciado não é adequado para a sua compacidade. A obra é uma cosmogonia na medida em que conta a história da criação do mundo. No entanto, uma comparação com o Gênesis bíblico criaria uma impressão inteiramente falsa, porque no *Enuma elish* não é Deus que cria o mundo. Os deuses *são* o mundo, e a diferenciação estrutural progressiva do universo é, portanto, uma história da criação dos deuses. A cosmogonia é, ao mesmo tempo, uma teogonia. O esforço dos deuses para alcançar uma organização

---

[22] Há uma tradução do *Enuma elish* para o inglês feita por HEIDEL, *The Babylonian Genesis*. Uma análise cuidadosa da epopeia pode ser encontrada em JACOBSEN, *The Intellectual Adventure of Ancient Man*, 168-183. A abordagem no texto enfatizará apenas os pontos de especial interesse para os nossos problemas; para mais detalhes, o leitor deve consultar Jacobsen.

adequada do universo, além disso, requer novas formas de organização social entre os deuses mais novos, o que culmina no reinado de Marduk. Como a criação do cosmo é, ao mesmo tempo, um empreendimento político, o *Enuma elish* é também uma epopeia política. Os três fatores, cosmogonia, teogonia e política, estão inseparavelmente fundidos em um só. Assim, a natureza da épica só pode ser determinada, numa primeira abordagem, pensando-se esses fatores quantitativamente. O poema inteiro é constituído de sete tabuinhas: a primeira contém a cosmogonia e a teogonia propriamente ditas; a tabuinha 5 descreve a obra criativa de Marduk; e as outras cinco tratam da ascensão de Marduk como o salvador dos deuses, de sua grande batalha contra Tiamat e de sua glorificação. Assim, a épica como um todo é preponderantemente política; ela simboliza a ordem cósmica como uma ordem política.

A interpretação do poema é complicada pela mesma fusão de fatores componentes que causa a dificuldade na determinação de sua natureza. No entanto, é possível distinguir três estágios na cosmogonia. No primeiro estágio, apenas os elementos ligados à água estão presentes: Tiamat (o mar), Apsu (a água doce) e Mummu (provavelmente nuvens e neblina). No segundo estágio, sedimentos são depositados na margem do mar e da água doce, representados pelo par Lahmu e Lahamu, e o solo começa a se acumular; com o solo, começam a se formar os horizontes do céu e da terra, representados pelo par Anshar e Kishar; com os anéis do duplo horizonte surgem o céu e a terra, representados por Anu e Ea (Mummud); e de Ea, por fim, nasce o deus que, na versão babilônica, tem o nome de Marduk, mas no original sumério deve ter sido Enlil, o deus da tempestade que, pelo seu sopro, mantém o céu e a terra separados. O terceiro estágio traz a reorganização das relações de poder entre os deuses, a elevação de Marduk à posição de soberania e sua completação da estrutura cósmica. Do relato cosmogônico surge o cosmo com a estrutura experimentada pelo homem. A cosmogonia, porém, não é uma "criação", mas um crescimento do cosmo por meio da procriação de deuses e lutas entre suas gerações. Os deuses em si são, corporalmente, as partes estruturais do cosmo. E essa peculiaridade leva ao problema adicional dos éons da ordem cósmica.

O cosmo do *Enuma elish* é uma ordem completa no final da história. Se o cosmo é entendido como o produto acabado que resulta do crescimento, não há éons de ordem cósmica, porque não há ordem antes de sua completação. E os historiadores, de fato, interpretaram o primeiro estágio dos elementos da água como o caos que gera o cosmo. Essa interpretação, no entanto, coloca uma ênfase excessiva no fator cosmogônico da epopeia, em detrimento de seus componentes políticos e mesmo históricos. O estágio dos elementos da água não é um caos, mas uma ordem autônoma da trindade primordial, e os pares de deuses que derivam dela pertencem a um novo tipo psicológico incompatível que logo desperta a ira dos poderes até então existentes. Os novos deuses são um grupo agitado:

> Os irmãos divinos reuniram-se.
> Eles perturbaram Tiamat e atacaram seu guardião;
> Perturbaram as partes internas de Tiamat,
> Movendo-se e correndo pela morada divina.
> Apsu não conseguiu diminuir-lhes o clamor,
> E Tiamat ficou em silêncio quanto ao comportamento deles.
> No entanto, seus atos lhe eram dolorosos.
> Os modos deles não eram bons...

A geração mais velha, por fim, toma uma atitude. Eles se reúnem em conselho e Apsu declara:

> Os seus modos tornaram-se dolorosos para mim,
> De dia eu não posso descansar, à noite não posso dormir;
> Vou destruí-los e pôr um fim nesse comportamento,
> Para que o silêncio seja estabelecido, e depois vamos dormir!

No confronto resultante, os mais jovens derrotam os deuses mais velhos e, com sua vitória, tornam-se uma parte permanente da nova ordem cósmica, que eles dominam. Isso é mais do que um mito cosmogônico e, certamente, não é a história de uma vitória da ordem sobre o caos. A ordem já existe, mantida por um tipo conservador mais velho, e o conflito surge da agitação de uma geração mais nova que perturba a ordem com as suas atividades. Alguns detalhes da história sugerem até mesmo a natureza do conflito. O líder dos deuses mais jovens é Ea, a terra, "o de entendimento supremo, o habilidoso e sábio", a figura prometeica que já encontramos no contexto do mito de Adapa. Por meio de sua mágica, ele derrota Apsu, a água doce, e sobre o seu corpo derrotado erige a sua casa — o que só pode significar a segurança da terra em comparação com os perigos das águas. Nesse conflito, é possível reconhecer vagas lembranças de uma crise civilizacional da qual emergiram comunidades sob a autoridade de chefes sábios, bem como de seus esforços para garantir a segurança de assentamentos e terras pela construção de diques e irrigação.

A parte principal da epopeia trata da transição do segundo para o terceiro estágio de ordem. A nova ordem é ameaçada por uma revolta dos deuses mais velhos, que têm sede de vingança. A revolta é bem preparada e, desta vez, a magia de Ea não surte efeito. Em seu desespero, os deuses recorrem ao brilhante jovem Marduk. Ele está disposto a assumir a defesa, mas apenas com a condição de que seja reconhecido como o deus supremo no lugar de Anu. Os deuses reúnem-se em assembleia e o governo do universo é conferido a Marduk, que, então, derrota Tiamat em combate e reordena o universo:

> Ele criou postos para os grandes deuses;
> Das estrelas a aparência, os signos do zodíaco, ele estabeleceu.
> Ele determinou o ano, definiu as divisões;
> Para cada um dos doze meses, atribuiu três constelações.
>
> No próprio centro disso fixou o zênite,
> A lua ele fez brilhar; a noite ele confiou a ela.
> Designou-a, o ornamento da noite, para fazer saber os dias.

O cosmo então, é completado pela criação do homem a partir de um dos inimigos desmembrados. À humanidade cabe o serviço aos deuses, para que estes fiquem livres do trabalho. Agradecidos por esse último ato de criação, os deuses reúnem-se e resolvem construir um santuário para Marduk, seu último trabalho antes que os homens assumam as tarefas:

> Assim seja a Babilônia, cuja construção desejaste;
> Seja feita a obra de tijolos e chamada de santuário.

A epopeia conclui com a enumeração dos cinquenta nomes de Marduk. Sobre o significado da história de Marduk, não pode haver dúvida: ela é o estabelecimento de um reinado mesopotâmico com o seu centro na Babilônia. Se a primeira crise podia ser entendida como a transição de comunidades primitivas para as aldeias organizadas que cresceram em cidades-estado, a segunda crise é o estabelecimento de um império mesopotâmico.

A análise deve ter deixado claro que as três linhas componentes estão, de fato, inextricavelmente entretecidas. Qualquer tentativa de isolar uma delas e interpretar a epopeia como uma cosmogonia, ou como uma teogonia, ou como um mito da história mesopotâmica destruiria o significado da obra, que se apoia em sua natureza compacta. Essa compacidade é a peculiaridade mesopotâmica que discutimos nas páginas iniciais desta seção. O mundo não é criado pelos deuses; os deuses são, de forma maciça, o próprio mundo. E mesmo a humanidade participa desse caráter maciço, pois ela é o corpo desmembrado de um dos deuses que, nessa forma, continua a existir. O cosmo é, além disso, o resultado de uma luta histórica que agora se resolveu numa ordem fixa e final, um estado organizado do mundo no sentido político, do qual a humanidade é uma parte. E, por fim, o ônfalo desse mundo-Estado é a própria Babilônia, onde o *Enuma elish* era recitado anualmente no festival de Ano Novo. Considerando tal compacidade, a durabilidade do simbolismo talvez não deva surpreender. Ele sobreviveu à Babilônia por meio de sua sobrevivência na ideia helenística do cosmo como uma pólis.

Capítulo 2
O império aquemênida

As inscrições do breve império aquemênida (*c.* 550-330 a.C.) não precisarão de muito mais do que uma nota adicional às ideias mesopotâmicas, pois o tipo de simbolização é substancialmente o mesmo: o império é coextensivo com o mundo; o rei é instituído pela graça do deus supremo; e o deus permite que terras e povos fiquem sob o comando de um rei a fim de transformar o mundo em um único domínio bem ordenado da paz. Uma inscrição do reinado de Dario I (521-485) revelará as características típicas:

> Um grande deus é Ahura Mazda,
> que criou esta terra, que criou o céu além,
> que criou o homem, que criou a paz para o homem,
> que fez Dario rei, o único rei de muitos, o único governante de muitos.

> Eu sou Dario, o Grande Rei,
> o rei de reis, rei dos países que têm muitos povos,
> rei da grande terra mesmo distante,
> o filho de Histaspes, o aquemênida.

O *pathos* da construção em paralelos é o mesmo que na Mesopotâmia; Dario, o governante do microcosmo, repete analogicamente o governo de Ahura Mazda sobre o cosmo. A primeira seção enumera as partes da criação em sua ordem: terra, céu, homem, paz para o homem e aquele que a garante, o rei. A segunda seção retoma o último termo da criação divina, o rei, e elabora o seu significado: o rei não é qualquer rei, mas o Grande Rei, o único governante da terra, que participa da criação de Deus por meio de seu governo terreno analógico[1].

Embora as inscrições aquemênidas acrescentem pouco ao nosso conhecimento do tipo cosmológico de simbolização, elas são historicamente relevantes por outras razões. O simbolismo persa resulta de uma interpenetração de elementos civilizacionais babilônicos e da religiosidade zoroástrica especificamente siríaca (*siríaco* usado no sentido de Toynbee); assim, é um exemplo da transformação pela qual um tipo pode passar quando é refratado num novo meio civilizacional. Além disso, representa um estágio mais elevado de racionalização do que havia sido alcançado no tipo mesopotâmico propriamente dito. Tanto transformação como racionalização, por fim, estão relacionadas entre si, na medida em que a influência do zoroastrismo deve ser considerada a principal causa do grau mais elevado de racionalismo que distingue a teologia imperial aquemênida. Esse complexo de problemas requer um breve exame.

Como a inscrição previamente citada de Dario I mostrou, a racionalização no império aquemênida assumiu a forma de sumodeísmo político, como havia acontecido nos impérios mesopotâmicos. Como, porém, a teologia imperial persa havia passado pela religiosidade do zoroastrismo, o padrão racional de especulação que revestia o simbolismo politeísta não estava se desenvolvendo na direção do monoteísmo como na Mesopotâmia e no Egito, pois no zoroastrismo a pluralidade de forças divinas havia se contraído em potências polares do bem e do mal. Ahura Mazda, o senhor da sabedoria, era o deus bom da luz, da verdade e da paz; em sua luta, ele enfrentava a oposição dos poderes maléficos da escuridão, da verdade e da discórdia, concentrados em Ahriman. E os reis aquemênidas transpunham a luta cósmica das divindades do bem e do mal para a concepção de uma luta política entre o império — que transformaria a terra num reino de paz de acordo com os desejos de Ahura Mazda — e os príncipes e nações hostis que pertenciam ao domínio sombrio de Ahriman. O rei é a ferramenta divina, que auxilia o deus em sua luta contra o domínio da escuridão, e quem quer que resista ao rei revela-se, portanto, um representante do poder antagônico do mal.

---

[1] Para a história política da Pérsia, ver MEYER, *Geschichte des Altertums*, e o artigo Persia, do mesmo autor, na 11ª edição da *Encyclopedia Britannica*; também o artigo Ormazd, de A. J. CARNOY, in *Encyclopedia of Religion and Ethics*; G. B. GRAY, The Foundation and Extension of the Persian Empire, in *Cambridge Ancient History*, 1926, 4, I; e G. B. GRAY e M. CARY, The Reign of Darius, ibid., VII.

Na Inscrição de Behistun, Dario I diz: "Quanto às províncias que se revoltaram, mentiras fizeram que elas se revoltassem, de forma que eles enganaram o povo. Então, Ahura Mazda as entregou em minhas mãos"[2]. A teologia dualística expande-se numa interpretação dualística da ordem política e mesmo da conduta humana. Não só os reis e seus inimigos são representantes da Verdade e da Mentira no sentido cosmológico, como também sua conduta pessoal é caracterizada pelos mesmos termos num sentido pragmático. Uma revolta é uma manifestação do poder de Ahriman, mas, pragmaticamente, é um acontecimento político causado pelas propagandas mentirosas dos falsos aspirantes ao poder. O rei vive na Verdade de Ahura Mazda, mas sua verdade também é pragmaticamente entendida como a veracidade do rei ao relatar suas ações. A Inscrição de Behistun informa ao leitor: "Pela graça de Ahura Mazda, há também muito mais coisas que foram feitas por mim e que não estão gravadas nesta inscrição; por esse motivo elas não foram inscritas, para que aquele que porventura ler esta inscrição posteriormente não imagine que o que foi feito por mim foi demais e não acredite em meus feitos, e pense que sejam mentiras"[3]. O representante da Verdade precisa evitar até mesmo a aparência de não confiabilidade.

Tal cautela era especialmente necessária nesse caso, porque a inscrição era um ato solene de disseminação da verdade de Ahura Mazda. A expansão militar do império aquemênida era entendida como um serviço ao deus, e a expansão de seu domínio terreno exigia a divulgação das boas notícias. A disseminação adicional das informações transmitidas pela inscrição era, além disso, considerada religiosamente louvável e mesmo uma obrigação, enquanto a supressão de seu conteúdo era equivalente a auxiliar os poderes da escuridão. Esse, pelo menos, parece ser o sentido da passagem a seguir: "Agora, que pareça verdadeiro para ti o que foi feito por mim; assim [...] não escondas nada. Se não esconderes este édito, mas o publicares para o mundo, que seja Ahura Mazda teu amigo, que tua casa seja numerosa, e que tu próprio tenhas longa vida. [...] Se esconderes este édito e não o publicares para o mundo, que Ahura Mazda te mate e que tua casa deixe de existir"[4]. As linhas imediatamente a seguir expõem a razão pela qual a conquista é uma verdade que deve ser divulgada: Ahura Mazda ajudou o rei porque ele "não era mau, nem um

---

[2] L. W. KING e R. C. THOMPSON, *The Sculptures and Inscriptions of Darius the Great on the Rock of Behistun in Persia*, London, British Museum, 1907, seção 54, 65.

[3] Ibid., seção 58, 68.

[4] Ibid., seções 60, 61, 69 ss.

mentiroso"; porque o rei não era um servidor de Ahriman, a Mentira; porque nem ele nem sua família eram malfeitores no sentido religioso, mas governavam "de acordo com a Retidão"[5]. A conquista foi possível, segundo essa construção, porque o rei e sua família pertenciam ao domínio divino da Verdade. O poder político, uma vez que participa do ser divino, era uma manifestação do poder do Bem e da Verdade. A disseminação da notícia de sua expansão, em consequência, era mais do que uma divulgação de acontecimentos políticos; era uma participação no trabalho ordenador da verdade. E o relato publicado não era verdadeiro apenas por causa de sua correção factual, mas como uma revelação de Deus e de sua obra.

O dualismo cósmico zoroástrico, por sua lógica imanente, suplantou a cultura do politeísmo; e, na medida em que a especulação dualista foi eficaz, o simbolismo aquemênida exibiu a estrutura racional descrita acima. A teologia imperial persa, porém, não era um sistema logicamente coerente, mas havia retido elementos simbólicos mais antigos. A Inscrição de Behistun, que faz da expansão do domínio uma questão entre Verdade e Mentira, diz numa seção posterior: "Ahura Mazda e os outros deuses que existem trazem ajuda para mim". Uma inscrição de Xerxes diz: "Um grande deus é Ahura Mazda, o maior dos deuses"; e inscrições de Artaxerxes I e II mencionam Mitra e Anahita como os mais importantes entre esses outros deuses. Como será notado por essas datas, o elemento politeísta, embora perceptível na época de Dario, de fato ganhou força nos reinados posteriores. A tríade persa Ahura Mazda, Mitra e Anahita correspondia à tríade babilônica Sin, Marduk e Ishtar (Lua, Sol, Vênus) e provavelmente foi formada sob influência mesopotâmica no período indo-iraniano que precedeu a separação das civilizações hindu e persa[6].

A coexistência de elementos politeístas e mazdeístas tornou possível tentar uma construção pluralista do império quando as civilizações babilônica e egípcia foram incorporadas por meio de conquista. O racionalismo mazdeísta da sua própria teologia imperial não impediu os aquemênidas de organizar o império de forma politeísta com relação à Babilônia e ao Egito. Os reis, de Ciro a Xerxes, usaram "rei da Babilônia" como parte de seu título, e Ciro submeteu-se à cerimônia babilônica de ser chamado ao trono por Marduk. Cambises

---

[5] Ibid., seção 63, 72.
[6] Ver sobre essa questão o artigo de O. Schrader, Aryan Religion, in *Encyclopedia of Religion and Ethics*, II, 36.

e Dario I, quando subiram ao trono dos faraós, adotaram nomes hieráticos egípcios, que enfatizavam a sua relação com Amon. Essa mistura de símbolos facilitou a integração de civilizações estrangeiras ao império. Foi apenas quando as revoltas frequentes na Babilônia e no Egito, assim como nas cidades jônicas, provaram que o sistema havia fracassado que os Grandes Reis abandonaram a tentativa e governaram as regiões conquistadas como partes do império aquemênida, sem levar em conta as suas tradições político-religiosas.

Por fim, é preciso fazer um comentário a respeito do forte componente de consciência dinástica e orgulho racial. A inscrição no túmulo de Dario I descreve-o como "um persa, filho de um persa, um ariano da linhagem ariana". Na Inscrição de Behistun, Dario identifica-se como "o filho de Histaspes, o neto de Arsames, o aquemênida. [...] Meu pai é Histaspes; o pai de Histaspes foi Arsames; o pai de Arsames foi Ariyaramnes; o pai de Ariyaramnes foi Teispes; o pai de Teispes foi Aquêmenes. [...] Por isso somos chamados de aquemênidas; desde a antiguidade vem a nossa descendência; desde a antiguidade a nossa raça foi de reis. [...] Oito de minha raça foram reis antes de mim; eu sou o nono. Em duas linhas nós fomos reis". E o túmulo de Ciro traz a inscrição: "Eu sou Ciro, o rei, o aquemênida".

Falamos do grau mais elevado de racionalismo que caracteriza a especulação aquemênida pelo fato de ela ser influenciada pela religiosidade zoroástrica. O grau preciso desse racionalismo requer algum esclarecimento, especialmente porque as experiências religiosas que se manifestam na teologia dualista moldaram a história intelectual da humanidade até bem além de sua área siríaca de origem. A experiência do cosmo como uma luta entre forças do bem e do mal reaparece não só nas variedades de gnose antiga, mas também nos movimentos políticos ocidentais desde a alta Idade Média. E na política contemporânea o simbolismo de Verdade e Mentira tornou-se predominante de uma forma geral, com o resultado de que os principais movimentos de credo político interpretam a si mesmos como os representantes da Verdade e aos outros como representantes da Mentira. O tipo de experiência descrito é hoje uma das grandes forças espirituais mundiais em rivalidade com o cristianismo e a tradição clássica.

As várias manifestações desse tipo de experiência serão abordadas em seus contextos adequados. Por enquanto, será suficiente esclarecer uma noção pouco clara que se origina da designação convencional do zoroastrismo como uma religião dualista. As religiões só podem ser classificadas de dualistas ou monistas sob o risco de destruir pela nomenclatura numérica as diferenças experienciais que requerem um simbolismo dualista ou monoteísta para a sua expressão. A conversão, por um lado, que resulta no previamente discutido "salto no ser" requer um simbolismo monista para expressar a experiência diferenciadora de um ser divino transcendente ao mundo. Na lógica da conversão, é inadmissível simbolizar o mistério da iniquidade por uma segunda divindade. A experiência, por outro lado, que pode ser adequadamente expressa por um dualismo de forças do bem e do mal deve ser suficientemente compacta para incluir, num estado não diferenciado, a experiência da tensão imanente ao mundo entre bem e mal. Uma teologia dualista, embora possa ter matizes monoteístas, é, por princípio, uma extrapolação especulativa de um conflito imanente ao mundo, substancialmente do mesmo tipo daquela que, na China, produziu o simbolismo do *yin-yang*. Devido a esse componente imanente ao mundo, a experiência que se expressa adequadamente num dualismo de divindades ou princípios pode, em circunstâncias históricas diversas, absorver os conflitos da época e tornar-se a experiência originadora de teologias políticas que identificam a sua própria causa com a verdade cósmica e a do inimigo com o mal cósmico.

Capítulo 3
O Egito

A história da ordem egípcia encontra-se, no momento, em estado de reavaliação. As fontes tornaram-se mais acessíveis por meio de traduções e edições melhoradas, e publicações recentes de membros do Chicago Oriental Institute produziram avanços substanciais em nosso entendimento do desenvolvimento espiritual e intelectual do Egito. Além disso, os métodos de interpretação das civilizações antigas em geral, e da egípcia em particular, harmonizaram-se por meio do *Study of History*, de Toynbee. A teoria de Toynbee sobre as fases de um curso civilizacional não foi aceita pelos egiptólogos, e as críticas recentes de Henri Frankfort abriram o debate sobre os princípios de interpretação. As questões que afetam o entendimento da ordem política egípcia serão discutidas na seção preliminar deste capítulo, a seguir, para que a análise propriamente dita não seja sobrecarregada de explicações parentéticas e notas de rodapé[1].

---

[1] Além da literatura apresentada na nota 1 da página 61, as obras gerais a seguir foram utilizadas no capítulo sobre o Egito: James A. Breasted, *A History of Egypt*, New York, C. Scribner's Sons, 1905; Adolph Erman, *Die Literatur des Aegypter*, Leipzig, J. C. Hinrichs, 1923; James A. Breasted, *The Dawn of Conscience*, New York, C. Scribner's Sons, 1933; Hermann Kees, *Aegypten*, München, C. H. Beck, 1933; Adolph Erman, *Die Religion der Aegypter*, Berlin, de Gruyter, 1934; Herman Kees, *Der Goetterglaube im alten Aegypten*, Leipzig, J. C. Hinrichs, 1941; Henri Frankfort, *Ancient Egyptian Religion,* New York, Harper, 1948; John A. Wilson, *The Burden of Egypt:* An Interpretation of Ancient Egyptian Culture, Chicago, University of Chicago Press, 1951; Rudolf Anthes, Aegypten, in *Historia Mundi*, v. 2.

§1 A estrutura dos cursos civilizacionais

A civilização egípcia antiga tem uma duração de mais de três mil anos. Uma vez que o debate sobre o método de interpretação pressupõe alguma familiaridade com a classificação tradicional das fases da história egípcia, um esquema de datas será útil para o leitor. Felizmente, para os nossos propósitos, não é necessário entrar nas questões polêmicas de cronologia egípcia antiga — precisamos apenas concordar quanto à ordem relativa das datas. Será portanto suficiente aceitar o quadro das subdivisões da história egípcia apresentado por John A. Wilson[2]:

Período Protodinástico (I e II dinastias)	3100-2700 a.C.
Antigo Império (III-VI dinastias)	2700-2200
Primeiro Período Intermediário (VII-XI dinastias)	2200-2050
Médio Império (XII dinastia)	2050-1800
Segundo Período Intermediário (XIII-XVII dinastias)	1800-1550
Novo Reino, ou Império (XVIII-XX dinastias)	1570-1165
Período Pós-imperial (XX-XXVI dinastias)	1150-525
Conquista persa	525
Conquista por Alexandre o Grande	332

As datas fornecem as informações básicas sobre as fases da história política egípcia. A unificação da terra sob o rei-deus, o faraó, foi alcançada no final do Período Protodinástico, e a forma institucional que caracterizou o Antigo Império foi renovada, depois das interrupções dos Períodos Intermediários, no Médio e no Novo Impérios.

Até aqui há concordância. As dificuldades começam com a interpretação das fases sucessivas e, especialmente, do Primeiro Período Intermediário. Toynbee, em seu *Study of History*, interpreta o Antigo Império como o período formativo da civilização egípcia; o Período Intermediário, que se segue ao colapso do Antigo Império no final da Sexta Dinastia, como o Tempo dos Problemas no curso civilizacional; e a reconstrução no Médio Império como o período imperial egípcio, o tempo do Estado Universal. O Segundo Período Intermediário, a época da invasão dos hicsos, é, então, o interregno que se segue ao Estado Universal; o Novo Império, por fim, é a última recupe-

---

Na época em que este capítulo foi escrito não tive acesso ao estudo de Joachim Spiegel, *Das Werden der Altaegyptischen Hochkultur. Aegyptische Geistesgeschichte im 3. Jahrt. v. Chr.*, Heidelberg, F.H. Kerle, 1953.

[2] Wilson, *The Burden of Egypt*, VII ss.

ração, que restaura o império por todo o tempo em que ele ainda vai durar[3]. Essa interpretação provocou a crítica enérgica de Henri Frankfort. Embora sua argumentação não chegue a ser uma penetração completa do problema teórico, sua queixa empírica fica suficientemente clara. Na opinião de Frankfort, a construção de Toynbee para as fases num curso civilizacional é uma generalização a partir de materiais insuficientes. O padrão é desenvolvido à luz do amplo conhecimento de Toynbee sobre a história greco-romana e ocidental e, embora ele possa ser válido nesses casos, não se aplica a todos os casos e, em particular, não à civilização egípcia. A história ocidental, antiga e moderna, tem uma dinâmica peculiar própria, e quando conceitos de tipo baseados nesse conjunto de materiais são transferidos para as civilizações do antigo Oriente Próximo ocorre a interferência de uma tendência progressiva na interpretação da história egípcia.

Concretamente, surgem os seguintes problemas: o Tempo de Problemas greco-romano viu a formação do proletariado interno mediterrâneo, e esse estrato social tornou-se originador e portador de novos movimentos religiosos, acima de tudo do cristianismo. Se esse quadro de um Tempo de Problemas fosse transferido para o Primeiro Período Intermediário egípcio, seria preciso interpretar as classes inferiores egípcias da época, como Toynbee o faz, como um proletariado interno, o que, de acordo com Frankfort, elas não eram. Além disso, seria preciso procurar algum fenômeno que pudesse ser considerado um equivalente à ascensão do cristianismo no império romano. Toynbee encontra-o na disseminação da religiosidade osírica nas classes inferiores: "Quando a sociedade egípcia estava *in articulo mortis*, pareceu que uma Igreja osírica estava destinada a assumir, para essa civilização moribunda, aquele papel de executor e legatário residual que foi de fato desempenhado pela Igreja cristã para a civilização helênica e pelo Mahayana para a sínica"[4]. O desenvolvimento da Igreja osírica, porém, tomou um rumo diferente da cristã, porque a invasão dos hicsos produziu uma *union sacrée* entre a minoria dominante da sociedade egípcia e o seu proletariado interno contra o inimigo nacional: "Foi essa conciliação na última hora que prolongou a existência da sociedade egípcia — num estado petrificado de vida-na-morte — por dois mil anos além da data em que o processo de desintegração teria, de outro modo,

---

[3] Para a interpretação da história egípcia por Toynbee, ver seu *Study of History*, as seções s.v. "Egypt", nos registros dos v. 3 e 6.

[4] Ibid., 5, 152.

atingido o seu fim natural na dissolução. [...] Esse ato artificial de sincretismo matou a religião do proletariado interno sem conseguir trazer a religião da minoria dominante de volta à vida"[5]. Contra essa interpretação, Frankfort argumenta que, em primeiro lugar, uma "Igreja" osírica nunca existiu, se por *Igreja* entende-se um corpo organizado de fiéis. O culto de Osíris, ademais, não se originou nas classes inferiores, mas difundiu-se amplamente entre elas a partir de sua fonte original no culto do grupo dominante. O quadro de um movimento religioso comparável ao cristianismo, portanto, está errado, e os julgamentos hipotéticos baseados nessa pressuposição são irrelevantes. Não há sentido empírico em supor que um desenvolvimento egípcio "normal" teria produzido uma vitória da "Igreja osírica" e uma dissolução de uma "civilização moribunda". O Médio e o Novo Império egípcios não estiveram num "estado petrificado de vida-na-morte", mas foram épocas prósperas, em especial o brilhante império do período do Novo Império. O padrão greco-romano de crescimento, desintegração e dissolução não se aplica. A sugestão é de um quadro totalmente diferente: se for considerado que os traços essenciais da cultura egípcia estavam desenvolvidos no Antigo Império, no final da Terceira Dinastia, o nascimento do Egito aparecerá como um clarão iluminador, uma revelação seguida por uma luta eterna para a sua realização. A história do Egito tem um caráter peculiarmente estático, porque uma forma criada no início é ramificada, ameaçada, recuperada e variada, sem perda da identidade e da vitalidade essenciais por mais de dois mil anos[6].

A divergência entre Frankfort e Toynbee é séria e afeta a interpretação da história política do Egito, bem como das ideias, como um todo. Além disso, é mais do que uma diferença de opinião entre dois acadêmicos, pois de ambos os lados a posição é apoiada por um conjunto respeitável de autoridades. A concepção de Toynbee de um proletariado interno egípcio que produz a Igreja osírica certamente é de autoria dele próprio, mas faz uso, para seu apoio empírico, da obra de Eduard Meyer e de Breasted. A crítica de Frankfort, em sua contundência incisiva, também é de sua própria autoria, mas encontra o apoio de outros. John A. Wilson, por exemplo, concorda com Frankfort que a teoria das fases de um curso civilizacional de Toynbee não é aplicável ao Egito; e com relação à "Igreja osírica" ele insiste especificamente: "A religião

---

[5] Ibid., 28 ss.

[6] Henri FRANKFORT, *The Birth of Civilization in the Near East*, London, Williams and Norgate, 1951; a crítica a Toynbee e Spengler encontra-se no capítulo 1: The Study of Ancient Civilizations.

osírica era mortuária e não poderia ser a gênese de uma 'nova sociedade', e foi originalmente criada por e para a 'minoria dominante' de Toynbee". Wilson, no entanto, considera necessário alertar: "Estas críticas fazem escassa justiça à influência enormemente estimulante de Toynbee ao atacar ideias anteriormente fixas"[7]. Para a sua ideia de um nascimento súbito como um clarão da civilização egípcia, Frankfort pode também remeter às opiniões concordantes de outros egiptólogos, em particular as de Flinders Petrie[8]. E a sua hipótese para a história das ideias políticas é confirmada em detalhes pelo estudo recente de Hermann Junker sobre o Antigo Império[9].

Uma divergência desse tipo não pode ser resolvida aumentando os argumentos empíricos de um lado ou de outro. Como ela foi causada pelo uso de conceitos insuficientemente analisados, precisa ser superada pelo exame penetrante do problema teórico que se encontra em sua raiz. Se diversas variáveis da realidade forem incluídas num só conceito, a mistura não se encaixará nas situações concretas quando uma ou outra variável seguir o seu próprio caminho histórico. Como tais variáveis não são suficientemente distinguidas nem por Toynbee nem por Frankfort, é preciso considerar as três a seguir:
1. As instituições políticas, sua criação, sua consolidação e sua desintegração.
2. A experiência socialmente predominante de ordem e sua simbolização (cosmológica, antropológica, soteriológica).
3. A fusão de instituições e experiências de ordem, de que resulta o que Frankfort chama de "estilo" ou "forma" de uma civilização.

À luz das distinções precedentes, Toynbee está certo quando diagnostica um Tempo de Problemas, no sentido institucional, no Primeiro Período Intermediário. O colapso do Antigo Império no final da VI Dinastia é uma típica desintegração endógena de uma instituição política, causada por uma administração central ineficiente que permite que centros de poder local cresçam, deixa cargos tornarem-se hereditários, é generosa demais com dotações financeiras para notáveis regionais e aumenta indevidamente os gastos centrais com consequente sobrecarga do povo[10]. É um processo de forçar além do li-

---

[7] WILSON, *The Burden of Egypt*, 32.
[8] FRANKFORT, *The Birth of Civilization*, 25.
[9] Hermann JUNKER, *Pyramidenzeit*, Einsiedeln/Zürich/Kön, Benziger, 1949.
[10] No que se refere à formação e à ação revolucionária de um proletariado interno, a concepção de Toynbee de um Tempo de Problemas egípcio encontrou um apoio de peso em Joachim SPIEGEL, *Soziale und Weltanschauliche Reformbewegungen im Alten Aegypten*, Heidelberg,

mite uma instituição, de deixar tendências desagregadoras saírem do controle, que também pode ser observado em outros casos, como nas civilizações chinesa ou ocidentais, embora as causas possam variar em detalhes. Se o conceito de Toynbee de um Tempo de Problemas fosse restrito ao fenômeno da primeira grande desintegração institucional de uma cultura política estabelecida, ele se aplicaria ao Primeiro Período Intermediário. No entanto, ele se torna inaplicável porque inclui a criação de uma Igreja pelas classes inferiores, criação que ocorre no Tempo de Problemas helênico, mas não no egípcio. Desse modo, Frankfort está certo quando rejeita a especulação sobre a "Igreja osírica" e seu fracasso. A cultura cosmológica do Egito nunca foi efetivamente rompida por desenvolvimentos antropológicos ou soteriológicos.

Esses esclarecimentos, porém, não esgotam o problema. Embora a especulação de Toynbee sobre uma "Igreja osírica" deva ser rejeitada, seu admirável faro para atmosferas históricas permite-lhe discernir que o Primeiro Período Intermediário foi mais do que um colapso institucional, na medida em que o colapso afetou as experiências de ordem, esboçando uma ruptura com os símbolos cosmológicos. A religiosidade osírica de fato se expandiu pelas classes inferiores, e a validade dos símbolos cosmológicos faraônicos foi seriamente posta em dúvida. Espalhava-se uma atmosfera experiencial em que seria concebível que uma religião soteriológica pudesse ter encontrado solo fértil, se tal religião tivesse existido. Porém, nenhum profeta ou salvador apareceu, e a religião mortuária de Osíris, como Wilson ressaltou, não poderia ter se tornado uma Igreja formadora de comunidade. Embora a cultura egípcia tenha adquirido durante esse período uma nova dimensão de ceticismo, a instituição faraônica emergiu da provação com uma vitalidade inabalada. Assim sendo, Toynbee está certo quando percebe uma atmosfera experiencial, repleta de novas possibilidades religiosas, mas está errado quando especula sobre a presença efetiva de tal religião; Frankfort está certo quando insiste que nenhuma revolução religiosa ocorreu, mas leva seu argumento longe demais quando trata as mudanças na estrutura experiencial como insignificantes em comparação com a duração milenar da "forma" egípcia.

A análise abstrata ganhará concretude se examinarmos uma fonte que ilustre a natureza e o grau da tensão na história egípcia. Esse objetivo será

F. H. Kerle, 1950 — desde que a interpretação de Spiegel para as chamadas "Admoestações de Ipuwer" esteja substancialmente correta.

atendido pelo "Canto do Harpista", originalmente uma inscrição tumular, provavelmente para um rei pouco anterior ao estabelecimento do Médio Império[11]:

> Como está cansado esse príncipe justo;
> a boa fortuna se esgotou!
> Gerações perecem desde o tempo do deus,
> mas jovens vêm em seu lugar.
> Os deuses que viveram antigamente descansam em suas pirâmides,
> os mortos abençoados também, enterrados em suas pirâmides.
>
> E aqueles que construíram casas — seus lugares não são.
> Vê o que foi feito deles!
> Ouvi as palavras de Imhotep e Hor-dedef,
> cujos discursos os homens falam tanto.
> Quais são os seus lugares agora?
> Suas paredes quebraram e seus lugares não são —
> como se nunca tivessem sido!
>
> Ninguém volta de lá,
> Para que possa contar sua condição,
> Para que possa contar suas necessidades,
> Para que possa acalmar nosso coração, —
> Até que nós também viajemos ao lugar para onde eles foram.
>
> Que teu desejo prospere, para que teu coração esqueça as divinizações por ti.
> Segue teu desejo, enquanto viveres.
> Põe mirra sobre tua cabeça e roupas de puro linho sobre ti,
> Sendo ungido com maravilhas genuínas de propriedade do deus.
>
> Estabelece um aumento para tuas coisas boas;
> Não deixes teu coração enfraquecer.
> Segue teu desejo e teu bem.
> Satisfaz tuas necessidades na terra, segundo o comando de teu coração,
> Até chegar para ti o dia do luto.
>
> O Cansado de Coração não lhes ouve o pranto,
> E lamentos não salvam o coração de um homem do mundo inferior.
> Faz festa, e não te canses dela!
> Vê, não é dado a nenhum homem levar sua propriedade consigo.
> Vê, não há ninguém que parta e possa voltar!

---

[11] Para a questão da data, ver James H. BREASTED, *Development of Religion and Thought in Ancient Egypt*, New York, C. Scribner's Sons, 1912, 182, ou, do mesmo autor, *Dawn of Conscience*, 163; e a nota introdutória de John A. WILSON em *ANET*, 467. O texto é tirado de *ANET*, com as variantes indicadas nas notas de rodapé da página 467.

O Canto do Harpista mostra que a religiosidade osírica, debatida com tanto ardor, não é de forma alguma o sintoma mais evidente de mudanças experienciais no Tempo de Problemas egípcio. Pois a corrosão chegara tão fundo que a fé em Osíris, o Cansado de Coração, é ela mesma posta em dúvida. É melhor não pensar nem nos rituais de "divinização" que, supostamente, tornam os mortos "personalidades efetivas" no além. A ideia é desagradável; e, além disso, ninguém sabe se as personalidades no além são de fato "efetivas", uma vez que ninguém jamais voltou de lá para nos informar sobre a sua condição. O resultado de tais dúvidas é um ceticismo hedonista que aconselha a satisfazer os prazeres da vida enquanto ela durar. É um hedonismo sem alegria, que reflete uma saciedade com uma vida que se tornou sem sentido. E a morte tornou-se uma "boa fortuna" que liberta o príncipe do cansaço de sua existência.

A experiência de duração e passagem sem sentido predomina fortemente. O autor do canto vê a si mesmo, em seu presente, no final de uma cansativa cadeia de existências. Gerações duraram e passaram desde o "tempo do deus" (presumivelmente o fundador do Egito unificado), e tudo o que foi alcançado é que ele e os deuses que o sucederam, assim como os seus notáveis divinizados, jazem agora em suas pirâmides. Essa é a palavra-chave para o ataque às próprias pirâmides, esses símbolos de perenidade. Os nomes dos sábios do passado, de Imhotep e Hor-dedef, são escolhidos de forma deliberada. Pois Imhotep, o arquiteto de Djoser (III Dinastia, *c.* 2700 a.C.), foi criador de construções de pedra de grande escala e construtor da pirâmide em degraus de Sacara, a mais antiga que ainda sobrevive, enquanto Hor-dedef era filho de Quéops (*c.* 2600 a.C.), que construiu a maior das pirâmides. A sabedoria desses sábios ainda era conhecida na época do canto (*c.* 2000 a.C.), mas seus túmulos estavam quebrados. A negligência com as pirâmides, que se elevavam ali, gastas pelo tempo, para todos verem, assim como os saques e a destruição de túmulos menores devem ter causado uma impressão profunda. Quando os símbolos de eternidade estavam eles mesmos se desfazendo, a tentativa de construir a eternidade materialmente neste mundo deve ter parecido convincentemente fútil. Em suma, a cultura egípcia teve também o seu passado interno — às vezes esquecido pelo historiador moderno que olha para o Egito "antigo". A Era das Pirâmides, na verdade, era "antiga" mesmo para um egípcio do Médio Império, e o homem que escreveu o Canto do Harpista olhava para a pirâmide de Quéops mais ou menos da mesma distância no tempo que existe entre nós e a catedral de Chartres. Com certeza havia lições objetivas de sobra para despertar uma sensação do abismo que separa a realização do homem da eternidade do ser. Além disso, a lição, uma vez aprendida, não se perdeu, pois o canto ainda era copiado nas dinastias imperiais do Novo Império. Assim, a camada experiencial de ceticismo com relação ao significado da base faraônica foi permanentemente incorporada à forma egípcia[12].

O Canto do Harpista não desabrocha numa abertura da alma em direção à divindade transcendente, mas se nivela em hedonismo e ceticismo. Esse fenômeno peculiar, a corrosão do simbolismo faraônico até um ponto de ruptura nunca totalmente atingido, esclarecerá o problema da forma civilizacional levantado por Frankfort.

A "forma", como anteriormente sugerido, resulta da interpenetração de instituições e experiências de ordem. As instituições, sem dúvida, podem se romper sob pressões econômicas, ou por mudanças na distribuição do poder, mas quando a sociedade afligida recuperar a sua força de auto-organização as novas instituições pertencerão ao mesmo tipo formal que as antigas, a menos que também tenha ocorrido uma mudança revolucionária na experiência de ordem. Desde que as experiências de ordem retenham a sua estrutura compacta, apesar de a corrosão apontar para uma nova diferenciação, a forma será preservada. Uma civilização pode ser profundamente abalada por reviravoltas institucionais e ainda apresentar uma aparência de estabilidade formal milenar. O problema da forma não precisa permanecer no estágio de reconhecimento de que algumas civilizações, como a greco-romana, encaixam-se no tipo "progressivo" desenvolvido por Toynbee, enquanto outras, como a egípcia, têm uma forma "estática" que se mantém constante do início ao fim. O problema da "forma" pode ser esclarecido teoricamente, e seus fenômenos tornados inteligíveis, pelo uso dos princípios que governam a compacidade e a diferenciação das experiências de ordem. Os três princípios, conforme surgiram no curso deste estudo, podem ser formulados da seguinte maneira:

1. A natureza do homem é constante.
2. A extensão da experiência humana está sempre presente na plenitude de suas dimensões.
3. A estrutura da extensão varia de compacidade a diferenciação.

Além disso, a diferenciação das experiências de ordem não segue seu curso dentro de uma sociedade, ou dentro das sociedades de uma única civilização,

---

[12] Para a continuidade entre o ceticismo do Tempo de Problemas e o Iluminismo do Novo Império, em particular do movimento de Akhenaton, cf. SPIEGEL, *Soziale und Weltanschauliche Reformbewegungen im Alten Aegypten*.

mas estende-se por uma pluralidade de sociedades no tempo e no espaço, num processo histórico mundial de que as várias civilizações participam em suas respectivas medidas. Assim, a "forma" de uma sociedade é, ao mesmo tempo, o modo de sua participação no mencionado processo histórico mundial que se estende indefinidamente para o futuro. Para além do nível primitivo, as mais antigas civilizações conhecidas, como a egípcia, estão de fato expostas às mesmas vicissitudes institucionais que as posteriores, mas, como a experiência compacta de ordem não se rompe sob a pressão de desastres institucionais, as mudanças efetivas de ordem institucional ocorrem, com uma qualidade peculiar de docilidade, dentro de uma forma cosmológica que permanece estável. Assim, embora as diferenças formais entre as civilizações sejam corretamente observadas por Frankfort, a linguagem de tipos "estáticos" e "dinâmicos" deve ser substituída por descrições que determinem a sua forma para cada caso de uma sociedade concreta relacionando-a ao processo supracivilizacional em que as experiências compactas de ordem se diferenciam.

O método sugerido tem vantagens empíricas que se tornam evidentes assim que mais um curso civilizacional é introduzido para fins de comparação. Algumas reflexões sobre a civilização chinesa serão úteis, como já o foram na análise dos símbolos mesopotâmicos.

No caso chinês, o reinado Chou desintegrou-se no período dos Estados Combatentes, e esse Tempo de Problemas, por sua vez, deu lugar à unificação imperial da China sob as dinastias Ch'in e Han. O curso institucional, assim, assemelha-se muito à sequência egípcia de Antigo Império, Primeiro Período Intermediário e as reorganizações imperiais a seguir. Ao longo desse curso, e além dele pela história chinesa até 1912 d.C., o simbolismo cosmológico permanece imperturbado. Tanto no caso chinês como no egípcio, portanto, uma forma cosmológica "estática" prevalece numa história de aproximadamente três mil anos, com o Filho do Céu chinês correspondendo ao faraó como o mediador entre a ordem cósmico-divina e a sociedade. O paralelo chega até o ponto de que, no Tempo de Problemas chinês, em certas variantes de taoismo, aparecem experiências e atitudes que se assemelham às do Canto do Harpista.

No entanto, na civilização chinesa também ocorreu, no confucionismo, uma ruptura experiencial com a ordem cosmológica, e embora o rompimento não tenha sido tão profundo quanto o contemporâneo na filosofia grega teve consequências institucionais de uma magnitude sem paralelo no Egito. Pois a desilusão com a ordem cósmica da sociedade, bem como com a sua preservação por intermédio do Filho do Céu, levou à descoberta da personalidade autônoma como uma fonte de ordem. A ordem da sociedade, que até então havia dependido apenas do Filho do Céu, dependia agora, em rivalidade com ele, do sábio que participava da ordem do cosmo. No domínio dos símbolos, a nova experiência da pessoa autônoma e de seu desejo de ordem tornou-se manifesta na transferência de qualificações imperiais para o sábio. O *tao* e o *teh*, cuja posse implica a eficácia ordenadora do príncipe, o *ch'un*, passaram a ser forças eficazes na alma do homem principesco, o *ch'un-tse*. Confúcio, assim, aproximou o sábio e o príncipe a ponto de fundi-los em um símbolo estreitamente relacionado ao rei-filósofo de Platão. Além disso, a eficácia social do homem principesco era governada pela mesma fatalidade cósmica que o governante. Pois o rei tinha o *teh* (força) para mediar o *tao* (ordem) cósmico com a sociedade por intermédio do *ming*, o decreto do céu; e, da mesma maneira, dependia do *ming* celestial se a sabedoria do sábio era ou não ouvida e aceita, de modo a que ele se tornasse uma força ordenadora eficaz na comunidade[13]. Assim, o sábio não era mais o membro de uma sociedade que somente como um todo recebia a sua ordem por meio da mediação do governante. Ele próprio tinha acesso ao *tao* que ordenava o mundo e a sociedade e, assim, tornou-se um governante potencial e um rival para o Filho do Céu na mediação do *tao* — uma ideia que, até onde sabemos, nunca ocorreu a um egípcio.

Essa transferência de símbolos régios para o sábio, no entanto, evidencia as limitações do confucionismo como uma nova força ordenadora na sociedade. É verdade que a autonomia da personalidade, independente da autoridade da sociedade, havia sido ganha pela relação imediata entre o homem e o *tao* cósmico. Ainda assim, a autoridade do sábio era do mesmo tipo cosmológico que a autoridade do Filho do Céu. A diferenciação da experiência não avançou, como em Platão, para o desenvolvimento de uma nova teologia em oposição às crenças prevalentes na comunidade; ela não se tornou radicalmente transcendental. O confucionismo não levou a uma ruptura na forma cosmológica do império, porque não era uma filosofia no sentido estabelecido por Platão. E, como não havia nenhuma incompatibilidade radical nas experiências de ordem, o império pôde até mesmo utilizar a erudição confuciana como um apoio burocrático para a sua forma cosmológica.

Em conclusão, pode-se dizer que o debate sobre os tipos de cursos civilizacionais permanecerá inconclusivo enquanto for conduzido no plano de

---

13 Marcel GRANET, *La pensée chinoise*, Paris, La Renaissance du Livre, 1934, 481 ss.; Fung YU-LAN, *A Short History of Chinese Philosophy*, New York, Free Press, 1948, 44 ss.

construção de tipos empíricos. A ordem inteligível da história não pode ser encontrada pela classificação de fenômenos; ela deve ser buscada por uma análise teórica de instituições e experiências de ordem, assim como da forma que resulta de sua interpenetração. As constantes fundamentais da história não podem ser determinadas com a formação de conceitos de tipos de regularidades fenomenais, pois as regularidades históricas não são mais do que manifestações das constantes da natureza humana em sua variedade de compacidade e diferenciação. Além disso, a elevação de regularidades fenomenais, que de fato podem ser observadas nos cursos civilizacionais, a constantes históricas é especialmente repreensível, porque as civilizações não são unidades independentes que repetem um padrão de crescimento e declínio. Uma civilização é a forma em que uma sociedade participa, de sua maneira historicamente singular, do drama supracivilizacional universal de aproximação da ordem certa de existência por meio de sintonias cada vez mais diferenciadas com a ordem do ser. Uma forma civilizacional tem singularidade histórica, que jamais deve ser absorvida por regularidades fenomenais, porque a forma é um ato no drama da humanidade que é encenado de modo não conhecível em direção ao futuro.

As reflexões teóricas acima, no entanto, não devem de modo algum menosprezar a busca do fenomenalmente típico no curso das civilizações. Pois, inevitavelmente, precisamos começar pelas regularidades fenomenais a fim de chegar às constantes da natureza humana, assim como à diferenciação estrutural do conjunto constante de experiências; ou seja, à dinâmica da natureza humana que chamamos de história.

§2 A forma cosmológica

Os egípcios viam a ordem de sua sociedade como parte da ordem cósmica. A expressão da experiência em símbolos pertence, portanto, ao mesmo tipo geral que a mesopotâmica. No entanto, da interpenetração de experiências e instituições resultou uma forma civilizacional singular em todos os seus aspectos principais. A forma é peculiar por causa do seu nascimento súbito, que deve ser considerado uma explosão repentina de criatividade mesmo que concedamos generosamente um século ou mais a esse "repente" para trazer a forma a uma existência definitivamente reconhecível. Além disso, a forma é peculiar por causa de vários elementos de estrutura que a distinguem da mesopotâmica e, a bem dizer, da forma de qualquer outra civilização cosmológica. E, por fim, ela é peculiar porque dentro dela ocorre uma rica diferenciação de experiências que aponta para além dos limites da cosmologia e são interpretadas, portanto, por historiadores progressistas como antecipações de realizações hebraicas e gregas. A última característica é especialmente digna de nota, porque, com relação a importantes expressões literárias da experiência cosmológica em si, a civilização egípcia mostrou-se singularmente estéril. O Egito não produziu nem épicos como o *Gilgamesh* ou o *Enuma elish* mesopotâmicos, nem uma codificação de suas leis comparável à de Hamurabi.

Nesta seção, vamos abordar a origem e as características estruturais da forma cosmológica, concentrando a análise nos aspectos que distinguem a civilização egípcia de outras do mesmo tipo. Na seção subsequente, trataremos da dinâmica da experiência dentro do abrigo da forma.

O nascimento do império faraônico é repentino no sentido de que, aparentemente, ele não teve nenhuma pré-história comparável à gênese dos impérios mesopotâmicos. Na Mesopotâmia é possível acompanhar uma evolução política de comunidades aldeãs primitivas, passando por cidades-estado, até o império. Os unificadores imperiais conquistaram as cidades-estado preexistentes, mas estas preservaram sua identidade institucional tão bem que os impérios, governados e administrados por aquela entre elas que por acaso fosse a mais forte na época, até derivavam seus nomes da cidade hegemônica. A pré-história, assim, deixou a sua marca institucional na organização posterior.

No Egito, somos confrontados com uma situação um tanto intrigante. O império faraônico, é verdade, também apresenta uma estrutura institucional que aponta para uma unificação de entidades políticas preexistentes por meio de conquistas no passado. O faraó usa a dupla coroa como "O Senhor das Duas Terras" do Alto e do Baixo Egito e, em cada crise política, o império corre o risco de se dividir nas duas terras como reinos separados. Ainda assim, há dúvidas quanto à interpretação correta desses sintomas. Uma geração atrás, os historiadores ainda estavam dispostos a aceitar a existência de dois reinos, assim como a conquista do Baixo Egito pelos povos do sul. Hoje, a hipótese está a ponto de ser abandonada, uma vez que as fontes revelam a existência, no delta, de apenas pequenos principados que nunca formaram uma unidade política antes da conquista. Parece mais razoável supor que o vale do Nilo fosse constituído de uma faixa de comunidades aldeãs culturalmente homogêneas, com modestas cidades-mercado dominando o distrito circundante, sob o comando de seus chefes, e que a resistência não tenha sido muito tenaz quando os conquistadores do sul, sobre cuja fonte original de poder e iniciativa conhecemos pouco, impuseram um governo comum a uma população de cultura comum. Um processo desse tipo também é sugerido pelo fato de que as inimizades inevitáveis da conquista devem ter se diluído rapidamente depois do estabelecimento do império. Não há traços de discriminação política prolongada contra a população do delta; as "Duas Terras" estão em pé de igualdade. O símbolo, ao que parece, não é redutível a eventos na esfera da articulação institucional; e concordamos, portanto, com a conclusão de que seu significado terá de ser buscado na motivação por meio de uma experiência de ordem cósmica[14].

A transição súbita de comunidades agrícolas primitivas para uma grande civilização imperial deve ser admitida como um fato histórico, mas não podemos fazer mais do que formar uma suposição razoável quanto às circunstâncias que favoreceram tal desenvolvimento extraordinário. O Egito é uma calha estreita de terra fértil ao longo das margens do Nilo, fechada pelos penhascos do deserto a leste e a oeste. Nesse tubo habitável, a densidade populacional é hoje de mais de 1.200 habitantes por milha quadrada, consideravelmente mais alta do que na Bélgica, o setor industrial europeu mais densamente povoado, que tem cerca de setecentas pessoas por milha quadrada. A densidade na Antiguidade era consideravelmente mais baixa, mas ainda deve ter sido muito mais alta do que em qualquer das outras áreas civilizacionais da época. A pressuposição é razoável, porque o sistema de irrigação por inundação, no qual se apoia a economia egípcia e a capacidade de sua população, remonta à Antiguidade e, provavelmente, já existia mesmo no Período Protodinástico. Apenas no século XIX d.C., sob o governo do vice-rei Mohammed Ali, o sistema antigo foi gradualmente suplementado pela irrigação por canais, que aumentou grandemente a área de terra cultivável, tornou-a adequada para o plantio de algodão e açúcar e resultou num aumento proporcionalmente grande da população. A ampliação de uma população rural até uma densidade semiurbana pode, portanto, ser imaginada como o fator que contribuiu apreciavelmente para a súbita explosão de energia civilizacional. A vida numa

---

[14] Sobre a força politicamente formativa da situação geográfica e sobre a questão dos dois reinos, as possibilidades de confederações hegemônicas antes da unificação, a unificação em si e a continuidade da tensão no período dinástico, cf. Rudolf ANTHES, Aegypten, in *Historia Mundi*, II, 134-41.

área intensamente povoada, com o rio percorrendo toda a extensão do assentamento como uma rodovia, deve ter produzido entre esses povos o intenso intercâmbio social e intelectual, a homogeneidade subjacente a uma rivalidade local sofisticada e a tolerância mútua sem autoafirmação dogmática que de fato caracterizam a civilização imperial quando ela surge à vista da história. A pressuposição dessas circunstâncias anteriores à conquista tornará o seu sucesso mais compreensível[15].

O caráter do vale do Nilo como um assentamento contínuo e homogêneo sem articulação por cidades maiores e indubitavelmente dominantes permaneceu durante um bom tempo no período faraônico. Politicamente, manifestou-se no aspecto curioso de que por mais de mil anos o Egito não teve uma capital permanente. Não havia um equivalente no Egito a uma Nippur, Babilônia ou Assur de onde o conquistador governava a terra. Uma nova cidade, a Mênfis de Menés, foi fundada como o símbolo do reino unificado. E a residência efetiva movia-se, em princípio, com o faraó para o local onde a sua pirâmide deveria ser construída, e a cidade mais próxima tornava-se a sede da administração. Só na metade do segundo milênio, quando Tebas adquiriu um caráter metropolitano, pode-se falar justificadamente em uma cidade capital egípcia[16].

Se, no entanto, se considera que o símbolo "Duas Terras" possui caráter cosmológico, surge uma séria dificuldade, na medida em que todas as outras civilizações cosmológicas simbolizam a ordem espacial da terra por analogia com os quatro cantos do mundo. Por que o Egito teria um símbolo dualista? E qual aspecto do cosmo é simbolizado analogicamente pelo dualismo? Algumas suposições foram feitas, nenhuma delas muito convincente. Frankfort encontra a origem da divisão numa "tendência egípcia profundamente arraigada de compreender o mundo em termos dualistas como uma série de pares de contrastes balanceados num equilíbrio imutável". O universo como um todo é concebido como "céu e terra", a terra como "norte e sul", e a mesma inclinação pode ser observada em ação nos pares de deuses, e assim por diante. Essa explicação deve ser rejeitada como circular, pois a questão é precisamente

---

[15] Para a subitaneidade da explosão civilizacional, cf. FRANKFORT, *Kingship and the Gods*, cap. 1, e, do mesmo autor, *Birth of Civilization in the Near East*. Sobre o caráter semiurbano da população do vale do Nilo, cf. WILSON, in *The Intellectual Adventure of Ancient Man*, 31 ss. Para a questão da irrigação, ver o artigo Irrigation: Egypt, in *Encyclopedia Britannica*, 11ª ed.

[16] FRANKFORT, *The Birth of Civilization*, 83 ss.

qual seria a "raiz profunda" da inclinação[17]. Wilson, depois de uma primeira tentativa rejeitada por ele mesmo[18], acaba por inverter a ideia de Frankfort e propõe: "Talvez a dualidade das 'Duas Terras' fosse um fator mais forte para produzir o dualismo da psicologia egípcia"[19]. Concordamos com a hipótese de Wilson e a corroboramos com a reflexão de que é propriedade dos rios fluir colina abaixo, de modo que, num vale de rio fechado, o "mundo" terá naturalmente as dimensões de "rio acima" e "rio abaixo". Nas condições topográficas peculiares do Egito, o rio era um aspecto tão impressionante do mundo experienciado que o Nilo poderia ser preferível ao horizonte e ao sol como a fonte de ordem espacial, com a consequência de um cosmo bidimensional refletir-se analogicamente na instituição política das "Duas Terras". Outros dualismos topográficos podem ter fortalecido a experiência e dado a ela a força para permear o pensamento em geral com categorias dualistas, mas no que se refere às "Duas Terras" o Nilo parece ser suficiente.

A expressão da ordem política por analogia com a ordem cósmica é adicionalmente complicada pelo fato de que o símbolo do sol tem, no pensamento egípcio, um lugar pelo menos tão dominante quanto o símbolo do Nilo, se não mais elevado. A coexistência dos dois símbolos reflete, talvez, estratos históricos diferentes na gênese da ordem imperial. A concepção bidimensional do espaço cósmico é certamente a mais antiga no que se refere a seu uso político, pois a conquista foi compreendida desde o seu início como a unificação das "Duas Terras". O simbolismo do sol, fraco no começo, ganhou força durante o Antigo Império, aparentemente sob influências de Heliópolis e da região do delta em geral. Na Quinta Dinastia ele se tornou tão forte que o faraó assumiu o título de "Filho de Rá". Agora, onde aparece o símbolo do sol, aparecem também, em inúmeras ocasiões, os quatro cantos do horizonte que o sol governa, e a fusão do horizonte com a concepção dualista da ordem imperial em vários documentos literários resulta em conflitos entre os símbolos logicamente incompatíveis. Além disso, nessas ocasiões, os dois simbolismos têm funções diferentes para esclarecer o significado da ordem. Será aconselhável, portanto, examinar alguns hinos ao sol a fim de aclarar as funções distintas e sua relação mútua.

---

[17] FRANKFORT, *Kingship and the Gods*, 19.
[18] WILSON, in *The Intellectual Adventure of Ancient Man*, 41 ss.
[19] WILSON, *The Burden of Egypt*, 17.

O primeiro que atrai nossa atenção é um hino a Hórus. Por sua inversão da ordem normal de "Alto e Baixo Egito" em "Baixo e Alto Egito", ele pode ser datado da época da ascendência de Heliópolis durante as Dinastias IV-V. A passagem do hino citada a seguir é de interesse porque mostra o claro conflito topográfico entre os dois símbolos:

> Saudações a ti, que és único e de quem se diz que viverá para sempre!
> Hórus vem, ele com passos longos vem;
> Ele vem, ele que conquista o poder sobre o horizonte, que conquista o poder sobre os deuses.
>
> Saudações a ti, alma, que estás em seu sangue vermelho,
> o único, como seu pai o nomeou, o sábio, como os deuses o chamaram,
> que assumiu seu lugar, quando o céu foi separado [da terra], no lugar onde teu coração se satisfez,
> para que possas percorrer o céu de acordo com o teu passo,
> para que possas atravessar o Baixo e o Alto Egito no meio daquilo que tu percorres![20]

Hórus é claramente o poder sobre o horizonte; ele é a alma divina que se eleva nas roupas vermelhas do disco solar e caminha pelo céu. O último verso, no entanto, que vê o seu curso não a partir do céu, mas da terra, quebra a imagem ao nos lembrar do eixo norte-sul do Baixo e Alto Egito, e faz o sol se mover "no meio", ou, mais literalmente, "dentro" do Egito que ele atravessa em um ângulo reto, excluindo o resto do mundo contido no horizonte. A longa calha do vale do Nilo e o horizonte circular são geometricamente incongruentes.

• • •

A mesma tensão ainda está presente séculos mais tarde num hino a Amon-Rá, no Novo Império, mas antes da Revolução de Amarna. No hino, Amon-Rá aparece na dupla função do governante das Duas Terras e do deus supremo,

---

[20] Textos das Pirâmides, 853a-854e. Todas as traduções dos Textos das Pirâmides são tiradas de Samuel A.B. MERCER, *The Pyramid Texts in Translation and Commentary*, New York, Longmans, 1952, 4 v. O volume 1 contém os textos; os outros três volumes, os comentários, glossário e índices. Os Textos das Pirâmides foram editados em Kurt SETHE, *Die Altaegyptischen Pyramidentexte*, Leipzig, J. C. Hinrichs, 1908-1922, v. 1 (Sprueche 1-468), v. 2 (Sprueche 469-714). A tradução de Sethe para o alemão e seus comentários em *Uebersetzung und Kommentar zu den altaegyptischen Pyramidentexten*, Glueckstadt, J. J. Augustin, 1935, compreendem Sprueche 213-582.

que criou tudo o que se encontra dentro do horizonte, incluindo os países estrangeiros expressamente mencionados. A tensão tornou-se mais marcante porque o mundo do horizonte e o mundo das Duas Terras são conscientemente distinguidos.

A passagem do hino a seguir destaca o domínio de Amon-Rá sobre o Egito:

> O muito amado jovem a quem os deuses louvam,
> Que fez o que está abaixo e o que está acima,
> Que ilumina as Duas Terras
> E atravessa os céus em paz:
> O Rei do Alto e do Baixo Egito: Rá, o triunfante,
> Chefe das Duas Terras,
> Grande em força, senhor de reverência,
> O mais importante que criou toda a terra.

E uma outra passagem até especifica o eixo norte-sul como a dimensão desse domínio:

> O teu amor está no céu meridional;
> A tua doçura está no céu setentrional.

Uma personalidade inteiramente diferente aparece na passagem a seguir do mesmo hino:

> Solitário e único, com muitas mãos,
> Que passa a noite em vigília, enquanto todos os homens dormem,
> Procurando benefícios para as suas criaturas,
> Amon, resistente em todas as coisas, Atum e Harakhti.
>
> Os louvores são para ti quando dizem:
> "Celebrações a ti, porque te cansas conosco!
> Saudações a ti, porque nos criaste!"
> Aclamações a ti por todas as criaturas!
> Celebrações a ti por cada país estrangeiro!
>
> Até o alto do céu, na largura da terra,
> Até o fundo do Grande Mar Verde,
> Os deuses reverenciam a tua majestade
> E exaltam o poder daquele que os criou,
> Rejubilam-se à aproximação daquele que os gerou.[21]

Aqui, Amon-Rá tornou-se o grande deus-criador a quem os deuses, o cosmo e as sociedades humanas louvam em gratidão por ter lhes dado existência e por cuidar deles com atenção. Ele é o deus

---

[21] *ANET*, 365 ss.

Que elevou os céus e assentou o solo,
Que fez o que há e criou o que existe.²²

Na criação abrangente de Amon-Rá, o Egito é apenas uma parte ao lado dos países estrangeiros. Não parece ser o microcosmo, a sociedade humana que, em sua ordem, espelha o cosmo. Pois o próprio deus aproxima-se de uma invisibilidade transcendente da qual nenhuma ordem visível imanente pode ser um análogo adequado. E o hino de fato joga repetidamente com o significado de Amon como o *amen*, o escondido, o grande:

O Soberano...
Cujo nome é escondido [*amen*] de seus filhos
Nesse seu nome de Amon.²³

Quando o Deus supremamente visível do horizonte recolhe-se numa divindade "cujo santuário está escondido", aparentemente ele não pode mais ser a fonte de ordem imperial analógica.

No entanto, por causa dessa transformação potencial do deus-sol visível no deus-criador transcendente invisível, em virtude dessa suspensão entre visibilidade cósmica e invisibilidade transcendente, ele se tornou o deus político egípcio por excelência, o que afetou profundamente a estrutura e a durabilidade da ordem imperial. A experiência que tem esse efeito é expressa no mais antigo hino solar sobrevivente, um hino a Atum, preservado nos Textos das Pirâmides, mas de data bem mais antiga, embora incerta. O hino é composto de duas partes em que as mesmas litanias são dirigidas primeiro ao deus-sol e depois ao faraó morto que é identificado com ele. Na primeira seção das litanias é enumerado o que Atum fez pelo "olho de Hórus", isto é, o Egito:

Saudações a ti, olho de Hórus, que ele [Atum] adornou com suas duas mãos completamente.
Ele não te faz dar ouvidos ao oeste;
ele não te faz dar ouvidos ao leste;
ele não te faz dar ouvidos ao sul;
ele não te faz dar ouvidos ao norte;
ele não te faz dar ouvidos àqueles que estão no meio da terra;
mas tu ouves a Hórus.²⁴

---

²² Ibid., 366.
²³ Ibid.
²⁴ Textos das Pirâmides, 1588a-89a.

Em gratidão por tais dons divinos, na segunda litania o Egito oferece a Atum, em troca, os dons da terra:

> Foi ele que te adornou; foi ele que te construiu; foi ele que te estabeleceu;
> tu fazes para ele tudo o que ele te diz, em todos os lugares para onde ele vai.
> Tu carregas para ele as águas geradoras de aves que estão em ti;
> tu carregas para ele os dons que estão em ti;
> tu carregas para ele o alimento que está em ti;
> tu carregas para ele tudo que está em ti;
> tu o carregas para ele para todo lugar em que o seu coração deseje estar.[25]

Esse é um hino solar singular, sem paralelo em outras civilizações cosmológicas. Embora o sol seja de fato o governante do mundo visível, em todas as quatro direções do horizonte, o Egito não é o análogo terreno do cosmos abrangente. Pois o deus-sol usa seu poder não para assegurar ao reino um domínio análogo sobre a Terra, mas, aparentemente, para protegê-lo de envolvimentos com o domínio terreno. Isso é deixado ainda mais claro na terceira litania:

> As portas ficam fechadas em ti como Immutef;
> elas não se abrem para o oeste; elas não se abrem para o leste;
> elas não se abrem para o norte; elas não se abrem para o sul;
> elas não se abrem para aqueles que estão no meio da terra;
> mas elas estão abertas para Hórus.[26]

Pela graça de Atum, as portas do Egito estão firmemente fechadas para o mundo; o horizonte está fechado do lado de fora.

A estranheza, sem perder a sua singularidade histórica, tornar-se-á mais inteligível se considerarmos que o hino contempla uma ampla variedade de experiências, usando, para esse fim, a pluralidade de deuses-sol. Tanto Atum como Hórus manifestam-se no disco solar visível sem ser idênticos a ele; mas o deus-criador Atum, podemos dizer, está mais distante dessa visibilidade do que Hórus, o deus do horizonte. O Egito, o olho de Hórus, está, sem dúvida, dentro do horizonte de Hórus, mas precisa de proteção contra as forças do mal, que também são parte do horizonte, e pode receber essa proteção apenas de Atum. As forças do bem e do mal, representadas por Hórus e Set, tornam-se, assim, um tema presente na existência mundana, e nessa luta a ajuda deve vir de uma fonte mais elevada de ser divino — ou seja, de Atum:

---

[25] Ibid., 1589b-92e, resumido.
[26] Ibid, 1593a-94a.

> Foi ele quem te resgatou de todo mal que Set te fez.[27]

O salto no ser em direção a uma sintonia mais perfeita com a divindade transcendente não é dado de fato, mas vibra como uma possibilidade no hino. O Egito, pela graça de Atum, está no mundo, mas não é dele; está fechado contra o mal de Set, está aberto e atento à força do bem em Hórus. Dentro da compacidade da experiência cosmológica, e sob os véus da linguagem politeísta, o Egito é o Povo Escolhido do deus.

A segunda parte do hino transfere as litanias da primeira parte para as manifestações de Hórus e Atum no faraó. A graça e a escolha do deus-sol são manifestadas na ordem da sociedade por meio do governo de um rei que faça a mediação entre as forças divinas da ordem cósmica e o povo. Por meio do rei-deus, a sociedade egípcia ouve abertamente a ordem certa de Atum e Hórus; a posse do faraó garante a existência dentro do mundo sem cair presa dos males do mundo; sem um faraó, não só o país cairá em desordem política, como também o povo se afastará da justiça do ser divino. Entendido nesse sentido, o hino a Atum revela a estrutura das experiências que viviam na ordem faraônica. Ele deve ser considerado um dos mais importantes documentos para o estudo da forma civilizacional egípcia e do segredo de sua estabilidade milenar.

Quando o deus escolhe o Egito, ele não se revela diretamente ao povo, ou entra numa aliança com ele, mas está presente com o povo por meio de sua manifestação em seu governante. Precisamos abordar agora o aspecto mais intrigante do simbolismo faraônico, a divindade do rei. O reinado divino é um fenômeno raro. Ocorre no Egito, mas, exceto em casos dispersos, não ocorre na Mesopotâmia nem em qualquer outra das principais civilizações cosmológicas. Antes que se possa tentar uma interpretação, o próprio fenômeno precisa ser claramente compreendido. Um rei divino não é um deus que assumiu forma humana, mas um homem em que um deus se manifesta. O deus permanece distintamente em sua própria esfera de existência e apenas estende, por assim dizer, a sua substância para o governante. Um contemporâneo inteligente, Heródoto, que pôde fazer perguntas a sacerdotes egípcios e que, provavelmente, tinha mais prática de lidar com deuses do que nós temos hoje, confirma a condição estritamente humana do faraó. O historiador grego

---

[27] Ibid., 1595c.

recebeu a informação de que Menés havia sido o primeiro rei humano do Egito; antes dele o país tinha sido governado por deuses, em particular por Hórus, mas desde Menés o país não tinha tido "nenhum rei que fosse um deus em forma humana"[28]. Esse ponto deve ser mantido em mente com firmeza, em especial porque as fontes egípcias referem-se aos faraós como deuses, identificam um faraó com este ou aquele deus ou dirigem-se a um deus como o governante do Egito. Ao ler tal fraseologia, devemos ter em conta que as fontes egípcias não são tratados sobre antropologia filosófica ou teologia. As identificações resumidas não significam que os egípcios não soubessem distinguir deuses de homens. Eles tinham plena consciência de que seus faraós morriam como todos os outros seres humanos, enquanto as manifestações imorredouras de Hórus ou Rá continuavam em seus sucessores ao longo de sua respectiva duração de vida. O faraó, assim, não é um deus, mas a manifestação de um deus; em virtude da presença divina nele, o rei é o mediador da ajuda ordenadora divina para o homem, embora não para todos os homens, mas apenas para o povo egípcio.

A análise do símbolo não é completa, nem explica a ocorrência extraordinária de reis-deuses no Egito. Uma explicação correta e adequada teria de penetrar a experiência que se expressava no símbolo, assim como as circunstâncias que favoreceram o seu desenvolvimento. Tal explicação — em contraste com a descrição usual da superfície fenomenal da instituição faraônica — talvez não seja possível no estado atual da ciência. Ainda assim, vou arriscar uma sugestão.

A experiência talvez possa ser abordada pela análise de outra curiosidade egípcia: a manifestação de deuses em animais. Algumas páginas excelentes sobre esse tema das manifestações em animais foram escritas por Frankfort. Em primeiro lugar, a natureza da manifestação torna-se mais clara no caso de animais divinos do que no de reis divinos. O deus Hórus, por exemplo, que se manifesta no Sol e no rei, também se manifesta no falcão; o deus Thoth manifesta-se na Lua, no babuíno e na íbis; a deusa Hathor, na vaca; o deus Anúbis, no chacal. Em nenhum desses casos a manifestação animal limita ou define os poderes do deus; o deus permanece distinto de sua manifestação. Em segundo lugar, alguma luz cairá sobre o significado do símbolo pela observação de que nas manifestações animais dos deuses o indivíduo e a espécie tendem a se misturar. Não é certo se o deus se manifesta na espécie, num animal indi-

---

[28] Heródoto, II, 142.

vidual ou no animal individual como um representante da espécie. Frankfort conclui que os animais, como tal, inspiraram espanto religioso porque, "com animais, a sucessão contínua de gerações não trazia nenhuma mudança. [...] Os animais nunca mudam e, nesse aspecto em especial, eles pareceriam compartilhar, num grau desconhecido para o homem, a natureza fundamental da criação"[29]. Na natureza animal, a espécie supera o indivíduo. Assim — como o formularíamos —, na espécie animal, com sua constância inalterável ao longo das gerações, o homem sente um grau mais elevado de participação no ser do que a sua própria; a espécie animal, ao sobreviver à existência do homem individual, aproxima-se da duração do mundo e dos deuses.

A ideia de que o divino devesse se manifestar na espécie é sugestiva. Poderia o reinado divino ser um fenômeno da mesma classe, apenas exibindo as diferenças de aparência superficial necessárias pela diferença entre as naturezas humana e animal? Pois o homem, embora saiba ser mais do que um animal de uma espécie, ainda se reconhece como um membro de um grupo de seu tipo — ou seja, de uma sociedade dotada de uma durabilidade muito superior à do homem individual. Assim, numa civilização em que os deuses são experimentados como manifestos nas espécies animais devido à sua longa duração, poder-se-ia esperar que esse "estilo" de experiência e simbolização se estendesse também ao caráter duradouro da sociedade. A estrutura de uma sociedade, porém, difere da de uma espécie animal na medida em que uma sociedade ganha existência pela articulação institucional entre uma variedade de homens e a criação de um representante. O deus, portanto, pode se manifestar não em qualquer homem aleatório como representante da espécie, mas apenas no governante como o representante da sociedade. No faraó, poder-se-ia dizer, não "um homem", mas "o rei" era um deus — embora seja preciso ter cautela para não focalizar a questão excessivamente num dom do cargo, pois na instituição da "dinastia", no nascimento de cada faraó como um filho de deus, também estava presente a ideia de um homem-deus que, em virtude de sua qualificação, estava destinado a ser o sucessor no cargo faraônico. Ainda assim, pela manifestação no rei, o deus ficava manifesto na sociedade como um todo; e, inversamente, por ser um egípcio, o mais humilde camponês em suas terras, ou operário em sua pirâmide, participava da divindade da ordem que emanava do faraó; a divindade do faraó irradiava sobre a sociedade e transformava-a num povo do deus. Se percebermos a compacidade da experiência

---

[29] FRANKFORT, *Ancient Egyptian Religion*, 8-14.

de ordem que está implícita em tais símbolos — a firme integração do homem na sociedade, a dependência da estabilidade ininterrupta da ordem social para um sentido de ordem em sua própria vida — poderemos compreender melhor por que a "forma" egípcia mostrou-se tão tenazmente resistente a experiências diferenciadoras e a uma reorientação da existência humana no sentido de uma divindade transcendente. E também obteremos uma ideia do escândalo que o cristianismo deve ter sido para homens que vinham de civilizações cosmológicas, se considerarmos que o deus encarnado não era um rei, mas um homem comum de baixa situação social que não representava ninguém, mas, ainda assim, foi aclamado por seus seguidores como o mediador e sofredor representativo da humanidade.

Isso deixa em aberto a questão de por que a manifestação de deuses em animais e reis teria sido uma característica importante na civilização egípcia e tão insignificante, se tanto, em outros lugares. Uma vez mais, não podemos oferecer mais do que uma sugestão. Parece possível que a peculiaridade egípcia tenha algo a ver com a subitaneidade anteriormente discutida da transição de comunidades aldeãs primitivas para uma civilização imperial. Como consequência dessa subitaneidade, talvez elementos de uma cultura mais antiga e mais primitiva tenham sido preservados — como é indicado por uma expressão ocasional de intenções canibalistas por parte de um rei —, os quais desapareceram nos locais onde a evolução política passou pela fase das cidades-estado antes de chegar às fundações imperiais. A sugestão teria de buscar apoio em um estudo de sociedades do leste da África e de seus traços culturais como a matriz social e cultural de onde o Egito cresceu. Mas isso terá de ficar fora do escopo da presente investigação.

Pela mediação do rei, a ordem do cosmos irradia para a sociedade. Uma seleção de fontes ilustrará o conceito egípcio do processo. Vamos começar com algumas passagens dos Textos das Pirâmides do Antigo Império que se referem à condição divina do faraó em sua pureza — ou seja, depois de sua morte terrena. Os deuses recebem o rei morto no além:

> Este é meu filho, meu primogênito...
> Este é meu amado com quem fiquei satisfeito.[30]
>
> Este é meu amado, meu filho;
> Eu dei a ele o horizonte, para que ele pudesse ser poderoso sobre eles como
>   Harachte.[31]

---

[30] Textos das Pirâmides, 1a-b.
[31] Ibid., 4a-b.

> Ele vive, rei do Alto e do Baixo Egito, amado de Rá, vivo para sempre.[32]

> Tu és rei com teu pai Atum, tu és sublime com teu pai Atum;
> Tu apareces com teu pai Atum, a aflição desaparece.[33]

> Tu ganhaste existência, tu te tornaste sublime, tu te tornaste satisfeito;
> tu ficaste bem no abraço de teu pai, no abraço de Atum.
> Atum, deixa N. ascender a ti, envolve-o em teu abraço, pois ele é teu filho corpóreo para sempre.[34]

O novo "ser" do faraó, seu renascimento para a vida eterna, deve-se a um segundo nascimento a partir de um ato procriador de Atum e da deusa do baixo céu; ao mesmo tempo, porém, o renascimento depois da morte[35] é um nascimento a partir da eternidade, que precede até mesmo a criação do mundo:

> A mãe de N., habitante do baixo céu, ficou grávida dele;
> N. foi gerado por seu pai Atum,
> antes de o céu ter surgido, antes de a terra ter surgido,
> antes de os homens terem surgido, antes de os deuses terem nascido, antes de a morte ter surgido.[36]

Esse personagem, o filho de deus, gerado de seu pai na eternidade e que retorna depois da morte para o seu abraço para ser rei junto com ele — esse ser "cujo espírito pertence ao céu, cujo corpo pertence à terra"[37] —, é, pela duração de sua vida humana, o governante do Egito. O seu governo, que canaliza as forças cósmico-divinas da ordem para a sociedade, começa com sua coroação. O significado do ato, ou seja, o nascimento do deus que trará ordem ao caos, é expresso nos rituais de coroação do Antigo Império em fórmulas que se assemelham estreitamente às dos textos mortuários. A semelhança, porém, não é mero paralelismo, pois, como logo veremos, os atos de ordenação régia e cósmica, do segundo nascimento e da subida ao poder real, são experimentados como consubstanciais "desde a eternidade". A interpretação dos textos, portanto, não é fácil, pois a sensação dessa compacidade será perdida na transposição das várias vertentes de significado para conceitos diferenciadores. Vamos começar com uma passagem de um ritual de coroação de Buto, no Baixo Egito.

---

[32] Ibid., 6.
[33] Ibid., 207c-d.
[34] Ibid, 212a-13b. Para esta passagem e a anterior, ver também os parágrafos a seguir.
[35] Compare Apocalipse 20,6.14.
[36] Textos das Pirâmides, 1466a-d.
[37] Ibid., 474a.

Quando o rei aproxima-se da "Coroa, Grande-em-Magia", o sacerdote pronuncia:

> Ele é puro para ti; ele reverencia a ti.
> Que tu estejas satisfeito com ele; que tu estejas satisfeito com a sua pureza;
> que tu estejas satisfeito com a sua palavra, que ele fala para ti:
> "Que bela é a tua face, quando é tranquila, nova, jovem,
> pois um deus, pai dos deuses, te gerou".[38]

Como num jogo onírico, as figuras do drama fundem-se e trocam de papel. As palavras entre aspas são dirigidas pelo rei à coroa. A coroa que o rei vai usar é agora o filho do deus, e o rei cumprimenta-a como os deuses cumprimentariam o rei renascido. Seria então o rei o deus que cumprimenta a coroa como seu filho?

O jogo com identificações simbólicas parece, de fato, ter sido possível. Chegou até nós um curioso texto heliopolitano sobre cujo significado as autoridades não encontraram um consenso[39]. Mercer, o tradutor e editor dos Textos das Pirâmides, considera-o um ritual de coroação, retrabalhado como um texto mortuário[40]. Frankfort aceita toda a peça como um ritual de coroação[41]. Não pretendemos tomar partido. Bem mais interessante do que a questão de o documento ser um ritual de coroação ou um texto mortuário é o fato de que a dúvida é difícil, se não impossível, de responder porque os simbolismos são praticamente idênticos[42].

O texto começa com uma advertência ao rei para assumir o papel do deus-criador, postando-se sobre a Colina Primordial que acabou de emergir das águas do caos:

> Posta-te sobre ela, esta terra, que vem de Atum...
> esteja tu acima dela; esteja tu alto acima dela,
> para que possas ver teu pai; para que possas ver Rá.
> Ele veio a ti, seu pai; ele veio a ti, Rá.[43]

A ascensão do rei ao trono repete a ascensão do deus à colina da ordem cósmica, à colina que, no Egito inteiro, é simbolizada nas pirâmides e nos tem-

---

[38] Ibid., 194d-95e.
[39] O texto é a Enunciação 222 na edição de Mercer, *Pyramid Texts*, I, 199a-213b.
[40] Mercer considera que a parte que foi retrabalhada para ser um texto de coroação comece em 207a. Ibid., II, 94 ss.
[41] Frankfort, *Kingship and the Gods*, 108.
[42] Por essa razão, não hesitamos em incluir duas passagens do texto em nossa documentação anterior da apoteose real.
[43] Textos das Pirâmides, 199a-200a.

plos construídos num terreno ascendente. Além disso, ao subir ao trono o rei adquire as características que, no ritual de coroação anterior, foram atribuídas à coroa, à "Grande", à "Grande-em-Magia"[44]:

> Tu te equipaste com a Grande-em-Magia...
> nada falta em ti; nada cessa contigo.[45]

O portador da coroa possui a substância de sua magia, de modo que agora torna-se compreensível que a magia da coroa pudesse ser tratada como o jovem deus, gerado de seu pai. E, por fim, a ascensão ao trono pode fundir-se inteligivelmente com a ascensão do rei morto e renascido ao abraço de seu pai Atum[46]. O criador ordenador e o rei ordenador, o pai divino e seu filho gerado desde a eternidade, a coroa e seu possuidor, o governante régio e o jovem deus renascido fundem-se, assim, e estão todos copresentes no faraó. A ordem da sociedade que emana do faraó é consubstancial com a ordem do mundo criada pelo deus, porque no faraó está presente a própria divindade criadora. A ordem faraônica é a renovação e a reatualização contínuas da ordem cósmica desde a eternidade.

A ordem foi seriamente interrompida pelo Primeiro e pelo Segundo Períodos Intermediários e foi também exposta a pequenas reviravoltas dentro dos regimes estabelecidos. As fontes do Médio e do Novo Império não têm mais o tom seguro dos Textos das Pirâmides, mas revelam, em sua assertividade discursiva e em seu caráter exortatório, a luta que está em sua base. A admoestação a seguir, que assume a forma da instrução de um pai a seus filhos para que vivam corretamente, é uma inscrição do tesoureiro chefe de Amenemhet III (Nimaatre, *c.* 1840-1790 a.C.), da XII Dinastia:

> Venerai o rei Ni-maat-Ra, que vive para sempre, dentro de vosso corpo
> E associai-vos à sua majestade em vosso coração.
> Ele é a Percepção que está no coração dos homens,
> E seus olhos percorrem todos os corpos.
> Ele é Rá, por cujos raios enxergamos,
> Ele é o que ilumina as Duas Terras mais do que o disco solar.
> Ele é o que faz a terra mais verde do que uma cheia do Nilo,
> Pois ele encheu as Duas Terras de força e vida.[47]

---

[44] Ibid., 194c.
[45] Ibid., 204a-b.
[46] Ibid., 212b.
[47] Traduzido por Wilson em *ANET*, 431. Para a situação histórica da admoestação, ver WILSON, *The Burden of Egypt*, 142 ss.

Ainda mais sucintamente fala uma inscrição do túmulo de Rekhmire, o vizir de Tutmés III (*c.* 1490-1436 a.C.):

> O que é o rei do Alto e do Baixo Egito?
> Ele é um deus pelas ações do qual se vive,
> o pai e mãe de todos os homens,
> sozinho, sem outro igual.[48]

O faraó é o pai de todos os homens, como Atum ou Rá é seu pai; e os homens são, por intermédio de sua mediação, filhos do deus em segundo grau, com participação em sua força doadora de vida. As imagens de geração física e absorção física no corpo e no coração expressam vivamente a unicidade da ordem divina no mundo e na sociedade. Mais notável é uma inscrição da rainha Hatshepsut (*c.* 1520-1480), que, considerando a sua posição difícil de mulher faraó, talvez tivesse de ser mais enfática quanto à consubstancialidade dela com o deus:

> Fiz brilhante a verdade [*maat*] que ele [Rá] amava;
> Sei que ele vive por ela [a *maat*];
> Ela é o meu pão, eu como de seu brilho;
> Sou uma imagem de seus membros, uma só com ele.
> Ele me gerou, para tornar forte o seu poder nesta terra.[49]

O brilho pelo qual Rá vive, e do qual a rainha come, é o brilho de Maat, a filha de Rá, a sua luminosidade que despede a aurora e fulgura no dia. A substância que vive nos deuses e no mundo, reis e sociedades, não é uma força bruta, mas uma vida criativa, que dissipa a escuridão da desordem e irradia a luz de Maat. O símbolo é compacto demais para ser traduzido por uma palavra individual numa língua moderna. Como a Maat do cosmos, ela teria de ser traduzida como ordem; como a Maat da sociedade, como bom governo e justiça; como a Maat do verdadeiro entendimento da realidade ordenada, como verdade[50].

O significado cósmico é predominante no seguinte Texto das Pirâmides:

> N. sai da Ilha das Chamas,
> depois de ter colocado lá a verdade no lugar do erro.[51]

---

[48] FRANKFORT, *Ancient Egyptian Religion*, 43.

[49] James H. BREASTED, *Ancient Records of Egypt*, Chicago, University of Chicago Press, 1906, v. 2, seção 299.

[50] Sobre o significado múltiplo de Maat, ver WILSON, *The Burden of Egypt*, 47 ss., bem como, de modo geral, s.v. "Maat" no índice; FRANKFORT, *Kingship and the Gods*, 51 ss.; FRANKFORT, *Ancient Egyptian Religion*, 53 ss.

[51] Textos das Pirâmides, 265b-c.

O faraó, no papel do deus-criador, surge da Ilha das Chamas, que, na teologia de Hermópolis, corresponde à Colina Primordial de Heliópolis. "Verdade" e "erro" poderiam aqui ser mais claramente traduzidos como "ordem" e "desordem" (ou caos). Em outro Texto das Pirâmides, o faraó morto espera sentar-se "no trono da 'Verdade que torna vivo'"[52]. Nessa passagem, o significado de Maat como uma ordem resultante funde-se com a própria força ordenadora. E o significado político domina na passagem a seguir:

> N. destrói a batalha; ele pune a revolta;
> N. surge como o protetor da verdade; ele a traz, pois ela está com ele.[53]

Aqui, Maat é a força política que estabelece a paz, suprime a desordem das revoltas e protege a ordem certa ou justa. Essas funções, porém, são inseparáveis da defesa da verdade no sentido religioso, como é revelado por uma inscrição de Tutankhamon referente à abolição da heresia de Amarna:

> Sua Majestade expulsou a desordem [ou falsidade] das Duas Terras,
> para que a ordem [ou verdade, *maat*] fosse novamente estabelecida em seu lugar;
> Ele fez da desordem [falsidade] uma abominação da terra
> como na "primeira vez" [criação].[54]

A recriação simbólica da ordem incorrupta da criação que é a função de todo faraó adquire uma relevância especial, porque, nessa ocasião, ela é uma restauração política depois do interlúdio de Aton. Com as duas últimas passagens, estamos perto do dualismo persa imanente no mundo de Verdade e Mentira; pode-se ver o ponto em que haveria a ramificação de uma concepção dualista do cosmo e da sociedade se a experiência não fosse balanceada pela fé no deus único supremo.

A Maat do deus que está presente no faraó, por fim, deve ser transformada numa ordem efetiva da sociedade por meio da administração régia. Embora uma descrição da administração egípcia e de seu desenvolvimento esteja fora do escopo do presente estudo, algumas características precisam ser enumeradas[55]. Os primórdios foram de simplicidade patriarcal, com parentes do faraó, bem como parentes de reis anteriores, servindo em vários cargos que desciam na escala de importância até o mínimo que o pessoal disponível permitisse, a

---

[52] Ibid., 1079c.
[53] Ibid., 319a-b.
[54] Estou citando a tradução de Frankfort em *Ancient Egyptian Religion*, 54; a tradução de Wilson pode ser encontrada em *ANET*, 251.
[55] Um breve exame pode ser encontrado em FRANKFORT, *The Birth of Civilization*, 84 ss.

fim de espalhar a substância régia fisicamente pela sociedade. A administração foi racionalizada e centralizada na IV Dinastia com o estabelecimento do vizirato, uma alta magistratura, no topo da burocracia. A transmissão da Maat régia por meio dos príncipes do mesmo sangue, que, a princípio, serviram como vizires, foi depois abandonada. Mesmo sob a administração racionalizada, persistia, porém, uma fluidez de jurisdições, com conflitos inevitáveis, porque a Maat como um todo era considerada presente em todos os funcionários que derivassem a sua função do rei. O Egito nunca alcançou uma organização racional de cargos comparável à de Roma. Além desses comentários gerais, vamos limitar a nossa análise à transmissão da Maat do faraó para o vizir, uma vez que a transmissão subsequente para as posições inferiores da hierarquia seguia os mesmos princípios.

O significado da transmissão pode ser estudado na autobiografia de Rekhmire, o vizir de Tutmés III. O dignitário oferece um relato orgulhoso e detalhado de sua investidura:

> Eu era um nobre, o segundo depois do rei. [...] Foi a primeira ocasião em que fui chamado. Todos os meus irmãos estavam em cargos externos. Avancei [...] vestido em linho fino. [...] Cheguei ao limiar dos portões do palácio. Os cortesãos inclinaram-se e eu vi os mestres-de-cerimônias limpando o caminho à minha frente.

Depois de situar a cena, ele descreve o primeiro efeito de Maat sobre a sua pessoa:

> Minhas habilidades não eram mais como haviam sido: a minha natureza de ontem havia se alterado, desde que eu apareci com os paramentos [de vizir] para ser o Profeta de Maat.

O faraó expressa o seu prazer em ver uma pessoa com quem seu coração simpatiza e estabelece a regra de transmissão:

> Que tu possas agir em conformidade com o que eu possa vir a dizer!
> Então Maat descansará em sua morada.

O relato conclui com as consequências da conformidade, conforme manifestadas na conduta oficial do vizir:

> Eu agi em conformidade com aquilo que ele ordenou. [...] Elevei a *maat* [justiça] à altura do céu; fiz sua beleza circular pela largura da terra. [...] Quando julguei o peticionário, não fui parcial. Não voltei meu rosto em busca de recompensas. Não fiquei bravo com o peticionário nem o repreendi, mas eu o tolerei em seu momento de explosão. Resgatei o tímido do violento.[56]

---

[56] Traduzido por Wilson em *ANET*, 213.

A *maat* do cosmos, assim, circula do deus, por meio do faraó e de sua administração, para a existência do mais humilde e mais tímido peticionário no tribunal.

§3 A dinâmica da experiência

A seção anterior tratou da forma da cultura política egípcia; esta seção tratará de sua corrosão por experiências diferenciadoras.

Forma e corrosão podem ser claramente distinguidas como problemas, mas é difícil, se não impossível, separá-las no processo da história. Criação e corrosão não podem ser atribuídas a períodos sucessivos e é ainda mais duvidoso se, a qualquer momento, tenha existido uma forma não afetada pelo fermento das experiências diferenciadoras, pois tendências corrosivas podem ser discernidas nos próprios atos de unificação egípcia, por exemplo na teologia menfita. Além disso, essas tendências nunca romperam de fato a forma de modo que se pudesse falar de uma revolução genuína, pois, mesmo na profundeza da crise política, quando a desilusão foi tão profunda quanto a que é revelada no Canto do Harpista, os contemporâneos atribuíram os males da época à queda da ordem faraônica e esperavam o alívio pela sua restauração. As fontes analisadas na presente seção, portanto, referem-se à própria forma tanto quanto à sua corrosão. Elas contribuirão para o seu entendimento como uma forma que é, ao mesmo tempo, plena de forças evolutivas e magnificamente resistente a um novo nascimento que prenunciaria a sua morte.

1 O tipo egípcio de diferenciação

Uma forma viva desse tipo deve ser tratada com circunspecção. Da perspectiva do presente, podemos discernir nas fontes egípcias as sementes que poderiam ter evoluído para as realizações de Israel e da Hélade. Como, porém, a promessa não amadureceu, nenhum propósito científico seria servido lendo-se o florescimento nos embriões — como às vezes aconteceu por parte de egiptólogos entusiasmados com uma tendência progressista. Para ter certeza dos limites do permissível é necessário portanto esclarecer a estrutura da simbolização egípcia; precisamos penetrar no segredo de uma forma intelectual que mantém sua vida exuberante tão firmemente dentro de suas delimitações.

A tarefa será mais bem abordada se primeiro definirmos qual tipo e grau de diferenciação *não* é encontrado na civilização egípcia.

Uma ilustração adequada dos limites da diferenciação egípcia é fornecida pelas cosmogonias em comparação com a especulação jônica. Nos vários centros de culto egípcios, um número considerável de deuses-criadores diferentes eram venerados. Em Heliópolis, o deus-criador era Rá ou Atum, o poder do sol em suas fases de meio-dia e anoitecer; em Mênfis, era Ptah, o poder da terra; em Elefantina, era Khnum, um deus enigmático que criou todas as criaturas numa roda de oleiro; em Tebas, era Amon, o poder escondido do vento. Quando examinamos essa lista de poderes criativos elementais — a terra, o vento, o sol — somos lembrados da tentativa dos filósofos jônicos de encontrar a origem do ser na água, no ar ou no fogo. Obviamente, egípcios e jônicos empenharam-se no mesmo tipo de esforço intelectual. Em ambos os casos, o homem estava em busca da origem do mundo que o cercava no tempo e no espaço e encontrou a resposta num elemento cuja presença criativa constante sugeria a sua natureza criadora primordial.

Para além desse ponto, porém, os dois esforços não são nem similares nem paralelos. Eles não são similares porque as respostas, apesar de sua substância comum, diferem amplamente em sua forma intelectual. No Egito a resposta é um mito cosmogônico, uma história da criação, ou antes, da ordenação do mundo por um deus; na Hélade é uma especulação sobre o princípio, a *arkhé*, do ser. Além disso, as diferenças de forma não seguem paralelas, pois no pano de fundo da especulação jônica ainda pode ser percebido o pensamento cosmogônico do qual ela deriva. A especulação jônica e o mito cosmogônico estão relacionados historicamente na medida em que um deriva do outro pela diferenciação da experiência e dos símbolos. O mito cosmogônico é uma forma mais antiga e mais abrangente de expressão da ordem do ser, e a partir desse mito a especulação jônica diferencia a ideia de um ser e vir-a-ser que está fechada para os deuses e, devido a esse fechamento, requer uma interpretação em termos de suas formas imanentes. Esse ato de diferenciação, em que um mundo com uma ordem do ser imanente é criado pelo filósofo, é distintamente uma realização helênica; nada desse tipo ocorre no Egito.

A limitação do mito egípcio é assim clara. De qualquer modo, hoje não é mais permissível considerar que o mito não tenha nenhum outro propósito na história da humanidade a não ser proporcionar um degrau para formas mais racionais de simbolização; da mesma maneira, não faz mais sentido buscar o significado do mito em sua antecipação parcial de realizações futuras. Devemos considerar que o mito tem uma vida e uma virtude próprias. Embora o pensamento egípcio não avance do mito para a especulação, ele não é destituído nem de verdade, nem de movimento intelectual. E a mesma comparação que revela as limitações do mito também aponta para a fonte de sua força. Pois o fato de a especulação sobre o ser ter se diferenciado de um complexo maior de cosmogonias sugere que o mito é muito mais rico em conteúdo do que qualquer uma das simbolizações parciais derivadas dele. Esse conteúdo mais rico pode ser convenientemente subdividido em duas classes: primeiro, o mito contém os vários blocos experienciais que se separam no curso da diferenciação; além disso, contém uma experiência que funde os blocos num todo vivo. Esse fator coesivo nas cosmogonias egípcias é a experiência de consubstancialidade[57].

Da interação dessas várias partes do mito resulta a sua característica peculiar de compacidade. Os "elementos" anteriormente mencionados, por exemplo, ainda não são distinguidos como substâncias, como o material de que o mundo no sentido imanente é feito, mas são vistos como as forças criativas em suas manifestações cósmicas mais impressionantes — no sol, na terra, no vento. Além disso, os deuses são reconhecidos como manifestos nos mesmos fenômenos cósmicos. E a maneira como os deuses estão presentes resiste uma vez mais à distinção por um vocabulário grego ou moderno. Não se pode falar de sua imanência no mundo, pois *imanência* pressupõe um entendimento de *transcendência* que ainda não foi alcançado, embora, certamente, de uma experiência de manifestação divina possa acabar se desenvolvendo um entendimento da transcendência divina. O mito em sua forma compacta contém assim tanto o bloco experiencial que foi desenvolvido pelos jônicos e seus sucessores numa metafísica do ser imanente ao mundo como o outro bloco, desconsiderado nessa especulação, que se desenvolveu na fé num ser transcendente ao mundo.

Numa compacidade que não pode ser traduzida, mas apenas dissecada, por nosso vocabulário moderno, o mito mantém unidos os blocos que, na história posterior, não só serão distinguidos como também poderão ser separados. Se seguirmos as duas linhas de diferenciação conforme elas surgem do mito, se considerarmos que elas serão levadas aos extremos de uma fé radi-

---

[57] Sobre o problema da consubstancialidade, especialmente em associação com as tendências "monoteístas" a ser discutidas logo mais no texto, ver WILSON, *The Intellectual Adventure of Ancient Man*, 65 ss.

calmente ultramundana e de uma metafísica agnóstica, e se contemplarmos a desordem inevitavelmente resultante na alma do homem e na sociedade, os méritos relativos da compacidade e da diferenciação aparecerão sob nova luz. A diferenciação, é preciso dizer, não é um bem por si; ela está repleta dos perigos da dissociação radical dos blocos experienciais mantidos unidos pelo mito, bem como da perda da experiência de consubstancialidade no processo. A virtude do mito cosmogônico, por outro lado, está em sua compacidade: ele se origina num entendimento integral da ordem do ser, fornece os símbolos que expressam adequadamente uma multiplicidade balanceada de experiências e é uma força viva que preserva a ordem equilibrada na alma dos que nele creem.

O fardo dessas virtudes é carregado pela experiência da consubstancialidade. Dentro da economia do mito, ela não é um engate mecânico para os vários blocos experienciais, mas um princípio que estabelece a ordem entre os domínios do ser. A comunidade do ser é certamente experimentada como uma comunidade de substância, porém uma substância divina que se torna manifesta no mundo, não uma substância cósmica que se torna manifesta nos deuses. Os parceiros na comunidade do ser estão ligados numa ordem dinâmica, na medida em que uma substância divina difunde-se pelo mundo, pela sociedade e pelos homens, e não uma substância humana ou social pelo mundo e pelos deuses. A ordem da consubstancialidade é portanto hierárquica; o fluxo de substância vai da existência divina para a mundana, social e humana.

・・・

À luz dessa análise, será agora possível caracterizar a natureza e a direção das diferenciações que de fato ocorrem dentro da forma mítica egípcia. A diferenciação não vai nem na direção da especulação jônica, nem na direção de uma abertura genuína da alma para o ser transcendente; antes, ela é uma exploração especulativa dentro do limite da consubstancialidade. A natureza da substância divina que é manifesta nas classes existencialmente inferiores de seres torna-se o objeto da investigação, e a exploração leva — somos inclinados a dizer que inevitavelmente — a uma determinação da substância como "una" e como "espiritual". Considerando esse resultado, é legítimo falar de uma evolução egípcia no sentido do monoteísmo na medida em que se permaneça ciente de que o pluralismo das manifestações divinas no mundo não é de fato rompido por uma experiência de transcendência.

Algumas passagens dos Hinos de Amon da XIX Dinastia ilustrarão a natureza e as limitações dessa evolução[58]. Em primeiro lugar, o deus único é desconhecido porque ganhou existência nos primórdios, sozinho, sem testemunhas:

> O primeiro a ganhar existência nos tempos mais antigos,
> Amon, que ganhou existência nos primórdios,
> de modo que a sua natureza misteriosa é desconhecida. [...]
> Tendo construído o seu próprio ovo, uma divindade de nascimento misterioso,
> que criou a sua própria beleza,
> o deus divino que ganhou existência por si mesmo.
> Todos os outros deuses começaram a existir depois de ele próprio ter principiado.

O deus, além disso, permanece um deus escondido e invisível, cujo nome é desconhecido:

> Um é Amon escondendo-se deles,
> ocultando-se dos outros deuses. [...]
> Ele está distante do céu, ele está ausente do mundo inferior,
> para que nenhum deus conheça a sua verdadeira forma.
> Sua imagem não aparece em escritos.
> Ninguém é testemunha dele. [...]
> Ele é por demais misterioso para que sua majestade possa ser revelada,
> ele é por demais grande para que os homens façam perguntas a seu respeito,
> poderoso demais para ser conhecido.
> Ao pronunciar o seu nome misterioso, propositalmente ou sem querer,
> cai-se instantaneamente numa morte violenta.

O deus de forma misteriosa é, no entanto, um deus de muitas formas:

> Misterioso de forma, radiante de aparência,
> o deus maravilhoso de muitas formas.
> Todos os outros deuses gabam-se dele,
> para engrandecer a si mesmos por intermédio de sua beleza,
> concordando que ele é divino.

A participação de todos os outros deuses na substância do deus único, porém, é hierarquicamente restrita por meio de uma concepção trinitária peculiar da divindade suprema:

> Todos os deuses são três: Amon, Rá e Ptah,
> e não há um segundo a eles.

---

[58] Os Hinos de Amon são atribuídos ao reinado de Ramsés II (c. 1301-1234 a.C.). As passagens são citadas na tradução de Wilson em *ANET*, 368 ss.

"Oculto" [*amen*] é seu nome como Amon, ele é Rá de rosto e seu corpo é Ptah.
Suas cidades são na Terra, obedientes para sempre:
Tebas, Heliópolis e Mênfis até a eternidade.

Em seu conjunto, os textos proporcionam um quadro bastante claro da situação intelectual. O movimento em direção ao monoteísmo é inconfundivelmente marcado pela elevação de um deus como o supremo acima de todos os outros. Além disso, a tentativa de definir a sua natureza como a de um ser antes do tempo e além do espaço do mundo, assim como sua caracterização adicional como invisível, informe e sem nome revelam a técnica típica da *theologia negativa* ao circunscrever a natureza do deus transcendente. Todavia, o movimento diferenciador não rompe com o politeísmo; ele preserva a experiência de consubstancialidade intacta quando interpreta os deuses que se manifestam no mundo como participantes da substância divina única mais elevada.

De particular interesse é o símbolo trinitário da última passagem. Esse é um dos textos sobre os quais um egiptólogo se vê ocasionalmente tentado a lançar um olhar especulativo como uma possível antecipação do trinitarismo cristão. Qualquer sugestão desse tipo parece-nos inadmissível. O símbolo é uma clara construção política com o propósito de fazer as três cidades rivais poderosas participarem em pé de igualdade da divindade exaltada do Amon de Tebas. Não há nenhum significado oculto no número três; poderiam igualmente ter sido quatro ou cinco deuses, se a situação política os exigisse. Ainda assim, o símbolo é de considerável interesse sob outros aspectos menos óbvios. Em primeiro lugar, ele oferece um apoio decisivo para a nossa tese de que o desenvolvimento monoteísta egípcio não é motivado por uma experiência genuína de transcendência. O benigno descaso para com o conflito entre a especulação política trinitária e a exaltação do deus uno invisível não seria possível se tal conflito fosse experienciado de fato. Essa tolerância pressupõe que ambos os tipos de especulação são entendidos como estando dentro dos limites da compacidade mítica. E a passagem é de interesse, além disso, porque mostra que, dentro do limite do mito, várias técnicas de especulação são possíveis. O símbolo trinitário, por um lado, puxa os dois outros deuses para a exaltação do Amon invisível e oculto; por outro lado, preserva as qualidades cósmicas manifestas dos três deuses em sua unidade. Na medida em que o deus trino é oculto, ele é Amon, o Vento; na medida em que ele tem um rosto, uma aparência, ele é Rá, o Sol; na medida em que ele tem um corpo, é Ptah, a Terra. Nessa construção de uma deidade suprema, ao lado da qual não há um segundo, o deus uno tem três aspectos cósmicos; mas, precisamente como o portador de todos os três, ele não é idêntico a nenhum deles tomados individualmente. Se a linguagem mítica fosse traduzida em linguagem teológica, seria preciso dizer que a natureza do deus uno pode ser definida analogicamente por predicados do ser imanente. O deus é, e não é, o Vento, o Sol, a Terra. Na exaltação de Amon sozinho, os hinos empregavam a técnica da *theologia negativa*; na especulação trinitária, eles empregam a técnica da *analogia entis*.

Os resultados da análise, válida para o problema da diferenciação dentro da forma cosmológica egípcia em geral, podem agora ser aplicados à teologia menfita.

2 A teologia menfita

A teologia menfita é preservada na forma de uma inscrição do reinado de Shabaka, o rei etíope que fundou a XXV Dinastia em 712 a.C. A data de sua composição, porém, é muito anterior, provavelmente da unificação do Egito sob a I Dinastia, c. 3100 a.C. O título com o qual a inscrição é conhecida hoje é uma convenção; a caracterização como teologia certamente não é adequada. Com relação a seu conteúdo, encontramos a mesma complexidade que no *Enuma elish* babilônico, na medida em que ela é, ao mesmo tempo, uma cosmogonia, uma teogonia e um mito político, com os acontecimentos políticos fornecendo o motivo da composição e a chave para o seu entendimento. Com relação à forma, vários recursos literários são usados. Encontramos histórias míticas, peças de mistério, trechos de construção especulativa e, entremeada neles, até uma estranha explicação epistemológica da formação dos símbolos com base na experiência sensorial. Se o conjunto desses pedaços tinha alguma forma literária, ela não pode mais ser discernida claramente, porque uma grande parte, particularmente o meio, está danificada. Ainda assim, as subdivisões reconhecíveis são definitivamente partes de uma composição que pretende justificar o estabelecimento de Mênfis como o novo centro de um Egito unificado[59].

---

[59] A mais antiga interpretação da teologia menfita é a de BREASTED, em sua forma mais recente em *The Dawn of Conscience*, 29-42. Ver também Adolf ERMAN, *Ein Denkmal memphitischer Theologie*, Sitzungsberichte der Preussischen Akademie der Wissenschaften, Berlin, 1911; Kurt SETHE, *Dramatische Texte zu altaegyptischen Mysterienspielen*, Untersuchungen zur Ges-

Para fins de nossa análise, vamos distinguir três linhas de argumentação na teologia menfita. Elas se referem (1) à unificação do Egito; (2) ao estabelecimento de Mênfis como o centro do novo mundo político; e (3) à especulação teológica que confere a Mênfis superioridade sobre todos os outros centros de culto egípcios, especialmente sobre Heliópolis. No texto em si, no entanto, as três linhas estão estreitamente interligadas. Mesmo quando um dos argumentos predomina claramente, por exemplo na seção que contém a especulação teológica, os outros temas persistem de uma forma mais discreta, de modo que o contexto político mais amplo não seja esquecido. Além disso, a distinção não transmite a compacidade de pensamento que se deve à experiência de consubstancialidade, pois nas imagens do texto os acontecimentos políticos são, ao mesmo tempo, um drama divino-cósmico; e essa unicidade substancial dos acontecimentos nos vários níveis de existência não pode, de modo algum, ser comunicada por uma análise; precisamos deixar o texto falar por si mesmo:

> [...] Ptah, ou seja, esta terra que leva o Grande Nome de Ta Tjenen [...]
> Ele que unificou esta terra apareceu como rei do Alto Egito e como
>   rei do Baixo Egito.[60]

Os fragmentos sugerem o significado do grande acontecimento. O nome de Ptah é Ta-Tjenen, isto é, a "Terra Elevada". O nome alude à crença cosmogônica de que a criação teve início com a elevação de um monte de terra, a Colina Primordial, das águas do caos. A terra da criação original é o próprio Egito; e, por uma identificação mítica adicional, esse Egito é o deus Ptah. A terra é, além disso, unida pelo aparecimento do rei conquistador que, em virtude desse ato, entra no papel de Ptah, a Terra Elevada do Egito. De fato, ao longo da história egípcia, o hieróglifo que designa o "outeiro do surgimento" significa também o "aparecimento na glória", especialmente do faraó quando

---

chichte und Altertumskunde Aegyptens 10, Leipzig, J. C. Hinrichs, 1928; Hermann JUNKER, *Die Goetterlehre von Memphis*, Abhandlungen der Preussischen Akademie der Wissenschaften, Phil.-Hist. Klasse, n. 23, Berlin, de Gruyter, 1940; do mesmo autor, *Die politische Lehre von Memphis*, Abhandlungen der Preussischen Akademie der Wissenschaften, Phil.-Hist. Klasse, n. 6, 1941; JUNKER, *Pyramidenzeit*, 18-25. Para interpretações norte-americanas recentes, ver WILSON, in *The Intellectual Adventure of Ancient Man*, 55-60; FRANKFORT, *Kingship and the Gods*, 24-35; WILSON, *The Burden of Egypt*, 58-60. Praticamente todo o texto relevante para os nossos propósitos pode ser encontrado na tradução de Wilson em *ANET*, 4-6.

[60] Tradução de Frankfort em *Kingship and the Gods*, 25. Isso é tudo o que restou da seção 1 da inscrição. Na numeração das seções, seguimos também as convenientes subdivisões feitas por Frankfort.

sobe ao trono. As referências à "terra", por fim, provavelmente são carregadas de alusões à terra recuperada dos pântanos por Menés a fim de construir Mênfis e o templo de Ptah, assim como à "Grande Terra", ou seja, a província de Tis de onde os conquistadores vieram. Criação e unificação, o mundo e o Egito, o deus e o rei, o deus e a terra, o rei e a terra fundem-se assim num drama mítico da ordem que surge do caos, num drama que alcança todos os domínios do ser. O jogo com significados estreitamente relacionados deve sempre ser lembrado no pano de fundo da análise a seguir.

Com relação à unificação e ao estabelecimento de Mênfis como o novo centro, podemos ser breves, porque nenhum problema de diferenciação aparece.

A história e a justificação da conquista estão revestidas por uma narrativa mítica, entremeada de passagens dramáticas (seção II). O deus-terra Geb decide a briga entre Seth, seu filho mais novo, e Hórus, o filho de seu filho mais velho Osíris, com referência ao governo do Egito. Seth recebe o Alto Egito, Hórus fica com o Baixo Egito. Após refletir melhor, Geb volta atrás em sua decisão e concede o governo de todo o Egito a Hórus, o filho de seu primogênito, como seu legítimo herdeiro. A intenção política do mito é evidente: o Egito é originalmente uma só terra sob governo divino; uma dissensão dinástica entre os deuses separa as duas partes do país; uma resolução divina restaura a unidade sob o comando do herdeiro legítimo. Assim, o conquistador é o Hórus, que entra na posse de sua herança justa de acordo com um decreto divino. Com sua vitória, a briga entre Seth e Hórus chegou ao fim. Como sinal dessa nova harmonia, as duas plantas simbólicas das Duas Terras são plantadas junto aos portões do templo de Ptah, em Mênfis. E o nome desse templo é "O Equilíbrio das Duas Terras na pesagem do Alto Egito e do Baixo Egito".

A fundação de Mênfis como o novo centro é justificada por uma peça de mistério em que o corpo de Osíris é transferido para a nova capital (seção VI). O significado da transferência é resumido na passagem:

> Assim, Osíris tornou-se terra no Castelo Real no lado norte desse território que ele havia alcançado. Seu filho Hórus surgiu como rei do Alto Egito e como rei do Baixo Egito nos braços de seu pai Osíris, na presença dos deuses que estavam diante dele e que estavam atrás dele.[61]

Embora as seções da teologia menfita discutidas acima não apresentem nenhuma diferenciação significativa, elas têm influência sobre a especulação

---

[61] Tradução de Frankfort em *Kingship and the Gods*, 32. Para a importância dessa passagem para a teoria egípcia da sucessão real (o rei vivo é Hórus, o rei morto é Osíris), ver ibid., caps. 10 e 11.

teológica da seção V em vários aspectos. Primeiro, elas estabelecem o contexto a que a especulação pertence e revelam a motivação política acima de qualquer dúvida. Segundo, por meio de seu rico mito politeísta, elas põem um freio em qualquer tentativa de exagerar a diferenciação "monoteísta" da seção V. E terceiro, por sua livre adaptação do mito para fins políticos, revelam o âmbito geral de liberdade em que a criação mítica da época se move. Se esse âmbito geral for levado em conta, a especulação da seção V perderá boa parte do caráter extraordinário que possui se considerada independentemente.

A especulação teológica, a que nos voltaremos agora, é uma manipulação livre de cosmogonias e teogonias preexistentes com o fim de elevar o Ptah de Mênfis à posição mais elevada entre os deuses egípcios. Os elementos usados são (1) um mito do deus-sol que se eleva do caos como o criador e (2) um mito dos deuses criados pelo deus-sol. O primeiro mito está mais bem preservado numa versão que atribui a elevação de Atum do caos a Hermópolis. O caos é constituído de oito deuses: as águas primordiais e o céu sobre elas, o ilimitado e o informe, a escuridão e a obscuridade, o oculto e o escondido. Dessa Ogdôada primordial surge Atum. De acordo com o segundo mito, é Atum que, por sua vez, cria os oito deuses da ordem celestial e terrena; junto com Atum, os oito formam a Enéada. Com os dois mitos da Ogdôada e da Enéada como materiais, os autores da teologia menfita tiveram de apresentar Ptah como superior ao deus-criador Atum. Dentro do estilo do mito, o problema teve de ser resolvido colocando Ptah como anterior a Atum no processo de criação, ou seja, identificando-o com os deuses da Ogdôada. Ele é:

> Ptah-Nun, o pai que gerou Atum;
> Ptah-Naunet, a mãe que gerou Atum;
> Ptah... que deu nascimento aos deuses.

Pela identificação com Ptah, porém, os deuses originais da Ogdôada tornam-se praticamente sem sentido. Em vez do caos, há agora no início um deus que cria o mundo a partir do nada.

Os autores aparentemente estavam cientes do problema de uma criação *ex nihilo*, pois esforçaram-se visivelmente, contra o obstáculo das imagens sensoriais, no sentido de um entendimento do processo como espiritual. O trabalho de criação tinha de começar com Atum, o chefe da Enéada. A criação do deus-criador anterior pelo novo é formulada nos seguintes termos:

> [Algo] na-forma-de-Atum veio-a-ser, no coração, e veio-a-ser, na língua [de Ptah].

O tosco "algo na-forma-de" seria mais bem traduzido pelo grego *eidos*, ou por nosso moderno *ideia*. O mundo origina-se como uma ideia na mente (o coração) e pelo comando (a língua) do deus. Mas o mundo que passa a existir dessa maneira não é o de Gênesis 1, com a sua ontologia sóbria e sistemática: o universo inorgânico (1–11), a vida vegetal (12), a vida animal (20–25), o homem (26–27); é o mundo egípcio, que é "cheio de deuses", e a sua criação começa com as tradicionais forças cósmico-divinas, com Atum e sua Enéada. Ptah ainda não é o deus transcendente, mas uma extrapolação especulativa dentro dos limites do mito. O significado do processo como "espiritual" deve, além disso, ser limitado por reflexões sobre o "coração" e a "língua" do deus. Os dois órgãos que o deus usa para produzir a ideia são sedes orgânicas de qualidades divinas e régias conhecidas para nós de outras fontes. O "comando" ou "pronunciamento autoritário" (*Hu*) e o "conhecimento" ou "percepção" (*Sia*) são atributos do deus-sol Rá, assim como do faraó. Um Texto das Pirâmides diz:

> O Grande [Rá] ergue-se no interior de seu santuário
> e deposita no chão a sua dignidade para N.,
> depois de N. ter assumido o comando [*Hu*] e ter tomado posse do conhecimento [*Sia*].[62]

Assim, a "espiritualização" do deus é inseparável da do rei. É preciso não esquecer nem por um momento que, em virtude da experiência da consubstancialidade, a "teologia" desta seção é, ao mesmo tempo, uma "política". A criação do mundo como uma "ideia" divina é consubstancial com a criação do Egito como a "ideia" régia do conquistador. E podemos até mesmo dizer que a criação do Egito a partir do nada, como uma ideia no coração e na língua do conquistador régio, é a experiência que libera os materiais míticos e engendra a liberdade consciente da especulação teológica propriamente dita.

A pressuposição de uma nova liberdade, de uma aventura consciente pela teologização, não é arbitrária, mas encontra apoio no próprio texto. Pois o relato do primeiro ato de criação é seguido por um "ensinamento" ou "doutrina" epistemológica que soa como uma nota de rodapé do autor que deseja

---

[62] Textos das Pirâmides, 300a-c. Ver também os comentários de Mercer, no volume 2 de *Pyramid Texts*, para 300a-c e 251b. Na teologia política posterior, *maat* é acrescentada a *Hu* e *Sia* como o terceiro atributo do faraó; uma passagem da Estela de Kuban diz: "Tu és a semelhança viva de teu pai Atum de Heliópolis, pois o Pronunciamento Autoritário está em tua boca, o Entendimento em teu coração, tua fala é o templo da Verdade [*maat*]"; ver FRANKFORT, *Kingship and the Gods*, 149.

justificar a sua construção extraordinária. Outros deuses, como Atum, podem ter criado fisicamente; Ptah criou pelo coração e pela língua, e isso foi o que lhe deu a sua superioridade:

> Acontece que o coração e a língua prevaleceram sobre todos os outros membros do corpo, considerando
> que o coração está em cada corpo, e a língua está em cada boca,
> de todos os deuses, todos os homens, todo o gado, todas as criaturas rastejantes e no que quer que viva;
> [Ptah prevalece] pensando [como coração] e comandando [como língua] tudo o que deseja.
> A visão dos olhos, a audição dos ouvidos, a respiração do nariz
> informam ao coração. Ele [coração] faz surgir cada pensamento,
> e a língua anuncia o que o coração pensa.
> Assim são feitas todas as obras e todos os trabalhos, a ação dos braços, o movimento das pernas e a ação de todos os outros membros, de acordo com o comando que o coração pensou, o qual saiu pela língua e faz a dignidade [ou essência, valor] de tudo.[63]

O texto contém, em forma condensada, uma antropologia filosófica. O pensamento e a vontade do homem são formados, no que se refere a seu conteúdo, pela observação da situação. A vontade é então traduzida em ação planejada e no significado de artefatos. E como, em virtude da consubstancialidade, a teoria aplica-se também ao deus, as essências de todas as coisas (sua dignidade, ou valor) são encarnações do pensamento divino segundo a vontade do deus. Essas passagens são de uma importância imensa, porque mostram até onde a diferenciação na direção da antropologia e da metafísica pode chegar sem romper a forma cosmológica. Os homens que podiam entremear o seu mito da criação com "notas de rodapé" relacionadas aos princípios que utilizaram para construí-lo devem ter tido uma atitude bastante distanciada em relação a seu próprio produto. A teologia menfita é um documento raro, se não único, na medida em que atesta autenticamente o grau de consciência racional que pode acompanhar a criação de um mito em 3000 a.C.

O clímax da especulação é a elevação de Ptah acima de Atum. O nome Atum significa "tudo" e significa "nada"; ele é o "todo" em sua plenitude antes de seu desvelamento na ordem do mundo[64]. Em vista de sua posição entre

---

[63] Contraído com base na tradução de Wilson (*ANET*, 5), Frankfort (*Kingship and the Gods*) e Junker (*Pyramidenzeit*, 22 ss.).

[64] WILSON, *The Intellectual Adventure of Ancient Man*, 53.

os deuses, ele porta o título de "o Grande". Ptah é agora elevado a criador de Atum e da Enéada e, em vista de sua posição superior, recebe o título de "o Grande Poderoso". Desse "Grande Poderoso" deus-criador emana então a ordem do mundo, evocada em todos os seus níveis pela "palavra" que flui do coração e da língua do deus. Ele primeiro cria os deuses, depois deles os espíritos masculinos e femininos que proporcionam "nutrição" e, por fim, a ordem do homem:

> A justiça foi dada àquele que faz o que é apreciado,
> a injustiça àquele que faz o que não é apreciado.
> A vida foi dada àquele que é pacífico,
> e a morte ao criminoso.

Tendo completado a sua obra, o deus pode descansar:

> E assim Ptah ficou satisfeito, depois de ter feito cada
> coisa e cada palavra do deus.

Ao examinar a sua criação, ele percebe que criou os deuses, as cidades e os distritos do Egito. Em particular, ele pôs os deuses em seus santuários, estabeleceu as suas oferendas e deu a cada deus um corpo de madeira, ou de pedra, ou de argila, para que o coração deles ficasse satisfeito. O sucesso da criação torna-se manifesto quando todos os deuses e seus espíritos reúnem-se em torno de Ptah, "contentes, porque associados ao Senhor das Duas Terras". Essa linha final da especulação leva o mito da criação de volta ao seu motivo político, ou seja, a unificação do Egito.

A criação do mundo pela palavra de Ptah lembrou Breasted da palavra divina que criou o mundo no Gênesis e da especulação do Logos em São João. Desde então, a teologia menfita tem sido o orgulho dos egiptólogos[65]. O pensamento egípcio, afirmavam eles, mostrou-se desde o início no nível espiritual e moral dos hebreus e de São João; e, por sua busca de um primeiro princípio de ordem, bem como pela descoberta do princípio numa inteligência criadora divina, ganhou o nível intelectual dos gregos. Embora inegavelmente exista um núcleo de verdade em tais reflexões, elas exigem algumas ressalvas críticas a fim de se tornarem sustentáveis, pois da maneira como se encontram estão muito obviamente na defensiva contra as noções progressistas de história, na

---

[65] BREASTED, *Development of Religion and Thought in Ancient Egypt*, 47; BREASTED, *The Dawn of Conscience*, 37. A sugestão de Breasted é aceita por WILSON, in *The Intellectual Adventure of Ancient Man*, 56, e em seu *Burden of Egypt*, 59; e por FRANKFORT, *Kingship and the Gods*, 29.

medida em que conflitam em substância: qualquer um que ainda acredite que os primórdios da civilização humana são "primitivos" e que apenas com Israel e a Hélade subimos a um nível de interesse sério para o homem ocidental deve levar em consideração o avanço que emana do mais antigo documento sobrevivente da história humana. Contra esse argumento deve ser dito que ele só faz sentido se se aceita a ideia de um progresso com referência a "doutrinas". Se, no entanto, substituímos o princípio do progresso na história das ideias pelo princípio de compacidade e diferenciação quanto às experiências, não há nada extraordinário no aparecimento de determinadas ideias e técnicas de pensamento numa civilização antiga. A especulação do Logos egípcia não deve causar surpresa, uma vez que diferenciações desse tipo são possíveis dentro de toda forma civilizacional. Só seria surpreendente se tivesse "aparecido um homem, enviado por Deus, cujo nome era João: que veio com o propósito de testemunhar, de dar testemunho da Luz, para que todos os homens pudessem crer por intermédio dele" (Jo 1,6-7). Pois isso não seria uma questão de especulação dentro da forma do mito, mas um rompimento experiencial com a forma cosmológica e uma abertura da alma para a transcendência. O Logos da teologia menfita criou um mundo que era consubstancial com o Egito; mas o Logos de João criou um mundo com uma humanidade não mediada sob Deus. O Logos joanino teria rompido a mediação faraônica; ele não poderia ter unificado e fundado o Egito; ao contrário, teria destruído a sua ordem. Breasted, podemos dizer, viu corretamente as especulações paralelas no plano da "doutrina"; mas como a vida não é uma questão de doutrina elas não tocam a forma, ou essência, de uma civilização. No que se refere às experiências da ordem, o paralelo não pode ser mantido.

3 A reação à desordem

A impressionante construção da teologia menfita — Um Deus, Um Mundo, Um Egito — revela a criação da ordem faraônica como a sintonização de uma sociedade com o ser divino. Quando o império se desintegrou institucionalmente no final da VI Dinastia, os horrores da revolução social que se seguiu poderiam muito bem ter dado razões para reconsiderar os méritos da ordem desfeita, assim como do deus que havia sido o seu fiador. Era um tempo para formar novos vínculos sociais, organizar uma nova comunidade e propiciar os deuses para que a dotassem de significado sacro. Das profundezas do desespero, poderia ter surgido uma alma expurgada de ilusões sobre o mundo e disposta a enfrentar a sua iniquidade com a força que flui da fé num deus transcendente ao mundo. Um novo homem, guiado pelo deus que não se manifestava em nenhuma outra parte senão no movimento amoroso de sua alma, poderia tê-lo lançado à tarefa de criar um governo que se apoiasse menos na divindade cósmica das instituições e mais na ordem das almas dos homens que vivem sob elas.

Os potenciais da situação, porém, não se concretizaram sob a pressão da revolução egípcia. A ordem faraônica havia desabado ruidosamente, mas a fé nela, como a verdade da existência humana, nunca foi abandonada, apesar dos sérios sofrimentos da época. Embora as reações dos homens em sua solidão fossem bastante variadas, elas tiveram em comum a sua orientação para o paraíso perdido a ser recuperado. Os documentos literários sobreviventes do período contêm descrições da desordem, lamentações, reações agnósticas e hedonistas, expressões de ceticismo e de desespero até o ponto do suicídio, e esperanças de um faraó que pudesse restaurar o império à sua glória original. É uma literatura sempre fascinante, frequentemente profunda e às vezes grandiosa, mas nunca revela uma personalidade religiosa que pudesse ter se tornado o centro de uma nova vida comunitária para além dos limites da civilização cosmológica[66].

Do considerável conjunto de literatura sobrevivente, destaca-se um texto breve que merece um exame mais atento, porque mostra que as possibilidades revolucionárias, embora não realizadas, pelo menos podiam ser imaginadas pe-

---

[66] Uma pessoa do tipo cuja ausência acabamos de sustentar é encontrada por Spiegel, *Soziale und Weltanschauliche Reformbewegungen im Alten Aegypten*, como o líder de um movimento revolucionário, atacado nas "Admoestações de Ipuwer". Spiegel, além disso, considera a "Disputa de um homem, que contempla o suicídio, com a sua alma" um documento autobiográfico do líder revolucionário, expondo as razões para seu suicídio depois do colapso do movimento. Devo limitar-me a encaminhar o leitor à obra de Spiegel, por duas razões. Primeiro, a interpretação de Spiegel envolve reconstruções textuais e argumentações filológicas cuja validade só pode ser julgada por um egiptólogo. E, segundo, as interpretações são tão seriamente viciadas por uma imprecisão de técnica hermenêutica que é difícil determinar o que restará como o núcleo sólido da obra depois que os anacronismos e extravagâncias forem eliminados. No momento, parece-me pelo menos possível que as "Admoestações de Ipuwer" de fato refiram-se a um líder popular. Se a esse líder podem ser atribuídas ideias que vão além do que é encontrado nos documentos que serão estudados logo mais no texto parece duvidoso. A atribuição da "Disputa" ao líder hipotético da revolução é uma possibilidade interessante, mas não mais do que isso.

los pensadores da época. É um Texto de Tumba do Médio Império, a ser datado de *c*. 2000 a.C.; não é conhecida nenhuma cópia dele de outros períodos[67].

Na passagem de abertura do texto, o deus-sol recebe as almas dos mortos; elas estão libertadas do tumulto do mundo e serão receptivas à mensagem que o deus tem a transmitir. Ele lhes deseja paz. É a paz que ele encontrou para si próprio quando, por meio da criação, se soltou dos laços da serpente da iniquidade. Enquanto estava nos laços da serpente, seu coração realizou por ele quatro boas ações para deter o mal; e ele, agora, repete-os para que as almas dos mortos possam participar da sua paz. Estas são as quatro boas ações:

> Eu fiz os quatro ventos para que cada homem pudesse respirar deles como os seus semelhantes em seu tempo. Essa é a primeira das ações.
> Eu fiz a grande inundação para que o homem pobre pudesse ter direitos a ela como o homem grande. Essa é a segunda ação.
> Eu fiz cada homem como o seu semelhante. Não ordenei que eles fizessem o mal, foram seus corações que violaram o que eu havia dito. Essa é a terceira das ações.
> Eu fiz que seus corações parassem de esquecer o oeste, para que oferendas divinas pudessem ser feitas aos deuses das províncias. Essa é a quarta das ações.

O texto é um pequeno tratado sobre a natureza e a fonte do mal. Seu autor entende a criação como a superação do mal por meio de uma ordem de "boas ações". A boa ordem do mundo e da sociedade é arrancada da iniquidade do caos pelo deus-criador e, em sua bondade, libertada para a existência. Se há mal no mundo, ele deriva do coração do homem — um coração que viola as ordens do deus. Essas frases compactas implicam tanto um mito da Era de Ouro como uma teodiceia; e implicam, além disso, a esperança de restauração da boa ordem quando o homem suprimir o caos que está em seu coração e encontrar a sua paz em obediência às ordens criadoras do deus. O tratado é verdadeiramente extraordinário, porém, devido ao conteúdo das ordens: o deus criou todos os homens iguais; ele criou os ventos refrescantes do Egito e a inundação do Nilo para o igual benefício dos pobres e dos ricos; e implantou igualmente no coração de todos os homens a preocupação com o "oeste", isto é, com sua morte, de modo que, por suas oferendas, eles tenham igual acesso à vida por vir. Pela ordenação divina, a sociedade torna-se uma comunidade de iguais; a desigualdade de posição e riqueza é o mal que se origina no coração do homem.

---

[67] BREASTED, *The Dawn of Conscience*, 221 ss.; WILSON, in *The Intellectual Adventure of Ancient Man*, 106 ss. Ver também a tradução de Wilson em *ANET*, com a nota introdutória, 7 ss.

A ideia de uma comunidade de iguais está bem distante da teologia menfita. Infelizmente, é praticamente impossível determinar o significado do texto com mais precisão. Os documentos literários sobreviventes, embora numerosos, não são suficientes para fornecer um quadro coerente da história intelectual egípcia. Dessa maneira, não temos como colocar o texto em contexto. Essas ideias têm antecedentes? São obra de um indivíduo isolado? São representativas de um grupo social, ou de uma região? Não há respostas para essas perguntas. Pode-se apenas chamar atenção para o óbvio: que a *conditio humana* é aqui o centro organizador do pensamento, não o faraó e seu Egito unificado. O homem que respira o ar e cultiva o solo, que vive e morre, cujo coração anseia por paz e, no entanto, transgride em conflitos, que é homem diante de Deus como o seu irmão — tudo isso indica uma nova religiosidade da qual uma comunidade de homens não mediados sob o seu deus poderia ter crescido. Mas até onde sabemos não houve tal crescimento.

É possível, embora não certo, que alguma luz possa ser lançada sobre o breve Texto de Tumba por um poema mais elaborado do mesmo período, que relata a "Disputa de um homem, que contempla o suicídio, com a sua alma"[68].

O homem está desalentado com o sofrimento de seu tempo e quer livrar-se de uma vida que perdeu o sentido. Mas ele hesita diante do ato irrevogável; sua alma não está de acordo com a sua resolução. Na disputa entre o homem e sua alma, são apresentados os argumentos contra e a favor do suicídio, até a decisão ser tomada e a alma concordar em ir com o homem para onde quer que ele vá.

A alma discorda do homem porque o ato de autodestruição é ímpio e imoral. O mandamento dos deuses e a sabedoria dos sábios proíbem que o homem abrevie a duração de vida que lhe foi designada. Contra o argumento da alma, o homem alega circunstâncias excepcionais que justificarão uma violação da regra perante os deuses. Além disso, para acatar outras crenças aceitas, ele tomará as providências adequadas de sepultamento e sacrifícios, para que a sua alma fique satisfeita no além. Essas perspectivas não agradam à alma e, para enfraquecer a decisão do homem, ela expressa ceticismo quando à eficácia dessas providências, usando argumentos que já conhecemos do Canto do Harpista. Mas o homem está próximo da crise e a alma recorre ao meio deses-

---

[68] Tradução de Wilson em *ANET*, 405-407. Uma interpretação cuidadosa pode ser encontrada em JUNKER, *Pyramidenzeit*, 162-174.

perado de tentá-lo com a sugestão do suicídio moral como uma alternativa ao suicídio físico. O homem está profundamente angustiado, porque leva a vida a sério, porque não pode suportar uma existência sem sentido. Por que não deixar tais preocupações de lado? Por que simplesmente não se desesperar? O homem deve desfrutar os prazeres de cada dia conforme eles vêm: "Vai atrás do dia feliz e esquece a preocupação!" Isso encerra a disputa com a alma. O homem é movido pela baixeza do conselho; ele agora está em harmonia consigo mesmo e apresenta os seus argumentos para a decisão. Em quatro grandes séries de exclamações, na forma de trísticos, ele chega ao clímax de sua decisão pela morte.

A primeira série expressa seu horror com relação ao conselho de sua alma. O simples fato de haver tido essa ideia é uma desgraça, e se ele seguisse o conselho seu nome tornar-se-ia fétido:

> Vê, meu nome cheirará mal por intermédio de ti
>> Mais que o fedor de fezes de pássaros
>> Em dias de verão, quando o céu está quente.

Os recursos de sua alma esgotaram-se; não haverá mais ajuda por parte dela; ele agora está sozinho consigo mesmo nos horrores da época. O segundo grupo de exclamações expressa a sua sensação de estar perdido no impasse da solidão:

> Com quem posso falar hoje?
>> Os colegas são maus;
>> Os amigos de hoje não amam.
> Com quem posso falar hoje?
>> Os rostos desapareceram:
>> Cada homem baixa o olhar diante de seus companheiros.
> Com quem posso falar hoje?
>> Um homem deve despertar a ira por seu caráter ruim,
>> Mas ele faz todos rirem, apesar da perversidade de seu pecado.
> Com quem posso falar hoje?
>> Não há justos;
>> A terra é deixada para aqueles que agem mal.
> Com quem posso falar hoje?
>> O pecado que aflige a terra,
>> Ele não tem fim.

Nessa completa solidão, no terceiro grupo de exclamações, o homem volta-se para a morte como uma salvação contra o mal:

> A morte está diante de mim hoje
>> Como a recuperação de um homem doente,

> Como sair ao ar livre depois de um confinamento.
> A morte está diante de mim hoje
> > Como um clareamento do céu nublado,
> > Como uma iluminação que leva ao que não se conhecia.
> A morte está diante de mim hoje
> > Como o desejo de um homem de ver o seu lar novamente,
> > Depois de muitos anos mantido em cativeiro.

O grupo final de trísticos revela que o homem tem esperança no além:

> Ora, certamente, aquele que está além
> > Será um deus vivo,
> > Que pune o pecado daquele que o comete.
> Ora, certamente, aquele que está além
> > Ficará no barco do sol,
> > Fazendo com que os mais seletos sejam dados aos templos.
> Ora, certamente, aquele que está além
> > Será um sábio, não impedido
> > De recorrer a Rá quando fala.

O texto fala por si. Apenas alguns poucos toques de interpretação precisam ser acrescentados. A primeira parte, a disputa entre o homem e a alma, tem a natureza de uma introdução. Parece um recurso literário para examinar os argumentos usados na época no debate sobre o sentido da vida. Os argumentos individuais são conhecidos de outras fontes. Depois que eles são descartados, o autor apresenta a sua própria posição, sem mais debates, nos trísticos da parte principal. Ele rejeita com horror o niilismo da autodestruição moral. O impasse que precede um suicídio é causado pela impossibilidade de vida espiritual e moral na comunidade com os outros[69]. Não é uma questão de desconfortos e perigos, já que estes são inevitáveis numa época de revolução social; é antes uma questão da desintegração moral das pessoas com quem se é obrigado a viver. A essência do infortúnio é formulada no verso "Cada homem baixa o olhar diante de seus companheiros". A comunidade do espírito (ou, para o Egito, deveríamos dizer da *maat*) está destruída. O homem baixa os olhos para que não se leia neles o trato que ele fez com o mal e saiba-se que ele se tornou conivente. O isolamento do homem espiritual entre os contemporâneos que cometeram suicídio moral faz que a morte apareça como

---

[69] No texto, precisamos nos concentrar nas causas do impasse nesse caso particular. Não podemos nos deter na brilhante psicologia do impasse e do suicídio em geral que aparece no poema. As sutilezas da psicologia egípcia ainda não receberam a atenção que merecem.

um amigo que abre os portões da prisão da vida. Devem-se observar as metáforas da vida como uma doença e uma prisão — estas são as metáforas que encontraremos novamente nos diálogos de Platão. O último grupo de trísticos apresenta as razões para o suicídio como a solução moral. Não é mera fuga de uma situação insuportável, mas o caminho para uma ação redentora. No além, o homem será um deus vivo que poderá ajudar a reparar os males da sociedade, punindo os criminosos, restaurando o culto e as oferendas nos templos e recorrendo efetivamente ao deus.

O poema crescerá em significado se lembrarmos a experiência da consubstancialidade. A época é de agitação porque a mediação da substância divina por meio do faraó foi rompida. Nessa situação, o homem pode fortalecer a substância divina cometendo suicídio e unindo-se aos deuses vivos que podem fazer sua substância penetrar a sociedade mais eficazmente do que um simples homem. Isso pode parecer estranho, mas está de acordo com a "forma" egípcia do mito. O poeta está ligado experiencialmente à mediação da existência certa por intermédio da ordem da sociedade; ele não pode imaginar comunidades fora da ordem política imediata sob Deus; e a salvação por meio de um faraó eficaz, aparentemente, não está à vista. O suicídio proposto é a maneira extrema, mas, ao que parece, a única eficaz para um indivíduo egípcio fazer sua substância participar da restauração da ordem. Se comparamos a solução com a transferência confuciana do *tao* e do *teh* principescos para o sábio, este certamente é um substituto extraordinário para a função ordenadora do faraó.

É possível, como dissemos, que esse poema sobre o suicídio lance alguma luz sobre o significado do Texto de Tumba. A ideia de que o texto contenha o programa de uma revolução igualitária é muito improvável para ser considerada. Parece mais que a análise da situação de impasse tenha sido levada, no Texto de Tumba, um passo adiante, até o discernimento de que nenhum homem é desprovido de culpa, nem mesmo o autor. Todos estão envolvidos, por meio das paixões de seu coração, no mal que ele vê preferencialmente apenas à sua volta. O Texto de Tumba entende os homens como iguais, não só em sua capacidade de ter sido criados por deus para o bem, mas também em sua própria capacidade para o mal. Apenas no além suas almas se abrirão para a paz do deus. Se a posição implica uma esperança, como no poema sobre o suicídio, de que a comunidade perfeita dos mortos influenciará a sociedade dos vivos ou se é uma expressão de pessimismo radical com relação às questões terrenas, é matéria para conjecturas. O texto não contém nenhuma pista.

4 Akhenaton

A tenacidade da forma política egípcia sob a pressão de novas experiências foi posta à sua mais espetacular prova no período do Novo Império, pela chamada Revolução de Amarna. Os acontecimentos dessa época são mais imediatamente associados ao nome do reformador real Akhenaton (Amenhotep IV, 1375-1358 a.C.); e, sem dúvida, a revolução recebeu a sua marca da personalidade do faraó, de sua reforma do culto e, em particular, da expressão de seu espiritualismo nos hinos a Aton. Ele foi o primeiro reformador religioso claramente distinguível como indivíduo, não só na história do Egito, mas na da humanidade. Ainda assim, sua reforma político-religiosa teve seus antecedentes e causas; e uma avaliação de sua natureza requer um entendimento das circunstâncias que viriam, por alguns anos, a abrir a clareira histórica em que ele pôde se mover, para pouco depois fechar-se novamente e interromper a sua obra com um fracasso abrupto.

As vicissitudes da ordem faraônica — a desintegração do Antigo Império, o subsequente Tempo de Problemas, a restauração do Médio Império, a segunda ruptura e a invasão dos hicsos, a expulsão dos invasores, talvez com auxílio estrangeiro, e a unificação renovada sob os governantes de Tebas — haviam deixado as suas marcas tanto na organização do império como na posição do faraó. Um governante do Novo Império não era mais um Menés, que, na empolgação de sua vitória criadora, pôde rearranjar os deuses para adequá-los à sua conquista. Ele era um instrumento mais humilde dos deuses, por sua graça escolhido para restaurar e preservar uma ordem milenar que não havia sido produzida por ele, uma ordem que fora mais de uma vez mal administrada por seus antecessores. Os eclipses do regime político tinham diminuído o prestígio do faraó em relação ao regime duradouro dos deuses; e, de modo correspondente, o prestígio dos sacerdócios dos deuses duradouros aumentara notavelmente. Em particular, o sacerdócio de Amon de Tebas tornara-se um poder político equilibrado com o do faraó. Era um poder sólido, que derivava a sua força de um longo acúmulo histórico. Três vezes o Egito fora fundado e restaurado por governantes do sul; duas vezes o centro político tinha se movido para o norte, fortalecendo a influência do Rá de Heliópolis. Dessa vez, a terceira, o deus do sul manteve o seu instrumento sob controle; Tebas tornou-se a capital do Novo Império e o Amon-Rá de Tebas passou a ser o deus do império.

De qualquer modo, o faraó ainda era o governante do Egito. E sua posição adquirira mesmo uma nova relevância, precisamente porque ele, como indivíduo, era o instrumento dos deuses. Se ele não mais brilhava com o fulgor primordial do conquistador e do criador, irradiava a luz mais suave do salvador e benfeitor. Essa qualidade messiânica do governante individual torna-se tangível nas fontes desde o século XXII a.C.

As "Instruções" de um governante do Faium nesse período para seu filho Merikare revelam a fé do faraó num deus invisível "que conhece o caráter dos homens". O filho é advertido,

> Mais aceitável é o caráter de alguém justo de coração, do que o boi do que age mal.
> Aja para o deus, para que ele possa agir similarmente para ti...
> O deus tem consciência daquele que age para ele.

O deus é o criador e benfeitor da humanidade, e em seu esquema o governante tem uma função definida:

> Bem dirigidos são os homens, o gado do deus.
> Ele fez o céu e a terra de acordo com o desejo deles...
> Ele fez o sopro da vida para as narinas deles.
> Eles que saíram de seu corpo são suas imagens.
> Ele se eleva no céu de acordo com o desejo deles.
> Ele fez para eles plantas, animais, aves e peixes para alimentá-los...
> Faz a luz do dia de acordo com o desejo deles, e sai de barco para vê-los.
> Erigiu um santuário em torno deles e, quando eles choram, ele escuta.
> Fez para eles governantes ainda no início, um apoiador para apoiar as costas dos deficientes.
> Deu o amor de ti para o mundo todo.[70]

A designação da humanidade como o "gado do deus" não é uma metáfora ocasional; a expressão vai ao centro do *ethos* faraônico. As "Admoestações de Ipuwer", do mesmo período, elaboram mais a ideia ao apresentar a imagem do faraó perfeito:

> Os homens devem dizer:
> Ele é o vaqueiro de todos os homens.
> O mal não está em seu coração.
> Embora o seu gado seja pequeno, ele passou o dia cuidando deles.

Tal vaqueiro

> Abateria o mal; estenderia o braço contra ele;
> Destruiria a sua semente e a sua herança.

Quando, porém, o mal está desenfreado, o homem procurará o vaqueiro e não o encontrará:

---

[70] *ANET*, 417 ss.

> Onde está ele hoje? Estaria dormindo?
> Observa, a sua glória não está à vista. […]

Do contraste entre a função e o fracasso do faraó surgirão dúvidas e ceticismo amargos:

> Autoridade, Percepção e Justiça estão contigo[71],
> mas é confusão que estabeleces por toda a terra,
> junto com o barulho da disputa.
> Os homens atendem ao que tu ordenaste…
> Mas então o vaqueiro ama a morte?[72]

A pergunta incisiva faz o faraó responsável pela desordem; quando os homens se comportam mal, eles ainda assim estão executando o desejo do governante. O caráter do faraó individual, desse modo, torna-se a condição para a paz doméstica. Da profundeza do infortúnio surgirá, então, a esperança de um governante messiânico que, por suas qualidades pessoais, traga dias mais felizes, conforme vemos expresso nas "Profecias de Neferrohu", do início do reinado de Amenemhet I (2000-1970 a.C.):

> Então é assim que um rei virá,
> pertencente ao sul, Ameni, o triunfante, seu nome.
> Ele é o filho de uma mulher da terra da Núbia;
> é nascido no Alto Egito…
> Alegrai-vos, ó povo de seu tempo!
> O filho de um homem fará seu nome para todo o sempre.
> Aqueles que são inclinados para o mal e que tramam rebeliões suavizaram sua fala
>   por medo dele.
> Os asiáticos cairão à sua espada e os líbios cairão à sua chama.
> Os rebeldes pertencem à sua ira e os de coração traiçoeiro ao temor a ele.[73]

No Novo Império, o rei-salvador teve de lidar com as condições de um enorme império em expansão e suas burocracias militares, civis e sacerdotais. A tensão latente é perceptível no relato feito por Tutmés III sobre seu próprio governo (c. 1450 a.C.). Por um lado, ele é o filho de Amon-Rá, o grande conquistador que expandiu as fronteiras do Egito:

> O deus é meu pai e eu sou seu filho.
> Ele ordenou que eu tivesse o trono, enquanto eu ainda era um bebê. […]
> Fez que todos os países estrangeiros se inclinassem diante da fama de minha
>   majestade. […]

---

[71] Cf. seção 2.
[72] *ANET*, 443.
[73] Ibid., 445 ss.

> Concedeu a vitória por meio do trabalho de minhas mãos, para estender as fronteiras do Egito. [...]
> Ele se alegra em mim mais do que em qualquer outro rei que existiu na terra desde que ela foi separada das demais.
> Eu sou seu filho, o amado de sua majestade.

Por outro lado, ele é um ex-sacerdote de Amon, promovido ao governo pelo colégio sacerdotal por razões obscuras e em grande dívida para com o seu deus:

> Eu pago o seu bem com um bem ainda maior, fazendo-o maior do que os outros deuses.
> A recompensa para aquele que faz benefícios é um pagamento com benefícios ainda maiores.
> Eu construí a sua casa com o trabalho da eternidade. [...]
> Estendi os seus lugares que me formaram.
> Provi seus altares sobre a terra. [...]
> Sei com certeza que Tebas é eternidade,
> que Amon permanece para sempre. [...][74]

Ao ler esse duplo relato de vitória brilhante e pagamento de dívidas, começa-se a conjecturar por quanto tempo a harmonia poderia durar. Mais cedo ou mais tarde, esse filho do deus, com seu exército competente, acharia que já havia pagado a sua dívida ao deus e que poderia dispensar os sacerdotes fazedores de reis de Tebas. Isso foi o que de fato aconteceu duas gerações depois de Tutmés, o Grande, quando o império, graças a suas vitórias, experimentara um período de estabilidade[75].

A revolta de Akhenaton contra o Amon de Tebas tem uma estrutura complexa. Ela é tanto institucional como espiritual, tanto revolucionária como reacionária. Os aspectos institucionais são fáceis de apreender. O faraó, ainda com seu nome Amenhotep (ou Amenófis) IV, ligado a Amon, fundou o culto do novo deus Aton, equipou-o generosamente com concessões de terras, mudou sua residência de Tebas para uma cidade recém-fundada mais ao norte, no local da atual Tell el-Amarna, e recorreu a medidas radicais quando encontrou resistência dos colégios sacerdotais estabelecidos. Eles foram destituídos e os cultos de seus deuses foram interrompidos. A ira especial do rei era dirigida contra Amon.

---

[74] Ibid., 446 ss.
[75] Para a história política do período, ver as seções respectivas em MEYER, *Geschichte des Altertums*, II/1; para os antecedentes da Revolução de Amarna e a história do próprio Akhenaton, ver WILSON, *The Burden of Egypt*; para a história intelectual do período em geral, ver BREASTED, *The Dawn of Conscience*.

O nome do deus foi apagado de inscrições, onde quer que fosse encontrado, por grupos de homens com machadinhas; e os zelosos empregados apagaram o nome do deus até mesmo no nome do pai do rei, Amenhotep. O próprio rei alterou o seu nome para Akhenaton, que provavelmente significava o Espírito de Aton. Para a sociedade egípcia, essa foi uma grande reviravolta, na medida em que um novo grupo governante entre os seguidores do rei foi estabelecido no poder, enquanto a antiga classe dominante associada ao sacerdócio de Tebas caiu em desgraça e sofreu perdas terríveis de posses. O povo em geral também deve ter sido materialmente afetado pelas mudanças, porque hordas de serventes, artesãos e mercadores associados ao culto de Amon perderam o seu meio de subsistência. A subversão institucional só pôde ser bem-sucedida porque o rei tinha o exército, com o seu capaz comandante Haremhab, do seu lado.

Os outros aspectos da revolta são mais difíceis de identificar, devido à escassez de fontes. Em particular, a pré-história do deus Aton é obscura. Ele certamente não foi criado por Akhenaton, embora não tenhamos sinais de sua existência antes do reinado do pai do rei, Amenhotep III, ou no máximo do reinado de Tutmés IV. A palavra *aton* era de uso antigo; designava o disco solar em sua aparência física, sem referência a um deus. O Aton como um deus-sol apareceu pela primeira vez em inscrições dos reinados imediatamente anteriores, e sob Amenhotep III ele parece ter recebido um templo em Tebas, aparentemente não em conflito com Amon. As implicações do novo aparecimento divino podem talvez ser conjecturadas num hino solar do reinado de Amenhotep III (*c.* 1413-1377 a.C.). É um hino a Amon-Rá. Mas o termo disco solar, *aton*, é usado para se dirigir ao deus:

> Saudações a ti, disco solar do dia, criador de tudo e produtor da vida!

Além disso, esse deus-sol é citado na fraseologia messiânica anteriormente discutida:

> Corajoso vaqueiro, que dirige o seu gado,
> Refúgio dele e produtor de sua vida.

E, por fim, ele é um deus do mundo, que brilha sobre todas as terras, não só sobre o Egito:

> O único senhor, que alcança os extremos de todas as terras todo dia,
> Sendo assim aquele que os vê caminhando.[76]

---

[76] "A Universalist Hymn to the Sun", em *ANET*, 367 ss., em *The Dawn of Conscience*, 275-277, chama a atenção para a importância do hino como um antecedente do culto a Aton de Amenhotep IV.

O hino sugere que uma resistência ao Amon de Tebas e a seu sacerdócio já começara a se desenvolver no reinado anterior. Uma vez que, pela regra da consubstancialidade, o caráter do deus-sol também se aplica ao faraó, os termos messiânicos indicariam uma consciência mais aguçada do faraó como o rei-salvador. E a insinuação do *aton* na denominação do deus indicaria uma busca por uma divindade distinta de Amon-Rá. A busca pela natureza do ser divino avançou até o ponto em que um novo nome teve de ser encontrado, para caracterizar sua unidade e sua supremacia como estando além do panteão egípcio. Além disso, a ênfase (pela primeira vez nas fontes sobreviventes) no brilho do deus-sol sobre todas as terras e toda a humanidade sugere a expansão das fronteiras egípcias e a criação de um extenso império por meio da XVIII Dinastia como a experiência que pôs em movimento a nova especulação político-teológica. Apenas essas conjecturas são possíveis; mas elas são suficientes para pressupor pelo menos uma geração de preparação experiencial e simbólica para a revolta de Akhenaton.

Os hinos de Akhenaton são preservados em inscrições nas tumbas de seus nobres. Para o texto completo e uma interpretação elaborada, o leitor deve consultar a obra de Breasted[77]. Vamos tocar apenas em alguns pontos que têm relação com o desenvolvimento da forma política egípcia.

Na revolta, assim como na forma que ela assumiu, a personalidade do faraó foi um fator decisivo. As passagens a seguir sugerirão o caráter de sua personalidade que o diferenciou e motivou sua revolta:

> Tu surges belamente no horizonte do céu,
> Tu, Aton vivo, o início da vida!
> Tu és gracioso, grande, brilhante e alto sobre todas as terras,
> Teus raios abrangem as terras até o limite de tudo o que criaste.
>
> Todo o gado descansa em seus pastos,
> As árvores e as plantas estão florescendo,
> As aves alvoroçam-se em seus ninhos,
> Suas asas levantadas em adoração a ti,
> Todos os animais erguem-se em seus pés,
> Todas as criaturas que voam ou pousam,
> Elas vivem quando tu te elevas para elas.
>
> Os navios velejam rio acima e rio abaixo,
> Todas as vidas são abertas ao teu surgimento.

---

[77] BREASTED, *The Dawn of Conscience*, cap. 15: Universal Dominion and Earliest Monotheism. As citações dos hinos no texto são com frequência ajustadas à luz da tradução de Wilson em *ANET*, 369-371.

Os peixes no rio lançam-se diante de teu rosto;
Teus raios estão no meio do grande mar verde.

Essa é uma nova voz na história, a voz de um homem intimamente receptivo à natureza, sensível ao esplendor da luz e à sua força de vida, louvando o deus e sua criação. E a reação alegre ao surgimento do deus, descrita no hino, é transportada pelo próprio hino para a reação da alma régia ao esplendor de Aton.

O Aton é o deus-criador:
Ó deus único, como o qual não há nenhum outro!
Tu criaste o mundo de acordo com o teu desejo,
Enquanto estavas sozinho.

Mas ele se tornou agora, expressamente, o criador de toda a humanidade, incluindo os povos estrangeiros:

Os países da Síria e da Núbia, a terra do Egito,
Tu colocas cada homem em seu lugar,
Tu supres suas necessidades:
Todos têm sua comida e o tempo de sua vida é calculado.
Suas línguas são de fala diversa,
Assim como são diversas as suas formas;
Suas peles são distintas,
Como tu distingues os povos estrangeiros.

A expansão imperial rompeu o fechamento sobre si mesmo que podíamos observar nos hinos do Antigo Império. O mundo se abriu e povos estrangeiros estão dentro dos confins do império. Sua humanidade comum torna-se aparente apesar de suas diferenças raciais, linguísticas e culturais. O deus agora é entendido como um deus para todos os homens.

Apesar de seus aspectos universalistas e igualitários, porém, o hino nem é monoteísta nem proclama um deus redentor para todos os homens. A criação do Aton é mais radical do que qualquer uma das tentativas anteriores de chegar a um entendimento da natureza da divindade, mas ainda se encontra no âmbito do mito politeísta. Akhenaton prosseguiu excluindo outros deuses, em particular o odiado Amon. Mas seu próprio esforço de erradicar o nome de Amon das inscrições, para, assim, destruir a sua eficácia magicamente, mostra que o Amon era, para ele, uma realidade que precisava ser levada em conta. Além disso, ele não perseguiu os outros deuses com o mesmo zelo. O Rá de Heliópolis foi, pelo menos, tolerado; e, no próprio hino, Aton foi identificado com as três antigas divindades solares Rá, Harakhte e Shu. Parece, antes, que havia uma tendência de reação na revolução de Akhenaton, na medida em que ele remontou às divindades que haviam dotado de glória os faraós do Antigo Império. A reafirmação da posição régia contra a opressão sacerdotal de Tebas fortificava-se pela lembrança dos deuses mais antigos.

A tendência reacionária, talvez não suficientemente observada, faz-se sentir também na relação pessoal entre o rei e seu deus. O Aton é um deus para a natureza de todos, mas apenas para a alma do rei:

> Tu estás em meu coração,
> E não há mais ninguém que te conheça,
> Salvo teu filho [Akhenaton].
> Pois tu o fizeste bem versado
> Em teus planos e em teu poder.

A posição do faraó como o mediador exclusivo entre deus e o homem foi restabelecida com fúria. A religiosidade pessoal do povo, que vinha crescendo desde o Primeiro Período Intermediário, viria a ser desviada para o faraó como o deus sobre a terra. Pelo menos, foi isso que Akhenaton tentou. O culto de Osíris foi duramente reprimido. As inscrições das tumbas das autoridades revelam a nova ênfase no monopólio da irradiação divina que era mantida pela administração sob o comando do rei. Na tumba de Tutu, um alto oficial da corte nesse regime, o rei é descrito como o filho de Aton, vivo na verdade, surgido dos raios do deus-sol e estabelecido por ele como o governante do circuito de Aton. O deus dota o rei de sua própria eternidade e cria-o à sua semelhança; o rei é a emanação do deus. Aton está no céu, mas seus raios estão sobre a terra; e o rei, sendo o filho dos raios, é o instrumento do deus na realização de seus desígnios na terra. O deus ouve pelo rei o que está em seu coração e pronuncia pelo rei o que sai de sua boca. Da mesma forma como o deus gera a si mesmo a cada dia sem cessar, também o rei é constituído por seus raios para viver a vida de Aton. O rei é "vivo na verdade" do deus, na medida em que a verdade do deus vive nele; e o oficial executa essa verdade, e é capaz de fazê-lo porque o *ka* do rei vive nele. A substância do deus, sua *maat*, permeia, assim, todo o reino e chega até os súditos[78]. Mas o súdito não tem acesso a Aton diretamente. Quando o Aton se eleva no mundo, ele envolve seu filho amado Akhenaton; e o filho régio, por seu governo e sua administração, devolve o mundo ao deus como sua oferenda. O súdito pode participar da circulação de substância divina apenas por meio da obediência ao faraó[79].

---

[78] Tomb of Tutu, in Breasted, *Ancient Records of Egypt*, v. 2, seções 1009-1013.
[79] Tomb of Mai, ibid., 1000.

A beleza dos hinos a Aton, a atmosfera "moderna" de individualismo, de excitação intelectual, de realismo na arte, de humanização do cerimonial da corte e de um nervosismo civilizacional geral geraram uma tentação de encontrar nas reformas de Akhenaton mais do que elas contêm. Sem dúvida, o rei foi um indivíduo extraordinário. Ainda assim, quando se levam em conta todos os aspectos, a sua obra revela mais o impasse do simbolismo faraônico do que um novo começo. Ele foi um esteta místico de alta posição e conseguiu animar a forma, pela última vez, com seu fervor espiritual. Mas isso foi tudo, no que diz respeito à ordem política do Egito. Ele negligenciou as necessidades administrativas e militares do império e não teve nada para dar ao povo. Perto do final de seu regime, até onde podemos deduzir do que as fontes indicam sobre o estado de coisas, ele foi obrigado a ceder. E seu sucessor, Tutankhaton, tornou-se novamente Tutankhamon e capitulou para Tebas. A forma permaneceu inabalada até o seu final pela conquista estrangeira.

Parte 2
A ordem histórica de Israel

A experiência compacta de ordem cosmológica mostrou-se tenaz. Nem a ascensão e queda dos impérios mesopotâmicos, nem as repetidas crises do Egito imperial puderam romper a fé numa ordem cósmico-divina de que a sociedade era parte. Sem dúvida, o contraste entre a duração da ordem cósmica e a transitoriedade da ordem social não deixou de ser observado, mas a observação não penetrou decisivamente na alma e, em consequência, não levou a novas ideias com referência à ordem verdadeira do ser e da existência. Catástrofes políticas continuaram a ser entendidas como acontecimentos cósmicos decretados pelos deuses. Nas Lamentações sumérias pela destruição de Ur pelos elamitas, por exemplo, o ataque elamita foi sentido como a tempestade de Enlil:

> Enlil chamou a tempestade — o povo geme.
> A tempestade que aniquila a terra ele chamou — o povo geme.
> A grande tempestade do céu ele chamou — o povo geme.
> A grande tempestade uiva de cima — o povo geme.
> A tempestade ordenada por Enlil em ódio, a tempestade que devasta a terra,
> Cobriu Ur como uma vestimenta, envolveu-a como um lençol.

Uma mortalha cósmica, por assim dizer, foi lançada pelo deus sobre a cidade e suas ruas encheram-se de corpos[1]. No Egito, é verdade, rompimentos institucionais causaram a variedade de reações estudadas no capítulo anterior. A experiência de ordem, mais profundamente abalada do que na Mesopotâmia, moveu-se até os limites que se tornaram visíveis nos Hinos de Amon depois da

---

[1] Das *Lamentations over the Destruction of Ur*, traduzido por S. N. Kramer em *ANET*, 455-463.

Revolução de Amarna². O homem, em seu desejo de uma nova liberdade, parecia prestes a abrir sua alma para um Deus transcendente; e a nova religiosidade, de fato, alcançou um feito surpreendente de especulação monoteísta. Ainda assim, mesmo nos Hinos de Amon, a atração do ímã divino não foi suficientemente forte para orientar a alma na direção do ser transcendente. Os poetas egípcios não conseguiram romper o laço da ordem faraônica e tornar-se os fundadores de uma nova comunidade sob Deus.

No entanto, foi em sua época que o laço foi rompido. Os Hinos de Amon foram criados na XIX Dinastia, *c.* 1320-1205 a.C. E essa foi a dinastia em que, de acordo com tendências recentes de conjectura, ocorreu o Êxodo de Israel do Egito. Ramsés II teria sido o faraó da opressão, e seu sucessor, Merneptah (1225-1215), o faraó do Êxodo. Embora tais suposições precisas possam ser duvidosas, o século XIII a.C., de modo geral, foi provavelmente a época de Moisés. No momento em que os próprios egípcios forçavam o seu simbolismo cosmológico até os limites sem ser capazes de romper os laços de sua compacidade, Moisés conduziu seu povo da escravidão sob o faraó para a liberdade sob Deus.

Na história pragmática, o acontecimento foi por demais insignificante para ser registrado nos documentos egípcios. O povo que seguiu Moisés consistia em alguns clãs hebreus que haviam sido empregados pelo governo egípcio em obras públicas, provavelmente na região leste do delta. Eles fugiram para leste, para o deserto, e estabeleceram-se, pelo intervalo de pelo menos uma geração, nas vizinhanças de Kadesh antes de prosseguir para Canaã. No Estado centralizado de que fugiram, provavelmente não eram tratados pior do que a população nativa de mesma condição social. No entanto, o Egito fora uma casa da escravidão para um povo cuja alma nômade ansiava pela liberdade do deserto. Quando a liberdade foi obtida, porém, ela se mostrou de valor duvidoso para homens que haviam se acostumado a um modo de vida diferente. No plano material, talvez não houvesse muito a escolher entre a existência nômade e o trabalho em obras públicas num Estado estabelecido. A frugalidade da vida no deserto despertava lembranças nostálgicas da cozinha egípcia; e até onde sabemos a casa da escravidão poderia até ter se tornado um lar para o qual as tribos retornariam melancolicamente. Mesmo sem esse anticlímax, o Êxodo ainda não seria algo muito digno de ser lembrado. Se nada tivesse acontecido além de uma bem-sucedida escapada do âmbito do poder egípcio, haveria simplesmente mais algumas tribos nômades vagando pela zona fronteiriça entre o Crescente Fértil e o deserto propriamente dito, lutando para levar uma vida parca com a ajuda de uma agricultura em tempo parcial. Porém, o deserto foi apenas uma escala no caminho, não a meta, pois no deserto as tribos encontra-

---

² Cap. 3.3.1.

ram o seu Deus. Elas entraram numa aliança com ele e, desse modo, tornaram-se o seu povo. Como um novo tipo de povo, formado por Deus, Israel conquistou a terra prometida. A memória de Israel preservou a história que, de resto, seria desimportante, porque a irrupção do espírito transfigurou o acontecimento pragmático em um drama da alma e os atos do drama em símbolos de libertação divina.

Os acontecimentos do Êxodo, a estada em Kadesh e a conquista de Canaã tornaram-se símbolos porque foram animados por um novo espírito. Pela iluminação do espírito, a casa da escravidão institucional tornou-se uma casa de morte espiritual. O Egito era o reino dos mortos, o Xeol, em mais de um sentido. Da morte e de seu culto, o homem tinha de extrair a vida do espírito. E essa aventura era arriscada, pois o êxodo do Xeol, a princípio, não levou a nada mais que o deserto da indecisão, entre as formas igualmente impalatáveis de existência nômade e vida numa alta civilização. Assim, ao Xeol e ao Êxodo deve ser acrescentado o Deserto como o símbolo do impasse histórico. Não era um impasse específico, mas o impasse eterno de existência histórica no "mundo", ou seja, no cosmos em que o império ascende e cai sem mais significado do que uma árvore que cresce e morre, como as ondas no rio da repetição eterna. Pela sintonia com a ordem cósmica, os fugitivos da casa da escravidão não conseguiram encontrar a vida que procuravam. Quando o espírito sopra, a sociedade na forma cosmológica torna-se o Xeol, o reino da morte; mas quando empreendemos o êxodo e vagueamos para o mundo, a fim de encontrar uma nova sociedade em outra parte, descobrimos o mundo como o deserto. A fuga não nos leva a lugar algum, até que paramos para encontrar a nossa orientação além do mundo. Quando o mundo se tornou um deserto, o homem está, finalmente, na solidão em que pode ouvir de forma atroante a voz do espírito que, com seu sussurro urgente, já o impeliu e salvou do Xeol. No deserto, Deus falou ao líder e a suas tribos; no deserto, escutando a voz, aceitando a sua oferta e submetendo-se ao seu comando, eles por fim alcançaram a vida e tornaram-se o Povo Escolhido por Deus.

• • •

O que surgiu da purificação do Deserto não foi um povo como os egípcios ou babilônicos, os cananeus ou filisteus, os hititas ou arameus, mas um novo gênero de sociedade, distinguido das civilizações da época pela escolha divina. Foi um povo que se moveu pelo cenário histórico enquanto vivia em direção a uma meta que estava além da história. Esse modo de existência era ambíguo e cheio de perigos de descarrilamento, pois seria muito fácil a meta além da história fundir-se com metas a ser alcançadas dentro da história. O descarrilamento de fato ocorreu, logo no início. Ele encontrou sua expressão no símbolo de Canaã, a terra da promessa. O símbolo era ambíguo porque, no sentido espiritual, Israel havia alcançado a terra prometida quando partiu do Xeol cosmológico para o *mamlakah*, o domínio real, o Reino de Deus. Pragmaticamente, porém, o êxodo da escravidão teve continuidade na conquista de Canaã por meios bastante terrenos; depois, num reinado salomônico com as mesmas formas institucionais do Egito ou da Babilônia; e, por fim, no desastre político e na destruição que se abateram sobre Israel como sobre qualquer outro povo na história. Em suas perambulações pragmáticas ao longo dos séculos, Israel não escapou do domínio dos mortos. Num contramovimento simbólico para o Êxodo sob a liderança de Moisés, os últimos defensores de Jerusalém, carregando Jeremias com eles contra a sua vontade, retornaram ao Xeol do Egito para morrer. A terra prometida só pode ser alcançada movendo-se pela história, mas não pode ser conquistada dentro da história. O Reino de Deus vive em homens que vivem no mundo, mas não é deste mundo. A ambiguidade de Canaã afetou, desde então, não só a estrutura da história israelita, mas o curso da história em geral.

O breve esboço dos problemas suscitados pelo aparecimento de Israel na história sugere uma considerável quantidade de complicações nos detalhes. Há dificuldades de cronologia; há a relação entre hebreus, Israel, Judá e os judeus; a relação entre Israel e a sociedade siríaca circundante, cuja importância nos foi revelada por recentes descobertas arqueológicas; a relação entre a narrativa bíblica e a história que pode ser reconstruída a partir de evidências externas; e, por fim, a relação entre história pragmática e espiritual que fluiu para o problema cristão da história profana e sagrada. Essas questões deveriam ser obstáculos suficientes para um estudo da ordem peculiar de Israel. Mas elas são ainda mais complicadas pelo estado e pela história de nossas fontes literárias. Devem ser levadas em conta as transformações pelas quais as antigas tradições de Israel passaram na redação pós-exílica; as deformações de significado causadas por canonização e interpretações rabínicas e cristãs; as sutis mudanças adicionais de significado impostas ao texto hebraico da Bíblia pelas traduções para o inglês desde o século XVI d.C., mudanças que se petrificaram como convenções a tal ponto que mesmo as traduções contemporâneas da Bíblia não ousam se afastar delas; e, por fim, a nuvem de debate levantada por um século de críticas mais elevadas e menos elevadas que se assenta em espessas camadas de controvérsia sobre cada problema. Atingimos, hoje, um estado em que estudiosos competentes escrevem volumes sobre a "Teologia do Antigo Testamento" ou a "Religião de Israel", enquanto outros, igualmente competentes, levantam a questão de se é possível de fato encontrar uma teologia no Antigo Testamento ou se Israel teve ou não uma religião.

É perigosamente fácil ser engolido pelo Xeol da história e da filologia. Para evitar tal destino, vamos passar ao largo da controvérsia e avançar direto para o grande problema que se encontra em sua raiz, ou seja, para a criação da história por Israel. Uma vez que o grande e abrangente problema da história tenha sido clarificado, o método que deve ser usado para tratar dos problemas secundários também ficará claro³.

---

³ Para o estado da controvérsia referente a problemas do Antigo Testamento, cf. H. H. ROWLEY (ed.), *The Old Testament and Modern Study*: A Generation of Discovery and Research, Oxford, Clarendon Press, 1951.

As obras a seguir foram usadas ao longo do estudo dos problemas israelitas:

Geral — William F. ALBRIGHT, *From the Stone Age to Christianity*, Baltimore, Johns Hopkins University Press, ²1946. ID., Syrien, Phoenizien, und Palaestina, in *Historia Mundi*, v. 2. Os artigos de S. A. COOK em *Cambridge Ancient History*, v. 1 (1924), cap. 5; v. 2 (1924), cap. 14; v. 3 (1925), cap. 17–20; v. 6 (1927), cap. 7. Walter EICHRODT, Religionsgeschichte Israels, in *Historia Mundi*, v. 2. Adolphe LODS, *Histoire de la littérature hébraique et juive*: des origines à la ruine de l'Etat Juif (135 après J.-C.), Paris, Payot, 1950. MEYER, *Geschichte des Altertums*, II/1, II/2. W. O. E. OESTERLEY, Theodore H. ROBINSON, *Hebrew Religion: Its Origins and Development*, London, S.P.C.K., ²1952. Johannes PEDERSEN, *Israel: Its Life and Culture*, London, Oxford University Press, 1926 (v. 1/2), 1940 (v. 3/4). Max WEBER, *Das Antike Judentum*, Gesammelte Aufsaetze zur Religionssoziologie, III, Tübingen, Mohr, 1921.

Histórias de Israel — Albrecht ALT, *Kleine Schriften zur Geschichte des Volkes Israel*, München, C. H. Beck, 1953, 2 v. Rudolf KITTEL, *Geschichte des Volkes Israel*, Stuttgart-Gotha, Friedrich Andreas Perthes, ⁵'⁶1923; ⁵1922; Stuttgart-Gotha, W. Kohlhammer, 1927, v. 3. Adolphe LODS, *Israel from Its Beginnings to the Middle of the Eighth Century*, New York, A. A. Knopf, 1932; London, Routledge and K. Paul, 1948. LODS, *The Prophets and the Rise of Judaism*, 1937; reimpr. London, Routledge and K. Paul, 1950. Martin NOTH, *Geschichte Israels*, Goettingen, Vandenhoeck e Ruprecht, ²1954. W. O. E. OESTERLEY, Theodore H. ROBINSON, *A History of Israel*, 1923, reimpr. Oxford, Clarendon Press, 1951, 2 v. Julius WELLHAUSEN, *Prolegomena zur Geschichte Israels*, 1878; reimpr. Berlin, G. Reimer, 1950. ID., *Israelitisch-Juedische Geschichte*, 1894; reimpr. Berlin, G. Reimer, 1914.

Introdução ao Antigo Testamento — Aage BENTZEN, *Introduction to the Old Testament*, Copenhagen, G.E.C. Gad, 1948, 2 v. Otto EISSFELDT, *Einleitung in das Alte Testament*, Tübingen, Mohr, 1934. Ivan ENGNELL, *Gamla Testamentet*: En Traditionshistorisk Inledning, Stockholm, S.K.V.D., 1945, I. Robert H. PFEIFFER, *Introduction to the Old Testament*, New York, Harper, 1941.

Fontes, traduções e comentários — *Biblia Hebraica*, ed. Rudolf Kittel, New York/Stuttgart, Privileg. Wuertt. Bibelanstalt, ⁸1952. *Holy Bible: Hebrew and English*, trad. Isaac Leeser, New York, [s.d.]. *The Old Testament in Greek According to the Septuagint*, ed. H. B. Swete, Cambridge, Cambridge University Press, 1930–1934, 3 v. *The Holy Scriptures According to the Masoretic Text*: A New Translation, 1937; reimpr. Jewish Publication Society of America, Philadelphia, 1945. *The Old Testament: An American Translation*, ed. J. M. Powis Smith, 1927; reimpr. Chicago, University of Chicago Press, 1944. *Die Fuenf Buecher der Weisung*, trad. Martin Buber, Franz Rosenzweig, Berlin, 1930. *The Holy Bible*, Revised Standard Version, New York, Nelson, 1953. *Goettinger Handkommentar zum Alten Testament*, hrsg. W. Nowack. *Kommentar zum Alten Testament*, hrsg. de E. Sellin. *Handbuch zum Alten Testament*, hrsg. de Otto Eissfeldt.

Capítulo 4
Israel e história

Os principais problemas teóricos que surgem num estudo da ordem israelita têm sua origem comum na situação de Israel como um povo peculiar. Pela escolha divina, Israel pôde dar o salto em direção a uma sintonia mais perfeita com o ser transcendente. A consequência histórica foi um rompimento no padrão de cursos civilizacionais. Com Israel, aparece um novo agente da história que não é nem uma civilização nem um povo dentro de uma civilização como as outras. Assim, podemos falar de uma civilização egípcia ou de uma civilização mesopotâmica, mas não de uma civilização israelita. No caso egípcio, povo e civilização mais ou menos coincidem. No caso mesopotâmico, podemos distinguir unidades étnicas importantes, como os sumérios, babilônios, elamitas e assírios, dentro da civilização. No caso israelita, deparamo-nos com dificuldades. Seguindo Toynbee, pode-se falar de uma civilização siríaca à qual pertenciam povos como os israelitas, os fenícios, os filisteus e os arameus de Damasco. Mas a mera enumeração das subdivisões étnicas já torna desnecessário prosseguir na argumentação de que a posição de Israel era peculiar; pois o povo que produziu a literatura do Antigo Testamento sem dúvida distinguia-se dos demais. Além disso, o curso da história israelita não coincidiu cronologicamente com o curso da civilização siríaca. Ele começou antes que a civilização siríaca tivesse se cristalizado na história e teve um desenvolvimento independente e deveras surpreendente quando a área siríaca foi conquistada, sucessivamente, por assírios, babilônios, persas, gregos e, por fim, romanos.

1 Israel e os cursos civilizacionais

Vamos abordar a situação peculiar de Israel em termos de cronologia. No que se refere a datas absolutas, aceitamos a opinião mais recente sem mais debates[1]. O que nos interessa são, antes, as pessoas, os fatos e os eventos a que as datas são atribuídas.

Um primeiro quadro cronológico pode ser construído atribuindo datas aos acontecimentos narrados na literatura do Antigo Testamento, como as histórias dos patriarcas, a estada no Egito, o Êxodo e assim por diante, até a história pós-exílica. O resultado, limitado aos eventos principais, será algo assim:

Quadro I

Época patriarcal	1900-1700 (?)
Emigração dos clãs de Jacó para o Egito	1700 (?)
Êxodo	c. 1280
Principal conquista hebraica de Canaã	c. 1250-1225
Período dos Juízes	1225-1020
O reino (Saul a Salomão)	1020-926
A divisão do reino	926
Israel	926-721
Judá	926-586
Início do exílio na Babilônia	586
Construção do Segundo Templo	520-516
Retorno de Neemias	445
Retorno de Esdras	397

Um segundo quadro pode ser construído atribuindo datas às ondas de migração e de domínios políticos na área geográfica da Síria-Palestina:

Quadro II

Primeiras ondas semíticas de ocupação	c. 3000-2000
O movimento dos hicsos (semítico e hurrita)	c. 1680-1580
Conquistas egípcias	c. 1580-1375
Ataque dos habiru a Canaã	c. 1480-1350
Conquistas hititas	c. 1390-1300
Reconquista egípcia da Palestina	c. 1350-1200
Invasão israelita	c. 1250-1225
Invasão filisteia	c. 1190-1175

---

[1] Um exame das evidências arqueológicas de eventos e datas do Antigo Testamento foi oferecido por W. F. Albright nos caps. 1 e 2 de Rowley (ed.), *The Old Testament and Modern Study*. Ver também W. F. Albright, *The Archaeology of Palestine*, Middlesex, Pelican Books, 1949.

Período da ascensão filisteia	*c.* 1080-1028
Consolidação do poder israelita	*c.* 1020-926
Israel-Judá para o exílio	926-586
Conquista assíria de Israel	721
Conquista babilônica de Judá	586
Domínio persa	538-332
Domínio macedônio	332-168
Período macabeu	168-63
Domínio romano	63-395

Por fim, pode-se construir um quadro atribuindo datas às principais fases da civilização siríaca no sentido que Toynbee dá ao termo. De acordo com a interpretação de Toynbee, as invasões israelita e filisteia na área da Síria-Palestina criaram a situação em que o crescimento de uma civilização autônoma poderia ter início. O domínio hitita e egípcio foi rompido, os assentamentos cananeus independentes ficaram restritos à faixa costeira setentrional, os filisteus assentaram-se na costa meridional, os israelitas nas áreas montanhosas ao sul da Síria. Dessa situação inicial surgiram como organizações políticas permanentes o reino de Damasco, as cidades-estado fenícias e o reino de Israel. O principal choque que limpou a área para seu crescimento local veio da invasão dos povos marítimos minoicos; e à cultura minoica Toynbee atribuiria também as principais influências na fertilização da civilização que começava a se desenvolver. Ele está disposto, portanto, a colocar a civilização siríaca ao lado da helênica como associada à civilização minoica. Essa pressuposição, como vamos ver, não é sustentável em sua forma geral, mas tem um apreciável núcleo de verdade. As influências minoicas na área de Canaã eram de fato fortes mesmo antes da invasão filisteia; e as descobertas de poemas mitológicos ugaríticos desde 1930 nos colocaram em contato com uma teogonia cananeia-fenícia que estava pelo menos tão estreitamente relacionada à teogonia helênica, como a conhecemos por meio de Hesíodo, quanto ao mito babilônico, se não mais[2]. A civilização siríaca que pode ser circunscrita nesses termos teve um período de crescimento comparativamente curto. Ela começou a se cristalizar por volta de 1150 a.C. e sofreu o primeiro e decisivo obstáculo ao seu crescimento já em 926 a.C., quando o reino salomônico foi dividido em Israel e Judá. Num momento em que o poderio em recente ascensão da Assíria teria

---

[2] Os textos ugaríticos estão disponíveis nas traduções para o inglês de Cyrus H. GORDON, *Ugaritic Literature*, Roma, 1949, e de H. L. GINSBERG, em *ANET*. Para uma análise, ver W. F. ALBRIGHT, *Archaeology and the Religion of Israel*, Baltimore, Johns Hopkins University Press, 1946.

exigido cooperação militar para a defesa comum, os Estados siríacos estavam envolvidos em conflitos suicidas entre si. A batalha de Karkar, em 854 a.C., deu um alívio momentâneo; mas, em última instância, não fez mais do que mostrar que uma aliança militar dos Estados siríacos, se tivesse sido duradoura, talvez pudesse ter obstruído os ataques assírios. O Tempo de Problemas siríaco terminou com o estabelecimento de um Estado Universal sob o domínio persa. Da interpretação de Toynbee, resulta o seguinte:

Quadro III

Invasão israelita-filisteia	c. 1250-1175
O crescimento da civilização siríaca	c. 1150-926
Tempo de Problemas siríaco (os profetas)	926-538
Estado Universal siríaco (Império Persa)	538-332

O método de construir vários quadros cronológicos para classes diversas de eventos tem a vantagem de trazer à vista as várias facetas de significado associadas aos chamados fatos históricos. Essa vantagem é especialmente clara para os casos em que os eventos aparecem em mais de um quadro. Há uma dessas áreas de eventos coincidentes, nos três quadros, no período da invasão israelita de Canaã até a queda de Jerusalém. Em cada um dos quadros, a conquista de Canaã, por exemplo, tem um significado que difere de acordo com o contexto. No quadro I, ela é o cumprimento de uma promessa divina; no quadro II, é uma das muitas ondas de migração que afluíram para a área geográfica da Palestina e deixaram o seu sedimento étnico; no quadro III, é parte das migrações que destruíram o domínio hitita e egípcio na área e abriram espaço para o crescimento local de uma civilização siríaca. Se os três quadros fossem reunidos em um, as diferenças de significado desapareceriam e o resultado seria uma sucessão plana de "fatos" no sentido não-muito-bem-definido da historiografia positivista.

Fora do período de eventos coincidentes, os quadros mostram divergências notáveis. Em particular, a data de Moisés e do Êxodo é encontrada apenas no quadro I, e não no II ou no III.

O fato de uma data para Moisés estar ausente no quadro II é digno de nota, mas não surpreendente, porque aqui estamos lidando com os grandes eventos de movimentos étnicos e domínios imperiais. Na vasta escala desses movimentos de povos, as tribos conduzidas por Moisés do Egito foram um fator participante anônimo. É preciso estar sempre ciente de que Israel não deve a sua importância na história à dimensão numérica. Na época de Salomão, talvez seja bom lembrar, o povo que chamamos de "Israel" era uma população em que as tribos da conquista haviam se misturado com os cananeus que restaram das milenares ondas aramaicas, com hurritas, hititas e filisteus; e o reino era governado pela dinastia davídica não israelita.

No entanto, vem quase como um choque a omissão de Moisés na construção de Toynbee para a civilização siríaca no quadro III. Na concepção de história de Toynbee, as "religiões" são os "produtos" de sociedades em desintegração. Quando a civilização siríaca desintegrou-se, ela produziu os profetas e o judaísmo, assim como, posteriormente, a civilização helênica em desintegração produziu Jesus e o cristianismo. Não há espaço para Moisés numa história de Israel que só começa depois de ter baixado a poeira das invasões, por volta de 1150 a.C. Onde, então — a menos que ele seja eliminado de vez como um mito — devemos procurar Moisés nessa construção da história? Toynbee encontra-o pressupondo uma "linha de iluminação espiritual", na qual tanto o judaísmo como o cristianismo podem ser colocados em sucessão. Se a linha for traçada voltando dos profetas para o passado, encontrar-se-á nela Moisés e, antes ainda, Abraão, até chegar ao culto primitivo de Yahweh, que Toynbee descreve como "o *jinn* que habitava e animava um vulcão no noroeste da Arábia". A "linha de iluminação espiritual" subsidiária, embora cruze as civilizações, está relacionada em seus pontos decisivos aos vários Tempos de Problemas. Moisés, assim, seria "produzido" pela desintegração do Novo Império egípcio, Abraão pela desintegração babilônica depois de Hamurabi — sempre supondo, e Toynbee não está seguro disso, que Abraão e Moisés tenham sido mesmo figuras históricas[3].

As construções do ilustre historiador podem parecer estranhas, mas certamente fazem sentido em termos de um estudo de civilizações. Sua coerência obstinada ao preço de lançar dúvidas sobre o valor do método deve mesmo ser elogiada. Pois o método, ao que parece, não se aplica nem à epifania de Moisés nem à construção de Israel por meio da aliança; a fenda que surge é insuficientemente reparada pela construção subsidiária de uma "linha de iluminação espiritual". Se seguimos Toynbee, temos em nossas mãos (1) um Israel cuja história só começa depois da conquista de Canaã, (2) uma linha de iluminação espiritual de *jinn* a Jesus, (3) um Abraão babilônico e (4) um Moisés egípcio. E quando olhamos para essa estranha coleção começamos a nos perguntar: O que foi feito do Israel cuja história é preservada no Antigo Testamento?

---

[3] TOYNBEE, *A Study of History*, V, 119 n; VI, 39.

As dificuldades surgem da confrontação de dois tipos de história representados respectivamente pelos quadros I e III. O Israel cuja história é contada no Antigo Testamento não se encaixa no cenário pintado por nossa historiografia crítica contemporânea. É preciso encarar esse fato e compreender que não há soluções fáceis. No que se refere a acomodações, a "linha de iluminação espiritual" de Toynbee deve desestimular novas tentativas de natureza similar. E também não é possível abolir a dificuldade descartando um ou o outro dos dois quadros. Por um lado, a ascensão e queda do poder ordenador certamente é o material de que a história é feita; e, se aceitamos esse princípio, devemos aceitar também a escala de relevância pela qual Israel tem um grau de importância baixo na história pragmática, e no caso do período de Moisés importância nenhuma. Desse modo, não podemos descartar o quadro III. Por outro lado, judeus e cristãos têm um hábito perturbador de sobreviver à ascensão e queda de potências políticas; e não podemos eliminar a história espiritual judeu-cristã sem deixar sem sentido a história em geral. Assim sendo, não podemos descartar o quadro I. Ambos os quadros devem ser aceitos como legítimos, e seu conflito, portanto, precisa ser dissolvido por meio de uma análise teórica de sua origem.

Vamos abordar o problema aceitando como ponto pacífico, por enquanto, a linha de investigação da história pragmática, bem como o quadro III, e procurar a origem do problema no quadro I.

Na primeira cronologia, são atribuídas datas aos principais eventos narrados na literatura do Antigo Testamento; e esse procedimento, de fato, levará a dificuldades. Pois a história contada de Gênesis até o final de 2 Reis não é uma história crítica de acontecimentos pragmáticos — nem mesmo nos pontos em que a referência a acontecimentos pragmáticos tem uma base sólida na historiografia e em anais de tribunal contemporâneos, como no período da monarquia — mas um relato da relação de Israel com Deus. Isso não significa que o relato não tenha nenhum núcleo pragmático; pois não temos mais razão para duvidar da existência de algum Moisés pragmático por trás da história do Êxodo do que de algum tipo de mundo por trás da história de sua criação no Gênesis. De qualquer maneira, os acontecimentos não são experimentados num contexto pragmático de meios e fins, como ações que levam a resultados no domínio intramundano do poder político, mas como atos de obediência ou de deserção a um desejo revelado de Deus. Eles são experimentados por almas que lutam por sua sintonia com o ser transcendente, que encontram o significado das ações individuais e sociais em sua transfusão com os planos de Deus para o homem. Quando experimentado dessa maneira, o curso dos acontecimentos torna-se uma história sagrada, enquanto os acontecimentos individuais tornam-se paradigmas dos modos de Deus com o homem neste mundo. Ora, os critérios de verdade que se aplicam a acontecimentos paradigmáticos nesse sentido não podem ser os mesmos que se aplicam a acontecimentos pragmáticos. Pois um evento, se experimentado em sua relação com a vontade de Deus, será verdadeiramente relacionado se a sua essência como um paradigma for cuidadosamente elaborada. A precisão quanto aos detalhes pragmáticos de tempo, localização, pessoas participantes, suas ações e falas será muito menos importante do que a precisão quanto à vontade de Deus na ocasião específica e aos pontos de concordância, ou discordância, da ação humana com a vontade divina. Além disso, um relato original, uma vez que tenha entrado no fluxo da tradição oral, pode ser submetido a reelaboração com o objetivo de melhorar a essência paradigmática; histórias podem ser radicalmente enfatizadas, se necessário por meio de detalhes imaginativos; e o significado de falas pode ser tornado mais claro com o uso de interpolações parenéticas. Um historiador pragmático, sem dúvida, lamentaria tais transformações como uma falsificação de fontes, mas o autor da história sagrada as entenderá como um aumento da verdade.

Às vezes, porém, as tradições podem se mostrar excessivamente recalcitrantes para o gosto de autores posteriores, e a reelaboração de detalhes pode ser considerada insuficiente para chegar à verdade paradigmática. Pode acontecer, então, que conjuntos inteiros de tradição sejam remoldados num resumo mais "moderno". O livro que, por uma infeliz tradição, leva o nome de Deuteronômio, por exemplo, não é um "quinto" livro de Moisés, mas uma enorme parênese acrescentada ao Tetrateuco. Organizado na forma literária de um discurso de Moisés antes de sua morte, ele resume a lição paradigmática de êxodo, deserto e aliança do modo como esta era entendida pouco antes do final do reino de Judá. Crônicas, por sua vez, remolda as tradições de Reis, de modo a fazer delas uma introdução adequada para os relatos da reconstrução pós-exílica por Esdras e Neemias. Essas múltiplas histórias paradigmáticas, no entanto, ainda são uma questão comparativamente simples. A situação torna-se ainda mais confusa quando encontramos vários relatos do que parece ser o mesmo acontecimento, sem sermos capazes de saber por que há mais de um relato. Da conquista de Canaã, por exemplo, o Antigo Testamento oferece os dois relatos incompatíveis de Josué e do capítulo inicial de Juízes. E a nós só resta conjecturar se o mesmo acontecimento pragmático poderia, de fato, ser o núcleo de duas versões tão amplamente diferentes ou se a chamada conquista não teria sido, na verdade, uma infiltração gradual de tribos hebraicas da qual duas fases acabaram sendo captadas nas duas versões, cada uma delas elaborada paradigmaticamente de modo a oferecer um relato exaustivo da conquista simbólica. Por fim, devemos lembrar que as várias histórias e versões foram integradas pelos redatores pós-exílicos num corpo de história com um significado próprio; e que a obra dos redatores não foi feita para ser desintegrada nos significados das partes componentes por historiadores modernos.

A reflexão sobre esse desconcertante complexo de significados sucessivamente superpostos deve deixar claro que histórias paradigmática e pragmática não são rivais. A história israelita não foi escrita com a finalidade de confundir os historiadores pragmáticos que, ironicamente, atribuem uma data a Moisés ao mesmo tempo em que se eximem de assumir uma posição quanto à sua existência. Ela não quer, de forma alguma, oferecer uma história pragmática, embora, em longos trechos, o núcleo pragmático seja tão tangível e claro em detalhes que somos mais bem informados sobre certas fases da história israelita do que sobre nossa Idade Média ocidental. Começamos a perceber que a história é um tecido complicado do qual duas tramas tornam-se visíveis nas duas cronologias. Talvez o que parece ser um conflito entre elas desapareça quando o padrão do tecido de significados israelita se tornar um pouco mais claro. Assim sendo, vamos agora mudar nossa linha de abordagem. O quadro III não será mais aceito como ponto pacífico, mas posto de lado como suspeito de causar o problema por relativa simplicidade, ao passo que a história israelita será aceita, na esperança de que sua estrutura mais complexa, se adequadamente compreendida, venha a resolver o nosso problema.

Vamos começar pela observação feita anteriormente de que a história sagrada israelita não pode ser descartada como desimportante mesmo na história pragmática, uma vez que, por possuí-la, Israel tornou-se um povo peculiar, um novo tipo de sociedade política no plano pragmático. Os homens que viveram o simbolismo do Xeol, do deserto e de Canaã, que compreendiam suas andanças como o cumprimento de um plano divino, foram moldados, por essa experiência, no Povo Escolhido. Pelo salto no ser, ou seja, pela descoberta do ser transcendente como a fonte da ordem no homem e na sociedade, Israel constituiu-se no portador de uma nova verdade na história. Se isso é aceito como a essência do problema, a narrativa paradigmática, com todas as suas complicações, ganha uma nova dimensão de significado por intermédio de seu papel na constituição de Israel. Pois a verdade que Israel portava teria morrido junto com a geração dos descobridores a menos que fosse expressa em símbolos comunicáveis. A constituição de Israel como um portador da verdade, como um corpo social identificável e duradouro na história, só poderia ser alcançada pela criação de um registro paradigmático que narrasse (1) os acontecimentos em torno da descoberta da verdade e (2) o curso da história israelita, com revisões repetidas, como uma confirmação da verdade. Esse registro é o Antigo Testamento. Precisamente quando o seu caráter duvidoso como registro pragmático é reconhecido, a narrativa revela a sua função de criação de um povo na política e na história.

Desse modo, há uma estreita conexão entre a narrativa paradigmática do Antigo Testamento e a própria existência de Israel, embora não seja a conexão que existe entre uma narrativa e os acontecimentos que ela narra. A natureza dessa relação imprecisa vai se tornar mais clara se lembrarmos que nenhum problema dessa natureza surgiu na abordagem das histórias mesopotâmica ou egípcia. Nenhum quadro I perturbou-nos ao lidar com as ideias dos impérios do Oriente Próximo. Assim que essa observação negativa é feita, a significância do quadro, não só para a história israelita, mas para o problema da história em geral, torna-se evidente. Não houve, de fato, ocasião para usar um quadro desse tipo na história mesopotâmica ou egípcia — pela boa razão de que nenhuma dessas civilizações produziu um Antigo Testamento. Apenas Israel constituiu-se registrando a sua própria gênese como povo como um evento com significado especial na história, enquanto as outras sociedades do Oriente Próximo constituíram-se como análogos da ordem cósmica. Apenas Israel teve a história como uma forma interior, enquanto as outras sociedades existiram na forma do mito cosmológico. A história, concluímos portanto, é uma forma simbólica de existência, da mesma classe que a forma cosmológica; e a narrativa paradigmática é, na forma histórica, o equivalente ao mito na forma cosmológica. Assim, será necessário distinguir sociedades políticas de acordo com a sua forma de existência: a sociedade egípcia existiu em forma cosmológica, a sociedade israelita em forma histórica.

• • •

Agora que o mistério do quadro I está desvendado, pelo menos em certa medida, podemos voltar ao quadro III e inspecionar melhor a teoria da história de Spengler-Toynbee que está na base da sua construção. A teoria é simples e bem fundamentada. Spengler entende uma civilização (uma "cultura", na sua terminologia) como o florescimento de uma alma coletiva em seu cenário histórico. As almas florescem apenas uma vez, e as civilizações produzidas movem-se, cada uma delas, pela mesma série de fases, suas "histórias" respectivas concebidas por analogias orgânicas de juventude e maturidade. Quando sua vitalidade é esgotada, elas se achatam em períodos *fellahim* de duração indefinida. Cada civilização, assim, tem uma história; mas a sucessão de civilizações não é uma história adicional. A teoria tem bons argumentos equilibrados a seu favor. Pois as civilizações do passado, de fato, floresceram e declinaram, e a mecânica do processo é bem compreendida. Pode-se considerar possível que a história da humanidade nem sempre será acomodada no molde civilizacional, mas enquanto ela for conduzida pelas sociedades que chamamos de civilizações não há razão para supor que as civilizações presentes e futuras escaparão ao destino de suas predecessoras.

A excelência dos argumentos, porém, não alivia a nossa infelicidade com as consequências. Pois as civilizações seguem-se umas às outras numa sequência sem sentido, e quando a multiplicidade de almas civilizacionais se esgotar, como parece ser para Spengler, a humanidade se aquietará numa existência anistórica e vegetativa. A perspectiva é deprimente, e torna-se ainda mais sombria quando Toynbee aplica a ela a sua imaginação. Com o pessimista Spengler podia-se ao menos ter esperança de que o melancólico espetáculo de civilizações florescentes e declinantes logo chegaria a um fim; porém, com o mais animado Toynbee, deve-se temer que esse tipo de coisa continue acontecendo enquanto a terra resistir, pois, aceitando os números fornecidos por *sir* James Jeans para a duração da Terra, Toynbee calcula um futuro de 1.743 milhões de civilizações. "Imagine-se 1.743 milhões de histórias completas, cada uma delas tão longa e cheia de vida quanto a história da sociedade helênica; 1.743 milhões de reproduções do Império Romano e da Igreja Católica e do *Voelkerwanderung* teutônico; 1.743 milhões de repetições das relações entre a nossa sociedade Ocidental e as outras sociedades que estão vivas hoje!"[4]. "Nossos poderes de imaginação falham", exclama o grande historiador diante de tais perspectivas[5].

---

[4] Ibid., I, 463.

[5] Para uma análise adicional das ideias de Toynbee no Anexo ao volume 1, ver o estudo de Friedrich ENGEL-JANOSI, Krise und Ueberwindung des Historismus, in *Wissenschaft und Weltbild*, Wien, 1953, VI, 13 ss.

Estremecemos educadamente, como quando somos convidados a contemplar a infinitude do tempo, do espaço ou dos números sob qualquer outro aspecto que não a sua indicação da infinitude de Deus, mas recusamo-nos firmemente a entrar no jogo. Para evitar o fracasso inevitável de nossos poderes de imaginação, vamos mais adiante aplicar nosso intelecto à questão. No momento, afirmaremos apenas que a teoria de Spengler-Toynbee, de fato, simplificou o problema — com as consequências para a imaginação mencionadas acima. Além disso, podemos agora identificar a falha, ou seja, a sua desatenção ao problema da história como uma forma interna. Dos muitos fatores que codeterminam a falha, o de interesse mais imediato deve ser buscado na situação histórica em que a teoria foi formulada. Tanto Spengler como Toynbee estão carregados dos resquícios de certas tradições humanistas, mais especificamente em sua forma liberal-burguesa mais tardia, de acordo com a qual as civilizações são entidades místicas que produzem fenômenos culturais como mitos e religiões, artes e ciências. Nenhum dos dois pensadores aceitou o princípio de que experiências de ordem, bem como as suas expressões simbólicas, não são produtos de uma civilização, mas suas formas constitutivas. Eles ainda vivem na atmosfera intelectual em que os "fundadores religiosos" estavam ocupados em fundar "religiões", enquanto, de fato, estavam interessados na ordenação de almas humanas e, se bem-sucedidos, fundavam comunidades de homens que viviam sob a ordem descoberta como verdadeira. Se, no entanto, a descoberta israelita da história como uma forma de existência é desconsiderada, então é rejeitada a forma em que uma sociedade existe sob Deus. A concepção de história como uma sequência de ciclos civilizacionais sofre do Eclipse de Deus, como um pensador judeu chamou recentemente essa falha espiritual[6]. Spengler e Toynbee retornam, de fato, ao Xeol das civilizações, do qual Moisés conduziu o seu povo para a liberdade da história.

2 O significado da história

A concepção israelita de história, por ser a mais abrangente, deve ser preferida à deficiente teoria dos ciclos civilizacionais de Spengler-Toynbee que fundamenta a construção do quadro III. Tal preferência, porém, não elimina as dificuldades inerentes à concepção israelita. Pois se a ideia de história como

---

[6] Martin BUBER, *Gottesfinsternis*, Zurich, Manesse, 1953.

uma forma de existência é aceita o termo *história* torna-se equívoco. *História*, então, poderia significar tanto a dimensão do tempo objetivo em que as civilizações seguem o seu curso como a forma interna que constitui uma sociedade. O equívoco poderia ser facilmente removido, claro, com o uso do termo em apenas um dos dois significados, mas o resultado seria insatisfatório. Se o primeiro significado fosse eliminado, de modo a que apenas a "existência no tempo" pudesse ser atribuída às sociedades cosmológicas, o Egito ou a Babilônia não teriam história. Se o segundo significado fosse eliminado, como é feito por Spengler e Toynbee, não haveria palavra para o que é história no sentido preeminente que se acabou de estabelecer do movimento de uma sociedade pelo tempo, num curso significativo, em direção a um estado de perfeição divinamente prometido. E seria muito inconveniente usá-la em ambos os sentidos, porque, nesse caso, algumas sociedades seriam mais históricas do que outras sociedades históricas. Se a concepção israelita for preferida, ela deverá agora ser utilizada para resolver os problemas por ela própria criados.

O problema origina-se na seguinte proposição: sem Israel, não haveria história, mas apenas a eterna recorrência de sociedades em forma cosmológica. À primeira vista, sem dúvida, a proposição parece absurda, pois leva aos equívocos desconcertantes e talvez, em última instância, ao escape de Spengler e Toynbee. Mas ela perderá o seu caráter absurdo se for entendida em seu rigor metódico como uma afirmação sobre a forma interna de sociedades. Ela não significa que, diante de um historiador futuro, apresentar-se-ia uma sucessão interminável de Platões, Cristos, Impérios Romanos etc., como Toynbee imagina em seu voo da fantasia. Pois "eterna recorrência" é o símbolo por meio do qual uma civilização cosmológica expressa (ou antes, pode expressar, se assim o desejar) a experiência de sua própria existência, sua duração e sua transitoriedade, na ordem do cosmos. A "eterna recorrência" é parte da própria forma cosmológica — não é uma categoria de historiografia, nem jamais terá um historiador. Uma sociedade política que compreende a sua ordem como uma participação na ordem cósmico-divina não existe, por essa razão, em forma histórica. Mas, se ela não tem uma forma histórica, terá ela uma história? Não estamos de volta ao absurdo de que o Egito e a Babilônia não têm história? Uma vez mais, o absurdo se dissolve se o intelecto intervém antes que a imaginação solte suas rédeas. As civilizações cosmológicas, embora não em forma histórica, não são de modo algum destituídas de história. Recordando nossos princípios da constância da natureza humana, bem como da compacidade e da diferenciação, podemos esperar que a história esteja presente nelas tanto quanto a especulação metafísica e teológica, mas que seja limitada pela compacidade da forma cosmológica, ainda não diferenciada. E essa presença será revelada assim que, por meio de Israel, a história for diferenciada como uma forma de existência. Começamos nossa história da ordem não com Israel, mas com os impérios mesopotâmico e egípcio, porque, em retrospectiva, a busca por ordem no ambiente dos símbolos cosmológicos pareceu ser a primeira fase da busca pela verdadeira ordem do ser que foi levada um passo adiante por Israel. Em particular, a dinâmica da experiência egípcia mostrou-se de um interesse absorvente, porque revelou o movimento da alma em direção a um entendimento, nunca totalmente alcançado, do Deus transcendente ao mundo.

A dubiedade de "história", assim, dissolve-se no problema de compacidade e diferenciação. A história egípcia, ou, similarmente, a história mesopotâmica, ou a chinesa, embora conduzida em forma cosmológica, é uma história legítima. Todavia, o conhecimento não é articulado no simbolismo compacto das civilizações cosmológicas propriamente ditas; a presença da história só é descoberta em retrospectiva, de uma posição em que a história como a forma de existência já foi diferenciada. Pela primeira vez encontramos o problema que nos ocupará repetidamente, ou seja, a gênese da história por meio da interpretação retrospectiva. Quando a ordem da alma e da sociedade é orientada para a vontade de Deus e, em consequência, as ações da sociedade e de seus membros são experimentadas como cumprimento ou deserção, um presente histórico é criado e irradia a sua forma sobre um passado que não era conscientemente histórico em seu próprio presente. Quer receba, pela irradiação da forma histórica, tons negativos, como o Xeol de que o homem precisa escapar, ou positivos, como a *praeparatio evangelica* pela qual o homem deve passar a fim de emergir na liberdade do espírito, o passado incorporou-se ao fluxo de acontecimentos que tem o seu centro de significado no presente histórico. A história como a forma em que a sociedade existe tem a tendência a expandir o seu domínio de significado de modo a incluir toda a humanidade — como inevitavelmente deve fazer, para que a história seja a revelação da relação de Deus com o homem. A história tende a se tornar a história do mundo, como fez nessa primeira ocasião no Antigo Testamento, com sua magnífica cobertura da narrativa histórica desde a criação do mundo até a queda de Jerusalém.

A tendência da forma histórica a expandir o seu domínio de significado para além do presente entrando no passado implica uma série de problemas que serão desenvolvidos em seus locais adequados em seções posteriores deste estudo. No presente contexto, apenas os três problemas mais importantes serão brevemente mencionados. São eles: (1) a realidade ontológica da humanidade, (2) a origem da história num presente historicamente em movimento e (3) a perda de substância histórica.

(1) Em primeiro lugar, a história cria a humanidade como a comunidade de homens que, ao longo das eras, se aproxima da ordem verdadeira do ser que tem a sua origem em Deus; mas, ao mesmo tempo, a humanidade cria essa história por meio de sua aproximação real da existência sob Deus. É um processo dialético intricado cujos primórdios, como vimos, mergulham profundamente nas civilizações cosmológicas — e mais profundamente ainda num passado humano para além do âmbito do presente estudo. A expansão do império para povos estrangeiros, por exemplo, trouxe à vista a humanidade dos súditos conquistados. Nos textos entre Tutmés III e Akhenaton, o deus que criou o Egito foi transformado no deus que também criou os outros povos que, agora, se encontram sob o manto imperial. O próprio curso da história pragmática, assim, proporcionou situações em que foi vista uma verdade sobre Deus e o homem — embora ainda de modo tão tênue que a forma cosmológica da sociedade não se rompeu. O campo da conquista pragmática tornou-se revelador da verdade de que a sociedade do homem é maior do que a sociedade nuclear de um império cosmológico. Essa observação deve iluminar tanto o mecanismo causal da diferenciação como a realidade objetiva da história. A inclusão do passado na história por meio de interpretação retrospectiva não é uma construção "arbitrária" ou "subjetiva", mas a descoberta genuína de um processo que, embora sua meta seja desconhecida para as gerações do passado, leva, em continuidade, até o presente histórico. O presente histórico é diferenciado num processo que é ele próprio histórico, na medida em que o simbolismo compacto afrouxa-se gradualmente até a verdade histórica contida dentro dele emergir em forma articulada. A partir do presente articulado, portanto, o processo inarticulado do passado pode ser reconhecido como verdadeiramente histórico. O processo da história humana é ontologicamente real.

No entanto, resta a ambiguidade de um significado criado por homens que não sabem o que estão criando; e essa ambiguidade, com muita frequência, engendra em gerações posteriores a condescendência que vem com o conhecimento supostamente superior e, em particular, o fenômeno muito conhecido do orgulho espiritual. Tal condescendência e tal orgulho certamente são infundados. Pois o raio de luz que penetra de um presente histórico para o seu passado não produz um "significado de história" que poderia ser armazenado como uma informação definitiva, nem coleta um "legado" ou "herança" sobre o qual o presente poderia se acomodar satisfeito. Ele antes revela uma humanidade buscando a sua ordem de existência dentro do mundo ao mesmo tempo em que se sintonizava com a verdade do ser além do mundo e ganhava, no processo, não uma ordem substancialmente melhor dentro do mundo, mas um entendimento maior do abismo que se encontra entre a existência imanente e a verdade transcendente do ser. Canaã está tão distante hoje no passado quanto sempre esteve. Qualquer um que já tenha sentido esse aumento de tensão dramática no presente histórico será curado da condescendência, pois a luz que incide sobre o passado aprofunda a escuridão que cerca o futuro. Essa pessoa estremecerá diante do mistério abismal da história como o instrumento de revelação divina com propósitos últimos que são igualmente desconhecidos para os homens de todas as eras.

(2) A expansão retrospectiva da história para o passado origina-se num presente que tem forma histórica. Por isso, em segundo lugar, surge aí todo o complexo de problemas relacionados à multiplicidade de presentes históricos. Cada presente tem o seu próprio passado; e há, além disso, as relações entre os vários presentes, bem como entre as histórias criadas por eles. A israelita foi uma primeira história, mas não a última; ela foi seguida pela cristã, que estendeu a sua própria forma sobre o passado israelita e o integrou, por meio de Santo Agostinho, no simbolismo de sua *historia sacra*. Paralelamente ao processo israelita, ademais, ocorreu o rompimento helênico com a forma cosmológica, resultando na filosofia como a nova forma de existência sob Deus; e o fluxo da filosofia helênica (cuja relação com a forma histórica irá nos ocupar longamente) entrou no fluxo judeu-cristão da história e a ele se misturou. Essa multiplicidade de presentes sucessivos, simultâneos e em mistura mútua tem um tom suspeito de arbitrariedade. Surge, então, a dúvida quanto a ser possível resultar de tais construções subjetivas e fictícias qualquer coisa que se assemelhe a uma história objetiva e verdadeira.

A dúvida é legítima; e a suspeita de que a história seja uma interpretação subjetiva de acontecimentos passados não pode ser superada por qualquer quantidade de "precisão" na averiguação dos eventos. Se existe uma objetividade histórica, a sua fonte deve ser procurada na própria forma histórica; inversamente, se há uma suspeita de subjetividade, ela deve ser associada novamente à forma. Ora, a forma histórica, entendida como a experiência do presente sob Deus, só parecerá subjetiva se a fé for mal interpretada como uma experiência "subjetiva". No entanto, se ela é entendida como o salto no ser, como a entrada da alma na realidade divina por meio da entrada da realidade divina na alma, a forma histórica, longe de ser um ponto de vista subjetivo, é um evento ontologicamente real na história. E ela deve ser entendida como um evento dessa natureza, na medida em que baseamos a nossa concepção de história numa análise crítica das fontes literárias que relatam o evento e não introduzimos subjetividade nós mesmos, fazendo conjecturas ideológicas e arbitrárias. Se agora os homens para quem ela acontece explicarem o significado do evento por intermédio de símbolos, a explicação lançará um raio ordenador de verdade objetiva sobre o campo da história em que o evento ocorreu objetivamente.

Além disso, como o evento não é fictício, mas real, e a explicação simbólica é portanto limitada pela natureza do evento, podemos esperar que as várias simbolizações de ordem histórica, apesar de suas profundas diferenças individuais, conformem-se a um tipo geral. E essa expectativa é de fato confirmada pela multiplicidade de presentes históricos e suas simbolizações. Moisés conduziu Israel da morte da servidão para a vida da liberdade sob Deus. Platão descobriu a vida eterna para as almas eróticas e o castigo para as almas mortas. O cristianismo descobriu a fé que salva o homem da morte do pecado e permite que ele entre, como um novo homem, na vida do espírito. Em cada caso de um presente em forma histórica, o Ou-Ou de vida e morte divide o fluxo do tempo no Antes-e-Depois da grande descoberta.

O conteúdo do evento, ademais, fornece o princípio para a classificação de homens e sociedades, passados, presentes e futuros, de acordo com a medida em que eles se aproximam da forma histórica, permanecem distantes ou afastam-se dela. Esse princípio, embora permaneça sempre o mesmo, produzirá inevitavelmente resultados diferentes de acordo com o horizonte empírico em que for aplicado. Sempre haverá a divisão de tempo em Antes-e-Depois, assim como a classificação dos contemporâneos entre aqueles que se unem ao Êxodo e, desse modo, tornam-se o Povo Escolhido e aqueles que permanecem no Xeol. A expansão da ordem histórica para além desse centro, porém, dependerá da natureza do passado que é experimentado como socialmente efetivo no presente. O modelo para tratar o passado efetivo em relação ao presente histórico foi estabelecido por São Paulo em Romanos. O presente histórico era entendido por São Paulo como a vida sob a revelação divina por meio de Cristo, enquanto o passado efetivo circundando a nova sociedade era fornecido por judeus e gentios. Todas as três comunidades — cristãos, judeus e gentios —

pertenciam a uma única humanidade, uma vez que todas elas participavam da ordem divina; mas a ordem fora revelada a elas em graus diferentes de clareza, aumentando em sucessão cronológica. Aos gentios, a lei foi revelada pelo espetáculo da criação divina; aos judeus, pela aliança e pela divulgação de um mandamento positivo e divino; aos cristãos, por Cristo e pela lei do coração. A história e sua ordem, assim, foram estabelecidas pela medida em que as várias sociedades aproximaram-se da clareza máxima da revelação divina. Essa foi uma criação magistral de ordem histórica, centrando-se no presente de São Paulo e incluindo os pontos altos de seu horizonte empírico. Obviamente, a construção não poderia ser definitiva e teria de ser emendada por alterações e ampliações do horizonte empírico; mas, pelo menos, ela permaneceu "verdadeira" pela maior parte de dois milênios.

Quando refletimos sobre esse longo intervalo de tempo, somos novamente lembrados dos eventos cataclísmicos que, no nível pragmático da história, formaram um horizonte como o paulino e agora o estão alterando. As formas históricas israelita e cristã surgiram na situação pragmática criada pelos impérios multicivilizacionais desde Tutmés III, e observamos como as conquistas, mesmo dentro da civilização egípcia, induziram e aclararam a ideia de uma humanidade mais-que-egípcia sob um só deus-criador[7]. Uma situação pragmática similar, apenas numa escala muito maior, foi criada pela expansão imperial mundial da civilização Ocidental desde o século XVI d.C. Civilizações que antes eram para nós apenas vagamente conhecidas, ou inteiramente desconhecidas, agora preenchem o horizonte maciçamente; e descobertas arqueológicas acrescentaram ao seu número um passado da humanidade que havia sido perdido para a memória. Essa enorme expansão do horizonte espacial e temporal sobrecarregou a nossa era com a tarefa de relacionar um passado cada vez mais abrangente da humanidade à nossa própria forma histórica de máxima clareza, que é a cristã. Esse é um trabalho que mal começou.

(3) Uma sociedade em existência sob Deus existe em forma histórica. De seu presente cai o raio de significado sobre o passado da humanidade do qual ela surgiu; e a história escrita nesse espírito é parte do simbolismo pelo qual a sociedade constitui a si própria. Se a história da humanidade é entendida como

---

[7] Ver OESTERLEY e ROBINSON, *A History of Israel*, in ROBINSON, *From the Exodus to the Fall of Jerusalem, 586 B.C.*, v. 1 (doravante citado como ROBINSON, *A History of Israel*, v. 1), 4: "A história moderna começa propriamente com o ano 1479 a.C. e trata da época do curso de nossa raça que podemos chamar de era do imperialismo territorial". A elaboração de Robinson para a ideia é duvidosa, mas a ideia em si certamente merece maior atenção.

um símbolo nesse sentido, constatamos que ela está exposta, como todo símbolo, a perda de substância. Muito depois de o significado ter escoado dele, o símbolo ainda pode ser usado, por exemplo, quando o passado da humanidade não é relacionado a um presente sob Deus, mas às opiniões de um historiador agnóstico e nacionalista. Não é necessário, porém, demorar-se em casos desse tipo para ver que o símbolo é ameaçado por graves perigos. Pois a massa de materiais que têm influência sobre a história significativa da humanidade tende, por seu próprio peso, a desintegrar o significado a que deveria servir. Como um arqueólogo comentou recentemente, "No entusiasmo pela pesquisa arqueológica, às vezes é-se tentado a desconsiderar a razão persistente de um interesse especial pela Palestina — quase todo o Antigo Testamento hebraico é produto do solo palestino e de autores israelitas"[8]. A especialização inevitável penetrará em regiões de materiais e problemas muito distantes do centro de significado, tão remotas, de fato, que às vezes um especialista considerará que a ocupação com o centro de significado é estranha à tarefa do historiador.

Essas indicações devem ser suficientes para sugerir o problema. Vamos, agora, examinar uma vez mais a teoria de Spengler-Toynbee, sob o aspecto de que ela dissolve a história numa sequência de cursos civilizacionais. A teoria parecerá bizarra se considerarmos que um historiador supostamente relaciona o passado da humanidade a um presente significativo. Por que um pensador deveria estar preocupado com história, afinal, se, aparentemente, o seu propósito é mostrar que não há presentes significativos, mas apenas situações e reações típicas e recorrentes? Essa aparente estranheza vai agora se tornar inteligível como uma expressão da tensão entre a forma histórica judeu-cristã, em que a civilização Ocidental ainda existe, e a perda de substância que ela sofreu. A teoria de ciclos civilizacionais não deve ser tomada ao pé da letra, pois se seus autores a tivessem entendido assim eles não mais viveriam em forma histórica e, em consequência, não se preocupariam com a história. A teoria é de absorvente interesse não só para seus autores, mas também para seus numerosos leitores, porque revela a nossa era a história à beira de ser engolida pelos ciclos civilizacionais. A preocupação com o declínio civilizacional tem suas raízes na ansiedade provocada pela possibilidade de que a forma histórica, do mesmo modo como foi ganha, pudesse também ser perdida quando os homens e a sociedade invertessem o salto no ser e rejeitassem a existência sob Deus. A forma, na verdade, não é perdida — pelo menos, não completamente

---

[8] ALBRIGHT, *The Archaeology of Palestine*, 219.

— enquanto a preocupação inspirar iniciativas gigantescas de historiografia; mas certamente é bastante danificada quando a mecânica da civilização ocupa o primeiro plano com intensa brutalidade, enquanto o presente originador da história é deixado de lado. O deslocamento de ênfase é tão radical que praticamente torna a história absurda, pois a história é o êxodo das civilizações. E as grandes formas históricas criadas por Israel, pelos filósofos helênicos e pelo cristianismo não constituíram sociedades do tipo civilizacional — embora as comunidades assim estabelecidas, que ainda são os portadores da história, precisem percorrer o seu caminho pela ascensão e queda de civilizações.

Capítulo 5
O surgimento do significado

Este capítulo tratará do significado da história no sentido israelita. Esse significado não apareceu num ponto definido do tempo para ser preservado para sempre, mas surgiu gradualmente e foi revisado com frequência sob a pressão dos eventos pragmáticos. Como consequência, o *corpus* histórico do Antigo Testamento, que vai de Gênesis a Reis, apresenta a rica estratificação anteriormente indicada. Todos os substratos, porém, são sobrepostos pelo significado estabelecido pela redação final, assim como pelo arranjo dos livros de modo a que transmitam uma narrativa contínua que começa na criação do mundo e vai até a queda de Jerusalém.

A intenção dos autores pós-exílicos de criar uma história do mundo deve ser aceita como a base para qualquer entendimento crítico da história israelita. A narrativa bíblica, como foi anteriormente sugerido, não foi escrita para ser desintegrada pela exploração da origem babilônica de certos mitos ou pelo estudo dos costumes beduínos que esclarecem a Era dos Patriarcas, mas para ser lida de acordo com as intenções de seus autores. Uma primeira abordagem dessas intenções é dada pelo Salmo 136.

Organizado em três partes distintas, o Salmo litúrgico 136 apresenta algo como um comentário sobre o princípio que governa a história israelita. Ele começa com um preâmbulo:

Celebrai Yahweh, pois Ele é bom,
Celebrai o Deus dos deuses,
Celebrai o Senhor dos senhores.

Seguem-se, então, as aposições, descrevendo os feitos de Yahweh pelos quais ele deve ser celebrado. Primeiro, a criação do mundo:

> Ele é o único autor de grandes milagres,
> O inteligente autor dos céus,
> Firmando a terra sobre as águas,
> Ele é o autor das grandes luzes,
> Do Sol que regula os dias,
> Da lua e das estrelas que regulam as noites.

Segundo, o resgate do Egito:

> Ferindo o Egito nos seus primogênitos,
> Fez sair de lá Israel,
> Com mão forte e braço estendido,
> Dividindo em dois o mar dos Juncos,
> Ele fez Israel passar no meio,
> Precipitou Faraó e seu exército no mar dos Juncos.

Terceiro, a conquista de Canaã:

> Conduzindo seu povo através do deserto,
> Golpeando grandes reis,
> Ele matou reis soberbos,
> Sehon, o rei dos amorreus,
> E Og, o rei de Basan.
> Depois deu a terra deles em herança,
> Em herança a Israel, seu servo.

O salmo conclui com uma invocação resumida do deus que criou tanto o mundo como a história:

> Em nossa humilhação, ele se lembrou de nós,
> Ele nos libertou dos nossos adversários,
> Ele dá pão a toda criatura,
> Celebrai o Deus dos céus.

O drama da criação divina move-se pelos três grandes atos: a criação do mundo, o resgate do Egito e a conquista de Canaã. Cada um dos três atos extrai significado da falta de sentido: o mundo surge do Nada, Israel do Xeol do Egito e a terra prometida do deserto. Os atos, assim, interpretam um ao outro como obras de criação divina e como os estágios históricos em que cresce um domínio de significado: na história, Deus continua a sua obra de criação, e a criação do mundo é o primeiro evento na história. A essa concepção, o termo *história do mundo* pode ser aplicado no sentido rico de um processo que é criação do mundo e história ao mesmo tempo. Em sua extensão, a narrativa do Antigo Testamento examina o processo desde a solidão criadora de Deus até a sua finalização pelo estabelecimento dos servos de Yahweh na terra da promessa. Como nos Hinos de Amon podiam-se discernir estruturas especulativas que, na história posterior, viriam a ser diferenciadas, assim também é possível discernir na compacidade do simbolismo histórico israelita os esboços dos três grandes blocos de especulação tomista: Deus, a criação e o retorno da criação para Deus. O fato de a história israelita conter essa estrutura especulativa, embora ainda em forma indiferenciada, é o segredo de sua perfeição dramática.

Embora o Salmo 136 revele o movimento especulativo da construção, outros textos precisam ser examinados para se compreender a riqueza das motivações em detalhe. Os problemas dessa natureza receberam grande atenção de Gerhard von Rad em seus estudos da forma do Hexateuco. Os exemplos a seguir são escolhidos, portanto, dos materiais reunidos em sua obra, ainda que tenham de ser movidos para uma luz um pouco diferente para se adequar aos propósitos do presente estudo[1].

O mais antigo dos vários motivos que formaram o significado israelita de história provavelmente pode ser encontrado na famosa fórmula de oração de Deuteronômio 26,5b-9:

> Meu pai era um arameu errante.
> Ele desceu ao Egito, onde viveu como migrante, com um pequeno número de pessoas que o acompanhavam;
> Lá ele se tornou uma grande nação, forte e numerosa.
> Mas os egípcios nos maltrataram, nos reduziram à pobreza, nos impuseram dura servidão.
> Então, clamamos a Yahweh, o Deus de nossos pais;
> e Yahweh escutou nossa voz; viu quão pobres éramos, infelizes e oprimidos.
>
> Yahweh nos fez sair do Egito,
> com sua mão forte e seu braço estendido,
> por meio de grande terror, sinais e prodígios.
>
> E nos nos fez chegar a este lugar,
> deu-nos esta terra,
> terra que mana leite e mel.

---

[1] Gerhard VON RAD, *Das Formgeschichtliche Problem des Hexateuchs*, Beitraege zur Wissenschaft vom Alten und Neuen Testament, 4:26, Stuttgart, W. Kohlhammer, 1938.

Este texto, obviamente, não apresenta a grande construção do Salmo 136. A oração concentra-se, antes, na experiência histórica concreta da salvação de Israel da escravidão no Egito, e como é uma oração ritual, a ser oferecida com as primícias da terra, conclui adequadamente com o motivo da Canaã que as produziu. Ele tem, todavia, sua própria importância, na medida em que mostra como os significados da história se ramificam a partir de um núcleo de experiência. Para ser retirado do Egito, Israel primeiro teve de ir a ele. Se Deus revela-se como o salvador numa situação histórica concreta, a pré-história da situação torna-se visível. O Êxodo expande-se na história patriarcal.

Depois de estabelecido o padrão do núcleo em expansão, este pode ser aprimorado para adequar-se melhor às situações concretas. Por ocasião da Assembleia de Siquém, por exemplo, a tradição atribui a Josué um discurso que elabora a fórmula de oração de Deuteronômio 26. A referência ao "arameu errante" expande-se numa rememoração sucinta da história patriarcal, mencionando Abraão, Isaac e Jacó (Js 24,2b-4). Os milagres do Êxodo são, então, lembrados com detalhes específicos (vv. 5-7). E a lacuna entre o Egito e Canaã, por fim, é preenchida com uma enumeração dos principais eventos das Guerras Transjordânicas, bem como da conquista em si, até a reunião atual em Siquém (vv. 8-13). Numa ocasião solene similar, quando Saul foi instituído rei em Gilgal, a rememoração dos eventos por Samuel começa pelo Êxodo, passando pelo período dos Juízes até a guerra com os amonitas, que despertou o desejo irresistível do povo por um rei como Amon (1Sm 12,8-13). Na literatura litúrgica, as variações do tema podem ser consideráveis, como nos Salmos 78, 105 e 135.

Nem toda história israelita cresce, porém, pela expansão da experiência do Êxodo. Há centros de significado rivais. A fórmula de oração de Deuteronômio 26, por exemplo, aparece com uma ligeira variação, num contexto ritual diferente, em Deuteronômio 6,20-25. Desta vez, o que ocasiona a rememoração da obra de salvação de Deus não é a oferenda das primícias de Canaã, mas a questão de por que os estatutos e mandamentos de Yahweh devem ser obedecidos (6,20). Êxodo e Canaã juntos (6,21-23) tornam-se agora um curso de história providencial que serve ao propósito adicional de estabelecer um Povo Escolhido em obediência ao mandamento de Deus (6,24-25). Embora o centro experiencial do Êxodo não tenha sido abolido, ele se torna subordinado ao significado que emana da aliança sinaítica. Uma nova complicação é introduzida pelo discurso de Josué na Assembleia de Siquém (Js 24,2b-13), na medida em que o discurso é o prelúdio para um ritual (24,14-27) pelo qual as tribos reunidas entram numa *berith* com Yahweh que pressupõe a *berith* sinaítica, mas não é idêntica a ela. Um terceiro centro experiencial parece existir, suficientemente forte para ter encontrado expressão numa festividade e num ritual próprios. Von Rad chama-o de Festival da Aliança de Siquém, e na reconstrução de seu ritual distingue:

(a) A parênese de Josué (24,14 ss.)
(b) O assentimento do povo (24,16 ss.)
(c) A leitura da Lei (24,25)
(d) A conclusão da Aliança (24,27)
(e) Bênção e maldição (Js 8,34)[2]

A lei que foi lida como parte do ritual presumivelmente tinha estreita relação com a legislação sinaítica, de modo que a festividade de Siquém seria um exemplo de um rito que absorveu o significado de outro rito originado numa situação experiencial diferente. De uma festividade independente no Sinai ainda podem ser encontrados traços nos Salmos 50 e 81[3].

Os ritos e liturgias, assim, são a chave para o processo em que o significado da história israelita cresce até sua forma complexa. Eles revelam, acima de tudo, a sua própria motivação por meio das experiências de eventos históricos concretos; mostram, além disso, as possibilidades de expandir um núcleo de experiência histórica para o passado e o futuro; e os casos de ritos entrelaçados, por fim, prenunciam o método de amalgamar tradições de diferente motivação experiencial num todo de significado no plano da historiografia. Antes de esse plano ser atingido, porém, o rito dá prova adicional da força de sua carga experiencial na medida em que motiva a criação de lendas de culto como a forma literária em que os eventos históricos que motivaram o culto são apresentados. Como tal, lendas de culto são reconhecíveis na lenda da

---

[2] Ibid., 31 ss. A conclusão de uma *berith* em Siquém implica que a constituição de Israel como um povo não ocorreu num único momento, mas passou pelo menos pelas fases de Sinai e Siquém. Para a reconstrução desse primeiro período da história israelita, ver Martin Noth, *Das System der zwoelf Stamme Israels*, Beitraege zur Wissenschaft vom Alten und Neuen Testament, 3, 10, Stuttgart, W. Kohlhammer, 1930, e Albrecht Alt, *Die Staatenbildung der Israeliten in Palaestina*, Reformationsprogramm der Universitaet Leipizig, A. Edelmann, 1930, agora reimpresso em Alt, *Kleine Schriften zur Geschichte des Volkes Israel*, 2, 1-65. Cf. o capítulo sobre Der Bund der Israelitischen Staemme, em Noth, *Geschichte Israels*, especialmente 89 ss., sobre a Assembleia de Siquém.

[3] O fato de as fontes sugerirem a existência de um Festival do Sinai foi reconhecido por Sigmund Mowinckel, *Le Décalogue*, Études d'Histoire et de Philosophie Religieuses XVI, Paris, Felix Alcan, 1927, 119 ss. Para um exame adicional do problema, ver Von Rad, *Das Formgeschichtliche Problem des Hexateuchs*, 19 ss.

Pessach, que se tornou a forma das tradições do Êxodo, e na lenda do Ano Novo, que se tornou a forma das tradições do Sinai[4]. Apenas para além das tradições formadas pelas lendas de culto começa a construção historiográfica propriamente dita, no século IX a.C., quando o motivo para escrever a história é fornecido pela monarquia de Davi. Nesse nível é possível, então, combinar as tradições de variada origem numa pré-história da monarquia e expandir a narrativa para o passado, para além dos patriarcas, até o Gênesis pré-patriarcal. Um fluxo de motivações, assim, eleva-se das experiências primárias, por meio dos festivais, ritos e lendas de culto, para a construção especulativa da narrativa. E, como o fluxo se eleva sem perder sua identidade de substância, a forma especulativa do significado desvelado pode reverter ao nível litúrgico, como na grande oração de Neemias 9,6-37, que louva a Deus em suas obras desde a criação, passando pela história dos patriarcas, do Êxodo, do Sinai e Canaã, da monarquia, do exílio e do retorno, até o rito pós-exílico da nova aliança com Yahweh.

A construção da história do mundo desenvolve o significado que irradia dos centros de experiência motivadores. E como é a vontade de Deus e sua relação com o homem que é experimentada na situação concreta, a história do mundo é significativa na medida em que revela a vontade ordenadora de Deus em cada estágio do processo, incluindo a própria criação do mundo. Para além da construção da história do mundo, portanto, eleva-se uma visão do Deus que, por sua palavra, trouxe à existência o mundo e Israel. Ele é o único Deus, sem dúvida, mas possui tantos aspectos quantos são os seus modos de revelar a sua vontade ordenadora ao homem — pela ordem do mundo que envolve o homem e a história, pela revelação da ordem certa aos Pais e ao Povo Escolhido e pela ajuda que ele traz a seu povo na adversidade. Ele é o Criador, o Senhor da Justiça e o Salvador. Esses são os três aspectos fundamentais do ser divino, conforme se tornam visíveis na construção israelita da história do mundo. Eles se tornam algo como uma "teologia" quando são trazidos ao primeiro plano na obra do Dêutero-Isaías; e permanecem os modos fundamentais pelos quais Deus é experimentado no cristianismo.

---

[4] Sobre a forma de culto das tradições do Êxodo — Êxodo 1–15 —, ver Johannes PEDERSEN, Passahfest und Passahlegende, *Zeitschrift fuer die alttestamentliche Wissenschaft*, n.s. 11 (1934) 161-75; e, do mesmo autor, *Israel: Its Life and Culture*, v. 3-4, 728-737. Sobre a forma de culto das tradições do Sinai, bem como sobre a aplicação posterior da forma na construção de Deuteronômio, ver VON RAD, *Das Formgeschichtliche Problem des Hexateuchs*, 19 ss. e 24 ss.

A experiência de existência sob Deus desdobra-se no significado da história do mundo; e o surgimento da ordem significativa a partir de um ambiente de menos significado fornece o tema para a narrativa bíblica. O termo *surgimento* no presente contexto é usado no sentido do processo em que qualquer tipo de ordem significativa é produzido de um ambiente com uma carga menor de significado. Ele se aplicará aos três principais casos evocados no Salmo 136, bem como a todos os outros casos intercalados neles ou seguintes a eles. A narrativa bíblica é construída em torno dos grandes casos de surgimento e ganha o seu movimento dramático em detalhes como a história de afastamentos e retornos aos níveis de significado já alcançados.

O Gênesis estabelece o padrão dramático de surgimento e retração da ordem significativa. O livro começa com a criação do mundo e culmina com a criação do homem; ao relato do surgimento original da ordem segue-se a história da grande retração, da Queda à Torre de Babel. Um segundo nível de significado surge com a migração de Abraão da cidade caldeia de Ur, com uma parada no caminho em Harã, para Canaã. Esse é o primeiro êxodo pelo qual as civilizações imperiais do Oriente Próximo em geral recebem seu estigma de ambientes de menor significado. Canaã, de fato, é alcançada nessa primeira empresa, mas a posição na terra da promessa ainda é precária. Fomes repetidas levam primeiro Abraão a um estabelecimento temporário no Egito e, mais tarde, o clã de Jacó a uma estada mais permanente. O Gênesis encerra o relato dessa segunda retração com o retorno do corpo de Jacó a Canaã, para ser enterrado no campo que Abraão havia comprado de Efron, o heteu, e com o juramento dos filhos de Israel de levar os ossos de José consigo, quando todos retornarem à terra prometida. Criação e Êxodo, assim, são fases sucessivas no desenvolvimento da ordem do ser; mas o ritmo de surgimento e retração soaria duas vezes no Gênesis sem que a ordem do ser estivesse, ainda, completada. O Gênesis é, claramente, o prelúdio para o evento principal cuja história é contada em Êxodo, Números e Josué — ou seja, para o segundo êxodo, a peregrinação pelo deserto e a conquista de Canaã. Apenas com o evento principal, com a constituição de Israel como um povo por meio da aliança e de seu estabelecimento na terra prometida, é alcançado o presente histórico do qual o raio de significado recai sobre o Gênesis. Nesse ponto, no completo surgimento de significado, a orientação oferecida pelo Salmo 136 adequadamente se interrompe, pois ele é o presente histórico em que os redatores pós-exílicos ainda vivem — apesar do curso de eventos pragmáticos que obrigaram a sérias revisões da concepção original. Antes de abordar os eventos perturbadores sob o presente estabelecido, porém, é preciso examinar mais um aspecto do surgimento do significado.

A história do mundo é a história de todos os seres criados, não apenas de Israel. Na medida em que o significado surge para além da criação do mundo, na história da humanidade propriamente dita, a narrativa bíblica envolve, portanto, o problema de compreender a história israelita como a história representativa da humanidade. Em Gênesis 18,17-18, Yahweh pergunta a si mesmo:

> Irei eu esconder a Abraão o que faço?
> Abraão deve tornar-se uma nação grande e poderosa
> na qual serão benditas [por intermédio dele] todas as nações da Terra.

Em Gálatas 3,7-9, São Paulo pôde interpretar o seu apostolado entre as nações fora de Israel como o cumprimento da promessa de Yahweh a Abraão; e, contemporâneo de São Paulo, Fílon, o judeu, interpretou a oração do sumo sacerdote judeu como a oração representativa da humanidade para Deus. A capacidade ou incapacidade dos vários ramos da comunidade judaica de lidar com o problema de seu próprio caráter representativo afetou o curso da história do nosso tempo, como será visto adiante. Por enquanto, deve ser observado que o Gênesis, como um levantamento do passado do qual surge o presente histórico israelita, cumpre duas tarefas importantes. Por um lado, separa do resto da humanidade a linhagem sagrada dos portadores divinos do significado. Essa é a linhagem de Adão, Set, Noé, Sem, Abraão, Isaac, Jacó e dos doze ancestrais das tribos de Israel. Por outro lado, precisa dar alguma atenção à humanidade da qual a linhagem sagrada foi separada. Essa tarefa é realizada em Gênesis 10, na forma de um levantamento das nações que descenderam de Noé depois do dilúvio e povoaram a terra. Nem todas as nações mencionadas podem ser identificadas com certeza. Porém, pelo menos os filhos de Jafé são reconhecíveis como os povos setentrionais e, entre eles, os filhos de Javã (os jônios) como os povos de Chipre, Rodes e outras ilhas. Sob os filhos de Cam, as populações de Canaã são dispostas ao lado dos egípcios, provavelmente porque a terra estava sob suserania egípcia. Os filhos de Sem, por fim, compreendem os elamitas, assírios e arameus, ao lado de Héber, o ancestral dos hebreus. Certos detalhes, como a exibição de violenta animosidade em Gênesis 9 contra os cananeus, sugerem que o corpo de tradições incorporado nesse levantamento geopolítico foi formado não muito tempo depois da conquista.

O problema do surgimento pode agora ser investigado mais adiante no curso de eventos, sob o presente histórico criado pela aliança e pela conquista. No que se refere ao curso da história paradigmática, o padrão estabelecido pelo Gênesis simplesmente prossegue, com seus afastamentos e recapturas alternados do nível de significado alcançado pela conquista. O livro dos Juízes é um modelo desse tipo de historiografia, com sua repetição em parte monótona, em parte curiosa, da fórmula "Então os israelitas fizeram o que era mau aos olhos de Yahweh, esquecendo Yahweh, seu Deus, para servir aos baals e astartes", seguida por relatos de imediata punição por meio de derrota militar diante de madianitas, amorreus ou algum outro vizinho, pelo arrependimento de Israel e pela ascensão de um juiz importante que restaura a independência.

O ritmo formal dos altos e baixos de significado foi ainda mais formalizado pelo uso de doze juízes para cobrir o período; e esse padrão do ritmo, pontuado por dúzias de juízes, poderia ter seguido indefinidamente se as exigências de políticas de poder não houvessem persuadido as tribos confederadas de Israel de que um governo centralizado mais efetivo, sob o comando de um rei, seria necessário para dotar a conquista de Canaã de algum grau de estabilidade. Foi esse estabelecimento de um reino que produziu, inevitavelmente, o conflito entre o Israel que era um povo peculiar sob o reinado de Deus e o Israel que tinha um rei como as outras nações. Quer o reinado fosse pragmaticamente bem-sucedido, por assimilação ao estilo dominante de organização governamental, política estrangeira e relações culturais com os vizinhos, como aconteceu com Salomão e a dinastia de Omri no Reino do Norte, quer fosse malsucedido e acabasse por trazer o desastre para Israel pela resistência inútil contra impérios mais fortes, os profetas estiveram sempre certos em opor-se a ele. Pois Israel havia revertido o Êxodo e reentrado no Xeol das civilizações. Assim, o padrão de afastamento e retorno arrependido ainda prossegue por Samuel e Reis, porém não mais com a mesma facilidade que em Juízes, pois é cada vez mais superado pela percepção de que a monarquia é, em princípio, um afastamento, enquanto a função de portador do significado, que corre paralelamente a ela, vai sendo transferida para os profetas. Além disso, a organização literária da grande obra histórica não pode mais lidar com sucesso com o problema da crise. Na verdade, a narrativa continua num sentido formal depois de Juízes, ao longo de Samuel e Reis; mas para o período do reinado os livros proféticos devem ser lidos ao lado dos históricos caso se queira ganhar um entendimento adequado da luta espiritual de Israel com a questão da monarquia. E com o exílio a liderança do significado passa claramente para os profetas.

A construção da história paradigmática à luz de um presente que havia sido constituído pela aliança estava, obviamente, desmoronando — mesmo nas mãos dos redatores pós-exílicos, que, aparentemente, ainda aceitavam esse presente como válido. A fonte das dificuldades tornar-se-á talvez mais clara se nos afastarmos dos redatores e assumirmos a perspectiva mais distanciada dos canonizadores rabínicos. Pois a divisão dos livros no cânon rabínico oferece uma pista valiosa para a perturbação no surgimento do significado. Os escritos sagrados foram subdivididos pelo cânon em (1) a Lei, (2) os Profetas e (3) os Escritos. A Lei compreendia o Pentateuco; os Profetas compreendia Josué–Reis, Isaías, Jeremias, Ezequiel e os doze profetas menores; e os Escritos compreendia, de modo geral, a literatura pós-exílica, descartando, porém, os apócrifos e pseudepigráficos. Observando o grande desastre político da perspectiva do sínodo de Jâmnia (c. 100 d.C.), o surgimento do significado pareceu ter ocorrido em três fases principais. A primeira fase foi da criação do mundo até a constituição histórica de Israel sob a aliança e a lei feita em consequência disso, como seria de esperar. A segunda fase, porém, trouxe um novo desenvolvimento, ainda não vislumbrado pelos redatores dos escritos históricos, na medida em que a conquista de Canaã, bem como toda a história confederada e régia de Israel estiveram subordinadas, no que se refere ao seu significado, ao javismo emergente dos profetas. O terceiro grupo, por fim, sob o título genérico de "Escritos", tinha não mais do que um núcleo firme de significado nos livros conectados à fundação do Segundo Templo (Crônicas, Esdras, Neemias), bem como no hinário da nova comunidade, enquanto, de resto, foi caracterizado de modo bastante negativo pela eliminação da história dos Macabeus, da maior parte da literatura sapiencial helenizante e pela eliminação quase completa da literatura apocalíptica, com a única exceção de Daniel. A canonização, assim, formalizou uma situação cuja existência, na verdade, já era sentida pelo autor do prólogo de Eclesiástico (c. 130 a.C.), quando escreveu: "Muitas e tão grandes coisas nos foram dadas pela lei, e pelos profetas, e por outros que seguiram os seus passos, pelas quais Israel deve ser louvado por sua instrução [*paideia*] e sabedoria [*sophia*]". Israel, com sua *paideia* e *sophia*, pertencia ao passado. A Lei e os Profetas eram capítulos encerrados da história. O que finalmente surgia do duplo jorro de significado não era Canaã, mas a comunidade de judeus que viria a preservar o seu passado como um presente eterno para todo o futuro.

A interpretação retrospectiva da posição rabínica deixa claro que o fator perturbador na forma histórica israelita havia sido a ambiguidade de Canaã, ou seja, a tradução de um objetivo transcendente num *fait accompli* histórico.

Com a conquista de Canaã, a história israelita, de acordo com sua própria concepção original, chegara ao seu fim; e a sequência só poderia ser a ondulação repetitiva e indefinida de deserção e arrependimento que encheu as páginas de Juízes. Desse ritmo ondulante, a forma histórica foi recuperada não pela monarquia, mas pela elaboração das potencialidades universalistas do javismo pelos profetas. A separação entre a linhagem sagrada e o resto da humanidade — uma iniciativa que havia esbarrado no impasse de uma nação entre outras — teria terminado vergonhosamente com a catástrofe política se o javismo dos profetas não tivesse possibilitado a gênese de uma comunidade sob Deus que não mais tivesse de residir em Canaã a qualquer custo. Ainda assim, a nova comunidade judaica, que sucedeu os hebreus da Era Patriarcal e o Israel da confederação e do reinado, teve de percorrer um duro caminho até conseguir reencontrar a humanidade da qual havia se separado, de modo que a promessa divina a Abraão fosse cumprida. E nem toda a comunidade teve sucesso em ascender a esse novo nível de significado. Pois, da comunidade pós-exílica, surgiu, e sobrevive historicamente até hoje, a ramificação do judaísmo talmúdico — ao preço tremendo de desligar-se não só do malsucedido nacionalismo macabeu, mas também de suas próprias ricas potencialidades que haviam se tornado visíveis na helenização, na expansão proselitizante e nos movimentos apocalípticos. A separação representativa da linhagem sagrada por meio da escolha divina reduziu-se a um separatismo comunal, que induziu os intelectuais do império romano a atribuir à comunidade um *odium generis humani*. O que havia começado como a função de portador da verdade para a humanidade terminou com uma acusação de ódio pela humanidade. Como a outra, e de fato bem-sucedida, ramificação surgiu o movimento judeu que conseguiu desfazer-se não só das aspirações territoriais por uma Canaã, mas também da herança étnica do judaísmo. E se tornou capaz, como consequência, de absorver a cultura helenística, bem como o movimento proselitizante e o fervor apocalíptico, e de fundi-los com a Lei e os Profetas. Com o surgimento do movimento judaico que é chamado cristianismo, judeus e gregos, sírios e egípcios, romanos e africanos puderam se unir numa só humanidade sob Deus. No cristianismo, a separação produziu seus frutos quando a linhagem sagrada juntou-se novamente à humanidade.

Capítulo 6
O trabalho historiográfico

A concepção israelita de ordem verdadeira na alma humana, na sociedade e na história não pode ser averiguada pela consulta a tratados que tratem explicitamente desses temas. A narrativa histórica da criação do mundo à queda de Jerusalém não é nem um livro, nem uma coleção de livros, mas um simbolismo peculiar que cresceu até sua forma definitiva ao longo de mais de seis séculos de trabalho historiográfico, desde o tempo de Salomão até por volta de 300 a.C. Além disso, essa obra literária escrita absorveu tradições orais que provavelmente remontam até a primeira metade do segundo milênio a.C. Sendo assim, é possível encontrar uma tradição do século XVII lado a lado com uma interpolação editorial do século V numa história que recebeu a sua forma literária no século IX a.C. Pode-se, ademais, descobrir que a estranha composição não é uma colcha de retalhos confusa, mas uma narrativa bem urdida que transmite um belo exemplo de ética nômade, ou uma resposta espiritual à revelação, ou uma concessão diplomática a divindades estrangeiras. E podemos, por fim, constatar que a narrativa tem uma função importante num contexto histórico e especulativo mais amplo que, por sua vez, revela uma composição igualmente complexa. Essa é uma situação desconcertante, uma vez que parece impossível identificar o objeto da investigação. Lidamos com as ideias componentes dos séculos XVII, IX ou V? Ou com a ideia transmitida pela composição, que não parece ter uma data? Ou com o significado que o texto tem em virtude de sua posição no contexto maior? Certamente não será possível nenhuma resposta simples e, em muitos casos, nenhuma resposta satisfatória. Precisamos reconhecer as dificuldades apresentadas por um simbolismo que absorveu tradições e registros primários de mais de mil anos e sobrepôs a eles interpretações, interpretações de interpretações, redações e interpolações, e a sutil imposição de novos significados por meio da integração em contextos mais amplos.

Para lidar com a dificuldade, vamos nos ocupar no presente capítulo da camada mais alta de interpretação. Embora esse procedimento não vá resolver todos os nossos problemas, ao menos os reduzirá a proporções administráveis. Pois o estudo separado da camada superior permitirá que, mais adiante, façamos a distinção entre a construção do contexto e os materiais nele incluídos, bem como entre os significados contextuais e os significados dos materiais independentes do contexto. Nas partes 3 e 4 do estudo a seguir, lidaremos, então, com as tradições que foram, no fim, submetidas à construção historiográfica.

O fato de que a dificuldade não pode ser resolvida satisfatoriamente mesmo por esse método de isolar o contexto abrangente é óbvio pelo próprio vocabulário que acabamos de usar. Quando falamos de uma "camada superior de significado" e, por uma questão de conveniência, caracterizamo-la como o "trabalho historiográfico" propriamente dito, deve ser entendido que não há razão pela qual a designação "trabalho historiográfico" devesse ser negada aos estratos inferiores da narrativa, que aparecem no papel de material histórico em relação à camada superior. Algumas das melhores realizações da historiografia israelita, como as memórias de um autor desconhecido sobre o reinado de Davi e a subida ao trono de Salomão, pertencem ao estrato inferior. História e historiografia só podem ser distinguidas pela posição relativa de um documento na estratificação da narrativa. Um documento será historiografia com relação ao seu material de estudo específico; mas passará para a posição de material histórico com relação a uma iniciativa historiográfica posterior que tenha absorvido o material específico na forma literária dada a ele pela iniciativa historiográfica anterior. A situação é ainda mais complicada na medida em que o termo *material histórico* também está repleto de problemas espinhosos. No presente contexto, o leitor deve estar avisado, ele é usado apenas como um instrumento de análise provisório que terá de passar por sérias revisões no curso deste capítulo.

O corpo principal do presente capítulo tratará dos símbolos (§ 2) e das motivações (§ 3) do trabalho historiográfico. Essas duas seções principais serão precedidas por um comentário sobre o estado da ciência do Antigo Testamento com relação às fontes e à construção da narrativa (§ 1).

§1 As fontes da narrativa

No início desta parte sobre "A ordem histórica de Israel", passamos ao largo das controvérsias da ciência do Antigo Testamento e abordamos diretamente as questões da ordem israelita, ou seja, (1) a forma histórica de existência no presente sob Deus e (2) a história como o simbolismo dessa forma. O procedimento era permissível porque a ciência do Antigo Testamento, embora envolvida nas questões por meio de seus materiais, raramente se ocupa com sua penetração filosófica e, por conseguinte, tem pouco a contribuir para a sua formulação direta. Na medida em que nosso estudo, por sua vez, vai se envolvendo mais profundamente com os materiais concretos, a situação muda. Ao lidar com problemas concretos, temos de nos apoiar nos resultados da ciência do Antigo Testamento; e mesmo quando a interpretação, à luz dos nossos princípios, tem de seguir caminhos próprios, estes movem-se por um campo que já foi ocupado por uma erudição competente e astuta. Isso é verdadeiro, em particular, no que se refere a autoria, composição e fontes da narrativa bíblica e, de modo geral, ao complexo de problemas historiográficos que irão nos ocupar, não apenas no presente capítulo, mas por todo o restante deste volume.

A situação esboçada cria certos problemas de apresentação. O nosso estudo baseia-se nos resultados da ciência do Antigo Testamento e não podemos conduzir a análise sem referência à sua base. A ciência do Antigo Testamento, porém, tem seu lugar definido na história da civilização ocidental como um desenvolvimento da ciência crítica, promovido preponderantemente por estudiosos protestantes, em conexão com os interesses dos estudos teológicos. Como consequência, suas controvérsias alcançam graus extraordinários de complicação. Por um lado, os debates carregam, até os dias atuais, as condições de suas origens teológicas; por outro lado, estudiosos do Antigo Testamento participam de forma quase febril dos avanços não teológicos nos campos da arqueologia, da semitologia, da religião comparada e da história da Antiguidade em geral. A tensão inevitável entre origens e direção produziu, em especial durante a última geração, uma amplitude de opiniões que torna impossível para um estudante da ordem israelita justificar a sua própria posição sobre pontos importantes referentes à literatura sem acabar escrevendo uma história da ciência do Antigo Testamento. Essa tarefa, sem dúvida, poderia ser realizada. No entanto, sua realização não é aconselhável, porque duplicaria facilmente o tamanho de nosso estudo e obscureceria os problemas que lhe interessam especificamente. Uma política de meio-termo teve de ser encontrada a fim de lidar com essa dificuldade.

Apresentamos uma exposição formal do estado do problema, ou seja, um exame crítico da literatura e uma justificativa de nossa própria posição, apenas por ocasião dos Salmos Imperiais, na digressão do capítulo 9, § 5. Essa ocasião foi escolhida por oferecer uma feliz combinação de diversas vantagens. Em primeiro lugar, a ciência do Antigo Testamento havia avançado no estudo do Saltério muito proximamente de nossos próprios problemas da ordem israelita, de modo que apenas um número mínimo de problemas estava fora de nossos interesses imediatos. A controvérsia sobre o Saltério era, em segundo lugar, de origem recente, portanto o levantamento crítico não representaria uma sobrecarga quantitativa excessiva para o nosso estudo. E, terceiro, ela envolvia, com um grau comparativamente alto de clareza teórica, as várias posições que dividem os estudiosos do Antigo Testamento hoje, de maneira que a análise produziu um quadro do estado da ciência que ultrapassa os problemas do Saltério. A digressão crítica, assim, tornou-se representativa da relação entre as controvérsias atuais e o nosso próprio estudo em geral, ao mesmo tempo em que o tamanho da digressão deixou claro que o estudo não poderia ser sobrecarregado em toda a sua extensão com tais excrescências. Em todas as outras ocasiões, decidimos limitar-nos à argumentação que dá apoio à nossa posição, acompanhada de breves referências à literatura de mais destaque.

A presente ocasião, porém, requer uma forma intermediária entre a digressão mencionada e uma nota de rodapé bibliográfica. Pois, por um lado, o debate sobre a composição da narrativa estende-se, como no caso da questão homérica, por um período de tempo de discussões ativas que remonta ao século XVIII, de modo que um tratamento completo requereria uma monografia de tamanho considerável, do tipo que queremos evitar. Por outro lado, há mais de uma razão pela qual os dois séculos de crítica pentateuca não podem ser descartados com uma rápida nota de rodapé. Em primeiro lugar, não é de forma alguma fácil dar referências satisfatórias, porque a falta de bases filosóficas adequadas, que, em geral, é a maldição da ciência do Antigo Testamento, faz-se sentir de maneira especial no tratamento do complexo historiográfico. A literatura da controvérsia é grandiloquente e sua qualidade teórica deixa muito a desejar. Em segundo lugar, os levantamentos gerais da controvérsia a que podemos encaminhar o leitor são deficientes em vários aspectos. A magistral história da crítica de fontes na *Histoire* de Adolphe Lods, por exemplo, sofre da interrupção de comunicações durante a Segunda Guerra Mundial, na medida em que a literatura alemã e escandinava recente não pôde ser digerida; e os complementos bibliográficos de A. Parrot, embora valiosos, não substituem uma avaliação crítica[1]. O ensaio de C. R. North sobre "crítica pentateuca" inclui a literatura recente, é verdade, e é especialmente valioso pelo espaço que concede à obra de Ivan Engnell[2]. Infelizmente, porém, limita-se ao período de 1920 a 1950, e a pré-história dos problemas, inevitavelmente, não pode receber uma perspectiva adequada. Além disso, a obra sofre um pouco de exclusivismo profissional, uma vez que a obra de Martin Buber, que tem considerável importância para o entendimento da narrativa e de sua composição, foi ignorada[3]. E, terceiro, os esforços da crítica pentateuca tiveram certos resultados. Embora sua validade tenha hoje se tornado duvidosa em vários aspectos, eles precisam ser fornecidos como simples informações, uma vez que o seu conhecimento é pressuposto no curso de nosso estudo. Assim, para satisfazer as necessidades de nosso estudo sem nos aprofundarmos em demasia na história da ciência do Antigo Testamento, vamos nos concentrar nas fases da controvérsia representadas pela crítica literária de Wellhausen e sua escola e pelo método histórico-tradicional de Engnell. Além disso, no caso da fase de Wellhausen, não vamos entrar nas complexidades da argumentação ou nas limitações, elaborações e ressalvas pessoais feitas por vários estudiosos, mas apresentaremos um quadro das características típicas.

De acordo com a escola de crítica de Wellhausen, distinguem-se no Pentateuco as narrativas do Javista (J) e do Eloísta (E), assim chamadas de acordo com a designação preferida da divindade como Yahweh [Javé] ou Elohim nas respectivas partes da narrativa bíblica. As narrativas, fazendo uso de tradições orais, foram submetidas a escrita e reescrita até o surgimento da forma preservada. A narrativa Javista originou-se no reino de Judá, no século IX; a Eloís-

---

[1] LODS, *Histoire de la littérature hébraique et juive*. Cf. o capítulo Critique des sources (83-127) e os complementos de Parrot (1.035).

[2] C. R. NORTH, Pentateuchal criticism, in ROWLEY (ed.), *The Old Testament and Modern Study*, 48-83. Cf. também o ensaio imediatamente seguinte, de N. H. SNAITH, The Historical Books, 84-114. North teve à sua disposição alguns dos artigos de Engnell que viriam a ser publicados no volume 2 de Ivan ENGNELL e Anton FRIDRICHSEN, *Svenskt Bibliskt Uppslagsverk*, Gaevle, Skolfoerlaget, 1948-1952, 2 v. O artigo Moseboeckerna foi especialmente usado; Traditionshistorisk metod também seria importante.

[3] Cf. especialmente Martin BUBER, *Moses*, Zurich, G. Mueller, 1948. A obra de Buber é ignorada de modo geral em ROWLEY (ed.), *The Old Testament and Modern Study*, e nem seu *Prophetic Faith*, New York, 1949, é mencionado.

ta, no reino de Israel, no século VIII. Em ambas podem-se distinguir linhas adicionais de tradições componentes. Uma terceira fonte é o Deuteronomista (D), nomeado de acordo com a sua principal obra, o Deuteronômio, que, desde De Wette (1806), é tido como idêntico ao código da reforma de Josias, de 621. Em vista das distinguíveis linhas de tradição componentes, bem como das recensões pelas quais a narrativa presumivelmente passou, chegou-se a um consenso de que as abreviaturas J, E e D não representam autores definidos, mas antes "escolas" de historiografia. A escola do Deuteronomista teria florescido desde pelo menos meados do século VII até uma data bem avançada durante o exílio. A combinação do Deuteronômio com as fontes J e E provavelmente ocorreu no exílio e foi acompanhada de um considerável trabalho de revisão das fontes anteriores dentro do espírito deuteronômico. Além disso, parece muito provável que as fontes J e E tenham sido amalgamadas numa só narrativa por uma mão não deuteronomista antes de serem integradas na obra do Deuteronomista. Uma quarta fonte, por fim, é o documento sacerdotal (P), que contém o Código Sacerdotal de *c.* 400 a.C., mas também inclui em seu texto o Código da Santidade (H) (Lv 17–26), que remonta ao tempo de Ezequiel. A integração de J-E-D na narrativa P ocorreu no século IV e as revisões dentro do espírito sacerdotal podem ter prosseguido até 300 a.C.

 A crítica bíblica, como indicamos, carrega as marcas de suas origens em preocupações teológicas. A crítica do Pentateuco, em particular, é uma unidade de estudo tradicional, porque está em busca de um autor substituto para os cinco livros atribuídos pela tradição bíblica a Moisés. É uma unidade não porque critérios filológicos traçam uma linha forçosamente entre os cinco primeiros livros e os livros subsequentes da narrativa bíblica, mas devido à sua oposição à tradição de Moisés. Quando a tensão da oposição se acalmou, embora nunca tenha desaparecido por completo, considerações filológicas puderam se afirmar mais livremente, e só então, como um desenvolvimento secundário, a análise das fontes expandiu-se para além do Pentateuco. As fontes J e E, retrabalhadas por uma mão deuteronomista, pareceram estender-se tão claramente para Josué que o termo *Hexateuco* foi cunhado para o conjunto de livros. E descobriu-se que a mesma estrutura de fontes, embora com hesitações e ressalvas, teria continuidade em Juízes, Samuel e nos primeiros capítulos de Reis. Considerou-se, assim, que narrativas componentes contínuas estendiam-se para além do Pentateuco até os Primeiros Profetas do cânon rabínico. Sob esse pressuposto, uma narrativa J estender-se-ia da criação do mundo até a subida ao trono de Salomão (Gn 2–1Rs 2); uma narrativa E de Abraão à morte de Saul (Gn 15–2Sm 1); e uma narrativa P da criação do mundo à morte de Josué (Gn 1–Js).

Se essas pressuposições são aceitas, não há uma narrativa D seguindo paralelamente a J, E e P. É verdade que o próprio Deuteronômio é obra dos Deuteronomistas, mas, quanto ao resto, sua função na parte anterior da narrativa é principalmente de revisão. Seu trabalho independente começa apenas com Reis; e, como consequência, a estrutura de Reis difere substancialmente da estrutura dos livros anteriores. Possivelmente foi escrito por um único autor em retrospectiva da fase final do exílio; e não é um amálgama revisado de narrativas preexistentes cobrindo o mesmo período, mas faz uso para seu material de obras analistas contemporâneas como os Atos de Salomão (1Rs 11,41) ou os Atos dos Reis de Israel (1Rs 14,10) e de Judá (1Rs 14,29), e dos ciclos de lendas de Elias e Eliseu. Além disso, a composição tem um princípio reconhecível, na medida em que a fundação do templo salomônico, compreendido como o rompimento formal com os falsos deuses e a concentração do culto em Yahweh, é considerada uma época da história israelita. O arco da narrativa, portanto, apoia-se nos dois pilares do relato salomônico no início e da reforma de Josias no final. A construção é, além disso, distinguida por um alto grau de consciência, na medida em que segue claramente uma torá formulada em Deuteronômio 12: "Não devereis proceder de forma alguma como procedemos aqui hoje, cada um fazendo o que lhe agrada", servindo aos deuses de outras nações; quando o povo estiver estabelecido na terra prometida, vivendo em segurança, "ao santuário que Yahweh, vosso Deus, escolher dentre todas as vossas tribos como a sede de sua presença, à sua habitação devereis recorrer". O conflito entre os cultos cananeus e Yahweh, assim, fornece o princípio de relevância, e a história da monarquia é narrada como uma sequência de eventos paradigmáticos à luz da torá deuteronômica.

Dos trabalhos da escola de Wellhausen surge uma concepção definida da composição do Pentateuco e, além dela, da narrativa bíblica em geral. A autoria mosaica da tradição foi o ponto de partida para um trabalho de crítica literária que distinguiu as "fontes" ou "documentos" designados pelas letras J, E e P e atribuiu-as a autores definidos. Com o avanço da dissecção filológica dos elementos em linhas componentes, que passaram por recensões, revisões, amalgamações e redações, o número de "autores" teve de ser multiplicado; e, como as principais unidades de crítica literária foram, de modo geral, mantidas, os "autores" tiveram de ser agrupados nas "escolas" correspondentes às letras. Moisés como o autor do Pentateuco havia, em última análise, sido substituído pelos autores das várias linhas componentes da narrativa. Qualquer significado que pudesse ser encontrado na narrativa teria de ser encontrado no nível das "fontes" distinguidas pela crítica literária. A situação é bem caracterizada por Martin Noth: "A gênese do Pentateuco como um todo, isto é, a integração da narrativa J, ampliada por inúmeros elementos E, na estrutura literária de P, não é de grande importância na perspectiva de uma história de tradições. Esse foi um trabalho puramente literário, que não acrescenta nada em termos de novos materiais, perspectivas ou interpretações; foi a mera realização de uma soma, de importância apenas na medida em que o total foi o Pentateuco do modo como este se encontra diante de nós em sua forma final"[4]. Algum escritor desconhecido, por razões desconhecidas, fundiu as várias narrativas num todo enciclopédico, sem acrescentar nada de sua própria autoria. "Teria sido importante se algo novo houvesse resultado da fusão de fontes para o curso da pré-história israelita contada no Pentateuco, ou para a sua interpretação teológica. Mas isso não acontece. Devido à base comum de tradições orais plenamente desenvolvidas, e devido à dependência literária mútua, a história havia sido narrada em todas as fontes de uma maneira tão estreitamente similar que mesmo a combinação de fontes não produziu nenhuma mudança essencial."[5]

Os métodos e resultados da escola de crítica de Wellhausen produziram um clima de insatisfação que encontra dificuldade para se articular e especificar suas queixas. Mesmo assim, há irrupções ocasionais que chegam perto do ponto, como a reclamação de Volz quanto à sinopse de Eissfeldt, que dispôs os fragmentos das supostas fontes em colunas paralelas. "Vejo nessa Sinopse a culminação do método até aqui dominante e percebo que ela prova exatamente o oposto do que pretendia provar, pois os miseráveis fragmentos de narrativa que, em sua maior parte, as colunas contêm provam precisamente que não houve quatro narrativas originais e que toda essa Sinopse do Pentateuco não é nada além da criação artificial da erudição moderna."[6] E, de sua ma-

---

[4] Martin Noth, *Ueberlieferungsgeschichte des Pentateuch*, Stuttgart, W. Kohlhammer, 1948, 267 ss.

[5] Ibid., 271.

[6] Otto Eissfeldt, *Hexateuch-Synopse*, Leipzig, J. C. Hinrichs, 1922. A resenha de Paul Volz foi publicada em *Theologische Literaturzeitung* (1923); estou citando a passagem de North, Pentateuchal Criticism, in Rowley (ed.), *The Old Testament and Modern Study*, 55. O leitor deve estar consciente de que a crítica de fontes do tipo que despertou o ataque de Volz, embora bastante desacreditada hoje, não foi de forma alguma abandonada. Um bom exemplo de

neira mais amena, Gerhard von Rad propõe-se a nova tarefa de ir "além da análise de fontes, que foi levada à morte" e, então, passa calmamente a "desvendar os problemas do Hexateuco com base em sua forma final"[7].

Se, agora, fizermos a nossa própria tentativa de formular a causa da insatisfação, ela parece se prestar à articulação em três proposições:

1. O desaparecimento de Moisés como o autor do Pentateuco levou ao desaparecimento do significado da narrativa bíblica em sua forma final.
2. O que foi encontrado em seu lugar não se revelou muito interessante, em comparação com o tesouro de significado que sempre fora sentido na narrativa e que, agora, escapou aos críticos.
3. É duvidoso se, além dos resultados estritamente filológicos da crítica, algo tenha sido de fato encontrado.

O significado das proposições pode ser mais bem esclarecido se refletirmos primeiro sobre a última delas. O trabalho crítico da escola de Wellhausen move-se metodologicamente numa bruma, porque revela uma percepção insuficiente da diferença entre trabalho filológico empírico e as interpretações dadas aos seus resultados. Pode-se muito bem distinguir unidades de texto por meio de critérios como nomes usados para a divindade, preferências de vocabulário, expressões-padrão, peculiaridades sintáticas, estilo literário (narrativa simples ou oratória majestática), graus de antropomorfismo na concepção da divindade, arte de caracterização, preferências de temas e regiões, relatos de eventos (primitivos e lendários ou espiritualmente articulados) e assim por diante; em todos esses aspectos, o trabalho crítico pode ser impecável e os resultados firmemente estabelecidos, mas ainda não se sabe o que as unidades distinguidas por esses critérios significam em termos de simbolismos, concebidos para a articulação de experiências concretas de seres humanos concretos. É possível, em princípio, que as "fontes" não sejam nada além de coleções de resíduos estilísticos arrancados de contextos que a crítica literária não compreendeu. Embora, na verdade, essa possibilidade extrema não se aplique ao presente caso sem ressalvas, é preciso perceber que a natureza das coleções não pode ser determinada pelos critérios filológicos usados em sua formação, mas apenas à luz de pressuposições sobre as formas simbólicas. E a pressuposição de que as coleções em questão são documentos que se originam de autores

---

um excesso recente nessa direção é C. A. Simpson, *The Early Traditions of Israel*, Oxford, N. Blackwell, 1948.

[7] Von Rad, *Das Formgeschichtliche Problem des Hexateuchs*, 1-3.

definidos não se apoia senão numa noção do século XIX de que blocos de texto literário, se possuem uma certa extensão e apresentam características de estilo definidas, são "livros" que, inevitavelmente, precisam ter "autores".

O fato de que o problema não é simples ficará claro se o leitor se lembrar do capítulo 5, §2, em que os materiais reunidos por Von Rad foram usados para rastrear o surgimento do significado desde os motivos primários nas experiências de situações e eventos históricos, passando por festividades e reuniões cerimoniais, rituais e lendas de culto, até o nível historiográfico. Revelou-se um campo complicado e objetivo de experiências e simbolizações, em que inúmeros seres humanos participavam dos níveis de sua consciência coletiva como tribos e como o povo da aliança. E esse campo de ordem experimentada e de sua simbolização é tão firme em sua estrutura que mesmo no plano da elaboração historiográfica, embora haja espaço para qualidades pessoais de sensibilidade, imaginação e dons de expressão linguística por parte dos participantes individuais do processo, certamente não há lugar para interpretações pessoais de "história" e "autoria" no sentido moderno. Além disso, a concepção não analisada de autoria apoiou a crença, na escola de Wellhausen, de que se sabia o que os supostos autores haviam escrito se se chamasse o seu produto de "narrativa" ou "história", ainda que por trás desse vocabulário espreitassem as formidáveis questões da forma simbólica não só da narrativa em si, mas da coleção canônica do Antigo Testamento como um todo[8]. Questões dessa natureza, no entanto, não podem ser abordadas pela dissecção de um texto em fontes, por meio de critérios literários, mas apenas por uma análise do conteúdo; e por conteúdo referimo-nos às unidades de significado que podem ser encontradas no texto na forma como ele está, pela aplicação de uma teoria de formas simbólicas. Esse postulado não implica, claro, que as linhas componentes discernidas pela análise de Wellhausen não façam sentido. Pelo contrário, é bastante possível que as unidades discernidas por uma análise de símbolos venham a se

---

[8] Algumas dessas questões foram abordadas no capítulo 5 e outras serão examinadas nas seções 2 e 3 deste capítulo. Além dos problemas de ordem e simbolização que formam o tema propriamente dito de nosso estudo, encontram-se as questões de uma filosofia da linguagem, bem como da relação entre os significados dos símbolos da linguagem em geral e dos símbolos da ordem em particular. Para a relação entre a concepção de tempo hebraica e a ordem histórica, cf. o capítulo Die Israelitische Zeitauffasung, no brilhante estudo de Thorleif BOMAN, *Das Hebraeische Denken im Vergleich mit dem Griechischen*, Goettingen, Vandenhoeck and Ruprecht, ²1954 [1. ed. 1952]. A obra de Boman é característica da mudança de ênfase na ciência do Antigo Testamento; e o fato de ter se tornado possível uma segunda edição no espaço de dois anos parece indicar uma crescente percepção da necessidade de bases filosóficas.

encaixar completamente no âmbito de uma ou outra "fonte"; e as fontes discernidas pela crítica literária devem, sem dúvida, ser examinadas com atenção, pois, se separadas do contexto, podem revelar unidades de significado que de outra maneira poderiam ter escapado à atenção. Tais coincidências, porém, são uma questão de fato, não a consequência de uma harmonia preestabilizada entre as fontes e as formas simbólicas. A análise de fontes, assim, pode ser útil, se usada com critério, na busca de unidades de forma simbólica; mas pode ser totalmente destrutiva se tiver a pretensão de afirmar que o texto integral não contém unidades de significado que ultrapassam as fontes.

As últimas reflexões levam à primeira e à segunda proposições apresentadas acima. Saber se uma unidade de forma simbólica pode se encaixar ou não no âmbito de uma das fontes da crítica literária ou cruzar várias delas é uma questão de fato. E nossa análise mostrará em várias ocasiões, especialmente no capítulo 12, no estudo de Moisés, que unidades de texto muito importantes, com forma distinta e significado próprio, de fato cruzam as fontes. Mas este não é o local adequado para nos determos em casos específicos. Pois a narrativa bíblica, claro, está repleta de uma infinidade de significados que ultrapassam as fontes componentes, pela razão lógica de que ela foi composta exatamente com esse propósito, ou, melhor dizendo, de que ela se desenvolveu até sua forma final pelo trabalho de composição, ao longo dos séculos, de um grande número de homens que selecionaram e combinaram tradições a fim de conferir uma perfeição paradigmática a significados que não haviam sido articulados com o mesmo grau de clareza nos materiais componentes. Se os trabalhos de composição não houvessem acrescentado novos estratos de significado articulado, a narrativa bíblica em sua forma final seria o *Glasperlenspiel* de intelectuais desempregados que fariam melhor em ter deixado as fontes em paz. Diante das alternativas de que os compositores da narrativa bíblica teriam arruinado o significado de suas fontes ou os críticos literários teriam arruinado o significado do trabalho de composição, preferimos a segunda.

Ainda assim, os resultados da crítica literária não devem ser negligenciados. Embora algumas unidades de significado ultrapassem os limites das fontes, há outras unidades, e muito importantes, que coincidem com elas. O chamado documento Javista, em especial, é um corpo de texto rico em significado que parece ter fornecido o núcleo historiográfico para a narrativa expandida. Seguindo a caracterização do trabalho do Javista feita por Von Rad, podemos resumir a sua realização desta maneira: o Javista parece ter alcançado o nível historiográfico pela expansão dos motivos contidos na fórmula de oração de

Deuteronômio 26,5b-9. Ele organizou o material da Era Patriarcal, passando pela tradição do Deus dos Antepassados e sua promessa de estabelecimento definitivo em Canaã, de tal maneira que os eventos tornaram-se reveladores da orientação providencial de Yahweh. O curso da história patriarcal, assim, foi dotado de uma enteléquia em dois aspectos: por um lado, a promessa de estabelecimento encontrou o seu cumprimento nos eventos em torno da conquista; por outro lado, a aliança com Abraão encontrou o seu cumprimento na aliança com Israel no Sinai. Além disso, o curso significativo da história desde o "arameu errante" até a conquista foi expandido, ainda dentro do documento Javista, pela pré-história desde a criação do mundo até Abraão[9]. Esta é, sem dúvida, uma grande construção simbólica, que se encaixa completamente no âmbito de uma das fontes; e, na medida em que a fonte J é a mais antiga, tocamos aqui o início do trabalho simbólico que, em última análise, se tornou a narrativa em sua forma que chegou até nós[10].

Todavia, o fato de uma unidade de significado importante ser encontrada dentro de uma fonte delimitada pela crítica literária não nos deve cegar para o outro fato de que ainda não sabemos absolutamente nada sobre o "Javista". Pressuposições sobre o modo como essa unidade veio a existir não podem ser baseadas nas características literárias, como enfatizamos, mas apenas em seu conteúdo; e o significado do conteúdo não requer como seu criador um único autor. Pois a enteléquia do símbolo historiográfico não faz mais do que articular a enteléquia experimentada da existência de Israel sob Deus. O *telos* da existência do povo era ontologicamente real, e quem quer que participasse de modo sensível e imaginativo da ordem de Israel era um participante potencial da criação do símbolo historiográfico. As características literárias não indicam mais do que a linguagem comum de um grupo de pessoas, talvez numeroso ao longo de um período de tempo, que se ocupavam das tradições referentes à existência de Israel sob Deus. Chegamos, por fim, à deficiência filosófica básica da crítica literária, ou seja, à tentativa de tratar a narrativa bíblica como se ela fosse "literatura" no sentido moderno e à desconsideração de sua natureza como um simbolismo que articula a experiência da ordem de um povo — da ordem ontologicamente real da existência de Israel em forma histórica.

---

[9] Von Rad, *Das Formgeschichtliche Problem des Hexateuchs*, 58-62.

[10] Id., *Das erste Buch Mose, Genesis Kapitel 1-12,9*, Goettingen, Vandenhoek and Ruprecht, 1949, 16, considera para a fonte J uma data de *c.* 950 a.C., para a fonte E *c.* 850-750, para a fonte P *c.* 538-450.

O trabalho da escola de Wellhausen resultara num vácuo teórico. O significado tradicional que se irradiava sobre a narrativa bíblica a partir de símbolos como o Antigo Testamento do cristianismo, a palavra de Deus ou os cinco livros escritos por Moisés sob inspiração divina havia evaporado sob uma investigação empírica da narrativa como um documento literário com um ou mais autores. Além disso, a dissecção do texto em unidades literárias cada vez menores, ao mesmo tempo em que produziu resultados de validade questionável com relação à história pragmática antiga de Israel, distanciou-se do significado pretendido pela narrativa em si. E, por fim, uma filosofia de formas simbólicas, que teria ligado a narrativa simbólica aos problemas da existência humana em resposta à revelação divina na história, não se desenvolveu. A insatisfação com esse estado de coisas provocou a reação enérgica contra a escola de Wellhausen na obra de Ivan Engnell[11].

Engnell distingue quatro métodos principais para o estudo do Antigo Testamento. São eles, na sequência de seu desenvolvimento, (1) o método de crítica de fontes da escola de Wellhausen, (2) o método literário-formal de Gunkel, (3) os métodos de história comparada das religiões e (4) o método histórico-tradicional representado por ele próprio[12]. Uma descrição do método de Engnell deve começar pelo esclarecimento de algumas complexidades da sua posição. Em primeiro lugar, ao mesmo tempo em que o método histórico-tradicional invalida e substitui os anteriores em alguns aspectos, ele apenas complementa-os em outros. Os métodos anteriores, portanto, ainda terão de ser usados na medida em que produzirem resultados válidos[13]. E o método histórico-tradicional tem, além disso, uma dupla preocupação com (1) a formação da narrativa por meio da tradição e não pela atividade literária de autores definidos e (2) o caráter peculiar de uma história da tradição em contraste com a história pragmática. Vamos nos concentrar, por enquanto, nos resulta-

---

[11] As obras consideradas no resumo que se segue são ENGNELL, *Gamla Testamentet*, v. 1, bem como os artigos de Engnell, Litteraerkritik, Moseboeckerna e Traditionshistorisk metod, em ENGNELL e FRIDRICHSEN, *Svenskt Bibliskt Uppslagsverk*. As formulações mais recentes da posição de Engnell podem ser encontradas em seu "Knowledge" and "Life" in the Creation Story, *Vetus Testamentum 3* supl., Leiden (1955), 103-119. Devo essa reimpressão à cortesia do professor Engnell.

[12] ENGNELL, *Gamla Testamentet*, I, 9 ss.

[13] Cf. o uso dos outros métodos, por exemplo, em ENGNELL, "Knowledge" and "Life" in the Creation Story, 104 ss., bem como a enumeração de métodos a ser usados, que chega a seis, sem contar subdivisões, em Planted by the Streams of Water (reimpr. de *Studia Orientalia Joanni Pedersen Dicata* [1953], 85-96) 91, n. 21.

dos do método no que se refere à formação da narrativa e na medida em que ele substitui a concepção da escola da Wellhausen.

No Antigo Testamento, Engnell encontra três grandes conjuntos de tradições: o primeiro compreende Gênesis–Números; o segundo, Deuteronômio–2 Reis; e o terceiro, 1 Crônicas–Neemias[14]. Nosso interesse no momento é apenas pelos dois primeiros. O primeiro conjunto, a que Engnell se refere resumidamente como o Tetrateuco, origina-se num círculo de tradicionalistas que, por uma questão de conveniência de linguagem, será chamado de círculo P. A abreviação convencional, porém, não retém o seu significado original no uso de Engnell. Pois o círculo P deve ser compreendido como um grupo de pessoas que preservaram certas tradições, idênticas, de modo geral, ao material P da escola de Wellhausen, e combinaram-nas com materiais preservados em outros círculos de tradicionalistas para a formação do Tetrateuco. E o grande conjunto P, no sentido do Gênesis–Números de Engnell, é portanto uma obra integrada, em que o círculo P impôs suas próprias visões a todo o corpo de tradições recebidas no Tetrateuco. Assim, nenhuma das narrativas que cobrem o mesmo período jamais existiu lado a lado, para serem combinadas numa história enciclopédica por um redator desconhecido que não introduzisse nenhuma contribuição própria. Coexistiam, em vez disso, vários círculos de tradicionalistas, cada um preservando o seu próprio corpo de tradições e entremeando-o com tradições de outros círculos, se isso parecesse desejável por uma razão ou outra, até o círculo P ter combinado o que, presumivelmente, era o seu próprio material com as tradições de outros círculos, produzindo a narrativa do Tetrateuco com um significado próprio. Como o núcleo de tradição que irradiou o seu significado para a construção do Tetrateuco, Engnell posiciona a Lenda da *Passah* em Êxodo 1–15, neste ponto seguindo Pedersen[15]. As mesmas pressuposições quanto ao Tetrateuco aplicar-se-ão também ao trabalho deuteronômico. Deve-se considerar um círculo D de tradicionalistas por trás da coleção deuteronomista, embora a probabilidade de um número menor de mãos na redação final, algo como uma escola de autores, seja um pouco mais alta do que no caso de P. Os dois círculos existiam lado a lado e concluíram o seu trabalho no período pós-exílico, talvez ambos já no período de Esdras e Neemias. Por quem, enfim, os dois conjuntos foram

---

[14] ENGNELL, *Gamla Testamentet*, I, 209-259.

[15] Para a concepção do próprio Engnell sobre o problema da *Passah*, cf. seu Paesah-Massot and the Problem of "Patternism", in *Orientalia Suecana*, Uppsala, 1952, I, 39-50.

combinados numa só narrativa, presumivelmente colocando a história P da morte de Moisés no final dos discursos deuteronômicos (Dt 34), já não pode ser determinado.

Uma avaliação comparada dos novos resultados histórico-tradicionais com os resultados das críticas de fontes mais antigas deve começar pelo entendimento de que dois conjuntos de pressuposições precisam ser pesados um em relação ao outro. Nem o novo método nem o antigo podem se apoiar em fontes independentes para informações sobre a gênese e a autoria da narrativa; ambos precisam fundamentar seus argumentos no conteúdo da própria narrativa. Se a concepção de Engnell for portanto considerada um nítido avanço em relação à escola da Wellhausen, como acreditamos que deva ser feito, a razão é que a visão histórico-tradicional baseia-se num entendimento muito mais completo do conteúdo da narrativa do que a concepção de crítica de fontes. O que caracteriza o trabalho de Engnell, e da escola de Uppsala em geral, é o notável respeito pelo texto massorético do modo como ele se apresenta a nós, uma relutância em operar com conjecturas e emendas (em especial uma relutância em usar a Septuaginta como uma saída fácil quando o texto hebraico é difícil), um excelente equipamento filológico para lidar com o texto e um vasto conhecimento de materiais comparativos para a elucidação de símbolos e padrões de culto. Essas virtudes técnicas são o apoio externo de um desejo, nem sempre claramente articulado, de retornar aos significados pretendidos pela narrativa e suas subunidades, que a escola de Wellhausen havia substituído pelos significados das narrativas J, E, P e D. E a pressuposição histórico-tradicional obviamente ajusta-se muito melhor ao significado pretendido da narrativa do que a pressuposição de crítica de fontes. Se, por exemplo, o Tetrateuco é concebido como uma obra que recebeu seu significado, juntamente com sua forma final, de um círculo de tradicionalistas, o conjunto de texto recupera o significado que havia perdido sob a pressuposição de uma combinação mecânica de fontes; e, ao mesmo tempo, o redator desconcertante que combinou fontes que deveria ter deixado como estavam desaparece. Além disso, a pressuposição dos círculos de tradicionalistas é suficientemente elástica para acomodar os vários gêneros de tradições a ser claramente distinguidos não só na narrativa, mas no Antigo Testamento em geral. Pode-se supor a existência de círculos de escribas e homens instruídos para a literatura sapiencial, de grupos de cantores do Templo para a literatura sálmica, de colégios de sacerdotes para os conjuntos de leis, de grupos de discípulos em torno de um mestre para a literatura profética, de bardos ou poetas (os *moshlim* de Nm 21,27) para os provérbios e, por fim, de contadores de histórias ou tradicionalistas no sentido mais estrito para os vários tipos de lendas patriarcais, heroicas e proféticas[16]. Uma esplêndida vista se abre sobre a cultura de Israel, bem como sobre os diversificados círculos de homens que a preservavam e ampliavam. Particularmente feliz é o anacronismo deliberado de Engnell quando fala do círculo P como uma "Academia Israelita de Literatura, História e Antiguidades, embora, claro, com sua raiz e seu vivo interesse no culto"[17]. É o caso de nos perguntarmos se a analogia é de fato tão anacrônica assim; pois a preocupação com o passado como o registro paradigmático da relação de Deus com o homem, que se estende por um período de mais de mil anos, dificilmente poderia ser traduzida para a prática sem um considerável aparato humano e de instalações materiais, para preservar esse enorme conjunto de tradições não só mecanicamente, mas com as necessárias inteligência e erudição.

Em seu método histórico-tradicional, Engnell absorveu totalmente o conhecimento de que a história das tradições não é história pragmática. Como esse componente do método deriva primariamente da rebelião anterior de Pedersen contra a escola de Wellhausen, alguns trechos do estudo de Pedersen sobre a Lenda Pascal ajudarão a compreender essa questão[18]:

> A história da travessia do mar dos juncos, [...] bem como toda a lenda de emigração, embora inserida como parte de um relato histórico, é muito evidentemente de caráter cultual, pois toda a narrativa visa a glorificar o deus do povo na festividade pascal por meio de uma exposição do evento histórico que criou o povo. O objetivo não pode ter sido dar uma exposição correta de eventos comuns, mas, ao contrário, descrever a história num plano mais elevado. [...] A lenda pretende descrever a luta mítica entre Yahweh e seus inimigos e esse propósito domina a narrativa a tal grau que é impossível mostrar quais os eventos que foram transformados nesse drama grandioso. [...] A separação usual das fontes dessa parte da lenda festiva que se relacionam com a partida e com a travessia do mar dos juncos deve-se a um entendimento equivocado do caráter da história como um todo. A narrativa não é um relato, mas uma glorificação cultual.

Nesses comentários, a respeito de uma subunidade concreta da narrativa, Pedersen toca no ponto decisivo que está em jogo: em primeiro lugar, a Lenda

---

[16] ENGNELL, *Gamla Testamentet*, I, 41, 105.
[17] ID., "Knowledge" and "Life" in the Creation Story, 105.
[18] Para a sua crítica formal à escola de Wellhausen, cf. Johannes PEDERSEN, Die Auffassung vom Alten Testament, *Zeitschrift fuer die alttestamentliche Wissenschaft* 44 (1931) 161-181, e seu estudo sobre a Lenda Pascal em *Israel: Its Life and Culture*, v. 3-4, 728-737. Os trechos a seguir são das páginas 728-731.

Pascal ultrapassa as fontes; sua unidade de significado é arruinada quando o texto é dissecado de acordo com os princípios da crítica literária. Essa unidade de significado, além disso, embora incorporada no que pretende ser um relato histórico, não tem nada a ver com a história pragmática. A tentativa de uma reconstrução "realista" dos eventos será inútil, uma vez que a ordem dos eventos dentro da narrativa é governada pelo drama da vitória de Yahweh sobre seus inimigos. O significado da narrativa, por fim, é descrito como a "glorificação cultual" do Deus que criou seu povo. Nesse ponto, podemos ligar a posição de Pedersen e a de Engnell à nossa própria, na medida em que "glorificação cultual" é um caso especial daquilo que chamamos de "história paradigmática". Ademais, encontramos novamente o "surgimento do significado", na medida em que o significado paradigmático não é diretamente imposto aos eventos por um historiador, mas cresce ao longo dos estágios dos eventos conforme experimentados pelos participantes, da cristalização da experiência num culto, da elaboração do significado do culto numa lenda de culto e da elaboração histórica posterior da lenda do culto, provavelmente antes, durante e depois de sua integração no que Engnell chama de conjunto P do Tetrateuco. Por fim, vários círculos de tradicionalistas tiveram participação nesse crescimento complicado do significado paradigmático, se considerarmos os critérios das fontes da escola de Wellhausen como indicadores de tais círculos, embora os contextos originais dos elementos, discerníveis pelos critérios das fontes no texto final, não possam mais ser reconstruídos, e os elementos em si, isoladamente, não produzam nenhum sentido digno de nota.

Apresentamos os problemas opondo um resumo da posição de Engnell a um quadro resumido da crítica de fontes. O leitor deve, agora, ter o cuidado de não generalizar o meio de apresentação a uma fórmula para o estado do estudo do Antigo Testamento com relação a problemas historiográficos. Pois Engnell, em suas incisivas formulações, está em rebelião contra um estado da ciência que predominava nos anos 1920. Durante a última geração, os estudiosos afastaram-se gradualmente de uma situação que era típica por volta de 1920; e o próprio Engnell mostra-se ansioso por recrutar o apoio, vindo de vários lados, para o seu método histórico-tradicional[19]. A complexidade do

---

[19] Cf. ENGNELL, *Gamla Testamentet*, v. I, capítulos Litteraerkritiken efter Wellhausen (175-185) e Opposition: Kritisk uppgoerelse (186-209). Em particular Martin NOTH, *Ueberlieferungsgeschichtliche Studien I: Die Sammelnden und Bearbeitenden Geschichtswerke im Alten Testament*, Halle, 1943, é frequentemente citado como exemplo por Engnell em apoio às suas

Antigo Testamento não se amolda a uma fórmula teórica breve, e as linhas de desenvolvimento na ciência não seguem de modo tão claro como nossos resumos contrastantes poderiam sugerir. Engnell, por exemplo, seguindo Pedersen, considera a Lenda Pascal o núcleo de significado no Tetrateuco. E ninguém negará que a experiência do Êxodo é um dos grandes centros motivadores que não podem ter deixado de fazer sentir sua força na organização das tradições. Von Rad, ao contrário, enfatizou a experiência do Sinai como um centro motivador que irradia ordem para a narrativa. E, uma vez mais, ninguém poderá negar a força da experiência do Sinai e a sua influência cristalizadora sobre as tradições — embora o resultado seja um Hexateuco em vez do Tetrateuco de Engnell. Além disso, a construção historiográfica, em contraste com as tradições submetidas ao seu trabalho, tem um centro motivador independente na experiência da monarquia davídica. O ponto de cristalização literária da narrativa provavelmente não foi nem a Lenda Pascal, nem a Perícope do Sinai, mas as Memórias de Davi — e, com essa observação, estamos além do Tetrateuco e do Hexateuco, em contextos organizacionais em que a mão do "Javista", no sentido em que Von Rad esclareceu o seu trabalho, não poderia ser negada[20]. A crítica de fontes do tipo antigo, podemos dizer, está de fato morta. O que saltou à vista pelo trabalho de estudiosos do Antigo Testamento é a rica estratificação da narrativa e a pluralidade de centros motivadores. E essa nova liberdade de exploração crítica está prestes a reparar

---

próprias concepções dos conjuntos de tradições. Da literatura posterior a 1945, além disso, deve ser mencionado Artur WEISER, *Einleitung in das Alte Testament*, Goettingen, ²1949. Weiser, que na época em que escreveu essa obra ainda não tinha acesso ao trabalho recente da escola de Uppsala, usa o termo *Traditionsgeschichte* e reconhece a origem de inúmeras tradições no culto. Além disso, ele está ciente de que as "fontes" não são documentos literários e que, em virtude das alterações por que elas passaram no processo de tradição oral e escrita, não podem mais ser reconstruídas numa forma "original". Ele está disposto, no entanto, a reconhecer as marcas de autoria pessoal nas fontes, aproximando-se, assim, da posição de Gerhard von Rad em seu tratamento do Javista. E, por fim, está ciente, como Pedersen, de que *Heilsgeschichte*, devido à sua origem no culto, é algo inteiramente diferente de história pragmática.

[20] Sobre o papel das Memórias de Davi como o centro motivador da historiografia, cf. Gerhard VON RAD, Der Anfang der Geschichtsschreibung im Alten Israel, *Archiv für Kulturgeschichte* 32 (1944) 1-42. Von Rad está ciente de que o problema da historiografia não pode ser abordado a partir do fenômeno literário da obra escrita, mas que a escrita da história à maneira israelita pressupõe o que chamamos de "existência em forma histórica". "A capacidade de reconhecer uma sucessão de eventos como história deve-se, no antigo Israel, à peculiaridade de sua fé" (6). Com base nessa percepção, Von Rad pode, então, distinguir o tipo israelita de historiografia, a historiografia analista dos impérios cosmológicos e a historiografia helênica imanentista. Nossas próprias ideias nessas questões estão mais próximas das de Von Rad.

boa parte dos danos infligidos ao significado da narrativa pelas concepções literárias do século XIX.

§2 Os símbolos da historiografia

Ao longo desta parte, falamos da história como a forma israelita de existência, de um presente histórico criado pela aliança e de uma historiografia israelita, ignorando o fato de que o idioma hebraico não tem uma palavra que pudesse ser traduzida por "história". Essa é uma questão séria, pois, aparentemente, violamos o primeiro princípio da hermenêutica — que o significado de um texto deve ser estabelecido pela interpretação do *corpus* linguístico. Não é permissível "apor uma interpretação" numa obra literária pelo uso anacrônico de vocabulário moderno que não tenha equivalentes no texto em si. Desse modo, duas perguntas exigirão uma resposta: (1) Como o uso do termo *história* pode ser justificado em uma análise de símbolos israelitas? (2) O que os autores israelitas fizeram, expresso em seu próprio idioma, quando escreveram o que chamamos de "história"?

A justificativa exigida pela primeira pergunta será fundamentada no princípio da compacidade e da diferenciação. Os pensadores israelitas de fato não diferenciavam a ideia de história a ponto de desenvolver um vocabulário teórico. Ainda assim, com as devidas precauções, o vocabulário moderno pode ser usado sem destruir o significado dos símbolos israelitas, porque a ideia de história tem a sua origem na aliança. O simbolismo mosaico compacto da existência comunitária sob a vontade de Deus conforme revelada pelas suas instruções passou em continuidade, ao longo da história israelita, judaica e cristã, por um processo de articulação do qual resultou, entre outras coisas, a ideia de história. Depois de três milênios de afastamentos e retornos, de reformas, renascimentos e revisões, de ganhos cristãos e perdas modernas de substância, ainda estamos vivendo no presente histórico da aliança. Além disso, o trabalho dos historiógrafos israelitas ainda prossegue, embora, devido à diferenciação teórica, as técnicas tenham mudado. Pois Israel tornou-se humanidade; e a agregação das instruções tornou-se a revisão de princípios.

O uso de termos como *história*, *presente histórico* e *historiografia*, porém, é mais do que justificado numa análise dos símbolos israelitas — é uma questão de necessidade teórica. Pois se o vocabulário diferenciado fosse rejeitado não haveria instrumentos para a análise e a interpretação críticas. Confinado ao uso dos símbolos hebraicos, nosso entendimento ficaria preso na mesma compacidade que, na história israelita, levou aos desastrosos impasses discutidos anteriormente. Todavia, embora não possamos dispensar o vocabulário teórico moderno, é necessária extrema cautela em seu uso, pois a ideia de história absorveu experiências que estão além do âmbito israelita, e corremos o risco de projetar significados posteriores, por exemplo cristãos, nos símbolos mais antigos. Desse modo, a interpretação deve ser mantida o mais próximo possível do texto bíblico. Além disso, será útil fazer uma breve reflexão sobre a natureza peculiar da compacidade israelita.

A natureza da compacidade israelita foi mencionada repetidamente nas análises dos capítulos 4 e 5. Os eventos na esfera social não eram mais experimentados como parte da ordem cósmico-divina, mas tornaram-se reveladores da ordem da realidade transcendente-divina. O impacto da nova experiência deve ter sido esmagador, pois a comunidade que o sofreu com os seus líderes foi, com isso, separada das sociedades cosmológicas circundantes — e isso significava, na época, do resto da humanidade — como um povo peculiar. Foi talvez esse peso do impacto divino sobre uma comunidade comparativamente pequena, traumaticamente agravado pelas tensões e pressões da existência pragmática, que selou o significado do evento inelutavelmente com as suas características circunstanciais concretas. De qualquer forma, as implicações universalistas da experiência nunca foram explicadas com sucesso dentro da história israelita. O significado espiritual do êxodo da civilização foi bem entendido, mas, ainda assim, permaneceu inseparável do êxodo concreto do Egito; o Reino de Deus nunca pôde ser realmente separado de Canaã; a grande revelação original permaneceu tão avassaladoramente concreta que as suas renovações espirituais tiveram de assumir a forma literária de adições às Instruções; e a palavra de Deus para a humanidade por intermédio de Israel tornou-se a escritura sagrada de uma comunidade étnico-religiosa particular. A natureza da compacidade israelita pode ser resumida, portanto, como uma hipoteca perpétua do evento concreto e imanente ao mundo sobre a verdade transcendente que, em sua ocasião, foi revelada.

A compacidade da natureza descrita acima é peculiar a todo o conjunto de símbolos em que o pensamento histórico israelita se expressava. Desse conjunto, precisamos agora separar para exame os poucos símbolos que têm relação direta com a pergunta: O que os historiadores israelitas faziam, em seus próprios termos, quando escreviam história? De quem ou de que, devemos perguntar, eles escreviam a história? E como eles chamavam isso que escreviam?

O tema da historiografia israelita, como vimos, é a história do mundo no sentido cheio de significado de um relatório sobre o surgimento da ordem divinamente tencionada no mundo e na sociedade por meio dos atos de criação e aliança de Deus. Se, no momento, o breve relato introdutório da criação e também sua influência sobre os acontecimentos futuros forem deixados de lado, poder-se-á dizer que a parte vastamente preponderante do relato refere-se ao drama humano de obediência e deserção da vontade de Deus. Assim, o historiógrafo estará, em primeiro lugar, preocupado com as instruções divinas (*toroth*) que fornecem a medida para a conduta humana e para sua avaliação. No domínio dos símbolos historiográficos, esse tema dominante obteve precedência sobre todos os outros, porquanto forneceu o título para a Bíblia: "Lei [*torah*], Profetas e Escritos". Esse corpo de literatura em seu conjunto é chamado sucintamente de o "livro", *sepher*, a Bíblia.

O drama do homem sob a vontade de Deus não pode se desenvolver sem a existência contínua da humanidade que deve viver de acordo com as Instruções. O homem, portanto, com a ênfase em sua capacidade reprodutiva, é a segunda maior preocupação dos historiadores israelitas.

A humanidade é concebida como um clã, que deriva o seu vínculo de comunidade de um ancestral comum. A história, sob esse aspecto, torna-se um relato das gerações (*toldoth*) do homem que descendem de Adão, até a época do autor. A ideia, com algumas de suas conotações, pode ser discernida na abertura das Crônicas. O autor dessa obra histórica tardia começa com uma longa exposição das genealogias israelitas desde Adão até o exílio (1Cr 1-8) a fim de ligar os homens que retornaram do cativeiro na Babilônia, em particular aqueles que agora ocupam cargos públicos, ao passado e, desse modo, garantir a sua linhagem legítima (1Cr 9)[21]. O registro genealógico, assim, tem sua função imediata no sinecismo de Esdras. Como a "semente sagrada" havia sido poluída por casamentos com mulheres estrangeiras, elas e sua prole tinham agora de ser expelidas por uma aliança solene com Deus. Foi uma situação séria com um toque cômico: "Todo o povo permaneceu na praça [diante] da casa de Deus, tremendo por causa deste assunto e por causa da chuva [forte]" (Esd 10,9). Os líderes de clãs de linhagem pura, não contaminados por

---

[21] Esta seria uma abertura estranha para uma história do Reino de Judá. Mas a estranheza desaparece se lembramos que toda a obra das Crônicas é um relato do desastre político, com a intenção de servir como uma introdução de advertência para Esdras e Neemias.

casamento com estrangeiras, deveriam ser a classe dominante dos novos assentamentos em Jerusalém e nas cidades vizinhas. Para estabelecer a pureza da linhagem, era preciso recuperar a genealogia desde o reino pré-exílico.

Neste ponto da construção, aparece uma nova fonte de autenticação. Até o período da queda de Jerusalém, o autor aparentemente valia-se da memória dos vivos; para o período da monarquia, porém, ele se referiu ao "Livro dos Reis de Israel" como a fonte de seus registros (1Cr 9,1). O que quer que tenha sido esse "Livro", a menção sugere a existência de fontes literárias que tratavam das genealogias das principais famílias israelitas; e essas fontes, por sua vez, provavelmente baseavam-se em arquivos do Templo ou outros arquivos públicos. Até que ponto do passado iam as genealogias escritas de "todo Israel" não é possível depreender com certeza das Crônicas; mas sua organização de acordo com as tribos em 1 Crônicas 2–8 sugere que elas tenham sido construídas, por princípio, de forma a ser vinculadas a um dos ancestrais dos clãs de Jacó.

Para além das tribos da confederação, entramos no domínio da lenda, do mito e da especulação. O grande ponto nodal no simbolismo é a linhagem de Sem, "o pai de todos os filhos de Éber" (Gn 10,21). A palavra hebraica *shem* significa "nome". Com Sem, o registro de nomes atinge a abstração do Nome pelo qual "todo Israel" distingue-se de uma humanidade simbolicamente anônima. De Sem, por fim, o registro recua até Adão. A palavra hebraica *adam* significa "homem". O homem com o Nome descende, em última instância, do Homem genérico.

O registro de Crônicas ilumina os vários usos que podem ter as genealogias, bem como a tensão que deve se desenvolver entre a ideia de clã e a ideia de humanidade. O símbolo do *toldoth* se aplica a todo o curso da história israelita. Como as fases da aplicação é possível distinguir, em ordem cronológica: (1) o sinecismo dos exilados retornados; (2) os líderes dos clãs do reino; (3) as tribos da confederação; (4) a sucessão dos patriarcas; (5) a segunda humanidade de Noé a Abraão; e (6) a primeira humanidade de Adão a Noé. A confiabilidade dos detalhes dos registros não é nossa preocupação; mas devemos observar que a forma do registro é aplicada não só à história patriarcal, mas mesmo à história pré-patriarcal, em que não pode mais servir à história dos clãs, por menos confiável que seja, mas, evidentemente, é o simbolismo do clã expandido para abranger uma especulação sobre as origens da humanidade. Essa expansão especulativa, porém, não tem uma função independente no contexto dos registros de Crônicas, mas é subordinada ao propósito principal de garantir a pureza da "semente sagrada". Pois o registro é rigidamente construído de acordo com o princípio de separar a linhagem principal da humanidade das linhagens secundárias. Uma série de nomes é enumerada na linhagem principal até ser alcançado um ponto em que os líderes das linhas secundárias aparecem; nesse ponto, a linhagem principal é interrompida, as linhagens secundárias são seguidas e, então, a enumeração retorna à linhagem principal. Os descendentes de Adão, por exemplo, são enumerados até Sem, Cam e Jafé; depois, os descendentes de Jafé e de Cam, bem como as linhagens secundárias de Sem, são apresentados; em seguida, o registro retorna à enumeração da linhagem principal de Sem até Abraão; e assim por diante. O procedimento de retomar a linhagem principal repetidamente a partir do conjunto da humanidade menos importante é um prelúdio admirável para a retomada agora iminente, em que os homens que retornaram do exílio serão separados como o "resto", como os "filhos do cativeiro" (Esd 8,35), dos "adversários", o "povo da terra" (*am-ha-aretz*, Esd 4,1-4), ou seja, dos israelitas que permaneceram na terra quando os outros foram levados para o cativeiro.

Até este ponto, a análise produz o seguinte resultado. O símbolo historiográfico do *toldoth* teve como sua base as genealogias dos clãs unidos na confederação israelita. A genealogia, então, tornou-se o símbolo para expressar a unidade de grupos que, por sua substância, não eram clãs de fato. A experiência dominante na criação de tais grupos foi a aliança no monte Sinai, que constituiu algo como uma liga anfictiônica de clãs, anteriormente separados, sob o nome de Israel. A comunidade originada na aliança foi então submetida ao trabalho genealógico; como consequência, os clãs originais, bem como outros que se uniram a eles num momento posterior, por exemplo Judá, foram reconstruídos como tribos descendentes de um ancestral comum Jacó-Israel. A aliança, porém, foi uma revelação divina da ordem verdadeira válida para toda a humanidade, feita a um grupo específico num momento específico. Desse modo, poderiam ser, e historicamente foram, diferenciadas dela tanto a ideia de uma humanidade sob um só Deus como a ideia de um núcleo de fiéis verdadeiros. Uma vez mais, ambas as ideias foram submetidas ao trabalho genealógico. A ideia de humanidade foi moldada na forma de uma genealogia que remontava a Adão; o núcleo dos fiéis verdadeiros tornou-se um "resto" que manteve um registro genealógico da "semente sagrada". Em ambos os casos, o trabalho genealógico foi mais do que uma formalidade inócua. A ideia de humanidade jamais pôde ser compreendida em sua plenitude, apesar dos árduos esforços dos profetas, porque, por meio da forma genealógica, ela permaneceu estreitamente ligada à ideia de uma linhagem sagrada genealogicamente separada. E a ideia de um núcleo de fiéis verdadeiros produziu, sob a influência genealógica, o resultado grotesco do sinecismo pós-exílico: de que um grupo numericamente pequeno de exilados retornou a Jerusalém e excomungou os *am-ha-aretz*, ou seja, o povo de Israel assentado em sua terra prometida. O povo de Israel teve de esperar por sua vingança histórica até quando, dos *am-ha-aretz*, surgiram Jesus e o cristianismo.

Todavia, além da contração genealógica no resto, há também a expansão genealógica para a humanidade. Vamos nos voltar agora para a especulação, em forma genealógica, sobre a ideia de humanidade encontrada no Gênesis. A especulação desenvolve um estilo característico na construção de grandes registros que conectam os intervalos entre as principais catástrofes e regenerações humanas. Omitindo as complicações da história de Abel-Caim, o primeiro registro se estende de Adão a Noé (Gn 5). Depois da destruição da humanidade pelo dilúvio, um segundo registro começa com Noé (6,9-10). Ele é curto e inclui não mais do que o próprio Noé e seus três filhos, Sem, Cam e Jafé. Se os dois versículos foram, em algum momento, o início de um registro mais longo, não podemos saber. Mas podemos ver a razão pela qual o registro teve de ser interrompido nesse ponto, para ser retomado apenas em Gênesis 11,10, em que continua a partir de Sem até Abraão, pois entre as duas partes do segundo registro é inserido o registro geopolítico anteriormente discutido de Gênesis 10. Os historiadores que foram responsáveis pela organização final de Gênesis quiseram que a sua história do mundo abrangesse a humanidade e esclarecesse a relação da linhagem sagrada com o restante da humanidade. O local lógico para a inserção do registro era a geração depois de Noé, quando a primeira humanidade havia sido convenientemente destruída e a segunda começava a se ramificar; graças a essa posição, a ancestralidade de Israel era agora contemporânea do resto da humanidade — um ponto que deve ter sido de alguma importância para um povo cercado pelas antigas altas civilizações egípcia e mesopotâmica. Mesmo assim, a tensão entre a humanidade e a linhagem sagrada é bem preservada. Depois do interlúdio da Torre de Babel (Gn 11,1-9), que explica a dispersão linguística e geográfica da humanidade pressuposta em Gênesis 10, a tarefa principal é retomada e o registro da linhagem sagrada prossegue do Nome a Abraão. Com o Êxodo da civilização dos primeiros patriarcas, a separação começa a sério; e Deus, por sua vez, agora enfrenta a sério o problema de estabelecer a ordem humana em conformidade com a sua vontade, que ele não havia conseguido solucionar pelos meios um tanto mais violentos de expulsão do Paraíso, destruição pelo dilúvio e dispersão da humanidade e sua confusão linguística depois do episódio de Babel.

Em comparação com a determinação fanática do Cronista de lançar o povo de Israel para fora da linhagem principal, movemo-nos em Gênesis numa atmosfera de distanciamento intelectual. Há sutilezas envolvidas em sua construção que requerem um exame mais atento. Os registros são formalizados, na medida em que começam com a expressão: "Eis a descendência [*toldoth*] de..." (Gn 6,9; 10,1; 11,10). O significado da formalização torna-se mais tangível no registro de Adão, que começa: "Eis o livro [*sepher*] da descendência [*toldoth*] de Adão" (Gn 5,1). O que a palavra *livro* significa nesse contexto não pode passar de suposição, mas provavelmente não estaremos muito errados se seguirmos a tradução de Buber como *Urkunde* (documento) e supusermos que a ideia é de algo como um registro autêntico. A insistência na confiabilidade merece atenção, pois não pode ter escapado aos redatores da narrativa que o *toldoth* de Adão em Gênesis 5 não concorda com os relatos das gerações de Adão que começam em 4,17 e 4,25. Se algo é não confiável diante disso é essa coleção de registros reverencialmente preservados, porém conflitantes. Ademais, é preciso considerar a pergunta: Quem no mundo teria tido interesse por esses registros e sua autenticidade? Não podemos nos apoiar, em busca de uma resposta, nos costumes nômades e na notável capacidade dos xeques beduínos de lembrar doze gerações de ancestrais, abrangendo cerca de quatro séculos. Pois os registros não listam os ancestrais lembrados de ninguém, mas são construções que utilizam o simbolismo do clã como um instrumento de especulação sobre a gênese da humanidade e do mundo. Assim, pressupondo que os simbolistas antigos não fossem tão ingênuos quanto os fundamentalistas modernos, a intenção deve ter sido ligar a qualidade de confiabilidade não aos detalhes dos registros, mas ao significado simbólico que eles pretendiam transmitir.

Uma pista para o significado é fornecida por Gênesis 2,4: "Esta é a descendência [*toldoth*] do céu e da terra". A passagem dá início a um relato da criação, mas usa a mesma fraseologia que os registros genealógicos. Esse é um uso estranho; pois o substantivo *toldoth* contém o verbo *yalad*, "gerar", "dar à luz", e, assim, refere-se inequivocamente não a criação, mas a procriação. Desse modo, devemos pressupor que a estranheza fosse intencional, precisamente para revelar uma conexão mais profunda entre criação e procriação. A pressuposição é confirmada pela sequência da passagem estranha. Pois o relato da criação (2,4-7) descreve-a como uma sequência de gerações, a anterior procriando a seguinte com a assistência criadora de Yahweh:

> Esta é a descendência [*toldoth*] do céu e da terra, quando eles foram criados:
>
> No dia em que Yahweh-Elohim fez o céu e a terra,
> não havia ainda nenhum arbusto nos campos sobre a terra,
> e nenhuma planta nos campos havia ainda brotado,
> pois Yahweh-Elohim não havia feito chover sobre a terra
> e não havia *adam* [homem, Adão] para cultivar o *adamah* [solo].
> Mas da terra subiu um *ad* [pronunciado "ed", neblina] e regou
>   toda a superfície do *adamah*,
> e Yahweh-Elohim formou *adam* do pó do *adamah*,
> e soprou em suas narinas o sopro da vida,
> e *adam* tornou-se um ser vivo.

Nenhuma tradução moderna pode transmitir adequadamente a sugestão do texto hebraico de que a primeira geração da criação, ou seja, o céu e a terra, tornou-se procriadora e cooperou com Yahweh na obra de criação. Da fertilização de *ad* e *adamath* surge, sob a ação formadora e animadora de Yahweh, a segunda geração de *adam*, com o duplo sentido de homem e Adão.

O papel da passagem na construção simbólica ficará ainda mais claro quando examinarmos ao lado dela a passagem inicial do registro de Adão:

> Eis o *sepher* [livro] da *toldoth* [descendência] de *adam* [homem, Adão]:
>
> No dia em que Deus criou *adam*,
> ele o fez à semelhança de Deus,
> homem e mulher ele os criou,
> abençoou-os,
> e os chamou: *Adam*! no dia de sua criação.
>
> E *adam* viveu cento e trinta anos,
> e gerou à sua semelhança, como sua imagem,
> e o chamou: Set!

Com a estrutura linguística do texto diante de si, o leitor não duvidará que a *toldoth* de Adão esteja em continuidade com a *toldoth* do céu e da terra. Os autores pretenderam que os significados de criação e procriação se fundissem num processo cooperativo; a ordem do ser deve derivar da iniciativa criadora de Deus e da resposta procriadora da criação. Assim, o que é confiável nos registros não é a descendência genealógica entre os vivos atuais e algum ancestral remoto, mas a descendência geradora de Deus — geradora entendido no duplo sentido de criadora-procriadora. O *adam* que foi criado por Deus com a resposta procriadora de *ad* e *adamah* continua a gerar a si mesmo à semelhança de Deus. Para os vivos atuais, os registros autenticam o fato de eles serem *adam* à semelhança de Deus — ou seja, o meio humano que deve cooperar na geração da ordem do ser por meio da submissão procriadora à vontade criadora de Deus. A criação divina da ordem não termina no Homem. A obra continua pelas instruções dadas ao *adam* que requerem a sua obediência cooperadora. Na verdade, a cooperação seria impossível se não houvesse um *adam*; e a instrução básica, que assegura a sua existência continuada, é, portanto, o "Crescei e multiplicai-vos e enchei a terra!" ordenado por Deus a Adão (Gn 1,28) e a Noé (Gn 9,1). Mas essa torá, efetiva no plano da *toldoth*, não seria suficiente para alcançar a ordem do ser; pois, como a experiência mostrou, a humanidade não sagrada cresceu, multiplicou-se e encheu a terra ainda mais efetivamente do que Israel. Sendo assim, o processo da história do mundo alcança o seu nível mais elevado com a escolha divina de indivíduos e grupos para instrução especial e a resposta confiante dos indivíduos e grupos escolhidos. A relação especial entre Deus e o homem é formalizada pelas alianças. A aliança, a *berith*, deve, portanto, ser posicionada ao lado de *toroth* e de *toldoth* como o terceiro grande símbolo usado na expressão do pensamento histórico israelita.

A *berith* como uma instituição legal em geral, e também como a Grande *Berith* entre Yahweh e Israel, será discutida numa parte posterior deste estudo. Todavia, devemos permanecer cientes de que, quando tentamos determinar a função historiográfica do símbolo, estamos lidando com uma camada de significado superposta às outras duas. O problema assemelha-se ao da *toldoth*. No caso da *toldoth*, a instituição básica era o clã com um ancestral ilustre. As genealogias dos clãs eram um tema de registro público. A forma da genealogia, então, era empregada para simbolizar o vínculo com a comunidade de grupos que não eram clãs, como na construção tribal de Israel que havia sido constituída pela Grande *Berith* e na especulação sobre a origem e diversificação da humanidade. E sobre a *toldoth* de Adão, por fim, foi superposta a *toldoth* do céu e da terra, de modo que desde a sua origem a história da humanidade estivesse permeada pela vontade criativamente ordenadora de Deus. De maneira similar, encontramos na base institucional no caso da *berith* os acordos federativos entre clãs nômades e entre nômades e grupos assentados agrícolas, e alianças nas relações exteriores. A forma da *berith*, então, é empregada para simbolizar a relação entre Yahweh e Israel, como foi estabelecida no monte Sinai. E sobre a Grande *Berith* que constitui o presente histórico israelita, por fim, é superposto o uso do símbolo para fins historiográficos.

Para determinar a função historiográfica mais exatamente, precisamos ainda eliminar o uso institucional do símbolo depois da Grande *Berith*. A aliança no monte Sinai tornou-se para Israel o protótipo de sua relação formal com Yahweh. Sempre que, num momento crítico, a relação tinha de ser lembrada ou renovada, ou quando o conteúdo das *toroth* tinha de ser revisado, o ato solene era moldado na forma de uma aliança com Yahweh, ou diante de Yahweh. Os principais casos foram (1) a *berith* de Josué, cujo conteúdo foi incorporado num "Livro das Instruções [*torah*] de Deus" (Js 24,25-26); (2) a *berith* de Ezequias, por ocasião de sua reforma (2Cr 29,10); (3) a *berith* de Josias, apresentando o Deuteronômio como o "Livro da Aliança" (2Rs 23,2-3); (4) a *berith* de Esdras anteriormente mencionada (Esd 10,3); e (5) a aliança de Neemias, que, no entanto, não é designada como *berith*, mas como *amanah* (Ne 10,1). Em casos desse tipo, a *berith* é um símbolo institucional, não historiográfico.

A função historiográfica propriamente dita se faz sentir, como no caso da *toldoth*, na parte pré-mosaica da narrativa. Aqui, ao que parece, o símbolo da *berith* foi deliberadamente usado para destacar fortemente as grandes épocas da história. Essas épocas são (1) a primeira humanidade de Adão, (2) a segunda humanidade de Noé, (3) o primeiro êxodo de Abraão e (4) o segundo êxodo de Moisés. Foi aparentemente a redação sacerdotal que acentuou as épocas, expandindo o símbolo para a pré-história além de Moisés, e atribuiu a alianças anteriores certas instituições rituais. A história de Abraão foi engrandecida pela *berith* de Deus com Abraão (Gn 17,1-8), que instituiu a circuncisão (17,9-14); e a história de Noé foi engrandecida pela *berith* (9,9) que instituiu a abstenção de sangue (9,3-6). Embora a época de Adão não tenha sido marcada por uma *berith*, as partes componentes das épocas de Noé e Abraão foram inseridas na história, de modo que o efeito de ênfase foi o mesmo. Pois a série de ênfases rituais continuou em Gênesis 2,3, por meio da instituição do *Sabbath*. E, em Gênesis 1,29-30 foi colocada uma curiosa torá, claramente com a finalidade de ligar a época de Adão ao elemento de *berith* da época de Noé. Pois a aliança de Noé havia prescrito: "Tudo o que se move, o que é vivo, vos servirá de alimento; como antes vos dei as plantas verdes, agora vos dou tudo. Apenas não devereis comer jamais a carne com a vida [*nephesh*, vida, alma], ou seja, o sangue nela"[22]. A expressão "antes vos dei as plantas verdes"

---

[22] Para explicações adicionais da prescrição de abster-se de sangue, ver Levítico 17,11: "Pois a vida [*nephesh*] da carne está no sangue; e este eu vos dei para ser colocado sobre o altar para a expiação de vossas almas [*nephesh*]; pois o sangue expia devido à vida [*nephesh*] nele". As dificuldades de tradução são as mesmas que no caso do *psyche* grega no uso homérico. A vida-alma, sediada no sangue, seria ontologicamente da mesma substância que a vida-alma que foi soprada no homem pelo sopro animador de Deus (Gn 2,7). Assim, a prescrição de abster-se do sangue

refere-se a Gênesis 1,29-30: "Eu vos dou toda a erva que produz a sua semente [...] tal será o vosso alimento. A todo animal da terra [...] que tem *nephesh* viva, eu dou como alimento toda árvore que amadurece". A instrução para a criação animada, uma espécie de aliança "vegetariana", tem a aparência de uma construção especulativa do redator sacerdotal, estendendo o símbolo da *berith* para a época de Adão.

Em virtude da superposição do símbolo da aliança sobre a narrativa histórica, com a sua ênfase nas épocas, é justificável falar de uma especulação consciente sobre períodos da história. Há quatro períodos já mencionados, de Adão a Noé, de Noé a Abraão, de Abraão a Moisés e de Moisés em diante. Infelizmente, não há como verificar a quando pode remontar na história israelita essa especulação sobre as eras; sabemos apenas que a redação em sua forma atual deriva do século IV. Sendo assim, ela certamente é anterior à construção em Daniel das quatro monarquias, por volta de 165 a.C., e pode ter a sua origem em influências babilônicas durante o exílio. Mas não se deve atribuir uma importância excessiva a essas conjecturas. Tudo o que se pode dizer é que o número quatro, que tem a sua função simbólica na orientação espacial dos impérios cosmológicos, poderia ser transferido para a orientação temporal. E que isso poderia ter acontecido em qualquer momento da história israelita, pois não havia segredo quanto ao simbolismo do número quatro.

Berith e *toldoth* foram ambas usadas para a simbolização dos períodos históricos. Se houver alguma dúvida quanto à intenção especulativa como o motivo primário na disposição da narrativa, ela será dissipada pelo uso que ainda era feito desse simbolismo no início da historiografia cristã. Pois o evangelho de São Mateus inicia no melhor estilo israelita, com um "Livro da descendência de Jesus Cristo, filho de Davi, filho de Abraão". O grego *biblos geneseos* é a tradução da Septuaginta para o *sepher toldoth*, o "Livro da descendência de Adão", de Gênesis 5,1. Em Mateus 1,2-16, então, são apresentadas as gerações de Abraão a Jesus em linha descendente, enquanto Lucas 3,23-38 acompanha a genealogia em linha ascendente de "Jesus, o suposto filho de José", a "Adão, o filho de Deus". As épocas abrangidas pelas genealogias, na verdade, foram cristianizadas. Abraão era o ancestral ilustre, porque por seus "descendentes serão abençoadas todas as nações da terra" (Gn 22,18), e Davi porque recebeu

---

de animais mortos é imediatamente seguida pela advertência de que ninguém deve derramar o sangue de um homem, ou seu sangue será derramado em troca, "pois Deus fez o homem à sua própria imagem" (Gn 9,6).

a profecia por intermédio de Natan: "Elevarei tua posteridade depois de ti; será um dos teus filhos, e estabelecerei firmemente sua realeza. Ele me construirá uma casa, e estabelecerei o seu trono para sempre" (1Cr 17,11-12). Mas o número quatro foi preservado apesar da cristianização dos períodos; havia ainda quatro períodos: de Adão a Abraão, de Abraão a Davi, de Davi ao exílio e do exílio a Cristo (Mt 1,17). O grande problema da periodização da história na especulação cristã e moderna remonta, em continuidade, aos historiógrafos israelitas.

§3 As motivações da historiografia

O trabalho dos historiadores produziu uma narrativa que ia da criação do mundo à queda de Jerusalém. A narrativa era a história de alguma coisa. E o que quer que possa ter sido essa alguma coisa estava relacionada ao tema do trabalho historiográfico. Pelo menos assim pareceria para a mente moderna, que pressupõe que uma história precisa ser uma história de alguma coisa.

Porém, infelizmente, não é assim. Nas primeiras páginas deste capítulo, alertamos que os termos *historiografia* e *material histórico* estavam repletos de problemas espinhosos. Nossa reflexão, agora, levou-nos de volta ao centro das dificuldades.

O fato de o termo *material histórico* não ser aplicável sem ressalvas ao conteúdo da narrativa torna-se evidente assim que percebemos que a narrativa contém, entre outras coisas, um relato da criação. Tal relato não é um conjunto de proposições referentes a eventos testemunhados por um historiador ou, a bem da verdade, por qualquer um. As histórias da criação, de Noé e do dilúvio, da Torre de Babel e assim por diante são mitos; e seu "material" não é o conteúdo das histórias, mas as experiências simbolizadas por meio das histórias. Assim, em longos trechos da narrativa, o trabalho historiográfico produziu não uma história de alguma coisa, mas um mito desenvolvido de forma deliberada. Além disso, mito e história não são partes claramente separadas da narrativa, mas fundem-se uma na outra. O material histórico propriamente dito entra em quantidades cada vez maiores no curso dos relatos patriarcais e avoluma-se intensamente na história do império davídico e dos reinos, mas o mito nunca desaparece por completo. Ademais, não se pode sequer dizer que o componente do mito dilui-se gradualmente conforme a narrativa se aproxima de seu final, pois, perto do fim, ela contém um magnífico e complexo exemplar de mito na história da "descoberta" do Código Deuteronômico. Os elementos históricos, sem dúvida, são claramente distinguíveis no relato da descoberta. Podemos discernir a autoria do Código, a habilidosa oportunidade de sua "descoberta" e a elaboração do mito. Mas esses elementos estão firmemente incrustados no mito da descoberta em si, bem como na forma mítica que apresenta o Código como uma série de instruções divinas comunicadas por discursos de Moisés. Aqui, ao menos, temos um mito genuíno *sobre* Moisés, em contraste com os símbolos criados *por* Moisés. O narrador israelita aceita o mito da descoberta e relata o seu conteúdo como se fosse história; e, ao fazê-lo, inevitavelmente nos informa que, no que se refere a fato histórico, tal mito foi elaborado e de fato representado pelos "descobridores" do Código Deuteronômico. O narrador não é o tolo enganado pelo mito, uma vez que pertencia ao círculo que o criou e talvez tenha até participado de sua criação. Sua atitude assemelha-se antes à dos autores da teologia menfita. Ele pode criar um mito e, ao mesmo tempo, acreditar nele, pois o mito incorpora a verdade de uma experiência — de que as instruções do Código Deuteronômico renovam autenticamente a verdade da ordem comunicada por Moisés. A verdade das Instruções mosaicas foi experimentada como redescoberta para o tempo atual. E o mito da descoberta, aceito como história, foi um método sutil e efetivo de expressar essa verdade.

O trabalho historiográfico, assim, contém mitos genuínos, história genuína e os estranhos entrelaçamentos de história, mito e representação do mito que encontramos no caso do Deuteronômio. Os três tipos de conteúdo são fundidos num novo tipo de relato que não é nem mito, nem história pragmática, mas a "história do mundo" anteriormente analisada, com o seu núcleo experiencial no presente histórico constituído por Moisés e a aliança e a sua elaboração por meio de especulações sobre as origens do ser e os períodos da história do mundo. A "narrativa", assim, absorveu tipos diversos de materiais e transformou-os de acordo com o seu próprio princípio de construção. Ela é uma forma simbólica *sui generis*. Desse modo, quando agora retomamos a questão do "material" da narrativa, somos forçados à conclusão de que ela não tem um "material", mas um significado que só pode ser determinado ao se recorrer às motivações experienciais da forma.

Um acesso às motivações da forma será obtido pela observação de que a grande narrativa chegou ao fim. Os historiadores israelitas perderam seu interesse pelos eventos histórico-mundiais quando os reinos de Israel e Judá desapareceram do cenário político. Porém, se considerarmos que, certamente, uma motivação importante da historiografia israelita foi a constituição do povo pela aliança e que a narrativa elaborou paradigmaticamente a existência do povo sob instruções divinas, não será tão óbvio que a narrativa devesse ter chegado a um fim, ou, se o fez, que o tenha feito nesse ponto em particular. Se tomada a narrativa pelo seu valor aparente, seria antes de esperar que ela tivesse continuado e sido atualizada enquanto houvesse israelitas vivos e capazes de fazer esse trabalho.

Para explicar a estranheza dessa interrupção, devemos pressupor que a motivação primária da grande narrativa não era, afinal, um interesse pela história do mundo, mas antes um interesse pela fundação do reino cujo fim leva o relato a terminar. E essa pressuposição é apoiada pelos fatos da história literária, na medida em que a escritura da história de fato começou na época de Salomão e seu primeiro material foram as origens da monarquia. As tradições J e E, além disso, foram moldadas em relatos coerentes e, talvez, registradas por escrito sob o reinado e, por sua situação histórica, foram concebidas como o início da história do Israel que foi organizado como um povo sob um rei.

Se, no entanto, a fundação da monarquia forneceu o motivo primário para a historiografia, pelo menos no que se refere à história escrita, um conflito parece desenvolver-se entre os dois principais eventos pelos quais o povo de Israel foi constituído. Pois o motivo primário suposto da história escrita contradiz o conteúdo do trabalho historiográfico na medida em que, de acordo com a própria narrativa, o foco da história israelita não era a ascensão da monarquia, mas a constituição do povo por intermédio dos eventos do período mosaico.

Para remover o conflito, a fundação da monarquia deve ser reconhecida como um evento de importância muito maior para Israel do que pareceria ter sido de acordo com a narrativa. A preocupação profética com as iniquidades da conduta dos reis, a política externa e os males sociais lançou uma sombra sobre a monarquia e minimizou a sua realização pragmática, ao mesmo tempo em que elevava os eventos bastante desoladores da chamada conquista de Canaã a proporções heroicas. Se penetrarmos na redação paradigmática até o núcleo pragmático dos eventos que levaram ao clamor por um rei, parece que a invasão israelita de Canaã havia sido apenas parcialmente bem-sucedida, que o controle ganho foi precário e que os ataques dos filisteus ameaçaram a posição israelita com uma redução que beirou a extinção. A situação deve de fato ter sido desesperadora, porque Israel, antes da monarquia, consistia pragmaticamente em nada além de uma disposição não organizada de vários clãs, unidos pelo vínculo da aliança, a ajudar uns aos outros no caso de um ataque. E essa disposição não só não era organizada como também era bem pouco confiável mesmo no caso de uma emergência fatal. No que se refere à política do poder, ter-se-ia de dizer que a "conquista" de Canaã foi uma penetração inconclusa na área e, na época de Saul, esteve a ponto de ser varrida pelas mais bem organizadas forças filisteias. A conquista foi completada, ou antes, tornou-se de fato uma conquista somente pela aceitação da monarquia e da conclusão bem-sucedida das guerras com os filisteus.

Se a história da conquista for vista nessa luz, as motivações historiográficas perderão a sua aparência contraditória. Pois a fundação da monarquia não foi, estritamente falando, um evento dentro da história de Israel, mas o último de uma série de atos pelos quais Israel ganhou existência histórica. Essa série de atos, na verdade, começou com a obra de Moisés, com o Êxodo e a aliança, mas não terminou com eles ou mesmo com a entrada em Canaã. A organização política do povo em seu território, a criação da forma sob a qual ele poderia atuar e se manter no cenário histórico, só foi completada pela monarquia. A criação da substância da comunidade por Moisés teve de ser complementada pela organização para a existência pragmática. A conclusão bem-sucedida da existência israelita seria a experiência que motivou a escritura da história, porque agora havia surgido o povo organizado do qual uma história poderia ser escrita. E o trabalho histórico teria como seu primeiro tópico os reinados de Saul e Davi e a subida ao trono de Salomão, como teve nas memórias de um autor desconhecido que são preservadas em 2 Samuel 9–20 e nos dois primeiros capítulos de 1 Reis como o núcleo do documento J. Além disso, chegaria compreensivelmente a um fim com a destruição da monarquia, ou seja, com o desaparecimento da existência política motivadora.

Sob o aspecto discutido acima, a fundação da monarquia tornou-se o centro motivador da historiografia israelita. Em particular, a partir desse ponto de cristalização, a história foi escrita retroativamente, de forma a se encaixar nas realidades da nova organização política. O relato da constituição substantiva de Israel por meio da aliança, bem como da conquista até as guerras com os filisteus, tinha de preceder o relato sobre os reis. E essa pré-história, para se adaptar às condições do reinado davídico, precisava atribuir um lugar adequado à tribo de Judá, embora a tribo do rei não tivesse de fato jamais participado da confederação israelita original. Além disso, era preciso solucionar a questão da Canaã que agora havia se tornado inequivocamente domínio de Israel. Pois essa Canaã havia sido um antigo cenário religioso por si só. E os numerosos lugares sagrados, aceitos como santuários comuns no curso da simbiose de conquistadores e conquistados, tinham agora sido integrados às tradições legítimas dos clãs hebraicos, de modo que o todo formasse uma sequência coerente dos patriarcas e seus antigos antepassados com o território atual da monarquia israelita. E a construção da história patriarcal, por fim, tinha de ser precedida de uma história da humanidade desde a criação do mundo, a fim de descrever e explicar o ambiente etnopolítico do reino. A pré-história israelita, assim, foi um trabalho de construção deliberada; e a motivação primária desse componente no trabalho historiográfico maior deve ser buscada não nos eventos do período mosaico, mas na situação política criada pelo sucesso da monarquia.

As contradições, desse modo, desaparecem quando os dois focos da historiografia israelita são reconhecidos e sua relação é compreendida. Todavia, algumas dúvidas terão sido suscitadas por essa estrutura bifocal peculiar. Falamos da fundação da monarquia como o motivo primário da historiografia; e, certamente, ele é discernível como tal na gênese literária da narrativa. Na estrutura final, porém, ele é totalmente sobreposto pelas motivações da aliança mosaica. Devemos, ademais, levar em consideração que a narrativa de fato termina, como seria de esperar, com a queda de Jerusalém, mas que o trabalho historiográfico continuou, de maneira bastante inesperada na perspectiva da motivação primária, por mais dois séculos e meio depois do final da monarquia. De modo geral, esse trabalho póstumo compreendeu os Códigos Deuteronomista e Sacerdotal nas Instruções Mosaicas; contribuiu, também, com a especulação sobre os quatro períodos da história; e, por fim, expandiu e aguçou a especulação sobre o significado da criação. Além disso, pela subdivisão da obra nas Instruções e nos Profetas, ele eclipsou a motivação primária tão fortemente que até mesmo o caráter da história do mundo como uma narrativa contínua foi obscurecido. No trabalho póstumo, o interesse pela substância da comunidade criada por Moisés e pela aliança ganhou precedência sobre a monarquia de modo tão decisivo que não pode ser tratado simplesmente como um motivo "secundário".

As complexidades numa estrutura de significados não podem ser dissolvidas por explicações forçadas, mas apenas por uma exposição mais clara da questão. Começamos pela observação de que a história do mundo havia absorvido materiais variados que foram fundidos no veículo da narrativa. A narrativa, com seu conteúdo, foi reconhecida como uma forma simbólica *sui generis*. Ela não tinha um "material"; seu significado teve de ser entendido em termos das experiências que motivaram a sua construção. A gênese literária revelou a fundação da monarquia como o motivo primário na ordem cronológica; porém, a construção total, com seu longo trabalho póstumo, tornou o presente histórico criado pela aliança, bem como a especulação sobre as origens criadoras e os períodos da história, o princípio dominante do conteúdo, embora essa motivação fosse secundária em ordem cronológica. A ordem dos motivos no conteúdo, assim, foi o inverso da ordem dos motivos no tempo. Além disso, para expressar o problema inteiro, a ordem das motivações no tempo — primeiro a monarquia, depois a aliança — foi o inverso da ordem dos acontecimentos no tempo. Os elementos responsáveis pela complexidade do trabalho historiográfico podem, portanto, ser resumidos nas três proposições a seguir: (1) na sequência de eventos históricos, a aliança precede a monarquia; (2) na sequência de motivações da narrativa, a monarquia precede a aliança; (3) no conteúdo da narrativa propriamente dita, a aliança domina a monarquia.

Uma vez reconhecida a estrutura, seu significado fica evidente. A causa das dificuldades é a experiência compacta de ordem. Referimo-nos aos dois focos da história israelita, ou seja, a criação da substância da comunidade por meio de Moisés e da aliança e a criação da organização política para a existência pragmática bem-sucedida por meio da monarquia. Esses foram os dois focos que, no desenvolvimento cristão posterior, se diferenciaram em história sagrada e história profana, em Igreja e Estado. Na história israelita, a diferenciação, embora nunca tenha sido totalmente alcançada, começou de modo bastante nítido; e no curso das tentativas de romper a compacidade inicial da ordem ocorreram as curiosas inversões na hierarquia dos focos. Na situação da "conquista", sob a ameaça de extinção nas mãos dos filisteus, a organização do povo sob uma monarquia foi entendida como o cumprimento da tarefa imposta pela aliança. Porém, assim que a monarquia foi estabelecida e ajustou-se às exigências de política internas e externas, tornou-se claro que a nova ordem social não correspondia de forma alguma às intenções da aliança. Desse modo, apenas com a reação à monarquia começou o intenso interesse por Moisés e pelas Instruções que acabou fazendo que o reinado parecesse uma grande aberração. A fundação da monarquia, assim, tornou-se um evento ambivalente tanto na história como na historiografia de Israel. Sem a monarquia, o Israel da confederação poderia ter desaparecido sem deixar muitos traços na história; com a monarquia, pôde sobreviver, mas traiu as Instruções mosaicas. Sem a monarquia, nunca poderia ter surgido a oposição profética que esclareceu o significado do javismo; com uma monarquia continuada e bem-sucedida, o javismo dos profetas provavelmente nunca poderia ter se tornado uma força histórica universal.

A natureza da compacidade israelita foi definida previamente como "uma hipoteca perpétua do evento concreto e imanente ao mundo sobre a verdade transcendente que, em sua ocasião, foi revelada". A hipoteca foi ficando cada vez mais pesada até a fundação da monarquia, porque a promessa original de Canaã fazia que cada avanço do povo em seu estabelecimento mundano aparecesse como um cumprimento da ordem instituída pela aliança. Quando os profetas começaram seu trabalho, a hipoteca havia alcançado proporções espantosas, já que acumulara as ordens civilizacionais pelas quais o povo tinha passado. O povo havia começado no nível da vida nômade no deserto; depois adquirira as características de uma população agrícola estabelecida em Canaã; por fim, desenvolvera uma sociedade urbana e cortesã sob a monarquia. Como as transições de uma ordem civilizacional para outra não afetaram a população como um todo, Israel como reino havia preservado lembranças e resquícios marginais apreciáveis de uma sociedade nômade, enquanto a nova sociedade urbana e cortesã era uma classe abastada e opressiva que dominava uma massa de camponeses pobres. Além disso, as mudanças sociais e econômicas foram acompanhadas por mudanças na esfera do culto. O assentamento agrícola em Canaã familiarizara o povo com a necessidade de tratar os deuses da fertilidade agrícola com o devido respeito; e a nova posição de poder da monarquia exigira respeito, além de estabelecimentos oficiais de culto, a deuses estrangeiros por uma questão de necessidade diplomática. Desse modo, os profetas, quando expressaram a insatisfação com a nova ordem, estavam numa posição peculiar. Eles certamente tinham alvos de sobra para atacar. Mas o ataque precisava ser feito em nome de algo; e onde quer que procurassem uma base a partir da qual iniciar o ataque, eles viam que a base já estava sobrecarregada por uma hipoteca que precisava, por sua vez, ser removida.

Sempre é fácil atacar estrangeiros. Relativamente simples e efetivo, portanto, foi o ataque ao culto a deuses estrangeiros, embora isso tenha se mostrado suicida, devido às consequências políticas. Nem tão simples foi o ataque à iniquidade moral da nova classe superior pelo recurso a uma existência camponesa glorificada, com independência, liberdade, abundância e paz; pois os camponeses livres e independentes eram, na realidade, o povo que se entregava com satisfação ao culto dos baals e das astartes. Os cultos estrangeiros da classe superior, portanto, eram fáceis de atacar, porque era possível escolher como base para o ataque um ressentimento nacionalista contra tudo o que era estrangeiro. A ordem moral da classe superior era mais difícil de ser atacada com base numa ordem camponesa livre, porque os próprios camponeses tinham de ser atacados pela sua ordem cultual. Esse ataque de dupla frente teve, desse modo, uma tendência a retroceder à ordem da sociedade nômade sob a aliança com Yahweh. E na revolta profética contra a dinastia de Omri no Reino do Norte encontramos, de fato, o líder dos nômades recabitas intimamente associado aos profetas Elias e Eliseu. O recuo à civilização nômade, no entanto, era difícil por mais de uma razão. Em primeiro lugar, o povo de modo geral não tinha nenhuma intenção de retornar à existência nômade. Na verdade, a vida nômade tornara-se tão distante para os assentados em Canaã que apenas alguns vestígios de suas lembranças são deixados na Bíblia, como o isolado Canto de Lemek (Gn 4,23 ss.) com suas assustadoras vanglórias de vingança. Às vezes, como na história de Agar, ainda encontramos duas versões que refletem os pontos de vista nômade e agrícola das respectivas tradições[23]. Mas a história de Caim e Abel, por exemplo, é criação de colonos agrícolas que desejam explicar o modo de vida dos nômades quenitas, que havia se tornado profundamente estranho para eles. A ética da vida nômade, assim, não podia ser oferecida com nenhuma esperança de sucesso em oposição aos costumes do reino. Não seria possível desfazer a história de Israel e voltar ao deserto. Pior, porém, era que o javismo do período do deserto aparentemente não proporcionava os símbolos espirituais que poderiam ser invocados com autoridade contra os males da época. Não sabemos qual era a natureza exata da dificuldade, já que os símbolos originais do período mosaico não podem ser desligados com certeza do contexto criado pelas redações pós-proféticas. Mas sabemos que foi necessária toda uma galáxia de profetas para diferenciar o significado espiritual do javismo de um simbolismo que o envolvia compactamente nas instruções ordenadoras para uma associação de clãs nômades. E depois que esses esforços alcançaram uma certa medida de sucesso o caráter de oposição do profetismo

---

[23] Em Gênesis 16, Agar é uma nômade decidida que se ressente das zombarias de sua senhora. Ela vai para o deserto e se vira muito bem por lá sozinha. E lá recebe o anúncio divino do grande destino que está reservado a seu filho Ismael. Em Gênesis 17, ela é uma serva indefesa que é expulsa para o deserto. Lá, aguarda que seu filho morra de exposição ao calor e falta de água e prevê o mesmo destino para si. Deus salva a ela e à criança por meio de um milagre e então anuncia o grande destino. Na primeira versão, o deserto é a liberdade em que o homem pode refugiar-se da opressão social numa sociedade estabelecida; na segunda versão, o deserto é o lugar para onde o homem é mandado contra a sua vontade e onde morre por falta de sustento. Em ambas as versões, Abraão aparece no papel patético de um marido que se desfaz de sua amante e a expõe à privação para ter paz em sua casa.

tornou-se duplamente inútil. Pois, pragmaticamente, a oposição havia perdido o seu alvo com a destruição dos reinos; e, espiritualmente, tornou-se evidente que a existência ou não existência de um reino de Israel era irrelevante para os problemas fundamentais de uma vida justa diante do Senhor.

Uma luz adicional será lançada sobre a natureza da dificuldade israelita por uma comparação com a dificuldade inversa que incomodou os primeiros cristãos. No cristianismo, as *logia* de Jesus e, especialmente, o Sermão na Montanha haviam desligado efetivamente o significado da fé, bem como da vida do espírito, das condições de uma ordem civilizacional específica. A separação foi de fato tão efetiva que a perda do entendimento da importância da ordem civilizacional foi um sério perigo para muitos cristãos. Enquanto os profetas tiveram de lutar por um entendimento do javismo em oposição à ordem social concreta de Israel, uma longa série de líderes cristãos, de São Paulo a Santo Agostinho, tiveram de lutar por um entendimento das exigências da ordem social e política imanente ao mundo. Os profetas precisaram deixar claro que o sucesso político de Israel não substituía uma vida em obediência às instruções divinas; os líderes cristãos precisaram deixar claro que a fé em Cristo não substituía um governo organizado. Os profetas tiveram de enfatizar que a posição dentro da ordem social de Israel não conferia posição espiritual a um homem diante de Deus; os pensadores cristãos tiveram de enfatizar que a aceitação sacramental no Corpo Místico não afetava a posição social de um homem — que os senhores ainda eram senhores e os escravos eram escravos, que os ladrões ainda eram ladrões e os magistrados eram magistrados. Os profetas tiveram de explicar que o sucesso social não era uma prova de justiça diante de Deus; os pensadores cristãos tiveram de explicar que o Evangelho não era um Evangelho social, que a redenção não era uma solução social e que o cristianismo em geral não era garantia de prosperidade individual ou coletiva.

A relação entre a vida do espírito e a vida no mundo é o problema que se encontra não resolvido na base das dificuldades israelitas. Apressemo-nos a dizer que o problema, por sua natureza, não pode ter uma solução válida para todos os tempos. Equilíbrios que funcionem por algum tempo podem ser encontrados e foram encontrados. Mas habituação, institucionalização e ritualização, inevitavelmente, por sua finitude, degeneram mais cedo ou mais tarde num cativeiro do espírito, que é infinito; e, então, é chegado o momento de o espírito romper um equilíbrio que se tornou um aprisionamento demoníaco. Assim, não se pretende nenhuma crítica ao caracterizar o problema como não resolvido. No entanto, precisamente porque o problema é insolúvel em princípio, uma importância inestimável associa-se a seus estados de irresolução historicamente específicos. No caso israelita, o problema é não resolvido na medida em que se encontra no ponto de emersão da compacidade do período mosaico para a diferenciação profética. E a fundação da monarquia foi, além disso, a crise específica que revelou o descarrilamento demoníaco da fundação mosaica. Aqui testemunhamos a ação recíproca de experiências na luta do espírito por sua liberdade do encarceramento numa organização social específica. Essa luta de importância verdadeiramente histórica determinou, por suas fases experienciais, a estrutura singular da narrativa bíblica como obra literária.

Parte 3
A história e o rastro dos símbolos

O trabalho historiográfico foi originalmente dominado pela fundação da monarquia. Sob o impacto do movimento profético, então, o foco de interesse deslocou-se da existência pragmática bem-sucedida para a ordem substantiva sob a aliança. Os historiadores exílicos e pós-exílicos, por fim, aumentaram fortemente o peso do Pentateuco com códigos adicionais, construíram a história do reino em torno do Templo de Salomão e da pureza do culto de Yahweh e sobrepuseram a especulação sobre períodos da história do mundo.

A mudança radical de interesse, porém, não levou os historiadores a abandonar o trabalho de gerações anteriores. A obra completa, como consequência, assumiu a forma simbólica *sui generis* analisada nos capítulos precedentes. Por um lado, a forma da narrativa absorveu em seu meio o conteúdo variado do mito e da história e transformou-o na história do mundo paradigmática. Por outro lado, a história do mundo resultante não foi obra de um único historiador que digeriu as fontes primárias e impôs a elas o seu estilo literário pessoal. Os historiadores posteriores obtiveram as mudanças de significado desejadas preferencialmente por meio de seleção, repressão, mutilação, interpolação e influência silenciosa do contexto. Em tal forma fragmentada, portanto, a narrativa contém uma quantidade considerável de materiais-fonte que, isolados de seu contexto, ainda revelam o seu significado original.

A peculiaridade da forma literária é estreitamente determinada pelos problemas de uma ordem que oscila entre a retidão de uma vida em obediência a instruções divinas e a organização de um povo para a existência na história. A compacidade do simbolismo cosmológico, sem dúvida, foi rompida pela experiência javista, mas a elaboração da experiência por meio de novos símbolos nunca penetrou completamente nas consequências do salto no ser para a vida do espírito ou para a vida no mundo. Os símbolos israelitas, portanto, têm uma estrutura desconcertante. E talvez seja por essa razão que a sua natureza raramente surge de modo claro na literatura sobre o tema. O javismo dos profetas ainda parece ser a melhor "contribuição" reconhecível de Israel para a civilização da humanidade, enquanto os símbolos referentes à existência organizada parecem tão estreitamente relacionados ao mito cosmológico da época que a diferença israelita específica é difícil de determinar.

Essa complexidade da ordem deve ser enfrentada da mesma forma que a complexidade correspondente do trabalho historiográfico. Não há um Israel "religioso" da aliança e dos profetas a que se dirige o amor dos teólogos e dos estudiosos do Antigo Testamento, nem um Israel "político" que recebe tratamento preferencial dos historiadores pragmáticos. Há apenas o único Israel, que tenta existir na forma histórica centrada na aliança, embora, ao mesmo tempo, o mito cosmológico insinue-se de volta sempre que as exigências da existência pragmática se impõem. Ainda que os elementos formais possam ser bem distinguidos nas fontes, deve-se resistir à tentação de isolá-los uns dos outros e falar, como é feito com frequência, de uma ordem israelita genuína sob a aliança e de sua corrupção por "influências orientais". Pois o povo que tinha um entendimento incompleto de seu Deus, que o desertou por divindades cananeias, assírias e babilônicas, que chegou mesmo a degradá-lo a um deus da mesma classe que os outros, e talvez não o mais confiável, era tanto Israel quanto o eram os profetas e tinha razões tão boas para a sua deserção quanto os profetas para sua oposição. Ao refletir sobre as tensões entre os elementos formais, talvez seja melhor não fazer nenhuma distinção entre as formas, mas antes descer ao nível da experiência e falar das duas forças experienciais que, respectivamente, empurravam para a plena realização de uma vida em obediência a Yahweh e puxavam as pessoas de volta para uma existência em forma cosmológica. Pois se a tensão for expressa na linguagem de forças experienciais ficará mais claro que os símbolos israelitas, mesmo quando se aproximam fortemente do simbolismo cosmológico das civilizações vizinhas, são ainda carregados da oposição ao ou do afastamento do javismo; ao passo que os símbolos proféticos, mesmo quando chegam mais perto de um entendimento universalista da transcendência divina, são ainda carregados dos problemas da existência pragmática de Israel.

As duas forças experienciais contrapostas encontraram-se na criação do trabalho historiográfico. Os fragmentos de tradições, orais e escritas, foram incorporados à grande narrativa porque a história da luta de Israel pela sobrevivência na história pragmática era matizada, a cada volta dos acontecimentos, por sua relação com a ordem da aliança. Os próprios eventos pragmáticos haviam adquirido significado simbólico como cumprimentos ou afastamentos da ordem da aliança, ou como meios-termos diversos entre a vontade de Deus e as condições da existência mundana. E os eventos haviam deixado o seu rastro de símbolos nas tradições. Os historiadores posteriores puderam seguir o rastro e engrandecer os eventos paradigmaticamente à luz da ordem da aliança, mas certamente não quiseram destruir uma história que havia, ela própria, se tornado um símbolo da revelação.

As reflexões acima guiarão a apresentação dos símbolos israelitas de ordem. Nesta parte 3 do estudo, vamos tomar nossa posição no nível dos eventos pragmáticos e seguir o rastro de seus símbolos desde as tradições de Abraão até o fim do Reino do Norte. Quando a história de Israel terminou em desastre mundial, o peso do interesse deslocou-se distintamente, na Judá do século VIII, para o esclarecimento da ordem certa à luz da revelação sinaítica. A parte 4, que conclui o estudo, abordará, portanto, o simbolismo de Moisés e dos profetas.

Capítulo 7
Da sociedade de clãs ao regime monárquico

§1 A história de Abrão

A infiltração de clãs hebreus em Canaã, como pode ser discernida pelas histórias dos patriarcas, começou na primeira metade do segundo milênio a.C. Para a forma de ordem hebraica desse período antigo não há fontes sobreviventes que possam ser confiavelmente datadas como contemporâneas aos eventos. No entanto, um acesso à situação política, bem como às ideias hebraicas da época, apresenta-se na história de Abrão conforme relatada em Gênesis 14.

1 A *berith* de Yahweh com Abrão

A história de Abrão começa com a breve informação de que uma coalizão de quatro reis mesopotâmicos enfrentou em batalha uma coalizão de cinco reis cananeus no vale do mar Morto (Gn 14,1-3). Por doze anos, o grupo de reis cananeus havia pagado tributo a Codorlaomor de Elam; no décimo terceiro ano, eles se rebelaram; no décimo quarto ano, Codorlaomor e seus aliados fizeram guerra contra os cananeus (vv. 4-5). A guerra assumiu a forma de um ataque às tribos do sul de Canaã e a ação aproximou-se do centro rebelde (vv. 5-7). Os reis se encontraram na batalha no vale de Sidim. Os reis cananeus foram derrotados, Sodoma e Gomorra foram saqueadas e os vitoriosos partiram, levando consigo Lot, sobrinho de Abrão, que morava em Sodoma (vv. 8-12). O rapto de Lot provocou a intervenção de Abrão. Um sobrevivente da batalha informou sobre o rapto e Abrão, com seus aliados e empregados, saiu em perseguição aos reis mesopotâmicos. Ele os derrotou, recapturou todo o butim, incluindo seu sobrinho Lot, e voltou (vv. 13-16). Em seu retorno, veio ao seu encontro o rei de Sodoma, bem como Melquisedec, rei e sacerdote de Jerusalém (vv. 17-18). À bênção de Melquisedec Abrão respondeu com o presente de um dízimo (vv. 19-20). O rei de Sodoma solicitou a devolução apenas de seu povo, dizendo que Abrão poderia ficar com o resto dos bens (v. 21). Abrão, porém, devolveu tudo, exceto os mantimentos para os seus próprios homens e a parte que cabia aos seus aliados (vv. 22-24).

Como peça literária, o relato de Gênesis 14 é um bloco errático, na medida em que não pode ser atribuído a nenhuma das principais fontes do Pentateuco. Até Gênesis 13, a narrativa se baseia nas fontes J e P; a partir de Gênesis 15, a fonte E aparece pela primeira vez. Gênesis 14 é, aparentemente, uma tradição hierosolimita; e a pressuposição de que o trecho deva a sua forma atual à reelaboração de uma tradição de Abrão mais antiga para fins de propaganda davídica é quase certamente correta. O papel do relato no contexto do Gênesis prefigura, pela sua forma atual, a tradição original de uma aventura patriarcal[1]. Por esse conteúdo original, o relato data a si próprio "nos dias de Amrafel, rei de Senaar". A identificação de Amrafel como Hamurabi é provável; e identificações experimentais para os nomes dos outros três reis mesopotâmicos também foram propostas. Entretanto, no lado das fontes babilônicas, é impossível encontrar um período em que quaisquer quatro reis com esses nomes tenham sido contemporâneos e pudessem ter participado de uma expedição dessa natureza. Desse modo, os reis anticananeus não devem ser considerados personagens históricos, mas representantes dos quatro povos principais da época de Hamurabi — ou seja, os elamitas, os babilônios, os mitani e os hititas[2]. Pode-se

---

[1] Para o papel do relato na política davídica, ver abaixo cap. 9, § 4. Para as concepções mais antigas de Gênesis 14, cf. Hermann GUNKEL, *Genesis*, Goettingen, Vandenhoeck and Ruprecht, 1910, e Otto PROCKSCH, *Die Genesis*, Leipzig, A. Deichert, 1913. Gunkel pressupõe que a vitória fabulosa de um herói judeu seja típica das lendas da história judaica posterior, como em Crônicas e Judite. É uma compensação para a impotência política, como em Ester (289 ss.). Procksch situa o relato no período helenístico e o atribui ao desejo de conferir a Abraão um lugar na história do mundo. Em Melquisedec, ele vê uma projeção legitimada no passado do sumo sacerdote do Segundo Templo (514 ss.).

[2] H. S. NYBERG, Studien zum Religionskampf im Alten Testament, *Archiv fur Religionswissenschaft* 35 (1938) 358.

reter dessa parte do relato não mais do que a intenção de fixar a data dos eventos num momento anterior à conquista egípcia da Palestina. Desconfiou-se há muito tempo, além disso, que o episódio de Melquisedec (14,18-20) fosse uma interpolação posterior, porque a ideia de um sumo sacerdote em Jerusalém na primeira metade do segundo milênio foi considerada anacrônica. A desconfiança não pode mais ser mantida, pois sabemos hoje que as cidades cananeias de fato tinham sumo sacerdotes[3]. Não há razão para que Jerusalém também não houvesse tido um na época. Assim, vamos considerar que o relato, por mais que seja distorcido quanto a nomes e detalhes pragmáticos, contenha um núcleo de tradição genuína com relação aos aspectos típicos da situação. E o significado do relato, conforme transmitido pelo contexto da história patriarcal no Gênesis, deve ser aceito como autêntico, uma vez que não contém nada inerentemente improvável.

O relato revela um cenário político ricamente diversificado. Há, em primeiro lugar, os reis das cidades-estado cananeias de Sodoma, Gomorra, Adama e Bela; posteriormente entra em cena um rei-sacerdote de Jerusalém. A leste do Jordão e ao sul vivem os povos aborígines primitivos que se tornam as primeiras vítimas do ataque mesopotâmico. Eles têm nomes como *rafaim* (gigantes), *emim* (horrores), *horim* (moradores de cavernas) e *zuzim* (possivelmente os mesmos que os *zomzomim* de Dt 2,20, os uivadores)[4]. Os reis das cidades-estado devem ser considerados originalmente governantes independentes. Porém, na época do relato, vêm sendo coletivamente os "servos" de um poder estrangeiro há doze anos e, quando se rebelam contra sua servidão, aparecem como aliados, *chaberim*, no campo de batalha. A razão para o ataque às tribos aborígines do leste e do sul não é clara, a menos que as cidades-estado exercessem algum tipo de soberania sobre elas, de forma que o saque às tribos representaria um golpe econômico para os reis.

Além das cidades-estado, presume-se que houvesse uma área rural fora de seu controle. Lá se estabeleceram os amorreus, que aparecem como alia-

---

[3] ALBRIGHT, *Archaeology and the Religion of Israel*, 108.

[4] Não se sabe muito sobre os aborígines cananeus, exceto que os hebreus os viam como homens de estatura incomumente elevada. *Raphaim* era usado como um termo genérico para as várias subdivisões dos primitivos (Dt 2). A existência dessa raça de gigantes cananeus é hoje atestada fora das tradições bíblicas, em textos ugaríticos que fazem referência a "Daniel, o homem rafa" (The Tale of Aqhat, trad. Ginsberg, em *ANET*, 149 ss.). Alguns dos "descendentes dos gigantes" sobreviveram até o período israelita, quando apareceram como guerreiros do lado dos filisteus (2Sm 21,16-22). O mais famoso dos gigantes foi Golias.

dos de Abrão. E, na terra arrendada ou comprada dos amorreus, por fim, vive um chefe hebreu como Abrão que, para uma luta, pode reunir mais de trezentos servos treinados nascidos em sua casa. Os amorreus posicionam-se em relação a Abrão na relação de senhores da *berith*, ou seja, de soberanos da terra em relação a seu vassalo. E como o curso dos eventos revela a *berith* deve ter estipulado assistência no caso de guerra, pois no fim do relato os três amorreus aparecem como participantes da expedição de Abrão e, como tal, com direito a uma parte do saque. A relação de *berith* entre Abrão e os amorreus, no entanto, não é a única possível para um hebreu em Canaã. O sobrinho Lot vive na cidade de Sodoma, embora sua posição, provavelmente de um *ger*, um residente protegido, não seja especificada. A posição de Lot em Sodoma parece não estar conectada à posição de Abrão. Entre Lot e Abrão, porém, prevalece a lei do clã que obriga Abrão a vir em resgate de seu sobrinho raptado; e, como consequência, a força de combate dos senhores da *berith* amorreus, que de outra maneira não pareceria estar relacionada aos assuntos dos reis cananeus, entra em cena. Mas a não relação não é garantida, pois o ataque dos mesopotâmios contra as tribos aborígines também se estende aos amorreus de Asasontamar. Assim, os senhores da aliança de Abrão talvez estejam, afinal, envolvidos na expedição de Abrão por suas próprias conexões amorreias.

O relato, dessa maneira, em parte indica explicitamente, em parte sugere um sistema intricado de relações entre os vários grupos políticos de Canaã que dificilmente podem funcionar de modo adequado sem sanções divinas aceitas em comum pelos grupos da região. O pressuposto de uma divindade comum como o guardião de pactos políticos, um *baal berith* em hebraico, talvez explique o surgimento do rei-sacerdote de Jerusalém depois do combate. Ele é apresentado como alguém que traz o pão e o vinho em sua capacidade de "sacerdote de El Elyon". E estende a sua bênção a Abrão nos versículos a seguir:

> Bendito seja Abrão por El Elyon,
> O criador do céu e da terra!
> E bendito seja El Elyon,
> Que entregou teus inimigos em tuas mãos!

O deus invocado por Melquisedec distingue-se por seu nome do Yahweh ou Elohim israelita, mas afora isso não recebemos nenhuma informação sobre sua natureza. As traduções como "o Deus altíssimo", embora corretas, são igualmente desprovidas de informação[5]. Mas há, uma vez mais, as descobertas ugaríticas para vir em nosso auxílio. Os cananeus tinham de fato um deus supremo, o deus da tempestade Hadad, referido sucintamente como o Baal, o rei ou senhor dos deuses; e um dos epítetos-padrão desse Baal era *Al'iyan*, "O que Domina". A supremacia do Baal como a divindade mais elevada no panteão cananeu foi estabelecida há muito tempo, o mais tardar no século XV a.C.[6] Esse Baal deve ser o El Elyon do Estado-Templo de Jerusalém, que, por meio de seu rei-sacerdote Melquisedec, envia bênçãos e, por seu serviço de entregar inimigos nas mãos dos que o reconhecem, recebe dízimos depois da guerra bem-sucedida.

Entre aqueles que reconhecem o Baal cananeu está Abrão. Ainda assim, embora esteja pronto para deixar o Baal ter a sua parte no butim de guerra, além desse ponto Abrão preserva a sua lealdade. Depois do episódio de Melquisedec (Gn 14,18-20), o rei de Sodoma oferece-se para dividir o saque com Abrão (v. 21); mas Abrão rejeita a oferta, que deve ser imaginada como generosa, numa linguagem violenta, quase insultuosa:

> Levanto minha mão a Yahweh, El Elyon,
> o criador do céu e da terra:
> Se de um fio a uma correia de sandália eu tirar algo que é teu...!
> Não digas: "Eu fiz Abrão rico".
> Nada para mim —
> Apenas o que os rapazes comeram,
> e a parte dos homens que vieram comigo, Aner, Escol e Mambré, —
> Que eles peguem a sua parte.

É uma fala dramática; uma explosão, contendo-se à beira da traição, caindo em silêncios para cobrir o que já foi meio dito. Revela mais do que o ressentimento de um nômade orgulhoso que se recusa a ser feito rico pela generosidade de um rei — se é que esse sentimento desempenha algum papel importante. Pois por trás da rejeição visível à oferta do rei encontra-se a rejeição a Melquisedec e seu El Elyon. Quando Abrão eleva sua mão para Yahweh, ele se apropria enfaticamente do epíteto do Baal para o seu próprio Deus. Por Yahweh, ele faz seu juramento inacabado de não pegar nada das posses do rei.

---

[5] A versão autorizada da Bíblia em inglês traz "*the most high God*". A tradução de Chicago, a Moffat e a tradução da Jewish Publication Society of America trazem "*God Most High*".

[6] ALBRIGHT, *Archaeology and the Religion of Israel*, 73, 195. Para textos em que o epíteto ocorre, ver os Poems about Baal and Anath, trad. Ginsberg, em *ANET*, especialmente a seção V AB C, 136, ou GORDON, *Ugaritic Literature*, 32 ss.

Sua insatisfação expressa com a ideia de ser feito rico pelo rei é, na verdade, uma recusa indignada a ser feito rico pelo Baal do rei. Yahweh é o deus que entrega os inimigos nas mãos de Abrão, não o deus de Melquisedec; Yahweh abençoa Abrão, não o Baal de Jerusalém; e não é ao El Elyon que preside as relações entre os aliados políticos em Canaã que Abrão deverá a sua prosperidade, mas apenas a Yahweh. Desse modo, Abrão reduz a oferta do rei ao pagamento de uma conta de despesas ascética.

Qualquer dúvida quanto à intenção do relato será desfeita por uma observação de seu contexto. Quando Abrão recusa com indignação tornar-se rico com a bênção do Baal, podemos nos perguntar com justeza como ele poderá prosperar numa ordem política que se encontra sob a proteção de El Elyon. A preocupação terminará quando lermos o versículo inicial de Gênesis 15:

> Depois do que acabou de ser relatado, a palavra de Yahweh veio a Abrão numa visão:
> Não temas, Abrão,
> Eu sou o teu escudo,
> Tua recompensa será rica.

Posteriormente no capítulo, Yahweh faz uma *berith* com Abrão (15,18), prometendo o domínio de Canaã para seus descendentes (15,18-21) quando a culpa dos amorreus for completa (15,16). O significado de Gênesis 14 é esclarecido sem nenhuma dúvida por essa sequência. Abrão está na situação difícil do êxodo. Pragmaticamente, ele deixou o lar anterior na Caldeia, mas, em Canaã, estabeleceu-se num ambiente cujo entendimento da ordem humana e social difere substancialmente do mesopotâmico. Ele é ainda um estrangeiro, dependente para sua posição de seus senhores da aliança, os amorreus, cuja ocupação principal na ordem espiritual das coisas parece ser o acúmulo de culpa, e ele deve aceitar o sistema de ordem sob o Baal até certo ponto. Espiritualmente, está profundamente perturbado. O êxodo da Caldeia mostra que ele não pode mais viver satisfeito no mundo de experiências e símbolos cosmológicos, mas seus movimentos no novo mundo que se abriu para ele quando sua alma se abriu para Deus ainda carecem de segurança. Por um lado, ele faz concessões ao Baal — e precisa fazê-lo, se quiser sobreviver; por outro lado, o novo Deus tomou posse dele com força suficiente para produzir tensão em sua alma e causar, numa situação crítica, a explosão de Gênesis 14,22-24. A tensão entre deus e Deus é de fato séria, especialmente porque a natureza do novo Deus e a força de sua assistência não são de forma alguma seguras. A transferência do El Elyon do Baal de Jerusalém para Yahweh deixa em dúvida se Yahweh é Deus ou apenas um deus supremo em rivalidade com outros.

Além disso, ao mesmo tempo em que Abrão rejeita riquezas que lhe vêm sob a sanção do Baal, ele não é avesso à prosperidade; ele não quer ser arruinado em nome de Yahweh. Desse modo, ele deve ter voltado para casa depois da cena dramática cheio de aflição. Certamente não havia feito amigos com a sua explosão. Será que Yahweh o protegeria agora contra as possíveis consequências? E iria compensá-lo pelas riquezas a que renunciara? Nessa hora crítica de sua vida, a "palavra de Yahweh" lhe vem com conforto para todos os aspectos inquietantes da situação: (1) o efeito geral de alívio do "Não temas"; (2) o "Eu sou o teu escudo" nas dificuldades políticas; e (3) a promessa "Tua recompensa será rica" em compensação pela perda econômica.

Os confortos e promessas de Gênesis 15 dissolvem sutilmente as tensões de Gênesis 14. É uma obra-prima a transformação do símbolo da *berith*. Em Gênesis 14, Abrão está em servidão devido à sua participação no sistema cananeu de pactos políticos. Ele vive sob baals tanto humanos como divinos: os amorreus são seus senhores da *berith* (*baal berith*) nas relações políticas e o Baal de Jerusalém é o guardião da *berith* política. Em Gênesis 15, ocorre o passo decisivo de libertação, quando Yahweh faz sua *berith* com Abrão. A situação mundana, sem dúvida, permanece a mesma por enquanto; porém, espiritualmente, a servidão é rompida com a mudança dos senhores da *berith*. A ordem em que Abrão de fato vive de agora em diante foi transformada da Canaã do Baal para o domínio de Yahweh. O símbolo de servidão tornou-se o símbolo de liberdade. Nessa ocasião, além disso, a natureza peculiar de uma *berith* com Yahweh se revela. Na situação mundana de Abrão, como dissemos, nada mudou. O novo domínio de Yahweh ainda não é a ordem política de um povo em Canaã; no momento, ele não se estende para além da alma de Abrão. É uma ordem que se origina num homem pela entrada da realidade divina em sua alma e, desse ponto de origem, expande-se para um grupo social na história[7]. Em seu início, não é mais do que a vida de um homem que

---

[7] Sobre a questão de deuses pessoais distinguidos de deuses locais ou da natureza, cf. Albrecht ALT, *Der Gott der Vaeter*: Ein Beitrag zur Vorgeschichte der Israelitischen Religion, Beitraege zur Wissenschaft vom Alten und Neuen Testament, 3:12, Stuttgart, W. Kohlhammer, 1929. Indivíduos espiritualmente sensíveis têm revelações de um nume até então desconhecido que recebe o nome de "Deus de N.N.". Tais deuses pessoais Alt encontrou atestados por inscrições de Palmira e Nabateia dos últimos séculos pré-cristãos. Julius LEWY, Les textes paléo-assyriens et l'Ancien Testament, *Revue de l'Histoire de Religions* 110 (1934), corroborou o fenômeno descoberto por Alt pela ocorrência da frase "Deus de teu pai" nos Textos de Kultepe de *c.* 2000 a.C. Alt observou as relações mais íntimas entre esse tipo de deus e o homem como pessoa, bem

confia em Deus; mas essa nova existência, fundada no salto no ser, está recheada de futuro. No caso da experiência de Abrão, esse "futuro" ainda não é entendido como a eternidade sob cujo julgamento o homem existe em seu presente. Na verdade, a *berith* de Yahweh já é o clarão de eternidade no tempo; mas a verdadeira natureza desse "futuro" como transcendência ainda é velada pelos análogos sensoriais de um futuro glorioso no tempo histórico. Abrão recebe as promessas de numerosos descendentes e de seu sucesso político no domínio de Canaã. Nesse sentido, a experiência de Abrão é "futurista". É um componente na *berith* que dura pela história israelita até a judaica e desemboca nos apocalipses. Todavia, a falta de diferenciação não deve ser vista apenas como uma imperfeição. Pois, como foi discutido anteriormente, as experiências compactas contêm o vínculo de compacidade que mantém unidos os elementos indiferenciados — o vínculo que com muita frequência é perdido no processo de diferenciação. Embora as promessas da *berith* ainda encubram o significado de transcendência, elas pelo menos preservam a consciência de que a eternidade de fato se estende ao processo da história, ainda que a operação da perfeição transcendente por intermédio do processo mundano seja um paradoxo que não pode ser resolvido por Canaãs ou Utopias de um tipo ou de outro.

Gênesis 14 e 15, juntos, são um documento precioso. Descrevem a situação em que a experiência da *berith* origina-se em oposição à ordem cosmológica da civilização cananeia, bem como o conteúdo da experiência em si. As questões filológicas e arqueológicas de confiabilidade e data do relato aparecerão agora sob uma luz diferente. Pois, claramente, não estamos interessados nem na data de fixação literária, nem na confiabilidade do relato, mas na autenticidade da experiência que é comunicada por meio do relato e na data provável da situação em que a experiência se originou. No que tange à autenticidade, o problema não é muito difícil, pois ninguém pode descrever uma experiência a menos que a tenha vivido, ou originalmente ou por meio de uma representação imaginativa. Os redatores aos quais devemos a fixação literária certamente tiveram a experiência por meio de representação; e a articulação magistral de seu significado pelo uso dos pontos altos dramáticos do relato prova que eles estavam fortemente familiarizados com ela. A resposta à questão de quem teve a experiência originalmente terá de se apoiar no argu-

---

como a tendência de tal nume tornar-se um deus da sociedade e da história (*Der Gott der Vaeter*, 46). Cf. EICHRODT, Religionsgeschichte Israels, 377-379.

mento de senso comum de que personalidades religiosas que têm tais experiências, e que são capazes de submeter-se à sua autoridade, não crescem em árvores. A sensibilidade espiritual do homem que abriu sua alma para a palavra de Yahweh, a confiança e a fortaleza necessárias para fazer dessa palavra a ordem da existência em oposição ao mundo e a imaginação criativa usada para a transformação do símbolo de servidão civilizacional no símbolo de libertação divina — essa combinação é um dos grandes e raros eventos na história da humanidade. E esse evento leva o nome de Abrão. Quanto à data do evento, não temos nada em que nos apoiar exceto a tradição bíblica que a situa no período pré-egípcio de assentamentos hebreus em Canaã, ou seja, no segundo milênio a.C. A data, portanto, deve ser aceita.

2 A continuidade da situação política

A experiência da *berith* de Abrão não morreu com o homem que a teve. Sobre a sua expansão para a ordem de uma comunidade e sua transmissão para o período israelita não sabemos nada por meio de fontes contemporâneas confiáveis. A narrativa bíblica, na verdade, traça a linha desde Abraão, passando por Isaac e Jacó, até os doze ancestrais de Israel, e continua pela estada no Egito, a recuperação da ordem de Yahweh por intermédio de Moisés e o Êxodo, até a conquista de Canaã. Essa linha de transmissão é porém fortemente estilizada. Ela não nos conta nada além do fato de que, ao longo da história de clãs hebreus, um filete da experiência deve ter continuado a correr com força suficiente para se alargar na constituição de Israel por meio da *berith* mosaica. Ainda assim, há algumas fontes, em parte externas, em parte bíblicas, que indicam uma constância da situação geral dos clãs hebreus assentados em Canaã, conforme descrito em Gênesis 14. O ambiente histórico em que a experiência pôde ser preservada existiu em continuidade.

A articulação política da região cananeia em pequenas cidades-reinos, conforme sugerido por Gênesis 14 para os séculos pré-egípcios, é atestada para a época do domínio egípcio, depois da expulsão dos hicsos, pelas Cartas de Amarna[8]. A administração imperial, com uma ocupação militar moderadamente efetiva, encontra-se nas mãos de um comissário para assuntos asiáticos

---

[8] Para uma análise da situação política na Palestina, com base nas Cartas de Amarna, ver MEYER, *Geschichte des Altertums*, II/1, 362-367.

no Egito. Os príncipes locais, cuja diversificação étnica provavelmente reflete os componentes étnicos do agora rompido poderio hicso, têm uma considerável liberdade de movimento, que eles usam em brigas e alianças para a expansão de seus respectivos principados[9]. Um fator importante na situação militar e política são as tribos *'apiru*[10]. Em alguns casos, eles são suficientemente fortes para ameaçar de conquista e desmembramento os territórios principescos; em outros casos, aparecem como aliados dos príncipes em suas guerras entre si e são recompensados com terras. Tais alianças de um príncipe com os *'apiru*, portanto, poderiam ser interpretadas como uma traição ao soberano egípcio; e outro príncipe sentir-se-ia justificado em fazer guerra contra o traidor, a fim de afirmar a ordem egípcia e, aproveitando a situação, expandir o seu domínio à custa do rival. A situação política fica mais clara numa carta de Shuwardata, o príncipe da região de Hebron, para o faraó (Akhenaton):

> Saiba o rei, meu senhor, que o chefe dos *'apiru* pegou em armas contra a terra que o deus do rei, meu senhor, deu a mim; mas eu o destruí. E saiba também o rei, meu senhor, que todos os meus irmãos me abandonaram e que sou eu e 'Abdu-Heba que lutamos contra o chefe dos *'apiru*.[11]

'Abdu-Heba, mencionado como o aliado de Shuwardata, é o príncipe de Jerusalém, que, afora essa referência, aparece nas Cartas de Amarna como inimigo de Shuwardata. O fato de os dois rivais terem unido forças nessa ocasião mostra que o perigo dos *'apiru* deve ter sido considerável. Uma carta do próprio 'Abdu-Heba tem um tom desesperado:

> Que meu rei volte a atenção para sua terra! A terra do rei está perdida; foi tomada de mim em sua totalidade. [...] Eu me tornei como um *'apiru* e não vejo os dois olhos do rei, meu senhor, pois há guerra contra mim. Eu me tornei como um navio no meio do mar! O braço do poderoso rei conquista a terra de Naaraim e a terra de Cush, mas agora os *'apiru* capturam as cidades do rei. Não há um único governador restante para o rei, meu senhor — todos morreram![12]

---

[9] Sobre a continuidade entre o tempo de Amarna e o período dos hicsos, cf. Albrecht ALT, *Voelker und Staaten Syriens im Fruehen Altertum*, Der Alte Orient, v. 34, n. 4, Leipzig, J. C. Hinrichs, 1936, 34 ss.

[10] O significado do nome *'apiru*, bem como quem teriam sido os *'apiru*, ainda é tema de debates. A ideia de o nome *'apiru* ser filologicamente conectado à palavra *hebreu* é possível, mas deve ser vista com desconfiança por razões arqueológicas. Praticamente não há dúvidas, porém, de que os *'apiru* eram, etnicamente, hebreus.

[11] Todas as citações são das traduções para o inglês de Albright e Mendenhall em *ANET*. A carta de Shuwardata, ibid., 487.

[12] Carta de Amarna 288, ibid., 488 ss.

E, por fim, nas cartas de Rib-Addi de Biblos, os amorreus aparecem em cena, em coalizão com os *'apiru*. O chefe dos amorreus, 'Abdu-Ashirta, e depois seus filhos ameaçam capturar Biblos com a conivência da população sob a liderança do irmão de Rib-Addi:

> Contempla nossa cidade Biblos! Há muita riqueza do rei nela, a propriedade de nossos ancestrais. Se o rei não intervier pela cidade, todas as cidades da terra de Canaã não serão mais dele.[13]

Os príncipes cananeus eram orgulhosos demais para mencionar tal escória nômade como os chefes dos *'apiru* pelo nome. Portanto, é impossível relacionar os eventos do período de Amarna a qualquer nome pessoal ou de tribo da narrativa bíblica. Além disso, a narrativa não preservou nenhuma lembrança das guerras dos hebreus contra Canaã na época da soberania egípcia. As razões pelas quais não haveria nenhuma referência específica a conflitos com uma Canaã dominada pelo Egito são tema de conjecturas. Talvez, na época da invasão dos *'apiru*, as tribos portadoras da tradição de Abrão movessem-se à margem dos eventos. Considerando que o povo de Israel constituído pela *berith* ainda não existia, as atividades guerreiras de um grupo de tribos muito possivelmente não eram de interesse para as tribos que não estivessem diretamente envolvidas. Mas também é possível que as tradições de guerras tenham sido suprimidas por historiadores posteriores em sua construção da Era Patriarcal. Gênesis 14 é errático não só como peça literária, mas também porque apresenta um patriarca como um chefe guerreiro no comando de sua tropa pequena, mas efetiva. Em geral, os patriarcas são representados como homens de paz. Muito raramente há um deslize no relato, como quando, em Gênesis 48,21-22, encontramos um Jacó que, de modo um tanto surpreendente, haja vista seus antecedentes informados, lega a José o "Siquém, que conquistei dos amorreus, com minha espada e com meu arco". Um deslize desse tipo poderia ser uma reminiscência dos eventos que, de acordo com as Cartas de Amarna (ver especialmente n. 289), levaram à rendição de Siquém para os *'Apiru*[14].

---

[13] Carta de Amarna 137, ibid., 483 ss. Para a questão de Biblos, ver MEYER, *Geschichte des Altertums*, II/1, 347 ss., 360 ss.

[14] Eu me limito a tais conjecturas gerais na forma mais sucinta possível. A relação entre os *'Apiru* e os hebreus e entre os eventos descritos nas Cartas de Amarna e na narrativa bíblica, bem como a cronologia da história hebraica entre Amarna e a Conquista de Canaã são tema de uma literatura volumosa. As argutas e imaginativas tentativas de reconstruir o período de aproximadamente 1500-1200 a.C. não produziram, todavia, resultados convincentes. Simplesmente

Felizmente, a narrativa bíblica preservou alguns fragmentos que revelam que a situação política das tribos hebreias em Canaã na época da conquista era a mesma que em Gênesis 14 e nas Cartas de Amarna. Gênesis 34 registra um trecho de história tribal em forma personalizada. Traduzida em termos tribais, a fonte nos informa que um clã hebreu de nome Dina havia entrado num pacto, que incluía casamento intertribal, com a cidade de Siquém, a sede do Baal-berith (Juízes 9,4). As tribos de Simeão e Levi opuseram-se ao acordo e assaltaram a cidade de Siquém. Mas os siquemitas retaliaram de forma tão efetiva que as duas tribos foram praticamente extintas. Josué 9–10 conta a história da cidade de Gabaon, que entrou numa *berith* com Josué depois da vitória deste sobre Jericó e Hai. Quando Gabaon ("uma cidade tão grande quanto uma cidade real" [10,2]) chegou a um acordo com os invasores, os príncipes cananeus decidiram adotar contramedidas enérgicas. Uma aliança de cinco príncipes "amorreus" sob a liderança de Adonisedec, o rei de Jerusalém, investiu contra Gabaon. A vitória subsequente de Josué e suas sangrentas consequências não precisam ser levadas excessivamente a sério, pois Jerusalém ainda era uma cidade independente na época de Davi.

Os fragmentos são importantes na medida em que provam a notável constância do cenário pragmático da experiência da *berith* de Yahweh. Em qualquer momento ao longo de seis a oito séculos, encontramos príncipes cananeus e suas alianças, os amorreus, os hebreus, um rei de Jerusalém, um Baal-berith e um sistema de pactos entre os vários agentes políticos. As condições sob as quais o gênio solitário de Abrão havia ganhado a sua liberdade espiritual por meio da *berith* com Yahweh eram aquelas em que uma confederação javista de tribos hebreias agora afirmava a sua identidade contra a civilização cananeia circundante.

---

não há fontes suficientes. Para um exame equilibrado do problema, cf. Lods, *Israel*, 43-52, 181-189. Apenas um detalhe deve ser mencionado, uma vez que se relaciona com o problema da continuidade. Os nomes Jacó e, talvez, também José são atestados como topônimos em Canaã nas listas de países asiáticos em inscrições de Tutmés III (1490-1436 a.C.). Trechos dessas listas são hoje facilmente encontráveis em *ANET*, 242 ss. O nome Jacob-el é atestado como o de um dos reis hicsos no Egito. Cf. Meyer, *Geschichte des Altertum*, I/2, 321 ss. O melhor exame recente do período do século XVI ao XIII é o de Albright, *Syrien, Phoenizien, und Palaestina*, 344-348. Para a questão dos *'apiru*, ver 350 s.

§2 O Cântico de Débora

1 A transmissão do javismo até o tempo de Moisés

Sobre a situação originadora, o conteúdo e a data da experiência javista, sabemos apenas o que pode ser depreendido de Gênesis 14-15. Sobre a transmissão da experiência até o tempo de Moisés, bem como sobre sua expansão da ordem de uma alma solitária para a ordem de uma comunidade, não sabemos nada além do fato de que ela foi transmitida e expandida. As informações referentes a esse fato são fornecidas por Êxodo 18.

De acordo com Êxodo 18, Moisés e seu povo acamparam no deserto depois de fugir miraculosamente dos perseguidores egípcios. O sogro de Moisés soube da fuga e foi ao encontro dos fugitivos. Em Êxodo 18, esse sogro é identificado como Jetro, o sacerdote de Madiã; em Juízes 1,16, como Hobab, o cineu. Deixando de lado as variações de nome (ainda há mais um, Reuel, em Êxodo 2,18), esse personagem aparentemente era o sacerdote e chefe da subdivisão cineia dos madianitas. No encontro com Moisés, depois da troca de cumprimentos e notícias, Jetro disse:

> Bendito seja Yahweh,
> que vos libertou da mão do Egito, da mão de Faraó,
> que libertou o povo de sob a mão do Egito.
> Agora eu sei:
> Grande é Yahweh acima de todos os deuses —
> pois ele prevaleceu sobre os orgulhosos inimigos de seu povo.

Jetro, em seguida, sacrificou a Yahweh; e Moisés, Aarão e os anciãos de Israel se uniram a Jetro na refeição diante de Deus. A situação lembra-nos daquele outro rei-sacerdote, Melquisedec, que foi ao encontro de Abrão em nome de seu deus supremo e para lhe transmitir bênçãos. Agora, porém, era Yahweh quem tomava o lugar de El Elyon; e Jetro, não Moisés, era seu sacerdote. O relato da reunião, assim, indica a existência de um culto a Yahweh entre os quenitas e, muito possivelmente, entre outras tribos que eram incluídas sob a descrição geral de "madianitas", na época de Moisés[15]. Além disso, nem o deus nem o culto poderiam ter sido de origem recente, pois o signifi-

---

[15] Uma relação especial dos cineus com Yahweh também aparece em outras fontes. O ancestral epônimo dos cineus, Caim, recebeu a "marca de Yahweh" (Gn 4,15), uma tatuagem tribal que significava participação no culto. E, na época da monarquia, um dos apoiadores ardentes

cado do nome Yahweh já estava esquecido e requeria explicação (Ex 3,13-14). E Yahweh foi apresentado, ademais, como o "deus de nossos pais", Abraão, Isaac e Jacó, de modo que, aparentemente, Yahweh era um deus cujo culto havia caído em desuso entre as tribos que haviam ido para o Egito (Ex 3,6.13).

O Israel da narrativa bíblica era uma liga anfictiônica javista. A confederação era constituída de tribos (*matteh, shebet*); as tribos, de clãs (*mishpachah*); os clãs, de famílias (*beth-ab*). Os chefes das famílias formavam uma comunidade democrática sob a liderança de chefes dos clãs, que deviam a sua autoridade a uma ascendência pessoal voluntariamente aceita. O clã era a unidade religiosa, militar e econômica básica, com uma força de combate de trezentos a mil homens — talvez mais próximo deste último número, uma vez que a palavra *eleph* (mil) era um equivalente corrente para *mishpachah*. O número de tribos na confederação era doze, embora as tribos que eram encaixadas no número simbólico doze nem sempre fossem as mesmas. Na época do assentamento em Canaã, Israel tinha um santuário anfictiônico de Yahweh em Siloé.

A data em que essa confederação começou a existir é incerta. Além disso, não é impossível que uma associação tribal de nome Israel existisse antes que o Israel sob Yahweh fosse constituído por Moisés. A indicação externa mais antiga da existência de um Israel é o Hino da Vitória do tempo de Merneptah, que comemorava uma campanha asiática por volta de 1225 a.C.

> Destruída está Tehenu; Hatti está pacificada;
> Saqueada está Canaã, com todo o mal;
> Devastada está Askelon; tomado está Gezer;
> Yanoam foi deixada como se não existisse;
> Israel foi assolado, sua semente já não há;
> Hurru tornou-se uma viúva para o Egito![16]

A palavra *Israel*, na inscrição, está escrita com o determinativo de um povo, não de uma terra. Isso significaria que Israel estava numa condição não assentada em Canaã ou nas proximidades, logo antes ou depois da conquista. Mas, infelizmente, os escribas egípcios nessa época não eram mais confiáveis e cometiam erros, de modo que nenhuma conclusão definitiva pode ser tirada[17].

---

do purismo javista foi o fundador da comunidade recabita, que, de acordo com 1 Crônicas 2, era um cineu.

[16] Traduzido por Wilson, em *ANET*, 378.

[17] Sobre a formação e a história da confederação, cf. Noth, *Geschichte Israels*, a parte sobre Israel als Zwoelfstaemmebund.

2 O Cântico de Débora

A fonte mais antiga para as ideias de ordem na confederação israelita é o Cântico de Débora, em Juízes 5. Ele é contemporâneo dos acontecimentos (*c.* 1125), e provavelmente foi escrito por uma testemunha ocular da batalha que é nele comemorada. Tem considerável valor como fonte, uma vez que preservou não só os "fatos" sobre o evento, mas o drama da experiência. Juntamente com o relato em prosa da guerra em Juízes 4, ele fornece, apesar do texto corrompido, um quadro bastante claro da antiga ordem javista de Israel.

Na época do Cântico de Débora, a infiltração de tribos hebreias em Canaã havia resultado na ocupação de três regiões distintas a oeste do Jordão. Um assentamento ao norte estendia-se em arco em torno do mar da Galileia, tocando a costa do Mediterrâneo; um grupo central havia penetrado além do Jordão até a Samaria; e uma penetração do sul levara ao assentamento de Judá. As três áreas hebreias eram separadas pelos territórios das cidades cananeias. Entre os assentamentos central e do norte, uma larga faixa cananeia vinha desde a costa, cruzando a planície de Esdralon até o Jordão, enquanto Judá, ao sul, era separada da região efraimita no centro por um cinturão de cidades que incluíam a fortaleza de montanha Jerusalém. O assentamento do sul ainda era fraco e politicamente insignificante; Judá não foi sequer mencionada no Cântico de Débora e, aparentemente, ainda não pertencia à confederação israelita. O cenário de eventos importantes era o norte, onde uma coalizão de príncipes cananeus, sob a liderança de Sísara de Haroset-Goim, iniciara ataques contra aldeias israelitas a fim de manter as tribos setentrionais e centrais separadas e, se possível, restringir seus territórios. A situação tensa explodiu numa guerra entre as forças cananeias, equipadas com carros de guerra, e os primitivos contingentes de Israel. A principal batalha foi lutada perto de Magedo, no rio Cison. Uma violenta tempestade encharcou o solo, de modo que os carros de guerra não podiam ser usados, e os cananeus derrotados sofreram pesadas perdas em sua retirada ao atravessar o Cison, que se transformara de um leito seco numa torrente. O líder cananeu Sísara foi morto na fuga por uma mulher cineia em cuja tenda ele buscara refúgio.

O cântico descreve o sofrimento das aldeias israelitas sob os ataques cananeus:

Nos dias de Samgar, filho de Anat,
O tráfego pelas estradas havia cessado,

> Os viajantes seguiam pelos caminhos secundários;
> O trabalho dos camponeses havia cessado em Israel, havia cessado,
> Até que te levantaste, ó Débora, levantaste-te como mãe em Israel.

Débora era uma profetisa que, por seus cantos (provavelmente apelos à ação e pragas contra o inimigo), estimulava o povo à resistência. Como a confederação não tinha uma organização permanente nem para a paz, nem para a guerra, a atividade lírica da profetisa teve de incitar um líder e impelir o povo a segui-lo:

> Desperta, desperta, Débora!
> Desperta, desperta, entoa um cântico!

O líder foi encontrado em Barac, que havia sido prisioneiro de Sísara por um tempo e agora tinha uma oportunidade de acertar algumas contas pessoais. Mas nem todas as tribos participavam da iniciativa comum. O cântico, assim, distribui louvores e censuras:

> Efraim moveu-se para o vale. […]
> Os chefes de Issacar estavam com Débora e Barac. […]
> Zabulon foi um povo que se expôs à morte. […]

Mas outros hesitaram:

> Nos clãs de Rúben foram grandes os debates. […]
> Galaad permaneceu do outro lado do Jordão. […]
> Aser ficou junto à costa. […]

Ainda assim, foi um grande levante. Os clãs desceram das colinas, com os guerreiros de cabelos soltos, de acordo com o ritual de guerra:

> Quando eles soltaram os cabelos em Israel,
> quando os homens se apresentaram voluntariamente, bendito seja Yahweh,
> ouvi, ó reis, escutai, ó príncipes,
> eu, a Yahweh, eu cantarei,
> eu cantarei a Yahweh, o Deus de Israel.

E, de sua sede no extremo sul, Yahweh veio em auxílio de seu povo, dirigindo o carro de guerra de sua tempestade:

> Yahweh, quando vieste de Seir,
> quando avançaste dos campos de Edom;
> A terra tremeu, os céus transbordaram,
> as nuvens despejaram suas águas;
> As montanhas deslizaram diante de Yahweh,
> diante de Yahweh, o Deus de Israel.

No lado cananeu, ele foi enfrentado pelos governantes celestiais, os Melecs, da região[18]:

> Os Melecs vieram e lutaram,
> então lutaram os Melecs de Canaã,
> em Taanac, junto às águas de Magedo.
> Eles não conseguiram nenhum despojo de prata.
>
> Do alto dos céus elas lutaram,
> as estrelas do alto de seu curso,
> elas lutaram do lado de Sísara.

Mas sua ajuda não teve nenhum préstimo para Sísara e seus aliados, pois a tempestade e a inundação de Yahweh haviam feito o seu trabalho:

> A torrente Quison os arrastou,
> A antiga torrente, a torrente Quison.

A derrota dos cananeus foi esmagadora. Sísara, em sua fuga, buscou refúgio com Jael, uma mulher cineia. Ela lhe ofereceu hospitalidade e, quando ele se sentiu seguro, enfiou uma estaca da tenda em sua cabeça:

> Bendita entre as mulheres, Jael, a mulher de Héber, o cineu,
> Entre as mulheres que vivem numa tenda, bendita seja ela!

Do fim de Sísara numa tenda de beduínos, a cena muda para o seu palácio, onde sua mãe o aguarda e se preocupa com a demora. O cântico se alonga com gosto nas expectativas das mulheres, que logo serão abaladas pela notícia terrível:

> Não estariam eles recolhendo,
> Não estariam eles dividindo os despojos,
> Uma jovem, duas jovens, para cada homem?
>
> Um despojo de tecidos pintados para Sísara,
> Um despojo de tecidos pintados e bordados,
> Pintados e bordados, do pescoço das despojadas?

O cântico termina com as linhas, talvez acrescentadas posteriormente:

> Assim pereçam todos os teus inimigos, Yahweh!
> Mas que teus amigos sejam como o Sol quando se eleva em sua força!

---

[18] Para os versículos 5,19-20 a seguir, estou usando a tradução sugerida por H. S. Nyberg, *Studien zum Hoseabuche*: Zugleich ein Beitrag zur Klaerung des Problems der Alttestamentlichen Textkritik, Uppsala Universitets Arsskrift, Almquist e Wiksells, 1935, 6, 47: "A guerra entre Sísara e os israelitas é representada como uma batalha entre os deuses da cidade de Canaã e Yahweh".

O Cântico de Débora está livre de interpretações e redações das escolas históricas posteriores; e é tão antigo que não sofreu ainda com o sincretismo israelita-cananeu. É o único documento sobrevivente que transmite um quadro coerente do Israel javista em sua forma pura. Desse modo, em cada um de seus detalhes, ele é de imensurável valor para o historiador que deseje fazer a distinção entre as ideias israelitas antigas e evoluções posteriores, entre ideias israelitas originais e acréscimos cananeus. Vejamos a seguir as principais características dessa ordem antiga da maneira como ela se torna visível no cântico.

Existia de fato uma confederação israelita, mas sem organização política. Esse fato, por si só, lança uma clara luz sobre a gênese do povo e de sua ordem, pois se não havia uma organização permanente, e se a improvisação no caso de uma emergência funcionava tão ao acaso quanto o Cântico de Débora revela, "Israel" jamais pode ter "conquistado" Canaã; as tribos componentes só podem ter se infiltrado lentamente, num processo possibilitado pela desintegração do poder egípcio na área. Embora a infiltração não tenha sido inteiramente pacífica, ela só pode ter envolvido pequenos confrontos de clãs e tribos com inimigos locais, e não conflitos mais significativos com os cananeus, que só poderiam ter sido enfrentados pelas forças organizadas de toda a confederação. Não havia nenhuma organização política, porque nenhuma atividade militar em escala nacional fora necessária. Como consequência, o Yahweh da confederação dificilmente poderia ter sido um deus da guerra. E, de fato, é possível encontrar na narrativa indícios de agradável surpresa quando, numa situação crítica, o "Deus dos pais" revela-se inesperadamente como um poderoso senhor da guerra, como no clamor de Miriam em Êxodo 15:

> Yahweh é um guerreiro,
> Seu nome é Yahweh.
> [...]
> Cantai a Yahweh,
> Ele se sobreexaltou;
> Cavalo e cavaleiro
> precipitou no mar!

A mesma experiência de surpresa permeia o Cântico de Débora com os seus repetidos destaques à participação voluntária das tribos numa guerra geral de Israel e ao auxílio de Yahweh. Seria precipitado concluir dessa indicação de surpresa que Israel como um todo jamais tivesse lutado uma guerra em comum antes da batalha de Sísara (e assim, num sentido estrito, nunca tivesse existido politicamente), mas certamente tais acontecimentos anteriores não foram suficientemente importantes para deixar seus traços nas lembranças do povo. Não é plausível considerar o Cântico de Débora uma peça poética acidental, acidentalmente preservada. Ele deve ser entendido como a comemoração de um grande evento em que Israel, pela primeira vez, experimentou-se como um povo unido em ação política sob Yahweh[19].

Se a interpretação estiver correta, se a guerra com Sísara de fato tiver sido a ocasião de um avanço decisivo na constituição de Israel sob Yahweh, os detalhes do cântico ganham importância adicional como uma fonte de informação sobre a gênese de um povo. A informação, sem dúvida, é irregular, pois o cântico é um poema, não um tratado. Ainda assim, algumas coisas ficam claras.

Os guerreiros reunidos no acampamento para a batalha foram chamados de *am Yahweh*, o povo de Yahweh (Jz 5,11.13). O deus propriamente dito não estava presente com seu povo em Canaã, mas veio em seu auxílio de sua sede bem ao sul (5,4). A arca como a sede de Yahweh não é mencionada no cântico; mas como a arca, de modo geral, era um equipamento de guerra questionável, é difícil tirar alguma conclusão de sua omissão. Nas guerras posteriores com os filisteus, ela teve uma função importante, mas mostrou-se tão ineficaz que o inimigo a capturou. Depois de ter sido capturada, tornou-se bastante ativa em espalhar pestilências onde quer que fosse colocada; e os filisteus ficaram felizes em devolvê-la. Quando, então, ela continuou a se mostrar um incômodo para o seu próprio povo, foi depositada num celeiro e abandonada; e Israel concluiu muito bem as guerras com os filisteus sem o perigoso objeto. E, por fim, depois da conquista de Jerusalém, ela foi lembrada por Davi e colocada numa tenda na cidade. Sua estranha ausência na guerra de Débora talvez seja uma indicação adicional de que Yahweh não havia sido anteriormente um deus da guerra e que a sua utilidade nessa função fora descoberta naquela ocasião.

O próprio Yahweh era experimentado como um deus que se manifestava em forças naturais. Seu aparecimento provocou uma revolução da natureza: as nuvens despejaram, a terra tremeu, as montanhas desceram em enxurrada e até as estrelas entraram na luta. No entanto, a presença de Yahweh em sua tempestade diferiu da tempestade que Enlil espalhou como uma mortalha sobre Ur. Nas "Lamentações pela destruição de Ur", o ataque de Elam foi experimentado como a tempestade cósmica de Enlil; no Cântico de Débora, a

---

[19] As sugestões no texto seguem o estudo de Gerhard von Rad, *Der Heilige Krieg im Alten Israel*, Zurich, Zwingli-Verlag, 1951.

tempestade real foi experimentada como a presença de Yahweh. E o que se revelou como Yahweh na tempestade real não foi uma tempestade cósmica, mas o *zidekoth Yahweh* (Jz 5,11), literalmente: a justiça de Yahweh. O significado do termo só pode ser conjecturado como os atos justos do deus pelos quais ele estabeleceu a ordem justa entre os homens. Yahweh era um deus que se revelou na ação histórica como o criador da ordem verdadeira. Essa concepção, agora, parece não estar muito distante da *maat* egípcia tanto do deus como do faraó mediador. Uma vez mais, porém, a justiça de Yahweh tinha uma compleição diferente, porque não havia um mediador humano que transformasse a ordem cósmica em ordem social. Uma das estranhezas não só do Cântico de Débora, mas também do Livro dos Juízes em geral, é a ausência de um termo para as funções humanas da ordem política em tempo de crise. A designação de Débora como um *shophet*, um juiz, é provavelmente anacrônica, pois o termo *shophet* pertence às redações do Deuteronomista. Mas Débora pelo menos deve a sua influência pública à sua autoridade espiritual reconhecível como profetisa, *nebijah* (4,4)[20]. No caso de Barac, no entanto, o líder da guerra, não há termo nenhum para designar sua função. A liderança carismática, de que dependia a ação da confederação na guerra, obviamente não era concebida como um análogo da ordem cósmica na sociedade que necessitasse de expressão apropriada por meio de símbolos. Assim, apesar de sua brevidade, o Cântico de Débora revela inequivocamente o rompimento de Israel com as civilizações cosmológicas.

O cântico celebra uma vitória numa guerra. As ideias referentes à campanha militar sob a liderança de Yahweh são pressupostas no cântico, mas seu pleno entendimento requer o uso de fontes adicionais. As ações militares eram numerosas, mas nem todas elas eram *milhamoth Yahweh* (1Sm 18,17; 25,28), guerras de Yahweh, embora o Livro dos Juízes às vezes dê essa impressão; com uma rara exceção, ele conta apenas a história das guerras santas. As guerras de Yahweh eram compromissos de todo o povo, se não de fato, ao menos em intenção. E eram conduzidas de acordo com certo ritual. As partes componentes do ritual não são enumeradas por inteiro em nenhum lugar e precisam ser inferidas de seu aparecimento fragmentário nas várias ocasiões de ação militar. Ainda assim, a estrutura geral do ritual pode ser discernida no relato resumido preservado em Juízes 4,14-16:

---

[20] É possível que mesmo o termo *nebijah* seja anacrônico. *Nebi'im* são atestados com alguma certeza apenas na época de Samuel. Um personagem do tipo de Débora mais provavelmente teria sido uma *roeh*, uma vidente.

> E Débora disse a Barac:
> "Prepara-te! Pois este é o dia,
> em que Yahweh entregou Sísara em tua mão.
> Não marchou Yahweh à tua frente?"
> Então Barac desceu do monte Tabor, e dez mil homens atrás dele.
> E Yahweh levou confusão [ou pânico] a Sísara e a todos os seus carros e a todo o seu exército; e Sísara desceu de seu carro e fugiu a pé.
> Mas Barac perseguiu, atrás dos carros, atrás do exército, até Haroset-Goim;
> e todo o exército de Sísara caiu a fio de espada;
> não sobrou nenhum homem.

O início do ritual não aparece no relato; e algumas características que são conhecidas de outros contextos são omitidas. Na abertura do relato, o exército está pronto para entrar em combate. Mas o momento em que o *am Yahweh* se encontrava pronto para o combate tinha de ser precedido por uma série de etapas preparatórias. Era preciso haver uma declaração — não de guerra, contra o inimigo, mas de um estado de emergência, para o povo —, por meio de autoridades proféticas que emitissem um chamado para a guerra. Depois, um líder carismático precisava ser incitado à ação, como Barac o foi por Débora; e o líder tinha de ter autoridade suficiente para convocar o povo à ação por intermédio de mensageiros, como, por exemplo, em Juízes 3,27 ou 6,34. As tribos e os clãs deliberavam e tomavam uma atitude em relação à convocação, com resultados variados, como o Cântico de Débora indica. A comunidade de guerreiros no acampamento tinha de ser ritualmente pura, submetendo-se, em particular, a abstinência sexual, pois Yahweh estava presente com seu povo. Sacrifícios eram oferecidos e oráculos eram obtidos. Apenas então, quando tudo parecesse favorável, um líder (no caso presente, Débora para Barac) daria o veredicto: "Yahweh entregou o inimigo em tua mão"; e o exército podia prosseguir para a execução do veredicto com completa certeza da vitória. Pois Yahweh "marchava diante deles", estava conduzindo a guerra, e o exército não era mais do que o instrumento de execução. O caráter dos guerreiros como os instrumentos de Yahweh requeria a sua qualificação espiritual. Eles precisavam ter confiança em Yahweh; e precisavam estar conscientes de que não eram eles, mas o seu deus que estava lutando e vencendo a guerra. Desse modo, na guerra contra os madianitas (Jz 7), Yahweh informou ao líder guerreiro que o seu exército era grande demais para que o inimigo fosse entregue em sua mão. Israel poderia vangloriar-se de ter vencido a guerra por sua própria força humana. A maior parte do exército deveria ser dispensada, em particular aqueles que tivessem medo e não confiassem em Yahweh suficientemente; e a vitória teria de ser obtida por algumas poucas companhias de guerreiros resolutos com fé completa em seu Deus. Quando as precondições rituais e espirituais estivessem cumpridas, o combate poderia começar. Nas várias guerras santas, as circunstâncias externas das batalhas diferiram amplamente, mas, de maneira uniforme, Yahweh vinha em auxílio de seu povo lançando o pânico nas fileiras do inimigo (Jz 4,15 ou 7,22), uma "confusão", um "terror", um atordoamento tais que os inimigos às vezes começavam a lutar entre si. Um horror numinoso se apossava do inimigo, que se mostrava incapaz de oferecer resistência — talvez não tão surpreendente quando uma horda de ascetas fanáticos e seminus avançava ameaçadoramente, gritando e berrando, com os cabelos soltos ao vento. Depois da derrota do inimigo no combate, a guerra santa chegava a uma conclusão por meio do ritual do *cherem*, a proscrição. Como Yahweh havia vencido a guerra, os despojos eram seus; todo o ouro e toda a prata iam para o tesouro do deus; todos os seres vivos, humanos e animais, eram mortos em sua honra[21].

Na época do Cântico de Débora, Israel era um povo quando se encontrava em guerra sob Yahweh. Esse modo de existência não é fácil de descrever, porque a caracterização mais óbvia desse período como um estado de transição do tribalismo nômade para o Estado nacional pode ser enganosa. Sem dúvida havia um problema de transição. As unidades básicas do povo ainda eram os clãs e as tribos; e o estado de assentamento num ambiente estrangeiro era tão instável que não se pode falar ainda de um território nacional. E essa sociedade tribal estava claramente se desenvolvendo em direção a uma ocupação mais permanente e mais bem circunscrita do território, bem como a uma organização política em virtude da pressão das guerras. Além disso, certos detalhes do cântico indicam que os costumes haviam mudado substancialmente em relação aos dos nômades. Pois o ato da mulher cineia que matou Sísara era, pelos padrões nômades, uma violação atroz das leis de hospitalidade, e o criador do cântico louvou o terrível assassinato de uma maneira que cheira a jingoísmo em sua pior expressão; o incidente é prova tangível de progresso nacional. Ainda assim, uma interpretação desse modo de existência como transicional seria precipitada, uma vez que ele contém elementos que permaneceram constantes ao longo da história israelita. E esses elementos, longe de

---

[21] Para mais detalhes sobre o ritual de guerra, suas variações e a rica documentação, ver VON RAD, *Der Heilige Krieg*.

contribuir para a formação de um Estado nacional consolidado, mostraram-se forças que desintegraram a monarquia logo que ela foi conseguida. Pois a guerra santa, conforme descrita no Cântico de Débora, era uma instituição carregada de dificuldades e obscuridades experienciais. As guerras de Yahweh eram fundamentalmente guerras defensivas — pelo menos, não há um único caso de guerra santa agressiva registrado. O povo era entendido como estando em paz, politicamente numa condição passiva, e não inclinado a usar a guerra como instrumento de expansão e consolidação nacional. Israel propriamente dito não conduzia essas guerras; Yahweh conduzia-as pelo seu povo. Elas não tinham nenhuma implicação de violência missionária usada para a expansão do território de Yahweh ou do sucesso mundano de seu povo, como nas guerras santas do Islã. Yahweh, como dissemos, não era primariamente um deus da guerra, mas vinha em auxílio de seu povo, como no caso de Sísara, apenas quando este estava em perigo de opressão e agressão. Em particular, Yahweh não lutava contra outros deuses; e, de fato, nenhum deus de outros povos é sequer mencionado no cântico. Essa passividade peculiar e a delegação de toda a atividade militar a Yahweh eram na época, no entanto, ainda perfeitamente compatíveis com uma participação vigorosa na guerra quando a ocasião surgia. Em Juízes 5,23, a cidade de Meroz, situada perto do campo de batalha, foi violentamente amaldiçoada pela sua não participação:

> "Maldita seja Meroz", disse o anjo de Yahweh,
> "Totalmente malditos os seus habitantes;
> Pois eles não vieram em auxílio de Yahweh,
> Em auxílio de Yahweh, unindo-se aos seus guerreiros".

Não perturbava de forma alguma ao poeta a ideia de um povo vir em auxílio do deus ao mesmo tempo em que o deus vem em auxílio do povo numa emergência. A experiência da ajuda de Yahweh podia misturar-se ao espírito de uma comunidade guerreira sem induzir reflexões sobre a coerência de tal concepção. Porém, obviamente, houve uma fissura no simbolismo. O espírito guerreiro das tribos e a experiência de um deus que vem em auxílio de uma comunidade essencialmente passiva podiam separar-se. O desenvolvimento não precisa seguir na direção de um povo efetivamente organizado, que conduz as suas atividades políticas com sucesso sob a orientação de um deus. Poderia ir também na direção de uma comunidade pacifista que senta e espera a derrota de seus inimigos pelas intervenções divinas sem nenhuma ação militar própria.

De fato, a história de Israel seguiu ambos os cursos. E aventuramo-nos a dizer que o reconhecimento desse duplo curso é a chave para compreender a história israelita. A organização improvisada de guerras defensivas sob o comando de líderes carismáticos mostrou-se inadequada contra a crescente pressão de potências estrangeiras depois da invasão dos filisteus. As improvisações tiveram de ser substituídas pela monarquia permanente. Porém, assim que a monarquia foi organizada, as tensões potenciais que podiam ser discernidas no Cântico de Débora tornaram-se reais. Na situação descrita pelo cântico, a profetisa e o líder guerreiro cooperaram na organização da guerra. A profetisa mobilizou e cristalizou os sentimentos do povo (hoje falaríamos em opinião pública) por meio de seus cantos; e o líder guerreiro deixou-se ser induzido a assumir a sua função. A profetisa pronunciou o veredicto de que Yahweh havia entregado o inimigo nas mãos do líder; e o líder mostrou-se pronto a executar o veredicto. Porém, a mera articulação dessas etapas do procedimento torna evidente que um governo organizado com um rei, seus auxiliares formuladores de políticas e sua equipe militar não poderia, ao tomar sua decisão, solicitar educadamente a opinião de alguma profetisa quanto a se deveria ou não realizar uma guerra e se, de acordo com a informação da profetisa sobre as intenções de Yahweh, o momento era ou não propício para entrar em combate. Sérios conflitos certamente irromperiam quando as opiniões profética e governamental sobre a ordem ou política certa diferissem. Além disso, os conflitos que de fato surgiram foram produzidos, com relação ao problema básico, pelas inconsistências da experiência javista que podiam ser notadas no Cântico de Débora; e foram estimulados pelas mudanças institucionais decorrentes da organização política permanente em forma monárquica. Pois a monarquia, a fim de se tornar política e militarmente efetiva, teve, em primeiro lugar, de reparar o atraso da técnica de guerra israelita. Foi organizado um exército modernizado e profissional que pudesse enfrentar em combate os carros de guerra das outras potências militares; e o exército improvisado de camponeses, o *am Yahweh* do Cântico de Débora, caiu em desuso, com as consequências de que o espírito guerreiro nativo do campesinato morreu por atrofia. A militância do povo de Yahweh transformou-se no pacifismo de súditos cujas guerras, deixando-os de lado, eram conduzidas por profissionais. Essa população pacífica no abrigo da monarquia proporcionou ressonância social quando os profetas destacaram o caráter de passividade da experiência javista. O novo clima de experiência e ideias pode ser sentido no relato póssalomônico do resgate miraculoso de Israel dos egípcios no documento J. Em Êxodo 14, as pessoas estavam com medo do exército egípcio que as perseguia e Moisés as repreendeu:

> Não temais, permanecei firmes e vereis a salvação que Yahweh produzirá para vós hoje... Yahweh lutará por vós e tendes apenas de manter-vos tranquilos. (Ex 14,13-14).

E, quando os egípcios foram engolidos pela enchente, o relato concluiu:

> E Israel viu o grande feito, o que Yahweh havia feito com o Egito, e o povo temeu Yahweh e acreditou em Yahweh e em seu servo Moisés. (Ex 14,31)

Na época de Débora e Gedeão, um guerreiro estava qualificado para lutar na guerra santa quando não tinha medo e confiava em Yahweh; agora, o povo teve medo e quis se render aos egípcios. Yahweh luta sozinho e o povo assiste à sua atuação; e só depois de Yahweh demonstrar o seu poder eles se dispõem a crer nele. Essa estranha passividade, que leva até mesmo a só confiar em Yahweh depois de os bens do sucesso mundano terem sido entregues, certamente não era uma virtude cívica sobre a qual um governo pudesse ser construído; e também fez hesitar os profetas que, de outra forma, estavam inclinados a mobilizar tais sentimentos contra as políticas do governo real[22].

O javismo dos profetas será abordado num contexto posterior. Mas a análise do Cântico de Débora deve ter deixado claro que os problemas às vezes desconcertantes da ordem javista no período da monarquia têm sua origem numa estrutura de experiência que já está presente no mais antigo documento sobrevivente.

§3 O reinado de Gedeão

O Livro dos Juízes apresenta uma versão fortemente estilizada dos acontecimentos desde o tempo de Josué até as guerras com os filisteus. De acordo com o programa historiográfico exposto pelos autores em Juízes 2,6–3,6, o povo deveria estar assentado na terra prometida e viver feliz para sempre em obediência ao Yahweh que os levara para lá. No entanto, o povo viria a fazer o mal aos olhos do Senhor e servir aos baals e astartes dos cananeus. Então, Yahweh os castigava entregando-os nas mãos de seus inimigos, especialmente preservados por ele para esse fim (2,23–3,6). Quando eles se viam suficiente-

---

[22] No presente contexto, os símbolos israelitas são discutidos sob o aspecto da existência mundana. As mesmas passagens, que refletem uma virtude cívica duvidosa, aparecerão sob uma luz bem diferente quando forem considerados quanto às suas implicações espirituais. A fé rudimentar em Yahweh depois de sua demonstração de ajuda militar efetiva tornar-se-á, então, uma expressão compacta da noção de que a fé não tem a sua origem na iniciativa humana, mas na *gratia praeveniens* divina.

mente em apuros para se arrepender, Yahweh fazia surgir um líder, um juiz, para libertá-los das mãos do inimigo; e a nova harmonia durava enquanto vivesse o juiz. Depois de sua morte, o ciclo recomeçava. Os redatores deuteronomistas devem ter considerado esse esquema satisfatório, pois concluíram o livro com a frase nostálgica "Naqueles dias não havia rei em Israel; cada homem fazia o que era certo aos seus próprios olhos" (21,25).

Os eventos de fato relatados pelos autores não confirmam o seu programa em todos os pontos. Israel, é verdade, sucumbiu aos deuses de Canaã. Os autores de Juízes discerniram corretamente que o sincretismo que despertou a ira dos profetas sob a monarquia tivera o seu início nos séculos XII e XI a.C., no período da confederação. Em torno desse núcleo verdadeiro de história, construíram, por meio de mutilação de fontes e adições imaginativas, o padrão dos ciclos. Mas, felizmente, o seu trabalho editorial não destruiu as fontes por completo, e as características essenciais do processo que resultou em sincretismo e monarquia ainda podem ser discernidas. Em primeiro lugar, qualquer que tenha sido, aos olhos do Senhor, a ligação entre a deserção de Israel e as guerras, no nível pragmático o sincretismo foi o efeito das guerras bem-sucedidas contra os cananeus, e não sua causa. Segundo, não fazia cada homem o que lhe agradava, numa liberdade idílica sem reis. Pelo contrário, os ataques nômades da Transjordânia mostraram-se tão estressantes para os invasores já assentados que eles foram forçados a adotar a forma mais efetiva da monarquia. Os reis, a princípio, eram príncipes locais, como nos casos de Gedeão e Jefté. Quando, porém, a pressão da Transjordânia foi agravada pela consolidação e pela expansão de um poderio filisteu, o reinado teve de se tornar nacional.

O sincretismo, como dissemos, foi consequência da penetração bem-sucedida dos hebreus em Canaã. Isso pode ser dado como certo, ainda que as fontes não confirmem o fato. Enquanto houve atrito entre Israel e os cananeus, as condições para uma simbiose amigável em questões de culto não se apresentaram. O javismo foi mantido no nível de relativa pureza que pôde ser observado no Cântico de Débora. Esse período de atrito, porém, não durou muito tempo; e nunca foi intenso. O Livro dos Juízes não registra nenhum conflito sério anterior à batalha de Sísara, com a possível exceção do episódio de Otoniel (3,7-11), e esse é um caso duvidoso, uma vez que a identidade do inimigo é incerta. E depois da batalha de Sísara o livro dos Juízes não registra nenhum conflito com Canaã. Por volta de 1100 a.C., a penetração hebreia era um fato consumado. Tanto israelitas como cananeus eram habitantes da mesma terra, e sua inimizade anterior desapareceu diante do perigo comum de invasores nômades que não distinguiam os dois grupos étnicos quando atacavam a Palestina cisjordânica vindos do leste. Os colonos hebreus e os residentes antigos estavam a caminho de se tornar um só povo com uma cultura comum, embora o processo tenha sido consumado somente por meio dos efeitos niveladores da monarquia salomônica. A estilização dos acontecimentos por parte dos redatores deuteronomistas é capaz, ainda hoje, de obscurecer o fato de que, depois da batalha de Sísara, os "juízes" foram os líderes guerreiros não de uma confederação de clãs hebreus contra Canaã, mas dos habitantes da Palestina, incluindo os cananeus, contra inimigos externos. Sob o nome "Israel", um novo povo estava em formação.

A nova situação se torna manifesta na história das guerras com os madianitas e da elevação de Gedeão ao trono hereditário (Juízes 6-9). As guerras com os madianitas devem ser datadas da primeira metade do século XI a.C. O relato em Juízes não é muito claro, particularmente nas primeiras fases. Nômades madianitas assaltaram a Palestina mais de uma vez e registros de diversas campanhas foram fundidos pelos editores numa só história. Além disso, o segundo nome de Gedeão, Jerobaal, embora cuidadosamente explicado (6,32), sugere que os feitos de dois líderes foram atribuídos a uma única pessoa. Além disso, é incerto em que medida o ritual da guerra santa foi aplicado às várias campanhas. O relato de Juízes sugere a sua aplicação às primeiras fases. Mesmo se aceitarmos a versão, porém, o procedimento diferia notavelmente daquele descrito na guerra de Sísara, na medida em que nenhuma figura comparável a Débora apareceu. Um *nabi* não identificado é, de fato, mencionado em Juízes 6,8-10 exortando o povo. Mas sua conexão com as guerras subsequentes não é esclarecida e ele pode ser uma invenção dos editores. O próprio Gedeão é apresentado com inspirações que derivam variavelmente de um anjo de Yahweh (*malak*, 6,11), do espírito de Yahweh (*ruah*, 6,34) ou do próprio Yahweh (6,23.25). Essa peculiaridade talvez explique o curso de eventos subsequente: o homem que tinha suas inspirações sem assistência profética e tomava as rédeas das situações deve ter sido uma figura mais impressionante do que Barac. Embora a história do início das guerras com os madianitas esteja, assim, na sombra das incertezas, a última campanha antes da subida de Gedeão ao trono pode ser discernida mais claramente porque, por sorte, Juízes 9 escapou ao zelo dos editores; e as tradições menos distorcidas do capítulo 9 lançam alguma luz sobre os eventos imediatamente anteriores.

A última campanha de Gedeão quase certamente não foi uma guerra santa da confederação. Ele é descrito perseguindo dois chefes madianitas que, durante um ataque, haviam matado seus irmãos em Tabor. Quando capturou os madianitas e os matou, ele o fez num ato de revanche; e, de modo mais imediato, apenas o seu próprio clã, o clã de Abiezer em Manassés, com o seu centro de residência em Efra, estava envolvido. Todavia, assentamentos vizinhos foram afligidos pelos ataques e, talvez por relações de *berith*, obrigados a participar da campanha, pois alguns deles foram punidos por Gedeão por recusarem apoio (7,14-18). De qualquer modo, depois da vitória, como relata a história com algum exagero, "os homens de Israel" pediram que Gedeão se tornasse seu rei hereditário (8,22) — com algum exagero porque Gedeão não se tornou rei de todo Israel, mas apenas de Efra e das cidades vizinhas. Seu reinado foi uma forma política intermediária entre a liderança nacional nas guerras santas e a posterior monarquia nacional de Saul. O perigo madianita, embora não afetasse todo Israel, foi suficientemente ameaçador para induzir a população de uma área limitada a contrapor-se a ele com uma organização governamental permanente.

Assim que Gedeão foi nomeado rei, ele reivindicou para si os despojos de ouro dos madianitas derrotados e fez com eles um *efod*, provavelmente uma estátua folhada a ouro de Yahweh. A imagem foi depositada num santuário em Efra, local de residência do rei. O primeiro ato do rei, assim, foi o estabelecimento de um templo, ou seja, de um centro de culto para a monarquia em concorrência com o santuário da confederação em Siloé. Embora as intenções do rei não sejam conhecidas, as consequências de seu ato são claras. Como o templo salomônico posterior, o templo real tendeu a se tornar um santuário popular: "todo Israel ia lá se prostituir diante dele" (8,27), como os editores comentam com irritação. Intencionalmente ou não, o santuário de Yahweh em Efra cresceu até se transformar no centro de culto do "reino" e de seu "povo". A instituição de um "templo" por Gedeão deve, portanto, ser reconhecida como a criação de um novo símbolo de ordem política. De um lado, Israel estava desenvolvendo uma consciência nacional em busca da representação governamental e cultual adequadas; de outro, Yahweh estava se desenvolvendo no Deus de uma nação estabelecida e organizada. O sucesso popular do templo de Gedeão prova que o povo encontrava-se experiencialmente pronto para o aparecimento de uma divindade específica e nacional, de um Yahweh político que reinasse sobre Canaã e sua população. E essa tendência experiencial mostrou-se de modo ainda mais intenso quando o santuário real de Salomão evoluiu para o Templo de Israel monopolístico. O desenvolvimento foi tão bem-sucedido, de fato, que a instituição do Templo sobreviveu à monarquia e tornou-se o ponto de consenso da comunidade judaica pós-exílica.

O desenvolvimento endógeno do javismo é um pouco negligenciado na interpretação da história israelita, embora, em nossa opinião, seja importante para o entendimento do sincretismo israelita-cananeu. Quando os israelitas aceitaram os deuses cananeus e seus cultos, não foram simplesmente desleais com um "Yahweh" claramente concebido, pois, juntamente com a formação política do povo, Yahweh estava passando por uma mudança que fez a divindade descer ao nível de um deus nacional particular. O sincretismo com os deuses da terra começou no próprio javismo, quando o deus dos antepassados tornou-se um deus do país no sentido político. Quando Israel encontrou a sua existência nacional por meio do estabelecimento de um rei como seu representante, encontrou também em Yahweh o representante transcendental da nação. O particularismo político, portanto, deve ser reconhecido como um movimento, no javismo, da mesma ordem que o movimento universalista dos profetas. E se o universalismo dos profetas nunca obteve muito êxito a razão não deve ser buscada na deserção do povo para os baals e astartes, mas na particularização política de Yahweh, que os próprios profetas nunca conseguiram superar radicalmente, nem mesmo na pessoa do Dêutero-Isaías.

A criação da imagem de culto real foi seguida pela tentativa de Gedeão de consolidar a sua posição por meio de casamentos cruzados com os clãs importantes do reino. Deve ter sido um esforço formidável, pois o relato informa um resultado de nada menos do que setenta filhos (9,2). Com essa medida, Gedeão inaugurou também uma técnica para estabilizar a monarquia que continuou a ser desenvolvida por Salomão e seus sucessores em Israel e Judá. A superposição de uma monarquia a uma sociedade de clãs tornou a técnica inevitável, ainda que estivesse fadada a causar problemas. Havia as usuais dificuldades dos haréns, as rivalidades entre as esposas e seus filhos, a incerteza da sucessão e a matança maciça de irmãos que o filho mais decidido precisava empreender para garantir sua posição como sucessor. Esses aspectos desagradáveis normais de um regime de harém, no entanto, eram agravados pela diversidade de cultos representados pelas mulheres. Embora Gedeão não tivesse ainda encontrado as dificuldades dos omridas com seus casamentos internacionais diplomáticos, ele lançou a semente de problemas para seus sucessores quando incluiu concubinas cananeias em seu harém. Uma delas era uma mulher de Siquém, a sede do Baal-berith cananeu. Ela lhe deu um filho, Abimelec, mas, sob os costumes matrimoniais matriarcais, continuou a viver com sua família (8,31). O relato de Juízes não deixa claro quais seriam as relações entre os deuses de Efra e de Siquém durante a vida de Gedeão. Porém, deve ser considerado possível que os cananeus de Siquém estivessem sob o regime monárquico por meio de uma *berith* sob a sanção de seu próprio deus. Seja como for, assim que Gedeão morreu, Israel transferiu suas atividades de prostituição do Yahweh de Efra para o Baal-berith de Siquém (8,33). Ao mesmo tempo, Abimelec deixou seus irmãos, a quem Gedeão havia legado o reinado coletivamente, e foi para o clã de sua mãe a fim de obter o apoio dele para reinar sozinho. O clã concordou e persuadiu todos os cidadãos de Siquém. Abimelec recebeu fundos do tesouro de Baal-berith, contratou um exército de aventureiros e matou todos os seus irmãos, com exceção de Jotam, que escapou (9,1-5). Aqui é registrado pela primeira vez o uso de tropas contratadas por um pretendente ao trono, que mais tarde teve um papel importante na ascensão de Davi e, por fim, tornou-se o núcleo do exército profissional no reino nacional. O reinado de Abimelec não durou muito. Durante uma revolta originada em Siquém, a cidade foi arrasada e, pouco depois, o próprio Abimelec pereceu em Tebes (9,22-57). Esse foi o fim da primeira monarquia em Israel.

Na história de Abimelec está incluída a fábula "As árvores em busca de um rei" (Jz 9,8-15). É a peça mais antiga de poesia didática hebraica que chegou até nós, mais ou menos contemporânea da monarquia de Gedeão, ainda que tenha sido posicionada em seu contexto atual apenas pela conveniência de sua lição. Ela tem sua importância como o documento mais antigo que expressa ideias israelitas sobre a monarquia:

> As árvores se tinham posto a caminho
> para ungir aquele que seria o seu rei.
> Disseram à oliveira: "Reina sobre nós".
> A oliveira lhes disse:
> "Renunciarei a meu óleo,
> que deuses e homens em mim apreciam,
> para ir agitar-me acima das árvores?"
>
> As árvores disseram à figueira:
> "Vem tu reinar sobre nós!"
> A figueira lhes disse:
> "Renunciarei a minha doçura

> e a meu bom fruto
> para ir agitar-me sobre as árvores?"
>
> Então as árvores disseram à vinha:
> "Vem tu reinar sobre nós!"
> A vinha lhes disse:
> "Renunciarei a meu vinho,
> que alegra os deuses e os homens,
> para agitar-me sobre as árvores?"
>
> Então as árvores disseram ao espinheiro:
> "Vem tu reinar sobre nós!"
> Mas o espinheiro disse às árvores:
> "Se é com lealdade que me dais a unção
> para que eu seja vosso rei,
> então vinde abrigar-vos sob a minha sombra!"
>
> Mas, se não for assim, um fogo sairá do espinheiro
> e devorará os cedros do Líbano.

A lição é clara. Nenhum homem que leva uma vida útil pelos padrões da sociedade de clãs desejará ser rei. Apenas um indivíduo inútil dará valor a ser estimado por uma função tão duvidosa como a sombra lançada por um espinheiro. Além disso, um rei, embora não seja muito útil quando se lhe é leal, é perigoso quando se lhe opõe resistência. Sua ira pode destruir como um fogo da floresta que começa num espinheiro seco. A fábula é de grande valor para a história das ideias, assim como o foi o Cântico de Débora, porque aqui se podem encontrar ideias israelitas em sua forma pura, antes de o reinado salomônico e a resistência profética terem complicado as coisas. A fábula não condena a monarquia como fontes posteriores, pelo fato de Yahweh ser o rei de Israel e o reinado como tal ser uma deserção ao Senhor; ela reflete, antes, o ressentimento de líderes que se sentem plenamente capazes de desempenhar todas as funções governamentais localmente e consideram a monarquia um incômodo perigoso. É um ressentimento que penetrou profundamente o período da monarquia nacional e foi um fator importante na divisão do reino depois da morte de Salomão.

Capítulo 8
A luta pelo império

§1 A amplitude do javismo

O episódio do reinado de Gedeão forneceu percepções adicionais da dinâmica da ordem israelita. Aparentemente, não havia nenhum fator no javismo original que pudesse ter imposto uma forma política específica aos fiéis. Mas precisamente porque fatores limitantes desse tipo estavam ausentes de sua natureza Yahweh era adaptável a toda situação social e política que exigisse entendimento como uma manifestação de força divina. Quando a confederação estava em perigo e precisava recorrer à guerra, ele podia ser um deus da guerra. Quando as tribos nômades assentavam-se e tornavam-se camponesas, ele podia se tornar um Baal da fertilidade e da prosperidade agrícolas, ao mesmo tempo em que, para os hebreus transjordânicos, podia continuar sendo um deus que abominava as perversões agrícolas de sua natureza. Quando havia uma situação de conquista e manutenção de um território, ele podia se tornar um deus da terra como os deuses de povos não javistas de outras regiões cananeias. Quando a organização de clãs era suficiente para a existência política, podia se tornar o deus da *berith* que mantinha as tribos unidas por suas substâncias de vida divinas. Quando a situação política exigia o reinado, ele podia se tornar o deus da ordem régia, em formas que se assemelhavam estreitamente à egípcia. Como consequência, a liberdade espiritual que havia sido extraída à força do cativeiro e do deserto pela inspiração e pelo gênio de Moisés poderia ter sido perdida novamente por uma dispersão da divindade em forças divinas específicas.

As possibilidades de tal recaída, no século XI e depois, tornam-se evidentes na assimilação da natureza de Yahweh à dos outros deuses cananeus. Um exemplo marcante é oferecido pelas negociações de Jefté com o rei de Moab, em Juízes 11,14-28. No debate acerca de um território em disputa, o herói das tribos transjordânicas diz ao rei de Moab, persuasivamente: "Não deverias ocupar o território daqueles que Camos, o teu próprio deus, expulsou, enquanto nós ocupamos o daqueles que Yahweh, o nosso deus, tirou de nosso caminho?" (11,24). A relação de Yahweh com Jefté e seu Israel não diferia substancialmente da relação entre Camos e os reis moabitas, como sabemos pela Pedra Moabita, do século IX a.C. Nessa ocasião, foi Mesa, o rei de Moab, quem pôde dizer: "Quanto a Omri, rei de Israel, ele humilhou Moab por muitos anos, pois Camos estava zangado com a sua terra. E seu filho o seguiu e também disse, 'Vou fazer Moab se humilhar'. Em meu tempo ele falou assim, mas eu triunfei sobre ele e sua casa, enquanto Israel pereceu para sempre!"[1]. As passagens são informativas sobre ambas as partes. Há dois povos em guerra, rivais na expansão de seus respectivos territórios, cada um com o seu próprio deus. Mas apenas os povos, não os deuses, estão em guerra entre si. Pelo menos não há nenhuma indicação de um dos deuses se expandindo à custa do outro. Se um povo é derrotado, não é porque o deus do inimigo era mais forte, mas porque o seu próprio deus estava zangado. Por um lado, o deus estrangeiro é reconhecido como uma força por si; por outro lado, não há dúvida de que o seu próprio deus lhes dará a vitória a menos que o povo tenha incorrido temporariamente em sua desaprovação.

Essa teologia política peculiar é ainda mais esclarecida por uma casuística igualmente estranha. Na guerra moabita do século IX, a aliança de Israel, Judá e Edom estava a ponto de obter uma vitória completa sobre o revoltoso Mesa. Como último recurso, o rei de Moab sacrificou o seu próprio filho para conseguir o auxílio de Camos. Essa, aparentemente, foi uma ação decisiva, pois "houve uma grande cólera contra Israel, que se afastou dele e retornou à sua própria terra" (2Rs 3,27). A "cólera", neste caso, deve ter sido a cólera de Camos, que, propiciado pelo sacrifício supremo, avançou agora contra os invasores de seu território. Não há nenhuma indicação de que nessa ocasião Yahweh pudesse ter prevalecido. No lado israelita, encontramos Jefté, na guerra anterior com Moab, recorrendo ao mesmo sacrifício cruel. Aparentemente, ele

---

[1] A Pedra Moabita, ou Estela de Mesa, é datada de *c.* 830 a.C. Tradução para o inglês de Albright, em *ANET*, 320 ss.

não estava muito convencido da justiça de suas reivindicações territoriais. E para assegurar a vitória prometeu o sacrifício do primeiro membro de sua família que viesse ao seu encontro quando ele retornasse da campanha, se bem-sucedido; e essa pessoa foi sua filha (Jz 11,29-40). Um terceiro caso que ilustra o problema é a tentativa de Ocozias de obter um oráculo de Baal Zebub, o deus de Acaron (2Rs 1). Elias recebeu ordens de Yahweh para intervir com a indagação pertinente: "É por não haver um deus em Israel que estás mandando consultar Baal Zebub, o deus de Acaron?". E o rei precisou morrer por sua violação das normas de comportamento. Uma vez mais, não houve nenhum questionamento de que o deus filisteu fosse uma força divina; porém, dentro do território israelita Yahweh tinha a competência exclusiva de pronunciar oráculos para os seus súditos.

As várias tradições, em nossa opinião, fornecem a documentação rara de um sumodeísmo político *in status nascendi*. Em termos civilizacionais, a área siríaca era suficientemente unificada para ter os deuses de seus vários povos mutuamente reconhecidos como forças ordenadoras. As jurisdições respectivas dos membros do panteão eram territorialmente circunscritas pelos domínios efetivos dos povos. Mas dependia dos acontecimentos no nível pragmático se a jurisdição de um dos deuses tornar-se-ia coextensiva com o domínio imperial de seu povo específico sobre toda a área siríaca. A relação experiencial com os vários deuses do panteão podia oferecer argumentos para cada contingência pragmática. Cada deus estava pronto para se tornar o deus supremo, se não o deus exclusivo, de qualquer território que seu povo viesse a conquistar. Se o povo fosse vitorioso, a terra era concedida ao seu deus e pertencia tanto a ele quanto ao povo. Se o povo fosse derrotado, o deus ficava temporariamente zangado, mas permanecia potencialmente o governante do território que seu povo poderia conquistar no futuro. No entanto, ao mesmo tempo, o deus do inimigo era suficientemente reconhecido como uma força por si quando, na guerra propriamente dita, a conquista se mostrava impossível, enquanto o seu próprio deus, mesmo na derrota, podia revelar-se uma perturbação formidável se tratado de modo descortês pelo inimigo, como é mostrado pelas atividades da arca entre os filisteus.

Nada se ganha colocando um rótulo — como monoteísmo, politeísmo, monolatrismo ou henoteísmo — nessa experiência túrgida de força divina. A experiência deve ser entendida como ela é, em sua instável riqueza, plena de possibilidades de desenvolvimento em uma ou noutra direção. A força divina que se revelava dessa maneira poderia tornar-se deuses políticos restritos, como os deuses das cidades-estado filisteias ou do reino pastoral de Moab; ou Baals locais, como o Baal-berith de Siquém ou o Yahweh de Efra; ou, por fim, o deus de um império siríaco, se um dos contendores prevalecesse sobre os outros.

Assim, houve um estágio na dinâmica da ordem israelita em que Yahweh poderia desenvolver-se num deus político e, mais especificamente, num deus do mesmo tipo que Camos. Todavia, embora Yahweh pudesse descer à igualdade com o deus moabita no plano da experiência analisado acima, disso não decorre que Camos pudesse ter subido à altura do Yahweh mosaico ou profético. A dinâmica do javismo em sua plena amplitude deve ser levada em conta em cada estágio específico da experiência do javismo a fim de não confundir a aparência de equivalência com outros deuses com uma identidade de natureza. Pois, no fim, foi o Yahweh de Israel que, como um deus político, pôs a primeira marca imperial na civilização siríaca, e não os deuses de Moab, nem das cidades-estado fenícias ou filisteias, embora os filisteus tenham chegado perto do sucesso antes de seu impulso ser interrompido pela recuperação de Israel sob Davi. E, embora vários outros fatores tenham contribuído para o resultado da luta, o mais importante foi a qualidade latente de Yahweh como um deus não político universal que, devido à sua universalidade, pôde ser a força espiritual que formou grandes indivíduos.

A qualidade dormente poderia saltar à vida a qualquer momento, e de fato o fez em momentos críticos, nas inspirações individuais de figuras proféticas e militares pela *ruach* de Yahweh. O resultado foi uma formação espiritual de caráter que — até onde sabemos pelas nossas informações documentais — foi única em seu tempo. As grandes personalidades da luta israelita pelo império são tão conhecidas para nós por intermédio da Bíblia que é difícil imaginar como o seu aparecimento, representando um novo tipo de homem no cenário político mundial, deve ter impressionado os seus contemporâneos como um todo. De modo geral, podemos discernir o seu impacto apenas no amor e na ardente lealdade que inspiravam em seus seguidores quando os tempos eram difíceis. Em seu círculo mais íntimo, sabemos, a formação de caracteres individuais por meio do espírito, bem como as implicações do fenômeno para a condução da política eram plenamente compreendidas. Pois esse entendimento expressou-se na criação da história não como anais de eventos externos, mas como um curso de ações motivadas pelos caracteres dos atores. E as memórias históricas desse período foram integradas nos livros de Samuel.

Falamos de "caracteres" e "motivos". Essa linguagem, porém, não deve induzir à crença de que o mérito das lembranças consiste na sagacidade psicológica, que sem dúvida elas possuem, na análise dos motivos das ações. A sagacidade desse tipo é uma condição de sobrevivência em todos os tempos e deve-se pressupor que exista em uma sociedade mesmo quando não encontra expressão literária, como na muito mais antiga literatura sapiencial do Egito. Mesmo na literatura israelita, encontramos maravilhas de observação psicológica numa data antiga, como em certas passagens do Cântico de Débora. O que é novo nos séculos XI e X da história israelita é a aplicação desse conhecimento psicológico ao entendimento de personalidades que, como indivíduos, se tornaram os portadores de uma força espiritual no cenário da história pragmática. Nenhum retrato de personagens desse tipo jamais foi feito para governantes babilônios, assírios ou egípcios, cujas personalidades (com exceção de Akhenaton, por meio das autorrevelações em seus hinos) desaparecem por trás de sua função como representantes e preservadores da ordem cósmica na sociedade. Suas personalidades são acessíveis, se tanto, apenas por suas ações administrativas e militares registradas; e mesmo tais registros são frequentemente enganosos, porque as descrições de campanhas militares, por exemplo dos faraós, eram padronizadas a tal grau que o curso efetivo dos acontecimentos raramente pode ser reconstruído de maneira confiável. A natureza dessa explosão de brilhante historiografia talvez possa ser mais bem compreendida se considerarmos que ela desapareceu tão repentinamente quanto surgiu. As personalidades régias de Israel e Judá depois de Salomão não têm mais, na narrativa bíblica, a clareza do período anterior, ou porque não existiam relatos melhores, ou porque elas não mais interessavam aos historiadores oficiais; e sobre o maior dos reis pós-salomônicos, Omri, não sabemos quase nada, uma vez que tudo o que foi preservado sobre o seu reinado são algumas linhas de pouco valor em 1 Reis 16,21-28. A razão é que, como consequência do movimento profético, os reis haviam deixado de ser representativos da ordem espiritual de Israel. As grandes personalidades dos séculos VIII e VII, cujos caracteres são tão vivamente conhecidos por nós quanto os de Saul, Davi e Salomão, são os profetas. A história — ou seja, a existência de Israel sob Yahweh — estava mudando da representação régia para a representação profética. Apenas por um breve período de tempo, não mais que um século, quando os reis salvaram Israel da extinção física e construíram o abrigo da monarquia, a organização do povo para a existência mundana foi experienciada como uma verdadeira existência sob Yahweh. Veja-se uma passagem como a seguinte: "No retorno da primavera, na época em que os reis avançam, Davi enviou Joab, e seus servidores consigo, e eles massacraram os amonitas e sitiaram Rabá" (2Sm 11,1). Em nenhum outro tempo na história israelita sem ser o de Davi poderia um historiador ter captado esse esplendor primaveril de um rei avançando para uma demonstração de poder. Depois de tal glória ter sido vislumbrada, porém, a sua lembrança pôde ser preservada na concepção da monarquia. Maimônides, em sua *Mishneh Torah*, ainda fala das "guerras opcionais" de um rei que ele realiza a fim de "aumentar sua grandeza e seu prestígio"[2].

§2 O reinado de Saul

1 A ascensão de Saul

Israel teve de ser ameaçado de extinção nas mãos dos filisteus para desenvolver essas potencialidades do javismo. A luta crítica pelo domínio imperial sobre a Palestina, na segunda metade do século XI a.C., teve sua origem decisiva na situação criada pelas migrações egeias por volta de 1200 a.C. O deslocamento de povos egeus em sucessivas ondas de migração causou, na periferia do movimento, seus ataques aos impérios asiáticos da época. O império hitita foi destruído por volta de 1200 pelos Povos do Mar, como eles eram chamados nos registros egípcios, de maneira tão completa que apenas pequenos principados, como Alepo e Carquemis, sobreviveram até os séculos IX e VIII, respectivamente. O império egípcio conseguiu resistir à tempestade, mas seu controle sobre as províncias asiáticas havia se tornado, no século XII, puramente nominal. Com a eliminação dos poderes imperiais da área, a Síria e a Palestina ficaram num vácuo de poder depois de 1190 a.C.

No vácuo, as tribos hebreias conseguiram penetrar do leste e do sul; porém, nele também puderam se estabelecer, na costa sul, os remanescentes dos Povos do Mar, sob o nome de filisteus. Sobre o primeiro século de assentamento filisteu não sabemos nada, exceto o que pode ser plausivelmente concluído pelo estado em que eles aparecem no cenário da narrativa bíblica. Eles devem ter se assimilado ao ambiente cananeu muito depressa — pois seu idioma, seus nomes próprios e suas divindades eram semíticas — e talvez mais completamente do que os hebreus, pois estavam organizados em cida-

---

[2] *The Code of Maimonides,* Book Fourteen: The Book of Judges, trad. A. M. Hershman, New Haven, Yale University Press, 1949, 217 ss.

des-estado como seus vizinhos. Suas cidades principais eram Acaron, Azoto, Ascalon, Gaza e Gat. O governante era designado por um termo não semítico, *seren*, regularmente usado na narrativa bíblica quando esta faz referência aos governantes das cidades-estado filisteias (por exemplo, 1Sm 5,8.11; 6,4.12)[3]. O território relativamente pequeno dos filisteus indica que eles eram muito menos numerosos do que os hebreus. Politicamente, porém, eram mais bem organizados; aparentemente, as cinco cidades eram membros de uma federação e agiam como uma unidade, embora nada seja conhecido sobre os detalhes constitucionais. Um dos governantes das cidades, o príncipe de Gat, era às vezes designado como "rei", mas as razões para a distinção também são desconhecidas; ele certamente era apenas rei de Gat, não dos filisteus como um todo. Militarmente, seu equipamento com armaduras e carros de guerra era superior ao dos hebreus.

A expansão do pequeno mas efetivo núcleo de cidades-estado para um império filisteu não é claramente conhecida em detalhes nem datável com exatidão. Os eventos devem ter ocorrido entre 1150 e 1050 a.C. Duas fases da expansão filisteia podem ser distinguidas na narrativa bíblica. A lembrança da primeira fase, ainda no século XII, é preservada nas histórias de Sansão em Juízes 13-16. O atrito com seus vizinhos hebreus resultou na expansão do domínio filisteu sobre a região de Judá (Jz 15,11) e na migração de Dan para o norte (Jz 18). A segunda fase, na primeira metade do século XI, trouxe o conflito com as tribos centrais de Benjamim e Efraim. Isso resultou na catástrofe nacional em que a arca foi capturada pelos filisteus e Siloé, o santuário da confederação, foi destruída (1Sm 4-6). Não é claro se o território de Israel foi administrado diretamente por autoridades filisteias ou por hebreus encarregados. Num momento posterior, encontramos Davi numa posição que é obviamente a de um governador filisteu da província de Judá. Por volta de meados do século XI, na época da primeira expansão, é certo apenas que os filisteus recorreram a medidas drásticas como o desarmamento de Israel por meio da deportação de todos os ferreiros (1Sm 13,19-22)[4].

---

[3] O termo *seren* é possivelmente relacionado ao grego *tyrannos*, uma vez que a Bíblia siríaca o traduz como *truno* e o Targum como *turono*. Cf. Lods, *Israel*, 349.

[4] Para o período filisteu, cf. Otto Eissfeldt, *Das Verhaeltnis der Philister und Phoenizier zu anderen Voelkern und Kulturen*, Der Alte Orient, v. 34, n. 3, Leipzig, J. C. Hinrichs, 1936; e Albright, *Syrien, Phoenizien, und Palaestina*. Os três ataques filisteus a Israel são datados por Eissfeldt de *c.* 1080 (conquista de Samaria), *c.* 1020 (operações contra Saul) e *c.* 1000 (operações contra Davi, depois da conquista de Jerusalém). Albright considera para o assentamento dos

De sua situação desesperadora, Israel recuperou-se, como na época da batalha de Sísara, pelos esforços combinados de um vidente e um guerreiro. A narrativa contém uma boa quantidade de informações sobre detalhes, algumas das quais provavelmente são confiáveis. Ainda assim, o curso efetivo dos eventos não pode ser reconstruído com certeza, uma vez que as tradições genuínas estão misturadas com elementos lendários e passaram por sérias reformulações nas mãos dos editores posteriores. Particularmente obscuro é o ponto de maior interesse para nós, ou seja, a gênese do reinado de Saul e sua aceitação pelo povo. Dos eventos que se seguiram à morte de Saul, bem como do reinado de Davi, fica claro que a monarquia hereditária havia de fato fincado raízes em Israel, que os reis como pessoas eram respeitados e amados pelo povo, que podiam ocorrer brigas pela sucessão, mas que ninguém queria abolir a instituição[5]. Considerando-se a visão desfavorável em relação à monarquia mantida pelos membros da sociedade de clãs apenas meio século antes — como fica manifesto na fábula das "Árvores em busca de um rei" —, surge a curiosidade de saber o que causou a inversão de sentimento. Mas não temos mais do que algumas poucas pressuposições razoáveis para nos fornecer alguma luz. Existiu, evidentemente, uma emergência nacional. Como os clãs não conseguiam lidar com o poder filisteu, a autoridade e o prestígio dos chefes devem ter sido abalados, enquanto, de modo correspondente, o líder guerreiro e o rei adquiriram as características de salvadores nacionais. Na confederação e em seu culto, além disso, nem tudo estava em boa ordem. A história de Eli e seus filhos (1Sm 2,12-36; 4) sugere uma corrupção da geração mais jovem do sacerdócio que não pôde ser controlada pelos mais velhos. E, por fim, o crescimento do novo Israel, pelo amálgama de hebreus e cananeus, deve ter avançado. Os clãs hebreus, embora permanecessem dominantes, não eram mais o "povo" como um todo. O aparecimento dos anteriormente desconhecidos *nebi'im*, os profetas — ou seja, grupos de arrebatados nacionalistas, espiritualmente respeitados mas, afora isso, considerados de baixo estrato social —, sugere novos estratos sociais e a formação de um "povo" fora dos clãs hebreus propriamente ditos, com uma consciência "nacional" israelita mais intensa.

---

filisteus em suas cinco cidades *c.* 1175; para a primeira conquista filisteia, meados do século XI; para Saul, *c.* 1020-1000.

[5] O respeito pela instituição real, mesmo quando ocupantes do cargo individuais despertavam apreensões e revoltas, durou até boa parte do período do movimento profético. A monarquia em si, como a instituição fundada por Saul, foi explicitamente condenada pela primeira vez na segunda metade do século VIII, pelo profeta Oseias.

•••

Desenvolvimentos do tipo delineado acima devem ser pressupostos na época do aparecimento de Saul. As circunstâncias de sua ascensão ao trono estão incluídas numa narrativa que absorveu pelo menos duas versões principais dos eventos, uma realista, a outra antirrealista[6]. A versão antirrealista revela as influências proféticas do século VIII e posteriores. Vamos tratar primeiro da versão realista, já que ela é, certamente, a mais antiga.

A versão realista tende a apresentar a monarquia de Saul como instituída por Yahweh e não criada pelo povo ou pelo próprio Saul. Essa tendência é manifesta na lenda das jumentas perdidas por Cis, um homem da tribo de Benjamim. O filho de Cis, Saul, foi enviado por seu pai para recuperar as jumentas; não as tendo encontrado, ele acabou recorrendo, em última instância, a um "vidente", um *roeh*, de nome Samuel (1Sm 9,1-14). Samuel, porém, havia recebido no dia anterior uma revelação de Yahweh de que deveria ungir o jovem como líder de Israel e seu libertador do poder dos filisteus (15-16). Samuel obedeceu à ordem e, por intermédio dele, o instrumento divino, Saul foi ungido por Yahweh (10,1). Na fala subsequente, Samuel ordenou que Saul seguisse para Gabaá, uma cidade onde estava situada uma guarnição ou uma estela filisteia (a leitura é incerta) e, lá, agisse "de acordo com as circunstâncias", porque Deus estava com ele (10,7). A tradição está mutilada nesse ponto, mas a passagem provavelmente referia-se à derrubada da estela triunfal filisteia que marcou o início da ascensão israelita. Ao se aproximar de Gabaá, Saul encontraria um grupo de profetas (*nebi'im*) trazendo uma lira, um tamborim, uma flauta e uma harpa; eles estariam profetizando (10,5). O espírito (*ruah*) de Yahweh desceria sobre ele; ele também profetizaria e seria transformado em "outro homem" (10,6). Tendo recebido essas instruções de Samuel, Saul seguiu seu caminho, "Deus deu-lhe outro coração" e os sinais previstos aconteceram naquele dia (10,9).

A história é fragmentária, mas seu significado com relação à monarquia é claro. A unção de um rei era um costume geral no Oriente Próximo, adotado pelos israelitas como a cerimônia "natural" para marcar um homem como rei, mas adquiriu um significado específico na transferência. Pois a unção ministrada por Samuel foi um sacramento objetivo, não uma comunicação

---

[6] Lods distingue na versão realista um estrato mais antigo e um mais recente de tradições. Cf. Lods, *Israel*, 352-356, o apêndice sobre The Three Versions of the Founding of the Monarchy.

mágica de poder por intermédio da pessoa que a ministrava. O historiador teve o cuidado de ressaltar que Yahweh, não Samuel, ungiu o rei. E o efeito do sacramento, "outro coração", foi causado por Deus, não pelo ato manifesto de Samuel. A monarquia foi instituída por Yahweh. O rei era um Messias, o Ungido do Senhor.

A imediação da relação entre o rei e seu Deus parece ter sido matéria de alguma importância na época, uma vez que tantas das tradições preservadas enfatizam esse ponto. Isso é especialmente verdade se, seguindo a sugestão de Lods, também as lendas da juventude de Samuel forem consideradas como tendo sido, em origem, lendas sobre Saul. Em 1 Samuel 1, Ana prometeu ao Yahweh de Silo que, se ele lhe desse um filho, ela o dedicaria ao seu serviço. Quando o filho chegou, "ela o chamou de Samuel, dizendo, 'porque eu o pedi a Yahweh'" (1,20). De acordo com Lods, é difícil ver como o nome *shemuel* poderia ter derivado do verbo *sha'al*. "Por outro lado, teríamos uma derivação etimológica perfeitamente boa se o texto original dissesse: 'ela o chamou de *Saul*', já que *sha'ul* significa 'pedido.'"[7] A sugestão de Lods é convincente. Se a aceitarmos, a história da criança dada por Yahweh e consagrada a ele é uma história sobre Saul. E talvez o mesmo se aplique à revelação de Yahweh ao jovem Samuel em 1 Samuel 3.

O mesmo interesse pela relação de Saul com Deus aparece na história de seu encontro com os profetas. Essa história requer uma breve explicação — ainda mais porque até mesmo o historiador israelita julgou necessário acrescentar uma ou duas notas de rodapé arqueológicas a fim de torná-la inteligível para seus próprios contemporâneos. Saul "encontrou com um grupo de profetas" (10,10). Esses profetas, porém, não pertenciam ao mesmo tipo que os grandes profetas do século VIII e seguintes. Os grandes profetas, na verdade, deram continuidade ao tipo que na época de Saul era representado por um homem como Samuel. E o historiador enfatiza o ponto; pois, ao falar de Samuel, o vidente, ele acrescentou que "um profeta [*nabi*] era antigamente chamado de vidente [*roeh*]" (9,9). Assim, alguma importância parece ter sido atribuída à diferença entre os videntes que apenas mais tarde vieram a ser chamados de profetas e os profetas do grupo. Mostrou-se difícil, porém, descrever os dois tipos com alguma precisão. Foram feitas tentativas de distingui-los como tipos de alucinações auditivas e visuais, como intérpretes de sonhos ou sinais e ar-

---

[7] Ibid., 354.

rebatados por êxtases, como comunicantes com divindades menores e com o Yahweh nacional, ou por seus métodos de induzir o estado extático. Nenhuma das distinções foi satisfatória, uma vez que, invariavelmente, falhavam em um ou outro caso específico. Ainda assim, a diferença, como dissemos, deve ter sido importante, já que os historiadores israelitas a anotaram expressamente. Desse modo, temos de voltar à distinção feita nas próprias passagens de Samuel: os videntes e os grandes profetas eram pessoas solitárias, enquanto os profetas que Saul encontrou eram um "grupo". Essa é, de fato, uma diferença de tal importância que uma busca por outras características distintivas parece supérflua. Pois o profetismo coletivo, baseado num êxtase contagioso, era um fenômeno difundido na Ásia Menor que chegou até a civilização helênica na forma dos cultos orgiásticos de Dioniso, ao passo que não era característico da história israelita mais antiga. Seu aparecimento na época de Saul indicaria uma penetração do êxtase baálico no javismo, paralelamente à fusão de cananeus e de hebreus javistas no novo Israel. Além disso, o próprio Saul esteve exposto a acessos extáticos por contágio[8], enquanto, no caso de Gedeão, o *ruah* de Yahweh ainda descia sobre o líder numa experiência solitária.

Para além desse ponto, a significância política do novo fenômeno só pode ser discernida em contornos vagos. O *nabi* do tipo coletivo era certamente considerado uma pessoa de baixa posição social. As pessoas que haviam conhecido Saul como um jovem de boa família e testemunharam o seu acesso profético ficaram surpresas ao vê-lo na companhia, e no estado psíquico, de homens cujos pais eram desconhecidos (10,11-12). Percebe-se o ressentimento da sociedade de clãs hebraica contra pessoas que não eram hebreias ou que haviam descido tão baixo na escala social que sua afiliação aos clãs se perdera. E a pergunta irônica "Está Saul entre os profetas?" tornou-se um provérbio (10,12).

Talvez o sucesso de Saul e de seu reinado tenha se devido a sua sensibilidade a um novo tipo "democrático" de experiência espiritual. A ideia é sugerida pela história de Davi e sua mulher Mical, filha de Saul, que fornece mais um exemplo de relações no âmbito da sociedade régia, tensas pelas mesmas razões que na história de Saul. Quando o rei vitorioso conduziu a arca para dentro de Jerusalém, ele dançou diante dela, na procissão, "com todas as suas forças", vestido com uma tanga de linho (2Sm 6,14). Mical, uma mulher severa, assistiu com desgosto à exibição fálica diante dos servos e de suas mulheres e, mais tarde, repreendeu Davi por sua falta de gosto, recebendo do rei a informação

---

[8] Além de 1 Samuel 10,10, cf. 19,23-24.

de que ele havia dançado diante de Yahweh, não diante das mulheres. Yahweh o havia escolhido como o governante de seu povo, no lugar de Saul e de sua casa. Por Yahweh, ele se humilharia com mais desinibição ainda do que havia demonstrado naquele dia. Ainda que ela não tivesse gostado do jeito como ele se alegrara, as mulheres dos servos a quem ela se referira o veriam como honrado (2Sm 6,21-22)[9]. E a mulher que vira sua dança vigorosa diante de Yahweh com olhos tão críticos permaneceu sem filhos (23). À semelhança do profetismo de Saul, o exibicionismo de Davi aponta para um estrato menos refinado do javismo, socialmente localizado nas pessoas que venceram a guerra contra os filisteus, em contraste com a sociedade de clãs hebreia que havia sucumbido à expansão imperial daqueles. E os primeiros reis viram-se como representantes desse javismo popular e de seus "grupos de profetas".

As tradições israelitas, infelizmente, têm grandes lacunas. Depois do encontro com Saul no século XI, os profetas coletivos reaparecem na narrativa apenas no século IX, no reino de Israel. Na época, existiam numerosos grupos proféticos, com participação de várias centenas de pessoas, organizadas sob a liderança de mestres e vinculadas a diversos santuários. Yahweh e Baal inspiraram tais associações, os "filhos dos profetas" (*bene hannebi'im*). Além disso, os grupos haviam se tornado uma instituição política no sentido de que estavam ligados à corte e, quando consultados antes de uma operação militar, sabiam como fornecer as respostas corretas. Acab tinha um grupo de profetas javistas, e sua rainha fenícia Jezebel mantinha um grupo correspondente de profetas baalistas à sua mesa. Nenhum conflito entre a monarquia e os profetas coletivos era perceptível. A única oposição a um plano real veio da figura solitária de Miqueias, o filho de Jemla (1Rs 22). Foi só quando os profetas solitários incitaram o conflito entre baalistas e javistas que os profetas coletivos uniram-se à oposição ao rei. A coexistência, temporariamente pacífica, de grupos de profetas javistas e baalistas na corte de Samaria talvez seja a melhor evidência da conexão íntima entre a monarquia israelita e a religiosidade orgiástica do povo que havia crescido na área da civilização siríaca desde a fusão de hebreus e cananeus. O século IX, ademais, fornece pela primeira vez evidências literárias da diferença de níveis culturais entre os profetas coletivos e a tradição hebreia propriamente dita, na medida em que as lendas de Elias, que se originaram nos grupos proféticos, moviam-se numa atmosfera folclórica nitidamente diferen-

---

[9] O significado dessa passagem difícil não pode ser determinado com plena certeza. As várias traduções diferem substancialmente.

te do clima intelectual das memórias de Davi ou dos escritos dos grandes profetas. E, por fim, uma pista para a tensão é fornecida pela história da palavra *nabi*. De origem não hebraica, provavelmente babilônica, ela entrou no idioma com os grupos de falantes de línguas extáticos na época de Saul; e fixou-se na língua com força suficiente para atrair para a órbita de seu significado os profetas solitários do século VIII e posteriores, que se opunham à monarquia e a seus "falsos" profetas coletivos. A história da palavra reflete a tensão político-religiosa entre os tipos de profetas. A oposição dos profetas solitários à monarquia torna-se mais inteligível, como foi sugerido anteriormente, se vista como uma tentativa de recuperar uma forma mais pura de javismo de dentro do tipo populista que se tornara a base da vida nacional com o estabelecimento da monarquia. E ficam mais claros também os sentimentos antipopulistas dos profetas pós-exílicos — o seu ódio dos *am-ha-aretz*, ou seja, do "povo" que havia sido, na verdade, o povo de Israel durante a monarquia.

O ponto decisivo no presente contexto, porém, é que um javismo mais puro pôde ser recuperado do profetismo coletivo com notável sucesso porque estava de fato vivo sob a cobertura da instituição régia. Embora os extaticismos javista e baalista fossem muito semelhantes, deve ter havido uma diferença essencial entre ambos, pois, até onde indicam as nossas evidências, não havia nada no profetismo coletivo aparentemente similar dos baalistas que pudesse ter sido recuperado por qualquer pessoa e levado às percepções espirituais de um Oseias ou de um Isaías. Os "filhos dos profetas" que apoiaram Saul e os reis posteriores, assim, eram definitivamente javistas, não baalistas. Esse conhecimento, por si só, porém, não é muito esclarecedor, porque não sabemos o que se passa num profeta quando ele está em seu transe. O tipo de deus ou demônio que possui um profeta em êxtase é algo que precisa ser testado pela "palavra" comunicável, da forma como ela resulta do transe e se cristaliza em mensagem, conselho e conduta. Com relação à cristalização verbal de seu transe, porém, os profetas mostravam-se, aparentemente, um pouco tolhidos. Pelo menos, nós os encontramos invariavelmente "ligados" a um lugar divino — um santuário ou uma corte —, ou seja, a uma instituição que tem à sua disposição outros meios de chegar a fórmulas articuladas de conduta, como a palavra de um vidente, as instruções de um sacerdote ou a decisão de um rei. Com relação à política, portanto, os grupos dificilmente podem ter sido mais do que amplificadores da consciência nacional do novo Israel em busca de uma organização efetiva. Eles certamente não eram criadores de políticas e de reis como os colégios sacerdotais egípcios. Assim, o javismo nacional dos grupos era inseparável da instituição régia que articulava o conteúdo inarticulado do transe. Na medida em que os grupos eram a voz do povo, eles podiam fornecer autoridade espiritual das "bases" para os que estivessem dispostos e fossem capazes de liderar a nação na guerra e na paz, mas não podiam eles próprios fornecer liderança. O líder tinha de ser um homem como Saul, que combinava o carisma do guerreiro e do político com o de um extático. Um profeta não podia se tornar rei, mas um rei podia, ocasionalmente, estar suscetível ao contágio extático. O rei era o homem que articulava em palavras e ações o significado da experiência extática. Essa relação entre extaticismo e articulação não é a única na história da organização comunitária. Encontramos o mesmo problema no início do cristianismo, quando os falantes em línguas criavam dificuldades numa comunidade. Em 1 Coríntios 14, por exemplo, há um tratado especial de São Paulo sobre o método de lidar com os extáticos; e o ponto mais importante é que o falante em línguas tem de ser silenciado quando não há ninguém presente capaz de interpretar a sua "palavra". Assim, o extaticismo coletivo é um influxo de força espiritual cuja natureza precisa só pode ser determinada pela canalização a que ele se submete na comunidade. Apenas na retrospectiva de uma cultura do espírito articulada javista, cristã ou trágica pode-se falar de um extaticismo javista, cristão ou dionisíaco. Onde quer que o extaticismo coletivo ocorra, surgirá a tensão civilizacional entre uma força espiritual difusa e contagiosa, por um lado, e a articulação imposta pelas instituições e pela explicação racional, por outro.

2 A ordem espiritual da alma

As consequências da tensão são suficientemente sérias quando a ordem de uma comunidade tem de se apoiar num acordo entre intérpretes extáticos e articulados. E são ainda mais sérias quando a tensão ocorre dentro da alma de um homem, como aconteceu na de Saul. Um homem de seu tipo extático-ativo não só se sentirá responsável por traduzir a força difusa em ação régia concreta, como também sofrerá com estados de indecisão e ansiedade em momentos críticos, quando uma ação decisiva seria exigida, mas a força espiritual refluiu. Nos últimos anos de Saul, essa tensão em sua alma tornou-se perceptível. Ele caía em períodos de melancolia pensativa, para os quais encontrava alívio na música de Davi, depois era novamente tomado por acessos de desconfiança assassina contra o rapaz — embora se deva levar em conta que essa desconfiança com relação a Davi como um rival pelo trono era, provavelmente, bastante justificada. Reveladora para a natureza da confusão espiritual de Saul é a história de sua visita à feiticeira de Endor (1Sm 28,3-25). É preciso analisá-la com algum cuidado, uma vez que o episódio é de considerável importância para a história espiritual e intelectual de Israel em geral.

Era a véspera da batalha de Gelboé, a batalha contra os filisteus em que Saul e seu filho Jonatas viriam a encontrar a morte. Saul sentia-se deprimido por pressentimentos de desastre. A força espiritual o havia deixado e Yahweh não falava com ele nem por intermédio dos profetas ou dos oráculos dos sacerdotes, nem por meio de sonhos. Em seu abandono, ele quis evocar o fantasma de Samuel para receber seus conselhos e procurou uma mulher que era "necromante" e podia chamar os mortos para serem consultados. Essa mulher de Endor de fato invocou Samuel para ele. O rei, no entanto, não conseguiu obter muito conforto do vidente. O fantasma de Samuel repreendeu o rei por ter perturbado a sua paz com petulância. Se Yahweh não falava com Saul, as implicações do silêncio divino eram óbvias. Durante a vida de Samuel, numa certa ocasião bem conhecida do rei, Saul não dera ouvidos à voz de Deus mediada pelo vidente; e, como consequência, Saul não podia mais ouvir a voz. Tudo o que o fantasma podia fazer agora era confirmar os pressentimentos do rei: no dia seguinte, Saul e seus filhos morreriam em combate e Israel seria entregue nas mãos dos filisteus.

À primeira vista, o significado da história parece claro. Os comandos divinos podem ser duros, como foram na ocasião aludida por Samuel; e quando o homem, em sua fraqueza, segue as linhas da diligência e da compaixão o Deus insultado vinga-se no veículo indigno de seu espírito, bem como na comunidade que o rei representa. A desobediência à vontade de Deus é seguida de punição pessoal e coletiva.

A aparente clareza, porém, desaparece assim que a ação de Saul é posta em contexto. Pois, anteriormente, um decreto de Saul havia banido os necromantes e magos do território do reino (1Sm 28,3) e tornado a sua atividade um crime capital (28,9). De modo que agora, quando o rei recorreu à necromante, ele violou o seu próprio decreto e tornou-se culpado de cumplicidade, se não do crime em si.

Em nenhum ponto está declarado expressamente por que Saul teria expulsado os necromantes. Um dos motivos possíveis, porém, é bastante óbvio. Os fantasmas dos mortos eram *elohim* (1Sm 28,13), seres divinos; e sua eliminação como forças a ser consultadas aboliria os rivais de Yahweh. Sem questionar a plausibilidade ou sinceridade desse motivo primário, deve ser admitido, no entanto, um eventual motivo político, que ganha probabilidade pela ação posterior de Saul de evocar o fantasma de Samuel. Como o próprio rei consultou um necromante, ele claramente não havia banido essas pessoas por considerá-las "vigaristas", mas, ao contrário, porque elas traziam *elohim* genuínos. Os deuses-fantasmas não eram falsos deuses ou não deuses; acreditava-se que fossem deuses reais, embora de uma posição inferior. A experiência da força divina ainda estava inflada, para além do politeísmo ou do monoteísmo, e, em virtude de tal situação, mesmo num reino javista os *elohim*-fantasmas podiam tornar-se fontes rivais de autoridade em questões políticas. Na difícil e longa luta com os filisteus, súditos descontentes poderiam muito bem consultar os *elohim* para descobrir que rumo a guerra tomaria; e alguns poderiam estar tão interessados quanto o próprio Saul em saber se o rei encontraria logo a morte. Assim, o banimento dos necromantes talvez tenha tido a intenção de impedir precisamente o tipo de consulta que Saul fora fazer. Decretos comparáveis foram emitidos em outras culturas políticas pelas razões delineadas, como, por exemplo, no Renascimento ocidental, quando a Cúria proibiu previsões astrológicas referentes à morte do papa, porque elas poderiam causar especulações políticas, inquietação e intrigas. Ainda assim, um motivo político desse tipo, como dissemos, não diminui, necessariamente, o motivo primário javista. Um pode ter apenas reforçado o outro, com um resultado líquido satisfatório tanto para o javista como para o rei em Saul[10].

O feliz encontro de *raison d'état* com interesse espiritual, porém, não esgota as complexidades do episódio. Os *elohim*-fantasmas devem ter desempenhado um papel importante na vida espiritual dos israelitas ou não teria sido necessário proibir sua consulta de forma tão severa, e o decreto de Saul deve ter sido uma perturbação correspondentemente grave para a vida espiritual. Tais intervenções na economia da psique têm consequências. O que sabemos sobre as

---

[10] A análise precedente baseia-se na pressuposição de que o decreto de Saul contra os "necromantes" seja histórico. Excelentes autoridades, porém, consideram que as passagens respectivas sejam uma interpolação anacrônica na narrativa. Para essa opinião negativa, ver a análise da visita de Saul à feiticeira de Endor em OESTERLEY e ROBINSON, *Hebrew Religion*: Its Origins and Development, 91 ss. Eu prefiro a opinião de LODS, *Israel*, 358, que considera a tradição "inteiramente provável". A interpretação deve ser governada pelo princípio de que uma tradição deve ser aceita desde que não exista nenhuma evidência conclusiva contra ela. O fato de a necromancia ter continuado em Israel durante toda a sua história e ter tido de ser proibida em frequentes ocasiões posteriores não é um argumento válido contra a proibição de Saul.

experiências e ações de Saul é prova suficiente de que ele não possuía uma alma bem organizada que vivia na fé de um Deus transcendente, mas que sua psique era um campo de sensibilidade diversificada para contágio orgiástico, oráculos sacerdotais e conselhos de videntes, para sonhos e vozes divinas e mensageiros dos *elohim*-fantasmas. Ele era um homem, mas também "outro homem" quando em transe e, acima de tudo, era uma parte da humanidade não pessoal e difusa que respondia pelo nome de Israel e tinha de expiar coletivamente as más condutas do rei. Nas dificuldades de Saul com uma ordem javista fica claro que estavam envolvidos os problemas de uma alma pessoal — os mesmos problemas que, contemporaneamente a Saul, se tornaram agudos nas perturbações da civilização micênica, na épica de Homero. Na história israelita, porém, esses problemas inclinaram-se numa direção muito divergente da grega, e para a determinação dessa inclinação o decreto de Saul aparentemente foi um fator causativo de primeira ordem. A questão, bem como as formas diferentes que ela assumiu em Israel e na Hélade, deve ser sucintamente caracterizada.

O salto no ser, a experiência do ser divino como transcendente ao mundo, é inseparável do entendimento do homem como humano. A alma pessoal como o sensório da transcendência deve desenvolver-se paralelamente ao entendimento de um Deus transcendente. Portanto, onde quer que o salto no ser ocorra experiencialmente, a articulação da experiência tem de lidar com o mistério da morte e da imortalidade. Os homens são mortais; e o que é imortal é divino. Isso se aplica tanto aos gregos como aos israelitas. Nessa nítida divisão ontológica, porém, a pós-existência do homem nunca se encaixa muito bem. Na épica homérica, a vida após a morte é a existência da psique, da força de vida, como um *eidolon*, uma sombra no Hades; e, da mesma maneira, a vida após a morte israelita é uma existência sombria e fantasmagórica no Xeol. Em nenhum dos casos é uma existência que traria a perfeição suprema à ordem da personalidade humana. Dessa situação inicial, desenvolveu-se, na Hélade, o entendimento da psique como uma substância imortal, capaz de alcançar uma ordem cada vez mais perfeita, se necessário por meio de incorporações repetidas, até atingir a condição transmundana permanente. Esse desenvolvimento deveu-se aos filósofos de Pitágoras e Heráclito em diante e alcançou o seu clímax nos diálogos de Platão. Sem dúvida, a cultura politeísta da Hélade facilitou a construção especulativa do problema, uma vez que não havia nenhuma resistência arraigada a conceber a alma imortal como um *daimon*, ou seja, como um ser divino de posição mais baixa. Em Israel, um desenvolvimento paralelo foi impedido pelo entendimento precoce, ainda que imperfeito, da verdadeira natureza de um Deus transcendente universal. Os mortos eram *elohim* e nenhum homem deveria ser um *elohim*. Gênesis 3,22-24 foi inflexível nesse ponto: "Então Yahweh-Elohim disse: 'Vê, o homem tornou-se como um de nós, conhecedor do bem e do mal; e agora suponha-se que ele estendesse a mão e pegasse também o fruto da árvore da vida, comesse-o e vivesse para sempre!' Assim, Yahweh-Elohim expulsou-o do jardim de Éden".

A incompatibilidade da condição humana e divina parece ter sido plenamente percebida pela primeira vez por Saul. Como os mortos eram *elohim*, e como a crença de que eles o eram continuava inabalável, esses deuses precisavam ser relegados, por meio de um decreto real, a uma espécie de subconsciente público. O culto ancestral, o mito de um *heros eponymos* e, acima de tudo, a evocação desses deuses como autoridades rivais de Yahweh tinham de ser suprimidos. Como consequência, o entendimento de uma alma pessoal, de sua ordem interna pela orientação divina e de sua perfeição por meio da graça na morte, que curará a imperfeição da existência mundana, não pôde se desenvolver. A relação com Yahweh, precária nesta vida, era completamente rompida pela morte; o que não era alcançado na vida jamais era alcançado. Uma expressão patética dessa situação difícil foi o salmo de Ezequias (final do século VIII), no qual o rei agradecia a Yahweh por ter se recuperado de uma doença (Is 38,18-19):

> Pois o Xeol não pode louvar-te,
> Nem a morte celebrar-te;
> Os que desceram à tumba
> não esperam mais na tua fidelidade.
> O vivente, só ele te louva,
> como eu hoje.
> O pai dará a conhecer a seus filhos
> a tua fidelidade.

Ao longo de toda a história da monarquia, a questão da alma permaneceu nessa submersão de um "subconsciente público", e mesmo os profetas não foram capazes de lidar com ela. Apenas no tempo de Ezequiel (final do século VI) o primeiro passo no sentido de uma solução tornou-se perceptível, vindo do lado da ética, na hesitante admissão de responsabilidade e retribuição pessoais de acordo com o mérito de um homem (Ez 14, 18 e 33). Porém, mesmo a ruptura com o princípio de responsabilidade coletiva não rompeu o impasse da experiência com relação à ordem da alma e sua salvação. Foi somente sob a influência persa, no século III, que a posição rígida se enfraqueceu e a ideia de imortalidade pôde entrar na órbita judaica.

O estado de suspensão em que a questão da alma permaneceu na história israelita teve consequências curiosas no domínio dos símbolos. Por um lado, favoreceu o avanço do realismo histórico. Por outro, impediu o desenvolvimento da filosofia.

Com relação ao realismo histórico, a supressão do *elohim*-fantasma eliminou da esfera pública o mito dos ancestrais como forma constitutiva. Isso, claro, não significa que o culto aos ancestrais ou mesmo o culto aos heróis fosse desconhecido pelas tribos hebreias. Um número suficiente de vestígios de tais cultos sobreviveu na Bíblia (e foi confirmado por descobertas arqueológicas) para provar que os clãs hebreus, antes de entrar no âmbito da religiosidade javista, eram constituídos por seus cultos dos ancestrais da mesma forma que qualquer *genos* helênico. No período javista, encontramos santuários de ancestrais como a gruta de Macpela, onde Sara e Abraão foram enterrados (Gn 23 e 25,9), o pilar do túmulo de Raquel (Gn 35,20) e o local de sepultamento de José em Siquém (Js 24,32). E encontramos, além disso, santuários de heróis, como o santuário de Débora, a ama de Rebeca (Gn 35,8), o túmulo de Míriam em Cades, o "lugar sagrado" (Nm 20,1), e o local de sepultamento de Samuel em Ramá (1Sm 28,3). Ainda assim, embora os ancestrais e heróis fossem *elohim* no âmbito popular da religião israelita, eles nunca se tornaram figuras mitológicas no âmbito javista em que a narrativa se move. Pelo contrário, aqueles que já haviam desaparecido por trás do véu do mito em tempos pré-mosaicos, como o Jacó-el, ou José-el, das listas egípcias de topônimos cananeus, foram recuperados como figuras históricas. Certamente Jacó, talvez José e provavelmente outros de que não há registros preservados foram transfigurados de chefes tribais históricos em ancestrais míticos e, depois, restaurados à sua condição anterior, mais ou menos da mesma maneira como um historiador crítico moderno recupera eventos pragmáticos a partir do mito. Como resultado, os israelitas desenvolveram uma forma simbólica sem paralelos em outras civilizações, ou seja, a história dos patriarcas.

O caráter extraordinário do fenômeno deve ser constatado para que se possa compreender a sua consequência extraordinária. No âmbito "público", os *elohim* haviam se tornado os patriarcas históricos, que agora estavam definitivamente mortos e não podiam mais influenciar os eventos mundanos. Nesse âmbito, a crença numa vida após a morte foi obliterada tão drasticamente que, tempos depois, o Coélet poderia dizer: "Cão vivo vale mais que leão morto. Os vivos sabem: morrerão; mas os mortos não sabem coisa alguma. Para eles já não há mais recompensa, pois sua memória é esquecida. Seus amores, seus ódios, seus ciúmes já pereceram; não mais tomarão parte em quanto se faça sob o Sol" (Ecl 9,4-6). A historicização radical dos *elohim* deparou-se, assim, pela lógica da experiência, com o impasse do niilismo e do existencialismo hedonista que podemos observar no Coélet.

No âmbito inferior, popular, porém, a comunidade dos vivos com os mortos, ou seja, a substância de ordem social contínua entre os homens, foi mantida por meio dos cultos de ancestrais dos clãs e heróis nacionais, bem como pela fé em sua ajuda como conselheiros e vingadores. Embora os historiadores tenham se empenhado ao máximo para eliminar todas as tradições dessa fé, escaparam inúmeras passagens que manifestam a crença nos "pais" ou nas "pessoas" a quem, na morte, o homem se reúne[11]. Dessa experiência popular viva, um espírito profético podia avançar para a percepção de que a comunidade dos *elohim* a quem o homem se reunia na morte era a comunidade com o próprio pai divino. Embora evitando a questão dos *elohim* ancestrais e de sua condição, uma oração do Trito-Isaías transferiu sua função na comunidade humana para Deus em pessoa (Is 63,16):

> Pois tu és o nosso pai!
> Abraão, com efeito, não nos conhece,
> e Israel também não nos reconhece;
> és tu, Yahweh, que és nosso Pai,
> nosso redentor desde sempre, este é o teu nome.

Yahweh, nessa oração, assume o lugar do redentor — ou seja, do *goel*, o parente próximo e vingador sob a lei do clã —, uma vez que a função não é mais preenchida pelos *elohim* de Abraão e Jacó. E Yahweh pode ajudar, como o fez nos dias de Moisés, pela presença de seu *ruah*, seu espírito, junto aos pastores de seu povo. O profeta, buscando-o, pergunta (Is 63,11 ss.):

> Onde está aquele que fez subir novamente do mar
> o pastor do seu rebanho?
> Onde está Aquele que nele infundiu o seu espírito santo?
> Aquele que fez avançar,
> à direita de Moisés, seu braço resplandecente?
> Aquele que fendeu as águas diante deles
> para fazer para si um nome eterno?
> Aquele que os fez avançar nos abismos?
>
> Como um cavalo no deserto, eles não tropeçavam,
> como o gado que desce uma encosta,

---

[11] Por exemplo, Gênesis 25,8.17; 35,29; 47,30; 49,29.

o espírito de Yahweh os conduzia ao descanso.
Foi assim que conduziste o teu povo,
para fazer-te um nome resplandecente.

E, como no passado, o profeta espera que o espírito de Yahweh guie seu povo novamente no futuro, e ora (Is 63,17):

Volta, pela causa dos teus servos,
das tribos do teu patrimônio.

Sente-se a animosidade contra os *elohim* ancestrais da era pré-mosaica. O autor da oração lutou para escapar de sua atmosfera e compreender a presença do Elohim único, por meio de seu *ruah*, na história. E, ao menos em parte, seus esforços foram bem-sucedidos. É verdade que Yahweh era ainda o Deus de Israel, não da humanidade; e a questão da alma não foi de modo algum esclarecida; mas pelo menos os problemas haviam sido trabalhados de tal maneira que de uma situação aparentemente desesperada surgiu a visão de uma solução. As opiniões se dividem quanto a ter a oração sido escrita imediatamente após o retorno a Jerusalém, em 538, ou durante o conflito com os persas no século IV a.C. De qualquer forma, Israel estava num período politicamente difícil. Nenhuma ajuda poderia ser esperada do homem, nem de homens deste mundo nem de homens reunidos a seus antepassados. Além disso, ainda prevalecia o sentimento de que a ajuda divina tinha de vir para a sociedade nesta existência mundana; apenas a ajuda ao povo em suas dificuldades históricas era de interesse, e não a ajuda à alma individual. De tais negativas, que excluíam as alternativas concebíveis, surgiu a ideia do Deus que retornaria como nosso Redentor na história a fim de retificar uma condição desesperançada do homem.

Com relação à forma que um retorno de Deus à história viria a assumir, a oração não diz nada. E não se deve ler mais no Trito-Isaías do que aquilo que de fato pode ser encontrado lá. Ainda assim, há na oração o suficiente para sugerir a atmosfera experiencial em que os homens estavam receptivos ao aparecimento de Deus na terra e a tornarem-se os seguidores do Cristo. Na verdade, já havia uma série de outros símbolos aproximando-se do deus-homem que tornariam o aparecimento de Cristo inteligível para a humanidade civilizacionalmente misturada do império romano: havia os faraós egípcios, os reis-deuses helenísticos e as expectativas judaicas de um Messias davídico. Todavia, nenhum deles continha o ingrediente específico que fez do cristianismo um escândalo, ingrediente a ser encontrado no Trito-Isaías: o retorno do Deus transcendente a um cosmo que havia se tornado não divino e a uma história que havia se tornado humana. Esse abismo entre Deus e o mundo, inerente ao javismo desde a época mosaica, pôde ser transposto ao longo dos séculos israelitas pelas sobrevivências de símbolos cosmológicos, pelos deuses agrícolas cananeus e pelos cultos dos ancestrais; porém, quando as terríveis implicações dessa separação entre Deus e o mundo foram constatadas pelo trabalho dos profetas, e quando os desastres políticos intramundanos deixaram clara a angústia da vida num mundo sem deus, o tempo estava maduro para o retorno de Deus a uma história da qual as forças divinas haviam sido eliminadas de maneira tão drástica.

Com relação à filosofia, deve-se dizer que o seu desenvolvimento no sentido helênico foi impedido pela irresolução quanto à condição da alma. A expansão da *philia* para o *sophon* pressupõe uma alma personalizada: a alma deve ter se desligado o suficiente da substância de grupos humanos particulares para experimentar a sua comunidade com outros homens conforme estabelecida pela participação comum no *Nous* divino. Na medida em que a vida espiritual da alma é tão difusa que a sua condição sob Deus só pode ser experimentada compactamente, pela mediação de clãs e tribos, o amor pessoal de Deus não pode se tornar o centro ordenador da alma. Em Israel, o espírito de Deus, o *ruah* de Yahweh, está presente na comunidade e nos indivíduos em sua capacidade de representantes da comunidade, mas não está presente como a força ordenadora na alma de cada homem, como o *Nous* dos filósofos-místicos ou o Logos de Cristo estão presentes em cada membro do Corpo Místico, criando, por sua presença, a *homonoia*, a harmonia de ideias da comunidade. Apenas quando o homem, embora vivendo com seus semelhantes homens na comunidade do espírito, tem um destino pessoal em relação a Deus pode o erotismo espiritual da alma alcançar a autointerpretação que Platão chamou de filosofia. Na história israelita, um desenvolvimento comparável foi impossível pelas razões anteriormente discutidas. Quando a alma não tem nenhum destino, quando a relação do homem com Deus é rompida pela morte, até mesmo uma revelação da divindade transcendente ao mundo tão pessoal e intensa quanto a mosaica (mais pessoal e intensa do que jamais ocorrera a um filósofo helênico) será embotada pela compacidade intramundana da tribo. O Deus de Israel revelou-se em sua ira e sua graça; ele causou a alegria da obediência leal bem como a angústia da desobediência, o triunfo da vitória e também o desespero do abandono; manifestou-se em fenômenos naturais bem como em seus mensageiros em forma humana; falou audivelmente, distintamente e longamente aos homens de sua escolha; foi uma vontade e deu uma lei — mas não foi a Medida invisível da alma no sentido platônico. Um profeta pode ouvir e comunicar a palavra de Deus, mas não é um filósofo nem um santo.

Nenhuma "prática de morte" platônica desenvolveu-se em Israel. Ainda assim, o salto no ser, quando criou o presente histórico como a existência de um povo sob a vontade de Deus, também aguçou a sensibilidade pela humanidade individual. Talvez porque a alma não tinha nenhum destino além da morte, o triunfo e a derrota em vida eram experimentados com uma dor até então desconhecida para o homem. Depois do reinado de Saul, fez-se sentir um novo estado de espírito experiencial que, por falta de termo melhor, pode ser chamado de humanismo especificamente israelita. O primeiro grande documento desse estado de espírito foi a grandiosa *quinah*, a elegia ou canto fúnebre de Davi por Saul e Jonatã após a batalha de Gelboé (2Sm 1,19-27):

A nobreza de Israel sobre tuas colinas foi abatida!
Tombaram os heróis!

Não o publiqueis em Gat,
Não o anuncieis nas ruas de Ascalon,
Para que as filhas dos filisteus não se regozijem,
que as filhas dos incircuncisos não saltem de alegria!

Ó montes de Gelboé,
nem o orvalho, nem a chuva,
Nem campos fecundos vos cubram!
Pois *ali* foi desonrado o escudo dos heróis,
o escudo de Saul, não ungido com óleo.

Mas com o sangue das vítimas,
com a gordura de heróis;
O arco de Jonatas, que jamais recuou,
e a espada de Saul, que não voltava seca.

Saul e Jonatas, tão queridos,
inseparáveis na vida e na morte,
mais rápidos que as águias,
mais valentes que os leões.

Filhas de Israel, chorai sobre Saul,
Que vos cobria de púrpura e de enfeites,
e com joias de ouro ornava vossos vestidos!

Tombaram heróis,
em pleno combate!

Jonatã, sobre as tuas colinas foi abatido!
Quanta pena sinto por ti,

Jonatã, meu irmão!
Eu te amava tanto!
Tua amizade era para mim maravilhosa,
mais bela que o amor das mulheres!

Tombaram os heróis!
Pereceram as armas de guerra!

Não há nenhum vestígio de drama espiritual na *quinah*, nenhuma questão de obediência ou desobediência à vontade de Yahweh, nenhuma busca pelos motivos de ação divina. Deus poderia nem existir. O desastre de Gelboé é estritamente um assunto do homem em seu hábitat terreno. Uma praga de esterilidade é lançada sobre as montanhas de Gelboé porque armas e os homens de Israel caíram em suas alturas. O que caiu com eles é a beleza de Israel, o esplendor de sua virilidade, os *gibborim*, em guerra, bem como a elegância das mulheres quando ornadas com pilhagens. Como essa é uma derrota crítica na luta pelo império, a alegria do inimigo é causa de dor tanto quanto as perdas sofridas em seu próprio lado. E a derrota é um desastre pessoal, pois a comunhão de afetos, de pai e filho, de amigo e amigo, é rompida pela morte.

3 Teocracia

A segunda versão da ascensão de Saul ao trono apresenta tendência antirrealista.

Nessa versão, a história de Saul é precedida de um relato da liderança de Samuel. Esta é descrita como suficientemente bem-sucedida para tornar a monarquia desnecessária (1Sm 7). Os acontecimentos movem-se no ritmo devoto de deserção e retorno que conhecemos do livro dos Juízes. Samuel é um juiz que persuade o povo a abandonar seus deuses estrangeiros e retornar a Yahweh. Uma derrota retumbante dos filisteus, com a ajuda de Yahweh, recompensa o retorno. Israel uma vez mais é libertado de todos os seus inimigos; Samuel vive até uma idade avançada; e acabou de indicar seus filhos como sucessores (1Sm 8,1). Israel, ao que parece, está seguro sob seus juízes, até que a deserção seguinte perturbe a relação entre Yahweh e seu povo.

Uma deserção ocorre, de fato, mas não para os baals e as astartes. Nesse ponto da história, quando o leitor está preparado para a próxima queda nas relações de Israel com Yahweh, os redatores colocam o pedido do povo por um rei. É verdade que os "anciãos de Israel" que vão ao encontro de Samuel com o pedido têm motivos de queixa, porque os filhos de Samuel aceitam subornos e pervertem a justiça (8,3). Ainda assim, na opinião do historiador, não há razão para exigir "um rei para nos julgar como todas as nações [*goyim*]" (8,5). O que causa a consternação de Samuel diante desse pedido (8,6) fica claro na resposta de Yahweh à oração do profeta (8,7-9):

> Escuta a voz do povo em tudo aquilo que te pedem. Não é a ti que rejeitam, mas a mim. Não querem mais que eu reine sobre eles. Como fizeram desde o dia em que os fiz subir do Egito até hoje, abandonando-me para servir a outros deuses, assim fazem também contigo. Agora, pois, escuta a sua voz. Mas não deixe de adverti-los; ensina-lhes como governará [*mishpat*] o rei que reinará sobre eles.

A mudança de um governo de juízes para um governo de reis é mais do que uma mudança de formas políticas no sentido secular. É um rompimento com a constituição teopolítica[12] de Israel como um povo sob Yahweh, o Rei. Samuel pode ter ficado descontente com a rejeição de Israel à sua dinastia de juízes, mas o verdadeiro problema é a deserção do reinado de Yahweh. Samuel, então, obedece à ordem de Yahweh e alerta seriamente o povo sobre o que lhes irá acontecer (1Sm 8,11-18). O rei obrigará os jovens ao serviço militar e à servidão; as moças terão de servir na casa da realeza; as melhores terras serão desapropriadas e dadas aos oficiais e servos do rei; o povo será tributado pesadamente para manter a administração real e, além disso, terá de dedicar parte de seu tempo a trabalhar para o rei. "Naquele dia, gritareis por causa do rei que tiverdes escolhido, mas Yahweh não vos responderá, naquele dia" (18). Mas o povo é insistente; eles querem um rei, pois "seremos também nós, como todas as nações. Nosso rei nos julgará, sairá à nossa frente e combaterá os nossos combates" (20).

Israel consegue o que queria. Samuel reúne o povo em Masfa e a assembleia procede à eleição de um rei (1Sm 10,17-24). O procedimento de eleição é descrito de forma tão sucinta que não fica totalmente claro. Aparentemente, sortes sagradas eram lançadas por tribos, clãs e famílias a fim de reduzir o nú-

---

[12] Estou usando o termo *teopolítico*, de Martin Buber, em vez do termo *teocrático* a fim de indicar a constituição peculiar, tanto existencial como transcendental, de Israel como um povo sob Deus. *Teocrático* será usado convenientemente quando o governo existencial, e especialmente a monarquia, for experimentado como vinculado às ordens de Deus e, em especial, quando uma classe sacerdotal avaliar a conduta do magistrado de acordo com as ordens divinas e puder levar a efeito as suas críticas. Para a formação do conceito "teocrático" neste último sentido, ver Hendrik Berkhof, *Kirche und Kaiser*, Zollikon/Zurich, Evangelischer Verlag, 1947, 143 ss. Como o texto logo mostrará, o elemento teocrático entra na constituição de Israel precisamente quando a experiência teopolítica é perturbada pelo estabelecimento da monarquia.

mero de candidatos; e é possível discernir os resquícios de um antigo costume segundo o qual os possíveis candidatos se escondem e o primeiro a ser encontrado é considerado a escolha de Deus. Da combinação de sorteio e esconde-esconde, Saul surge como o candidato régio escolhido por Yahweh. Sua cabeça e seus ombros sobressaíam a todos os outros; e, quando Samuel o apresenta ao povo, ele é aceito com a aclamação: "Longa vida ao Rei!" Os versículos seguintes, porém, sugerem que nem todos estavam felizes com a escolha (10,26-27).

O procedimento continua em 1 Samuel 12. Samuel pede e recebe dispensa de seu cargo com o reconhecimento de sua conduta impecável (12,1-5). O novo Messias é testemunha da dispensa (v. 5). E segue-se, então, um curioso julgamento de Israel diante da corte de Yahweh (12,6-25). Samuel suplica diante de Yahweh. Ele relembra os "atos justos" praticados pelo Senhor em prol daqueles ali presentes e de seus pais, bem como as deserções de Israel. O insulto final é a rejeição do reinado de Yahweh pela escolha de um rei. Ainda assim, Deus os perdoará novamente, mas sob uma condição (12,14-15):

> Se temerdes a Yahweh, se o servirdes, se escutardes sua voz,
> sem vos revoltar contra as ordens de Yahweh,
> então vós e o rei que reina sobre vós
> continuareis a seguir Yahweh, vosso Deus.
> Mas se não escutardes a voz de Yahweh,
> se vos revoltardes contra as ordens de Yahweh,
> a mão de Yahweh vos atingirá, assim como a vossos pais.

Em confirmação à súplica e promessa de Samuel, Yahweh concede um milagre. O povo mostra-se convencido, admite sua culpa por ter pedido um rei e é-lhe concedida uma suspensão da ira divina enquanto mantiverem o bom comportamento.

Como seria de esperar depois de tais preparativos legais, a violação da boa conduta não demora muito. Em 1 Samuel 15, conta-se o episódio da guerra contra Amalec. Veio a Samuel a palavra de Yahweh de que o novo rei deveria destruir os amalecitas pelo que eles haviam feito a Israel "quando este subiu do Egito". Samuel transmite a palavra de Yahweh ao rei; e Saul empreende a guerra com total sucesso. Uma guerra contra Amalec, porém, é uma guerra santa que deve ser concluída pelo ritual do *cherem*[13]. Tanto o rei como o povo foram complacentes na aplicação do anátema e conservaram as melhores par-

---

[13] Na *Mishneh Torah*, Maimônides enumera como guerras santas as guerras contra as "sete nações" que ocupavam Canaã antes da conquista, contra Amalec e as guerras defensivas (14:5, 1).

tes do saque para si. Samuel teve de intervir e matar o rei dos amalecitas com suas próprias mãos para cumprir a palavra de Yahweh. Depois ele anuncia a Saul que este foi rejeitado devido ao descumprimento da ordem divina. A alegação de inocência relativa de Saul (de que ele havia cedido à pressão de seus guerreiros) não foi aceita: "Ainda que sejas pouca coisa aos teus próprios olhos, não és o chefe das tribos de Israel?" (15,17). Então, Samuel afasta-se do rei rejeitado e não volta mais a vê-lo até a sua morte. A sequência é o episódio da feiticeira de Endor, na véspera da batalha de Gelboé.

A versão anti-realista do reinado de Saul criou um dos simbolismos mais importantes da política ocidental. Por intermédio da recepção da Bíblia na Escritura do cristianismo, a relação entre Samuel e Saul tornou-se o paradigma do controle espiritual sobre o domínio temporal. Desde os primeiros sinais de consciência teocrática em Lúcifer de Cagliari e Santo Ambrósio, nos conflitos do século IV d.C., até o final da cultura imperial cristã e, para além dela, nas teocracias calvinistas de Genebra e da Massachusetts Bay Colony, a história de Samuel-Saul foi o "caso exemplar". E, mesmo na desintegração do cristianismo imperial, as partes em guerra ainda justificavam as suas posições fazendo referência à história, como quando os monarcômacos declararam o direito do povo de Deus de se manter obediente às ordens do Senhor contra um Saul em erro, ou quando, em oposição, um James I declarou o direito do rei de não cair na culpa de Saul, mas assumir sua responsabilidade como "chefe das tribos de Israel" contra um povo em erro.

Um simbolismo de tal importância requer alguma circunspecção do intérprete. Não pode ser simplesmente descartado como uma distorção teocrática posterior dos eventos históricos. Embora, em sua forma atual, a história certamente não tenha surgido antes da oposição profética à corte de Samaria no século IX, e embora os discursos de Samuel sejam apresentados no estilo de fluência grandiloquente da escola deuteronomista do século VII, parte do material histórico, bem como o tema em si, muito provavelmente remonta ao tempo de Saul — embora apenas pressuposições plausíveis sejam possíveis a respeito do núcleo legítimo.

O centro de desconfiança é Samuel. Aparentemente, ele era um vidente de reputação não mais do que local que podia ser consultado quando animais desgarrados precisavam ser recapturados. E, em especial, se concordarmos com Lods que as lendas da juventude de Saul foram transferidas por historiadores posteriores para Samuel, ele deve ter sido um personagem comparativamente insignificante, pelo menos até o aparecimento do próprio Saul. Na verdade, isso não é razão para que ele não pudesse ter sido instrumento de Deus na indicação e unção do rei, mas relega ao domínio da invenção paradigmática posterior a sua posição como um juiz de Israel, bem como seu papel de profeta influente que ordena que o rei conduza, por razões teológicas, campanhas distantes num período em que o perigo filisteu é premente. É porém precisamente quando concordamos com os críticos quanto a que a figura do Samuel histórico deva ser substancialmente reduzida que outras partes da história não só ganham em probabilidade como teriam de ser consideradas históricas mesmo que a tradição não as tivesse preservado. Pois, quanto menor se torna o papel de Samuel na ascensão de Saul, maior se deve tornar o papel do povo em busca de um líder na guerra e dos sucessos pragmáticos do líder propriamente dito. Assim, o curso de eventos pragmáticos provavelmente está mais bem preservado em 1 Samuel 11 e 14: 1 Samuel 11 relata a campanha de Saul contra os amonitas e o socorro à sitiada Jabes de Galaad; 1 Samuel 14, uma primeira campanha contra os filisteus. Em ambos os relatos, em seguida à campanha Saul assume a realeza. A ideia de um líder bem-sucedido em revoltas e campanhas locais despertar as esperanças populares de libertação dos filisteus se eleito rei é de fato um curso de eventos provável. E os pedidos do povo por "um rei para nos julgar como todas as nações" (8,5) se encaixa bem nesse quadro. Porém, o fato de que o pedido tenha encontrado alguma oposição (10,27) que teve de ser superada (11,12) também se encaixa bem.

Em vista dos aspectos pragmáticos da situação, seria precipitado dizer que ela não poderia ter contido, pelo menos em forma incipiente, as experiências que encontraram a sua expressão definitiva nos problemas da história de Samuel-Saul[14]. Pelo contrário, seria estranho se a fatídica transição da constituição teopolítica de Israel para uma monarquia nacional não tivesse despertado nada além de entusiasmo irrefletido. Provavelmente existiam resquícios da oposição dos clãs que, numa data anterior, tinha sido articulada na "Fábula das Árvores". E provavelmente existiu também um Samuel histórico, ou talvez mais de um, que ponderou sobre a diferença entre um Povo Escolhido de Yahweh e um Israel sob um rei como todas as *goyim*. Essa é a área experiencial em que o simbolismo teocrático tem suas raízes. Pois a ideia de ordem teocrática não é uma "doutrina" inventada por algum pensador num ponto definido

---

[14] De fato, Juízes projeta as experiências mesmo nos eventos que precederam a realeza de Gedeão. Cf. Juízes 8,23.

do tempo, mas um símbolo que articula a tensão experimentada entre a constituição divina e a constituição humana da sociedade. Enquanto Israel era uma confederação, apoiada na organização dos clãs hebreus, a tensão só podia se tornar ativa nos raros casos de liderança carismática em emergências, e essa era precisamente a situação em que a tensão se dissolveria antes de poder se consolidar num problema sério de ordem. Quando a situação de emergência cristalizava-se na rotina de organização permanente, mesmo que apenas localmente, como no caso da dinastia pretendida por Gedeão, o resultado era desastroso. Agora, porém, a organização teopolítica israelita foi complementada por uma monarquia permanente de âmbito nacional; e, portanto, era forçoso indagar se Israel, pela aquisição de um rei como todas as nações, não teria se tornado uma nação como todas as nações; se Israel havia deixado de ser o Povo Escolhido de Yahweh. E, se esse fosse o caso, como a monarquia poderia se encaixar nas exigências de uma organização teopolítica?

Em parte, mas apenas em parte, as questões foram resolvidas pelo processo social em que hebreus e cananeus fundiram-se no novo Israel que quis um rei. O povo amalgamado estava de fato em seu caminho para se tornar uma nação como todas as nações até que, no século VIII, o processo foi interrompido e parcialmente revertido pela revolta profética. No entanto, apesar de o conflito ter sido resolvido em considerável medida por um retrocesso ao Xeol da civilização cosmológica, a experiência da organização teopolítica nunca foi tão completamente submergida a ponto de não mais poder ser recuperada. Esse é o fato decisivo na experiência israelita com a monarquia. E a preservação da consciência teopolítica só é inteligível se pressupomos uma ocupação contínua com o problema da ordem teocrática desde o tempo em que a organização teopolítica esteve ameaçada pela instituição monárquica. Sob as condições históricas israelitas, nenhuma solução institucional pôde ser encontrada que fosse comparável ao desenvolvimento cristão das ordens espirituais e temporais. Pois, dentro da história de Israel propriamente dita, a ideia da organização teopolítica não produziu o seu fruto, a ideia da humanidade como uma Igreja universal. Por isso o problema teocrático, quando surgiu com o estabelecimento de uma monarquia nacional, passou da organização teopolítica incipiente, por meio do recuo da ordem para a forma cosmológica, da interferência espasmódica de carismáticos javistas na rotina da administração régia e sucessão dinástica e da revolta profética, para a organização sacerdotal pós-exílica da comunidade judaica. O símbolo compacto do Povo Escolhido nunca pôde ser completamente rompido pela ideia de um Deus universal e de uma humanidade universal. No entanto, o problema da Igreja, ainda que imperfeitamente diferenciado, esteve inerente à situação desde que uma organização política temporal foi incorporada à organização teopolítica javista, com a monarquia nacional.

Assim, a monarquia de Saul marcou, de fato, o início do problema teocrático. E a história de Samuel–Saul deve portanto ser caracterizada como a elaboração paradigmática de um problema que surgiu, na verdade, no momento em que os eventos paradigmáticos teriam ocorrido. Certamente os eventos não ocorreram conforme narrados, pois a formulação altamente articulada dos problemas, bem como a riqueza de detalhes pressupõem uma experiência da monarquia e de seus conflitos com a ordem javista que não existia na época de sua fundação. Ainda assim, os historiadores deuteronomistas que criaram a história paradigmática e a situaram no tempo de Saul tiveram uma percepção melhor da origem essencial do problema teocrático do que os críticos modernos que desejam situá-lo no tempo de sua articulação literária. Pode-se ir até um pouco mais além e pressupor que os historiadores posteriores possuíam tradições que se prestavam à elaboração paradigmática no sentido teocrático, embora elas não possam mais ser averiguadas. Pois o problema teocrático de Saul não pode ser considerado uma invenção total uma vez que aceitemos como autêntica a desordem espiritual de seus últimos anos. O carismático líder guerreiro que subiu ao reinado permanente numa emergência e depois perdeu seu carisma deve ter experimentado, com um alto grau de consciência, a necessidade de orientação espiritual nos assuntos temporais. A sensação de abandono de sua alma que o levou a procurar a feiticeira de Endor e a sua busca frenética por uma palavra autêntica de Yahweh indicam uma experiência historicamente real da tensão entre ordem espiritual e temporal. Por mais que possam surgir dúvidas com relação ao Samuel histórico e seu papel nas ansiedades do rei, não pode haver dúvida quanto ao Samuel na consciência de Saul.

§3 A ascensão de Davi

Com Gelboé, a causa de Israel parecia perdida. Os filisteus tinham uma vez mais o controle da Palestina a oeste do Jordão. Alguns anos depois, porém, a resistência pôde ser retomada e, dessa vez, a guerra terminou com sucesso total por meio do estabelecimento do império davídico. As causas da surpreendente recuperação, bem como os eventos detalhados são tema da história política e não nossa preocupação¹⁵. No entanto, é preciso lembrar as características gerais do período, uma vez que, em seu conjunto, elas determinaram uma nova fase na atenção israelita ao problema da ordem política.

Durante o reinado de Saul (*c.* 1020-*c.* 1004), a formação do novo Israel não só tinha avançado na antiga área da confederação hebreia, como também o processo havia se expandido para além dela, até a região judaíta ao sul de Jerusalém. A atração de Judá, que não havia sido um membro da confederação israelita, para a formação do Israel nacional foi um evento de grande importância por várias razões. Em primeiro lugar, a expansão material de Israel ampliou a base territorial e étnica para a luta contra os filisteus. O aumento de poder não pôde ainda ser plenamente utilizado por Saul, mas contribuiu de modo substancial para a conclusão bem-sucedida da luta por Davi, bem como para a força de seu reinado. Em segundo lugar, geograficamente, a inclusão de Judá reduziu o grupo de cidades cananeias a que Jerusalém pertencia a um encrave no território de Israel. A tentação geopolítica de abolir a incômoda faixa de cidades entre as partes norte e sul do reino era irresistível. A conquista de Jerusalém por Davi não só unificou o território, como também foi a precondição para sua magistral iniciativa política de fazer da fortaleza na montanha, que até então havia preservado a sua independência não conquistada e nunca fizera parte nem de Israel nem de Judá, a capital neutra do novo império. Em terceiro lugar, Judá era mais do que um simples acréscimo ao território e à população de Israel. Na luta pelo império, a adição contava em dobro, porque Judá, anteriormente, estivera na esfera de influência filisteia; o poder filisteu era reduzido na mesma proporção do crescimento do poder de Israel. Além disso, o longo período de suserania filisteia sobre Judá resultara numa comunidade parcial dos povos. Quando Judá tornou-se parte de Israel, levou consigo a parte da federação filisteia que havia exercido o controle específico sobre Judá. O controle não era exercido pelos filisteus como um todo, porque eles não tinham um governo central, mas pela cidade de Gat, dentro do território. As relações com Judá não podem ter sido inteiramente hostis, pois Davi encontrou refúgio em Gat durante seu período de fora da lei; e, quando suas próprias guerras terminaram em sucesso, Gat e suas cidades independentes foram absorvidas pelo império. Os guardas dessa cidade tornaram-se parte importante do exército; e sua lealdade pessoal a Davi acabou

---

¹⁵ Para a história do período, cf. os capítulos sobre Saul e David em ROBINSON, *A History of Israel*, v. 1.

sendo para este o principal apoio na crise com Absalão. E, por fim, a fusão de Israel com Judá, ao mesmo tempo em que produziu o breve reino unido sob liderança judaíta, mostrou-se também a causa da divisão da qual Judá surgiu como o portador da ordem javista israelita.

As origens de Judá são obscuras. Sabe-se ao certo apenas que seu crescimento foi independente das tribos do norte e central que se infiltraram na Palestina vindas do leste. Gênesis 38 sugere uma mistura de invasores nômades do sul com a população cananeia numa data remota. A situação étnica, porém, não é suficientemente clara para permitir a conjectura de que o nome de Judá estivesse associado aos cananeus originais e não aos invasores. Além disso, tribos cineias e cenezitas eram parte da composição da população. E foram, talvez, os preservadores de um javismo menos afetado pelo sincretismo cananeu do que o javismo das tribos centrais e setentrionais a oeste do Jordão. A capital de Judá era Hebron. As poucas tradições da história política, preservadas em Juízes 1,1-21, são muito imprecisas para permitir uma interpretação com algum grau de certeza. A captura de Jerusalém relatada em 1,8, caso seja historicamente confiável, não pode ter sido mais do que um sucesso efêmero. E há razões para duvidar que Judá estivesse entre as tribos de Israel na época da conquista, conforme pressuposto em Juízes 1. A ausência de Judá dos louvores e recriminações no Cântico de Débora aponta, antes, para a não participação (Jz 5). Além disso, o episódio de Sansão em Juízes 15,9-13, referente à situação no século XII, fala claramente do "domínio" filisteu sobre a região. Esse domínio antigo e duradouro por um povo estrangeiro talvez tenha sido um indutor da fusão das populações da região num povo que, mais tarde, pôde ser considerado uma "tribo"[16].

A fusão de Judá com Israel durante as guerras com os filisteus é apenas um pouco menos obscura do que a origem de Judá propriamente dita. Tem-se a impressão de um afrouxamento da organização de clãs anterior sob o impacto das guerras contínuas. O curso de vida normal das pessoas foi interrompido e, ao mesmo tempo, surgiram novos centros de organização social, nos exércitos e séquitos dos líderes guerreiros, que podiam absorver esses indivíduos desalojados. Os deslocamentos provocados pelas conquistas militares, os saques e ocupações de terras e a sua redistribuição entre militares de destaque

---

[16] Para a história de Judá, cf. ibid., especialmente a nota sobre The Origin of the Tribe of Judah, 169 ss. Para um estudo mais detalhado dos movimentos tribais nas regiões meridionais, bem como da organização tribal, cf. NOTH, *Geschichte Israels*, 74 ss., 167 ss.

e funcionários administrativos criaram uma sorte comum para um novo tipo de população-súdita, ao mesmo tempo em que produziram uma nova classe governante de companheiros de armas com o interesse comum de preservar o poder sobre toda a área que havia sido envolvida no turbilhão da guerra. Além disso, novas conexões foram formadas entre povos que, anteriormente, levavam suas vidas tranquilas em regiões bastante separadas, quando membros de clãs e tribos distantes viram-se unidos e sob lealdades comuns em carreiras militares e nas cortes a serviço do rei. Alguns exemplos extraídos da narrativa bíblica ilustrarão o processo.

O fator decisivo na luta israelita pelo império, bem como na construção da nova ordem, foi a criação de tropas de soldados profissionais vinculados ao líder guerreiro. Encontramos pela primeira vez esse instrumento de política régia no caso do golpe de Estado de Abimelec contra seus irmãos. Ele apareceu novamente na subida de Jefté ao poder, quando "uma turma de indivíduos sem valor uniu-se em torno dele e fazia ataques com ele" (Jz 11,3). No caso de Davi, então, ficamos sabendo mais sobre o reservatório de onde os "indivíduos sem valor" eram retirados: "Todos os que estavam em dificuldades, e todos que estavam endividados, e todos que estavam descontentes uniram-se a ele. E ele se tornou o chefe deles. E havia com ele cerca de quatrocentos homens" (1Sm 22,2). E Saul recrutou de maneira similar o núcleo de sua comitiva militar permanente: "Houve lutas encarniçadas contra os filisteus durante todos os dias de Saul; e, quando Saul via um homem forte, ou qualquer homem corajoso, recrutava-o para si" (1Sm 14,52).

Os casos enumerados, porém, revelam diferenças sutis apesar de sua aparente similaridade. Enquanto Jefté e Davi em seu período de fora da lei tinham de se contentar com insatisfeitos aventureiros e com fugitivos da justiça que "se reuniam" em torno deles, Saul estava numa posição legítima e podia "escolher" seus guerreiros, como é sugerido pela frase: "Saul escolheu três mil homens de Israel" para organizá-los como um contingente de guerra para si e para seu filho Jonatas (1Sm 13,2). E esses homens, recrutados por Saul para sua organização militar, eram, pelo menos às vezes, homens de boa família. Davi, que entrou para o serviço do rei, foi recomendado a Saul como "o filho de Jessé, o belemita, que sabe tocar, é proprietário de terra, um homem de guerra, prudente ao falar, um homem de boa presença, e Yahweh está com ele" (1Sm 16,18). A maneira como as características são reunidas para formar o quadro de um *kalokagathos* pode pertencer a um período posterior, mas, mesmo sob condições mais rústicas, vemos o filho bem-apessoado e bem-educado de uma família de recursos. Outros vislumbres do crescimento da nova sociedade são fornecidos pela carreira de Davi. Ele se tornou o irmão por *berith* do filho do rei, Jonatã (1Sm 18,3), distinguiu-se nas lutas contra os filisteus e foi promovido a comandante dos homens do rei (18,5) e, por fim, tornou-se genro do rei (18,20 ss.). O jovem comandante, porém, ficou popular demais. Quando as mulheres saudaram o retorno dos guerreiros com o canto "Saul matou mil e Davi matou dez mil", Saul começou a "vigiar" Davi e a desconfiar que teria nele um rival pelo trono (1Sm 18,7-9). Para se livrar do rival, enviou-o a missões cada vez mais perigosas (18,13 ss.), artifício que Davi, mais tarde, viria a usar com mais sucesso contra o marido de Betsabé. Quando, por fim, Davi teve de fugir das intenções assassinas de Saul, o potencial futuro rei, apesar de sua pouca idade, já era poderoso. Aventureiros uniram-se a ele às centenas, certamente com a esperança de grandes recompensas quando o promissor jovem tivesse sucesso. E não só aventureiros, mas todo o seu próprio clã (22,1).

Aqui, mais um elemento importante da nova ordem torna-se visível, ou seja, o clã a que o líder guerreiro bem-sucedido pertence. Do clã do rei vêm os dignitários influentes do reino. O principal apoio de Saul e, após sua morte, da dinastia era Abner, primo e comandante-em-chefe do rei. O general de Davi, Joab, era seu sobrinho. Quando Saul, no conflito com Davi, reuniu seus oficiais, viu-se que estes eram benjaminitas, homens da tribo do rei; e Saul lhes disse: "Ouvi, pois, benjaminitas; dará o filho de Jessé a cada um de vós campos e vinhas, fará ele de vós todos comandantes de milhares e comandantes de centenas?" (1Sm 22,7). O filho de Jessé de fato não o faria; quando subiu ao poder, ele teve de cuidar de seu próprio povo. A passagem revela o interesse material que os homens do rei, incluindo sua tribo, tinham no sucesso da luta pelo império, bem como a técnica de financiamento contínuo da guerra. A cada cidade cananeia arrancada dos filisteus, entrava um rico saque. E essa fonte de receita era suficiente para financiar a continuidade da expansão sob as condições primitivas de Saul, quando o rei ainda não tinha uma residência ou palácio, vivia em sua própria propriedade e reunia seus oficiais sob uma tamargueira ou sentados na sala de sua casa de camponês com a lança apoiada na parede ao seu lado. Mesmo sob Davi, quando o reino ainda estava crescendo, até estender seu controle sobre Edom, Moab, Amon e os arameus de Damasco, o fluxo contínuo de saques era uma fonte importante de receita. Foi só no reinado de Salomão que uma administração racional das finanças tornou-se necessária, devido ao aumento exuberante dos gastos, associado à limitação dos recursos. E, no curso dessa racionalização, as prerrogativas da tribo do rei ficaram ainda mais firmemente entrincheiradas. Pois Judá foi dispensada da divisão do império em doze distritos administrativos; e, com toda probabilidade, isso significava isenção dos impostos e serviços exigidos dos distritos. A presteza de Israel em separar-se do reino davídico depois da morte de Salomão foi motivada, em grande medida, pela posição privilegiada da tribo do rei.

Apesar do papel importante que o clã desempenhava na ascensão de um líder guerreiro ao poder, na luta para manter o império e, por fim, na exploração dos recursos do reino, Davi não encontrou muito conforto no apoio de seu clã quando fugiu de Saul para Judá. Pois o reinado de Saul em Israel controlava efetivamente o sul, embora a narrativa bíblica não tenha preservado nenhuma tradição referente ao processo pelo qual o controle foi adquirido. Saul conseguiu perseguir Davi e seus seguidores de um esconderijo para outro e punir os seus apoiadores até que Davi foi obrigado a se refugiar, juntamente com seus homens, com o rei da filisteia Gat. Ele recebeu permissão para morar em Siceleg, uma cidade dependente de Gat, e conseguiu manter seus homens unidos por meio da técnica de saques, provenientes de ataques às populações não judaítas ao sul (1Sm 27). Depois de Gelboé, Davi pôde mover-se numa marcha pacífica, com seus seguidores e familiares, para Hebron, estabelecer residência lá e ser ungido rei de Judá (2Sm 2,1-4). Ao mesmo tempo, o general e primo de Saul, Abner, levou consigo o filho de Saul, Isbaal, para o leste do Jordão e o estabeleceu como rei de Israel em Maanaim (2Sm 2,8-9). O arranjo aparentemente agradou aos filisteus, que ficaram satisfeitos com o controle da Palestina a oeste do Jordão e imaginaram que os dois reis rivais não representariam perigo para o futuro.

A paz durou sete anos e meio (2Sm 2,11). Depois, as forças sociais que haviam sido ativadas pelo reinado de Saul tornaram-se uma vez mais virulentas. Os clãs dos reis haviam sentido o gosto dos espólios que vinham com as conquistas e o império. E se, por um lado, os reis mantinham sua paz, o que aparentemente acontecia, seus generais tinham outras ideias. A luta pelo império começou a se mover novamente, não por meio de qualquer conflito com os filisteus, mas num encontro entre "Abner e os servos de Isbaal" e "Joab e os servos de Davi" (2Sm 2,12-13). A razão do encontro entre as duas forças armadas dos generais no açude de Gabaon, ao norte de Jerusalém, num território que não pertencia a nenhum dos dois domínios reais, não é explicada na narrativa bíblica. Em razão de eventos posteriores, parece ter havido mais coisas por trás da reunião do que o oficialmente informado desejo de uma luta simulada entre doze jovens guerreiros de cada lado. Seja como for, a luta simulada, em que todos os participantes de fato mataram-se mutuamente, evoluiu para uma luta real entre as tropas dos campos opostos; e a luta real, em que Abner, em autodefesa, matou um irmão de Joab, evoluiu para "uma longa guerra entre a casa de Saul e a casa de Davi" (2Sm 3,1). A sorte da longa guerra voltou-se contra os benjaminitas. Nesse momento crítico, Abner provocou um incidente com seu rei Isbaal que lhe permitiu transferir sua lealdade para o rival pelo trono (3,6-11) com uma demonstração de pretensa indignação; em seguida, ofereceu a Davi uma *berith* com a promessa de trazer todo o Israel para o seu controle (3,12). Davi aceitou prontamente, com a condição de que sua esposa Mical, filha de Saul, fosse-lhe devolvida primeiro — aparentemente a fim de melhorar a legitimidade de sua sucessão ao trono de Israel. Abner cumpriu sua parte na *berith*. Entregou Mical a Davi e obteve a aprovação dos anciãos de Israel e, em especial, dos benjaminitas, para passar para o lado de Davi (3,13-20). Estava pronto para reunir os notáveis de Israel para a *berith* formal com Davi. Nesse ponto da negociação, quando estava prestes a se tornar o coroador de Davi e quando um poder substancial no futuro reino presumivelmente passaria para as mãos dos benjaminitas, Joab interveio e, sem muito estardalhaço, matou Abner sob o pretexto da rixa de sangue que tivera sua origem na luta no açude de Gabaon (3,21-30). O ato teve o resultado que Joab provavelmente já havia calculado. Com seu homem forte morto, restou aos benjaminitas pouca esperança de chegar novamente ao poder sob seu controle exclusivo. Dois deles assassinaram Isbaal, que se tornara inútil para seus propósitos, e levaram sua cabeça para Davi em Hebron (2Sm 4). Davi ficou justificadamente chocado com todos esses atos de sangue. Ele ordenou que os assassinos de Isbaal fossem executados e chegou a ponto de compor uma elegia fúnebre para seu antigo companheiro de armas Abner (3,33-34) — embora, prudentemente, não tenha tocado no nome do valoroso Joab, que cometera o assassinato. Posteriormente, aceitou a coroa (5,1-5). Yahweh estava com ele.

Quando os filisteus, por fim, reagiram militarmente para impedir a unificação, foram derrotados (5,17-25).

Capítulo 9
O clímax mundano

§1 O império davídico

Do ponto de vista dos historiadores pós-salomônicos, o reino unido foi o clímax para o qual Israel vinha se movendo desde o êxodo e a conquista. O curso efetivo dos eventos, porém, até onde é possível discerni-lo por trás da manipulação editorial das tradições, não revela de forma alguma essa enteléquia. Ao contrário, o destino de Israel foi defletido na direção de uma aventura mundana, com o caráter mais de um impasse do que de um clímax. Aparecerá, pelo menos, como um impasse se a luta pelo império for reduzida às suas fases pragmáticas: na primeira dessas fases, os filisteus expandiram seu domínio à custa de Israel e provocaram a guerra israelita de libertação no governo de Saul. A segunda fase, depois da derrota de Gelboé, foi a guerra entre as "casas de Saul e Davi" pelo prêmio da coroa sobre um povo unido. Na terceira fase, por fim, a dupla vitória de Davi sobre Israel e os filisteus levou à conquista de Jerusalém e à monarquia unida sob uma dinastia judaíta. Se examinamos o curso pragmático do início ao fim, o resultado parece ter sido um desastre para Israel, e não um sucesso. No início, existia uma confederação israelita, embora o seu javismo estivesse num estado de decomposição e o amálgama étnico dos clãs hebreus com a população cananeia tivesse avançado bastante em direção à formação de uma nova nação. No final da luta, o território e a população da confederação anteriormente independente haviam sido absorvidos num reino que incluía não só Judá, mas também áreas cananeias adicionais, e era governado por um clã judaíta. Além disso, sob a administração salomônica, a posição de Israel degenerou ainda mais pela discriminação, no referente a impostos e serviços, a favor de Judá. É verdade que Israel recuperou sua independência depois da morte de Salomão. Mas o próprio fato de Israel ter se separado do reino provou que a unificação não foi experimentada como um clímax da história israelita propriamente dita. Nem poderia a independência restaurada ser considerada uma solução para os problemas de Israel, uma vez que, depois de uma história interna sangrenta de pouco mais de dois séculos, o reino independente caiu sob o ataque assírio e, como consequência, Israel deixou de existir como uma entidade política e civilizacional distinguível.

Esses são os fatos simples da história pragmática. Mas eles foram tão exitosamente sobrepostos pela construção paradigmática da narrativa bíblica que ainda hoje a falta de conceitos críticos faz que seja difícil tratar adequadamente os problemas de continuidade e identidade. Por um lado, a linguagem da "história israelita" deve despertar dúvidas em virtude do fato de que o evento mais importante em seu curso foi o desaparecimento de Israel. Por outro lado, a linguagem justifica-se porque, certamente, algo continuou, mesmo que o "algo" desafiasse a identificação por um nome. Os problemas de sua natureza, porém, serão tratados no local adequado na continuidade deste estudo. No momento, precisamos apenas chamar a atenção para sua existência, a fim de conduzir a análise com a consciência do contexto pragmático.

O contexto pragmático do período em discussão é fornecido pela monarquia unida de Israel e Judá que, por falta de um nome melhor, vamos chamar de império davídico. Este claramente não é uma continuidade da monarquia que a confederação israelita havia desenvolvido como uma organização de emergência e deve ser considerado uma nova fundação imperial imposta pelo conquistador, seu exército e seu clã aos territórios e povos de Israel, Judá e das cidades cananeias. Os elementos de conquista e força que entraram na formação do império, porém, foram contrabalançados, pelo menos nos primeiros anos do reinado de Davi, por um apoio popular genuíno produzido pela libertação do domínio filisteu e pela atração exercida pelo poder imperial e pelo esplendor da corte. Ainda assim, o império não durou além dos reinados de seu fundador (c. 1004-966) e de seu filho (c. 966-926). E um observador atento desses oitenta anos poderia chegar à conclusão de que o império numa forma estável não durou tempo algum, uma vez que, durante o reinado de Davi, o império ainda estava em formação, expandindo gradualmente o seu domínio sobre Edom e Damasco por meio de governadores militares, e sobre Moab e Amon por intermédio de príncipes tributários. Sob Salomão, porém, embora a administração direta tivesse sido estendida para a maior parte de Amon e Moab, o império como um todo estava se desfazendo, visto que Edom, ao sul, e o Damasco arameu, ao norte, recuperaram sua independência. Se os territórios e povos que estavam reunidos por conquista na época da morte de Davi pudessem ter sido mantidos unidos por seus sucessores durante algumas gerações, poderia ter surgido um império siríaco comparável em tipo aos impérios egípcio e mesopotâmico. É duvidoso, porém, se tal organização imperial dos territórios e povos palestinos e sírios, quando estabilizada, viria a ser um império de Israel, ainda que pudesse adotar esse título.

A rápida sucessão de ascensão e queda, sem um intervalo para existência estável, não permitiu que houvesse tempo para o desenvolvimento de problemas desse tipo. As causas que determinaram o rápido declínio e a divisão do império são bastante variadas. Certamente a fraqueza de Davi ao lidar com seus filhos teve algo a ver com isso, bem como a personalidade de Salomão, que, pelas raras aberturas no véu de glorificação lançado em torno dela pela narrativa bíblica, parece não ter sido muito sábia. Mas não há vantagem em discutir detalhes que são, na melhor das hipóteses, difíceis de confirmar. Pois mesmo homens de caráter e postura política impecáveis poderiam ter fracassado na tentativa de superar o obstáculo fundamental à construção de um império durável, ou seja, a pobreza irremediável do solo palestino. A Palestina era pobre demais para manter um poderio militar de primeira linha, sem falar numa corte magnífica ao estilo das ricas civilizações de rios na Mesopotâmia e no Egito. Já mencionamos os aspectos financeiros das guerras de Saul e da conquista de Davi. O saque como importante fonte de receita teve de parar quando a conquista atingiu seus limites e o domínio teve de ser administrado racionalmente dentro de suas fronteiras. A mão de obra para o serviço do rei, os impostos e a receita do controle do comércio tiveram de substituir os métodos de financiamento não ortodoxos do período de guerra. E quando esse ponto foi alcançado a escassez de recursos revelou-se rapidamente o fator limitante.

As dificuldades reais, como assinalamos, desapareceram por trás do véu de glorificação que cercou o reinado de Salomão. Ainda assim, alguns incidentes permitem pelo menos um vislumbre da verdadeira situação. Lemos em 1 Reis 9,15-22 que Salomão recrutou sua mão de obra escrava entre os descendentes dos amorreus, heteus, fereseus, heveus e jebuseus, ou seja, povos não israelitas que "o povo de Israel não conseguiu destruir completamente". Nem a destruição maciça do povo que, quando vivo, poderia ter produzido receita, nem o uso de seus sobreviventes como trabalhadores escravos em projetos de construção reais podem ter melhorado a riqueza do país. Além disso, ao contrário do que sugere 1 Reis 9,22, Israel não era uma aristocracia militar que comandava trabalhadores escravos; o próprio Povo Escolhido era forçado ao serviço por uma "corveia entre todo o Israel" (1Rs 5,13-18) com o objetivo improdutivo de construir o Templo. E os "doze prefeitos de todo o Israel", no comando de doze distritos administrativos, cada um dos quais abastecia a casa do rei durante um mês do ano (1Rs 4,7-19), não poderiam obter as provisões de mais ninguém a não ser dos próprios israelitas. O campo sofria e a receita para os projetos reais estava minguando. No vigésimo ano de construções luxuosas, conta 1 Reis 9,10-14, Salomão só conseguiu obter uma soma de ouro vendendo vinte cidades da Galileia para Hiram de Tiro. Quando Hiram, porém, inspecionou seu novo território, encontrou as cidades em má condição, e por isso "elas são chamadas de Cabul [ruim] até hoje" (13). Não é surpresa, portanto, que Israel tenha se separado da casa de Davi quando, depois da morte de Salomão, o sucessor ameaçou aumentar a opressão, e que o superintendente da mão-de-obra escrava, Aduram, tenha sido apedrejado até a morte nessa ocasião (1Rs 12,16-18).

§2 A história de Davi e Betsabé

Em relação ao período do império davídico, em especial quanto ao reinado de Davi e a sucessão salomônica, a narrativa bíblica de 2 Samuel e 1 Reis é repleta de informações sobre acontecimentos pragmáticos, sobre as motivações e ações das principais personalidades e mesmo sobre detalhes institucionais. Sabemos mais sobre essas duas gerações do que sobre qualquer outro período da história humana antes do século V helênico conforme narrado por Tucídides. Quando, porém, dessa fonte tão rica tentamos extrair a experiência da ordem, bem como os símbolos que governavam a nova monarquia, encontramos dificuldades, uma vez que a narrativa não contém nenhum episódio que concentre a questão da ordem de uma maneira comparável aos grandes episódios da história pré-davídica. Não há Abraão lutando com a ideia da *berith* num contexto mais compacto de experiências, não há uma "Fábula das Árvores", ou um Cântico de Débora, ou Saul e Samuel em conflito com a ideia da monarquia e sua relação com o javismo. Não que fontes desse tipo estejam totalmente ausentes — elas estão escondidas, como veremos, em outras seções da Bíblia. Na narrativa em si, o problema da ordem é curiosamente suprimido; e a única grande ocasião em que a questão da ordem justa torna-se articulada, o episódio de Natan em 2 Samuel 12,1-15a, é uma interpolação paradigmática cuja posterioridade apenas acentua a ausência de uma preocupação elaborada com a questão da justiça na própria época.

O crepúsculo peculiar da atmosfera espiritual será percebido quando estudarmos o episódio de Natan dentro desse cenário.

O contexto do episódio de Natan é fornecido pela história de Davi e Betsabé. É a eterna e sórdida história do homem que fica em casa e se aproveita da ausência de um soldado na guerra para ter um caso amoroso com sua esposa. A velha história adquire importância histórica porque o homem que ficou em casa era o rei de Israel, o Messias de Yahweh, e o soldado era um dos "servos do rei", Urias, o heteu. O rei tentou encobrir a paternidade da criança gerada ordenando a concessão de uma licença a Urias. Mas a tentativa falhou porque o heteu cumpria a proibição de sexo para os guerreiros israelitas durante uma guerra santa. Urias, então, foi enviado para a morte pela famosa carta de Davi a Joab. A viúva de guerra fez as lamentações rituais por seu marido e, depois, uniu-se ao harém do rei (2Sm 11). Yahweh aborreceu-se e tomou providências. A criança morreu uma semana depois de nascer. Durante a doença do filho, Davi ficou inconsolável, jejuou, orou e fez vigília. Quando a criança, por fim, morreu, Davi encerrou imediatamente sua aflição, lavou-se, comeu e foi à casa de Yahweh cultuá-lo. A seus servos, que estavam atônitos com aquela conduta, ele explicou que, enquanto a criança ainda estava viva, podia esperar que Yahweh fosse piedoso e a salvasse. Agora que a criança estava morta, porém, não havia mais nenhum propósito útil em atos de lamentação e contrição. Voltou, então, a procurar Betsabé e gerou Salomão (2Sm 12,15b-25).

A história faz parte das memórias dos reinados de Saul e Davi, provavelmente escritas por um homem cuja juventude foi em parte contemporânea dos eventos e divulgadas para o público aproximadamente em 900 a.C.[1]. Nessa história foi encaixado o episódio de Natan. O fluxo da narrativa é interrompido depois do nascimento da criança. Nesse ponto, Yahweh enviou Natan até o

---

[1] Para o debate sobre as memórias — autoria, finalidade e data —, ver Lods, *Histoire de la littérature hébraique et juive*, 160-168.

rei (2Sm 12,1-15a) e o profeta dirigiu-se ao rei com a parábola da "Ovelha do homem pobre" (12,1b-4):

> Havia dois homens numa cidade, um rico e outro pobre. O rico tinha ovelhas e bois em quantidade. O pobre nada possuía, senão uma ovelhinha, só uma, bem pequena, que ele comprara. Ele a criava. Ela crescia em sua casa, junto com seus filhos. Ela comia de sua mesa, bebia de sua tigela e dormia em seus braços. Era para ele como uma filha. Um hóspede chegou à casa do rico. Ele não teve a piedade de tomar de suas ovelhas ou bois para preparar uma refeição ao viajante que chegara em sua casa. Ele tomou a ovelhinha do pobre e a preparou para o homem que o visitava.

Davi ficou indignado com a atitude do homem rico (vv. 5-6), para ouvir em seguida que ele próprio estava na posição do malfeitor e teria de sofrer a punição de Yahweh (vv. 7-10). A descrição mais detalhada do castigo antecipou eventos históricos posteriores (vv. 11-12) e, depois, retornou ao castigo imediato, à morte da criança (vv. 13-15a), de modo que, agora, a história original poderia continuar sem perder o sentido.

Uma análise da história de Davi–Betsabé, bem como do episódio interpolado, deve tomar cuidado com as interpretações equivocadas tão generosamente conferidas por gerações posteriores, até a nossa própria, a um caso que parece ter o *haut goût* de interesse humano. Deve ficar claro, portanto, que não estamos lidando nem com uma história de amor sentimental, nem com os horrores da traição monárquica. Não haverá razão nem para condenar a moral do rei, nem para vir em sua defesa com o argumento de que outros monarcas orientais fizeram coisas semelhantes e, pior, sem escrúpulos. Para o presente estudo, a história é relevante sob três aspectos. Em primeiro lugar, a história é contada num livro de memórias políticas. Qualquer que seja o valor de seu tema como curiosidade ou da arte literária do narrador, ela tem seu lugar nas memórias porque a mãe de Salomão foi uma figura política importante. Podemos pressupor que houvesse mais de uma Betsabé nas proximidades da residência real que, esperançosa, tenha tomado banho num local de onde poderia ser vista do terraço da casa do rei; e, muito possivelmente, mais de uma tivera sucesso no propósito imediato; porém, apenas uma delas tornou-se a mulher que desempenhou um papel decisivo na luta pela sucessão e levou Salomão ao trono. Assim, a historieta é preservada em seu contexto original não pelo interesse despertado pelos detalhes de seu conteúdo, mas por ser parte da história política e, em especial, da história da corte do império. Na verdade, o autor é tão vago sobre as questões — bastante graves — suscitadas incidentalmente pelos detalhes de sua história que um historiador posterior viria a julgar necessário interpolar o episódio de Natan para esclarecer pelo menos uma das linhas de significado. Em segundo lugar, portanto, a história é relevante como a oportunidade para a fábula da "Ovelha do homem pobre". E, em terceiro lugar, por fim, a história, em conjunto com a interpolação, é relevante para nós como uma fonte para compreender a crise da ordem javista no império e o modo como ela era sentida por um homem que estava próximo dela no tempo, se não fosse seu contemporâneo.

A história é contada com a contenção que caracteriza as memórias como um todo. Essa contenção, que parece contar tudo e, no entanto, deixa as questões decisivas em semiobscuridade, é a sua marca. Seu estilo é culto e elegante, bem diferente do fervor espiritual e da clareza intransigente de períodos anteriores. Assim, o episódio, da maneira como é contado, é rico em implicações, mas limitado em formulações diretas. De qualquer modo, ele é suficientemente manifesto para tornar a contenção reconhecível como um estilo que é tanto causado pela desintegração espiritual como serve de instrumento para descrevê-la. Os silêncios e omissões revelam a discrição de uma pessoa de posição elevada que escreve sobre os assuntos de um regime, bem como o desconforto de um homem do mundo quando sente o seu domínio de ação imanente, com tudo que tem de glória, encanto, paixão, tragédia e *raison d'état*, ameaçado de desastre proveniente de uma área tão incômoda quanto o espírito. Todos os problemas no episódio são bastante evidentes, mas quase nenhum deles fica totalmente claro.

A falta de clareza na história torna-se perceptível assim que se tenta interpretá-la de maneira coerente sob a luz que irradia de seu único ponto absolutamente claro, ou seja, da proibição de sexo imposta aos guerreiros durante uma guerra santa. Quando Davi tentou encobrir o caso amoroso com Betsabé dando uma oportunidade ao marido, recebeu uma lição dura de Urias (2Sm 11,11):

A arca, Israel e Judá moram em cabanas.
Meu chefe Joab e os servos de meu senhor estão acampados ao relento.
E irei eu à minha casa para comer, beber e deitar-me com minha mulher?
Juro por tua vida, por tua própria vida, não farei tal coisa.

A obstinação inesperada de um guerreiro heteu que levava a sério o ritual das guerras de Yahweh deve ter constrangido enormemente o mais sofisticado Messias. Ele providenciou para que o homem fosse embebedado, esperando que, nesse estado, seus princípios se afrouxassem. E foi só quando sua tentativa falhou que ele o fez partir, com uma carta ao fiel Joab, para a sua morte.

Porém, mesmo com o marido morto, pareceu-lhe prudente transferir a mulher rapidamente para o harém, pois o caso de Urias havia mostrado que nem todos no reino encaravam os rituais de guerra com tanta indiferença quanto o rei e o séquito da corte.

A considerar-se correta essa interpretação, a história revela uma séria crise da ordem javista no império. E revela não só a crise, mas também a relutância em falar sobre ela, ou talvez até mesmo uma falta de sensibilidade para a sua natureza. De acordo com a história, o caso de Davi com Betsabé não passou de um momento de paixão. O rei aceitou o que deve ter lhe parecido um convite, e que talvez de fato tivesse sido; não tinha nenhuma intenção de levar a mulher para o harém e de fazer seu marido ser assassinado para esse fim. Ao contrário, queria abafar o caso e fazer que fosse esquecido. O que, então, levou o rei a adotar esse extraordinário curso de ação? Teria sido a necessidade de proteger a mulher, ou ele próprio, das consequências do adultério? A história não diz nada sobre esse ponto. Nem menciona por que Yahweh ficou "aborrecido" com a situação. E aquilo que foi, na prática, o assassinato de Urias não parece ter causado espanto a ninguém. O único motivo mencionado é a proibição de sexo, posicionada contundentemente no centro da história, na fala de Urias. Se, no entanto, o ritual de guerra é o núcleo das dificuldades reais, como devemos presumir, então o estado da ordem israelita aparece, de fato, numa luz sombria. Há um rei de Israel, ainda que de um clã judaíta, que encara a proibição de sexo durante uma guerra santa com indiferença suficiente para transgredi-la, mas leva-a suficientemente a sério para fazer pelo menos uma tentativa de ocultar essa transgressão. Sua corte é suficientemente obediente para ajudá-lo na iniciativa amorosa e confiável para lhe dar a certeza de que não fará comentários indignados que possam fazer a transgressão do rei chegar aos ouvidos do marido. E o rei espera que o guerreiro em licença também não seja escrupuloso quanto às regras. Ocorre, porém, a surpresa de que, entre todas as pessoas, um heteu venha a levar a proibição a sério. Essa situação, em si, indica uma profunda corrosão da ordem javista.

Mais revelador ainda, no entanto, é o conteúdo circunstancial da resposta de Urias, uma vez que ela suscita a questão de o quanto a guerra santa da época poderia ter sido de fato santa. Pois aqui recebemos a informação, importante para a história militar israelita, de que as forças armadas eram organizadas nos dois grupos da milícia e dos "servos do rei" profissionais. O povo de Yahweh, tanto Israel como Judá, com a arca, era empregado como uma reserva e, no momento, estava acampado na retaguarda, enquanto o exército profissional ocupava-se das operações mais perigosas e taticamente mais difíceis do cerco a Rabá. Quando refletimos sobre esse novo papel do Povo Escolhido como a reserva estratégica do exército imperial e comparamos essa situação com a guerra santa da época de Débora, quando Israel ganhou sua existência ativa sob Yahweh, temos de nos perguntar não só sobre a santidade da guerra, mas sobre a própria identidade dos atores. As guerras, de fato, ainda eram lutadas sob Yahweh, e mesmo as milícias populares nem sempre tinham um papel secundário. Na primeira fase da grande guerra contra os amonitas, o exército profissional lutou sozinho e, nessa ocasião, o próprio Joab disse a seu irmão antes da batalha (2Sm 10,12): "Sê forte, e mostremo-nos fortes, por nosso povo e pelas cidades de nosso Deus. E faça Yahweh o que lhe aprouver". E, na segunda fase da guerra (2Sm 10,15-19), foi a milícia sozinha que se encarregou da luta — talvez por necessidade de poupar o exército profissional. Uma vez mais, porém, é o caso de se perguntar sobre a identidade de Israel quando um exército profissional luta não só pelo povo, mas também pelas "cidades de nosso Deus", ou seja, pelas cidades de Canaã, e quando o ritual de guerra sob um líder carismático foi reduzido à piedade entorpecida da invocação do general em comando. A santidade da terceira fase, em que Urias encontrou a sua morte, é ainda mais questionável, uma vez que o relato da campanha começa com o versículo anteriormente citado (2Sm 11,1) que sugere uma "guerra opcional" no retorno da primavera, "quando os reis avançam", e de forma alguma uma guerra defensiva sob Yahweh. O Israel das guerras santas estava cedendo, ao que parece, às exigências da administração e das atividades de guerra racionais do império. Quanto ao exército profissional — que, definitivamente, não era o antigo *am Yahweh* —, é difícil imaginar como ele poderia manter o *pathos* da guerra do Povo Escolhido sob o comando de Yahweh. E isso deve ter se tornado especialmente difícil quando Salomão introduziu a arma dos carros de guerra. Pois as cidades que serviam de postos militares para os carros e seus condutores — Hasor, Magedo, Bet-Horon, Baalat e Tamar — eram antigas cidades cananeias e os militares eram profissionais (1Rs 9,15-19)[2]. No que se refere ao povo de Israel, o processo de dissolução gradual não foi inteiramente indolor. Isso pode ser presumido pela história da contagem da população em 2 Samuel 24. Aparentemente, uma administração racional do exército requeria

---

[2] Sobre essa questão, ver von Rad, *Der Heilige Krieg*, 36, bem como a literatura adicional mencionada aqui.

uma contagem de "homens corajosos que portavam a espada". Davi ordenou o recenseamento, mas, nessa ocasião, encontrou oposição até em Joab e nos comandantes do exército. O conhecimento de que a força de Israel não dependia do número de divisões, mas do auxílio de Yahweh e da fé dos guerreiros, ainda estava muito arraigado. Mas a decisão de Davi prevaleceu e ele viu a sua mecanização da guerra santa ser prontamente punida com uma pestilência enviada por Yahweh[3]. A história do recenseamento, portanto, confirma nossa interpretação da história de Davi–Betsabé, na medida em que interferências no ritual e no simbolismo da guerra santa — ou seja, na forma de existência de Israel — eram de fato as ocasiões em que a crise da ordem javista tornava-se tangível para o povo em geral.

Ainda assim, embora a natureza do problema possa ser discernida sob a superfície do relato, a obscuridade ocultadora da superfície permanece real. E o véu cobre não só o drama de Betsabé–Urias–Davi mas também a conduta de Davi depois do nascimento da criança. Essa sequência do drama propriamente dito é de especial interesse, porque mostra que a obscuridade não se deve apenas à maneira de apresentação do narrador, mas prende-se aos próprios eventos. A conduta de Davi foi de fato tão estranha que até seus oficiais da corte pediram uma explicação e o autor das memórias teve o cuidado de relatar esse fato. O homem que se dedicou a atos de contrição enquanto tinha esperança de obter um favor divino com essa atitude, que encerrou sua contrição assim que o incentivo de uma vantagem tangível foi removido, cuja consciência claramente não estava pesada nem pelo adultério, nem pela violação da proibição de sexo, nem pela morte de Urias, nem pela morte da criança, e que passou, então, a aproveitar tranquilamente os lucros de seus crimes era uma personalidade incomum — incomum o bastante para surpreender até os oficiais da corte que provavelmente o conheciam. O caráter de Davi da forma como aparece nessa ocasião é confirmado por sua conduta em todas as outras situações críticas de sua vida, amplamente registradas nas memórias. Ele é historicamente autêntico e não deve ser desconsiderado com

---

[3] O recenseamento de Davi deve ter mexido profundamente com a consciência do povo e suscitado várias especulações. No relato paralelo posterior do recenseamento em 1 Crônicas 21, é Satã quem incita Davi a essa infração da ordem javista. A história de Satã no Antigo Testamento, porém, é bastante complicada e será excluída de nosso estudo. Cf. os estudos contidos no volume *Satan* de Études Carmélitaines (1948), em especial o estudo Ange ou bête?, de A. Lefèvre, SJ.

ironia ou críticas moralizantes. Pois, aparentemente, esse caráter foi o segredo do seu sucesso. Ali estava um homem que pôde viver consigo mesmo, com suas virtudes e seus vícios, porque, ao pesar os ganhos e perdas de sua existência, encontrou um sucesso que só lhe permitia uma conclusão: Yahweh estava com ele! Lembramos a cena em que Davi, repreendido por Mical por sua dança diante da arca, respondeu:

> Diante de Yahweh, que me preferiu a teu pai, a toda a sua casa, para instituir-me príncipe sobre todo o povo de Israel, sobre Israel, diante de Yahweh eu me alegrarei.

Essa mistura de piedade sincera e brutalidade arguta, essa rapidez em lamentar e punir crimes e, depois, embolsar os lucros, em aceitar os atos de Joab durante a sua vida e, depois, determinar em seu testamento a execução de seu servo pelo sucessor — tudo isso não é agradável, mas não é imoral. É primitivo e ambicioso. É o javismo puxado para o nível do sucesso mundano. E a mistura nunca se torna desprezível ou hipócrita, porque é mantida pela integridade autêntica de personalidade para a qual usamos o termo *charisma*. Yahweh de fato estava com ele — é só o que se pode dizer.

É compreensível que gerações posteriores tenham se espantado com o enigma do bruto carismático tanto quanto seus contemporâneos, e ainda mais. O episódio de Natan, que não pode ser datado com precisão, mas pertence ao período profético, foi uma tentativa de dar sentido a uma história cujo significado havia sido perdido. Se essa tentativa falhou em pôr em relevo o ponto essencial, ou seja, a violação da proibição de sexo, isso talvez tenha se devido não a uma falta de entendimento, mas à obscuridade das memórias com relação a esse ponto. Num caso comparável, a violação do ritual da guerra santa por Saul, em 1 Samuel 15, o ponto foi bem compreendido pelos historiadores que criaram os elementos paradigmáticos da história de Samuel, provavelmente porque, nesse caso, as tradições estavam suficientemente bem preservadas para tornar clara a questão. Na história de Davi, no entanto, a questão era tão obscura que outros elementos da situação apresentaram-se para elaboração. É preciso estar ciente, como Gerhard von Rad ressaltou com correção, de que nenhum dos historiadores que fundiram as tradições em sua forma literária final jamais testemunhara uma guerra santa, ritual que na época deles já pertencia a um passado distante.

Ainda assim, embora a fábula da "Ovelha do homem pobre" não tenha tocado a questão da proibição de sexo, ela também não indica simplesmente um entendimento equivocado da história de Davi–Betsabé. Da mesma forma que as interpolações teocráticas na história de Samuel–Saul deram clareza paradigmática aos problemas implícitos na situação, o episódio de Natan trouxe para o primeiro plano um problema de surgimento recente. Quando a antiga ordem de Israel e de suas guerras sob Yahweh dissolvia-se sob a pressão das forças crescentes da monarquia, corte, exército profissional e a racionalidade da administração e das atividades de guerra imperiais, o problema da ordem que governava as novas forças tornou-se sério. Quando o rei foi elevado, pela permanência e pela autoridade de seu cargo, bem acima das pessoas comuns, quando sua conduta deixou de ser governada pelo ritual de um líder guerreiro carismático, quando o interesse do rei por uma mulher provavelmente representava uma grande tentação para ela, quando o rei tinha meios que não estavam à disposição das pessoas comuns para lidar com um marido incômodo, era de esperar que a conduta desse rei surgisse como um novo tópico de reflexão e especulação. O possível mau uso do poder imporia ao rei deveres especiais de controle, ao mesmo tempo em que, de forma correspondente, uma esfera de direitos pessoais dos súditos, não violáveis por ações reais, teria de ser delimitada. Sob o reinado de Davi, questões dessa natureza começaram a se tornar cruciais. Assim, o episódio de Natan enfatizou o poder do rei e seu alcance sob o aspecto de sua origem nos favores concedidos por Yahweh a Davi (2Sm 12,7-8). Como consequência, a sedução de Betsabé e o assassinato de Urias apareceram como uma adição humana arbitrária aos dons divinos e tiveram de ser interpretados como um desprezo pela "palavra de Yahweh" (9). O episódio tendeu a formar a noção de um "patrimônio do rei", que compreendia as conquistas e posses do rei, seu ofício e seus poderes, bem como os privilégios e obrigações do ocupante do cargo. Em todos esses aspectos, o patrimônio era um depósito divino em custódia, a ser mantido sob as condições impostas por Yahweh. Enquanto a antiga ordem da confederação israelita estava se desintegrando, uma nova ordem javista para as forças mundanas do império começava a se cristalizar. No episódio de Natan, o grau de articulação era comparativamente baixo; e nunca na história israelita ele atingiu o nível de uma filosofia da lei no sentido técnico. Ainda assim, mesmo na forma compacta do episódio, a substância dos problemas — de conduta real, de justiça, dos direitos dos súditos — tornou-se clara. No que se refere à forma literária, a fábula da "Ovelha do homem pobre" deve ser classificada ao lado da fábula das "Árvores em busca de um rei" como uma das "Fábulas para reis" israelitas — usando o termo que Hesíodo cunhou para o gênero literário.

§3 O reinado de Davi

Para o historiador, bem como para o leitor que deseje ter uma noção mais clara das ideias de um período, a análise oferecida acima parecerá tortuosa e insatisfatória. Gostaríamos de saber com um grau maior de precisão qual era de fato a situação do rei na época: como sua posição era sentida pelo povo e por ele próprio, como a experiência era simbolizada e como a posição era institucionalizada sob as regras da lei.

Infelizmente, essa precisão não pode ser alcançada. O caráter vago da história de Davi–Betsabé quanto a questões espirituais não foi culpa do autor, como ressaltamos, mas caracterizava a situação histórica. Os textos referentes à posição do rei eram geralmente vagos não por serem falhos, mas porque a posição régia cresceu sob a pressão incômoda de necessidades e não suportaria uma inspeção muito detalhada à luz da ordem javista. Assim, a análise a seguir dos textos relacionados ao reinado de Davi tentará representar da maneira mais cuidadosa possível a aura de incerteza espiritual que cerca a evolução da instituição régia.

A imprecisão paira sobre a instituição régia do império davídico desde o início, quando Davi foi ungido rei duas vezes, primeiro de Judá, depois de Israel.

Depois da morte de Saul, Davi mudou-se com "seus homens" e suas famílias "para Hebron" e estabeleceu-se com eles "nas cidades de Hebron". "E os homens de Judá vieram e lá ungiram Davi rei sobre a casa de Judá" (2Sm 2,1-4). Isso é tudo que sabemos sobre o seu primeiro reinado. Só nos resta conjecturar se Hebron representava o assentamento da "casa de Judá" ou se este era maior ou menor; se outras tribos ou clãs viviam dentro da jurisdição territorial do rei; e, em caso afirmativo, se eles estavam entre os "homens de Judá" que vieram para ungir Davi ou se ele era um rei tribal judaíta que governava outras tribos pela força. Também não sabemos que forma assumiu a unção nem quem a ministrou. Parece que Davi mudou-se para Hebron por ordem de Yahweh (2,1), chefiando seu exército, apoiado por seu clã, e que os habitantes da região acharam que seria sensato submeter-se a um rei que as circunstâncias haviam posto em seu meio *de facto*.

Além disso, é estranho que uma região com uma população heterogênea tenha se tornado repentinamente uma "casa" e ungido um rei como se essa fosse sua prática imemorial. Se nos lembrarmos das dificuldades que circundam o surgimento da monarquia em Israel, a transição tranquila da não existência política para a monarquia em Judá torna-se suspeita. Mais provavelmente, o conquistador estabeleceu-se com seu exército como governante de uma população indefesa. É verdade que o estabelecimento não teria encontrado muita resistência de qualquer modo, porque, por um lado, o reinado de Saul já havia familiarizado o povo com a instituição da monarquia, bem como com as suas vantagens na luta com os filisteus, e, por outro lado, o javismo de Judá era menos articulado que o do Israel confederado.

Por trás do reinado de Davi nas cidades de Hebron, porém, espreitava desde o início a ideia de uma sucessão ao reinado de Saul sobre Israel. Pois, do ponto de vista de Abner, que fizera de Isbaal o rei sobre "todo o Israel" (2Sm 2,9), o reinado de Davi não pode ter sido mais do que alta traição ao rei de Israel. Sob a sombra lançada pela ilegitimidade e pela usurpação, foi conduzida a guerra entre as casas de Saul e de Davi que terminou com o assassinato de Isbaal. Por ocasião da cerimônia de rendição subsequente, os "anciãos de Israel" descobriram, com certo atraso, que eram dos mesmos ossos e carne que Davi e que, mesmo no tempo de Saul, Yahweh havia ordenado que Davi fosse pastor e príncipe de Israel (2Sm 5,2). Com a mácula da ilegitimidade removida pela declaração formal dos "anciãos de Israel", Davi fez uma *berith* com eles diante de Yahweh e eles, por sua vez, ungiram-no "rei sobre Israel" (5,3). Embora a fonte não diga nada sobre o conteúdo da *berith*, a sequência de eventos sugere que as suas estipulações foram a condição para a unção que, em última instância, conferiu a Davi o reinado sobre Israel[4].

• • •

À primeira vista, a *berith* parece ser um elemento relativamente claro na instituição monárquica. O reinado davídico apoiava-se numa relação contratual entre o governante e os representantes do povo. Assim que a *berith* é examinada com mais atenção, porém, seu significado torna-se incerto. Quaisquer que possam ter sido as estipulações de ambos os lados, a situação de 2 Samuel 5,3 marcou a *berith* como um tratado de rendição numa situação política e militarmente desoladora, se não desesperadora. Ela sancionou o governo de

---

[4] Para uma reconstrução mais elaborada dos eventos pragmáticos, usando conjecturas para preencher as lacunas da narrativa, cf. o capítulo sobre Der Grosstaat Davids em NOTH, *Geschichte Israels*.

um conquistador semiestrangeiro. Além disso, os outros elementos da situação devem ser levados em conta. Em primeiro lugar, Davi já era rei de Judá, sem o benefício de uma *berith* com ninguém. Além do mais, nessa ocasião, tornou-se rei não só sobre o Israel cujos anciãos fizeram uma *berith* com ele, mas também sobre as cidades cananeias cuja representação no ato não é mencionada. E, subsequentemente à *berith*, ele estabeleceu uma capital para o reino unido numa região e numa cidade que, na época, ainda precisavam ser conquistadas de populações não israelitas. Assim sendo, a *berith* em Hebron, longe de ser a base para o reinado de Davi, pode ser considerada não mais do que a forma como os clãs de Israel submeteram-se ao governante do império em crescimento. Não é surpreendente, portanto, que não tenhamos nenhuma referência a uma *berith* quando o império passou de Davi para Salomão. A sucessão foi regulada por meios inteiramente diferentes: (1) o assassinato de Amnon, filho mais velho de Davi, por Absalão (2Sm 13); (2) a revolta malsucedida de Absalão e seu assassinato por Joab (2Sm 15–18); (3) a formação de um partido na corte em favor de Adonias (1Rs 1,5-10); (4) a formação de uma oposição e da intriga do harém em favor de Salomão, que resultou na unção deste como rei enquanto Davi ainda estava vivo (1Rs 1,11-53); e (5) o assassinato de Adonias depois da morte de Davi (1Rs 2,12-25). Na verdade, a *berith* não foi totalmente sem importância, pois ela manteve viva a identidade israelita dentro do império, uma identidade que podia irromper em rebelião e separação a qualquer momento. Absalão, por exemplo, utilizou em sua revolta a insatisfação de Israel causada pela parcialidade da ministração da justiça pelo rei em favor de Judá (2Sm 15,2-6). E depois da morte de Absalão a revolta continuou sob a liderança de Seba, um benjaminita, um dos "indivíduos imprestáveis" (20,1) que, em ocasiões anteriores, encontramos no séquito de futuros reis. Davi provavelmente estava certo quando julgou a revolta de Seba mais perigosa que a de Absalão, pois Seba era um israelita autêntico, não coibido por sua relação com o clã do rei (20,6). Depois da morte de Salomão, ademais, quando Roboão foi para Siquém para ser proclamado rei por "todo o Israel" (1Rs 12,1), Israel reafirmou a sua liberdade de negociar uma *berith* com o presumido herdeiro. A reunião que deveria ser uma formalidade cerimonial acabou como uma revolta. Com o grito de guerra

> Que parte temos com Davi?
> Não temos nenhuma herança com o filho de Jessé.
> Para tuas tendas, ó Israel!
> E agora cuida de tua própria casa, ó Davi!

Israel deixou o império. O ato de separação inevitavelmente suscitou a questão de quem havia deixado quem; e a resposta não foi a mesma no norte e no sul da nova fronteira. Os legitimistas judaítas que viriam a editar a narrativa bíblica estavam certos de que Israel havia se separado de "Israel": "E, assim, Israel esteve em rebelião contra a casa de Davi até o dia de hoje" (1Rs 12,19). No entanto, em Deuteronômio 33,7 está preservada uma oração do norte:

> Escuta, Yahweh, a voz de Judá;
> reúne-o a teu povo!

A confusão sugerida pela frase de que Israel rompeu com "Israel" não escapou aos contemporâneos e preocupou os historiadores posteriores. O império davídico era, pragmaticamente, uma fundação com existência própria. Israel pôde unir-se a ele de má vontade; pôde revoltar-se contra ele sob o comando de um líder nativo; pôde, por fim, romper com ele; mas a fundação de Davi existia, como quer que Israel se sentisse em relação a ela. Ainda assim, a nova entidade política não era muito poderosa na política pragmática sem Israel. E, pior ainda, sua legitimidade era duvidosa quando o Israel de que ela havia emprestado o seu simbolismo rejeitava-a abertamente. Davi tinha um entendimento de político sagaz da precariedade, em ambos os aspectos, de sua fundação. Ele escorou cuidadosamente a legitimidade de sua sucessão ao reinado de Saul sobre Israel mantendo Mical em seu harém; insistiu na aceitação formal de seu governo por Israel, por meio da *berith* em Hebron; fez-se mesmo ungir uma segunda vez para garantir que seu reinado já existente fosse de fato um reinado sobre Israel; desenvolveu, no episódio de Mical, a noção de uma *translatio imperii* por Yahweh da casa de Saul para si próprio e seus sucessores; e preocupou-se mais com a revolta de Seba, o benjaminita, do que com a irrupção de sedição e assassinato em sua própria família. Mas nenhum grau de entendimento poderia mudar o fato de que Israel era o Povo Escolhido. Os clãs hebreus confederados eram Israel no sentido de que Yahweh era seu Deus; e Yahweh era o Deus de Israel. Qualquer conflito entre Israel e a fundação davídica provocava a questão crucial: Yahweh estava com Israel ou estava com Davi?

O problema não foi resolvido até que, com a queda do Reino do Norte, Israel desapareceu como rival, de modo que Judá pôde não só reivindicar Yahweh para si, mas também herdar a história de Israel como sua própria. Apenas então o campo ficou livre para a elaboração paradigmática de um simbolismo cuja construção inicial pode ser encontrada no conflito do tempo de Davi. O ou-este-ou-aquele de Israel e Davi só podia ser superado pela pressuposição de que a escolha de Israel por Yahweh incluísse a escolha da casa de Davi como seu governante, de que a *berith* de Yahweh com seu povo era, ao mesmo tempo, uma *berith* com a casa de Davi para um reinado perpétuo. O início da construção pode ser discernido na noção de Davi de um *translatio imperii*, desenvolvido no episódio de Mical (2Sm 6,21-22), na medida em que Yahweh foi interpretado nesses versículos não como o deus apenas de Israel, mas também do reinado, bem como da ordem de sua sucessão, sobre o povo de Yahweh. E o historiador de 1 Reis 12,19 foi um passo à frente quando destruiu a ideia da organização teopolítica que havia prevalecido na época de Saul e Samuel. No reinado anterior, a demanda de um rei por Israel era ainda uma revolta contra Yahweh; agora, na época da morte de Salomão, a rejeição do rei não significava um retorno a Yahweh, mas uma nova rebelião contra Yahweh na pessoa de seu representante régio. Das guerras com os filisteus e das vitórias davídicas surgiu a experiência de um Rei Escolhido que, em caso de conflito, assumia precedência sobre o Povo Escolhido. Yahweh estava com Israel quando Israel estava com Davi e sua casa. O rei tornou-se o mediador da ordem javista no mesmo sentido em que um faraó era o mediador da ordem divina para o seu povo.

As linhas que a construção deveria seguir, portanto, eram claras mesmo no tempo de Davi. No entanto, nenhuma fonte que possa ser confiavelmente datada como contemporânea parece ter dado o passo decisivo. Como no caso da história de Davi–Betsabé, a solução foi elaborada num episódio de Natan, em 2 Samuel 7[5]. A natureza do episódio como uma elaboração é confirmada pela sua posição. Ele vem imediatamente após o episódio da dança de Davi diante da arca e sua resposta a Mical, que pertence ao mais antigo estrato de tradição do Segundo Livro de Samuel. A afirmação de Davi sobre ser o príncipe de Israel por indicação de Yahweh é o tema retomado pela palavra de Yahweh conforme comunicada por Natan (2Sm 7,8b-9):

> Fui eu que te tirei das pastagens, de detrás do rebanho,
> para seres o chefe de Israel, meu povo.
> Estive contigo por toda parte por onde andaste.
> Destruí diante de ti todos os teus inimigos.
> Eu te fiz um nome tão grande quanto o nome dos
> grandes da terra.

A promessa para Davi, então, foi ligada à promessa para Israel (7,10):

---

[5] Cf. o relato paralelo, com ligeiras variações, em 1 Crônicas 17.

Determinarei um lugar para Israel, meu povo; eu o implantarei e ele morará em seu lugar. Não mais tremerá.

E, por fim, as duas promessas a Davi e a Israel foram fundidas numa fórmula que, desde então e para sempre, viria a ser associada ao nome de Yahweh (7,26):

Yahweh de todo o poder é deus sobre Israel!
E que a casa de teu servo Davi permaneça firme em tua presença.

A palavra (*dabar*) de Yahweh, falada pela boca do profeta, tinha o caráter de uma aliança com Davi, embora o termo *berith* não ocorresse em 2 Samuel 7. O fato de que esse era o sentido pretendido, porém, foi confirmado por 2 Samuel 23,5: "Pois ele fez comigo uma *berith* eterna, em tudo ordenada e segura". A *berith* de Yahweh com Israel fora expandida para incluir a casa de Davi.

§4 Davi e Jerusalém

O reinado de Davi, como terá se tornado claro, diferiu fundamentalmente do de Saul. No caso de Saul, a instituição monárquica desenvolveu-se a partir da liderança carismática da confederação israelita; e a transição da liderança numa emergência para o governo permanente, embora tenha perturbado seriamente o simbolismo da organização teopolítica, deu origem a não mais do que problemas teocráticos. No caso de Davi, o reinado desenvolveu-se a partir da liderança de um exército profissional que poderia ser usado a favor ou contra Israel. O reinado davídico era a forma institucional de uma conquista; e essa nova forma monárquica, no processo de conseguir a maior parte da área civilizacional siríaca como seu corpo imperial, seguiu as suas próprias leis de simbolização, em princípio não diferentes das formas desenvolvidas nas civilizações mesopotâmica e egípcia vizinhas. A linguagem do simbolismo imperial foi determinada pelo evento mais importante na carreira de Davi, ou seja, pela conquista da Jerusalém jebusita e a necessidade, compartilhada por todos os conquistadores e construtores de impérios do Oriente Próximo, de chegar a um acordo com o principal deus do território recém-conquistado, que era, nesse caso, o El Elyon da nova capital.

A forma davídica, no entanto, desenvolveu características exclusivas, uma vez que foi desviada de uma evolução para símbolos cosmológicos puros pela fusão de formas jebusitas com o javismo não cosmológico de Israel. O encontro entre o deus supremo da civilização siríaca e o deus do Povo Escolhido resultou num culto sincrético. El Elyon e Yahweh fundiram-se num deus que reteve as características do Yahweh de Israel e, ao mesmo tempo, adquiriu de El Elyon os atributos do *summus deus* de um império cosmológico[6]. A exploração dessa nova forma sincrética só teve início recentemente e o debate ainda está em andamento. Um quadro completo do estado do problema exigiria uma monografia. No presente contexto, vamos nos limitar às fontes mais importantes e às suas implicações.

Num estudo do simbolismo imperial, Davi e Jerusalém são inseparáveis, porque o simbolismo do conquistador está envolvido no da conquista.

A questão de quem foi Davi foi um tema de forte interesse na ciência do Antigo Testamento desde que ficou certo que "Davi" não era originalmente um nome próprio, mas designava uma função militar, um cargo real e, talvez, até mesmo uma divindade[7]. Nos Textos de Mari, encontramos com frequência o termo *dawidum* com o significado de um "general" ou "comandante de tropa"[8]. Ainda que, com base apenas nesses textos, não possa haver muita dúvida de que Davi tenha adotado o termo como seu nome, as opiniões divergem com relação à ocasião e à época do evento. Noth supõe que o título pode remontar ao tempo em que Davi comandava uma tropa de mercenários e que teria sido transformado num nome num momento posterior indeterminado, enquanto Johnson está seguro de que "apenas depois da captura de Jerusalém" o sucessor de Saul passou a ser conhecido "pelo que pode ser interpretado como um nome divino"[9]. Somos inclinados a concordar com a visão de que a conquista de Jerusalém foi a ocasião da elaboração do simbolismo imperial, incluindo o nome do rei, e de seu favorecimento com a sanção oficial — mesmo que o nome tenha sido aplicado a Davi por seus seguidores ou pelo povo em geral antes desse evento —, porque o culto imperial, de que sobrevivem inúmeras liturgias e hinos nos salmos, deve ter sido criado em algum momento e o período seguinte à captura de Jerusalém é o mais provável. De qualquer

---

6 Para a fusão dos dois deuses e o sincretismo davídico, ver Ivan ENGNELL, *Studies in Divine Kingship in the Ancient Near East*, Uppsala, Almqvist and Wiksells boktr., 1943, 175: "Davi, o verdadeiro e intencional fundador da monarquia sacra israelita no sentido real do termo e da religião oficial régia 'sincrética'". Cf. ENGNELL, *Gamla Testamentet*, 1, 138 ss.

7 Sigmund MOWINCKEL, *Han som kommer*, Copenhagen, G. E. C. Gad, 1951, 45.

8 *Archives Royales de Mari*. Publiées sous la direction de André Parrot et Georges Dossin. XV. *Répertoire Analytique des Tomes I à V*. Par Jean Bottéro et André Finet, Paris, Impr. Nationale, 1954. No "Lexique", 200, s. v. *dawidum*, são apresentadas mais de vinte referências ao termo.

9 NOTH, *Geschichte Israels*, 165. Aubrey R. JOHNSON, The Role of the King in the Jerusalem Cultus, in *The Labyrinth*, London/New York, Macmillan, 1935, 81.

modo, um consenso nessa questão dificilmente será alcançado no futuro próximo, por uma série de razões. Acima de tudo, a narrativa silencia sobre as medidas que devem ter sido tomadas na época; e, como consequência, não sabemos sequer qual era o nome original de Davi[10]. E a questão complica-se ainda mais pela variedade de significados que têm as palavras derivadas por vocalização do complexo consonantal *dwd* nas línguas semíticas[11]. Nos Textos de Mari, o *dawidum* designa um líder militar; na Jerusalém jebusita da época da conquista, porém, o termo era provavelmente "uma denominação sacerdotal-real cananeia adotada por Davi"[12]. Essa ideia é apoiada pela rubrica *ledawid*, que precede número considerável de salmos. A tradução tradicional de *ledawid* como "de Davi" ou "por Davi", pressupondo Davi como o autor, certamente está errada. Os salmos em questão destinam-se "a Davi", ou seja, para uso do rei ao oficiar o culto. Além disso, eles não se destinam ao conquistador de Jerusalém em pessoa, mas a qualquer Davi, ou seja, a qualquer um dos reis da dinastia davídica, incluindo o seu fundador. E, por fim, Engnell muito possivelmente está certo quando pressupõe que *ledawid* seja "uma rubrica cúltico-litúrgica original herdada de tempos jebuseus pré-israelitas com o significado real de 'um salmo para o rei'"[13]. Tudo isso, claro, não exclui a possibilidade de que um ou outro dos salmos tenha Davi como autor[14]. Além dos significados de comandante militar e rei, *dwd*, vocalizado como *dod*, tem,

---

[10] Se a tradição do combate singular entre Davi e Golias for confiável, a versão alternativa, em 2 Samuel 21,19, em que Elcanan realiza a façanha, será de interesse quanto a isso. Contra a pressuposição de que Elcanan seria o nome original de Davi, porém, pode ser argumentado que o Elcanan do episódio é um dos *gibborim* de Davi, claramente distinguido do próprio Davi.

[11] As consoantes *dwd* podem ser vocalizadas de várias maneiras, sendo as mais importantes, para nossos propósitos, *dawid, dod, dodo*. Deve ser observado que apenas Crônicas vocaliza inequivocamente como *dawid*, inserindo um *yodh* depois do *waw*. Essa prática reflete uma intenção seletiva posterior, pois Samuel, Reis e os Salmos limitam-se a *dwd*, deixando a vocalização em aberto. O sistema de pontos no texto massorético aceita a vocalização de Crônicas também para Samuel, Reis e Salmos. Deve ser observado também que, nas passagens sobre os primeiros feitos de Davi e seus *gibborim*, aparece um número estranho de Dodos. O Elcanan mencionado acima é, em 2 Samuel 23,24, "filho de Dodo, de Belém"; e o Eleazar de 23,9 é igualmente filho de Dodo. As dificuldades e incertezas da vocalização tornam-se nítidas quando o significado do contexto é duvidoso. A passagem 2 Samuel 21,15-16 é traduzida por RSV como: "Davi ficou exausto. E Ishbi-benob, um dos descendentes dos gigantes... pensou em matar Davi"; enquanto a tradução de Chicago traz: "Então ergueu-se Dodo, que era um dos descendentes dos gigantes... e ele pensou em matar Davi".

[12] ENGNELL, *Studies in Divine Kingship*, 176.

[13] Ibid.

[14] Sobre a questão complicada do *ledawid*, ver Sigmund MOWINCKEL, *Offersang og sangoffer: Salmediktingen i Bibelen*, Oslo, Ascheboug, 1951, 87 ss., 360 ss., e a longa n. 31 em 601 ss.

por fim, o significado de "o amado", provavelmente designando "uma divindade da vegetação corporificada no rei"[15]. Dentro do Antigo Testamento, o *dod* ocorre aplicado a Yahweh no cântico de Isaías 5,1. A partir desses materiais diversos, concluímos, como hipótese, que o nome Davi tenha sido assumido pelo conquistador de Jerusalém (qualquer que tenha sido o seu nome original) com o propósito de simbolizar a sua posição como o governante do império sob todos os seus aspectos de comandante militar, sacerdote-rei, representante e amado do deus.

A conquista de Jerusalém foi parte do programa imperial de Davi. Sobre esse programa, bem como sobre o seu significado para a criação do culto de Jerusalém, sabemos muito hoje graças à hábil interpretação de Gênesis 14 por Umberto Cassuto, Julius Lewy e H. S. Nyberg[16]. No capítulo 7, "Da sociedade de clãs ao regime monárquico", Gênesis 14 foi a nossa fonte para a experiência de Yahweh por Abrão como seu Deus pessoal e para a transformação do símbolo da *berith*. Naquela ocasião, limitamos nossa interpretação ao significado que o texto pretendia ter em sua posição atual na história dos patriarcas, mas, ao mesmo tempo, observamos que o episódio era literariamente estranho, no sentido de que representava uma tradição hierosolimita independente e não podia ser atribuído a nenhuma das fontes J, E e P mais importantes. A questão de por que a história de Abrão foi preservada na forma peculiar de uma tradição associada a Jerusalém é respondida pelos estudiosos mencionados acima com a suposição de que o texto, em sua forma presente, seja uma peça de propaganda imperial originada na época de Davi[17]. A intervenção de

---

[15] Engnell, *Studies in divine kingship*, 176.

[16] Umberto Cassuto, *La questione della Genesi*, Firenze, F. Le Monnier, 1934. Lewy, Les textes paléo-assyriens et l'Ancien Testament, 29-65. H. S. Nyberg, Studien zum Religionskampf im Alten Testament, 329-387. O leitor deve estar ciente de que excelentes autoridades em Antigo Testamento ainda têm dúvidas quanto à nova interpretação. Cf. Albrecht Alt, Das Koenigtum in den Reichen Israel und Juda, *Vetus Testamentum* 1 (1951) 2-22. Alt (p. 18) considera possível que formas jebusitas tenham sido adotadas por Davi, mas acha o material de Gênesis 14 e Salmo 110 muito escasso para proporcionar uma base segura para as interpretações que lhes são dadas.

[17] Eu gostaria de enfatizar que a suposição referente à forma atual do texto, que eu aceito, não afeta a interpretação da história de Abrão oferecida anteriormente. Temos de fazer a distinção, em Gênesis 14, entre (1) uma tradição original de Abrão, que não foi preservada, (2) a forma atual, em que a tradição foi expressa pela propaganda davídica e (3) o retorno ao elemento de Abrão, contido na forma atual, pelos redatores da história patriarcal. Os textos do Antigo Testamento com muita frequência têm mais de um significado, devido aos níveis de tradição oral e à elaboração literária. O problema dos múltiplos significados infelizmente ainda não foi

Abrão ao lado dos reis cananeus contra seus inimigos mesopotâmicos tinha o propósito de legitimar o governo de Israel, especialmente sob Davi, sobre os povos conquistados. Eles haviam estado anteriormente sob o domínio dos reis orientais e foram libertados por Abrão; assim, os conquistadores de Canaã, de Moisés a Davi, exercem um direito que havia pertencido a Israel desde Abraão[18]. As reivindicações territoriais do império eram expressas pela extensão da perseguição de Abrão ao inimigo até "Hoba, ao norte de Damasco"[19]. A intervenção em favor de Lot, o ancestral de Moab e Amnon, tinha o propósito de lembrar os amonitas e arameus de seus antigos opressores e de sua salvação por Abrão: "um protetorado israelita sobre esses povos está no ar"[20]. Quanto às relações dentro do império, Davi reconheceu Jerusalém e seu El Elyon assim como havia sido feito por Abrão, mas rejeitou o reconhecimento de outros reis cananeus, como Abrão fez na pessoa do rei de Sodoma[21]. Assim, o texto pode ser caracterizado como "o documento ideológico pelo qual Davi quis expor o seu direito a Jerusalém. O Abrão ancestral em Hebron é a imagem para o jovem rei tribal judeu Davi em Hebron"[22].

A forma simbólica que a monarquia e o império tiveram de adotar estava estreitamente relacionada ao caráter de Jerusalém como uma cidade jebusita e sede do deus supremo El Elyon. A história de Abrão é, uma vez mais, o reflexo e, talvez, a justificação da identificação conciliadora de Yahweh com o deus cananeu, que envolvia a aceitação de formas de culto jebusitas dentro do javismo do império. Traços desse sincretismo podem ser encontrados com frequência na literatura hínica, como no Yahweh que é incomparável entre os "filhos de deus" (*bene elohim*) (Sl 89,6), a quem os *bene elohim* circundantes atribuem glória e força (Sl 29,1) e que é o grandemente terrível El no conselho secreto de sua comitiva divina (Sl 89,7). Esse Yahweh-Elyon senta-se no "Monte da Assembleia, nos confins do norte"; e a tirania babilônica é descrita como a tentativa de escalar a Montanha de Deus e tornar-se "igual a Elyon"

---

totalmente percebido por estudiosos do Antigo Testamento. Muito frequentemente, portanto, a descoberta de novos significados é acompanhada da suposição de que significados anteriormente encontrados fossem erros de interpretação.

[18] Cassuto, *Genesi*, 372. Nyberg, *Studien*, 377.
[19] Cassuto, *Genesi*, 372. Nyberg, *Studien*, 360.
[20] Nyberg, *Studien*, 376.
[21] Cassuto, *Genesi*, 374: Israel não deve nada a Canaã. Tudo que Israel possui é exclusivamente o que lhe foi dado por Yahweh, que é identificado com o El-Elyon de Jerusalém. Nyberg, *Studien*, 361.
[22] Ibid., 375.

(Is 14,12-15). A "cidade de Deus" é "a morada de Elyon" (Sl 46,4); e "Davi" é seu primogênito, o "Elyon entre os reis da terra" (Sl 89,27)[23]. Além disso, El Elyon tem os aspectos, ou hipóstases, de Salém e Zedec, que aparecem numa posição de apoio[24]. O próprio nome Jeru-salem significa a "criação de Salém"; e Salim é uma antiga divindade semítica ocidental, atestada por meio de nomes teofóricos já nos Textos de Kultepe de c. 2000 a.C.[25]. A probabilidade de ele ter sido um deus do vinho é sugerida por Gênesis 14,18, em que Melquisedec, o rei de Salém e sacerdote de El Elyon, oferece vinho e pão para Abrão[26]. O aspecto de Salim (hebraico, *shalom*: prosperidade, sucesso, situação harmoniosa, paz, mas também uma guerra *shalom*, uma guerra que levará à paz desejada) de El Elyon tem um paralelo em Zedec (justiça). Na narrativa bíblica, encontramos dois reis de Jerusalém com os nomes teofóricos de Melquisedec ("Zedec é meu Rei", Gn 14,18) e Adonisedec ("Zedec é meu senhor", Js 10,1.3). Na literatura hínica, Yahweh falará *shalom* para o seu povo, seu *zedek* irá diante dele e "*zedek* e *shalom* beijarão um ao outro" (Sl 85). A importância extraordinária que *zedakah* tem como a virtude cardinal nos profetas, bem como a realização do reino de Yahweh como um reinado de paz por meio de um príncipe da paz, derivam do El Elyon hierosolimita que é, ao mesmo tempo, *shalom* e *zedek*.

A política de estabelecer um domínio de Salém encontra sua expressão em nomes teofóricos. São esclarecedores os nomes dos filhos nascidos de Davi em Hebron (2Sm 3,2-5; 1Cr 3,5-9) e Jerusalém (2Sm 5,14-16; 1Cr 3,5-9). Entre os filhos de Hebron, encontramos, ao lado de nomes indiferentes para o nosso problema, formações com Yahweh como Adoni-iah e Safat-iah, enquanto apenas um dos nomes, Ab-shalom, é formado com Salém. Entre os filhos de Jerusalém, formações com Yahweh desapareceram inteiramente, enquanto as combinações preferidas são com El (Elisama, Eliada, Elifalet) ou Salém (Salomão)[27]. A ocorrência de Ab-shalom entre os filhos de Hebron talvez indique que o programa sincrético imperial de Davi já estivesse em preparação antes da conquista de Jerusalém propriamente dita, durante os anos em Hebron[28]. Além disso, o mesmo simbolismo também foi usado pelos inimigos

---

[23] JOHNSON, The Role of the King, 87, 95, 77.
[24] ENGNELL, *Gamla Testamentet*, 1, 119.
[25] LEWY, Les textes paléo-assyriens, 62.
[26] NYBERG, Studien, 355.
[27] LEWY, Les textes paléo-assyriens, 62. NYBERG, Studien, 373 ss.
[28] ENGNELL, *Gamla Testamentet*, 1, 139.

do império davídico e seus estados sucessores. Vários dos reis assírios combinaram em seu nome Salmanasar os nomes de Asur e Salém, as grandes divindades dos semitas orientais e ocidentais. "Nos nomes Asur e Sulmanu está contido todo o programa político do Império Assírio" de estabelecer um estado universal sobre os povos semíticos orientais e ocidentais[29]. E Salmanasar V (727-722) tornou-se de fato o destruidor do reino de Israel. A reivindicação simbólica foi, finalmente, renovada depois do exílio, quando Zorobabel deu a seu filho o nome de Meshullam e à sua filha o de Shulamit (1Cr 3,19)[30].

Sobre os arranjos depois da captura de Jerusalém, recebemos apenas informações escassas na narrativa, e mesmo essas devem ser interpretadas à luz do simbolismo que permeia outras seções da Bíblia. Não há nenhuma menção a uma destruição ou mesmo danos sérios a cidades no curso da conquista, nem a um extermínio ou dizimação da população — embora sua composição deva ter sido fortemente afetada pela chegada dos oficiais da corte davídica e pelos funcionários militares e administrativos. A narrativa, assim, não oferece nenhuma razão para pressupor que Jerusalém depois da conquista não fosse, substancialmente, a cidade jebusita que havia sido antes. Das mudanças institucionais, as nomeações sacerdotais são de interesse. Davi fez vários de seus filhos sacerdotes, embora não saibamos de quem ou de qual templo; foram especificamente nomeados sacerdotes Sadoc e Abiatar (2Sm 8,16-18). Estes dois eram, obviamente, da mais alta posição e ambos oficiaram com a arca (2Sm 15,24-29). De Abiatar sabemos que pertencia à família de Eli, o sacerdote do santuário de Yahweh em Siloé. Em Sadoc, Nyberg quer reconhecer o último rei-sacerdote de Jerusalém, que abdicou em favor de Davi e foi recompensado com o sacerdócio. A sugestão tem muitos pontos a seu favor, em especial no sentido de que ela explicaria o papel atribuído a Melquisedec, o ancestral de Sadoc, na história de Abrão em Gênesis 14[31]. Ao avaliar a sugestão, é preciso levar em conta também as posições respectivas assumidas por Sadoc e Abiatar por ocasião da subida de Salomão ao trono. Abiatar apoiou Adonias, enquanto Sadoc tomou partido de Salomão: é como se houvessem se formado facções javista e sadocita na corte, com o resultado de que, depois da subida ao poder de Salomão, Sadoc pôde se livrar de seu rival javista no sacerdócio (1Rs 2,26-

---

[29] NYBERG, Studien, 353.
[30] Franz M. T. BOEHL, Aelteste Keilinschriftliche Erwaehnung der Stadt Jerusalem und ihrer Goettin?, *Acta Orientalia* 1, Leiden, 1923, 80.
[31] NYBERG, Studien, 375.

27). Com a expulsão de Abiatar para Anatot, a dinastia javista de sacerdotes desapareceu de Jerusalém[32].

A narrativa bíblica recebeu sua forma final depois do retorno do exílio, quando os sumos sacerdotes haviam usurpado as funções anteriores do rei. Não é surpreendente, portanto, que saibamos pouco, pela narrativa, sobre a posição do rei em geral e sobre sua função como sumo sacerdote em particular, que Davi e seus sucessores herdaram dos governantes jebuseus de Jerusalém. Ainda assim, temos um quadro bastante claro da continuidade, porque um número suficiente de oráculos, liturgias e hinos de coroação sobreviveu. O Salmo 110 é de especial importância para o nosso presente contexto, uma vez que estabelece a continuidade entre Melquisedec e as instituições davídicas[33].

O Salmo 110 é precedido da rubrica *ledawid* e, desse modo, é caracterizado como uma peça a ser usada em cerimônias que envolvam o rei. O texto em si consiste numa série de oráculos que, por seu conteúdo, se apresentam como um ritual de coroação ou, pelo menos, como partes importantes dele:

(1) O salmo começa com um oráculo, nitidamente pronunciado por um profeta do Templo para o rei numa ocasião cerimonial que parece ser o primeiro ato da coroação:

---

[32] Geo WIDENGREN, *Psalm 110 och det sakrala kungadoemet i Israel*, Uppsala Universitets Arsskrift, Lundequistska bokhandeln, 1941, 7, 1, 21.

[33] Para o pano de fundo cananeu e do Oriente Próximo em geral do Salmo, cf. ibid. e Geo WIDENGREN, *Sakrales Koenigtum im Alten Testament und im Judentum*, Stuttgart, W. Kohlhammer, 1955, 44 ss. Ver também Aage BENTZEN, *Messias. Moses Redivivus. Menschensohn*, Abhandlungen zur Theologie des Alten und Neuen Testaments, Zurich, Zwingli, 1948, 12, 17 ss., e MOWINCKEL, *Offersang og sangoffer*, 75 ss. Com relação à data do Salmo 110, Mowinckel acha que os oráculos do Salmo dificilmente poderiam ter sido aplicados ao próprio Davi, mas possivelmente a Salomão (ibid., 411 ss.), porque Davi já era rei na época em que conquistou Jerusalém. O argumento é plausível, mas não conclusivo, porque sabemos muito pouco sobre as cerimônias envolvidas ou a ocasião de seu uso para chegar a tais conclusões com certeza. O texto do curto salmo é difícil e em alguns pontos não está bem preservado, de modo que as traduções tradicionais são praticamente inúteis. Usamos a tradução de Widengren em *Psalm 110*, 3 ss., conforme as correções em *Sakrales Koenigtum*, 44 ss. Diferimos, porém, de Widengren na atribuição de linhas aos falantes, a fim de dar mais sentido à sequência de oráculos. Nossas atribuições, a propósito, encaixam-se melhor na interpretação do salmo por Wildegren como uma série de oráculos para um ritual de coroação do que no sentido que ele cria por meio de suas próprias aspas. O rico material comparativo, que justifica tanto a tradução como a interpretação, não pode ser reproduzido aqui; o leitor deve consultar as obras de Widengren, bem como a bibliografia anexada a *Sakrales Koenigtum*.

> A palavra de Yahweh para o meu senhor:
> "Senta-te à minha direita,
> até que eu faça de teus inimigos escabelo para teus pés".

Yahweh convida o rei a sentar-se à sua direita e o trono a que se deve imaginar que o rei ascenda é entendido como o trono de Yahweh. Desse primeiro ato podemos falar como sendo a entronização.

(2) Depois que o rei atendeu ao convite e, presume-se, sentou, o falante continua com uma descrição do governo efetivo sob o poder do deus, apoiado uma vez mais por uma palavra direta de Yahweh:

> O cetro de tua força Yahweh estenderá desde Sião:
> "Governa em meio a teus inimigos!"

Nesse segundo ato da cerimônia, o rei aparentemente recebe o cetro. Ele é estendido desde Sião pelo próprio Yahweh e o seu principal efeito é a vitória sobre os inimigos.

(3) O terceiro oráculo apresenta grandes dificuldades de tradução. Provavelmente, deve ser entendido como:

> Teu Povo oferece-se livremente no dia de tua força.
> Em trajes sagrados avança!
> "Do útero do Alvorecer, como Orvalho eu te fiz nascer!"

No terceiro ato o rei recebe o manto do cosmocrator, depois da usurpação descrito como o manto do sumo sacerdote, os "trajes sagrados", em que ele agora avança para mostrar-se ao povo. O "dia de tua força" é provavelmente o dia da coroação, em que as pessoas se oferecem livremente ao governo do rei, mas, possivelmente, um dia de guerra em que as pessoas se apresentam como voluntárias para a milícia. Em um caso ou no outro, o terceiro ato efetiva o governo local do rei, assim como o segundo ato o faz vitorioso sobre os inimigos. Uma vez mais, o quadro de governo efetivo é apoiado pelo oráculo que tem sua fonte em Yahweh, que certifica o rei como o filho recém-nascido, descendente do próprio deus com sua consorte divina.

(4) O ritual atinge o seu clímax com a declaração do rei como sacerdote de Yahweh:

> Yahweh jurou e não se arrependerá:
> "Tu serás sacerdote para sempre, segundo a ordem de Melquisedec!"

A tradução de Geo Widengren segue a Septuaginta (*kata ten taxin Melchizedek*), como a maior parte das traduções, ao falar de um sacerdócio ao modo, ou segundo a ordem, de Melquisedec. O texto hebraico, no entanto, leria, "Tu serás sacerdote para sempre, por minha causa um Melquisedec"[34]. Nesse caso, o nome próprio Melquisedec traria em si as noções de "um Rei da Justiça", derivando a justiça (*zedek*) do rei de sua função sacerdotal e sua fonte em Yahweh.

(5) Os versículos 5 e 6 retomam a descrição que o profeta do Templo faz do domínio do rei pela vontade de Yahweh:

> O senhor à tua direita esmagará reis no dia de sua ira.
> Ele executará o julgamento entre as nações, amontoando cadáveres, esmagando cabeças, pela terra ampla.

Considero que "o senhor à tua direita" seja o rei, de acordo com a solicitação do primeiro oráculo de que o rei assuma seu lugar à direita de Yahweh. Assim, as palavras do profeta seriam dirigidas a Yahweh, como uma confirmação do funcionamento adequado do rei recém-criado. As traduções para o inglês (RSV, Jewish Publication Society, Chicago, Moffat) colocam "Senhor" com maiúscula inicial, fazendo-o referir-se, como diversos manuscritos, a Yahweh.

(6) O último versículo do salmo, "Do riacho ele beberá em seu caminho; e por isso levanta sua cabeça", parece ser uma instrução ritual para o rei, que deve beber do riacho de Gion a água da vida.

Uma vez que falta uma etapa importante no estabelecimento de um rei, a unção, o Salmo 110 talvez seja um fragmento. Será bom, porém, ter cuidado ao fazer julgamentos nessas questões, porque não há fontes independentes sobre rituais israelitas; ao contrário, os rituais precisam ser reconstruídos a partir de fontes como o Salmo 110. A ausência da unção seria explicada se o salmo fosse um ritual completo para um dia de uma cerimônia que se estendesse por vários dias. Também seria explicada se o salmo fosse um ritual para o Davi ungido, que, nessa ocasião, entrava no simbolismo cosmológico dos reis-sacerdotes de Jerusalém. Qualquer que seja a natureza precisa do ritual em questão, ele mostra de modo conclusivo como o simbolismo imperial das civilizações cosmológicas entrou em Israel por meio da sucessão jebusita.

§5 Os Salmos Imperiais

A principal fonte para o simbolismo imperial após a fundação de Davi é o Saltério. A descoberta dessa fonte, porém, é tão recente e o debate sobre a

---

[34] Versão em que insiste Duhm, e seguida pela tradução de Chicago.

sua natureza está tão intensamente em progresso que não podemos passar a uma apresentação dos símbolos em si sem antes esclarecer a nossa própria posição nesse tema. Isso é especialmente necessário em virtude do fato de que a própria terminologia *salmos imperiais* e *simbolismo imperial* não é o uso da literatura sobre o tema, mas nossa inovação.

1 A natureza dos salmos

A descoberta de que os salmos não são expressões originais de piedade pessoal ou coletiva escritas em tempos pós-exílicos ou talvez até pós-macabeus, mas derivam de hinos, liturgias, orações e oráculos destinados ao uso no culto da monarquia pré-exílica, é um dos eventos importantes, talvez mesmo o mais importante, do estudo do Antigo Testamento no século XX. Embora a descoberta já seja agora quase geralmente aceita[35], o exame de detalhes, longe de estar concluído, fornece oportunidades para amplas divergências. Além disso, descobriu-se que os símbolos dos salmos e seus "padrões" propagaram-se pelas formas tanto da literatura profética como da narrativa histórica, de modo que a interpretação do Antigo Testamento como um todo se vê diante de problemas inteiramente novos[36]. Ainda que alguns dos resultados dessa tarefa abrangente de reinterpretação possam ser considerados bem estabelecidos, a tarefa em si é tão enorme que um consenso, mesmo em relação a pontos fundamentais, ainda não foi alcançado. O trabalho com a descoberta, por fim, encontrou sérios contratempos de metodologia e mesmo de uma filosofia da ordem e da história. Com relação a essa última classe de problemas, o presente estado do estudo do Antigo Testamento pode ser descrito apenas como confusão; e as dificuldades que derivam dessa fonte tornaram-se até mesmo um obstáculo ao avanço na investigação de problemas substantivos.

---

[35] As principais exceções são norte-americanas: M. BUTTENWIESER, *The Psalms, Chronologically Treated with a New Translation*, Chicago, University of Chicago Press, 1938, e R. H. PFEIFFER, *Introduction to the Old Testament*, New York, Harper, 1941. LODS, *Histoire de la littérature hébraique et juive*, mostra-se bastante hesitante quanto a essa questão.

[36] Mais recentemente, o reexame de textos estendeu-se até mesmo ao Novo Testamento. Cf. Harald RIESENFELD, *Jésus Transfiguré*: L'Arrière-Plan du Récit Evangélique de la Transfiguration de Notre Seigneur, Acta Seminarii Neotestamentici Upsaliensis XVI, Copenhagen, E. Mundsgaard, 1947; e Goesta LINDESKOG, *Studien zum Neutestamentlichen Schoepfungsgedanken*, Uppsala Universitets Arsskrift, Lundequistska bokhandeln, 1952, 1, 11.

Das razões que levaram a natureza dos salmos a ter permanecido obscura por tanto tempo, duas merecem atenção especial:

(1) A primeira é a noção romântica do poeta como um homem que, em circunstâncias definidas de sua vida, expressa suas experiências ou sentimentos em forma "poética". Sob a influência dessa noção, os salmos foram tratados como *pièces de circonstance*, nacionais ou individuais, que poderiam ser examinadas pelos historiadores da literatura quanto às circunstâncias de sua criação ou ao estilo pessoal de seus autores[37]. Os salmos, todavia, foram escritos para situações genéricas e, portanto, raramente contêm alusões a circunstâncias históricas específicas; e foram adequados a padrões cultuais, portanto não revelam nenhum estilo pessoal de um autor. Assim sendo, sua análise como poesia romântica foi inevitavelmente equivocada.

(2) A segunda razão deve ser buscada no fato de que o estudo do Antigo Testamento no século XIX era predominantemente uma ocupação de pesquisadores protestantes, cujos "olhos não estavam suficientemente abertos para o lugar fundamental que o culto em geral ocupa no desenvolvimento da religião" devido à "baixa estima pelo culto" que caracterizou as tendências dominantes do protestantismo desde a época do pietismo[38]. O obstáculo para um entendimento adequado dos salmos foi o *Zeitgeist* do século XIX, com o seu individualismo na "poesia" e na "religião". Romantismo e pietismo conspiraram para obscurecer a natureza genérica e cultual dos salmos.

O processo em que os obstáculos foram superados e a natureza dos salmos foi gradualmente revelada tem um início reconhecível, mas ainda não tem um fim. A caracterização das principais fases a seguir, bem como a exposição dos problemas que elas criaram serão governadas, portanto, pelas soluções oferecidas de maneira não definitiva por este próprio estudo[39].

---

[37] Lods, *Histoire de la littérature hébraique et juive*, 724.
[38] Mowinckel, *Offersang og sangoffer*, 24.
[39] Um levantamento dos estudos do Saltério, tanto antigos como novos, pode ser encontrado em Lods, *Histoire de la Littérature Hébraique et Juive*, 718-742. Para o novo estudo do Saltério, há em inglês o excelente capítulo de Aubrey R. Johnson, The Psalms, in Rowley (ed.), *Old Testament and Modern Study*, Oxford, Clarendon Press, 1951, 162-209. Muito esclarecedores são os breves exames do processo em Hans-Joachim Kraus, *Die Koenigsherrschaft Gottes im Alten Testament*: Untersuchungen zu den Lieden von Jahwes Thronbesteigung, Beitraege zur Historischen Theologie 13, Tübingen, J. C. B. Mohr, 1951, 15-26, e, do mesmo autor, *Gottesdienst in Israel*: Studien zur Geschichte des Laubhuettenfestes, Beitraege zur Evangelischen Theologie 19, München, Chr. Kaiser, 1954, 9-17. A publicação recente de Sigmund Mowinckel, "Psalm Criticism between 1900 and 1935", Ugarit and Psalm Exege-

2 Os métodos crítico-formal e funcional-cultual

As fundações para o novo estudo foram estabelecidas por Hermann Gunkel. Ele partiu da observação de que as civilizações do antigo Oriente Próximo eram mais conservadoras em sua linguagem simbólica, em arte, literatura e religião, do que a civilização ocidental moderna. Com base nessa percepção, ele estabeleceu dois postulados para o estudo do Saltério: em primeiro lugar, realizações literárias pessoais, se houvesse alguma, só poderiam ser distinguidas em relação ao pano de fundo de formas genéricas, de *Gattungen* literários. A primeira tarefa de um estudo crítico teria de ser, portanto, o estabelecimento dos principais *Gattungen* de Salmos. E, segundo, como os tipos não recebiam o seu significado da autoria pessoal, era preciso torná-los significativos pela descrição da situação genérica para a qual haviam sido criados. A isso Gunkel chamou de contexto vital, o *Sitz im Leben*. A terminologia desenvolvida por Gunkel ainda está em uso; e seus princípios continuaram sendo a base para o estudo da literatura israelita, embora não sejam mais considerados de forma alguma o seu fim.

Sob o primeiro de seus postulados, Gunkel empreendeu uma classificação dos salmos de acordo com os *Gattungen* ou tipos. De especial interesse para o simbolismo imperial é seu reconhecimento dos Cantos de Entronização (Sl 47, 93, 97, 99), como um tipo que claramente tem algo a ver com a entronização de Yahweh como rei, e dos Salmos Reais (2, 18, 20, 21, 45, 72, 101, 110, 132), como um tipo que, de modo igualmente claro, tem algo a ver com um rei, presumivelmente os monarcas pré-exílicos de Israel e Judá. No trabalho com seu segundo postulado, a busca do *Sitz im Leben*, Gunkel foi menos bem-sucedido, porque o culto oficial da monarquia ainda não havia sido adequadamente compreendido como o contexto dos salmos. Assim, embora tenha atribuído os Salmos Reais a diversos contextos no período pré-exílico, ele viu nos Cantos de Entronização um tipo de poesia espiritual pós-exílica sob a influência dos profetas canônicos — uma visão que hoje é difícil de ser sustentada[40].

---

sis, *Vetus Testamentum* 5 (1955) 13-33, tem uma importância particular devido à pessoa de seu autor.

[40] O trabalho de Gunkel estende-se por um considerável período e passou por revisões, especialmente sob a influência de Mowinckel, cujo trabalho será discutido nos parágrafos a seguir. A mais antiga apresentação sistemática de seus princípios foi dada em Die Israelitische Literatur, in Paul Hinneberg (hrsg.), *Die Kultur der Gegenwart*, 1/7, Leipzig/Berlin, B. G. Teubner, 1906. Sua principal obra sobre os Salmos é Hermann Gunkel, *Die Psalmen*, Goettingen, Vandenhoeck

Embora a segunda fase do processo seja mais rica em motivações, ela pode ser caracterizada sucintamente pela obra de Mowinckel, que concentrou as variadas influências e percepções parciais num novo panorama dos salmos[41]. Mowinckel recebeu o problema no estágio para o qual ele havia avançado por Gunkel e reconheceu a deficiência do método crítico-formal. Os *Gattungen* tinham de ser construídos por meio da crítica literária. As fórmulas e os temas recorrentes, reconhecíveis pelo leitor atento, tiveram de ser usados como critérios para os tipos; e a noção do tipo dependia do contexto vital encontrado para ele — se algum fosse encontrado. A classificação, assim, era feita sob o pressuposto de que a cada tipo construído pelo método crítico-formal correspondesse inequivocamente um contexto que houvesse motivado essa forma literária particular. Na prática da análise, porém, foram encontradas dificuldades em ambos os termos da relação. Por um lado, os tipos não formavam um catálogo simples — o sistema era complicado pela classificação de inúmeros salmos em mais de uma classe, bem como pela construção de subtipos e formas mistas. Por outro lado, Gunkel não tinha uma teoria bem fundamentada sobre o que constituía um contexto vital — assim, a atribuição de contextos não tinha mais peso crítico do que o que poderia ser obtido dos próprios tipos em combinação com algumas noções gerais a respeito do curso da história religiosa israelita. Havia um grau considerável de arbitrariedade e incerteza no trabalho de Gunkel devido ao seu caráter semelhante ao de uma classificação botânica à maneira de um sistema de Lineu. Como essa analogia foi feita pelo próprio Gunkel, podemos nos dar a liberdade de estendê-la e formular a tarefa que havia se tornado óbvia com o avanço de Lineu para a genética de Mendel e Weismann.

Foi Mowinckel quem deu esse passo deliberadamente e formulou-o como o avanço do "método crítico-formal" para "a concepção histórico-cultual ou funcional-cultual dos Salmos". O culto tornou-se, para Mowinckel, o novo princípio genético que ajudaria na construção de tipos. Os tipos no sentido

---

und Ruprecht, 1926. Sua última obra, completada por Begrich, é *Einleitung in die Psalmen*: Die Gattungen der religioesen Lyrik Israels, Goettingen, Vandenhoeck und Ruprecht, 1933.

[41] A primeira elaboração ampla de suas ideias foi dada por Mowinckel nos seis volumes de seu *Psalmenstudien* (1921-1924). O mais importante para os nossos propósitos é o volume 2, *Das Thronbesteigungsfest Jahwaes und der Ursprung der Eschatologie*, Videnskapsselskapets Skrifter, II, 1921, n. 4, Kristiania, J. Dybwad, 1922. A última reformulação abrangente, com modificações, é *Offersang og sangoffer*. Alguns pontos especiais foram novamente apresentados em *Zum Israelitischen Neujahr und zur Deutung der Thronbesteigungspsalmen*, Avhandlungen, Norske Videnskap-Akademie, II, Oslo, J. Dybwad, 1952. Cf. também o levantamento previamente citado da crítica dos Salmos em *Vetus Testamentum*.

crítico-formal retiveram, sem dúvida, a sua relevância como uma primeira tentativa de classificação, mas o culto como o contexto vital permitiria o agrupamento de vários tipos literários em uma só classe, se eles pudessem ser atribuídos ao mesmo culto. Às festividades de Ano Novo em Jerusalém, Mowinckel pôde atribuir não só os cinco ou seis Cantos de Entronização de Gunkel, mas vários outros *Gattungen*, num total de mais de quarenta salmos[42].

O impulso para o aprimoramento teórico de Mowinckel — deixando de lado, por enquanto, a lógica do problema — foi dado pela ampliação de materiais comparativos da civilização do Oriente Próximo e de povos primitivos. A rápida expansão do conhecimento do mundo antigo, em particular por descobertas arqueológicas, que hoje afeta todas as ciências históricas de modo geral e revoluciona concepções bem estabelecidas, é especialmente perceptível como uma influência em todos os estágios do processo que é o nosso interesse atual. Essa expansão forneceu o impulso até mesmo para o trabalho de Gunkel, que tomara consciência do caráter genérico e estático de instituições religiosas e formas literárias por meio de seus estudos comparativos de materiais mesopotâmicos[43]. Na época em que a concepção de Mowinckel estava em formação, os materiais comparativos da Babilônia e do Egito haviam aumentado de modo substancial e, além disso, ele experimentara a influência do antropólogo dinamarquês Vilem Groenbech[44]. A ideia de uma história espiritual exclusiva de Israel começou a ser ofuscada pelo reconhecimento da estreita semelhança entre as instituições e os cultos de Israel e das civilizações vizinhas. No que se refere à interpretação dos Salmos, Mowinckel percebeu que um número considerável de salmos tornava-se inteligível se fossem compreendidos em conexão com um festival israelita de Ano Novo do mesmo tipo que o babilônico, que ficara mais bem conhecido recentemente, em especial pelos estudos de Zimmern[45]. Como o Antigo Testamento nem sequer menciona uma festividade de Ano

---

[42] O estudo do Festival de Ano Novo, bem como dos Salmos associados a ele, que preencheu todo o volume 2 de *Psalmenstudien* (1922) de Mowinckel, ainda ocupa o capítulo mais longo, Salmer til Jahves tronstigningsfest, in *Offersang og sangoffer*, 118-191.

[43] Cf. o trabalho mais antigo de GUNKEL, *Schoepfung und Chaos in Urzeit und Endzeit*, Goettingen, Vandenhoeck und Ruprecht, 1895.

[44] O impacto de Groenbech sobre os estudos israelitas fez-se sentir uma segunda vez pela influência sobre PEDERSEN, *Israel: Its Life and Culture*.

[45] Na época em que escreveu seu *Psalmenstudien*, Mowinckel não sabia que sua ideia havia sido antecipada por Paul VOLZ, *Das Neujahrsfest Jahwes (Laubhuettenfest)*, Tübingen, 1912. As monografias de Heinrich ZIMMERN, *Zum Babylonischen Neujahrsfest*, foram publicadas nos Berichte ueber die Verhandlungen der Saechsischen Gesellschaft der Wissenschaften, Leipzig,

Novo em que uma entronização de Yahweh fosse celebrada, a suposição foi uma admirável proeza da imaginação. Não só o conteúdo do culto como a sua própria existência tiveram de ser inferidos dos salmos. Ainda assim, a suposição mostrou-se tão convincente que até mesmo Gunkel a aceitou[46].

3 Reinado divino e padronismo

Embora a concepção funcional-cultual de Mowinckel tenha definitivamente representado um aprimoramento do método crítico-formal de Gunkel, ela ainda sofria das mesmas deficiências, ainda que num grau menor. Na verdade, Mowinckel havia penetrado da superfície "botânica" das formas literárias para a profundidade "genética" do culto que motiva a forma. Ainda assim, o culto em si tem uma função na ordem da sociedade e, embora seja uma unidade distinguível, não é um objeto decisivo numa ciência crítica da ordem. A menos que se penetre além do culto, na ordem da qual ele é uma função, o superficialismo botânico com sua deficiência teórica será repetido no plano de um estudo funcional-cultual dos salmos. A dificuldade da posição de Mowinckel tornou-se evidente no prosseguimento do debate sobre a sua suposição de um festival de Ano Novo israelita com uma entronização ritual de Yahweh, pois a existência do festival, que explica os salmos, é inferida dos próprios salmos que ela deveria explicar. Esse círculo não pode ser rompido por referência a outras fontes que pudessem atestar inequivocamente a existência do festival, uma vez que o próprio silêncio das fontes foi o que tornou necessária a suposição circular. E como, afinal, é possível oferecer uma solução alternativa, como foi feito recentemente no trabalho já citado de H.-J. Kraus, o debate tende a se prolongar indefinidamente. A posição só pode ser fortalecida e o círculo rompido pelo argumento teórico de que o suposto festival de entronização pertence essencialmente a um complexo de símbolos característico de um de-

---

B. G. Teubner, 58 (1906) e 70 (1918). Mais facilmente acessível é Heinrich ZIMMERN, *Das Babylonische Neujahrsfest*, Der Alte Orient, Leipzig, J. C. Hinrichs, 1926, v. 25, n. 3.

[46] GUNKEL-BEGRICH, *Einleitung in die Psalmen*, Goettingen, Vandenhoeck und Ruprecht, 1933, 105, enfatiza a irrelevância do argumento de que tal festival (procissão de Yahweh até seu santuário, glorificação do Deus entronizado) não é atestado no Antigo Testamento, uma vez que toda uma série de cerimônias que podem ser inferidas dos salmos também não são conhecidas por outras fontes. Um levantamento desses festivais de resto desconhecidos é apresentado em ibid., 61-65.

terminado tipo de ordem e que uma ordem desse tipo está presente em Israel pelo fato de outras partes do complexo característico de símbolos poderem ser encontradas no Antigo Testamento sem margem de dúvida.

Embora a questão teórica ainda não tenha sido formulada dessa maneira nem nos estudos do Antigo Testamento em geral, nem nos estudos do Saltério em particular, um longo passo nessa direção foi dado empiricamente na terceira fase do processo. O impulso foi oferecido, uma vez mais, em parte pelo aumento do conhecimento, em especial pelo material ugarítico de Ras Shamra, em parte pela lógica do problema que levou a um exame mais minucioso dos cultos em questão quanto ao seu significado. O resultado foi, por um lado, um melhor entendimento do "padrão" cultual dos festivais de Ano Novo do Oriente Próximo e, por outro lado, o reconhecimento de que o significado do padrão estava estreitamente relacionado ao papel do rei como o mediador entre Deus e o homem nas civilizações antigas. Como consequência, a linha que partia do "fenômeno religioso" da literatura dos salmos foi finalmente traçada para além do "fenômeno religioso" do culto, até o centro institucional de um império cosmológico, ou seja, até o rei[47].

Com base nas fontes egípcias e babilônicas, S. H. Hooke distinguiu as seguintes fases principais no padrão ritual: (a) a representação dramática da morte e ressurreição do deus; (b) a recitação ou representação simbólica do mito da criação; (c) o combate ritual, em que o triunfo do deus sobre seus inimigos era previsto; (d) o casamento sagrado; (e) a procissão triunfal, em que o rei desempenhava o papel do deus, seguido por um cortejo de deuses menores ou divindades visitantes. Esse ritual esquemático Hooke encontrou na base de festivais de Ano Novo, rituais de coroação, cerimônias de iniciação e mesmo rituais ocasionais[48].

Para a Festa dos Tabernáculos israelita, como um festival do Ano Novo, A. R. Johnson distinguiu as seguintes fases do ritual: (a) Yahweh, o líder das Forças da Luz, triunfa sobre as Forças das Trevas representadas pelo Caos das

---

[47] A terminologia convencional de *religião* e *fenômeno religioso* ainda é um obstáculo sério a um entendimento adequado não só da história israelita, mas da história do antigo Oriente Próximo em geral. Nunca é demais repetir que a palavra *religião* não ocorre na Bíblia.

[48] S. H. HOOKE, The Myth and Ritual Pattern of the Ancient East, in HOOKE (ed.), *Myth and Ritual*, London, Oxford University Press, 1933, 8. Cf. no mesmo volume o ensaio de Hooke sobre Traces of the Myth and Ritual Pattern in Canaan. A interpretação de Hooke para o padrão ainda era bastante inadequada, no sentido de que ele considerava função do ritual "lidar com o elemento imprevisível da experiência humana". Ainda assim, ele reconheceu que o padrão era adaptado a uma estrutura social da qual o rei era o centro (4).

águas ou monstros primordiais; (b) entronização de Yahweh como Rei sobre o Dilúvio e Governante da Assembleia dos Deuses; (c) as obras misteriosas de Yahweh na Criação. O festival foi entendido por Johnson como a renovação anual da unidade social. Ele formava o pano de fundo para o trabalho recriador do rei, ou seja, do representante do povo, no drama ritual. A salvação do povo, sua vitória sobre a morte, era assegurada por um combate ritual em que o rei representante triunfava sobre os reis, ou nações, da terra que se combinaram, como as Forças das Trevas, para destruir o povo. No curso do combate, o rei, que era diversamente designado como o filho, o servo ou o ungido de Yahweh, sofria uma humilhação inicial. "Mas esta se revelava a sua salvação e a de seu povo, pois envolvia uma dependência decisiva de Yahweh e, assim, requeria o SEDEK, a lealdade ou relação certa, da unidade social como um todo"[49]. Pelo lado empírico, Johnson chegou até o máximo a que se pode ir no esclarecimento da questão teórica sem estabelecer novas fundações para uma filosofia da ordem e das formas simbólicas[50].

Um processo de estudo que começou como uma análise crítico-formal dos salmos terminou com o estabelecimento do reinado divino como o foco de relevância. O deslocamento da relevância se expressa no aumento notável do número de estudos que usam os salmos como materiais-fonte para o exame da monarquia, claramente aceitando como certo que o contexto vital dos salmos é o culto da monarquia pré-exílica. Pode-se de fato dizer que se desenvolveu um novo gênero de literatura sobre o reinado divino, exemplificado pelos trabalhos de Engnell, Bentzen, Frankfort e Widengren, para mencionar apenas os tratados de mais destaque[51]. De especial importância nessa série é o trabalho de Engnell, pela sua meticulosa análise do material ugarítico e sua influência sobre o entendimento das instituições israelitas[52]. Por fim, o deslocamento da relevância faz-se sentir no trabalho

---

[49] JOHNSON, The Role of the King, in HOOKE (ed.), *The Labyrinth*, 110 ss.

[50] O fato de que Johnson está metodologicamente consciente da importância de seu trabalho é mostrado de forma conclusiva por sua retomada da questão em The Psalms, in ROWLEY (ed.), *The Old Testament and Modern Study*, 193-195.

[51] Ivan ENGNELL, *Studies in Divine Kingship*, 1943, v. 1; Aage BENTZEN, *Det sakrale Kongedoemme*, Copenhagen, B. Lunos bogtr., 1945; Henri FRANKFORT, *Kingship and the Gods*, Chicago, University of Chicago Press, 1948; WIDENGREN, *Sakrales Koenigtum im Alten Testament und im Judentum*. A obra de Aubrey R. JOHNSON, *Sacral Kingship in Ancient Israel*, Cardiff, University of Wales Press, 1955, ainda não havia sido publicada quando este trabalho foi escrito.

[52] Cf. os capítulos sobre The Evidence of the Ras Shamra Texts e The Krt Texts, in ENGNELL, *Studies in Divine Kingship*. Para uma breve caracterização do padrão de culto cananeu,

posterior de Mowinckel, na abordagem que ele faz do reinado divino em seu *Han som Kommer* (1953)[53].

4 As dificuldades da nova posição

As rápidas mudanças nos métodos e a grande quantidade de material a ser digerida absorveram as energias dos estudiosos do Antigo Testamento e dos historiadores da religião tão completamente durante o último meio século que a tarefa de estabelecer novas bases filosóficas foi negligenciada. Concepções tradicionais do lugar de Israel e da Bíblia na história espiritual da humanidade, a noção de que "fenômenos religiosos" podem ser tratados isoladamente da ordem de uma sociedade, remanescentes do evolucionismo e do positivismo do século XIX, e por fim, mas não menos importante, as terminologias apressadas desenvolvidas pelos estudiosos do século XX acumularam-se hoje a ponto de obstruir a investigação de problemas essenciais.

Podemos avaliar a natureza da dificuldade por um comentário casual de um dos melhores estudiosos do Antigo Testamento de nosso tempo, Gerhard von Rad, que se declarou intrigado com as proposições universais dos salmos imperiais. É verdade que ele aceitou a interpretação cultual dos salmos e usou ele próprio os novos métodos em seus estudos da forma hexateuca, mas, ainda assim, considerava o simbolismo cosmológico do tipo imperial um tanto ridículo nas condições do pequeno reino de Judá[54]. O comentário esclarece uma situação que deve ser caracterizada negativamente pela ausência de uma filosofia de formas simbólicas. A questão levantada por Von Rad seria justificada se o simbolismo imperial fosse um programa de domínio do mundo na política pragmática; ela se dissolverá logo que se reconhecer que estamos

---

em contraste com o padrão do Oriente Próximo em geral, cf. ENGNELL, *Gamla Testamentet*, 1, 116 ss. e 118 ss. Para a relação entre os padrões de culto cananeu e israelita, cf. o Exkurs II: Ueber das israelitische Neujahrsfest, in WIDENGREN, *Sakrales Koenigtum*, 62-79. Sobre o pano de fundo ugarítico, em especial dos Salmos, cf. ALBRIGHT, *Archaeology and the Religion of Israel*, 14-16.

[53] Cf. o exame da instituição do reinado divino o Egito, Babilônia e Canaã, em MOWINCKEL, *Han som Kommer*, 25-44, seguido pelo estudo de Israels kongeideal, 46-68. A estreita ligação entre o Festival de Ano Novo e o papel do rei, conforme enfatizada por Johnson, foi reconhecida por Mowinckel em Psalm Criticism, 17.

[54] Gerhard VON RAD, Erwaegungen zu den Koenigspsalmen, *Zeitschrift fuer die alttestamentliche Wissenschaft* n.s. 17, Berlin (1940-1941), 216-222.

lidando com a experiência de ordem cósmica como a fonte de ordem social e com a articulação dessa experiência na linguagem do mito cosmológico. Num dado caso, a linguagem do mito é motivada pela experiência da ordem; não tem nada a ver com o tamanho ou sucesso da unidade social que utiliza a linguagem. Quero enfatizar que estou caracterizando uma situação e não talvez criticando o meu ilustre colega Von Rad. Pelo contrário, ele se mostrou intrigado com uma incongruência entre a linguagem literal e a realidade que exigia mais atenção, enquanto outros nem sequer levantaram a questão.

Não só questões desse tipo não foram levantadas, como foram desenvolvidas terminologias que, pela sua aparência de conclusividade crítica, encobriam a existência do problema. Especialmente infeliz nesse sentido é o uso indiscriminado do termo *ideologia*, dominante entre os estudiosos escandinavos quando falam da posição do rei numa civilização cosmológica[55]. Os estudiosos em questão, claro, não são marxistas e, muito provavelmente, nem sequer estão conscientes do que estão fazendo quando aplicam um símbolo desenvolvido por Karl Marx para sua luta contra a cultura burguesa ocidental da era vitoriana a um faraó ou a um rei de Judá. A esquisitice só pode ser explicada sugerindo que os estudiosos do Antigo Testamento, historiadores da religião e orientalistas estivessem mal preparados para se deparar de repente com um "reinado divino", um fenômeno que tinha a aparência de "política". Nessa situação, *ideologia* oferecia-se como um termo muito em uso entre os entendidos no debate político.

Embora o uso, portanto, não seja um sintoma de infiltração marxista no estudo do Saltério, a nova convenção terminológica não é inteiramente inofensiva. Em primeiro lugar, ela dá continuidade à série de conceitos insuficientemente analisados que acompanhamos desde os *Gattungen* e o *Sitz im Leben*, passando pelo culto, até o reinado divino; é mais uma palavra-fetiche que bloqueia a construção de conceitos críticos. E, segundo, ela ajuda a encobrir uma posição teórica imprecisa que pode ser discernida por trás do uso igualmente indiscriminado do termo *padrão de culto*. O termo *padrão* refere-se ao drama simbólico em que a ordem da existência é periodicamente restaurada, em civilizações cosmológicas, à sua harmonia com a ordem do ser. O

---

[55] Para a extensão do uso, cf. as referências s.v. *kungaideologi* nos índices de assunto de Mowinckel, *Offersang og sangoffer*, ou Engnell, *Gamla Testamentet*, v. 1; ou, mais recentemente, a seção intitulada Die Kroenungsorakel und die Koenigsideologie, in Widegren, *Sakrales Koenigtum*.

drama simbólico em si, bem como os motivos de sua representação periódica numa ordem cosmológica, é bastante inteligível. É, além disso, inteligível que o mesmo tipo de simbolismo reapareça em todas as ordens cosmológicas e que as similaridades dos símbolos numa variedade dessas ordens aumentem por meio da difusão cultural, se as várias ordens forem geograficamente vizinhas. E é, por fim, inteligível que o simbolismo permaneça o mesmo no tempo, se necessário ao longo de vários milênios, até que a compacidade da experiência cosmológica seja rompida pela abertura da alma para a revelação de Deus. A ordem é inteligível, e seu significado inteligível pode ser comunicado por intermédio de uma linguagem adequada, como estamos fazendo aqui e agora. A linguagem do "padronismo", no entanto, é incapaz de tocar o significado da ordem. Ela transforma a constância inteligível e substantiva dos símbolos em uma estabilidade fenomenal ininteligível de padrões de culto em "civilizações antigas". E esse efeito do "padronismo" é fortalecido pelo uso do não analisado e, portanto, substantivamente ininteligível termo *ideologia*. Na medida em que palavras-fetiche fenomenalizam as simbolizações inteligíveis de experiências em padrões mortos, elas revelam a sua origem em remanescentes de uma filosofia evolucionista da história.

As consequências tornam-se penosamente evidentes quando a descrição de "fenômenos" estende-se além de culturas primitivas e civilizações cosmológicas, para a existência do Povo Escolhido em sua forma verdadeiramente histórica sob Deus. Um estudo como *Israel*, de Pedersen, por exemplo, impressionará o leitor por seu magnífico conjunto de materiais comparativos, tanto quanto por seu lamentável achatamento histórico. A bem da verdade, os "padrões de culto" das civilizações cosmológicas podem ser encontrados também em Israel, pela boa razão de que Israel "quis um Rei como as outras nações". E, como um rei é o mediador simbólico entre a ordem cósmica e a ordem social, e não talvez um governante que se possa ter com ou sem "ideologia", seu aparecimento em Israel foi acompanhado do aparecimento de símbolos cosmológicos de mediação e restauração da ordem. Todavia, foi Israel que quis um rei; e a sua forma de existência histórica, embora seriamente afetada, não foi abolida pela mistura cosmológica. Assim, a forte ênfase na literatura recente em "reinado divino", "ideologia" e "padrões de culto" deixa a incômoda impressão de uma negligência mais do que temporária dos problemas verdadeiramente específicos de Israel referentes à existência na presença de Deus: a negligência parece dever-se, pelo menos em parte, a uma distorção genuína da ordem israelita como consequência de sua penetração filosófica insuficiente.

5 A resistência à mitologização

O desconforto gerado pelo trabalho dos estudiosos escandinavos não é causado tanto pelos tangíveis equívocos de interpretação que viriam a provocar a crítica de historiadores, ou pelas heterodoxias que ofenderiam os teólogos, ou por proposições teóricas a que os filósofos objetariam, mas pela falta de clareza quanto a princípios. O forte destaque dado aos elementos míticos no Antigo Testamento, sem as ressalvas apropriadas, suscita suspeitas, até onde sei injustificadas, de que exista a intenção de uma mitologização radical da Bíblia e do cristianismo. E as suspeitas são ainda mais nutridas por formulações exageradas e teoricamente frouxas que provavelmente seriam logo retiradas por seu autor se suas implicações lhe fossem mostradas claramente[56]. Em anos recentes, esse desconforto cresceu para resistência crítica. Estudiosos alemães, em especial, tentaram determinar a verdadeira extensão da afluência de elementos míticos no Antigo Testamento e chegar a uma clareza maior quanto à mudança de significado que eles sofreram dentro da forma histórica de Israel. A conformação dessa resistência, por sua vez, é significativa para o estado da ciência, no sentido de que a obra dos alemães é prejudicada pela mesma insuficiência de fundações filosóficas que a obra de seus *confrères* escandinavos e ingleses. Vamos usar como exemplo o tratamento dado a um ponto decisivo no problema do "reinado divino" em Israel.

Os estudiosos alemães resistem à mitologização (*Mythisierung*) do Antigo Testamento e, na continuidade, do cristianismo. Embora aceitem que os Salmos Reais pertençam ao culto da monarquia — embora uma data pós-exílica para os Cantos de Entronização permaneça em debate —, eles discutem se o simbolismo do reinado divino retém o seu significado quando entra na órbita da forma histórica.

Para responder a essa questão com uma negativa, primeiro era preciso mostrar que uma órbita de forma histórica de fato existia no culto de Israel; que o simbolismo cosmológico não era tão preponderante no culto da monarquia quanto os destaques escandinavos faziam parecer; mas que outro culto, especificamente israelita, dominava a ordem. E a existência de tal culto foi de

---

[56] Kraus, *Die Koenigsherrschaft Gottes im Alten Testament*, 145 n. 1, reúne uma série de passagens de Aage Bentzen, *Messias. Moses redivivus. Menschensohn*, que são de fato surpreendentes. Porém, hesito em concordar com Kraus que tais proposições "significam uma série crise de teologia". Parece-me que essa "crise" específica poderia ser superada pela aplicação de energia intelectual aos problemas teóricos envolvidos.

fato provada com um alto grau de probabilidade pelos estudos de Gerhard von Rad, quando ele demonstrou o caráter da perícope do Sinai (Ex 19-24) como uma lenda de culto e, além disso, mostrou que a sua forma foi usada na construção do Deuteronômio[57]. Ademais, percebeu-se que os Salmos 50 e 81 continham elementos (o aparecimento sinaítico de Yahweh, o pronunciamento do Decálogo) que seriam mais bem explicados pela pressuposição de uma "Festa da Aliança" em que salmos desse tipo tivessem uma função cultual[58]. O método funcional-cultual de Mowinckel foi, então, usado por Von Rad para mostrar a existência de um culto que tinha seu lugar não na recriação ritual da ordem cósmica, divina e régia, mas no contexto da revelação sinaítica.

Com a demonstração de que duas formas simbólicas de fato coexistem na ordem do Povo Escolhido, a vista abriu-se para todo um campo de problemas que até então haviam recebido reduzida atenção. Von Rad mostrou acima de tudo que um evento histórico singular como a constituição de Israel no monte Sinai por meio de Yahweh e de seu servo Moisés, quando se torna efetivo na ordem do povo, não precisa permanecer na esfera da lembrança pela tradição oral ou pela narrativa escrita, mas pode ser submetido a uma renovação ritual num culto da mesma maneira que na ordem cosmológica dos impérios vizinhos[59]. O simbolismo mais antigo não desaparece totalmente com a forma cosmológica e pelo menos alguns de seus elementos são encontrados novamente na forma histórica, embora seu contexto de significado seja agora determinado pelo recentemente diferenciado centro organizador da revelação divina[60]. Além disso, como mostra o presente caso, as relações entre os vários

---

[57] VON RAD, *Das Formgeschichtliche Problem des Hexateuchs* e *Deuteronomium-Studien*, Forschungen zur Religion und Literatur des Alten und Neuen Testamentes, N.F. XL, Goettingen, 1947. A existência de um problema de culto desse tipo já havia sido notada por Sigmund MOWINCKEL, *Le Décalogue*, especialmente 129.

[58] VON RAD, *Das Formgeschichtliche...*, 19 ss.

[59] Esse ponto foi elaborado, embora suas implicações não tenham sido totalmente percebidas, em KRAUS, *Gottesdienst in Israel*, 55 ss.

[60] O ponto foi, uma vez mais, visto por KRAUS, *Die Koenigsherrschaft Gottes im Alten Testament*, 70 n. 1: "É nossa tarefa interpretar o Antigo Testamento não a partir do mito do antigo Oriente, mas a partir dele próprio, embora com a atenção apropriada ao mito estrangeiro". Isso deixa em aberto a questão do que seria de fato "o próprio Antigo Testamento". A referência de Kraus aos "eventos profético-históricos no povo da Aliança do Antigo Testamento" aponta na direção certa, mas a construção de conceitos apropriados para a tarefa ainda mal começou. O próprio Kraus insiste (145 ss.): "Sob todas as circunstâncias, o conceito de história do Antigo Testamento precisa agora ser esclarecido. Os *teologoumena* conservadores de *Offenbarungsgeschichte* e *Heilsgeschichte* não são de nenhuma utilidade para a teologia a menos que seja clara-

elementos de formas não podem ser reduzidas a uma fórmula simples[61]. Pois, primeiro, o símbolo histórico da aliança entra, sem prejuízo do significado, na forma cosmológica da renovação cultual; ao passo que, segundo, a tradição do evento histórico é expressa na forma de uma lenda de culto que não mais permite uma reconstrução do curso dos eventos em termos de história pragmática; e, terceiro, a forma da lenda de culto, que absorveu os eventos históricos, é aplicada à organização de uma obra literária como o Deuteronômio, que apresenta seus próprios problemas formais bastante difíceis[62].

Embora a tentativa de esclarecer o centro organizador da forma israelita tenha sido bem-sucedida e conduzido a resultados importantes, o ataque direto ao problema do "reinado divino" não foi, até o momento, capaz de superar as dificuldades indicadas acima[63].

Primeiro, o componente israelita do reinado de Davi tinha de ser claramente circunscrito. O reinado foi inserido, como vimos, na tradição javista por meio de uma expansão do símbolo da *berith* que tinha como intenção legitimar a dinastia por uma *berith* especial entre Yahweh e Davi, sucintamente chamada de Aliança de Davi para distingui-la da Aliança do Sinai. Além disso, a expansão não foi uma construção intelectual irrelevante, mas assumiu a forma de uma palavra, um *dabar*, de Yahweh comunicada pelo profeta Natan. Aqui, temos o núcleo genuinamente israelita do reinado de Davi: sua instituição por meio de um profeta sob a vontade revelada de Yahweh. Pela forte ênfase nesse núcleo, o centro da forma israelita foi uma vez mais trazido para o primeiro plano do qual havia recuado no tratamento dado ao "reinado divino" pelos estudiosos escandinavos.

---

mente definido o que esses conceitos significam". Concordamos com ele que as categorias do círculo de estudos teológicos, que têm sua origem no conceito agostiniano de *historia sacra*, precisam hoje de um refinamento considerável para atender às exigências de uma situação teoricamente muito mais complexa.

[61] Mowinckel trabalha com o termo *mito histórico*; Kraus prefere *história mítica*.

[62] Para fins de caracterização do estado do problema, selecionamos um exemplo do esforço alemão de chegar a um entendimento mais crítico de uma forma especificamente israelita. O esforço tem, na verdade, uma abrangência bastante ampla. Em particular, é preciso mencionar o trabalho de Albrecht Alt, de quem a maioria dos numerosos estudos é hoje mais facilmente acessível em ALT, *Kleine Schriften zur Geschichte des Volkes Israel*. Die Urspruenge des Israelitischen Rechts (1934), Die Wallfahrt von Sichem nach Bethel (1938) e Gedanken Ueber das Koenigtum Jahwes (1945) têm especial relação com o presente problema. Martin NOTH, Gott, Koenig, Volk im Alten Testament: Eine methodologische Auseinandersetzung mit einer gegenwaertigen Forschungsrichtung, *Zeitschrift fuer Theologie und Kirche* (1950) não estava disponível para mim.

[63] A principal monografia é KRAUS, *Die Koenigsherrschaft Gottes im Alten Testament*.

Com a instituição profética do reinado assegurada, o ataque poderia ser empreendido. A monarquia em Jerusalém como o ponto de irrupção para o simbolismo oriental, assim como a intensidade da irrupção foram reconhecidos[64]. A questão agora era "em que medida esses elementos míticos tornaram-se subordinados às expressões principais do culto monárquico ou em que medida eles se preservaram como componentes por si sós" — uma questão a ser respondida em favor da primeira alternativa[65]. Alt achava difícil acreditar que "o reinado divino oriental supostamente geral" pudesse ter sido recebido na ordem israelita se não houvesse sido transformado (*umgebildet*) a ponto de se tornar compatível com a subordinação estrita, precisamente dos reis da casa de Davi, a Yahweh[66]. Kraus falou da irrupção da "ideologia oriental da monarquia nas tradições de Davi" e empenhou-se em mostrar que "a tradição de Davi conforme determinada basicamente pela palavra profética de 1 Samuel 7, embora admitisse os elementos estrangeiros da ideologia oriental da monarquia, não permitiu a sua existência continuada em sua própria forma mitológica essencial (*mythologische Wesensgestalt*)"[67]. Ele considerava impossível, em particular, que um Festival de Entronização do tipo babilônico pudesse ter sido parte dos "elementos estrangeiros", uma vez que tal festival teria "transformado fundamentalmente toda a crença [*Glauben*] e todo o pensamento de Israel". Apenas elementos menos nocivos poderiam ter sido recebidos; e estes, como o símbolo do rei como o filho de Deus, foram "profundamente reformulados (*tiefgehend umgepraegt*)"[68]. Com relação aos Cantos de Entronização, Kraus, portanto, retornou à data de Gunkel e declarou que seu contexto vital seria um festival pós-exílico do retorno de Yahweh da Babilônia para Sião[69].

Apresentamos algumas das formulações programáticas em citação direta a fim de mostrar a fonte da dificuldade: são abundantes as passagens com conceitos não analisados e um vocabulário de modo geral não crítico que

---

[64] Ibid., 67; KRAUS, *Gottesdienst in Israel*, 77.

[65] Ibid.

[66] ALT, Das Koenigtum in den Reichen Israel und Juda, 18.

[67] KRAUS, *Die Koenigsherrschaft Gottes im Alten Testament*, 67.

[68] Ibid.

[69] Esse é o ônus do estudo de Kraus sobre *Koenigsherrschaft Gottes*. A tentativa de encontrar nos Cantos de Entronização a influência do Dêutero-Isaías, justificando assim sua data pós-exílica, parece ter falhado pelas razões apresentadas por Aubrey R. JOHNSON, The Psalms, in ROWLEY (ed.), *Old Testament and Modern Study*, 193 ss., contra a tentativa similar anterior de N. H. SNAITH, *Studies in the Psalter*, London, Epworth Press, 1934, e *The Jewish New Year Festival*, London, Society for Promoting Christian Knowledge, 1947.

impossibilitam o enfrentamento do problema da relação entre os diferentes conjuntos de símbolos na profecia de Natan em 2 Samuel 7. Lembramos que o reinado foi instituído por uma palavra de Yahweh, comunicada por Natan, que declarou que o rei era o filho de Deus. Esse evento é o ponto de confluência da forma histórica israelita com a forma cosmológica do Oriente Próximo, uma vez que o profeta legitima a dinastia davídica por meio de uma palavra de Yahweh, enquanto a palavra falada por Yahweh nessa ocasião vem a ser uma fórmula de coroação egípcia. A justaposição dos dois elementos formais (como diremos, neutramente, no momento) é ainda mais complicada pelo fato de que, na ocasião do Êxodo do Egito, Yahweh havia declarado que Israel era o seu filho primogênito, em oposição à filiação faraônica. Assim, a declaração do rei como o filho de Deus não só introduziu o simbolismo egípcio, mas também afetou a filiação de Israel. Uma série de perguntas sugere-se inevitavelmente: Israel agora deixou de ser o filho de Deus? Ou uma ordem do tipo faraônico foi reimposta a Israel, por uma nova determinação divina? Ou seria a monarquia o cadinho no qual Israel será transformado no resto que está apto a entrar numa nova aliança com Yahweh? Tais questões vão nos ocupar na sequência deste estudo. No momento, elas são expostas apenas para sugerir que a história de Israel, e não o texto do Antigo Testamento, é a região em que o problema está localizado.

A "transformação dos elementos mitológicos", ou, pelo menos, de sua "forma essencial" não é um problema no plano da literatura. A profecia de Natan ou os Salmos dão origem aos difíceis problemas justamente porque contêm os elementos míticos sem nenhuma transformação. Não deve nos surpreender, portanto, que os esforços de Kraus para resolver o problema por meio do texto tenham tido parcos resultados. Com relação aos símbolos do "filho" que é "gerado" por Yahweh (Sl 2,7) assim como o faraó o é pelo deus-sol, ele só pode alegar persuasivamente que tais "conceitos não devem ser compreendidos num sentido físico ou mítico". Quando colocados no contexto israelita, eles são "expressões adequadas" para a instituição profética do rei e, mais ainda, "apontam para o ato criativo da palavra de Yahweh"[70]. Isso é tudo. A interpretação do texto não nos leva além da garantia de que os símbolos míticos não significam o que significam quando ocorrem no Antigo Testamento.

Para superar o impasse, devemos abandonar todas as tentativas de harmonizar o texto. Tanto os símbolos históricos como os cosmológicos devem

---

[70] KRAUS, *Die Koenigsherrschaft Gottes im Alten Testament*, 69 ss.

ser aceitos por seu valor próprio como expressões das experiências de ordem correspondentes; e é preciso reconhecer, como consequência, que o império davídico, bem como seus estados sucessores israelita e judaíta foram construídos a partir de experiências de ordem conflitantes. Como é possível que essa ordem composta funcione não é uma questão da "subordinação" de um conjunto de símbolos ao outro pela habilidade interpretativa de estudiosos do Antigo Testamento contemporâneos, mas do equilíbrio das experiências conflitantes na sociedade israelita do século X ao século VI a.C. A história de Israel deve ser examinada se queremos saber se as motivações da ação, originadas nas experiências conflitantes cuja coexistência é conclusivamente provada pelos símbolos, foram mantidas num equilíbrio tal que fez que a ordem permanecesse estável. Apenas as ações de indivíduos ou grupos podem indicar o vigor relativo das experiências, bem como a força ou a perda de substância correspondentes dos símbolos.

Não temos de realizar pesquisar profundas para encontrar os indicadores do conflito. No século IX, por exemplo, quando a forma cosmológica da monarquia no Reino do Norte ameaçou ganhar precedência definitiva sobre o javismo no culto, a revolta profética contra os omridas revelou a força da forma histórica. E, no que se refere a Judá, a Aliança de Davi e a Aliança do Sinai estiveram em conflito permanente ao longo de todo o período da monarquia, com onda após onda de movimentos de reforma que reafirmavam as fundações sinaíticas da antiga organização teopolítica contra a ascendência da monarquia. A tensão entre "reinado divino" e a tradição sinaítica só chegou ao fim junto com a própria monarquia. E, nesse momento, já haviam surgido do conflito as indicações de um novo tipo de ordem, nos símbolos proféticos dos remanescentes, na nova aliança e no Messias de Yahweh. É difícil não perceber os conflitos dessa natureza na história de Israel e eles, claro, não escaparam aos estudiosos alemães. Estes, ao contrário, contribuíram brilhantemente para sua exploração[71]. Ainda não foi visto, todavia, que aqui se encontra a resposta para as questões que desafiam a análise no âmbito da crítica literária.

---

[71] Cf. Leonard ROST, Sinaibund und Davidsbund, *Theologische Literaturzeitung* 72, Leipzig (1947). Para as ondas de reformas em Judá, ver KRAUS, *Gottesdienst in Israel*, 70 ss., 82, 90. De particular importância são os *Deuteronomium-Studien* de Gerhard VON RAD, que revelam que a classe mais nobre não hierosolimita proprietária de terras seria a força social por trás da reforma deuteronômica (43).

6 Conclusão

Nossa própria posição com referência aos vários problemas foi sugerida no momento em que eles apareceram. Vamos, agora, reunir os comentários dispersos lembrando um antigo estudo de Wensinck sobre o tema do simbolismo cosmológico[72]. Wensinck havia percebido que cada Ano Novo é um memorial e uma repetição da Criação. A ordem não é um estado de coisas eterno, mas uma transição do caos para o cosmo no tempo. Uma vez criada, a ordem requer atenção à sua precária existência ou voltará ao caos. Nos festivais de Ano Novo estão concentrados os cultos que restauram a ordem sob todos os seus aspectos: a ordem do mundo sob o governo do deus criador; a renovação do ciclo da vegetação; a fundação e a restauração do templo; a coroação do rei e a restauração periódica de seu poder ordenador. O drama da transição do caos para o cosmos, que tira os seus símbolos primários dos ciclos da vegetação, é, portanto, uma forma que pode ser aplicada sempre que há um problema de ordem em jogo. Como os principais exemplos dessa aplicação no Antigo Testamento, Wensinck cita a história da criação, o Êxodo do Egito e a passagem pelo mar Vermelho, a peregrinação no deserto e a conquista de Canaã, o cativeiro na Babilônia e o retorno do exílio, as visões proféticas de uma destruição do mundo e de sua renovação por intermédio de Yahweh. Mais sutilmente, ele encontra a forma aplicada aos escritos proféticos com a sua sequência de profecias de ruína e bênção, bem como à figura do Servo Sofredor que surge em triunfo da humilhação. E a aplicação profética da forma, por fim, inspira Wensinck à definição de que a "escatologia é, na realidade, a cosmologia aplicada ao futuro".

Embora as formulações de Wensinck fossem com frequência imprecisas, sua visão foi admirável. De seu estudo podemos colher a duradoura percepção de que as formas simbólicas dos impérios cosmológicos e de Israel não são mutuamente excludentes. Embora cada uma das grandes formas tenha seu próprio centro organizador da experiência, elas são partes de um contínuo na medida em que estão ligadas pela identidade da ordem do ser e da existência que o homem experimenta, na escala de compacidade e diferenciação, no curso da história. Além disso, a forma cosmológica não se torna sem sentido quando o centro organizador da simbolização desloca-se para

---

[72] A. J. WENSINCK, The Semitic New Year and the Origin of Eschatology, *Acta Orientalia* 1, Leiden (1923) 158-199.

a experiência da revelação de Deus ao homem, nem a história do Povo Escolhido torna-se sem sentido com o advento de Cristo. A renovação ritual da ordem, um dos elementos simbólicos desenvolvidos dentro das civilizações cosmológicas, por exemplo, percorre a história da humanidade desde o festival de Ano Novo babilônico, passando pela renovação da *berith* por Josias e pela renovação sacramental do sacrifício de Cristo, até o *ritornar ai principii* de Maquiavel, porque a queda da ordem do ser e o retorno a ela são um problema fundamental na existência humana. Uma vez que a expressão adequada para uma experiência da ordem tenha sido desenvolvida dentro da forma cosmológica, ela não desaparece da história quando a revelação divina se torna o centro organizador da forma simbólica, pois dentro da forma histórica criada devemos distinguir entre a área da experiência que é mais imediatamente afetada pela revelação e a área muito maior que permanece relativamente não afetada. A relação entre Deus e o homem requer novos símbolos para a sua expressão adequada, como o *dabar* (a palavra de Deus), o *nabi* (o revelador da palavra), a *berith* (a aliança), o *daʻath* (o conhecimento de Deus) e assim por diante. Mas as condições de existência no mundo, como os ciclos celestiais e da vegetação, nascimento e morte, o ritmo das gerações, o trabalho para sustentar a vida, a necessidade de organização governamental, permanecem o que eram e não requerem nova simbolização. Uma grande parte do simbolismo cosmológico, portanto, será recebida na forma histórica, embora essa transmissão sem transformação tenda a produzir tensões dentro da nova forma simbólica. Observamos os conflitos desse tipo na tensão entre a Aliança do Sinai e a Aliança de Davi.

À luz dessas observações, a irrupção do "mito oriental" na "ordem de Israel" parecerá mais inteligível e menos perturbadora do que no debate sobre os Salmos. Precisamos perceber que aquilo que chamamos sucintamente de "ordem de Israel" é a história de uma sociedade mantida coesa por um núcleo de identidade étnica e pelo poder formador da revelação sinaítica. No curso de sua história, porém, a ordem dessa sociedade passou por notáveis mudanças. Ela foi criada originalmente pela Aliança do Sinai. E a *berith* foi de certa forma extraordinária sob o aspecto de ordem, pois determinou a relação certa entre Deus e o homem, bem como as relações entre os membros do Povo Escolhido, mas não estipulou absolutamente nada quanto a uma organização governamental que pudesse garantir a existência do povo no âmbito de poder da história pragmática. Essa lacuna foi agora preenchida pela organização da conquista de Davi após as guerras com os filisteus. E, como o simbolismo que emanava do centro da aliança não havia se estendido para além dos limites indicados acima, o simbolismo cosmológico entrou no vácuo deixado pela aliança.

Esse problema do vácuo deixado pela aliança não deve ser atenuado pela linguagem de uma ordem genuinamente israelita que emanou da Aliança do Sinai e de elementos estrangeiros que entraram com o reinado de Davi, pois tal distinção, talvez motivada por preocupações teológicas ou "religiosas", implica que a aliança proporcionou uma ordem completa para uma sociedade. As condições de existência no mundo, que de fato foram seriamente negligenciadas na ordem da aliança, seriam consideradas, então, fatores da realidade que podem ser mudados de tal maneira que a existência de uma sociedade sob a aliança, e nada além da aliança, venha a se tornar historicamente possível. Se assumirmos essa posição, porém, teremos introduzido nas premissas de nossa interpretação a visão profética de uma nova humanidade num domínio de paz. E isso não é permissível numa filosofia crítica da ordem e da história.

Assim sendo, vamos lidar com os Salmos não sob o aspecto de uma intrusão de elementos "orientais" na ordem existente de Israel, mas de uma complementação, por meio de instituições governamentais, de uma ordem que estava prestes a deixar de existir porque as condições de existência ainda não haviam encontrado o seu lugar na ordem da revelação. Essas instituições foram fornecidas pelo império davídico; e seu simbolismo, consequentemente, é parte da ordem completa de "Israel" tanto quanto a aliança. Vamos falar, portanto, do "simbolismo imperial" e, na medida em que esse simbolismo pode ser encontrado neles, dos "Salmos Imperiais". Essa terminologia terá de tomar precedência sobre categorias como os "Salmos Reais", que têm sua origem na crítica literária. Todas as outras questões, embora sejam importantes por si, serão consideradas secundárias à função que os símbolos têm no setor imperial da ordem israelita. A noção, por exemplo, de que o simbolismo do império e do reinado é de natureza cosmológica deve ser aceita como um fato, uma vez que um rei como as outras nações possuíam foi o complemento da ordem da aliança que Israel não apenas quis, mas do qual tinha extrema necessidade para poder sobreviver. A questão dos paralelos egípcios, babilônios e ugaríticos são de menor interesse, porque o simbolismo não tem a sua origem na literatura, mas nas exigências de uma existência imperial no mundo. O muito debatido tema de haver ou não uma função de fato para os Cantos de Entronização num culto da monarquia torna-se menos premente, porque uma ramificação simbólica a mais ou a menos não afeta o princípio da questão. A pressuposição será de que os símbolos imperiais têm sua origem na ordem imperial, a menos que as fontes indiquem claramente outra origem. A seleção a seguir de exemplos representativos dos Salmos pode, portanto, ser breve. Eles têm apenas de demonstrar o aparecimento do simbolismo cosmológico dentro da ordem de Israel, em preparação para o estudo dos conflitos que daí se seguem.

Os problemas especificamente israelitas do simbolismo imperial começam *depois* da fusão da ordem sinaítica com o reinado davídico. Por um lado, os símbolos exercem a pressão de sua compacidade cosmológica para trazer Israel para mais perto do ponto de se tornar uma nação como as outras. Por outro lado, o centro da revelação sinaítica exerce pressão para diferenciar o significado compacto dos símbolos de modo a que eles se encaixem na forma histórica. É preciso, por fim, refletir sobre esse poder diferenciador da forma, porque ele afetou fortemente o significado dos Salmos. A frase inicial dos Cantos de Entronização, o *Yahweh malak*, ilustrará o problema.

O *Yahweh malak* (por exemplo, Sl 93) é traduzido sucintamente pela versão King James da Bíblia como "O Senhor reina!" — e a tradução não está errada. Ainda assim, o significado original deve ser entendido como "Yahweh tornou-se Rei!" aqui e agora no culto da entronização de Yahweh a que os fiéis da época da monarquia compareciam. Ninguém pode dizer, no entanto, em que medida a frase no presente estava carregada, para os participantes do culto, do entendimento diferenciado de que "Yahweh tornou-se Rei" na renovação ritual de seu reinado cósmico, porque "Yahweh é Rei!" na eternidade. Os símbolos são de fato compactos e carregam o significado de uma força divina que está tanto eternamente além do mundo como, num ritmo de derrota e vitória, dentro do mundo. Além disso, o reinado na eternidade não pode apenas diferenciar-se do significado compacto, mas separa-se dele inteiramente. O leitor comum da Bíblia na versão King James dificilmente terá ouvido falar da "concepção funcional-cultual" dos Salmos e estará jubilosamente alheio ao significado de culto original do *Yahweh malak*. E, por fim, ninguém pode dizer com certeza em que ponto na história de Israel o *Yahweh malak* no sentido de um reinado presente do Deus sobre o seu Povo Escolhido começou a deixar um gosto amargo na boca do cantor que sofria os infortúnios da história judaíta e, do desespero, despertava a esperança de que um dia Yahweh seria de fato o rei de seu povo num domínio perfeito de paz. Esse seria o ponto em que a renovação ritual do reinado de Yahweh no sentido cosmológico começou a se transformar na esperança escatológica de uma restauração da ordem, que nunca precisasse de renovação, no final dos tempos.

A conexão entre cosmologia e escatologia foi percebida por Wensinck e expressa em fórmulas como: a escatologia é "uma cosmogonia do futuro"[73]. Mowinckel fez da conexão o principal tema de seu *Psalmenstudien II*, que tem o subtítulo "O Festival de Entronização de Yahweh e a origem da escatologia". Ele resumiu seus resultados nas duas teses a seguir: (1) o conteúdo da escatologia deriva do Festival de Entronização cultual; e (2) a escatologia desenvolveu-se movendo para um futuro indeterminado o que, originalmente, eram as consequências imediatas, realizadas no curso do ano, da entronização anual de Yahweh[74]. O reino de Deus, originalmente uma presença cultual a ser renovada a cada ano, tornou-se, por fim, o reino escatológico de Deus no final dos tempos[75]. Wensinck, embora tenha percebido a conexão, não tocou na questão de por que alguém iria "aplicar a cosmologia ao futuro" e, desse modo, produzir a escatologia. Mowinckel deu um passo a mais e descreveu o que aconteceu ao símbolo cosmológico como sua "historicização", mas não explorou a questão da razão de o mito ter sido historicizado em Israel, mas não em outros lugares[76]. Gerhard von Rad, então, com a sua sensibilidade infalível para problemas, advertiu contra a linguagem da "historicização", porque a história é, em Israel, um fator primário[77]. Podemos agora formular o problema como o desvelamento dos significados implícitos nos símbolos compactos quando eles entram na forma histórica de Israel. Quando a revelação do Deus transcendente torna-se o centro experiencial da ordem e da simbolização, as implicações transcendentais dos símbolos compactos são liberadas; e, de modo correspondente, o volume de significado nos símbolos encolhe até que a renovação ritual da ordem no tempo torna-se uma prefiguração de sua restauração final na eternidade.

§6 O simbolismo imperial

O simbolismo da ordem imperial é um amálgama de símbolos javistas com símbolos cosmológicos oriundos do meio cananeu, bem como das ordens imperiais vizinhas. Com relação à principal fonte de instituições imperiais,

---

[73] Ibid., 170. Cf. a fórmula anteriormente citada, ibid., 198.
[74] Mowinckel, *Psalmenstudien*, 2, 226.
[75] Sobre o reino de Deus como presença cultual, cf. ibid., 213.
[76] Ibid., 214.
[77] von Rad, *Das Formgeschichtliche Problem des Hexateuchs*, 20.

liturgias e rituais de coroação israelitas, as opiniões vêm se alterando, paralelamente ao aumento de conhecimento sobre as civilizações circundantes, da babilônica e egípcia à ugarítica. Mais recentemente, o compreensível entusiasmo pelas fontes ugaríticas encontrou a advertência de Gray: "Tem-se pressuposto com excessiva desenvoltura que o reinado hebreu teve como modelo um protótipo cananeu"[78]. Pois a monarquia em Canaã havia muito fora reduzida ao governo de comandantes de tropas mercenárias, num processo que é notório mesmo nas Cartas de Amarna; e os funcionários da corte eram recrutados em grande medida de uma classe não semítica de profissionais militares[79]. A monarquia cananeia, longe de explicar as instituições israelitas, tornar-se-á ela própria mais compreensível por meio do processo em que a monarquia israelita passou a existir na transição de Saul para Davi[80]. E Alt afirma categoricamente que as tradições egípcias parecem ter sido a principal fonte da aspiração imperial da dinastia davídica, em especial na época de Salomão[81].

Para nos orientar em meio às opiniões cambiantes, precisamos fazer a distinção entre fontes no sentido literário e no sentido experiencial. No que se refere às derivações literárias, a questão das fontes é de menor interesse no presente contexto, pelas razões apresentadas na seção anterior. As afinidades com simbolismos vizinhos tornam-se importantes, porém, quando revelam uma relação experiencial com a ordem vizinha cujos símbolos são adotados — seja essa relação de conciliação, emulação ou oposição. No § 4 deste capítulo, sobre "Davi e Jerusalém", estudamos a conciliação entre o javismo e o simbolismo jebuseu. Na presente seção, vamos começar pela recepção dos símbolos egípcios, porque eles revelam uma emulação da ordem egípcia. Essa relação é de especial interesse, como mencionamos no § 5, porque está em desacordo com a oposição mosaica ao Egito.

Falamos da instituição profética da monarquia como o ponto de confluência de símbolos javistas e cosmológicos. No episódio de Natan em 2 Samuel 7, Yahweh prometeu a Davi (7,12-16):

---

[78] John GRAY, Canaanite Kingship in Theory and Practice, *Vetus Testamentum* 2 (1952) 219.
[79] Ibid., 218.
[80] Ibid., 220.
[81] ALT, Das Koenigtum in den Reichen Israel und Juda, *Vetus Testamentum*, 18 ss. A mesma opinião é expressa em KRAUS, *Gottesdienst in Israel*, 72 n. 125 e 77 n. 134, mas levando em conta também os elementos jebuseus de Jerusalém.

> Quando teus dias estiverem terminados
> e te deitares com teu pai,
> eu elevarei o teu herdeiro após ti,
> que será nascido de teu corpo;
> e estabelecerei o seu reino. [...]
>
> Eu serei seu pai,
> e ele será meu filho. [...]
> Tua casa e teu reino serão confirmados diante de mim para sempre;
> para todo o tempo teu trono será estabelecido.

A fórmula "eu serei seu pai e ele será meu filho", seguida pela promessa de um reinado perpétuo, ecoa os Textos das Pirâmides 1a-b e 4a-b:

> Este é o meu filho, meu primogênito...
> Este é o meu amado com quem fui satisfeito

e:

> Este é o meu amado, meu filho;
> eu dei a ele os horizontes, para que possa ser poderoso sobre eles como Harachte.[82]

Embora o reinado, de acordo com a tradição de Natan, tenha sido instituído por uma "palavra de Yahweh", não pode haver dúvida de que ele foi concebido segundo o modelo egípcio.

Quanto aos reis judaítas, o simbolismo não poderia deixar de induzir uma sensação de superioridade imperial ao lidar com os inimigos circundantes. Essa consciência imperial foi bem expressa nas estrofes do Salmo 2. A primeira estrofe exprime o espanto de que alguém pudesse ousar assumir uma atitude hostil:

> Por que as nações conspiram
> e os povos murmuram em vão?
> Os reis da terra se posicionam
> e os governantes conspiram
> contra Yahweh e seu Messias:
> "Vamos arrebentar seus grilhões
> e soltar de nós as suas cordas."

---

[82] Os Textos das Pirâmides citados aqui são importantes no presente contexto bem como para a relação entre o simbolismo mosaico e egípcio que será abordada no capítulo 12, § 2, 1. Como a tradução de Sethe em *Uebersetzung und Kommentar zu den altaegyptischen Pyramidentexten* começa apenas com Spreuch 213, e a tradução para o inglês de Mercer foi alvo de desconfianças críticas, confirmei a correção das traduções de Mercer nestes casos específicos com uma egiptóloga. Agradeço a gentileza da dra. Ursula Heckel, do Aegyptologische Seminar, em Munique.

Tais sedições e conspirações revoltosas eram inúteis. Pois, como a segunda estrofe explica:

> O que habita nos céus ri,
> o Senhor escarnece deles.
> Depois lhes falará em sua ira
> e os amedrontará com seu irritado furor:
> "Eu estabeleci o meu rei
> sobre Sião, minha montanha sagrada".

Então, na terceira estrofe, o próprio rei nos informa da fonte de sua segurança:

> Vou falar do decreto —
> Yahweh me disse: "Tu és meu filho,
> neste dia eu te gerei.
> Pede e eu farei das nações a tua herança
> e dos confins da terra a tua propriedade.
> Tu as quebrarás com um bastão de ferro;
> tu as despedaçarás como um vaso de oleiro".

As palavras entre aspas provavelmente preservaram o texto de uma liturgia de coroação usada pela dinastia davídica. No dia da subida ao trono, o rei era adotado por Yahweh como seu filho. E as promessas divinas feitas na ocasião eram tão cósmicas quanto as do rei-sol egípcio para seu filho, o faraó. Além disso, o ritual de coroação apenas executava o "decreto", ou seja, a ordem cósmico-divina. Assim, a quarta estrofe podia perfeitamente bem admoestar os governantes temerários:

> Agora, portanto, vós, reis, sede prudentes;
> ficai advertidos, vós, juízes da terra.
> Servi a Yahweh com temor,
> beijai seus pés com tremor,
> para que ele não se zangue e vós pereçais no caminho,
> pois sua ira é rapidamente atiçada.

Yahweh não é mais o deus de Israel, mas o governante divino do mundo, que estabelece a ordem entre a humanidade por meio de seu filho, o rei da casa de Davi. Nesse papel, como o Rei da Glória, Yahweh aparece na liturgia antifônica do Salmo 24,7-10, talvez usada num festival de Ano Novo quando a arca reentrou no santuário para renovar o reinado de Yahweh sobre o mundo:

> Levantai vossos frontões, ó portas!
> E sede levantados, ó antigos portais,
> para que o Rei da Glória possa entrar!

> "Quem é o Rei da Glória?"
> "Yahweh, forte e poderoso,
> Yahweh, poderoso na batalha".
>
> Levantai vossos frontões, ó portas!
> E sede levantados, ó antigos portais,
> para que o Rei da Glória possa entrar!
>
> "Quem, então, é o Rei da Glória?"
> "Yahweh dos exércitos,
> ele é o Rei da Glória."

Outros salmos enfatizam a justiça do governante do mundo, em vez de sua glória, como o Salmo 97,1-2:

> Yahweh tornou-se rei! Que a terra exulte!...
> Justiça e retidão são as fundações de seu trono.

E o Salmo 99 constrói o paralelo entre o governo do mundo de Yahweh e o estabelecimento terreno da justiça por meio do rei[83]:

> Yahweh tornou-se rei! Que o povo trema!
> Ele se senta entronado nos querubins; que a terra se abale!...
>
> Poder do rei, amante da justiça,
> tu estabeleceste a equidade,
> tu forjaste a justiça e a retidão em Jacó!

Yahweh havia assumido uma nova forma como o deus de um império cosmológico. Nessa função, ele atraiu para si, do Egito e da Babilônia, elementos do simbolismo cosmogônico. O Salmo 93, por exemplo, apresenta-o como o governante de um cosmos firmemente estabelecido:

> Yahweh tornou-se rei! Ele está vestido com majestade.
> Yahweh está vestido, ele está envolto em poder.
> Sim, o mundo está estabelecido; não será abalado.
> Teu trono está estabelecido desde muito.
> Tu existes desde sempre.

Mas, sob esse mundo, estabelecido desde muito e para sempre, ainda pode-se ouvir o estrondo das águas do caos do qual a ordem foi criada:

> As torrentes se levantaram, ó Yahweh,
> as torrentes levantaram sua voz,

---

[83] No Salmo 99, o paralelo entre Yahweh e o rei é sobreposto por conteúdos adicionais de tal maneira que o segundo membro do paralelo, o rei, também pode ser interpretado como significando Yahweh.

> as torrentes levantaram seu estrondo.
> Acima das vozes de muitas águas,
> das poderosas ondas do mar,
> Yahweh nas alturas é poderoso.

Da luta com as águas do caos, Yahweh emerge vitorioso; e a terra que foi ritualmente recriada canta o seu novo canto de alegria para o criador, como no Salmo 96:

> Cantai a Yahweh um canto novo;
> cantai a Yahweh, toda a terra;
> cantai a Yahweh, bendizei o seu nome.

Esse é o salmo em que Yahweh é introduzido como supremo entre todos os deuses e criador dos céus:

> Pois grande é Yahweh e grandemente deve ser louvado;
> Ele deve ser temido acima de todos os deuses;
> Pois todos os deuses dos povos são vazios.
> Mas Yahweh criou os céus;
> Honra e majestade estão diante dele;
> Força e beleza estão em seu santuário.

Embora a atribuição de datas precisas aos salmos individuais seja impossível exceto em raros casos, justifica-se a pressuposição geral de que o tempo do Yahweh imperial foi um período de elevada receptividade da literatura hínica das civilizações imperiais vizinhas. Os resultados das influências estrangeiras foram, às vezes, inusitados. O Salmo 19, por exemplo, adaptou um hino ao deus-sol Shamash (19,1-6) e combinou-o a um louvor autenticamente israelita à Torá (19,7-10), de modo que, no conjunto, o salmo louva a Deus conforme este é revelado tanto no cosmo como na lei. Em outros casos, porém, um magnífico hino novo resultou da combinação de elementos babilônicos e egípcios, como no famoso Salmo 104 com a sua tendência a um hino solar de Akhenaton. De particular importância para o presente contexto, porém, foi a infiltração do estilo cosmológico nas imagens do governo régio, conforme apareceu no Salmo 72:

> Dá ao rei a tua justiça, ó Deus,
> E tua retidão ao filho do rei,
> Para que ele possa julgar o teu povo com retidão
> E os teus afligidos com justiça!
> [...]
> Que ele viva enquanto durar o Sol,
> E tanto quanto a Lua, por todas as gerações!

> Que ele desça como chuva sobre a grama cortada,
> Como chuviscos que irrigam a terra!
> Em seus dias, que o justo possa florescer,
> e abundar a paz até que a lua deixe de existir!
> [...]
> Pois ele liberta o necessitado quando este chama,
> E o pobre, e o que não tem quem o ajude.
> Ele tem compaixão do pobre e do necessitado,
> E a vida dos necessitados ele salvará.
> Da opressão e da violência ele os redime,
> E precioso é o sangue deles aos seus olhos.

Yahweh havia se tornado o *summus deus* de um império cosmológico, ao passo que Israel havia se fundido num povo imperial sob um mediador faraônico da casa de Davi. A ordem da aliança, sem dúvida, não tinha sido abolida; mas a beleza dos salmos não deve nos enganar quanto à mudança pela qual a ordem de Israel havia passado desde a confederação no tempo de Débora. A introdução de uma experiência rival e de sua simbolização criara uma tensão que perturbou a história do reino até o seu final. E, pelo menos com relação ao período davídico e salomônico, é justificável falar de uma decomposição da antiga ordem javista.

Ainda assim, os salmos têm uma importância que vai bem além da manifestação de sintomas da nova tensão na ordem do reino. Nossa seleção de exemplos não só delineia os tópicos do simbolismo imperial como também transmite o desenvolvimento futuro de que eles estão repletos. Pois os salmos imperiais foram incluídos no hinário do Segundo Templo não como recordações de um passado morto, mas como a expressão da esperança messiânica. Assim como o império davídico havia surgido de Israel e ganhado vida própria, do império davídico surgiu o símbolo do Ungido do Senhor, do Messias de Yahweh, com uma vida própria. As desbotadas lembranças do apogeu mundano podiam ser preenchidas com a nova substância das esperanças escatológicas de um rei salvador espiritual que libertaria Israel para sempre das tribulações impostas por seus inimigos. Na verdade, como observou corretamente Martin Buber, essa ainda era a grande queda da existência como Povo Escolhido no presente histórico sob o seu Deus, porém, sem dúvida, foi também um passo a mais no sentido de uma humanidade no presente histórico sob Cristo. Do século I antes da era cristã sobreviveu uma coleção de hinos, sob o título de Salmos de Salomão. O Salmo 17, escrito depois da conquista de Jerusalém por Pompeu em

63 a.C., preservou a última fase da esperança messiânica em sua forma da-vídica, pré-cristã[84]:

> Sê atento, ó Senhor, e eleva para eles o seu rei, o filho de Davi,
> No momento em que escolheres, ó Deus,
> Para que ele possa reinar sobre Israel, teu servo.

As ações do redentor davídico são antecipadas na própria fraseologia dos salmos imperiais:

> Ele destruirá o orgulho do pecador como um vaso de oleiro,
> Com um bastão de ferro despedaçará toda a sua substância.

Mas o resultado de suas ações será um povo santificado, uma comunidade dos filhos de Deus:

> E ele reunirá um povo santo,
> que ele conduzirá em retidão.
> E ele julgará as tribos do povo,
> que foi santificado pelo Senhor, seu Deus.
> E ele não mais tolerará que a injustiça se aloje em seu meio.
> Nem viverá entre eles nenhum homem que conheça o mal,
> Pois ele os conhecerá, que são todos filhos de seu Deus.

O simbolismo imperial luziu pela última vez nas esperanças messiânicas dos Salmos de Salomão. Depois, foi extinto pela teologia da epístola aos Hebreus. O autor de Hebreus retornou ao original "eu serei seu pai e ele será meu filho" de 2 Samuel 7,14, bem como à passagem relacionada no Salmo 2,7, mas eliminou as implicações institucionais da visão de Natan. O Filho de Deus, o Messias de Yahweh, não era mais o chefe de um clã judaíta; e o deus cósmico não presidia mais um império mundano. A casa de Davi fora transformada na casa de Deus Pai, a ser construída, tendo o homem como material, pelo Filho.

---

[84] R. H. CHARLES (ed.), *Pseudepigrapha* in *The Apocrypha and Pseudepigrapha of the Old Testament in English*, Oxford, Clarendon Press, 1913, v. 2, 647-651. As citações a seguir no texto foram ligeiramente alteradas com base na tradução de Paul RIESSLER, *Altjuedisches Schrifttum ausserhalb der Bibel*, Augsburg, B. Filer Verlag, 1928.

Capítulo 10
O fim da existência mundana de Israel

§1 Os reinos divididos

A revolta de Israel contra o sucessor de Salomão marcou o fim do império davídico. Este não viria mais a ser restaurado. A parte norte, compreendendo dez tribos, organizou-se como o reino de Israel, que durou até 721 a.C., quando caiu para os assírios. A parte sul, compreendendo a tribo de Judá e a região de Jerusalém, continuou como o reino de Judá, sob a dinastia de Davi, até sua destruição final pelos babilônios em 586 a.C.[1]

Israel manteve sua organização independente por mais de dois séculos. A recém-conquistada independência, porém, não produziu uma grande forma política. Mesmo levando em conta que uma quantidade considerável de fontes possa ter sido suprimida e destruída por historiadores judaítas, continua a ser pouco provável, em vista do curso conhecido dos eventos, que uma literatura simbólica importante tenha sido perdida. O reino de Israel, sem dúvida, teve seus fugazes momentos de glória, mas a desordem da existência política era tão profunda que uma forma estável dificilmente poderia surgir acima das convulsões de guerra, das mudanças sangrentas de dinastia e da agitação social. A existência mundana de Israel estava chegando ao fim. No muito menor Reino do Sul, onde não é preciso pensar em destruição de fontes, o pano-

---

[1] Na época, apenas onze tribos eram contadas: 1 Reis 11,29-39.

rama simbólico foi igualmente árido durante os dois séculos. O simbolismo do reinado davídico continuou; mas nenhum desenvolvimento digno de nota parece ter ocorrido.

Ainda assim, o período não foi de modo algum estéril. Houve uma abundante atividade literária. Essa foi a época em que a cultura literária e intelectual israelita começou a florescer. As Memórias de Davi receberam sua forma final e foram tornadas públicas. Os cantos e relíquias de Israel foram reunidos no Livro de Jasar e no Livro das Guerras de Yahweh. Os anais reais e os registros do templo da época de Davi e Salomão tiveram continuidade; e eles forneceram os materiais-fonte para empreendimentos históricos não oficiais como o Livro dos Atos de Salomão. A um Livro dos Atos dos Reis de Israel devemos as seções importantes de Reis sobre o destino da dinastia omrida e sobre Jeú. As escolas de historiografia javista e eloísta apareceram. O primeiro código de leis, o Livro da Aliança, foi reunido e organizado em forma escrita. A revolta profética do século IX encontrou sua expressão literária nas histórias de Elias e Eliseu. Os primeiros grandes "profetas escritores", Amós (c. 750) e Oseias (c. 745-735), surgiram perto do final do período. E mesmo os primeiros anos de Isaías (de c. 738 em diante) ainda caíram dentro de seus limites.

No que se refere à distribuição da explosão literária entre Israel e Judá, o Reino do Norte parece ter tido a maior cota. Isso não é surpreendente. Apesar da temporária ascendência de Judá no império, Israel ainda era o Povo Escolhido de Yahweh. Israel foi o fermento da história, não Judá; e o Reino do Norte, além disso, era muito mais rico, de população mais numerosa e mais poderosa do que o sul que se integrara mais tarde à nação em expansão. O fato de a capital do império, com a sua sociedade de corte e seu pessoal administrativo, ter permanecido com Judá não deslocou seriamente a balança contra a preponderância espiritual e política do norte. Pois Jerusalém era na época ainda a "cidade de Davi"; e o Templo de Salomão era uma capela real. Nem a cidade, nem o santuário tinham ainda a importância que ganharam na segunda metade do século VII, pela reforma de Josias e o monopólio dos sacrifícios. Seja como for, a revolta profética do século IX ocorreu no Reino do Norte; o Livro da Aliança foi uma produção do norte; Oseias foi um profeta israelita; e mesmo o judaíta Amós escolheu Betel em Israel como o local para a sua breve atividade pública.

Por trás do florescimento literário havia um movimento de experiências em busca de expressão; e as experiências apontaram para uma ordem comunitária sob Yahweh que estava além da existência mundana de Israel ou de Judá. A análise dessa classe de experiências e de sua expressão simbólica vai nos ocupar nesta seção. Antes de entrar nela, porém, precisamos examinar alguns aspectos formais do processo em que Israel, embora perdesse a sua existência como uma potência na história pragmática, tornou-se uma potência maior na ordem da humanidade. O problema da continuidade e da identidade de Israel que havia se introduzido na seção anterior deve agora receber maior esclarecimento.

O primeiro aspecto formal a ser considerado é a combinação na história israelita de crescimento intensivo e crescimento lateral. Na escala de intensidade civilizacional, Israel cresceu de uma sociedade de clãs nômades para uma nação imperial com uma organização administrativa e militar racional, bem como uma cultura intelectual e literária diferenciada. Ao mesmo tempo, expandiu-se lateralmente de um núcleo de clãs hebreus para um povo imperial com uma civilização razoavelmente homogênea, pela absorção tanto dos cananeus como de Judá. Esse processo, com movimentos em duas direções ao mesmo tempo, pôs em risco o crescimento proporcional da sociedade israelita. A infiltração dos clãs hebreus a oeste do Jordão levou, por amalgamação com os cananeus, à formação de uma nova sociedade que no século XI havia adquirido coerência nacional suficiente para conduzir guerras em comum contra os madianitas e os filisteus, organizar-se sob um rei e desenvolver até mesmo expressões de consciência nacional como os bandos de profetas extáticos. Embora essa primeira fase de crescimento tenha, sem dúvida, prejudicado seriamente a pureza original da ordem javista, as várias manifestações de sincretismo não ameaçaram a existência mundana de Israel. Os cananeus, aparentemente, foram bem assimilados e até aumentaram a força de Israel na política pragmática. Na segunda fase, os perigos do crescimento rápido tornaram-se inconfundíveis. Por maneiras que não se tem como identificar em detalhes, Judá havia sido trazido para a órbita nacional de Israel durante o reinado de Saul. E esse segundo aumento de poder pragmático não pôde mais ser assimilado organizacionalmente — Israel, como parte do reino unido, teve de se submeter a uma dinastia estrangeira. Na terceira fase, uma certa liberdade organizacional foi recuperada ao preço da separação do império. No plano cultural, porém, o crescimento de Israel continuou com ininterrupta vitalidade, tanto no Reino do Norte como no Reino do Sul. O impulso conferido pelo governo luxuoso e humanístico de Salomão, pelos escribas do Templo e administrativos de uma civilização imperial, pela maior alfabetização de uma próspera classe privilegiada, pela consequente atividade literária de indivíduos que escreviam memórias da corte e histórias gerais do reino não perdeu a sua eficácia com o fim do império. Pelo contrário, pôs em movimento a volumosa produção literária que mencionamos brevemente. Embora no domínio da organização para a ação o crescimento do povo tivesse sofrido um sério revés, fora adquirida uma dimensão literária em que israelitas e judaítas puderam se mover em comum apesar de sua separação política. E, nessa dimensão a expansão e a unificação do povo, incluindo os povos do sul, avançaram. A absorção cultural de Judá foi tão bem-sucedida, de fato, que na construção literária da história pré-davídica de Israel a escola javista do sul teve precedência sobre os eloístas do norte.

Por meio de uma literatura comum, historiadores e profetas criaram um Israel que pôde sobreviver em Judá mesmo depois de o Israel étnico ter desaparecido da história. Essa transformação decisiva traz à nossa atenção o segundo aspecto formal do crescimento de Israel. Há um padrão de morte e sobrevivência percorrendo a história israelita. Isso não é surpreendente em si, pois todo crescimento, na verdade, é a morte das fases anteriores. O crescimento do Povo Escolhido, porém, deixou um rastro paradigmático peculiar na história. As formas de existência suplantadas pelo crescimento posterior não desapareceram num passado morto, mas sobreviveram como formas simbólicas. Da confederação javista original que havia ocupado Canaã surgiu o reinado carismático de Saul. A antiga organização teopolítica teve de ser substituída por uma organização mais eficaz do povo. Todavia, o seu simbolismo, o Reino de Deus, continuou a ser uma força viva — tão vigorosamente viva de fato que o símbolo do *mamlakah* de Deus motivou o simbolismo posterior de uma teocracia, ou seja, de uma organização política ajustada às exigências da ideia teopolítica original. Do reinado carismático, então, surgiu, sob a pressão das guerras com os filisteus, o império davídico. Uma vez mais, as formas mais antigas de existência haviam sido organizacionalmente superadas, porém, uma vez mais, os simbolismos da organização teopolítica e da teocracia sobreviveram com tal força que um símbolo adicional, pela extensão da ideia da *berith*, teve de ser criado para incluir a casa de Davi no sistema. E com a ruptura da organização de Davi esse novo componente do simbolismo também não desapareceu, mas tornou-se o ponto de partida para a ideia messiânica com a sua longa cadeia de metamorfoses que terminou no Cristo Messias. Do império davídico, por fim, surgiram os reinos de Israel e Judá. E, durante o período desse novo ajuste organizacional, os símbolos mais antigos sobreviventes mostraram-se, na revolta do século IX, suficientemente fortes para deter a política da dinastia omrida e preparar o crescimento de um Israel para além dos problemas de organização política. A sequência de símbolos por ocasião de mudanças organizacionais certamente encaixa-se num padrão. Parece ter sido o destino de Israel, durante os curtos cinco séculos de sua existência pragmática, criar uma descendência de símbolos vivos e, então, morrer.

A palavra *destino* do modo como acabou de ser usada indica o significado que a ordem de um existente tem em relação às suas próprias duração e passagem, bem como em relação à ordem da humanidade na existência histórica. Nenhuma conotação romântica deve ser evocada pelo termo. Os mistérios que de fato se ligam ao destino de Israel são mais profundos do que se pode penetrar e, ao mesmo tempo, planos na superfície dos fatos.

O primeiro dos mistérios é a conspiração de contingências históricas com a sobrevivência da ordem significativa. Nesse aspecto, o destino de Israel é de fato peculiar, na medida em que encontrou em Judá, com a sua meteórica ascensão da não existência para a rivalidade política e a igualdade cultural, o parceiro que poderia desenvolver a herança com brilho e autoridade depois do desaparecimento do povo mais antigo. Mesmo assim, o sucesso da sobrevivência foi alcançado por um fio. Se Jerusalém tivesse caído sob o poder assírio em 721 junto com o Reino do Norte, a classe privilegiada da única tribo do sul teria desaparecido tão profundamente no interior asiático quanto a das dez tribos do norte, sem deixar mais memórias do que elas. A contingência do escape de Jerusalém em 721 deu algum fôlego, até 586, para que a substância nacional de Judá crescesse com firmeza suficiente para sobreviver ao exílio.

Mesmo as contingências históricas, porém, não poderiam ter garantido a sobrevivência de Israel em seus símbolos se não houvesse algo merecedor de ser transmitido. Esse é o segundo dos mistérios vinculados ao destino de Israel: ali estava um povo que começou a sua existência na história com um radical salto no ser; e apenas depois de ter sido constituído por essa experiência inicial o povo adquiriu, no curso dos séculos, um corpo de organização mundana para manter-se em existência. Essa sequência, que inverte o curso habitual de evolução social, é única na história. Ela é tão inacreditável que historiadores positivistas, como, por exemplo, Eduard Meyer, de fato não acreditam nela; ao passo que historiadores ainda mais sensíveis, tão sensíveis como, por exemplo, Adolphe Lods, têm dificuldade para manter-se fiéis à sua própria crença quando chegam a tal teste crítico de admitir a possibilidade de que o Decálogo de Êxodo 20 seja realmente mosaico em conteúdo (embora não em forma) e não uma criação deuteronomista posterior. Uma sociedade deveria começar com ritos e mitos primitivos e, então, avançar gradualmente, se for o caso, até a espiritualidade de uma religião transcendente; ela não deveria começar onde uma sociedade respeitável tem dificuldades até para terminar. Todavia, o mistério do início de Israel pelo lado errado da evolução deve ser aceito, apesar da tese progressivista de que as primeiras coisas sempre vêm em primeiro lugar. Nesse único caso, a sequência de fato foi invertida; e a inversão foi a causa da extraordinária criatividade de Israel no domínio dos símbolos. Pois o começo desordenado da existência com um salto no ser proporcionou as motivações experienciais para que o povo respondesse à sua descida gradual para o Xeol com a criação de símbolos que preservassem a sua sintonia com o ser transcendente em cada novo nível de envolvimento mundano. Cada passo adicional de ajuste às condições pragmáticas de existência tinha de ser medido pelos padrões da existência inicial como o Povo Escolhido sob Deus. O resultado foi algo da natureza de um experimento-modelo na criação de símbolos da existência mundana sob as condições de um salto no ser já realizado.

No século IX, as exigências do jogo do poder fizeram o experimento se encerrar. A diplomacia dos omridas teve de fazer concessões à ordem cosmológica das potências circundantes em tal medida que uma solução para o problema não pôde mais ser encontrada no âmbito dos símbolos javistas. Mesmo ao risco de destruir as condições da existência mundana de Israel, a resposta teve de ser um retorno revolucionário às origens. O Israel arcaico reafirmou-se na revolta política de Elias, Eliseu e dos recabitas. No plano da história pragmática, o movimento foi uma reação ruinosa que acabou com todas as esperanças de uma recuperação do poder israelita; no plano espiritual, porém, ele preservou Israel de afundar de modo insignificante num pântano de sucesso efêmero.

Nas páginas a seguir, vamos primeiro delinear a situação pragmática que pôs Israel diante do dilema de suicídio espiritual ou mundano. Vamos examinar, então, o Livro da Aliança como nossa principal fonte do clima geral de descontentamento com o desenvolvimento interno da sociedade israelita e, por fim, a revolta contra a dinastia omrida.

§2 A situação pragmática

Quando Israel saiu do império, Judá ficou com a posse da capital, de sua administração e da dinastia davídica e continuou a existir com um mínimo de dificuldades internas. Os israelitas, por sua vez, viram-se diante da tarefa de organizar-se como um Estado. Foi uma regressão a tempos pré-imperiais; e as forças sociais que puderam ser observadas em ação na ascensão de Davi ao reinado foram libertadas para encontrar um novo equilíbrio. Jeroboão, o primeiro rei, pertencia à tribo de Efraim. A luta dos clãs pelo controle do reino foi renovada². O filho de Jeroboão, Nadab, durou apenas dois anos. Ele foi assassinado por Baasa, de Issacar, o fundador da dinastia seguinte, cujo filho, Ela, também foi assassinado depois de um reinado de apenas dois anos. Com o fim da dinastia baasida, o papel do exército tornou-se mais perceptível. Ela foi assassinado por um oficial ambicioso, Zambri, um dos dois generais dos carros reais. Mas o novo rei, aparentemente, havia agido sem obter a aprovação de seus superiores. O comandante-em-chefe, Omri, marchou sobre a capital; e Zambri morreu nas chamas do palácio depois de um reinado de apenas sete anos. Omri, que, devido à sua posição, provavelmente era membro do clã do rei assassinado, tornou-se o fundador da dinastia seguinte, mas teve de lutar durante quatro anos contra Tebni, outro pretendente ao trono que tinha amplo apoio. A política interna e externa da dinastia omrida (886-841), por fim, trouxe à cena as forças do Israel arcaico que haviam causado as dificuldades e a ruína do império de Davi. O movimento encontrou o seu executor real em um dos generais, Jeú, que exterminou os omridas e fundou a sua própria dinastia (841-747). Os anos seguintes de governos curtos e guerras civis terminaram com a conquista assíria em 721³.

...

---

² ALT, *Das Koenigtum in den Reichen Israel und Juda*, enfatiza o fator de liderança carismática nos primórdios do Reino do Norte. Depois da experiência com a dinastia davídica, o Israel independente quis retornar ao modelo do reinado carismático de Saul (4 s.; 7–9). Eu hesito em aceitar essa interpretação sem ressalvas. Embora seja verdade que a memória do reinado de Saul pode ter fornecido um motivo que contribuiu para a derrubada das duas primeiras dinastias, os breves relatos em 1 Reis não fazem referência a um carisma específico de Jeroboão ou de Baasa. Além disso, as dinastias tinham de ser formadas, pela sucessão do filho ao pai, antes de poderem ser derrubadas. E as fontes não revelam nenhum motivo antidinástico por ocasião nem da sucessão nem da queda. Parece ser preferível, portanto, colocar a ênfase no fato de que o trono do novo reino estava livre para ser tomado pelo concorrente mais forte.

³ As datas para esse período são tiradas da nota em The Chronology of the Regal Period, in ROBINSON, *A History of Israel*, 1, 454-464.

A divisão do império reduziu tanto Israel como Judá ao mesmo nível de seus vizinhos como potências menores. Naquele momento uma reconstrução era impossível, uma vez que ambos os reinos percebiam um ao outro como usurpadores e estiveram envolvidos em guerras contínuas durante as duas primeiras dinastias de Israel. O ressentimento era tão grande que nenhum dos dois antagonistas hesitou em entrar em alianças com os arameus para ganhar uma vantagem temporária. O pior, porém, foi que as guerras entre os Estados da área siríaca já tiveram de ser realizadas à sombra das grandes forças em restauração no Egito e na Mesopotâmia. A oportunidade de uma organização local da Síria e da Palestina, que havia surgido por volta de 1200 a.C., estava desaparecendo rapidamente. No "quinto ano de Roboão", o Egito invadiu a área, Jerusalém foi tomada e saqueada e a campanha parece ter se estendido a Israel e ao longo da costa até as cidades fenícias.

Embora a invasão egípcia tenha sido uma investida militar sem consequências políticas duradouras, talvez tenha significado mais do que as frustrantes fontes fragmentadas permitem discernir com alguma certeza. Precisamos indicar as suas prováveis implicações para o entendimento da história israelita — com a ressalva, porém, de que não é possível fazer mais do que as mais simples conjecturas.

Jeroboão, o fundador da primeira dinastia de Israel, fora um funcionário administrativo no reinado de Salomão. O que exatamente ele fez para despertar as suspeitas do rei é algo que não sabemos. Mas ele soube por um profeta que viria a ser o futuro rei de Israel (1Rs 11,26-39) e tinha a atração fatal por "homens sem valor", o que, em Israel, marcava os pretendentes ao trono (2Cr 13,6-7). Escapou de ser assassinado por ordem de Salomão buscando e recebendo asilo no Egito (1Rs 11,40). Quando Salomão morreu, voltou a Israel e tornou-se líder da revolta contra Roboão. Uma geração antes, uma história similar havia sido contada sobre Hadad, o jovem príncipe de Edom que escapou quando Davi conquistou e massacrou o seu povo. Também ele encontrou refúgio no Egito, casou-se com uma princesa egípcia e, depois da morte de Davi, retornou a Edom e estabeleceu-se ali, aparentemente com sucesso (1Rs 11,14-22). O faraó, ao que parece, assim como os governantes do delta (as identidades no lado egípcio são incertas) mantinham a mão na política asiática, embora a mão se movesse agora mais indiretamente do que na época das Cartas de Amarna. A terceira história de tais contatos envolveu o próprio Salomão. Ele "tornou-se aliado do Faraó, rei do Egito, por casamento" (1Rs 3,1), e a princesa egípcia foi a joia política de seu harém.

Nesse ponto, porém, as fontes tornam-se tão reticentes que quase não deixam dúvidas quanto a uma extensa supressão dos aspectos egípcios do reinado de Salomão. Casamentos entre famílias reais eram um instrumento importante da política doméstica e externa. Para cumprir sua finalidade de consolidar o poder do rei, as mulheres estrangeiras deviam ser tratadas com cortesia e, em particular, era preciso respeitar suas preferências religiosas. A deserção de Salomão para os deuses de suas esposas é deplorada em 1 Reis 11 e, em especial, a construção de santuários para a Astarte sidônia, o Melcom amonita e o Camos moabita. "E fez o mesmo para todas as suas mulheres estrangeiras, que queimavam incenso e sacrificavam para os seus deuses" (11,8). É curioso que a princesa egípcia não esteja entre aquelas expressamente mencionadas como tendo recebido um santuário para o seu deus.

Na busca de uma explicação, será necessário dar mais peso do que se faz usualmente às raras referências à "filha de Faraó". Em 1 Reis 3,1, somos informados de que Salomão "trouxe-a para a cidade de Davi, até ter terminado de construir a sua casa e a casa de Yahweh e a muralha em torno de Jerusalém". A passagem aparece isoladamente, sem elucidar o contexto. É possível que não contenha mais do que uma informação factual sobre a residência temporária da princesa na cidade velha — embora se possa questionar com razão por que essa informação teria sobrevivido aos séculos e sido preservada na narrativa. Parece-nos sugestivo, porém, extrair da passagem o pleno significado permitido pelo texto: que tanto a casa do rei *como* a casa de Yahweh foram preparadas como o ambiente para a princesa. Nesse caso, o Templo de Salomão teria sido a casa de um Yahweh que também poderia ser interpretado como a divindade da filha do faraó. Nenhuma referência especial a um santuário para a esposa egípcia era necessária, porque o Templo de Yahweh havia sido construído para ela tanto quanto para o rei. A suposição é sugestiva, porque o historiador das Crônicas confirma que estava ocorrendo alguma coisa que constrangeu as gerações posteriores, pois 2 Crônicas 8,11 relata que

> Salomão mandou vir a filha de Faraó da cidade de Davi para a casa que lhe construíra, pois disse: "Minha mulher não deve morar na casa de Davi, o rei de Israel, pois são santos os lugares onde entrou a arca de Yahweh".

Uma vez mais, a passagem aparece isoladamente, mas transmite claramente o significado de que uma princesa egípcia *não* deve morar onde Yahweh morou. E esse significado está em conflito com a ação relatada. Pois a arca morou na cidade de Davi, onde a princesa morou enquanto o Templo não ficava pronto; e a princesa foi transferida para o novo palácio, onde também a arca morou no templo adjacente. A passagem parece uma tentativa de encobrir o fato de que a filha do faraó e a arca eram inseparáveis.

A ideia ganha em probabilidade se consideramos que o império davídico era, de fato, um império fundado por um conquistador e não um reino de Israel. Os casamentos, bem como os estabelecimentos de culto na capital, serviam e exaltavam a posição do governante, não do povo de Israel. Lembramos os salmos imperiais, apoiados em modelos egípcios e babilônios, que simbolizavam o mediador régio de um Yahweh cósmico. E o que sabemos sobre o Templo de Salomão, com a sua orientação no sentido do sol nascente e os pórticos canalizando os raios do sol para o interior, o "mar de bronze" babilônico sobre os doze touros, orientados em grupos de três para os quatro pontos cardeais, e os seus vários outros equipamentos e decorações, dá mais a impressão de uma reunião, por um conhecedor, de símbolos cosmológicos do Oriente Próximo do que do santuário do Yahweh que conduziu o seu Povo Escolhido do Xeol da civilização para a liberdade do seu reino[4]. Além disso, é preciso levar em conta o manto do sumo sacerdote, com os seus símbolos conforme descritos em Êxodo 28 e conforme interpretados por Fílon em seu *Vita Moysis*. Em suas cores e seus ornamentos, o manto era "uma cópia e imitação" do universo[5], de modo que aquele que o vestisse seria "transformado de um homem na natureza no mundo" e tornar-se-ia um "cosmo abreviado"[6]. Vestido com esse manto, o sumo sacerdote, quando estivesse ministrando para Deus Pai, seria assistido pelo Filho de Deus, ou seja, pelo cosmo criado por meio da Palavra de Deus[7]. E devem ser consideradas, por fim, as palavras de Salomão ao dedicar o Templo. A Septuaginta traz o texto mais completo em 1 Reis 8,53:

> O Senhor acendeu [ou revelou, *egnorisen*] o Sol nos céus,
> Mas declarou que ele próprio iria morar em profunda escuridão.
> "Constrói uma casa para mim, uma casa esplêndida para ti mesmo,
> Para nela viver para sempre".

O texto massorético traz, em 1 Reis 8,12-13:

> Então Salomão disse:
> Yahweh disse que habitaria em profunda escuridão.

---

[4] Para os símbolos do Templo, ver ALBRIGHT, *Archaeology and the Religion of Israel*, especialmente cap. 5 e as referências bibliográficas.

[5] FÍLON, *Vita Moysis* 2.117 e *De specialibus legibus* 1.95, Loeb Classical Library (1929), *Philo*, v. 6 e 7.

[6] ID., *Vita Moysis* 2.135.

[7] ID., *De specialibus legibus* 1.96. Cf. também *A Sabedoria de Salomão* 18,24.

> Eu com certeza construí para ti uma casa de habitação,
> Um lugar para que habites para sempre.

Não se deve forçar demais a interpretação de um texto mal preservado. Ainda assim, a própria mutilação do texto massorético indica o ponto importante que foi a causa do constrangimento. Pois o Deus que se manifestou colocando o sol nos céus, enquanto ele próprio permanecia na escuridão, não podia ser ninguém mais além do Deus dos Hinos de Amon da XIX Dinastia, Amon o "Escondido", que era Ra na aparência. Essa identificação não deve ser entendida cruamente como uma "recepção" de Amon por Salomão, mas antes como um encontro do Yahweh que se aproximou de uma divindade cósmica com o Amon cuja natureza era experimentada como "escondida" atrás de todas as manifestações cósmicas. Com as devidas precauções, pode-se dizer, além disso, que o Templo de Salomão, embora construído para Yahweh, foi construído para um deus que se aproximava em natureza do Amon do Novo Império[8].

Levando tudo isso em consideração, devemos pressupor que as conexões entre o império davídico e o Egito tenham sido mais íntimas do que pareceria pelas fontes em seu estado atual. No âmbito da corte, embora não em cultos populares, fora alcançado um *rapprochement* entre Yahweh e Amon que poderia muito bem ser interpretado pelo lado egípcio como uma suserania sobre o domínio de Salomão. Quando o rei morreu, um importante realinhamento de forças deve ter acontecido, hoje encoberto por um silêncio suspeito e não mitigado. Pois Salomão teve setecentas esposas e trezentas concubinas (1Rs 11,3). Ainda que façamos uma generosa concessão a exageros, deve ter havido hordas de filhos, um ou mais deles, talvez, da "filha de Faraó" — e não temos absolutamente nenhuma informação sobre as intrigas e os assassinatos que seriam de esperar por ocasião da sucessão. Roboão, o filho de uma esposa amonita, sucedeu seu pai como se fosse o único filho vivo. O que fora feito dos netos de Faraó, presumindo que houvesse algum? Teria algum grupo nacionalista da corte assumido as rédeas da situação e rompido a conexão egípcia? Não sabemos; mas o que quer que tenha acontecido deve ter fornecido fortes razões para uma intervenção egípcia.

---

[8] Hubert Schrade, *Der Verborgene Gott*, Stuttgart, W. Kohlhammer, 1949, 46 ss., chama a atenção para a escuridão do Debir no Templo salomônico como uma característica pouco usual na arquitetura dos templos da época, bem como para o debate sobre luz ou escuridão do santuário nos poemas das tabuinhas de Ras Shamra (as passagens relevantes dos "Poemas sobre Baal e Anat" podem ser encontradas em *ANET*, 134). É possível que o debate fenício tenha sido incitado pela Revolta de Amarna de Akhenaton com a sua iluminação de santuários egípcios, e que a reação acentuasse a escuridão. Mas essa é uma questão a ser explorada por arqueólogos.

No contexto de uma revolta contra as influências egípcias representadas pelo Templo devem também ser colocadas as reformas dos cultos empreendidas por Jeroboão em Israel. Ele instituiu dois bezerros de ouro, um em Betel e o outro em Dã, como os verdadeiros deuses que trouxeram Israel do Egito, em rivalidade com o Templo de Jerusalém (1Rs 12,26-33). Esses bezerros, os tronos do Yahweh invisível que está presente onde quer que escolha estar, provavelmente não foram um afastamento do javismo, como os historiadores judaítas apresentaram a questão, mas, ao contrário, um protesto contra o afastamento do Templo e um retorno a uma forma mais pura de javismo. O obstinado silêncio quanto aos elementos egípcios no reinado de Salomão teriam mais um motivo de peso se a separação de Israel tivesse sido mais do que uma rivalidade de clãs e expressão de descontentamento econômico, mas uma genuína revolta javista contra o deus estrangeiro no Templo. Talvez tenha sido uma revolta similar em motivação e estrutura à revolta israelita contra a política de culto dos omridas, a que vamos nos voltar agora.

A invasão egípcia foi um desastre para as cidades e os povos em seu caminho, mas recuou e não foi renovada. O perigo real estava em gestação no Leste com o aumento espasmódico do poderio assírio. Depois da expansão dos séculos XIV e XIII, a Assíria sofrera uma séria redução de poderio, riqueza econômica e território em decorrência dos eventos subsequentes à queda do império hitita. A recuperação sob Tiglat-Pileser I (1116-1093) foi seguida por um século e meio de guerras contra nômades arameus que ameaçavam a Assíria de extinção. Em 932, começou a primeira expansão ocidental sob governantes capazes, que realizaram guerras na área da Síria, Palestina e Fenícia. Esse foi o período em que a aliança siríaca, formada pelos omridas, lutou a batalha de Karkar, em 853, com algum sucesso, embora Jeú tivesse de pagar tributo a Salmanasar III em 841. De 782 a 745, os Estados siríacos tiveram alguma paz, porque os menos vigorosos reis assírios desse período tiveram dificuldades para repelir o crescente poder de Urartu. Em 745, com Tiglat-Pileser III, teve início a segunda grande expansão para o oeste; esta trouxe o fim de Israel quando Samaria foi conquistada por Sargon II em 721.

Na época da subida de Omri ao trono em 886, duas gerações de guerras entre os clãs de Israel, agravadas pelas guerras contra Judá no sul e os arameus no norte, teriam convencido até um homem de menor envergadura de que medidas enérgicas precisavam ser tomadas para salvar Israel da extinção, em especial porque o poder assírio estava crescendo visivelmente, embora ainda não tivesse avançado em direção à costa. Infelizmente, a maioria das fontes referentes aos eventos pragmáticos do período omrida desapareceu e o que foi preservado está seriamente mutilado e distorcido, porque a dinastia não caiu nas graças dos historiadores judaítas. Ainda assim, os fragmentos são suficientes para nos permitir discernir uma tentativa por parte de Omri e de seu filho Acab de reconstruir um grande poderio siríaco segundo o modelo davídico, com o seu centro em Israel.

Omri teve primeiro de consolidar o seu poder internamente. Ele construiu uma nova capital para rivalizar com Jerusalém. A fundação de Samaria (1Rs 16,24) visava a criar um centro neutro fora das rivalidades dos clãs, da mesma maneira como a Jerusalém de Davi havia movido a residência real para fora das rivalidades de Israel e Judá. Além disso, sua própria conquista fácil de Tersa, a antiga capital, onde Zambri estivera entrincheirado, deve ter sido uma lição para Omri. A nova capital foi construída como uma poderosa fortaleza, localizada estrategicamente sobre uma colina de difícil acesso — uma vez mais imitando Jerusalém — para dar ao regime segurança contra revoltas domésticas bem como contra os inimigos arameus. O reino foi, além disso, dividido em distritos administrativos sob o controle de comandantes militares (1Rs 20,14-15), presumivelmente com a mesma intenção que os distritos administrativos de Salomão de romper a administração tribal[9]. A consolidação interna do poder foi então complementada por uma diplomacia de alianças de casamento com Tiro e Judá. O esquema a seguir mostra as conexões e datas:

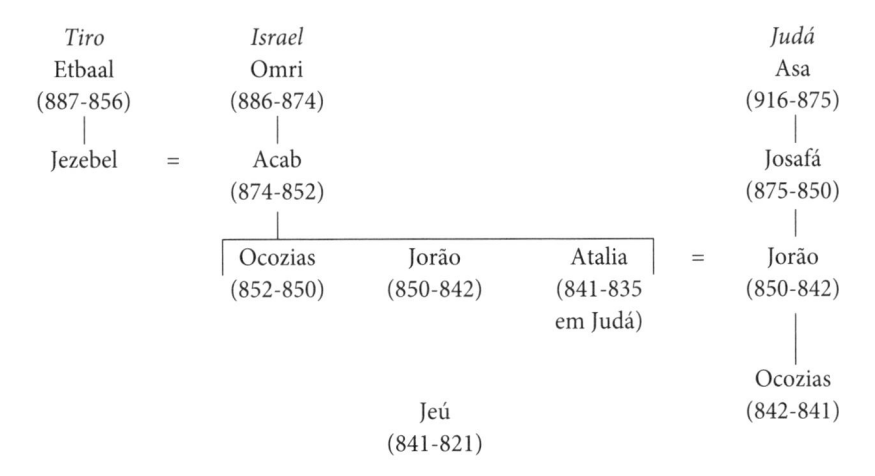

Tiro	*Israel*			*Judá*
Etbaal	Omri			Asa
(887-856)	(886-874)			(916-875)
Jezebel =	Acab			Josafá
	(874-852)			(875-850)
	Ocozias	Jorão	Atalia =	Jorão
	(852-850)	(850-842)	(841-835 em Judá)	(850-842)
				Ocozias
				(842-841)
	Jeú			
	(841-821)			

---

[9] A passagem de 1 Reis 20,14-15 sugere a coexistência de um exército permanente organizado por distritos administrativos e de uma milícia do povo.

A aliança de Tiro, Israel e Judá teria, de fato, sido uma potência com algum peso, forte o bastante para se tornar atraente para outros povos da área siríaca e formar um núcleo de resistência contra a Assíria e o Egito. Ela de fato mostrou o seu valor por ocasião de Karkar. É duvidoso se teria aguentado sob a pressão de ataques assírios repetidos ou se poderia ter se desenvolvido num império forte[10]. Mas a possibilidade nunca foi posta a teste devido à resistência despertada em Israel pela forma internacional da aliança. Pois o guardião da aliança (o seu *baal berith*) era o Baal de Tiro, em pé de igualdade com o Yahweh de Samaria. Quando a filha do rei-sacerdote de Astarte veio para Israel, um santuário pessoal do Baal não foi suficiente. A parceria política de Yahweh e Baal Melqart exigiu um templo oficial do Baal em Samaria, com um culto público do qual o rei tinha de participar (1Rs 16,32-33). E a passagem em 2 Reis 8,18 sugere que um culto oficial do Baal também foi organizado em Jerusalém, quando a aliança estendeu-se pelo casamento do rei de Judá com a filha de Acab. As fontes não mencionam nada quanto a se a troca de deuses era recíproca e se Yahweh também recebeu um culto em Tiro[11]. A recepção do Baal Melqart como um deus político em Israel foi uma clara ruptura com a ideia de uma organização teopolítica do Povo Escolhido sob Yahweh. Os santuários salomônicos para as esposas estrangeiras podiam ser lamentados como fraquezas de um rei; e o templo, por mais egípcio que pudesse parecer, era ainda um templo de Yahweh; agora, porém, um deus estrangeiro havia recebido *status* público. Se Israel fora ameaçado com a perda de sua identidade étnica no império davídico, agora era ameaçado com a perda de sua identida-

---

[10] O poder da Fenícia, na época muito forte, estava declinando rapidamente. A grande era de colonização fenícia, do século XII em diante, estava chegando ao fim. A última grande fundação foi Cartago, em 814. O poder fenício estava, na verdade, deslocando-se para o oeste, para a área das colônias.

[11] Como não há outras fontes sobreviventes, especulações sobre a estrutura da tríplice aliança são inúteis. Falamos da "igualdade" de Yahweh e do Baal Melqart. Tal linguagem deve significar estritamente que o Baal recebeu um culto público em Samaria ao lado do deus do país. Não sabemos como era a relação pelo lado fenício. Os templos de Baal Melqart eram estabelecidos em todas as colônias fenícias como a garantia político-religiosa de subordinação permanente à cidade-mãe. Deve ser considerado possível que a relação com Samaria não fosse recíproca. O que, pelo lado omrida, era visto presumivelmente como uma tríplice aliança com seu centro em Israel pode muito bem ter parecido a Tiro uma medida política de uma talassocracia mediterrânea para proteger as suas rotas comerciais no interior asiático contra interrupções provocadas pelos arameus. Etbaal, o orgulhoso e dinâmico fundador de uma nova dinastia, pode ter visto Samaria como um avanço interior valioso para seu império. A suposição de mutualidade nas relações com um culto de Yahweh em Tiro é razoável, visto o que sabemos sobre a política omrida, mas não mais do que provável.

de espiritual na aliança fenícia. A *raison d'état* levara Israel ao ponto de perder a sua *raison d'être*. A revolta, tanto popular como profética, da qual Jeú se fez o executor político e militar, irrompeu. Sua conclusão bem-sucedida resultou no extermínio dos omridas. A aliança não só foi dissolvida como os antigos parceiros tornaram-se inimigos ferozes, porque os parentes das casas reais de Tiro e Judá haviam sido assassinados.

§3 O Livro da Aliança

Na crise do século IX começa a preocupação israelita com a codificação da lei em forma escrita. O mais antigo código sobrevivente provavelmente é a sucinta compilação de ordens no registro da legislação sinaítica pelo Javista (J) em Êxodo 34,17-26. Não muito posterior, mas consideravelmente mais extenso, é o código do Eloísta (E) em Êxodo 20,23-23,19, comumente chamado de Livro da Aliança por historiadores modernos[12].

Um estudo do Livro da Aliança requer, em primeiro lugar, um entendimento preliminar da "lei" nele contida, pois o código foi um empreendimento privado. Na verdade, a compilação teve de ser organizada por alguém que estava familiarizado com a lei; e é portanto razoável supor um sacerdote, ou um grupo de sacerdotes, como o codificador. Não há porém nenhuma indi-

---

[12] O Livro da Aliança é objeto de controvérsia quanto a (1) sua estrutura literária e sua gênese, (2) à data de composição do todo e de suas partes e (3) à origem e à data do conteúdo das várias partes. Não podemos evitar totalmente as questões controversas, uma vez que várias delas afetam o significado do livro das leis e seu conteúdo, mas vamos limitar a discussão no texto àquelas que têm relação direta com os nossos problemas específicos. Para uma análise mais completa, ver J. M. Powis SMITH, *The Origin and History of Hebrew Law*, Chicago, University of Chicago Press, 1931, bem como a literatura citada na obra. O estudo de Smith nem sempre é o mais penetrante, mas apoia convenientemente suas comparações do código hebraico com outros códigos orientais por meio de apêndices que contêm traduções do Código de Hamurabi, do Código Assírio e do Código Hitita. Para uma análise mais judiciosa das relações entre o Livro da Aliança e os outros códigos, cf. LODS, *Histoire de la Littérature Hébraique et Juive*, 204-219. Lods também deve ser consultado sobre o estado atual da controvérsia e a literatura desde 1931. Além disso, desde o estudo de Smith, fragmentos de códigos babilônicos anteriores ao Código de Hamurabi foram publicados. Suas traduções para o inglês, de Kramer e Goetze, podem ser encontradas em *ANET*. A mesma coleção de textos também contém novas traduções do Código de Hamurabi (Meek), do Código Assírio (Meek) e do Código Hitita (Goetze). Foram de especial valor para a análise subsequente no texto Alfred JEPSEN, *Untersuchungen zum Bundesbuch*, Stuttgart, W. Kohlhammer, 1927, e Albrecht ALT, Die Urspruenge des israelitischen Rechts (1934), in *Kleine Schriften zur Geschichte des Volkes Israel*, München, C.H. Beck, 1953, 1, 278-282.

cação de que a tarefa tenha sido realizada por ordem da administração real; e certamente a compilação não era um estatuto do reino a ser aplicado pelos tribunais. Não há, além disso, nenhuma indicação quanto a se o autor pretendeu compilar a lei que estava em vigor em Israel no século IX ou se quis destacar um modelo da lei para uma época que não a observava. E, no caso desta segunda alternativa, seria difícil em muitos casos decidir se uma regra específica era antiga, mas não observada no presente, ou se era uma regra nova que, na opinião do autor, deveria substituir alguma prática que havia se tornado indesejável. Assim, os problemas do livro não podem ser abordados por um exame das regras individuais contidas nele. Devemos, em vez disso, começar pelo fato de que uma pessoa privada, ou um grupo de pessoas, de repente exibiu um interesse intenso pela "lei" e dedicou-se à sua codificação sistemática.

Em busca das razões para a iniciativa, encontramos alguma luz em Oseias, o grande profeta israelita do século VIII. Em Oseias 4,1-2 lemos o seguinte:

> Ouvi a palavra de Yahweh, filhos de Israel;
> Yahweh move processo contra os habitantes da terra,
> pois não há sinceridade, nem amor ao próximo,
> nem conhecimento de Deus na terra.
> Multiplicam-se imprecações, mentiras, assassinatos, roubos e adultérios:
> Sangue derramado segue-se a sangue derramado.

A conduta ultrajante do povo tem a sua raiz na ignorância da lei de Yahweh. Em 4,6 o próprio Yahweh reclama e ameaça:

> Meu povo é destruído por falta de conhecimento —
> Porque negligenciaste o conhecimento,
> Eu te rejeitarei do meu sacerdócio.
> Como esqueceste a lei de teu Deus,
> Eu também esquecerei os teus filhos.

A ameaça divina de destruição torna-se ainda mais intensa em 8,1:

> Põe em tua boca a trombeta,
> Como um vigia, contra a casa de Yahweh!
> Pois eles romperam a minha aliança
> E pecaram contra a lei.

Quando a aliança e a lei são rompidas, as pessoas não têm conhecimento; e um povo sem conhecimento da ordem de Deus perecerá, como formula sucintamente 4,14: "Um povo sem entendimento deve seguir para a ruína". As passagens em seu conjunto caracterizam uma sociedade em confusão espiritual e moral; e, ao lamentar esse estado, desenvolvem um vocabulário técnico para sua descrição. Os homens estão em estado de ignorância. Mas não é uma ignorância comum, no sentido de não saber o que nunca foi aprendido. Pois os filhos de Israel ouviram muito sobre o Deus que eles agora desconhecem. A ignorância é um esquecimento. E, como Deus é um ser que não pode ser esquecido involuntariamente, a falta de conhecimento é uma rejeição a Deus.

Para compreender o significado das profecias de Oseias, precisamos lembrar o que apareceu no capítulo "A luta pelo império" como a diferença entre os tipos de simbolização israelita e helênico. A ideia da psique, dissemos, não pôde ser plenamente desenvolvida em Israel porque o problema da imortalidade permaneceu sem solução. A vida eterna era entendida como uma propriedade divina; a vida após a morte teria elevado o homem à posição dos Elohim; e uma pluralidade de Elohim era excluída pelo salto no ser radical da experiência mosaica. Como consequência, o erotismo da alma que é a essência da filosofia não pôde se revelar; e a ideia da perfeição humana não pôde romper a ideia de um Povo Escolhido em existência justa sob Deus na história. Em vez de filosofia, desenvolveu-se a construção da história patriarcal, um tipo específico de humanismo, e, por fim, a esperança apocalíptica de intervenção divina na história.

As profecias de Oseias revelam as limitações impostas pela compacidade inicial das experiências israelitas. O profeta tentou descrever uma sociedade em crise e encontrou a raiz do mal na "falta de conhecimento" das questões divinas. Até esse ponto, sua análise foi literalmente a mesma que a de Platão na *República*. Platão, como Oseias, diagnosticou o mal como uma ignorância da alma, uma *agnoia* quanto à natureza de Deus. No entanto, Platão pôde avançar dessa percepção para uma análise da ordem reta da alma por meio de sua sintonia com a natureza invisível. E chegou a desenvolver o conceito de "teologia" para falar, numa linguagem técnica, de concepções verdadeiras e falsas da divindade. Nas condições das experiências e dos símbolos mais compactos de Israel, Oseias não pôde encontrar a resposta para seus problemas na sintonia da alma com a medida divina e teve de buscá-la numa conformidade renovada da conduta humana com a medida conforme revelada na "palavra" e na "lei" de Deus. Não o avanço para a filosofia, mas o retorno à aliança e à lei foi a resposta israelita ao desafio da crise.

Se a nova preocupação com a aliança e a lei for entendida como a resposta a uma crise da existência mundana, funcionalmente do mesmo tipo que a resposta pela filosofia na Hélade, alguns problemas da história israelita ficarão mais inteligíveis. Antes do século IX, ouvimos pouco de Moisés e seu trabalho.

É verdade que isso estava vivo na própria existência de Israel como uma organização teopolítica sob Yahweh, bem como nas tradições orais que, a partir do século IX, foram a matéria-prima da historiografia. Ainda assim, os eventos do período mosaico pertenciam ao passado. O presente estava interessado em questões prementes como a ocupação da terra prometida, as guerras com os cananeus e madianitas, o crescimento do novo Israel em simbiose com os habitantes da terra, o atrito entre a sociedade de clãs e os líderes guerreiros e reis carismáticos, as guerras com os filisteus, a ascensão do império davídico e sua dissolução. Moisés e a lei não eram, distintamente, tópicos de interesse atual. Apenas quando o envolvimento na existência mundana atingiu o impasse do século IX, quando a *raison d'être* de Israel ficou em jogo, o significado da existência de Israel tornou-se presente. Pela obra combinada dos historiadores, profetas e formuladores de códigos, o significado da existência de Israel sob a vontade revelada de Deus foi esclarecido; e a obra encontrou o seu centro na figura de Moisés, o profeta e legislador original, como o instrumento de Deus para dar existência ao Povo Escolhido. Os profetas puderam redespertar o sentido do significado da existência de um povo sob a vontade de Deus. Os formuladores de códigos puderam expressar o significado em regras de conduta sistematicamente organizadas, levando em conta as condições da época. E os historiadores puderam atribuir os códigos a Moisés, até a Torá alcançar o volume do Pentateuco que chegou até nós. Os três tipos de trabalho — profético, jurídico e historiográfico — eram inseparáveis na resposta de Israel, e em sua sucessão de Judá, à crise da existência mundana.

Diante das reflexões acima, vamos agora analisar o chamado Livro da Aliança, ou melhor, um texto cujos limites precisos ainda não foram estabelecidos. Pois o termo *Livro da Aliança*, na medida em que se refere ao texto de Êxodo 20,23–23,19, é um conceito da filologia moderna do Antigo Testamento, que faz sentido nos debates de crítica mais elevada, mas não pode ser usado para nossos propósitos. Se queremos entender o interesse pela "lei" nos séculos IX e VIII, devemos aceitar a estrutura do texto conforme pretendida pelos autores da narrativa bíblica. O Livro da Aliança no sentido filológico moderno não forma uma unidade de significado independente, mas está inserido no relato eloísta da *berith* concluída entre Yahweh e seu povo no monte Sinai. O relato compreende Êxodo 19–24. Sensibilidade profética, habilidade nomotética e imaginação historiográfica juntaram forças para criar uma unidade de significado que deve ser tratada em seus próprios termos.

Dentro desse corpo de texto, em 24,7, ocorre o termo *Livro da Aliança*, que os críticos modernos usaram para os seus próprios fins. Conforme pretendido pelos autores da narrativa, ele se refere ao conjunto de legislação sinaítica que aparece em Êxodo 20–23. Esse conjunto consiste em duas classes de regras, designadas em 24,3 como as "palavras [*debharim*] de Yahweh" e as "ordens" [*mishpatim*] ou decisões. A legislação em si faz distinção entre as duas classes, uma vez que Êxodo 20 começa com "E Deus falou todas estas palavras [*debharim*], dizendo...", enquanto Êxodo 21 começa com "Agora, estas são as ordens [*mishpatim*] que deves pronunciar diante deles...". Os *debharim* de Êxodo 20,2-17 são hoje comumente chamados de Dez Mandamentos, ou Decálogo, porque, na versão javista dos *debharim*, seu número é definido expressamente como dez (34,28). Os *mishpatim* de Êxodo 21,2–22,15 formam o núcleo do código de leis a que o uso moderno se refere como Livro da Aliança. O termo no sentido bíblico, assim, compreende tanto os *debharim* como os *mishpatim*.

O significado do termo em Êxodo 24,8, porém, parece ser uma ampliação de um significado originalmente mais restrito, pois em Êxodo 24,3 o povo faz o juramento da aliança apenas com relação aos *debharim*; e, em 24,4, Moisés escreve apenas os *debharim*, não os *mishpatim*. O relato javista da legislação sinaítica, além disso, contém apenas os *debharim*. E Êxodo 34,27 refere-se à aliança com Israel como tendo sido feita de acordo com os *debharim*; *mishpatim* não são mencionados. Deuteronômio 5,22, por fim, insiste que Yahweh pronunciou os *debharim* "sem nada acrescentar". Pelas passagens citadas, inferimos uma tradição oral de um Decálogo sinaítico que foi aceito por todas as escolas históricas. Em seu trabalho historiográfico, ele pôde ser usado para cristalizar a essência da ordem javista de acordo com a compreensão dos historiadores e com a sua época. Na realização do propósito, porém, a prática diferiu. A narrativa mais antiga da legislação sinaítica, a javista (J) de Êxodo 34, satisfez-se em usar apenas o Decálogo. A mais recente, a deuteronomista, retornou a essa prática com uma nota crítica. Pois, no período intermediário, o relato eloísta havia expandido a legislação sinaítica paradigmaticamente pela inclusão dos *mishpatim*. Parece que o termo *Livro da Aliança* referia-se originalmente apenas aos *debharim*. Além disso, o procedimento eloísta fornece uma pista valiosa de que o código dos *mishpatim* deveria ser entendido como uma expansão, por elaboração em regras mais concretas, da essência de ordem contida nos *debharim*.

Os problemas de estrutura literária ainda não estão esgotados, pois a legislação sinaítica de Êxodo 20–23 não é dividida claramente nas duas partes formais sugeridas pelas autodeclarações como *debharim* e *mishpatim* na abertura dos capítulos 20 e 21, respectivamente. O Decálogo eloísta compreende apenas Êxodo 20,2-17. Ele é seguido pelo breve interlúdio de 18-21. E o restante do capítulo, 20,23-26, consiste em algumas regras que, por sua formulação, são "palavras de Yahweh", mas não pertencem aos *debharim* do Decálogo. O trabalho mais antigo de Baentsch, retomado na bela análise de Lods, mostrou que 23-26 é parte de um decálogo adicional do qual os vestígios estão espalhados por Êxodo 21–23. O decálogo completo consiste nas seguintes passagens: 20,23-26; 22,29-30; 23,10-19[13]. Para fins de identificação, vamos chamar esse decálogo adicional de segundo Decálogo eloísta.

No total, há quatro decálogos, que podem ser divididos em dois grupos pelo seu conteúdo. O decálogo de Deuteronômio 5 está estreitamente relacionado ao primeiro Decálogo eloísta em Êxodo 20,2-17. O segundo Decálogo eloísta, com a sua preponderância de *debharim* referentes a festivais e sacrifícios cultuais, está estreitamente relacionado ao Decálogo javista em Êxodo 34. Qual dos dois tipos é o mais antigo e chega mais perto do conteúdo mosaico original é tema controverso. Somos inclinados a concordar com Martin Buber que o primeiro Decálogo eloísta, de Êxodo 20,2-17, tem as probabilidades de antiguidade e originalidade do seu lado, porque se concentra nos aspectos essenciais da ordem teopolítica de uma sociedade sob Yahweh[14]. O tipo do segundo Decálogo eloísta teria de ser considerado, portanto, uma criação secundária, embora parte de seu material também possa ser suficientemente antigo para remontar ao tempo de Moisés.

O primeiro Decálogo, como dissemos, concentra-se nos aspectos essenciais da ordem teopolítica de um povo sob Yahweh e, talvez por essa razão, não contém nada que não pudesse ser mosaico. O segundo Decálogo contém provisões que só fazem sentido nas condições da sociedade agrícola pós-mosaica em Canaã, como a instituição de festas da messe e da colheita (23,16), ou de um ano sabático para os campos e, em especial, para as vinhas e os olivais, que levam muito tempo para crescer (23,10). A existência de versões tão amplamente diferentes do que deveriam ser as dez "palavras de Yahweh" originais suscita a possibilidade de uma forma decalógica que poderia ser preenchida com conteúdos diversos. Pressupomos (pois nada pode ser provado nessa

---

[13] Bruno BAENTSCH, *Das Bundesbuch*, Halle, M. Niemayer, 1892. LODS, *Histoire de la Littérature Hébraique et Juive*, 205 ss.

[14] O Decálogo de Êxodo 20,2-17 será abordado no capítulo 12, Moisés.

questão) que o Decálogo havia sido planejado originalmente como uma forma que acomodaria os aspectos essenciais da ordem javista numa série de pontos facilmente contáveis com os dedos. E tal forma, depois de criada, poderia ser usada para acomodar as "palavras" em vários níveis de concretização. Regras referentes ao culto ou ao calendário de festas, regras referentes à ordem javista sob condições econômicas e sociais mutáveis, regras governando assuntos específicos de lei civil ou criminal e assim por diante — todas elas eram material potencial a ser moldado em forma decalógica, caso surgisse o desejo de uma compilação sistemática. E, se a forma fosse de fato usada para esse fim, uma série de decálogos formariam, então, um código de regras jurídicas no espírito do Decálogo teopolítico original.

A legislação sinaítica na forma eloísta sugere que algo desse tipo deve ter acontecido na crise do século IX, pois Êxodo 20-23 contém não só os decálogos teopolíticos e cultuais de *debharim*, mas vários outros decálogos sob o título de *mishpatim*. Quatro desses decálogos de *mishpatim* ainda estão preservados intactos; são eles:

1. o Decálogo referente à situação dos escravos (Ex 21,1-11)
2. o Decálogo referente a ferimentos causados a pessoas (Ex 21,12-27)
3. o Decálogo referente a ferimentos a animais ou causados por animais (Ex 21,28-22,4)
4. o Decálogo referente a diversos danos a propriedades por queima de campos, perda de depósitos, roubo, dano a animais tomados por empréstimo etc. (Ex 22,5-14).

Depois do quarto Decálogo, a estrutura do texto não pode mais ser discernida com clareza. É possível que vestígios de um Decálogo de *mishpatim* referentes a delitos sexuais estejam preservados em 22,16.17.19. E é quase certo que um decálogo de obrigações sociais esteja disperso por 22,21-23,9. Mas não vamos nos aventurar por essas áreas de controvérsia. Para nossos fins, os decálogos claramente reconhecíveis são suficientes para permitir a conclusão de que um *corpus* de *mishpatim*, organizadas por tema em decálogos, fora reunido por um grupo sacerdotal no século IX. Quatro dos decálogos, e talvez fragmentos de um quinto, foram incorporados pelo historiador eloísta a seu registro da legislação sinaítica. Vários outros decálogos podem ter existido, pois um entendido em leis dificilmente teria deixado lacunas tão evidentes como a lei de herança, divórcio, adultério ou processos. O motivo de eles terem sido omitidos do registro (se de fato existiram) é matéria de especulação improdutiva.

Além dos decálogos formais, a legislação de Êxodo 20–23 contém materiais adicionais que nunca estiveram, ou que não estão mais, nessa forma. Mesmo assim, o conjunto total de regras não é um aglomerado aleatório. Há linhas de significado que passam dos *debharim* do Decálogo teopolítico no início, pelos decálogos de *mishpatim*, até os conselhos de conduta social no final. Vamos agora examinar alguns desses elementos de estrutura mais sutis.

A atribuição dos *mishpatim* a Moisés, bem como sua combinação em um único texto com os *debharim* teopolíticos conferem a eles o caráter de uma elaboração estatutária dos princípios contidos no Decálogo. O *dabar* de Yahweh diz (Ex 20,15): "Não roubarás"; o *mishpat* elabora a regra jurídica (22,1): "Se um homem roubar um boi ou um carneiro e matá-lo ou vendê-lo, deverá pagar cinco bois por um boi, e quatro carneiros por um carneiro". O *dabar* diz (20,13): "Não matarás"; o *mishpat* elabora (21,12): "Quem ferir um homem e causar a sua morte deverá morrer". Em tais casos, a linha de significado é relativamente clara. O *dabar* é a ordem de Yahweh a um homem, expressa na forma "Deverás"[15]; o *mishpat* elabora a ordem como uma regra jurídica, expressa na forma de uma lei "se" associada a uma sanção. A linha, porém, é apenas relativamente clara, pois não sabemos se os *mishpatim* estavam ou não de fato em vigor na época. E, assim, não sabemos também se os *debharim* são o prefácio para um código de lei positiva, destinados a esclarecer a origem de sua autoridade, ou se os *mishpatim* são um apêndice ao Decálogo, mostrando a uma era sem lei qual deveria ser a lei diante dos mandamentos divinos.

Os motivos dos autores ficarão mais claros se examinarmos as regras fora dos decálogos de *mishpatim* intactos. O *dabar*, por exemplo, dirá (20,7): "Não pronunciarás o nome de Yahweh teu Deus em vão" (ou seja, para práticas mágicas); e a regra dirá (22,18): "Não deixarás uma feiticeira viver". Nesse caso, a regra concretiza a ordem geral no plano de um *mishpat*, mas retém o "deverás" do *dabar*. Essa forma mista peculiar parece uma maneira de o legislador lembrar ao povo a autoridade divina que está por trás de um *mishpat* (talvez de Saul?) que caiu em desuso. Ou o *dabar* diz (20,3): "Não terás outros deuses diante de mim"; e o *mishpat* elabora (22,20): "Aquele que sacrificar aos deuses, exceto apenas a Yahweh, deve ser destruído sob o anátema [*cherem*]". Este poderia ser um *mishpat* genuíno de alta antiguidade, mas certamente não estava em vigor no tempo do culto oficial de Israel a Baal de Tiro, para não

---

[15] Estou me referindo à forma em sua tradução para o inglês [*Thou shalt* no original (N. da T.). No hebraico, o verbo encontra-se no imperativo singular.

falar das práticas de culto gerais do povo. Sua inclusão entre as regras parece um protesto profético contra as iniquidades da época. Exemplos desse tipo tornam provável que o texto eloísta da legislação sinaítica não seja um código de lei positiva, mas antes uma tentativa complexa de organizar o significado dos concisos *debharim* em regras concretas de ordem social. Para esse fim, supomos, o historiador eloísta encontrou vários meios à sua disposição. Ele poderia usar os quatro decálogos de *mishpatim*, porque, muito provavelmente, estes já estavam reunidos sob o aspecto de sua conformidade com o espírito dos *debharim*, independentemente das práticas em vigor na época. E poderia valer-se do Decálogo cultual que fora usado também pelo historiador javista.

Os materiais formalizados nos decálogos reconhecíveis, porém, não foram suficientes para a execução completa do plano. A falta de "bondade" de que Oseias reclamava exigiu a formulação de conselhos que estavam além da lei escrita. Alguns exemplos revelarão as intenções finais do eloísta: "Não maltratarás um residente estrangeiro, nem o oprimirás" (22,21); "Se emprestares dinheiro para alguém do meu povo, algum dos pobres entre vós, não serás para ele como um credor" (isto é, não cobrarás juros; 22,25). As regras movem-se no plano de concretude dos *mishpatim* e podem até mesmo ter a forma da lei "se", mas não incluem sanções. E a ausência de uma sanção humana é enfatizada quando uma sanção divina é associada: "Se tomares o manto de teu vizinho em penhor, deverás devolvê-lo antes do pôr do sol; pois é a sua única coberta, a veste de sua pele; em que ele dormiria? e se isso acontecer, quando ele clamar a mim, eu o ouvirei; pois sou bom" (22,26-27). Nesse caso, a lei "se" com uma sanção divina é ampliada por um apelo sensato à sensibilidade moral do homem rico. Em outros casos ainda, a argumentação é ligada à ordem sem ameaças de sanção divina: "Não aceitarás suborno [num processo judicial]; pois um suborno cega o atento e perverte as palavras do justo" (23,8). Os conselhos preocupam-se com a miséria dos pobres e com a conduta impiedosa dos ricos numa comunidade que se dividiu numa classe privilegiada rica e uma população súdita empobrecida. O fosso pode ser superado não pela aplicação de *mishpatim*, mas apenas pela volta ao espírito comunitário dos *debharim*. Existir como um povo sob a aliança com Yahweh requer mais do que obediência à lei escrita. E o eloísta oferece conselhos de igualdade e caridade que, se observados, transformarão o espírito em ordem social concreta.

O registro da legislação sinaítica termina, em Êxodo 23,20-22, com a indicação por Yahweh de um Mensageiro que irá diante do povo e o protegerá em seu caminho: "Respeitai-o e ouvi a sua voz [...] pois o meu nome está nele". Se o povo se opuser à voz, não haverá perdão para a ofensa; se o povo ouvir a voz, Yahweh estará ao seu lado contra todos os inimigos. Das palavras, ordens e conselhos, voltamos à sua origem no presente sob Deus criado no monte Sinai. Esse presente não se tornou passado; é um presente vivo por intermédio do Mensageiro cuja voz está com o povo — exatamente aqui e agora, na obra do eloísta. A voz eterna fala sempre no presente. Da mesma forma como falou por Moisés, fala agora pelo historiador que é legislador ao mesmo tempo e profeta. Pela reconstrução paradigmática, o passado é recriado como um presente. E é o historiador — não o rei e sua administração — que recria o presente de Israel sob Yahweh. O trabalho do historiador transfere sutilmente a autoridade da ordem de Israel da monarquia para os novos portadores do espírito.

§4 O profeta Elias

O movimento javista contra os omridas encontrou seu apoio num grupo de profetas solitários — um apoio que pôde ser intensificado em revolta e incitação de assassinato. Três deles são conhecidos pelo nome, Elias, Eliseu e Miqueias; dois outros permaneceram anônimos. A grande força espiritual entre eles foi o profeta Elias, embora o extermínio de fato da casa real tenha ocorrido na época de seu sucessor, Eliseu.

O quadro do homem que interveio decisivamente na crise do século IX não é fácil de desenhar, pois as lendas de Elias não podem ser usadas como fontes históricas diretas devido à sua forma lendária; e o profeta propriamente dito não escreveu, nem foram os seus ditos preservados por discípulos fiéis, como aconteceu com os profetas dos séculos VIII e VII. Sua enorme estatura, portanto, só pode ser inferida pela impressão que ele causou à sua própria geração, e os contornos de sua obra pela esplêndida veste de símbolos lançada sobre ele pela posteridade. E, como o simbolismo associado à epifania de Elias é de natureza escatológica, um estudo de sua pessoa e obra tornar-se-á, ao mesmo tempo, uma investigação da origem de experiências escatológicas e sua expressão.

• • •

O profeta é o mensageiro (*malakh*) da aliança (*berith*). O significado da função surge da conclusão parenética (Ex 23,20-23) do Livro da Aliança. Quando a aliança é concluída e a lei é pronunciada, Yahweh faz seu povo saber: "Eis que envio um Mensageiro [*malakh*] diante de ti, para proteger-te no caminho e para trazer-te ao lugar que eu preparei". O povo deve ouvir a voz do mensageiro, pois o próprio Yahweh manifesta-se nela. Se o povo ouvir a voz, Yahweh virá em seu auxílio e cuidará de sua prosperidade econômica e seu sucesso político. Mas precisamente na hora do sucesso, quando Israel for vitorioso sobre os outros povos e se estabelecer em sua terra, deve ter cuidado para não abandonar o seu Deus (Ex 23,32-33).

> Não farás aliança com eles, nem com seus deuses;
> não os deixarás habitar em tua terra, para que eles não te façam pecar contra mim;
> pois, se servires aos deuses deles, isso te será uma armadilha.

A advertência pode ser tão antiga quanto a tentação cananeia, mas, na época da aliança oficial com o Baal, deve ter tido um peso especial quando o mensageiro a lembrou. O que aconteceria, no entanto, se nem o rei nem o povo escutassem a voz de Yahweh, como certamente não ouviram na crise baalista do século IX? Nesse período de deserção, a voz tornar-se-ia pesada com a ameaça de julgamento. O *malakh* assumiria o papel de um precursor da vinda de Yahweh em sua glória para ministrar o julgamento a seu povo.

O profeta como o mensageiro da aliança, o mensageiro como o precursor do julgamento divino e Elias como o protótipo de mensageiro e precursor — essa é a combinação de elementos que encontramos no simbolismo de Malaquias. O livro provavelmente deve ser datado do século V a.C. e é atribuído a "Malaquias" porque anuncia a vinda de "Meu Mensageiro" (*malakhi*). A fórmula simbólica é desenvolvida em 3,1:

> Eis que enviarei o Meu Mensageiro
> e ele preparará o caminho para mim!
> E o Senhor que estais esperando
> virá de repente ao seu templo!

Uma adição editorial, imediatamente após a passagem citada, identifica o mensageiro como o "*malakh* da *berith*"; e a passagem final do curto livro (3,22-23) torna a profecia mais específica dizendo:

> Lembrai-vos da lei de Moisés, meu servo,
> que eu prescrevi a ele em Horeb para todo Israel,
> os estatutos e normas.
> Eis que eu vos enviarei
> Elias, o profeta,
> antes da vinda
> do grande e terrível Dia de Yahweh!

A análise do texto começará pela pressuposição de que o Elias profetizado por Malaquias é o porta-voz da verdade que havia sido pronunciada pelo Elias histórico do século IX — embora não necessariamente na forma de Malaquias. Na corrupção de Israel, a tensão entre a vontade divina e a conduta humana irrompeu na voz do *malakh* que anunciou o julgamento de Deus. O Elias histórico havia se tornado o protótipo dessa voz no deserto; e nas mãos de Malaquias ele foi transformado no símbolo do chamado recorrente à restauração da ordem da qual o povo se habituara a se afastar. O símbolo foi criado conscientemente e é permissível, portanto, tirar conclusões a partir do símbolo com relação à substância histórica que foi captada nele. O fato de que a criação foi consciente é confirmado pelo próprio Malaquias, uma vez que a transformação de eventos e pessoas históricas em símbolos que expressam a experiência de julgamento é, de modo geral, o seu estilo. Não só o chamado eterno aparece nos trajes históricos de Elias, como a ordem divina de que o homem se afasta tem de ser, concretamente, a Lei de Moisés. E é interessante notar que aqui, pela primeira vez na história israelita, até onde as fontes sobreviventes permitem dizer, a expressão "Lei de Moisés" é usada para designar a legislação sinaítica. Moisés tornou-se o legislador no mesmo sentido simbólico em que Elias tornou-se o mensageiro. Além disso, o conteúdo da profecia de Elias, a vinda do Dia de Yahweh, é um castigo divino na forma de uma catástrofe política no tempo histórico. E a própria advertência, por fim, deve ser entendida em concretude histórica, na medida em que o Dia de Yahweh poderá ser evitado se o povo ouvir a advertência, arrepender-se e retornar à Lei de Moisés. Em 3,24, Malaquias faz Yahweh atribuir a seu mensageiro a função de salvador histórico:

> E ele voltará o coração dos pais para os seus filhos
> e o coração dos filhos para os seus pais,
> para que eu não venha ferir a terra com um anátema [praga — *cherem*].

O grito de alerta do Elias simbólico, assim, é ricamente carregado de conteúdo histórico: a voz do Mensageiro anuncia o julgamento de Yahweh sobre seu povo no presente; e, para o futuro, apresenta as alternativas do Dia de Yahweh, se a voz não for ouvida, ou da restauração da Lei de Moisés, se o chamado ao arrependimento tiver sucesso.

A substância histórica do simbolismo de Malaquias não nos permite, porém, identificar o Elias simbólico com o Elias histórico. O profeta do século IX pode ser usado por Malaquias como um símbolo porque o Elias histórico foi o porta-voz de uma experiência relacionada. As figuras históricas são razoáveis, na fraseologia hegeliana, porque há razão na história; a textura da história pode tornar-se a linguagem simbólica para a experiência de julgamento de Malaquias porque o julgamento está presente na textura da história. Falamos, portanto, da substância histórica que foi introduzida no simbolismo. Embora essa substância, a experiência de julgamento divino, seja associada por Malaquias a Elias, a linguagem em que Elias a expressou não pode ser inferida por intermédio de Malaquias. Para encontrar a forma provável de Elias, é preciso examinar outras fontes.

A consciência de simbolismos alternativos será intensificada se lembrarmos que a experiência de julgamento não era nova — certamente não o era para Malaquias, mas nem para o Elias com quem Malaquias a associa. O livro dos Juízes, com seus repetidos chamados a um retorno à vontade de Yahweh, reflete em sua construção uma ocupação antiga com o problema. Os ritmos de afastamento e retorno, bem como os infortúnios e restaurações correspondentes de Israel, devem ser considerados uma tentativa de lidar com ele. A tentativa teve de permanecer insatisfatória, porém, porque o simbolismo estava incrustado muito profundamente nos eventos históricos. Se o ritmo de Juízes fosse repetido um número suficiente de vezes, até mesmo um historiador ingênuo suspeitaria que não estava lidando com fases da história pragmática, mas com uma tensão constante na relação entre Deus e o homem. O afastamento de Deus, descobriria ele, era um estado sempre presente do homem; sempre presente, portanto, era a crise no sentido literal do julgamento; e sempre presente era a voz do mensageiro, bem como a necessidade de restauração.

O simbolismo de Malaquias avançou bem além de Juízes, uma vez que os eventos e figuras históricos não servem mais à narração da história, mas são claramente símbolos para a presença experimentada de afastamento, voz do espírito, julgamento e restauração. Mesmo assim, os contornos dos símbolos ainda são tão fortemente turvados pela concretude das imagens que uma discrepância entre expressão e experiência pretendida se faz sentir, na medida em que a presença do julgamento na voz do profeta é obscurecida pelo futuro de um julgamento catastrófico no Dia de Yahweh. E essa discrepância, a consequência da concretude das imagens, afeta até mesmo a configuração da experiência em si, pois o componente de restauração é submerso com Malaquias, como uma alternativa que dificilmente poderia ser esperada, pela desesperança do desastre inevitável. O elemento de restauração só atingiu o seu peso e a sua distinção plenos no Novo Testamento, quando essa parte da função de Elias adquiriu precisão por meio da *apokatastasis* do símbolo.

Os problemas escatológicos que Malaquias associou a Elias alcançaram um nível maior de clareza com a profunda cena de Mateus 17,1-13. Ela é composta de duas partes: (1) a visão da alta montanha, que uma antiga tradição cristã identificou como o monte Tabor; e (2) o *Logion* de Jesus, que explicou o sentido da visão. Vamos, uma vez mais, extrair primeiro o texto relevante: Jesus, assim conta o Evangelho, tomou três de seus discípulos e subiu com eles uma alta montanha. Lá, foi transfigurado. Moisés e Elias apareceram e conversaram com ele. Por fim, uma voz falou de uma nuvem brilhante: "Este é o meu Filho amado. Nele eu me comprazo. Ouvi-o" (Mt 17,5)[16]. Quando desceram da montanha, Jesus advertiu seus discípulos a não divulgar o que tinham visto até que o Filho do Homem fosse ressuscitado dos mortos (17,9). Os discípulos, porém, intrigaram-se. O Filho de Deus estava com eles. Por que, então, os escribas diziam que Elias deveria vir primeiro? (17,10) A pergunta foi respondida por Jesus no *Logion* 17,11-12:

> Elias de fato vem para restaurar [*apokatastasei*] todas as coisas.
>
> Mas eu vos digo: Elias já veio,
> E eles não o reconheceram e fizeram com ele o que quiseram.
> E, do mesmo modo, o Filho do Homem sofrerá nas mãos deles.

O *Logion* é seguido pela informação do evangelista de que só então os discípulos compreenderam que Jesus estava falando de João Batista (17,13).

A cena da visão no monte Tabor e o *Logion* formam juntos uma unidade de significado. O melhor, embora não o mais evidente, acesso a ela é dado pela estrutura do *Logion*. Pois essa estrutura, longe de ser um mero recurso literário, é uma forma que deriva do conteúdo transmitido por meio dela. No *Logion*, Jesus primeiro reafirma a profecia de Malaquias — embora com ênfase na *apokatastasis* produzida por Elias e não no Dia de Yahweh; depois, com o "Mas eu vos digo", introduz o novo significado do símbolo de Elias. A mesma estrutura será encontrada em outras *Logia*, em particular no Sermão da Montanha, em que Jesus primeiro apresenta o antigo ensinamento ("Ouvistes que foi dito aos antigos") e, então (com o grandioso "Mas eu vos digo"), contrapõe a ele a sua própria mensagem. No contexto do Sermão da Montanha, agora, o significado da contraposição é explicitado em Mateus 5,17:

---

[16] A tradução de Goodspeed, "Ele é o meu Escolhido", em vez de "Nele eu me comprazo", talvez chegue mais perto do significado pretendido.

Não penseis que eu vim para destruir a Lei ou os Profetas.
Eu não vim para destruí-los, mas para lhes dar o seu pleno significado.[17]

A passagem, com o seu pronunciamento discursivo sobre o propósito da vinda de Jesus, pode ser entendida como um prólogo para a cena no monte Tabor, em que o propósito foi posto em prática, pois na visão apareceram a Lei e os Profetas, personificados por Moisés e Elias. Esse era o antigo ensinamento. E, quando Pedro viu o aparecimento, quando viu os dois homens de outrora falando com Jesus, a cena aparentemente lhe agradou. Pois ele achou "bom estar aqui" e ofereceu-se para construir três tendas, "uma para ti, uma para Moisés e uma para Elias" (17,4). Sua solícita prontidão para acomodar confortavelmente a Conferência dos Três, porém, foi assustadoramente interrompida pela voz da nuvem brilhante que declarou Jesus o seu Filho amado. E quando os discípulos, que haviam caído assustados com o rosto no chão, levantaram novamente os olhos "não viram ninguém exceto Jesus, sozinho" (17,8). Jesus agora estava sozinho. O *malakh* de Yahweh havia vindo de fato na pessoa de João Batista. E o precursor do Dia de Yahweh não fora mais reconhecido do que seus predecessores. Sua voz continuou a não ser ouvida e ele foi condenado à morte. Mas João foi o último Elias. O próprio Deus, por meio de seu Filho, sofreria agora o destino de seu *malakh*. Só depois que o Filho do Homem tivesse ressuscitado dos mortos como o Cristo deveriam os discípulos revelar o mistério de que, agora, o próprio Deus estava presente na história. O Dia de Yahweh não era mais uma catástrofe iminente na história de Israel, a ser anunciada por um mensageiro. Foi transformado na presença do julgamento eterno de Deus no tempo em que ele sofreu o seu assassinato por causa da deserção ao seu espírito. Nenhum *malakh*, nenhum precursor profético era possível depois da Encarnação.

No simbolismo de Malaquias, a presença do julgamento não podia impor-se diante do Dia que se encontrava no futuro. E a restauração da lei por meio de Elias, como dissemos, foi submersa na desesperança de que a voz continuaria a não ser ouvida. Pela sua posição dominante no complexo de símbolos de Elias, inferimos que o Dia de Yahweh tinha uma forte e independente

---

[17] Nenhuma tradução da passagem é satisfatória sem uma explicação. A King James Version traz "eu não vim para destruir, mas para cumprir" — que é literal, mas deixa-nos no escuro quanto ao significado pretendido. Goodspeed traz "aplicar" — que se inclina demasiadamente para o lado jurídico. Rieu traz "para levá-los à perfeição" — que, em nossa opinião, chega mais perto do sentido de saturação, com um significado já presente na Lei e nos Profetas, do grego *plerosai*. Preferimos a nossa tradução apresentada no texto.

vida própria, enraizada numa experiência específica[18]. Infelizmente, não foi preservada nenhuma fonte de que se pudesse afirmar com certeza que revele a origem do símbolo. O Dia de Yahweh apareceu pela primeira vez no século VIII, numa profecia de Amós. E nessa primeira ocorrência ele evidentemente tinha uma história anterior, pois Amós (5,18-20) contrapõe uma catástrofe ameaçadora à expectativa popular do dia como um evento alegre:

> Ai de vós que desejais o Dia de Yahweh!
> Por que queríeis o Dia de Yahweh?
> Ele é trevas, não luz!
>
> Como um homem que estivesse fugindo de um leão
> E um urso surgisse diante dele!
> Ou entrasse numa casa e pousasse a mão na parede
> E uma serpente o mordesse!
>
> Não é o Dia de Yahweh trevas e não luz
> E escuridão sem claridade alguma?

Desse modo, temos de lidar não com uma, mas com duas concepções do Dia de Yahweh.

Amós referiu-se ao dia, no sentido de um evento jubiloso, como se esse fosse um símbolo bem conhecido e aceito de modo geral pelo povo. Com relação à sua origem, podemos apenas supor que pertencesse ao complexo de símbolos de que alguns vestígios sobreviveram nos Salmos Imperiais. As promessas da liturgia da coroação no Salmo 2, por exemplo, produziriam quase inevitavelmente a criação de um símbolo popular de glória, de um dia de domínio de Yahweh e de Israel sobre as nações e sobre a terra. Somos inclinados, portanto, a entender o dia jubiloso como originário da irrupção geral de simbolismos cosmológicos no período do império davídico. Assim, não será necessário procurar antecedentes literários específicos nas expectativas messiânicas egípcias. A presença de tais influências pode ser dada como certa numa época em que Israel entrava em sua fase imperial e, consequentemente, estava receptivo a símbolos estrangeiros que expressassem de maneira conveniente a experiência do império recém-conquistado. Mesmo que tais antecedentes, mais convincentes do que os textos do Médio Império usualmente citados em

---

[18] Malaquias 3,23, do texto massorético, é repetido no final do Livro profético: "Eis que eu vos enviarei/ Elias, o profeta,/ Antes da vinda/ Do grande e terrível Dia de Yahweh". Como Malaquias é o último dos Doze, a repetição abaixo do texto (não nas versões King James ou Revised) dota o Dia de Yahweh do caráter de uma quintessência da mensagem profética como um todo.

relação à ocasião, sejam um dia encontrados, a raiz de um símbolo dessa natureza não é a literatura, mas uma experiência nativa de Israel. Além disso, duvidamos que prefigurações dignas de nota do dia jubiloso de Israel venham a ser encontradas na literatura dos impérios mais antigos do Oriente Próximo, pois, afinal, Israel não era Babilônia ou Egito. A suscetibilidade do império davídico a símbolos cosmológicos jamais suplantou a experiência do Povo Escolhido. O novo simbolismo teve de se fundir ao destino de Israel de alcançar a sua terra prometida no *mamlakah* de Deus. Se examinarmos a abordagem apocalíptica posterior dada ao dia em Joel (dificilmente anterior ao século IV a.C.), encontraremos o julgamento terrível para os perseguidores de Israel e Judá, mas jubiloso para todos aqueles "que chamarem o nome de Yahweh" (2,32). E os que escaparem serão separados dos que irão para a destruição por uma efusão do espírito (2,28-19):

> Acontecerá depois disso
> Que eu derramarei meu espírito sobre toda carne;
> Vossos filhos e vossas filhas profetizarão;
> Vossos anciãos terão sonhos;
> E vossos jovens terão visões.
> Mesmo sobre os escravos e as escravas,
> Nesses dias eu derramarei o meu espírito.

Essa é a passagem de Joel que Atos 2 retomou em sua interpretação da efusão pentecostal do espírito. Nenhum significado dessa natureza poderia ser desenvolvido a partir de símbolos cosmológicos sem o salto no ser que era a afirmação de Israel de ser o Povo Escolhido.

Se o ameaçador dia de Yahweh foi ou não criação de Amós é um tema em aberto. O fato de ele ocorrer pela primeira vez, na literatura sobrevivente, em suas profecias não prova nada em um sentido ou no outro. O texto, pela forma da pergunta em 5,20, sugere que o povo a que se dirigia estava familiarizado com a variante ameaçadora do símbolo e podia ser lembrado do significado menos popular por meio da pergunta. Ao analisar essa questão, temos de nos apoiar no argumento anteriormente usado para lidar com a ideia da teocracia e a sua atribuição a Samuel. Embora a atribuição paradigmática não pudesse ser considerada prova de que o Samuel histórico houvesse elaborado a ideia, o historiador posterior demonstrou uma percepção considerável da conexão entre experiência e símbolo quando discerniu a situação de Samuel como uma fonte de experiências que, se articuladas, teriam de encontrar sua expressão na ideia teocrática. Enfrentamos um problema similar com respeito ao Dia de Yahweh ameaçador. Malaquias associou-o paradigmaticamente a Elias. O Elias histórico foi elevado à figura prototípica que anunciou a catástrofe iminente. Como no caso de Samuel, a associação paradigmática não é prova de que o Elias histórico tenha criado o símbolo. Aqui também, no entanto, o oráculo de Malaquias discerniu bem a situação do século IX como a fonte provável de experiências que, se articuladas, poderiam ser expressas no símbolo do dia terrível. E, como sugerimos, no caso de Samuel, que ideias teocráticas devem ter ocorrido a mais de um profeta da época, agora também pressupomos que, na crise do século IX, mais de um profeta em Israel tenha concebido a ideia de um dia de uma natureza um tanto diferente daquele esperado pelo povo em seu afastamento cosmológico e chauvinista de Yahweh, pois, na lógica dos símbolos, o dia terrível estava relacionado ao dia jubiloso como uma reação a ele. Na medida em que o dia jubiloso com a sua expectativa exuberante de domínio mundial originou-se no império e em seu simbolismo, o dia terrível foi um protesto distintamente antirrealista. Não há situação histórica em que ele pudesse se encaixar melhor do que na revolta profética do século IX.

No judaísmo pós-exílico, bem como no cristianismo, Elias era considerado uma das grandes figuras do drama da revelação de Deus ao homem. Isso se sabe com certeza. Para determinar o seu papel mais claramente, vamos agora listar, em ordem sistemática, os principais estágios do desenvolvimento de símbolos escatológicos que na análise anterior tiveram de ser mencionados de passagem:

(1) O problema da escatologia foi dado com a ambiguidade de Canaã. O Reino de Deus foi entendido como o estabelecimento de um Povo Escolhido na existência histórica em uma área geográfica definida. Para desligar do símbolo compacto a ideia de um reino que não era desse mundo, foi preciso eliminar os seguintes componentes: (a) que um povo específico no sentido étnico seria o portador do reino na história; (b) que o reino poderia ser realizado por meio da organização mundana de um povo; (c) que o reino poderia ser realizado na história como um estado contínuo de conduta perfeita, sob a vontade de Deus, por qualquer grupo humano.

(2) Canaã foi posta sob tensão após a conquista. A existência pacífica do Povo Escolhido na forma da organização teopolítica mostrou-se impossível no novo hábitat; e o amálgama com os cananeus diluiu o javismo original por meio de várias formas de sincretismo. As duas perturbações da ordem foram conectadas pelos ritmos simbólicos de Juízes como deserção e castigo divino.

A ideia de paz e prosperidade como uma recompensa pela boa conduta era, na verdade, primitiva e tinha até mesmo um toque de mágica, mas pelo menos o sentido de culpa e julgamento divino estava vivo nela.

(3) Com o sucesso do reinado e do império, dois novos elementos entraram no complexo de símbolos. Por um lado, o papel do profeta ficou marcado como o guardião da ordem javista, por meio de Samuel e Natan, e surgiram os esboços do problema teocrático. Por outro lado, a deserção geral do javismo aumentou ainda mais no século X com a transformação de Yahweh num cosmocrator. A esse período atribuímos a transformação do símbolo de Canaã em um Dia de Yahweh glorioso que estabeleceria o domínio do povo do império sobre todas as nações da terra.

(4) Depois que Israel se separou do império, no século IX, a deserção afetou o culto público. Esse foi o período crítico, como sugerimos, na formação do complexo de símbolos escatológicos. Os formuladores de códigos e historiadores retornaram às fontes e tentaram restabelecer os padrões de ordem pelos quais a deserção pudesse ser medida. O "*malakh* da *berith*" apareceu como a voz do espírito permanentemente presente. E os profetas transformaram o dia da vitória cósmica e da glória de Israel num dia terrível de julgamento visitado por Yahweh no reino na forma de uma catástrofe política.

(5) O complexo foi formado, mas, na crise do século IX, ainda era direcionado contra a dinastia e as influências estrangeiras. A revolta contra os omridas, embora liderada por um general, teve o apoio do povo e, em particular, dos recabitas. A organização do reino em sua forma específica era a fonte do mal. O povo em si ainda era desprovido de culpa e podia-se contar com ele para realizar o estado de perfeição se não fosse mal orientado por reis e suas esposas estrangeiras. No século VIII, com Amós, teve início a série dos grandes profetas que compreenderam que o próprio povo era culpado. O entusiasmo com a monarquia estava passando e o Povo Escolhido dos tempos pré-monárquicos surgiu à vista novamente. O dia terrível do julgamento agora era ameaçador para o próprio povo. Ao mesmo tempo, nos séculos VIII e VII, os historiadores ofereceram uma nova elaboração para a história patriarcal e mosaica, enquanto os formuladores de códigos concentravam os padrões da ordem javista nos discursos deuteronômicos de Moisés.

(6) No Malaquias pós-exílico, no século V, os elementos que haviam entrado no complexo cristalizaram-se num padrão. Moisés e Elias tornaram-se os protótipos do legislador e da voz profética. Os dois Dias de Yahweh tornaram-se as alternativas da restauração ou destruição final de Israel. E, o que

poderia ser facilmente esquecido, o "Malaquias" anônimo foi o profeta que combinou os símbolos do passado e do futuro num novo símbolo integrado a fim de expressar a sua ideia de deserção e julgamento no presente.

(7) Com Malaquias, os símbolos carregados de imagens históricas do passado e do futuro haviam alcançado uma espécie de equilíbrio. E em seu centro tornou-se visível o presente eterno em que o drama divino-humano da história transcorria. Com o aparecimento de Jesus, o próprio Deus entrou no presente eterno da história. O Reino de Deus estava agora dentro da história, embora não fosse dela. As consequências da Encarnação para a ordem histórica da humanidade não foram realizadas de imediato; e foi preciso algum tempo para encontrar formas mesmo moderadamente adequadas de expressão[19]. Os símbolos do passado perderam primeiro a sua posição dominante. Na visão no monte Tabor, Moisés e Elias conversaram com Jesus — e depois desapareceram, ainda que Pedro estivesse disposto a acomodá-los como membros de uma trindade espiritual. A Lei e os Profetas estavam agora "cumpridos". Os símbolos do futuro foram mais tenazes. No próprio contexto da visão no monte Tabor, o próprio Jesus (Mt 16,27-28) assegurou a seus discípulos: "Pois o Filho do Homem virá com seus anjos na glória de seu Pai; e então retribuirá a cada um segundo a sua conduta. Em verdade, eu vos declaro: dentre os que estão aqui alguns não morrerão antes de ver o Filho do Homem vir como rei". Apenas gradualmente, nos primeiros séculos cristãos, as imagens históricas futuristas foram transformadas nos símbolos escatológicos legítimos da vinda do Anticristo, da Parusia e do Julgamento Final — eventos que não estão mais dentro do tempo histórico.

O século IX foi o século crucial na história da escatologia, na medida em que nesse período foi completada a reunião de elementos que entraram no complexo de símbolos. A lei como o padrão da ordem, a deserção de Israel, a experiência do julgamento, as alternativas de restauração ou castigo catas-

---

[19] Essa frase refere-se estritamente ao problema da simbolização adequada. O mistério da Encarnação em si, da consubstancialidade de Deus e homem, é impenetrável. E suas consequências para a ordem substantiva da história não são plenamente realizadas enquanto durar a história. Mesmo em referência à simbolização adequada, a frase deve ser entendida com as ressalvas apropriadas, pois o significado da história sob a dispensação cristã está tão longe de uma expressão positiva satisfatória hoje como estava na época de Jesus e de sua geração. A frase, assim, significa apenas que levou algum tempo para superar até mesmo as inadequações mais óbvias dos símbolos tradicionais na ordem histórica.

trófico — todos esses elementos estavam presentes, embora ainda não tivesse encontrado o equilíbrio de Malaquias. A completação estava associada a Elias. Por meio de Moisés, seu servo, Yahweh havia concluído a sua aliança com Israel; por meio de Elias, seu mensageiro, nas profundezas da deserção, ele ameaçou os transgressores com julgamento e destruição. Por meio de Moisés, o povo havia dado o salto no ser e ganhado a sua liberdade no presente sob Deus; por meio de Elias, ele foi lembrado de que a escolha de Yahweh poderia ser cancelada e a aliança, desfeita. Ser o Povo Escolhido não era uma garantia de sucesso na história pragmática, mas uma forma de existência que poderia ser perdida do mesmo modo como havia sido ganha. No salto no ser estava incluída a possibilidade da queda do ser. Moisés e Elias, os profetas da ascensão e da queda, completavam-se. A dinâmica da existência sob Deus requeria o admoestador e o restaurador tanto quanto o fundador.

Na dinâmica da existência, Moisés e Elias complementavam-se um ao outro. No processo da história, a fundação do povo por meio de Moisés foi seguida pela deserção de Israel, conforme representada pela dinastia omrida. Elias, o admoestador e restaurador, entrou na história como uma terceira força. O triângulo de forças históricas é essencial para o entendimento da situação. Se a revolta profética não tivesse sido nada além de uma oposição política ao governo de Israel, ela dificilmente teria sido bem-sucedida. Os profetas eram uma força porque nem mesmo a dinastia questionava uma autoridade espiritual derivada de Moisés. Infelizmente, sabemos muito pouco sobre a inter-relação das forças. E, em particular, não sabemos nada sobre as origens de Elias. O profeta apareceu de repente, na presença do rei, e, do nada, anunciou-lhe: "Certo como vive Yahweh, o Deus de Israel, a quem sirvo, não haverá nestes anos nem orvalho nem chuva, a não ser se a minha palavra o ordenar" (1Rs 17,1). Tendo pronunciado essas palavras, ele já não estava mais lá; e o céu permaneceu azul por anos a fio, sem uma gota de chuva. Seca e fome resultaram. Um homem como Elias deve ter sido uma dor de cabeça para um governo, mesmo que a preocupação deste com o bem-estar do povo fosse apenas relativa.

A forma abrupta da interferência do profeta nas questões de Israel merece atenção. Em parte, ela deve ser explicada pela natureza das fontes, bem como pelo uso que o autor de Reis fez delas. Suas principais fontes foram os Atos dos Reis de Israel e os Atos dos Reis de Judá. Dos Atos, o historiador utilizou breves excertos para cada reinado, como os que encontramos para o reinado de Omri em 1 Reis 16,21-18 ou para o reinado de Acab em 16,29-34, e remeteu seus leitores que desejassem mais informações para os próprios Atos. Quando, em 1 Reis 17, a narrativa amplia-se numa riqueza de detalhes referentes à revolta profética, fica claro que os excertos dos Atos são agora interrompidos pelas histórias e lendas sobre Elias, Eliseu e os outros profetas. O aparecimento abrupto de Elias, que no resumo anterior sobre o reinado de Acab não fora sequer mencionado, pode ser explicado, assim, pela combinação de fontes. Todavia, a explicação cobre apenas parte do caminho — e, de modo geral, é aconselhável, ao lidar com a narrativa bíblica, não atribuir peculiaridades de conteúdo à inépcia do historiador. Embora o aparecimento abrupto possa ser explicado pelo início de uma nova fonte, o desaparecimento abrupto depois do pronunciamento de Elias ao rei é parte da própria história. Assim, antes, imaginamos o autor em busca de recursos literários para transmitir a inexplicável subitaneidade de uma irrupção espiritual. A lenda em si lida corajosamente com esse problema representando Elias como o único sobrevivente depois de massacres de todos os profetas javistas por instigação da casa real (18,22; 19,10.14). O quadro é categoricamente incompatível com o aparecimento de profetas javistas individuais, bem como de todo um bando de quatrocentos, como portadores de alerta para Acab em 1 Reis 20 e 22. O propósito só pode ser destacar, pela imagem de solidão, a figura de Elias como o grande oponente espiritual das forças da época.

Do conflito de forças, obtemos um vislumbre aqui e ali por meio de frases que dão uma impressão de autenticidade. Depois de três anos de seca, Elias apareceu novamente diante de Acab. O encontro foi narrado num diálogo conciso (1Rs 18,17-18):

> Quando Acab viu Elias, disse-lhe:
> "És tu mesmo, ave agourenta de Israel?"
> Ele lhe disse:
> "Não sou eu o agourento de Israel, mas tu e a casa de teu pai, porque abandonaste os mandamentos de Yahweh e prestaste culto aos Baalim".

Outro encontro aconteceu quando o casal real havia articulado o assassinato judicial de Nabot a fim de obter a sua vinha. Quando o rei tomou posse da vinha, uma vez mais Elias apareceu (21,20-21):

> Acab disse a Elias:
> "Então tornaste a encontrar-me, ó meu inimigo?"
> Ele respondeu:
> "Tornei a encontrar-te, porque te prestaste a uma ação que é má aos olhos de Yahweh. Farei cair sobre ti uma desgraça".

Numa terceira ocasião, por meio de sua humilhação dos profetas baalistas no monte Carmelo, Elias entrou em conflito direto com a rainha, filha do rei-sacerdote do Baal de Tiro. A frase que resumiu o conflito de forças, a frase inicial de uma mensagem enviada pela rainha ao profeta, é preservada na Septuaginta (19,2), mas não no texto massorético:

> Se és Elias, eu sou Jezebel...

A mensagem em si continha as ameaças que levaram Elias a partir apressadamente das cercanias da residência.

Os três pequenos diálogos revelam as forças a que Elias se opunha e, ao mesmo tempo, revelam como parecia Elias aos poderes da época. Ele era o perturbador de Israel, em oposição ao rei, que tinha de arcar com a responsabilidade da existência política do povo, tanto localmente como nas relações exteriores. Ele era o inimigo pessoal do rei com relação ao mau uso por este último de sua posição em casos como o de Nabot. E era o profeta de Yahweh em oposição ao baalismo representado pela rainha. Em todas essas três relações, fica claro que os poderes da época não podiam aceitar, e de fato não aceitavam, a sua oposição despreocupadamente. Há um toque de intimidade na inimizade quando rei e profeta acusam-se mutuamente de ser os perturbadores de Israel. E há o cansaço da expectativa cumprida no "Tu me encontraste, ó meu inimigo?" do rei. Mesmo a autoafirmação da rainha é defensiva, pois ela precisa se elevar, por meio de um ato formal, à igualdade com o profeta. Há uma obscuridade de tragédia nos encontros, pois a verdade na voz do profeta é sentida mesmo por aqueles que caem sob o seu julgamento. A autoridade em Israel estava de fato passando do reinado para o profeta.

O ataque de Elias era dirigido contra o coração da deserção de Israel, ou seja, contra o culto do Baal. O episódio de 1 Reis 17–18, que começou com o súbito anúncio da seca, questionou o poder do Baal da fertilidade. Se Israel prosperava com ricas colheitas, devia a bênção a Yahweh, não ao Baal. A lição poderia ser ensinada de modo mais convincente pela seca de Yahweh, prolongada até o ponto de causar fome, que o Baal foi incapaz de reverter. Três anos foram considerados suficientes por Yahweh para trazer a convicção. Elias recebeu de seu Deus o aviso de que ele deixaria chover. O profeta, portanto, apresentou-se ao rei e propôs a disputa pública com os profetas de Baal no monte Carmelo. Mas não está entre as propriedades de um povo aprender lições. Quando Elias fez a pergunta (18,21):

> Até quando dançareis num pé e noutro?
> Se é Yahweh que é Deus, segui-o,
> e se é Baal, segui-o.

O povo ficou aborrecido e não respondeu. Uma resposta veio apenas no clímax miraculoso da disputa. Elias orou (18,36-37):

> Yahweh, Deus de Abraão, de Isaac e de Israel, saibam todos hoje que és o Deus de Israel, que eu sou o teu servo e que foi graças a tua palavra que fiz todas estas coisas. Responde-me, Yahweh, responde-me: que este povo conheça que és tu, Yahweh, que és Deus; que és tu que reconduzes a ti o coração do teu povo.

Então, o fogo de Yahweh caiu e consumiu os sacrifícios, o altar e a água nas valas. E, quando o povo viu isso, prostrou-se com o rosto em terra e disse (18,39): "É Yahweh, que é Deus! É Yahweh que é Deus!"

A natureza precisa do javismo de Elias é uma questão controversa entre os historiadores modernos. Teria Elias uma concepção monoteísta da divindade, como é sugerido pelo grito "É Yahweh que é Deus"? Ou reconhecia a divindade do Baal e queria apenas afirmar a jurisdição exclusiva de Yahweh em Israel, como é sugerido pela oração? Os partidários da primeira opinião podem mencionar o escárnio com que Elias se dirigiu a seus *confrères* baalistas em 18,27. Ele os provocou a gritar mais alto, pois, afinal, Baal era um deus: "Ou ele está meditando, ou deu uma saída [isto é, para satisfazer uma necessidade natural], ou está numa viagem, ou talvez esteja dormindo e precise ser despertado!" Ninguém que acreditasse que Baal fosse um deus, argumentam, usaria tal linguagem irreverente. Os defensores da segunda opinião podem citar a oração, bem como a história em 2 Reis 1, em que Elias reconheceu a divindade do Baal-Zebub de Acaron, mas insistiu na jurisdição exclusiva de Yahweh em Israel. Não pretendemos tomar partido na controvérsia, pois suspeitamos que ela seja anacrônica. Pois Elias tinha de lidar não com teologia, mas com o culto de Baal em Israel. Se Yahweh era Deus em Israel, esse culto tinha de ser abolido, fosse ou não Baal um deus. O objetivo primário a ser atingido era o monopólio do culto de Yahweh. Além disso, é bastante possível, e de fato provável de acordo com várias formulações, que a experiência de Deus de Elias fosse suficientemente profunda e clara para discernir Yahweh como Deus ao lado de quem nenhum outro deus poderia ser mantido, porque não eram deuses.

As aflições do mensageiro de Deus não eram de natureza teológica. Seu perigo era a desesperança. A disputa com os profetas baalistas havia terminado com a vitória de Yahweh — embora a matança dos inimigos deva ser interpretada com reservas tanto quanto a matança em peso dos profetas javistas. Todavia, quando o milagre aconteceu e a chuva começou a cair, tudo continuou como sempre no que se referia ao culto de Baal. A missão de Elias terminara em fracasso. Além disso, sua vida estava em perigo. Ele fugiu da região, acompanhado apenas de um servo. Em Bersabeia, em Judá, deixou seu servo e foi sozinho para o deserto, a um dia de viagem. Lá, sentou-se sob uma árvore para morrer.

Elias no deserto é uma das grandes cenas da história da humanidade. O tema do êxodo a percorre — mas num novo tom espiritual. Moisés havia conduzido o seu povo do Xeol da civilização para o deserto; e do deserto, onde o povo encontrou o seu Deus, para Canaã. Agora, Israel e Canaã haviam se tornado o Xeol; e Elias foi para o deserto sozinho, sem um povo. Quando a existência em liberdade sob Deus fracassou, chegou o momento para a última emigração, para a morte. Ou, pelo menos, isso é o que Elias deve ter sentido. Pois, no deserto, Deus novamente se revelou. Um anjo veio a Elias em seu sono e ordenou-lhe que seguisse para o monte Horeb. Fortalecido pelo alimento miraculoso e pela ordem de Yahweh, ele empreendeu a longa viagem. E, no monte Horeb, Yahweh lhe apareceu (19,11-13):

> E eis que Yahweh passou.
>
> E um vento forte e poderoso fendia a montanha e arrebentava as rochas diante de Yahweh. Mas Yahweh não estava no vento.
>
> Depois do vento veio um terremoto. Mas Yahweh não estava no terremoto.
>
> Depois do terremoto, um fogo. Mas Yahweh não estava no fogo.
>
> E, depois do fogo, um som de suave tranquilidade.
>
> Assim que Elias o ouviu, ele cobriu o rosto com o manto, saiu e postou-se à entrada da gruta.
>
> E eis que lhe veio uma voz e disse:
> "O que estás fazendo aqui, Elias?"

O que, de fato, ele estava fazendo ali? Quando a maquinaria sensível do aparecimento divino cessou em seu devido momento — preparando o aparecimento, mas sem ser o aparecimento propriamente dito — houve uma suave tranquilidade. E, nesse momento, o simbolismo sensível de Êxodo, Deserto, Canaã e Morte se desfez e revelou o seu segredo como a vida do espírito aqui e agora no mundo. Como o prisioneiro de Platão, depois da visão do *Agathon*, precisa retornar à Caverna e unir-se novamente a seus colegas prisioneiros, também Elias é enviado de volta, pela suave tranquilidade, da Montanha de Deus para Israel.

A tarefa de Elias no mundo para o qual ele retornou era o estabelecimento da sucessão profética. No caminho de volta do Horeb ele encontrou Eliseu e jogou seu manto sobre ele. "Então Eliseu levantou-se e seguiu Elias como seu servo" (19,19-21). Quando a morte se aproximou — a morte desejada por Deus, não a morte de desespero —, Elias desceu até o Jordão com seu sucessor. Ali, na margem do rio, ele tomou seu manto, enrolou-o e bateu nas águas. Estas se dividiram como o mar Vermelho havia feito diante de Moisés e de Israel, de modo que os dois pudessem atravessar em solo seco. Essa foi a travessia para o último Deserto e para a sua liberdade. "Enquanto ainda andavam e conversavam, eis que um carro de fogo e cavalos de fogo separaram os dois. E Elias subiu ao céu num turbilhão" (2Rs 2,11). Eliseu viu e gritou: "Meu pai, meu pai! O carro de Israel e seus cavaleiros!" Depois, tomou o manto que havia caído de Elias, usou-o como Elias havia feito para separar as águas do Jordão e caminhou de volta para o mundo.

Parte 4
Moisés e os profetas

Capítulo 11
A Torá deuteronômica

1 Os profetas e a ordem de Israel

A história como o presente sob Deus foi a forma interior da existência de Israel. Assim como havia sido ganha por meio de Israel e da *berith*, também poderia ser perdida se o povo desertasse Yahweh e suas instruções. Sempre que ocorresse uma crise de deserção, seria função do "*malakh* da *berith*" lembrar ao povo as suas obrigações, para restaurar a sua forma interna. Embora o fenômeno do profetismo não seja de modo algum esgotado por essa caracterização, a função do *malakh* deve ser o guia para a sua interpretação num estudo da ordem israelita.

Quando a função do profeta é definida em tais termos tornam-se claras tanto a precariedade da ordem israelita como as dificuldades da tarefa do profeta. Acima de tudo, o profeta a quem Yahweh dizia sua palavra poderia chegar à conclusão de que a situação era sem esperança e devolver o seu mandato a seu Deus. Essa foi a conclusão a que Elias chegou e, no plano da história pragmática, era uma possibilidade que os profetas potenciais renunciassem à sua missão diante de sua futilidade. Israel poderia, de fato, ter recaído a uma nação entre as demais e Yahweh poderia ter acabado como uma das muitas divindades do Oriente Próximo. O espírito de Yahweh, contudo, provou ser um poder em si próprio na pessoa de Elias. O profeta não poderia se desesperar de seu povo sem desesperar-se do espírito; ele não poderia ir para o deserto a fim de morrer em Deus. O espírito, embora não fosse deste mundo, era, ainda assim, experimentado como a fonte da sua ordem; e a solidão de que ele sofria na existência histórica não podia ser aliviada pela solidão do escape. A fuga para o monte Horeb foi interrompida pela pergunta: "O que estás fazendo aqui?"

A experiência de Elias impediu a reversão do salto no ser. O lugar do *malakh* era com seu povo. Ainda assim, quando o profeta, em obediência à ordem contida na pergunta divina, voltou sobre seus passos, ele se deparou no caminho de volta com a outra pergunta, o que ele e seus sucessores deveriam fazer no mundo. A situação em que os profetas se encontravam era de fato desesperadora, porque estava carregada das complicações da existência pragmática de Israel. Pois, por um lado, quando os profetas obtinham certo grau de sucesso, como aconteceu na revolta de Jeú, eles punham em perigo as relações diplomáticas de que dependia a sobrevivência do país; e quando, por outro lado, a existência do povo como uma comunidade organizada estava ameaçada de aniquilação, o valor de uma aliança com Yahweh, que incluía a promessa de um futuro glorioso em Canaã, tornava-se duvidoso.

Assim, sob o impacto do movimento profético, desenvolveram-se as vacilações na adesão à ordem javista que acompanharam a história do povo do século IX até os períodos helenístico e romano. Sob a pressão dos impérios, Israel assimilava-se à cultura dos vizinhos mais poderosos e, então, sofria um renascimento de nacionalismo javista que precipitava um desastre político. O afrouxamento diplomático da ordem javista sob a dinastia omrida, no século IX, provocou a revolta profética que tornou uma política de aliança impossível. Dois séculos depois, a assimilação ao panteão assírio, sob o reinado de Manassés em Judá, provocou a reforma deuteronomista que endureceu desastrosamente a resistência à Babilônia. E a mesma tensão ainda estava presente, no período macabeu, nas lutas entre helenizantes e zelotes nacionalistas. Os próprios profetas eram pegos mais ou menos impotentemente entre as forças da época. Um Jeremias, por exemplo, foi primeiro um propagandista da reforma deuteronomista, porque ela punha em prática as exigências proféticas para a purificação do javismo; depois, foi seu oponente, quando reconheceu a Torá deuteronômica como uma ossificação do espírito profético; e, por fim, dita a tradição verossímil que ele foi morto no Egito por judeus que atribuíam a queda de Jerusalém à ira das divindades estrangeiras que haviam sido insultadas pelas reformas proféticas. O presente sob Deus havia se tornado um impasse suicida quando concebido como a instituição de um pequeno povo em oposição aos impérios.

As escrituras de Israel tornaram-se o Antigo Testamento da Cristandade e o *dabar* profético de Yahweh para seu povo tornou-se a palavra de Deus para a humanidade. Hoje é necessário um esforço de imaginação para entender que os profetas estavam preocupados com a ordem espiritual de um povo concreto, do povo com quem Yahweh havia entrado na *berith*. Nas condições da história de Israel, a concretude de sua tarefa punha-nos diante de problemas que jamais foram totalmente resolvidos. Por um lado, a experiência profética movia-se em direção à clareza do entendimento de que Yahweh era não só o único Deus ao lado de quem Israel não deveria ter nenhum outro deus, mas o único Deus para todos os homens além de quem nenhum outro deus existia. Por outro lado, o Israel concreto estava mudando a sua identidade dos clãs hebraicos da conquista e da amalgamação com os cananeus para o povo do império davídico que incluía Judá, depois para os reinos divididos e, então, para Judá isoladamente e, por fim, para a organização da comunidade pós-exílica em torno do Templo restaurado. Yahweh tendia a se tornar um Deus universal da humanidade, enquanto o Israel multiforme tornava-se cada vez menor. Assim, os profetas encontravam-se divididos pelo conflito entre universalismo espiritual e paroquialismo patriótico que estivera presente desde o início na concepção de um Povo Escolhido.

A tensão viria a atingir proporções trágicas quando se tornou plenamente consciente, no símbolo exílico no Dêutero-Isaías do Servo Sofredor pela humanidade, antes de se dissolver anticlimaticamente nas reformas restritivas de Neemias e Esdras. Todavia, mesmo quando os remanescentes do povo haviam se retirado dessa maneira para dentro de sua concha, a consciência do dilema permanecia viva, como no autor desconhecido do livro de Jonas. Nessa data bem posterior, porém, na história de um profeta que recebeu de Yahweh a ordem de salvar Nínive com sua pregação, mas tentara esquivar-se do comando divino fugindo na direção oposta, a consciência tornara-se irônica:

> A palavra de Yahweh veio a Jonas. [...] Levanta, vai até Nínive, a grande cidade, e prega contra ela. [...] Então Jonas levantou-se e fugiu para Társis, para longe da presença de Yahweh.

Não é obrigatório que se concorde com os críticos esclarecidos que consideram Jonas o livro mais profundo do Antigo Testamento, mas também não se deve esquecer que no século IV, dentro da órbita da literatura canonizada, o dilema trágico de Israel havia adquirido um toque cômico.

Embora na literatura pré-exílica de Judá o dilema certamente não tivesse nada de cômico, às vezes somos levados a nos perguntar a que ponto as implicações trágicas de fato se tornaram plenamente conscientes. É verdade que os problemas foram claramente articulados, mas a articulação não provocou nenhuma reflexão; os conflitos foram submergidos, por assim dizer, por uma vontade fanática de existência coletiva. A catástrofe do Reino do Norte teve as sérias repercussões na experiência de ordem judaíta que se expressaram na criação da Torá deuteronômica, e deve-se supor que tal reorganização radical dos símbolos teria despertado algumas observações críticas, expressões de pesar ou apologia reflexiva. Israel, afinal, havia perecido; e Judá era o herdeiro sobrevivente de suas tradições. A transferência, no entanto, não causou nada mais do que a ligeira oscilação de terminologia que pode ser observada em Isaías e Miqueias. Numa frase como "O Santo de Israel", por exemplo, o termo *Israel* ainda significava para Isaías a comunidade que fora constituída por Yahweh por meio da *berith*. Mas também podia absorver as contingências políticas e significar o povo organizado nos dois reinos, como no versículo 5,7:

> Pois a vinha de Yahweh dos exércitos é a casa de Israel,
> E os homens de Judá são a sua plantação preciosa.

E, uma vez que o Yahweh de Israel havia se tornado o Yahweh dos reinos, o Judá politicamente separado podia se introduzir no simbolismo de Israel, como em 8,14:

> Pois para ambas as casas de Israel ele se mostrará um santuário,
> Uma pedra de tropeço e uma rocha de topada.

Do Judá que havia se tornado uma das casas de Israel, então, era só mais um pequeno passo até o Judá que, no fato político, se tornara a única casa de Israel depois dos desastres de 734 e 722, como em Miqueias 3,1:

> Ouvi, pois, chefes de Jacó
> E governantes da casa de Israel.

A facilidade da transição, a prestidigitação pela qual o Israel que havia perdido a sua existência política foi lançado para fora de sua existência simbólica e substituído por Judá, lembra a brutalidade carismática de Davi em sua aceitação de sucesso e sobrevivência.

Com brutalidade similar, a retórica esplêndida do Deuteronômio passa por cima da tensão entre o Deus único da humanidade e o Yahweh que é posse pessoal de Israel (agora, de Judá). Deuteronômio 4,35 adverte o povo: "A ti foi concedido ver, para que soubesses que Yahweh é Deus, e ninguém além dele"; e 4,39 continua: "Reconhece isso hoje e guarda em teu coração, que Yahweh é Deus, nos céus acima e na terra abaixo, ninguém mais". Como a linguagem não é limitada por ressalvas, os versículos podem ser entendidos (como de fato o são por alguns historiadores) como a primeira formulação de monoteísmo teórico. No entanto, surgirão dúvidas quanto ao seu significado preciso quando lermos em 6,4-5 a famosa invocação:

> Ouve, ó Israel: Yahweh — Nosso Deus, Yahweh — Único!
> E deves amar Yahweh teu Deus com todo o teu coração e toda a tua alma e toda a tua força!

Pois a unicidade de Yahweh, como o contexto mostra, é compatível com a existência dos deuses de outros povos, que Israel é advertido a não seguir (6,13-15). E a unicidade e a universalidade de um Deus de toda a humanidade são, além disso, difíceis de conciliar com a rendição das cidades, casas e propriedades de outros povos a Israel (6,10-12) ou com a ordem de exterminar os povos conquistados a fim de não ser contaminado pelos seus deuses (7,1-5; 7,16-26). Uma vez mais, porém, parece ser o Deus universal quem, por um ato espontâneo de amor, escolheu Israel para a aliança (5,2) e consagrou-o como seu povo preferencialmente a outros povos que ele também poderia ter escolhido (7,6-8). E Israel recebe a garantia de que "Yahweh, teu Deus, ele é Deus; o Deus fiel, que mantém a aliança e a confiança com aqueles que o amam e observam os seus mandamentos, até mil gerações" (7,9). Do conflito de formulações só se pode concluir que o nível de articulação doutrinária, de uma "teologia", não foi mais atingido pelo Deuteronômio do que pelos documentos anteriores que estudamos. Na verdade, a tendência a um entendimento diferenciado do Deus único e universal é evidente, mas ainda está tão profundamente entranhada na experiência compacta do povo e de seu destino que o contexto tira das passagens monoteístas o significado que elas teriam em isolamento. A cruza da existência coletiva ainda não admitirá a dissolução na liberdade de almas individuais, israelitas ou não, sob Deus.

2 Os discursos de Moisés

O livro do Deuteronômio é o símbolo em que o espírito dos profetas fundiu-se com a vontade judaíta de existência coletiva. De acordo com as conjecturas mais plausíveis, ele é obra de sacerdotes sob influência profética, ou em cooperação com discípulos da geração de Isaías e Miqueias, que precisaram lidar com o problema de uma ordem javista para Judá durante o reinado de Manassés (692-639). Ele é um código de leis, elaborado na forma de discursos de Moisés, a fim de dotar as exigências do *malakh* da autoridade do fundador.

O tempo suposto de sua criação, o período do maior poderio assírio sob Asaradon (681-668) e Assurbanipal (668-625), foi também o período da assimilação mais intensa de Judá à civilização cosmológica circundante. A enumeração dos atos de purificação de Josias, em 2 Reis 23, sugere a extensão das deserções do javismo: nos pátios do templo, Manassés havia construído altares para as divindades do panteão assírio, bem como para os exércitos dos céus (2Rs 21,5), que agora tinham de ser removidos (23,4-5), e havia um carro e cavalos dedicados ao deus-sol (23,11); os ministros e servos de algum culto de fertilidade, que haviam recebido alojamento no templo, foram expulsos (23,7); os altares no terraço para deuses astrais tiveram de ser demolidos (23,12); o rei-reformador, além disso, tentou abolir a queima de crianças em oferenda a Moloc (o Baal-Melek) (23,10), um sacrifício que o próprio Manassés havia realizado (21,6); e, por fim, os santuários de deuses estrangeiros estabelecidos por Salomão para suas esposas foram profanados na limpeza geral (23,13). À sombra do poderio assírio, é evidente, o governo e o povo de Judá haviam aceitado os deuses dos exércitos mais fortes em sua cultura religiosa, como era habitual para os vencidos na época. Apesar de tal completa assimilação, porém, não há razão para pressupor que o culto do próprio Yahweh tivesse sido afetado durante o período. Os profetas do século VIII, afinal, haviam feito o seu trabalho; e o miraculoso escape de Jerusalém de ser conquistado por Senaquerib em 701 havia aumentado grandemente o prestígio de Yahweh como um Deus local e territorial. Além disso, os reis da dinastia davídica continuaram a governar como os "filhos de Deus" sob o "Yahweh que criou os céus"; e é bastante possível que algumas das fórmulas dos Salmos Imperiais só tenham alcançado sua popularidade sob Manassés. Yahweh pode bem ter se aproximado, naquele reinado, da posição de um Senhor dos Céus semelhante à do Anu mesopotâmico, já que na época de Jefté ele havia se tornado um Camos israelita e, na época de Salomão, talvez uma divindade próxima do Amon egípcio. De qualquer modo, Yahweh moveu-se incólume, como o único Deus de Israel, pelas nuvens mitológicas da época.

Sob Manassés, o Deuteronômio pôde ser concebido e escrito, mas não pôde atingir o público. Na verdade, o monopólio de culto de Jerusalém proporcionado pela nova Torá havia feito sérias concessões a sentimentos populares, na medida em que (1) a concentração nos aspectos cultuais do javismo abandonou a insistência profética na pureza de coração e (2) o monopólio do culto em Jerusalém atribuiu ao templo uma qualidade fetichista, comparável à concessão que Maomé teve de fazer quando deixou a Kaaba em Meca para o povo. Apesar de tal diluição, porém, o rei, ainda que estivesse inclinado para tanto, não podia tolerar uma oposição javista efetiva, uma vez que isso teria posto em perigo as relações com o vizinho poderoso. E a lacuna entre a geração de Isaías e Miqueias (*c.* 740-690) e a de Sofonias, Naum e Jeremias (*c.* 637-580) sugere que os profetas foram levados à clandestinidade. Assim, o manuscrito da nova Torá, embora preservado no Templo, caiu no esquecimento, para ser redescoberto apenas por volta de 622/621, no reinado de Josias. Nessa época, o poder assírio já havia passado pelo seu auge e Nínive já havia experimentado o primeiro cerco de Ciaxares em 625. O grupo profético, com o rei favoravelmente inclinado, pôde tornar público o código redescoberto e tê-lo aplicado como a lei do reino.

A história da descoberta e promulgação é contada em 2 Reis 22–23. O código, ao que parece, havia sido realmente esquecido e foi descoberto por acidente, embora, muito possivelmente, os descobridores sacerdotais conhecessem a natureza e a origem de seu achado. Uma profetisa, Hulda, foi consultada para autenticar o "livro da lei" por uma palavra direta de Yahweh; e Hulda atendeu prometendo a vingança terrível de Yahweh pela deserção da lei conforme expressa no livro e, ao mesmo tempo, um adiamento da execução se o pio Josias retornasse à obediência junto com seu povo. Em consequência disso, numa cerimônia solene (23,1-3), depois de o código ter sido lido para o povo reunido, o rei "postou-se junto ao pilar" e fez uma *berith* diante de Israel para obedecer às cláusulas decorrentes da aliança, conforme expressas no livro, e "todo o povo aderiu à *berith*". O texto promulgado na ocasião é diversamente designado como "o livro da Torá" (22,8), "as palavras do livro da Torá" (22,11), "as palavras da Torá escritas no livro" (23,24) e, numa passagem provavelmente pós-exílica, "a Torá de Moisés" (23,25); também é chamado de "livro da Aliança" (23,2.21). Como o texto havia sido objeto de revisões editoriais antes de ser incorporado no Deuteronômio atual, seus limites precisos só podem ser conjecturados. Os capítulos 31–34, que relatam a morte de Moisés, certamente devem ser excluídos do texto, uma vez que pertencem à narrativa J e E. Dentro dos capítulos 1–30 restantes, deve-se distinguir a Torá propriamente dita (12–26) da introdução (1–11) e da conclusão (27–30). Os capítulos introdutórios apresentam elementos de pelo menos três introduções, os capítulos finais de pelo menos duas conclusões, enquanto a própria Torá revela, por suas repetições, a inclusão de versões alternativas. Assim, o Livro da Torá original deve ter sido um documento mais curto e mais coesamente construído[1].

---

[1] Pressupomos a identidade do Deuteronômio, isto é, de seu núcleo original, com o livro de leis de Josias, pressuposição que tem permanecido predominante desde DE WETTE (1805). Na

3 As instruções de Yahweh e a Torá de Moisés

Uma interpretação do código deuteronômico e de sua história deve distinguir a descoberta do manuscrito como um objeto físico de sua descoberta como a Torá de Moisés. O manuscrito como um objeto físico pode ter sido de fato guardado depois de ter sido completado, uma vez que não poderia ser posto em nenhum uso público; pode ter sido de fato esquecido e encontrado acidentalmente, embora seja provável que a sua descoberta tenha sido auxiliada pela lembrança de sua existência por alguém e pela vaga ideia de que ele poderia ser de interesse nas novas circunstâncias políticas. Não se pode presumir, no entanto, que o círculo sacerdotal a que o descobridor pertencia não soubesse o que havia encontrado. Eles deviam saber que aquilo que tinham em mãos não era a "Torá de Moisés", mas uma produção literária, concebida e escrita por um ou mais membros de seu próprio grupo havia não mais do que uma geração. Quando concordaram em ter descoberto não um manuscrito de data comparativamente recente, mas a genuína Torá de Moisés, eles entraram no mito criado pelo autor do livro, embora as fontes não revelem o grau de deliberação de nenhuma das pessoas envolvidas. Também não se pode presumir que os historiadores de 2 Reis não conhecessem a origem do Deuteronômio e as verdadeiras circunstâncias de sua "descoberta"; eles também entraram no mito quando escreveram sua história em aparente boa-fé. Assim, temos de lidar com uma complicada forma simbólica que vai da narrativa de 2 Reis, passando pelo jogo de descoberta e promulgação conforme relatado na narrativa, até chegar ao mito criado pelo autor do código conforme representado pelos descobridores, e ainda às tradições sobre Moisés na medida em que elas entraram no mito e, por fim, ao próprio Moisés.

Num contexto anterior, quando tivemos de mencionar o problema do Deuteronômio, sugerimos brevemente a teologia menfita como um caso pa-

---

década de 1920, a data do século VII foi frequentemente questionada. G. Hoelscher quis avançar a data para o século VI ou V (1922); A. C. Welch quis movê-la para trás até o período salomônico (1924). Sobre a gênese literária e a estrutura do Deuteronômio, bem como sobre a controvérsia que o cerca, cf. Lods, *Histoire de la Littérature Hébraique et Juive*, 345 ss.; sobre as variadas teorias desde 1920, C. R. North, Pentateuchal Criticism, in Rowley (ed.), *The Old Testament and Modern Study*, 48 ss. A forma sobrevivente do Deuteronômio parece ter como modelo a Perícope do Sinai (Êxodo 19-24). As principais divisões são: (1) relato histórico dos acontecimentos do Sinai e parênese (Dt 1-11); (2) leitura da Lei (Dt 12-26); (3) a Aliança (Dt 26,16-19); (4) bênção e maldição (Dt 27 ss.). Sobre essa questão, cf. von Rad, *Das Formgeschichtliche Problem des Hexateuchs*, 24.

ralelo. A comparação estendeu-se ao elemento de consciência, em ambos os casos, na criação de um mito de ordem política. Para além desse ponto, no entanto, as diferenças entre os dois casos tornar-se-ão esclarecedoras. A teologia menfita é um conjunto de histórias sobre os deuses, habilmente produzidas para fazer que a unificação do Egito e a fundação de Mênfis parecessem a manifestação social de eventos na esfera cósmico-divina. Ela é um mito genuíno no sentido de que coloca a fundação da ordem egípcia na forma apropriada de símbolos cosmológicos. O Deuteronômio, por sua vez, não é uma história sobre os deuses, mas sobre um personagem histórico. O autor desconhecido apresenta o povo de Israel no momento de sua entrada na terra prometida; o Êxodo e o Deserto ficaram para trás, Canaã está à frente. Nesse ponto crítico de sua história, Moisés reúne o povo e pronuncia os discursos que contêm as *toroth* deuteronômicas (1,1-5; 4,45-49).

Embora seja justificável falar nessa narrativa como um mito, como vamos ver a seguir, a sua estrutura deve ser cuidadosamente distinguida daquela da teologia menfita, pois o mito deuteronômico é secundário no sentido de que foi enxertado na forma simbólica não mítica da história israelita. A peculiaridade da estrutura torna-se clara por meio de uma comparação com o Livro da Aliança, que estudamos no capítulo anterior. Na narrativa do Êxodo, que se apoia nos historiadores J e E, não há Moisés interposto como orador entre o autor e os eventos narrados; o historiador fala em atenção direta a seu objeto e conta a história da constituição efetiva de Israel por meio da *berith* com Yahweh (ainda que a história tenha sido paradigmaticamente elaborada pela inserção de novos materiais jurídicos). Yahweh, Moisés e o povo são os atores no drama do qual Israel surge como o Povo Escolhido no presente sob Deus. Em Êxodo, movemo-nos na esfera da história paradigmática; e, na medida em que essa forma simbólica é elaborada pelos historiadores com base em tradições, em continuidade com os próprios eventos, a história de Êxodo é, por sua natureza de uma criação original, mais próxima da teologia menfita do que o Deuteronômio, embora as formas simbólicas criadas nos dois casos difiram profundamente. Em Deuteronômio, a história da *berith* não é mais contada em continuidade com as tradições. Moisés é agora o historiador fictício que conta a seu povo a história sua e deles de êxodo, *berith* e deserto e apresenta-lhes a alternativa da bênção ou da maldição (11,26-29):

Vede,
Coloco diante de vós uma bênção e uma maldição:

> A bênção: se obedecerdes aos mandamentos de Yahweh, vosso Deus, que vos ordeno hoje;
>
> A maldição: se não obedecerdes aos mandamentos de Yahweh, vosso Deus, e vos desviardes do caminho que eu vos ordeno hoje, para ir atrás de outros deuses que não conhecestes.

Moisés, não Yahweh, coloca diante do povo uma bênção e uma maldição; Moisés, não Yahweh, ordena o caminho do qual o povo não deve se desviar. As palavras e os comandos que, em Êxodo, emanam de Yahweh fluem no Deuteronômio da autoridade de Moisés. A constituição efetiva de Israel em forma histórica por meio de Deus tornou-se, no Deuteronômio, uma história do passado na qual é enxertada a autoridade legislativa do Moisés fictício.

O autor do povo — se podemos tomar emprestada a expressão de Giambattista Vico — tornou-se o autor de um livro; a existência no presente sob Deus foi pervertida numa existência no presente sob a Torá. Essa perversão não foi uma recaída no mito cosmológico, pois a lembrança do salto sinaítico foi preservada como o pano de fundo que legitimava os discursos de Moisés, mas ainda assim participava do mito, no sentido de que a existência imediata sob Deus era agora rompida pela mediação do autor fictício da Torá. O Moisés da Torá deuteronômica deve ser comparado, quanto à sua função, ao faraó como o transformador da *maat* cósmico-divina na *maat* estatutária da ordem social. Enquanto o presente sob Deus não dava espaço a um faraó vivo, o homem a quem Deus falou face a face era agora embalsamado e tornava-se um faraó mumificado.

Quando as instruções de Yahweh foram transformadas na Torá de Moisés, foi marcada uma época na história de Israel — se podemos usar o termo de modo livre de forma a incluir o sucessor judaíta —, pois a continuidade da tradição era agora rompida pela introdução de um novo elemento mítico. A tradição, na verdade, não havia desaparecido e era preservada no conteúdo dos discursos deuteronômicos. Todavia, um rompimento ocorrera, quando o presente sob Deus tornara-se o passado sob Deus. A Torá de Moisés não era a constituição viva de Israel em continuidade histórica, mas um mito arcaístico pelo qual o autor tentava reconstruir, no espírito de Israel, um Judá que estava a ponto de desaparecer no Xeol da civilização. A experiência original da *berith* não estava mais suficientemente viva para ser uma fonte de ordem que fluía livremente na comunidade, mas ainda era uma força viva o bastante para recapturar a si mesma pela violência de um artifício.

A palavra de Deus havia se tornado o Livro da Torá, escrito por um Moisés que se tornara uma múmia faraônica. Um novo mito fora criado, com consequências tão amplas quanto inesperadas. Vamos sugerir brevemente os efeitos mais evidentes do mito, pois eles se fazem sentir ainda hoje e afetam os métodos de interpretação escritural:

(1) Os discursos (palavras — *debharim*) de Moisés, que em sua forma presente compreendem os capítulos 1–30 do Deuteronômio, são o primeiro livro pseudepigráfico da literatura hebraica. Quando os historiadores D e P inseriram o livro nas narrativas J e E, seu caráter pseudepigráfico impregnou vastas seções do trabalho historiográfico. Como pareceu apropriado interpolar os discursos imediatamente antes das tradições referentes à morte de Moisés, o atual Deuteronômio 31–34 tornou-se parte do livro dos discursos, de modo que a autoria de Moisés estendeu-se à narrativa de sua própria morte. Além disso, todo o corpo da narrativa até a morte de Moisés encaixou-se na forma do novo mito: os códigos Sacerdotal e de Santidade foram interpolados, como o atual livro de Levítico, na narrativa; a autoria de Moisés foi estendida para incluir a história desde Gênesis; e mesmo o caráter de "torá" foi transferido para a obra historiográfica. A evolução para os Cinco Livros de Moisés como a Torá deve ter sido completada por volta de finais do século V, pois os israelitas de Samaria, que na época começavam a se separar dos judeus de Jerusalém, puderam adotar o Pentateuco, isoladamente, como a sua escritura sagrada.

A autoria mosaica do Pentateuco permaneceu incontestada durante os mil e quinhentos anos seguintes. Os primeiros questionamentos cautelosos foram levantados por R. Isaac de Toledo (982-1057 d.C.) e R. Abraham ibn Ezra (1088-1167 d.C.), quando estes reconheceram certas passagens, que se referiam a eventos e instituições posteriores, como inconciliáveis com a autoria de Moisés. Eles não encontraram seguidores imediatos, porém, e mais quatrocentos anos de silêncio se passaram antes que o questionamento de detalhes se tornasse mais frequente na sequência da Reforma. Do século XVIII em diante pode-se falar de uma ocupação crítica contínua com a estrutura da narrativa bíblica até que no século XIX, com a hipótese de Graf-Wellhausen, foi estabelecida a base sólida para a crítica do Pentateuco. O mito de Moisés, assim, durou dois milênios e meio antes de ser finalmente dissolvido e antes de um quadro confiável da gênese e da estrutura dos livros do Pentateuco ter sido obtido por meio dos esforços de gerações de estudiosos do Antigo Testamento. Apenas no século XX tornou-se possível, portanto, discernir por trás do Moisés mítico os contornos gerais do homem que criou a história como a forma interior da existência humana em sociedade.

(2) O mito de Moisés-o-autor não teria resistido tão tenazmente à dissolução se não tivesse encontrado abrigo na concepção da Bíblia como a "palavra de Deus". As origens da concepção ainda podem ser discernidas na fraseologia ambígua referente à recepção do Livro da Torá por Josias, em 2 Reis 22–23. Quando o rei ouviu "as palavras do Livro da Torá" (22,11), ficou chocado e assustado. Não só os pais não haviam obedecido às "palavras do livro", como agora seria de esperar que Yahweh agisse a qualquer dia "de acordo com tudo o que estava escrito ali com relação a nós" (22,13). As suspeitas do rei quanto ao castigo divino iminente foram confirmadas pela profetisa Hulda: Yahweh estava agora mesmo prestes a trazer a desgraça para o local e seus habitantes, "ou seja, todas as palavras do livro que o Rei de Judá leu" (22,16). Para evitar o desastre, o rei aceitou o livro como a lei do reino na cerimônia anteriormente mencionada; e, uma vez mais, na ocasião foram lidas "todas as palavras do Livro da Aliança que foi encontrado na casa de Yahweh" (23,2). Nas várias passagens, o termo *palavra* não se refere apenas aos mandamentos do Decálogo, ou às provisões das leis rituais, constitucionais, criminais e civis, mas também à introdução e à conclusão, que contêm a história resumida de êxodo, *berith* e deserto, bem como a bênção e a maldição. A "palavra de Yahweh", assim, foi expandida para incluir "todas as palavras que estão escritas no livro"; além disso, as *toroth*, as instruções dirigidas por Yahweh ao seu povo, foram expandidas num novo gênero de escritura, a Torá; e a nova escritura, por fim, foi elevada a uma posição especial de santidade por meio de um tipo de ato que, por ocasião de sua recorrência posterior, veio a ser chamado de "canonização". As consequências da expansão e da canonização fizeram-se sentir de imediato na tensão entre a palavra de Deus que fora mumificada no texto sagrado e a palavra de Deus que continuava a ser falada pela boca de seus profetas. Pode-se imaginar como Jeremias deve ter ficado horrorizado quando viu a conformidade da ação à letra da lei suplantar a obediência do coração ao espírito de Deus.

O mito da Palavra teve um sucesso ainda maior do que o mito de Moisés. De sua origem na Torá deuteronômica, ele impregnou não só o Pentateuco, mas todo o conjunto de literatura que acabou sendo incluído no cânon rabínico; e impôs a sua forma, por meio da canonização, também à literatura cristã. Embora não tenha destruído a vida do espírito, mostrou-se inevitavelmente um obstáculo para o seu livre desenvolvimento. Pois, quando as circunstâncias históricas sob as quais a palavra de Deus é revelada ao homem são dotadas da autoridade da própria palavra, a hipoteca das circunstâncias imanentes ao mundo, de que falamos anteriormente, torna-se algo como um íncubo sagrado. Elaborações estatutárias, que se destinam a penetrar a ordem social com o espírito do Decálogo "essencial" sob variadas condições econômicas e políticas, tendem a se tornar fósseis canônicos e impedir reformas ulteriores. Elaborações míticas da origem do mundo na criatividade divina, como as encontramos no Gênesis, são entendidas literalmente como informações sobre a física do universo e dão nascimento a formidáveis "conflitos entre ciência e religião". E o mito da Palavra se estende mesmo às traduções, de modo que a correção filológica de alguns equívocos de tradutores antigos será condenada por fundamentalistas como uma interferência com a "palavra de Deus". O mito da Palavra, por fim, teve uma carreira prodigiosa nos séculos modernos, pois a fadiga da ordem espiritual no final do período medieval levou a um movimento de reforma que, de uma maneira estranhamente semelhante à reforma deuteronômica do século VII a.C., atribuiu ao Novo Testamento a função de uma Torá do verdadeiro cristianismo. E a reafirmação veemente do mito na esfera cristã foi seguida pela expansão de sua forma nos vários movimentos de credo gnósticos, como, por exemplo, na criação comteana de uma Torá para a *religion de l'humanité*, ou na formação de uma Torá marxista no movimento comunista.

4 A regulação da revelação

Devido às características delineadas acima, a Torá deuteronômica tornou-se mais que um livro entre outros na Bíblia. Se tivesse permanecido como o exercício literário de seus autores desconhecidos, talvez preservada e descoberta apenas séculos mais tarde como um pergaminho esquecido, ela não seria mais do que um vestígio do grau em que a existência na forma histórica havia enfraquecido no reinado de Manassés. Círculos sacerdotais e proféticos, teríamos de dizer, haviam sido capazes de transformar o Moisés histórico numa figura romanceada. A descoberta do manuscrito no momento oportuno, no entanto, bem como a sua aceitação como a forma simbólica para o reino de Judá na última geração de sua existência fizeram dele o núcleo cristalizado da Bíblia. Seria mesmo possível dizer que não haveria Bíblia, ou seja, não haveria Livro se *o* livro não tivesse metamorfoseado a história de

Israel na Torá e a existência sob Deus em existência sob a Lei escrita. Essa é uma realização estranha para um livro; e sugere forças mais fortes do que mero capricho literário, ou a habilidade de um codificador, ou o momento propício da descoberta.

A Torá não poderia ter tido o seu resultado fatídico se o gênio do autor desconhecido não tivesse resumido e trazido à sua realização motivações seculares da ordem israelita, remontando pelo menos ao tempo da revolta profética no Reino do Norte. No capítulo anterior, na seção sobre o Livro da Aliança, estudamos a resposta peculiar à crise do século IX. O "esquecimento" do povo sobre as *toroth* de Yahweh provocou a construção de um código paradigmático, organizado nas *debharim* e nas *mishpatim* — ou seja, em um Decálogo de princípios seguido por elaborações estatutárias e conselhos de conduta. A natureza da obra foi peculiar no sentido de que ela não era nem um código de leis promulgado pela administração real, nem, provavelmente, sequer idealizada por seus autores como um projeto a ser posto em prática, nem uma coleção de leis de fato observadas, mas, antes, uma tentativa de expressar na forma de instruções divinas (em suas variedades de palavras, leis-"se" e conselhos) o que, sob condições helenísticas, teria se tornado uma filosofia da ordem certa apoiada por uma teologia.

Sob as condições de Israel no século IX, a solução filosófica estava excluída, como vimos, porque a concepção de uma psique imortal como o campo da ordem certa não havia se diferenciado, e era até impedida de se formar pela proibição de Gênesis à busca do homem pela imortalidade com os *elohim*. Os profetas não eram filósofos e o ato de ouvir a palavra específica não era a ordenação da alma pela medida invisível. As instruções haviam sido o meio simbólico de transformar o salto no ser na ordem concreta de Israel; e a revisão das instruções continuava a ser o meio de inclinar a ordem, sob novas circunstâncias econômicas e sociais, novamente para o espírito de Yahweh. Como a revelação sinaítica, no entanto, tinha sido a constituição de Israel em forma histórica, as instruções revisadas, para ser dotadas de autoridade, precisavam ser integradas no crescente *corpus* da narrativa. Tivemos de enfatizar, portanto, a inseparabilidade entre a revisão profética e os aspectos legislativos e historiográficos do Livro da Aliança.

Embora as condições da solução não tivessem mudado no século VII, o reflexo sobre as condições havia entrado, como um novo fator, no problema a ser resolvido. Na época da revolta profética, a solução era limitada pelo grau de diferenciação que as experiências e os símbolos haviam alcançado, mas o campo estava aberto para modificações posteriores, em princípio. E a história do profetismo de Amós e Oseias ao Dêutero-Isaías oferece ricas evidências das tendências a romper o paroquialismo de Israel por meio do universalismo de uma humanidade sob Deus e seu coletivismo por meio do personalismo de uma *berith* que está escrita no coração. A hipoteca das circunstâncias históricas da revelação poderia ter sido gradualmente reduzida se os homens que estavam dispostos e eram capazes de fazê-lo tivessem encontrado seguidores. No curso efetivo dos eventos, porém, prevaleceu a tendência a tornar a hipoteca permanente pela inclusão das circunstâncias da revelação em seu conteúdo. Isso, claro, não poderia ser feito girando a roda da história para trás e recuperando a situação de Israel no deserto; só podia ser feito incluindo no conteúdo da revelação a organização do reino de Judá no século VII.

Na Torá deuteronômica, encontramos, portanto, dois estratos de conteúdo. No estrato básico, a Torá reproduz a estrutura do Livro da Aliança do século IX: as *toroth* são novamente divididas nas *debharim* de Deuteronômio 5 e nas *mishpatim* a partir de Deuteronômio 12; e o objetivo é uma vez mais a reconstrução da ordem concreta no espírito das palavras do Decálogo. Nesse estrato, ainda estamos nos movendo na continuidade das tradições israelitas; e, sob a camada de revisão paradigmática, ainda estão presentes elementos de alta antiguidade. Superposta a ele, porém, há um segundo estrato em que as contingências históricas da revelação são submetidas a uma regulação permanente. As *toroth* dessa segunda classe, em Deuteronômio 17,14–18,22, dizem respeito ao rei, aos sacerdotes, aos profetas e a Moisés. Em seu conjunto, elas congelam a forma histórica de existência no presente sob Deus, como havia sido criada por Moisés potencialmente para toda a humanidade, numa doutrina constitucional para o povo de Judá, conforme organizado no reino do século VII, e para seus descendentes.

Deuteronômio 17,14-20 regula o reino de Judá. Moisés prevê o assentamento em Canaã. Quando o povo tiver chegado ao ponto de querer um rei como os *goyim* circundantes, precisará se assegurar de estabelecer para si um rei escolhido por Yahweh — um de seus irmãos, não um estrangeiro. Embora o autor aceite a instituição da monarquia, uma vez que ela é desejada pelo povo, ele a cerca cautelosamente de algumas restrições. O rei não deve aumentar seus cavalos, para que o povo não retorne ao Egito — talvez uma alusão discreta a uma prática monárquica (salomônica?) de adquirir cavalos do Egito em troca de trabalhadores escravos; também não deve ter esposas demais, para que o seu coração não se desvie — uma alusão à prática de concubinas estrangeiras e à introdução de seus cultos; nem deve aumentar excessivamente o seu tesouro de ouro e prata (17,16-17). As limitações especiais, inspiradas pela lembrança de abusos do poder real no passado, são seguidas pela provisão geral de que o rei deve obedecer à nova Torá como qualquer pessoa comum. Para mantê-lo no caminho da lei, o rei deve, assim que subir ao trono, escrever ele próprio num livro uma cópia da Torá, cujo original fica sob a custódia dos sacerdotes levíticos[2]. Deverá, então, ler dela em todos os dias de sua vida, para que tema a Deus e observe as palavras da Torá, para que seu coração não se eleve acima de seus irmãos e para que o seu reino seja duradouro, para ele e seus filhos, no meio de Israel (17,18-20). A origem da dinastia davídica em um clã de Judá faz-se sentir fortemente nas provisões. O governante é entendido como um rei tribal que estará obrigado à mesma lei que o povo e cuja posição de poder é limitada pelas injunções contra abusos específicos.

Deuteronômio 18,1-8 regula a situação dos sacerdotes levitas que são os guardiões da Torá. Toda a tribo de Levi não deve ter nenhuma propriedade ou herança pessoal como o resto de Israel, mas viver, como sacerdotes, das oferendas sacrificais (18,1-5). Como a situação dos levitas nas aldeias ia se tornar precária sob o novo monopólio de culto de Jerusalém (Dt 12), uma provisão especial lhes dá o direito de transferir sua residência para Jerusalém e de ter uma parte igual nos recebimentos do Templo (18,6-8). Essa provisão, porém, teve de ser abandonada na prática, porque o sacerdócio de Jerusalém defendeu a sua posição, bem como a nova abastança, contra os famintos irmãos que vieram em quantidade para a capital; e os levitas da província tiveram de se satisfazer com uma posição inferior e um estipêndio menor. Data dessa época a divisão entre sacerdotes e levitas.

Deuteronômio 18,9-22, por fim, regula a posição dos profetas e do próprio Moisés. As provisões são de particular interesse, porque nos permitem discernir a imagem que os círculos deuteronomistas tinham de Moisés. A seção começa com um ataque à "abominação dos *goyim*". Quando Israel tiver chegado à terra prometida, não deverá ser encontrado um sequer entre eles que faça passar uma criança pelo fogo ou que use adivinhação, nem quem faça presságios, oráculos, feitiços ou magias, nem quem consulte fantasmas ou espíritos familiares ou os mortos (18,9-11). Yahweh expulsou os habitantes de Canaã em favor de Israel, porque abomina tais práticas. Israel deve ouvir apenas a

---

[2] A expressão "uma cópia da Torá" é traduzida pela Septuaginta como *deuteronomion*, o termo que deu o nome ao quinto livro do Pentateuco; o título hebraico é *debharim* — "discursos".

Yahweh; e como o povo não quer ouvir a voz do próprio Deus por medo de morrer (18,16) ele fará surgir do meio deles, de tempos em tempos, um revelador (*nabi* — profeta) como Moisés, pela boca de quem Yahweh pronunciará a sua palavra (18,15.18). Moisés, assim, é um profeta, o primeiro de uma série de reveladores que, para Israel, assumem o lugar dos adivinhos, videntes, feiticeiros e necromantes. Sua função primária é a mediação da "palavra de Yahweh", de modo a fazer supérflua a consulta a outras forças divinas. Sob esse aspecto, Moisés é o homem que libertou Israel do politeísmo e da superstição e trouxe-o à presença do único Deus. A função de seus sucessores proféticos é menos clara. Seria preciso levantar a questão do que eles poderiam revelar depois de a "palavra" já ter sido tão amplamente revelada nos discursos do Moisés deuteronômico. Poderiam revelações posteriores contradizer o conteúdo da Torá? Era permissível para um profeta questionar a importância de sacrifícios e cultos prescritos pela Torá, ou mesmo considerá-los um obstáculo para a verdadeira obediência do coração ao espírito de Yahweh? Os autores deuteronômicos, porém, evitam esses problemas. Eles refletem apenas sobre a dúvida óbvia de como o povo irá saber se a palavra de um profeta é de fato a palavra de Yahweh; e oferecem como critério a ocorrência efetiva do evento prevista em nome de Yahweh (18,21-22). Essa resposta débil, se entendermos a Torá literalmente, reduziria o profetismo a previsões que pudessem ser confirmadas ou desmentidas num tempo razoavelmente curto pela observação de eventos tangíveis.

Por meio do segundo estrato da Torá deuteronômica, o Israel que havia sido escolhido para receber a revelação de Deus para a humanidade foi contraído na sociedade singular que veio, com o tempo, a ser chamada de "judeus". O futuro que havia sido aberto para esclarecimento espiritual e para uma recepção missionária universal da humanidade em Israel estava agora fechado pela limitação da escolha a um povo concreto e bastante pequeno. E o significado da revelação em si fora comprometido quando a organização monárquica, sacerdotal e profética de um povo recebeu a autoridade da palavra. Com a inclusão das circunstâncias históricas no conteúdo da revelação, a história de seus receptores havia de fato chegado ao fim. Traçar a linha divisória entre a história de Israel e a história dos judeus neste ponto será especialmente justificado se aceitarmos a suposição dos estudiosos do Antigo Testamento que atribuem a relação íntima entre a parte da Torá a que nos referimos como seu estrato básico e as tradições do Reino do Norte à forte influência de refugiados de Samaria depois de 722.

5 O Deuteronômio e os primórdios do judaísmo

A Torá deuteronômica encontra-se na linha divisória entre as ordens de Israel e da comunidade judaica. Por um lado, um capítulo da história havia chegado ao fim quando o autor de um povo tornara-se o autor de um livro. Por outro lado, o livro desenvolveu uma vida própria, quando motivou os círculos de tradicionalistas pós-exílicos a organizar as memórias de Israel na Bíblia (*sepher*), tendo como suas principais divisões a Lei (*torah*) e os Profetas (*nebi'im*) — uma divisão que, caracteristicamente, se sobrepõe e rompe a narrativa como o símbolo da existência de Israel em forma histórica. O Deuteronômio, assim, é a área de simbolização em que a ordem de Israel funde-se com a ordem inteiramente diferente da comunidade judaica; e a Torá mostrará, de modo correspondente, diferentes fisiognomias quando vista na perspectiva do passado israelita e do futuro judaico.

Na literatura sobre o tema, a visão futurista predomina, porque o estudo do Deuteronômio é amplamente determinado pela preocupação com a Bíblia como o Livro dos Judeus que, oportunamente, se tornou o Antigo Testamento do cristianismo. O fato fundamental de que a Bíblia nunca foi o livro de Israel ficou tão profundamente abaixo da consciência dos historiadores que hoje é praticamente esquecido. Assim, os aspectos da Torá que nos ocuparam em nosso estudo da ordem israelita, em particular os problemas do Moisés mítico, dificilmente são sequer mencionados na obra de estudiosos do Antigo Testamento — embora deva-se pressupor que a luta contra a autoria mosaica do Pentateuco poderia despertar algum interesse pela gênese e pelo significado do mito. A Torá como o fim simbólico da vida de Israel, como a contração das potencialidades universais da revelação sinaítica na lei de uma comunidade étnico-religiosa, como a ocasião em que as circunstâncias históricas da revelação foram transformadas na palavra revelada e como o instrumento usado pelos sábios para suprimir o profetismo — tudo isso é, compreensivelmente, de menor importância na órbita da exegese do que o tesouro espiritual que, afinal, foi preservado nessa magnífica soma da tradição sinaítica. A herança de Israel foi salva, pela primeira vez, quando o Reino do Sul sobreviveu ao violento ataque assírio; no século e meio de existência mundana que foi ganho em decorrência disso, essa herança foi grandemente enriquecida pelos profetas de Judá; e, nessa forma enriquecida, ela foi salva pela segunda vez pela restauração vigorosa das tradições na reforma de Josias, antes de Judá cair para o crescente poder do império. Os exegetas e historiadores da religião interessam-se pela Torá não como o sepultamento de Israel, mas como o transmissor de seu espírito para o judaísmo e para o cristianismo. Assim, quando nos voltamos, agora, para o aspecto preservativo da Torá, nossa análise pode basear-se nas interpretações sensíveis e receptivas de Gerhard von Rad e Walter Eichrodt[3].

No primeiro de seus estudos, Gerhard von Rad toca no ponto decisivo, a "teologia relaxada" da Torá conforme ela se expressa em Deuteronômio 30,11-14:

> Pois o mandamento, que hoje te ordeno,
> não está escondido de ti, nem está distante.
> Não está nos céus, para que digas: "Quem irá por nós até os céus,
>   para trazê-lo até nós,
> e fazer-nos ouvi-lo, para que possamos cumpri-lo?"
> Também não está além do mar, para que digas:
> "Quem irá por nós através do mar, para trazê-los até nós,
> e fazer-nos ouvi-lo, para que possamos cumpri-lo?"
> Não, muito próxima de ti está a palavra,
> em tua boca e em teu coração,
> para que possas cumpri-la.

A atmosfera é de fato relaxada, pois essas palavras não são ditas por Yahweh para Israel, mas pelo mítico Moisés que lembra seu povo de que a vontade de Deus agora é expressa a eles, para que todos ouçam, a linguagem inequívoca. Não mais haverá uma alma em angústia como a de Saul quando Deus ficou em silêncio; não mais haverá um tremor de medo de que a existência na verdade possa ser perdida. "A busca do homem pela possibilidade de sua relação certa com Deus tornou-se supérflua com a promulgação do Deuteronômio. O povo agora pode viver no cumprimento de seus deveres; sua posição diante de Deus é absolutamente descomplicada." A vida pode ser conduzida em um *nunc aeternum*, por assim dizer; não há crise no presente e o futuro não guarda nenhuma ameaça[4]. Von Rad enfatiza especialmente o recorrente "hoje": os mandamentos são dados "hoje"; o povo promete aceitação e obediência "hoje"; a bênção e a maldição são postas diante do povo "hoje";

---

[3] Gerhard von Rad, *Das Gottesvolk im Deuteronomium*, Stuttgart, W. Kohlhammer, 1929; *Das Formgeschichtliche Problem des Hexateuchs*, 1938; *Deuteronomium-Studien*, Goettingen, Vandenhoeck e Ruprecht, 1947; *Der Heilige Krieg im Alten Israel*, 1951. Eichrodt, Religionsgeschichte Israels, 377-448, o capítulo sobre Die Politische Theokratie der Reformkreise, ibid., 421-427.

[4] Von Rad, *Das Gottesvolk*, 59-61.

e o Jordão será atravessado "hoje"[5]. O *hayom* do Deuteronômio simboliza, na verdade, uma experiência temporal peculiar de "hoje e sempre hoje", em que a presença transcendente-eterna de Deus com seu povo tornou-se uma presença imanente ao mundo e permanente de sua palavra revelada. A mediação da palavra divina por Moisés (Ex 20,19) foi realizada, a palavra conforme comunicada está agora dentro da história e a eternidade da vontade divina tornou-se a presença perene da Torá. A Lei, assim, longe de ser a carga que é frequentemente imaginada pelos pensadores cristãos, é, ao contrário, a grande libertação da tensão da existência na presença de Deus. O *hayom* da Torá, embora se origine na forma histórica de Israel, é a expressão simbólica de uma nova experiência de ordem em que o influxo do Espírito Santo foi amenizado para a exegese inspirada da palavra escrita. Uma paz de espírito permanente substituiu a ansiedade existencial da queda do ser — embora nem tudo seja tão tranquilo nesse novo modo de existência.

Pois o livro de leis da Bíblia é o seu livro de guerra. A palavra de Yahweh aplainou-se na lei de Moisés quando a existência em forma histórica aplainou-se na agressividade desesperada de sobrevivência na existência pragmática. As causas da mudança na atmosfera experiencial do século VIII para o VII são difíceis de determinar em detalhes devido à escassez de fontes, mas a natureza do processo, em princípio, foi bem estabelecida por Von Rad. Depois de sua vitória de 701 e da restrição territorial de Judá, deve-se presumir que os assírios tenham seguido a sua prática usual e integrado as tropas profissionais judaítas, juntamente com seu equipamento de cavalos e carros, ao seu próprio exército. Um período de organização militar que havia começado com Davi e Salomão chegou ao fim. Durante o longo reinado do sucessor de Ezequias, Manassés, o Judá desarmado, empobrecido e limitado permaneceu, portanto, como vassalo da Assíria. Sob Josias, porém, quando o poderio assírio declinou e caiu, Judá viu-se subitamente envolvido uma vez mais em atividades de guerra, embora as iniciativas militares tenham terminado com o desastre de Magedo em 609 a.C. Como, em virtude da situação econômica, a reconstrução de um exército profissional não fora possível, a nova força militar só pode ter se devido a um ressurgimento das milícias do povo[6]. E a reorganização do

---

[5] Deuteronômio 5,2-4; 9,1; 15,15; 26,17; 27,9; 29,10; 30,15; 30,19. Cf. von Rad, *Das Formgeschichtliche Problem des Hexateuchs*, 25 ss.

[6] Sobre a história militar do período, cf. Eberhard Junge, *Der Wiederaufbau des Heerwesens des Reiches Juda unter Josia*, Beitraege zur Wissenschaft vom Alten und Neuen Testament, 4:23, Stuttgart, W. Kohlhammer, 1937.

exército do povo não pode ter sido mera questão de aplicar uma lei de recrutamento militar, mas deve ter envolvido algo como uma ressurgência nacional entre os estratos sociais que tinham de fornecer o efetivo das milícias, ou seja, entre os *am haretz* que haviam, política e socialmente, recuado para o segundo plano sob o império e a monarquia. É possível, sem dúvida, que os camponeses com suas tradições de clãs tenham reentrado na política ativa apenas depois da reforma de Josias, porém, mais provavelmente, a reforma foi a expressão de um movimento que fora ganhando impulso desde a catástrofe de 701[7]. De qualquer modo, o conteúdo do Deuteronômio requer a suposição de sua origem "em círculos em que a concepção do reinado divino, de um Ungido de Yahweh, talvez nunca tivesse de fato fincado raízes"[8], pois é caracterizado pela ressurgência de tradições guerreiras do período da confederação javista e por um recuo correspondente do papel do rei. A "Lei de Moisés" é, de fato, distinta de todos os outros códigos da Bíblia, e especialmente do Livro da Aliança, pelo fato de conter regras detalhadas para a conduta de oficiais e homens em campanha, para a sua conduta antes, durante e depois da batalha, bem como regras para o cerco de cidades. Além disso, há uma abundância de fantasias sangrentas referentes ao extermínio radical dos *goyim* em Canaã de modo geral, e dos habitantes de cidades em particular[9]. E a lei para exterminar os *goyim* é, por fim, motivada pela abominação de sua adesão a outros deuses que não Yahweh: as guerras de Israel no Deuteronômio são guerras religiosas[10].

A concepção da guerra como um instrumento para exterminar todos à vista que não acreditarem em Yahweh é uma inovação do Deuteronômio. As guerras santas da confederação tinham sido guerras defensivas, em que Yahweh vinha em auxílio de seu povo quando este era atacado por seus inimigos[11]. Embora a nova agressividade felizmente só pudesse ser praticada na reescrita da história da conquista israelita com rios de sangue que não haviam jorrado na época, esse tipo de guerra mais mítica do que santa é, de qualquer modo, importante na medida em que revela a mesma mudança na estrutura da experiência e da simbolização que a transição da existência sob Deus para

---

[7] VON RAD, *Der Heilige Krieg*, 79 ss.

[8] ID., *Deuteronomium-Studien*, 43.

[9] Por exemplo, Deuteronômio 11,23 ss.; 19,1; 20,16 ss. Para a documentação desses aspectos do Deuteronômio, cf. VON RAD, *Der Heilige Krieg*, 68 ss.

[10] Ibid., 70. Para a organização formal do Deuteronômio, seguindo o modelo da perícope do Sinai, cf. VON RAD, *Das Formgeschichtliche Problem des Hexateuchs*, 23-30.

[11] Cf. cap. 7.2.2.

a aceitação da Torá. Estamos lidando aqui com fenômenos que foram pouco explorados; é adequado, portanto, seguir com cautela. Todavia, parece que, no Deuteronômio, estávamos tocando a gênese da "religião", definida como a transformação da existência em forma histórica na posse secundária de um "credo" referente à relação entre Deus e o homem. No caso do Deuteronômio, essa primeira "religião" na história da humanidade teria de ser descrita como a revelação sinaítica, mediada por Moisés, quando rompida pela beligerância e pela virtude cívica de um movimento patriótico de homens comuns.

As últimas frases não devem ser entendidas como depreciativas. O espírito vive no mundo como uma força ordenadora na alma dos seres humanos. E a *anima naturalis* humana tem uma amplitude de variedade caracterológica que quebra o espírito ordenador num amplo espectro de fenômenos. Platão e Aristóteles, na construção de seus paradigmas da melhor pólis, que deveria acomodar a variedade de caracteres, deixaram explícito esse problema fundamental de ordem social. Os profetas, filósofos e santos que podem traduzir a ordem do espírito na prática de conduta sem apoio e pressão institucionais são raros. Para a sua sobrevivência no mundo, portanto, a ordem do espírito precisa depender mais frequentemente de uma crença fanática nos símbolos de um credo do que da *fides caritate formata* — embora tal dependência, caso se torne socialmente predominante, tenda a matar a ordem que deveria preservar. Com todos os seus aspectos ambíguos admitidos, o Deuteronômio ainda é uma recuperação notável da ordem javista, quando comparado com a prática de Judá sob Manassés; e, quando comparado com a alternativa de uma destruição completa da ordem javista pelo exílio e pela dispersão da classe mais elevada, revelou-se a sua salvação na forma da comunidade judaica pós-exílica.

Sob esse aspecto da preservação da ordem javista numa comunidade concreta na história pragmática, o Deuteronômio foi analisado por Eichrodt. Como uma tentativa de reformar o reino de Judá, o Deuteronômio foi "um sonho romântico", seguido pelo rude despertar sob Joaquim. A sua grandeza está em sua "orientação religiosa" geral que foi capaz de induzir no povo uma nova atitude em relação à ordem governamental. O amor de Yahweh selecionou o povo insignificante e o amor divino permeia a sua ordem. Diante de Deus, todos os homens são iguais; e a ordem jurídica do Deuteronômio enfatiza, portanto, a ajuda fraterna, a proteção dos fracos e dos pobres e a ministração de justiça imparcial com detalhes circunstanciais (Dt 15,22-25; 16,18-20; 17,1-13). O próprio rei, que não era isentado da regra de igualdade, não é mais do que o guardião especialmente responsável da ordem e protetor dos fracos

(17,14 ss.). Em seu projeto imaginativo do Estado de direito (*Rechtsstaat*), os codificadores traduziram com sucesso a ordem divina do amor num modelo institucional, contrapondo-se, desse modo, à apoteose do Estado, bem como à concepção de uma ordem da lei e de um governo seculares isolados contra a ordem espiritual. Essa tradução só faz sentido se é mais do que mero legalismo. Assim, no centro da concepção está a obrigação pessoal de cada membro da comunidade de obedecer à lei de Deus; o apelo pessoal e o compromisso pessoal de Deuteronômio 6,5 garantem a sobrevivência da ordem não por meio de segurança externa, mas pela convicção dos homens que vivem sob ela. Esse modelo não é uma Utopia, nem pode ser criticado como irrealista. "É a visão da força superada pelo direito, do egoísmo pela consagração, dos interesses materiais pelo poder do espírito; é a vanguarda de resistência implacável contra os poderes externamente bem-sucedidos deste mundo, do campo que, de agora em diante, chamará a história de compulsões e instintos diante do tribunal da obrigação moral e mudará a sua vitória em derrota."[12]

Na perspectiva do povo que havia sido criado por Yahweh e Moisés, seu servo, no Sinai, a ordem viva de Israel estava agora enterrada na "religião do livro". Na perspectiva do judaísmo exílico e pós-exílico, o "livro" foi o início da existência comunitária sob a Torá. Entre o passado israelita e o futuro judeu, não teve a Torá deuteronômica nenhum significado no presente? Na verdade, ela teve — embora este seja o mais obscuro de todos os problemas e não seja possível aqui mais do que uma conjectura acerca de sua natureza.

Em termos da história pragmática, a reforma de Josias parece ter se originado no movimento de um estrato social que fora posto de lado pelas exigências políticas do império davídico e pelos reinos sucessores. Apenas quando Israel foi destruído, e Judá rendido, na luta contra a Assíria, chegou a hora histórica para que os inúteis políticos do passado tentassem se encarregar da tarefa em que a classe dominante havia falhado. E, nessa tarefa, eles, por sua vez, falharam tão completamente que a própria existência do movimento e de seus esforços é uma reconstrução com base no Deuteronômio e em suposições sobre a situação militar e econômica. Em termos da ordem espiritual, portanto, o grande trunfo do movimento, a fonte de sua vitalidade, parece ter sido a preservação das tradições sinaíticas, que, na ordem pública do reino, haviam sido sobrepostas pela instituição da monarquia, bem como pelos compromissos diplomáticos e voluntários com cultos estrangeiros. Mesmo nesse

---

[12] Eichrodt, Religionsgeschichte Israels, 426.

centro da sua força, porém, tivemos de notar o efeito aplanador do movimento na transformação da revelação na palavra escrita e da guerra santa na guerra religiosa sangrenta. E, ainda assim, desses negativos surgiu uma consciência comunitária positiva, uma fidelidade ferrenha à identidade coletiva, por mais que ela estivesse pragmaticamente danificada e espiritualmente aplanada; e, em especial, surgiu daí o esforço gigantesco da comunidade exílica e pós-exílica para preservar suas tradições e organizá-las na Bíblia.

Esse agregado de traços é um fenômeno a que os historiadores referem-se às vezes como "repristinação", ou "arcaísmo", ou "nacionalismo". Todos esses termos têm uma certa justificação, mas, como sugerem fenômenos não relacionados, nenhum é muito adequado para o agregado específico. O fenômeno peculiar será mais bem compreendido se recordarmos que as repristinações e os arcaísmos são um traço geral da época. Enquanto os deuteronomistas do século VII e posteriores estavam ocupados com a repristinação das tradições sinaíticas, Assurbanipal reunia em Nínive a enorme biblioteca a que devemos principalmente o nosso conhecimento da literatura mesopotâmica, e o Egito do período saítico recuava dois milênios para uma revitalização arcaística dos estilos literários e artísticos do Antigo Império. Os casos paralelos de repristinação e interesses arcaicos sugerem a ruptura da ordem civilizacional mais antiga, sob o impacto das guerras entre os impérios, como a causa comum desse esforço frenético de preservação da identidade histórica. Não só a vítima mais evidente, Judá, mas também os próprios impérios guerreiros foram acometidos pela doença; e o pior vilão entre eles, a Assíria, sofreu uma destruição tão repentina quanto completa antes mesmo de Judá. A expansão dos impérios cosmológicos para além das fronteiras de sua origem civilizacional, os deslocamentos das populações e as dominações estrangeiras criaram na alma das vítimas dessa violência uma desordem que nenhum império do tipo cosmológico poderia consertar. E da luta pela mera sobrevivência da ordem na alma do homem emergiu a comunidade judaica, vitoriosamente, por si mesma e como a matriz do cristianismo.

Capítulo 12
Moisés

§1 A natureza das fontes

Do homem que criou a história como o presente sob Deus não é possível inferir nenhuma "imagem histórica", uma vez que nenhuma fonte no sentido convencional chegou até nós[1]. Moisés não deixou nenhum escrito; nem sobreviveu, se é que existiu, nenhum registro contemporâneo de Israel; nem sua vida e sua obra deixaram nenhum vestígio em monumentos egípcios. Ainda assim, não precisamos duvidar de sua existência nem tatear no escuro quanto à natureza de sua obra, pois a própria obra chegou até nós na forma de uma fonte que não pode ser negligenciada: o povo de Israel

---

[1] Da literatura mais antiga sobre Moisés, foram usados Paul VOLZ, *Mose und sein Werk*, ²1907, Tübingen, J. C. B. Mohr, 1932), e Hugo GRESSMAN, *Mose und seine Zeit*, Goettingen, Vandenhoeck und Ruprecht, 1913. O entendimento de Moisés encontrou uma nova base em Martin BUBER, *Moses*, na medida em que a imagem paradigmática de Moisés, como ela aparece no texto da narrativa, foi levada a sério. Buber, no entanto, não permaneceu fiel ao seu próprio método; com muita frequência, ele quis ver o Moisés paradigmático como um Moisés "histórico". Elias AUERBACH, *Moses*, Amsterdam, G. J. A. Ruys, 1953, é mais conservador em seu método e discorda frequentemente da interpretação de Buber. Um resumo de sua reconstrução de um Moisés histórico e de sua obra poderá ser encontrado ali às páginas 238-243. A melhor reconstrução recente de uma vida de Moisés, com base em evidências empíricas e com amplas referências bibliográficas, é Henri CAZELLES, Moïse devant l'histoire, in *Moïse: L'Homme de l'Alliance*, Tournai, Desclée, 1955, 11-27. Um bom retrato de Moisés, fundindo evidências empíricas e os resultados de Buber, pode ser encontrado em Hans Joachim SCHOEPS, *Die grossen Religionsstifter und ihre Lehren*, Stuttgart, Steingrueben-Verlag, 1950, 25-42.

que preservou a memória de sua própria criação miraculosa por intermédio de Yahweh e de Moisés, seu servo. Em Deuteronômio 4,32-34, lemos:

> Interroga, pois, os dias do princípio, anteriores a ti,
> desde o dia em que Deus criou a humanidade sobre a terra,
> interroga de um lado a outro do universo;
> algo tão grandioso aconteceu?
> Ouviu-se falar de algo semelhante:
> Aconteceu a algum povo [*am*] escutar, como tu, a voz de um Deus falando do meio das chamas e permanecer vivo?
> Será que houve algum deus que tentasse vir para escolher para si uma nação [*goy*] dentre as demais nações [*goy*],
> por meio de provas, sinais e prodígios, por combates,
> por sua mão forte e braço estendido, por grandes terrores,
> do modo como Yahweh, vosso Deus, fez em favor no Egito, sob os teus olhos?

E, em outra versão do tema, expressando mais claramente a motivação parenética, em Deuteronômio 6,20-25 lemos:

> E amanhã, quando teu filho te perguntar: "Por que essas exigências, essas leis e esses costumes que Yahweh, teu Deus, vos prescreveu?", dirás a teu filho:
> Éramos escravos de Faraó no Egito, mas com mão forte Yahweh nos fez sair do Egito.
> Yahweh realizou sob nossos olhos grandes sinais e grandes prodígios, grandes e terríveis, para a desgraça do Egito,
> de Faraó e de toda a sua casa.
> Quanto a nós, fez que saíssemos de lá, para nos fazer entrar na terra que prometeu com juramento a nossos pais.
> E Yahweh ordenou que puséssemos em prática todas estas leis e temêssemos Yahweh, nosso Deus, para que sejamos felizes todos os dias, e que ele nos conserve vivos, como hoje se vê.
> E seremos justos se velarmos para pôr em prática todo este mandamento diante de Yahweh, nosso Deus, como ele nos ordenou.

O próprio povo, como está vivo até esse dia, é testemunha de sua origem nos acontecimentos miraculosos pelos quais Yahweh tirou a nação de dentro de uma nação. E na continuidade da memória de Israel esses acontecimentos são inseparáveis de Moisés, como o instrumento humano de Yahweh, como o profeta (*nabi*) do meio dos irmãos a quem o povo deve escutar (Dt 18,15). "Por um profeta [*nabi*], Yahweh fez Israel subir do Egito" (Os 12,13).

Não temos fontes sobre o entendimento da pessoa e da obra de Moisés exceto a memória, conforme preservada na Bíblia, do Israel que ele fundou. Esse fato deve ser aceito com as suas consequências metodológicas:

(1) A primeira dessas consequências refere-se às questões que podem ser legitimamente formuladas. Não devemos entrar, por exemplo, em especulações sobre Moisés como o "fundador de uma religião", pois em nenhum ponto da Bíblia ele aparece nesse papel. O questionamento, se queremos nos manter críticos, deve aceitá-lo como ele era conhecido pelo seu povo, ou seja, como o homem que tirou Israel do Egito, no sentido circunscrito, de maneira preliminar, pelas passagens do Deuteronômio citadas acima. Ali ele aparece, em primeiro lugar, como o homem que pôde transformar os clãs hebreus num povo no sentido étnico-político, numa *goy*, que estava disposto a segui-lo para onde ele o conduzisse. Essa realização extraordinária deveu-se ainda, aparentemente, à sua capacidade de influenciar o povo espiritualmente de modo a que ele "ouvisse a voz de Deus", para formar o *am* de Yahweh. E ele pôde exercer a influência espiritual, por fim, porque havia ele próprio ouvido a voz de Yahweh e obedecia às suas ordens.

(2) A segunda consequência refere-se às respostas que são possíveis considerada a natureza da fonte bíblica. No capítulo 6, delineamos brevemente as camadas de significado na narrativa bíblica, dos estratos historiográficos tardios às tradições neles absorvidas. Numa visão mais detalhada e, em particular, com relação a Moisés, a estratificação de formas absorvidas por formas é ainda mais complicada. No capítulo 11, por exemplo, estudamos a forma da Torá, que veio a dominar não só a história de Moisés, mas mesmo a estrutura da Bíblia como um todo. De fontes desse tipo, as únicas respostas que podem ser extraídas são aquelas que a sua natureza lhes permite dar. Uma análise da narrativa bíblica não nos levará, por uma rota tortuosa, ao "Moisés histórico" cujo retrato não pode ser inferido devido à completa falta de fontes convencionais. As formas orais e escritas de saga e lenda, da elaboração paradigmática de tradições e da Torá penetraram em seu material tão completamente que a construção de uma biografia confiável de Moisés, ou do curso pragmático dos acontecimentos, tornou-se impossível.

Se quisermos extrair a substância histórica dessas fontes, precisaremos primeiro determinar as características e motivações da forma e, então, reconstruir a essência das situações e experiências que se prestaram à elaboração literária. Essa tarefa, embora não seja simples, não é tão impossível como pode parecer à primeira vista, porque recebe um apoio variado da própria fonte. Acima de tudo, a substância histórica foi moldada pela narrativa bíblica muito frequentemente com o propósito mesmo de intensificar o seu significado essencial, de modo que encontramos o objeto de nossa busca sem dificuldade pelo fato de a fonte ter se antecipado à nossa intenção; nesses casos, o significado da forma é uma extrapolação do significado da substância elaborada. Além disso, em casos importantes, a forma é autorreflexiva e eloquente por suas próprias motivações, de modo que o propósito da elaboração pode ser facilmente distinguido das situações e experiências por ele absorvidas. Ademais, a rica estratificação de formas que é peculiar à narrativa bíblica, ao mesmo tempo em que complica a análise, dá uma certeza maior aos seus resultados, porque as linhas de significado de várias camadas de forma convergem na mesma substância histórica. E a tal auxílio variado, que vem, às vezes surpreendentemente, da própria fonte, deve ser acrescentado, por fim, o apoio crítico que a determinação mais precisa de situações e experiências essenciais recebe da ponderação de probabilidades históricas, bem como dos princípios deste estudo.

A situação metodológica pode ser mais bem esclarecida por meio de alguns exemplos que, ao mesmo tempo, servirão como uma introdução para o próprio problema mosaico.

A Torá deuteronômica é a forma literária que moldou mais fortemente a figura de Moisés do modo como ela vive em nossa tradição. Uma vez que a análise do problema mosaico só poderia ser empreendida com alguma esperança de sucesso quando os elementos formais da fonte tivessem sido determinados, ela teve de ser adiada para depois do estudo da natureza da Torá. Pela mesma razão, devemos agora começar a análise removendo a Torá, que impôs a sua forma tão vigorosamente sobre as outras. A tarefa é comparativamente fácil, já que, neste caso, como vimos no capítulo anterior, o elemento formal é claramente destacado em relação à substância histórica absorvida. O Moisés apresentado como o pronunciador dos discursos deuteronômicos é, sem dúvida, um produto de imaginação mítica. Ele deve ser eliminado — e mais ainda o Moisés inflado que aparece como autor da Torá pentateuca. A operação, embora drástica, não deve gerar dúvidas, porém, quanto à historicidade de Moisés; pois o mito de Moisés não faria sentido, nem poderia ter se consolidado no povo de Judá no século VII a.C., se não tivesse sido enxertado na tradição viva do Moisés histórico. Ainda assim, uma boa parte do Moisés tradicional desaparece com seu mito, pois não só foi eliminado o orador que pronuncia discursos, bênçãos e maldições históricos, como é também seriamente afetada a função do legislador . Mesmo que pressuponhamos que os *debharim* e *mishpatim* contidos nos discursos tenham preservado materiais do período mosaico sob a sua pesada camada de incrustações paradigmáticas, adaptações às diferentes condições econômicas e sociais e adições obviamente recentes, eles com certeza perderam o seu caráter de uma Torá emitida por Moisés, já que, no conteúdo dos discursos, as *toroth* emanam diretamente de Yahweh. O próprio Deus, e não Moisés, é o ator na história. Mesmo nas passagens citadas anteriormente, foi Yahweh, não Moisés, que trouxe Israel do Egito. Isso não significa, claro, que Moisés desapareça por completo. Ele ainda continua a ser o *nabi* que transmite a palavra de Deus, a quem o povo tem medo de fitar diretamente (Dt 18,15-18); e, como a passagem de Oseias mostrou, ele continua a ser o instrumento humano que faz Israel subir do Egito; mas seu papel no drama da história tornou-se distintamente secundário.

Vamos supor no momento (o que ainda terá de ser demonstrado de modo mais convincente) que tenhamos tocado um material histórico genuíno quando penetramos da figura imponente do mito deuteronômico para o Moisés discreto que desempenha nada mais do que um papel de mediador numa situação que se desenvolve, fundamentalmente, entre Yahweh e seu povo. Seria possível compreender, assim, por que ouvimos tão pouco sobre Moisés no período do Cântico de Débora até o final do império davídico. Se Israel via a si próprio como um povo sob a ordem de Yahweh, a função mediadora de Moisés ao trazer o povo à existência sob seu Deus poderia, de fato, ter apenas uma importância secundária para a simbolização da ordem israelita. Embora as tradições de Moisés e sua obra tenham sido preservadas, elas só entraram no primeiro plano do simbolismo por intermédio da revolta profética na crise do século IX. Quando a ordem javista viu-se ameaçada, de modo visível a todos, pela política omrida de alianças, e quando a responsabilidade espiritual passou dos órgãos do governo para os profetas, o recurso a Moisés pôde proporcionar a base de legitimidade para a ação profética. Uma *imitatio Moysis* efetiva, no entanto, requeria um profeta e legislador paradigmático que pudesse ser imitado. Essa é a situação, como sugerimos no capítulo anterior, da qual acabou por surgir o profeta original deuteronômico, doador da Torá e historiador da história que ele havia feito.

Se entendermos o mito deuteronômico como o fim de uma evolução que começa no século IX com a *imitatio Moysis* profética, o conjunto de tradições em que Moisés aparece com as características de um *nabi* ficará sob a suspeita de ser uma formação lendária do período profético. Um estrato adicional de forma terá de ser removido antes de encontrarmos a substância histórica. Alguns exemplos deixarão claros os problemas que resultam da lenda profética.

(1) Em Êxodo 5-12, Moisés e Aarão obtêm repetidas audiências com o Faraó, primeiro para convencê-lo, depois para intimidá-lo com as ameaças de pragas e desastres efetivos, a libertar seu povo. Mesmo se considerarmos que Moisés havia sido criado como um egípcio e podia bem ter conexões na corte, a cena de um Faraó negociando com os líderes de trabalhadores de um projeto de construção sobre a sua libertação é improvável demais para ser aceita como histórica. O relato das audiências faz sentido, porém, se atribuído à lenda profética. Pois no Moisés defrontando-se com Faraó e insistindo para que ele obedecesse à vontade de Yahweh podemos reconhecer o paradigma do profeta diante do rei de Israel. A situação típica de Samuel e Saul, Natan e Davi, Elias e Acab, bem como de profetas posteriores em relação a seus reis, foi estendida a Moisés e a Faraó. Embora as audiências repetidas, bem como as negociações face a face, devam ser eliminadas como elementos formais da lenda profética, precisamos estar atentos, porém, para não lançar fora a substância junto com a forma. E, em busca da substância, devemos estar atentos à armadilha positivista de substituir os eventos lendários por eventos pragmáticos mais prováveis, pois os detalhes de eventos pragmáticos são de pouco interesse. Não precisamos da lenda para ter certeza de que um grupo considerável de operários de construção não poderia emigrar do Egito sem extensos preparativos que devem ter envolvido algum tipo de negociação entre seus líderes e autoridades da administração egípcia. A lenda assegura-nos do ponto histórico muito mais importante de que no Êxodo estava envolvida uma questão de ordem espiritual, de um conflito entre Yahweh e a civilização cósmico-divina, de um conflito do tipo que, na história israelita, levou aos confrontos entre profetas e reis. Quaisquer que tenham sido as relações pessoais entre Moisés e Faraó, a lenda preservou a lembrança de um conflito entre Moisés e o princípio de ordem faraônica.

(2) No relato das negociações entre Moisés e Faraó estão inseridas inúmeras sublendas que denunciam, igualmente, a sua origem profética. Moisés e Aarão aparecem, por exemplo, como magos, e em Êxodo 7,8-13 tentam impressionar a Faraó com portentos. Aarão lança seu bastão e este se transforma numa serpente. Faraó, que não se impressionou, chama um grupo de seus próprios magos e cada um destes lança seu bastão e transforma-o numa serpente. Porém, neste momento o réptil javista supera todos os demais, engolindo-os; ele é obviamente superior ao produto faraônico. A lenda lembra fortemente a disputa de Elias com os profetas de Baal e, de modo geral, os grupos competitivos de profetas na corte de Samaria no século IX. Ela provavelmente

originou-se num círculo do tipo do que criou a rica literatura de lendas em torno de Elias e Eliseu. Quanto ao seu significado, deve-se uma vez mais evitar a falácia positivista de usar a história como uma evidência etnográfica de que Moisés fosse um feiticeiro primitivo. Ela prova apenas que a superioridade de Yahweh sobre outros deuses também podia encontrar sua expressão num nível primitivo.

(3) Se ainda restar alguma dúvida quanto ao método de interpretação adequado, ela será desfeita pelos relatos subsequentes das pragas que Moisés e Aarão trazem com seu bastão. Nada poderia ser mais inapropriado do que uma tentativa de salvar a historicidade dos relatos por meio de suposições sobre fenômenos naturais que pudessem ter sido a sua matéria-prima, pois as lendas das pragas, conforme se seguem umas às outras, tornam-se cada vez mais reflexivas e revelam a superioridade de Yahweh como a substância histórica conscientemente submetida à sua construção. Por ocasião da penúltima das pragas, as trevas sobre o Egito, até mesmo o simbolismo das próprias pragas deixa evidente a preocupação espiritual, pois houve trevas sobre o Egito que se podiam apalpar, "mas para os filhos de Israel havia luz em suas moradias" (Ex 10,23). E com a última praga, a matança dos primogênitos do Egito, a luta entre luz e trevas atinge o seu clímax. Êxodo 11,4-5 circunscreve a natureza e a extensão da praga:

> Assim diz Yahweh:
> "Pela meia-noite eu sairei pelo meio do Egito.
> Há de morrer todo primogênito na terra do Egito,
> desde o primogênito de Faraó que deveria suceder-lhe no trono
> até o primogênito da serva que está na mó
> e todo primogênito do gado.

Israel, contudo, será poupado da praga, "para que saibais que Yahweh faz distinção entre o Egito e Israel" (11,7). E Êxodo 12,12, por fim, formula a natureza da distinção:

> Naquela noite passarei pela terra do Egito. Matarei todo primogênito na terra do Egito, desde os homens até os animais.
> Farei justiça contra todos os deuses do Egito.
> Eu sou Yahweh.

As trevas sobre o Egito são as trevas de seus deuses, enquanto a luz sobre Israel é a luz de Yahweh. E a matança dos primogênitos, ainda que inflija sofrimento a homens e animais, é — de uma maneira ainda a ser esclarecida — um julgamento de Deus sobre os deuses. Através das várias camadas de forma, sempre penetramos até a mesma substância histórica, isto é, ao conflito entre o Yahweh de Moisés e a civilização cósmico-divina do Egito.

A substância histórica, especialmente em Êxodo 1–15, foi moldada, por fim, pela forma de uma lenda de culto cujas origens podem ser encontradas nos festivais primaveris de Ano Novo de Passah e Mazzoth. Quase certamente, esses ritos festivos foram trazidos pelas tribos imigrantes ao Egito e puderam fornecer os elementos formais para expressar a experiência histórica do resgate de um grande perigo em termos da vitória das forças divinas da fertilidade e da ordem sobre as forças sombrias da morte e da desordem. "Há uma unidade na lenda como um todo que é dominada pela disputa entre Yahweh e o Faraó, com o objetivo da libertação de Israel, ao mesmo tempo em que tem o festival pascal em vista, a cujo conteúdo há alusões constantes."[2] Pedersen, que foi o primeiro a reconhecer esse problema formal, viu que a imposição da lenda tornara impossível discernir os eventos pragmáticos sob ela:

> A lenda propõe-se a descrever a luta mítica entre Yahweh e seus inimigos e esse propósito domina a narrativa a tal ponto que é impossível demonstrar quais eram os acontecimentos que foram transformados nesse grande drama. Foi por meio da festa que os eventos foram condensados e exaltados às dimensões que assumiram na história sagrada. Portanto, só é concebível que eles tenham adquirido a forma que conhecemos por meio do culto prático. Aqui os acontecimentos foram revividos na noite pascal por toda a lenda festiva que está sendo revista. Portanto, a noite que é passada na travessia do mar de juncos é, para os participantes, idêntica à própria noite pascal, a noite que eles experimentaram no lugar sagrado e que não era, claro, diferente do seu arquétipo no Egito.[3]

Um elemento do culto que é de especial importância para nosso propósito foi discernido por Ivan Engnell na lenda, qual seja, o papel do rei no ritual de fertilidade. As características do rei foram transferidas para Moisés, que tem o antigo título real de *ebed Yahweh*, o servo de Yahweh, e que é o *shaliah*, o mensageiro, do deus. O anjo de Deus caminha à frente dele (Ex 14,19); ele é sustentado pelo espírito divino, o *ruah*; carrega o báculo miraculoso, o cetro real; e é o senhor dos ventos que supera o mar (*tehom*), como na história da criação e na história do dilúvio. "Moisés é, de fato, o Messias-salvador, que conduz o 'êxodo' de seu povo — seu 'êxodo' para a comemoração da *Paesah*!" Ele supera os inimigos do deus num combate ritual, representado pelas pragas

---

[2] PEDERSEN, *Israel: Its Life and Culture*, v. 3-4, 731.
[3] Ibid., 730.

do Egito. "E esse combate culmina com a vitória sobre Faraó que, por sua vez, é uma figura equivalente a *Kingu*, a personificação acadiana do 'contrarrei', o *shar puhi*, Faraó que, exatamente como Kingu, não é morto, mas — de acordo com a tradição rabínica — mantido prisioneiro no mar Vermelho (Xeol, o mundo inferior) durante cinquenta dias a fim de ser colocado, imortal como é, nos portões do Hades para sempre."[4]

A figura de Moisés, assim, foi moldada por mais de uma forma. Da lenda pascal derivam os elementos que colocam Moisés no papel do rei-salvador que supera as forças do caos. Na medida em que essa lenda pôde atrair materiais diversos no curso da elaboração, entraram na forma elementos do profeta que se opõe ao rei. E, por fim, sua figura foi sobreposta pelo mito deuteronômico.

§2 O filho de Deus

Por meio da análise de formas, tanto da Torá como das lendas proféticas, penetramos até a substância histórica comum. Ela se revela como o conflito entre a experiência javista de Moisés e a ordem cosmológica do império egípcio. Do resultado abre-se uma nova luz sobre as dificuldades que assediam um entendimento crítico de Moisés. Como o conflito entre as duas ordens, bem como seu início na constituição efetiva de um povo sob a ordem que teve a sua origem na alma de Moisés, foi um evento único na história, categorias gerais não se aplicam a Moisés, em princípio, mas podem ser usadas apenas como aproximações com ressalvas cautelosas. Havia algo do *nabi* no homem em cuja alma ocorreu o salto no ser quando ele ouviu a palavra de Yahweh; mas o homem que concluiu a *berith* com Yahweh para seu povo não foi um entre o número indefinido de "mensageiros da *berith*" que vieram depois dele. Havia algo do legislador no homem que, em inúmeras ocasiões, pronunciou julgamento no espírito das *debharim*, que talvez ele mesmo tivesse formulado, quanto a casos a ele apresentados; mas ele próprio não era um criador de códigos, embora muitas de suas decisões possam ter se tornado precedentes para codificadores posteriores. Havia algo do historiador no homem que fez

---

[4] ENGNELL, Paesah-Massot and the Problem of "Patternism", 39-50. Condensado das páginas 46 ss. Cf. também o estudo de WENSINCK, The Semitic New Year and the Origin of Eschatology, 158-99, bem como nossa apresentação do problema geral de cultos e padrões: cap. 9.5.3 e 6.

história e, no curso de uma longa vida, deve ter tido ocasiões frequentes de corrigir os relatos que estavam se formando em torno dos memoráveis acontecimentos de que ele tinha sido um ator; mas certamente não foi o historiador como o que aparece no Deuteronômio. Havia algo do libertador no homem que conduziu seu povo da escravidão para a independência política; mas ele não foi um Garibaldi israelita, pois o povo, para ser libertado por ele do cativeiro de Faraó, teve de entrar no serviço de Yahweh. E, por fim, embora ele tenha sido um fundador espiritual, não fundou "uma religião", mas um povo no presente sob Deus. Assim, para caracterizar adequadamente a essência da pessoa e da obra mosaicas, somos forçados a recuar dos conceitos de tipos para os símbolos pelos quais os autores desconhecidos das respectivas seções da narrativa bíblica tentaram expressar a essência única do tema em continuidade com suas tradições. Essa essência está contida na fórmula: Yahweh libertou Israel, por meio de Moisés, do Egito. E precisamos procurar os símbolos em que o significado da fórmula concisa é explicitado.

Felizmente, esses símbolos podem ser encontrados inseridos na narrativa. A passagem decisiva é Êxodo 4,21-23:

(21) Yahweh disse a Moisés:
Quando fores ao Egito, vê:
Todos os portentos, que eu ponho em tuas mãos, tu os farás diante de Faraó,
mas eu lhe fortalecerei o coração, para que não deixe o povo partir.

(22) Então, tu dirás a Faraó:
Assim disse Yahweh:
Meu filho, meu primogênito, é Israel;

(23) Eu te disse: "Deixa partir o meu filho, para que me sirva";
e tu te recusas a deixá-lo ir;
Então, agora, eu matarei teu filho, teu primogênito.

A estrutura da passagem é um tanto complexa. Ela não é parte de uma lenda, mas aparece independentemente como uma fala de Yahweh dirigida a Moisés; e, no entanto, refere-se claramente às fontes lendárias que acabamos de examinar. Ela é colocada no ponto da narrativa em que Moisés inicia o seu retorno dos madianitas para o Egito a fim de libertar seu povo; e interrompe claramente a narrativa que é retomada em 4,27 com o encontro de Aarão com seu irmão no lado egípcio do deserto. Os estudiosos do Antigo Testamento inclinam-se, portanto, a tratá-la como um fragmento de tradição fora de lugar. Todavia, hesitamos em aceitar o veredicto, porque rejeitamos, em princípio, a pressuposição de que o significado de uma passagem possa ser esgotado segmentando-a nas partes que, por critérios filológicos, devem ser atribuídas a diferentes fontes componentes. Em nossa opinião, a passagem em sua forma atual deriva de um grupo que combinou as várias vertentes J e E na história dos encontros entre Moisés e o Faraó, e foi deliberadamente posicionada onde se encontra hoje para servir como um resumo dos motivos que percorrem as lendas das audiências e das pragas.

O primeiro motivo, em 4,21, refere-se às atividades mágicas de Moisés e Aarão, bem como à prolongada obstinação do Faraó, que abrem espaço para a série de lendas e o crescendo das pragas. Como esse motivo pertence à forma da lenda profética analisada anteriormente, ele não tem interesse adicional para nós aqui. Sua data deve ser tardia, uma vez que pressupõe a existência das lendas; o conteúdo do versículo pode até mesmo ser tão tardio quanto a sua formulação.

Relevantes para o nosso propósito atual, no entanto, são 4,22-23, já que os motivos reunidos neles referem-se à substância histórica. O conflito entre a experiência javista e a ordem faraônica é trazido numa fórmula tão simples quanto perfeita. Lembramos do Texto das Pirâmides em que Faraó é saudado pelos deuses:

> Este é meu filho, meu primogênito;

e encontramos agora, oposta a ela, em 4,22, a nova fórmula:

> Meu filho, meu primogênito, é Israel.

Ao adaptar o símbolo egípcio à nova experiência, é seguido o mesmo método que no episódio de Abrão em Gênesis 14, em que os símbolos da *berith* e do *baal-berith* são transferidos do El-Elyon cananeu para o deus de Abrão. A argumentação referente à data da experiência e do símbolo usada naquela ocasião também será aplicável ao presente problema. Experiência e símbolo encaixam-se na situação do conflito com o Egito; não há razão para que a fórmula não seja situada no período mosaico ou para que sua autoria não seja atribuída ao próprio Moisés[5].

A fórmula é sucinta e clara, mas suas implicações são múltiplas e, por vezes, obscuras. Em primeiro lugar, ela não é um exercício de simbolização adequada, mas um princípio de ordem. Ocorre no resumo de motivos das lendas das pragas e do Êxodo; e o primeiro ponto de ordem que flui do princípio de

---

[5] Em nenhum lugar na literatura encontrei alguma referência à relação entre Êxodo 4,22 e o ritual de coroação egípcio.

4,22 é a ordem de 4,23 para Faraó: "Deixa partir o meu filho, para que me sirva". O motivo precisa ser repetido com persistência ao longo das lendas, porque Faraó, compreensivelmente, não está inclinado a aceitar a ordem. Quando Moisés e Aarão informam-lhe que, em obediência à ordem de Yahweh, ele deve deixar o povo ir embora para que eles possam realizar uma festa para o seu Deus e lhe oferecer sacrifícios (5,1.3), Faraó pergunta asperamente (5,2):

> Quem é Yahweh para que eu ouça sua voz e deixe Israel partir?
> Yahweh — não o conheço!
> Israel — não deixarei ir!

e ordena um tratamento mais severo para o povo amotinado (5,6-23). Mas a ordem é inexoravelmente repetida (7,16; 8,1; 8,20; 9,1; 9,13; 10,3)[6]; o povo deve servir a seu Deus no deserto. Ao longo da espera, torna-se, além disso, cada vez mais claro que o Êxodo não é uma questão apenas de Israel, mas que Faraó está fatalmente envolvido na reordenação das relações entre Deus e o Homem. A emigração de Israel significa mais do que a perda de uma força de trabalho; o governante egípcio foi espiritualmente rebaixado e deve ceder sua posição de Filho de Deus a Israel. Yahweh exige Israel para seu serviço, mas ordena que o Faraó reconheça a nova ordem; ele lembra o governante, por intermédio de Moisés, que poderia apagar os egípcios da terra, mas deseja poupá-los (9,16): "para mostrar-te o meu poder e para que o meu nome seja proclamado por toda a terra". O Egito depois do Êxodo não será o mesmo de antes, pois agora um poder maior que o faraônico terá sido reconhecido. Por fim, quando os primogênitos são mortos, o governante sucumbe; no meio da noite, manda chamar Moisés e Aarão e ordena-lhes desesperadamente (12,31-32):

> Levantai-vos! Saí do meio de meu povo, vós e os filhos de Israel!
> Ide e servi a Yahweh, como tínheis pedido.
> Quanto às vossas ovelhas e bois, levai-os igualmente como tínheis pedido,
> e ide embora!
> Depois despedi-vos de mim!

Ainda assim, há um resto de resistência. Quando Israel parte, Faraó e seus conselheiros reconsideram. Eles saem em perseguição com seu exército para trazer o povo de volta. E Yahweh tem de aplicar a nova ordem com finalidade simbólica por meio do milagre do mar Vermelho: o exército do ex-Filho de Deus é envolvido em trevas (14,20), deixado em pânico (24) e submerso na enchente (27-28), enquanto o novo Filho de Deus, seu povo Israel, caminha

---

[6] Referências ao texto hebraico. As duas primeiras referências são 8,1 e 8,20 na RSV.

em segurança para terra seca e para o deserto. A cena termina com o canto de triunfo de Míriam:

> Quero cantar a Yahweh,
> ele se sobreexaltou!
> Cavalo e cavaleiro
> precipitou no mar.

Ao olharmos agora mais atentamente para o Filho de Deus, quando ele sai da escuridão do Egito para a luz da nova dispensação na história, encontramos nele uma criatura estranha. Em primeiro lugar, ele não é um ser humano individual, mas um grupo social; além disso, não tem o menor desejo de ser um filho de Deus; e, por fim, expressa o seu desgosto com o novo papel, e sua resistência a ele, tão abertamente que começamos a nos perguntar que significado concebível a expressão "Filho de Deus" poderia ter quando aplicada a um grupo ruidoso de humanidade que mal pode sequer ser chamado de povo. Quando, depois da primeira audiência, a carga de trabalho dos israelitas é aumentada, os capatazes desejam a atenção de Yahweh sobre Moisés por ter-lhes criado dificuldades (Ex 5,21). E quando, no mar Vermelho, o exército egípcio se aproxima, o povo volta-se contra Moisés: "É por não haver túmulos no Egito que nos fizeste sair de lá, para morrermos no deserto? Que fizeste conosco, tirando-nos do Egito! Não te havíamos dito no Egito: 'Deixa-nos em paz: sirvamos aos egípcios? Para nós é melhor servirmos aos egípcios do que morrer no deserto'" (Ex 14,11-12). Nunca teria havido um filho primogênito de Yahweh se o Deus tivesse tido de contar apenas com o povo; nunca teria havido um Israel sem a liderança de Moisés. Se houve um conflito entre as ordens de Israel e do Egito, teve ele sua origem numa experiência de Moisés.

A transformação dos indiferentes e recalcitrantes clãs hebreus no Israel de Yahweh deve ter levado algum tempo, bem como exigido os esforços de uma personalidade forte. Isso pressupõe a existência do homem que poderia levar o povo ao presente sob Deus porque havia ele próprio entrado nesse presente. Além disso, a fórmula de Israel como o Filho de Deus não poderia ter sido inteligível e eficaz se o povo não tivesse sido penetrado em certa medida pela civilização egípcia; e sua criação, em particular, aponta para um homem que viveu tão intensamente como um egípcio que pôde conceber esse povo em sua plena estatura como a supressão da ordem faraônica.

As tradições preservadas no Êxodo que sugerem a egipcianização dos clãs e de seus líderes são tão bem conhecidas que requerem apenas uma breve lembrança. Êxodo 12,40 informa a duração da estada de Israel no Egito como quatrocentos e trinta anos. Não sabemos se o número é correto ou não. Sabemos apenas o suficiente sobre a história geral da área nesse período para fazer mais de uma conjectura quanto à possível data de entrada e de saída, mas não o bastante para tornar uma delas convincente sem sombra de dúvida. Os clãs podem ter entrado no Egito durante o período dos hicsos (1680-1580) e ter sido expulsos juntamente com a dinastia estrangeira, ou podem ter saído uma geração depois, ou durante o período de Amarna (século XIV), ou no final do século XIII. Podem também ter entrado apenas durante o período de Amarna e saído cerca de um século depois. O número bíblico se encaixaria melhor numa entrada durante o período dos hicsos e uma saída no século XIII. Com relação à data de entrada, não temos uma opinião própria para oferecer; quanto ao êxodo, preferimos a data mais tardia, sob a XIX Dinastia, por razões que serão expostas no presente capítulo. Sob qualquer das conjecturas, a estada dos clãs foi suficientemente longa para que as influências egípcias se fizessem sentir no povo como um todo. E, em particular, foi suficientemente longa para que algumas pessoas subissem na hierarquia da sociedade egípcia, como é sugerido pelas tradições sobre José, cuja múmia os emigrantes levaram consigo (13,19). Uma ascensão similar deve ser pressuposta na base das tradições referentes a Moisés, embora todos os detalhes concretos tenham desaparecido por trás dos véus da lenda. A história da exposição do bebê, de sua guarda e criação como filho da filha de Faraó (2,1-10), é uma típica forma lendária, que tem seu paralelo mais próximo no Oriente Próximo, na história de Sargon de Acad[7]. Nenhuma circunstância bibliográfica pode ser extraída de uma forma que se adaptaria a qualquer hebreu egipcianizado de alta posição social depois de ter, por outras razões, se tornado importante o bastante para ser um objeto adequado para um tratamento lendário.

Na lenda da exposição e resgate está inserido, porém, um detalhe de caráter específico, não típico, ou seja, a referência ao nome de Moisés e seu significado. Quando a criança entrou na casa da princesa, "ela lhe deu o nome: Moisés; e disse: pois das águas eu o tirei" (Ex 2,10). A passagem tem o propósito mais imediato de colocar um verniz hebraico sobre o Moisés egipcianizado, pois o nome é quase certamente o mesmo elemento que aparece em sobrenomes como Tutmósis ou Amósis. Como o elemento significa "filho", não é provável que tenha sido usado sozinho e é plausível a conjectura de que o pai ausente fosse um deus egípcio. Nesse caso, o nome teria sido encurtado para Moisés

---

[7] Para uma tradução em inglês da lenda de Sargon, ver *ANET*, 119.

(talvez por ele mesmo?) porque o nome teofórico não caía muito bem no portador, que estava em revolta contra o Filho de Deus egípcio[8]. Aparentemente, porém, esse nome ainda era egípcio demais para o fundador de Israel e foi dada a ele uma interpretação hebraica, como em Êxodo 2,10, derivando-o do verbo *mashah*, tirar, de modo que Moisés seria "o que foi tirado" da água.

O propósito mais imediato da passagem, assim, é claro. A interpretação do nome, no entanto, tem suas dificuldades, pois, como apontou Martin Buber, a forma *mosheh*, se derivada do verbo *mashah*, não significa o passivo "o que foi tirado", como diz Êxodo 2,10, mas o ativo "o que tira"[9]. Buber sugere, portanto, que a passagem tivesse a intenção ulterior de indicar Moisés como o homem que tirou Israel das águas da enchente. Ele vê confirmação de que essa interpretação de fato existiu na tradição de Israel por meio da passagem em Isaías 63,11, que não faz sentido de outra maneira. O versículo começa, com Yahweh como sujeito: "Ele lembrou os tempos antigos"; e continua: "*Mosheh ammo*", que significa "Moisés, de seu povo". A sequência de palavras não produz um sentido satisfatório. Fica significativa, no entanto, se *mosheh* é entendido como uma exegese do nome Moisés, pois então o verso teria de ser traduzido:

> Ele lembrou os tempos antigos,
> "o que tira" seu povo.

E também faria sentido o clamor imediatamente seguinte do profeta pelo Yahweh que, aparentemente, não se lembra de seu povo na aflição atual:

> Onde está aquele que os fez subir do mar,
> com o pastor de seu rebanho?
> Onde está aquele que pôs em seu meio
> seu espírito santo?

Inclinamo-nos a aceitar a sugestão de Buber[10]. Se a aceitamos, porém, não podemos nos satisfazer com a suposição de uma intenção secreta ou ulterior em Êxodo 2,10. Aparentemente, de fato existiam duas tradições relacionadas ao nome de Moisés, ligadas pela experiência do milagre do mar Vermelho. Ele era tanto "o que tira" seu povo e "o que é tirado" junto com seu povo por Yahweh, como aparece em Isaías 63,11. E, depois de estabelecida a sugestiva

---

[8] Lods, *Israel*, 169; Robinson, *A History of Israel*, 1, 81. A. S. Yahuda, *The Language of the Pentateuch in Its Relation to Egyptian*, London, Oxford University Press, 1933, 1, 258-260, duvida da abreviação de um nome teofórico e considera preferível o significado "Filho do Nilo".

[9] Cf. a mesma observação em Ivan Engnell, Mose, *Svenskt Bibliskt Uppslagsverk*, v. 2, col. 311, e também as referências a 2 Samuel 22,17, Salmos 18,17 e Isaías 63,11.

[10] Buber, *Moses*, 51 ss.

conexão do nome com o ato de "tirar" do mar Vermelho, um pouco mais ou menos de gramática provavelmente não teria sido a preocupação primária dos homens que jogaram com o simbolismo quando quiseram anexar um significado hebraico a um nome que sabiam ser egípcio. A exegese não gramatical de Êxodo 2,10 torna provável que, na cadeira de motivações simbólicas, a ligação entre o nome e o verbo *mashah* já estivesse estabelecida quando a lenda do tipo Sargon se apresentou para adaptação a Moisés. Nesse caso, porém, se a conexão com o milagre do mar Vermelho era primária, algo realmente impressionante aconteceu na ocasião para justificar a sua conexão com o nome — não necessariamente o milagre descrito, ou mesmo um substituto sugerido por "explicações naturais", mas alguma fuga miraculosa de um grande perigo a que a frase "ser tirado da enchente" pudesse se aplicar.

É preciso ter o comedimento de não tirar conclusões naturalistas de símbolos — sempre levando em conta a possibilidade de que, numa situação concreta, a conclusão seria justificada —, pois os símbolos tecem seu próprio caminho através de experiências que não são percepções sensoriais. Há mais um ponto na Bíblia em que o verbo *mashah* ocorre, no Salmo 18. Em 2 Samuel 22 o salmo é atribuído a Davi, e talvez ele de fato o tenha "pronunciado", à exceção de algumas passagens suspeitas. Como o preâmbulo nos informa, é um hino de agradecimento por ter sido libertado dos inimigos, em particular de Saul, bem como pela vitória final por meio da intervenção de Yahweh. Nesse contexto, é Davi quem é "tirado" da enchente (vv. 17-18):

> Ele estendeu a mão do alto, ele me tomou,
> ele me "tirou" de muitas águas.
> Ele me libertou de meu forte inimigo
> e daqueles que me odiavam;
> pois eram fortes demais para mim.

Isoladamente, a passagem só prova que a expressão "ele me tirou das águas" era livremente movível e podia ser aplicada a salvamentos miraculosos em geral. Na sequência posterior do hino, porém, a natureza do salvamento é mais delimitada e aproxima-se estreitamente do complexo do milagre do mar Vermelho. O hino é um dos Salmos Imperiais, se pudermos estender o gênero de modo a incluir o *imperium in status nascendi*, e Davi é tirado das águas a fim de emergir como o governante sobre as nações (vv. 42-46):

> Eles gritam, mas ninguém os socorre;
> clamam a Yahweh, mas ele não lhes responde.

> Faço deles poeira,
> eu os esmago, os pisoteio como a lama das ruas.
> Livraste-me das revoltas de meu povo.
> Tu me conservas à testa das nações.
> Um povo desconhecido se põe a meu serviço;
> estrangeiros me cortejam,
> à primeira palavra me obedecem;
> estrangeiros desmoronam,
> fora de seus redutos estão cercados.

À primeira vista, esse parece um rumo estranho a ser tomado pelo símbolo do "tirar". Se nos lembramos da sequência da vitória davídica, ou seja, a liturgia de coroação do Salmo 2 em que o rei tornou-se o Filho de Yahweh, o significado do símbolo parece ter sido invertido. Quando Moisés trouxe Israel do Egito, ele tirou o novo Filho de Deus das águas em que o filho antigo perecia; e, agora, Yahweh tira das águas um governante que se assemelha ao Filho de Deus faraônico. Teria Israel agora sido rebaixado e o Faraó ressuscitado? Teria o símbolo do Filho de Deus dado uma volta inteira e retornado ao governo cosmológico?

Para compreender a questão, precisamos primeiro perceber que a evolução até o Filho de Deus davídico foi uma das possibilidades inerentes ao conflito mosaico com a ordem faraônica. O êxodo dos clãs hebreus, como enfatizamos, foi mais do que uma libertação nacional no sentido romântico. O governante egípcio não teve de libertá-los por causa de algum princípio de autodeterminação nacional, mas para deixá-los deslocar sua sujeição para o serviço de Yahweh; ele teve de reconhecer Yahweh como o Deus que emitiu a ordem. A ordem cósmico-divina do Egito foi suprimida; e a libertação de Israel implicou o reconhecimento da ordem histórica de Yahweh em que o novo Filho de Deus tinha o primeiro lugar. O deus de Moisés não era o Deus apenas de Israel, mas da humanidade; quando Moisés conduziu seu povo para o deserto, o resultado não foram dois povos em coexistência política sob diferentes deuses, mas uma única dispensação histórica com seu centro no Povo Escolhido. Apesar das aparências, essa nova ordem espiritual estabelecida por Moisés não foi abolida pela monarquia davídica. A ordem javista de história no sentido mosaico, bem como as relações entre Yahweh e seu povo permaneceram intactas quando Israel, sob a pressão da necessidade, teve de adotar um rei como as outras nações. Pode-se falar no máximo de uma deformação da organização teopolítica original pela intrusão de um Filho de Deus régio no sistema de símbolos.

Uma vez mais, porém, é preciso agir com moderação. A ordem da organização teopolítica, da existência livre do povo sob Yahweh, foi, sem dúvida, deformada quando o Israel que já era o Filho de Deus adotou um segundo Filho de Deus como seu governante. A incongruência aparecerá sob uma luz diferente, porém, se considerarmos que a existência de um Filho de Deus coletivo era, em si, uma deformação da ordem da humanidade sob Yahweh, tão fortemente enfatizada nas lendas do Êxodo. Deveria o "Egito" ser permanente a fim de proporcionar ao Povo Escolhido, destacado em relação ao resto da humanidade, uma sensação agradável de superioridade? No processo do espírito, o Filho de Deus teve de se tornar pessoal novamente, sem se tornar um Faraó, a fim de romper o coletivismo de Israel e liberar as potencialidades universalistas da ordem javista. E o reinado davídico foi de fato providencial nesse processo, pois os Salmos Imperiais, como observamos em nossa análise, foram preservados e elaborados não por causa de lembranças nostálgicas do reinado (embora esse fator possa também ter tido um papel), mas porque o simbolismo real tornou-se o veículo de esperanças messiânicas no espírito de Yahweh depois que a instituição da monarquia desapareceu sob os golpes da história. Além disso, o Salmo 18 em consideração no momento presta-se tão bem ao duplo sentido que é tema de controvérsia se certas seções, em especial os versículos 43 ss., devem ser atribuídas ao período davídico ou ser consideradas uma reelaboração posterior de tendência messiânica. E ele conclui com o tom ambíguo:

> Por isso exaltarei a ti entre as nações, Yahweh,
> e cantarei louvores ao teu nome:
> Grandes triunfos ele dá a seu rei
> e mostra bondade pelo seu *mashiach*,
> por Davi e sua descendência, para sempre.

O Filho de Deus régio, longe de destruir a ordem de Moisés, serviu à expansão do universalismo que ela continha em sua compacidade.

A continuidade de experiências e de sua expressão simbólica, da fundação mosaica à expansão messiânica, ficará mais clara quando compararmos a conclusão do Salmo 18 com uma passagem de Hebreus 13,21:

> O Deus da paz, que trouxe de volta dos mortos o grande pastor das ovelhas, pelo sangue da eterna aliança, nosso Senhor Jesus Cristo, torne-vos aptos por todas as bênçãos a fazer a sua vontade: realizando em vós o que lhe é agradável por meio de Jesus Cristo, ao qual seja dada a glória pelos séculos dos séculos.

O Ungido de Yahweh, que primeiro foi o rei de Judá e depois o Messias dos profetas, tornou-se, por fim, o Cristo em sua glória pelos séculos e séculos.

E de Cristo um raio de luz cai sobre o passado para iluminar Moisés, pois, entre as várias alusões ao Antigo Testamento na passagem citada acima, há uma, a referência a Isaías 63,11, que liga Jesus a Moisés: Jesus é o pastor do rebanho que é trazido do mar com seu povo. Ele é "o que é tirado" dos mortos por Deus; e, ao mesmo tempo, "o que tira" seu povo realizando nele, como instrumento divino, o que é agradável a Deus. Pelos caminhos tortuosos do simbolismo messiânico, as características de Moisés na dinâmica da ordem divina tornaram-se, agora, as características de Jesus; e, inversamente, as características do Filho de Deus são as de Moisés.

•••

A posição singular de Moisés resistiu à classificação por conceitos de tipo, bem como à articulação por meio dos símbolos da tradição bíblica. Ele se move num espaço vazio peculiar entre o antigo filho de Deus faraônico e o novo filho de Deus coletivo, entre o império egípcio e a organização teopolítica israelita. Sobre as obscuridades que cercam a posição de Moisés recai agora um holofote, mais do que um raio de luz, se reconhecemos nele o homem que, na ordem da revelação, prefigurou, mas não figurou ele próprio, o Filho de Deus. É a compacidade dessa posição intermediária que resiste à articulação e impossibilita, mesmo em símbolos de sua própria época, responder à pergunta: Quem foi Moisés?

Depois de termos tomado consciência do problema, porém, podemos pesquisar o texto bíblico em busca de tentativas de superar a dificuldade e encontrar, ainda que imperfeitamente, uma simbolização do homem que se posiciona entre a compacidade da ordem egípcia e a nitidez da ordem cristã. Uma ou duas passagens sugerem-se, mais ou menos claramente, como tentativas desse tipo.

Uma dessas tentativas culmina com a designação de Moisés como um deus. Quando Moisés recebe de Yahweh a ordem de conduzir seu povo para fora do Egito e de tentar obter com Faraó a sua libertação, ele resiste obstinadamente — quase tão obstinadamente quanto o próprio Faraó. Num longo diálogo, Yahweh tem de derrubar um após outro os argumentos de que a missão será um fracasso, até que Moisés se refere à sua incapacidade pessoal como negociador (Ex 4,10):

Ó, Senhor,
Não sou um homem de palavras,

> nem no passado, nem recentemente, nem desde que falaste a teu servo,
> pois sou de boca pesada e pesada língua.

Com esse argumento, o diálogo aproxima-se de seu clímax, pois as "palavras" que Moisés tem de falar corporalmente como um homem, prejudicadas por sua boca e sua língua pesadas, são, espiritualmente, as palavras de Deus. E Yahweh de fato ressalta para Moisés a sua dupla impertinência, pois, em primeiro lugar, a limitação física é parte da criação de Deus e, portanto, não é da conta de Moisés quando ele se vê diante de uma ordem divina (4,11); e, segundo, Yahweh estará espiritualmente em sua boca e indicará a ele o que falar (4,12). Como Moisés ainda resiste, Yahweh irrompe em ira (4,14-16): Não há Aarão, que fala bem, em cuja boca Moisés pode pôr suas palavras? Aarão deve falar ao povo:

> Ele será para ti a boca
> e tu serás para ele um deus.

Uma segunda versão do episódio, em Êxodo 6,28–7,5, é voltada ainda mais claramente para o conflito entre Moisés e a ordem faraônica. Uma vez mais, Moisés aponta seus "lábios incircuncisos" como o obstáculo para uma negociação bem-sucedida (6,30), mas agora Yahweh responde:

> Eis que eu te entrego a Faraó como um deus,
> e Aarão, teu irmão, será seu revelador [*nabi* — profeta].

A linguagem da passagem não deve ser confundida com uma simbolização genuína que expresse autenticamente uma experiência de transcendência. Moisés não é ontologicamente, mas apenas metaforicamente, um deus. Apesar de suas inadequações como símbolo, porém, a linguagem expressa de modo admirável o sentimento de que Moisés, embora não seja Deus, é algo mais do que um homem. De uma maneira indefinível, a presença de Deus tornou-se histórica por meio de Moisés.

Há outro texto, por fim, que não pode ser omitido, embora resista a uma interpretação conclusiva, porque a sua posição na narrativa marca-o como especialmente relevante para o complexo de problemas considerados. É o episódio noturno de Êxodo 4,24-26:

> Ora, estando a caminho, no albergue,
> Yahweh veio ao seu encontro e procurou matá-lo.
> Séfora tomou uma pedra afiada, cortou o prepúcio de seu filho
> e com ele tocou-lhe os pés, dizendo:
> "És para mim um esposo-de-sangue".
> Então, ele o deixou.
> Ela dizia "esposo-de-sangue" referindo-se à circuncisão.

Nem os aspectos etnográficos do episódio, nem o seu uso etiológico para explicar a circuncisão de bebês interessam-nos aqui. O que importa é que Yahweh tentou matar Moisés. Várias possibilidades de interpretação se apresentam:

(1) Uma pista para o significado do estranho incidente, sugerida por Martin Buber[11], é talvez o fato de ele acontecer na viagem de Madiã para o Egito. Moisés, por fim, obedeceu à ordem e está a caminho. Na escuridão da noite, porém, a confiança do dia sucumbirá à depressão. O "matador" talvez seja a negatividade demoníaca que Yahweh, como o Elohim exclusivo, absorveu com todas as outras forças divinas. Seria o Satã em Yahweh que encaminha Moisés para a tentação.

(2) Além da pista sugerida por Buber, gostaríamos de chamar a atenção para o fato de que o episódio vem imediatamente em seguida ao resumo de motivos em Êxodo 4,21-23, em que Israel é declarado o filho, o primogênito, de Yahweh. O resumo de motivos e o episódio da noite complementam-se, no sentido de que interrompem a narrativa na forma de um único corpo de texto e proporcionam a introdução para a narrativa do Êxodo propriamente dita. Assim, não se deve negligenciar a possibilidade de que o significado do episódio esteja, de alguma maneira, ligado à condição filial de Israel. Na situação espiritual de Moisés, desertar Yahweh pela simples inação era, de fato, impossível. A inação teria sido uma deserção ativa para o inimigo; ele não podia desobedecer à ordem de Yahweh sem reafirmar conscientemente a ordem do Faraó. O fato de que os historiadores israelitas estavam cientes do problema é provado, em nossa opinião de modo conclusivo, por sua construção paralela da conduta de Moisés e do Faraó. A resistência obstinada de Moisés no diálogo junto à sarça, que precede a interrupção da narrativa por Êxodo 4,21-26, está em equilíbrio com a resistência do Faraó nas lendas das pragas, que se seguem à interrupção. E tanto Moisés como o Faraó resistem uma vez mais, com uma última veemência, depois de terem aparentemente cedido à ordem divina. Na construção paralela, o episódio da noite, em que Moisés quase foi morto, corresponderia ao desastre do mar Vermelho, em que a ordem faraônica foi de fato engolida. Talvez tenha sido o egípcio em Moisés, o Filho de Deus antigo, que se ergueu pela última vez e teve de ser "morto" para estabelecer o novo Filho de Deus. Da última tentação, em que o Faraó foi submerso, elevou-se Moisés para a vitória. A ação de Séfora teria, então, de ser entendida como a afirmação da filiação do povo por meio da mãe do povo. O elemento coletivo da filiação precisava de uma garantia especial.

---

[11] Ibid., 82-87, o capítulo sobre Goettliche Daemonie.

(3) Uma sugestão final de Buber chama a atenção para uma possível ligação entre a circuncisão no episódio e os repetidamente enfatizados "lábios incircuncisos" de Moisés (Ex 6,12.30). O diálogo com Yahweh, bem como as repetições, deixam abundantemente claro que a resistência de Moisés à ordem divina tinha algo a ver com os "lábios incircuncisos". Havia algo não livre no homem cuja boca pesada falava a palavra de Deus contra a vontade para o povo que ele conduzia embora sem ser de fato parte dele. A ira de Yahweh que explodiu no clímax do diálogo talvez tivesse de ser intensificada pela ameaça do encontro noturno, a fim de fazer os lábios incircuncisos falarem as palavras criadoras e trazerem à existência o povo cuja aliança com Deus é confirmada por meio do rito de circuncisão[12].

Moisés foi excluído da humanidade comum por sua experiência da solidão com Deus. Assim como havia vivido pelas ordens de seu Deus, ele morreu por sua ordem. O destino extraordinário preparado para ele encontrou seu último símbolo na tradição de sua morte, em Fasga, tendo diante de si a terra prometida em que ele não pudera entrar:

> Assim morreu Moisés, o servo de Yahweh,
> na terra de Moab, conforme a ordem de Yahweh,
> e ele o sepultou
> no vale, na terra de Moab, defronte a Bet-Fegor,
> e nenhum homem até hoje sabe onde é a sua sepultura.

O texto hebraico diz literalmente que Moisés morreu "na boca de Yahweh", uma figura de linguagem que geralmente significa "por sua ordem". Talvez o tropo tenha sido usado nessa ocasião intencionalmente: o homem com os lábios incircuncisos encontrou, por fim, sua liberdade nos lábios de Deus.

§3 O Deus

"Por um profeta, Yahweh fez Israel subir do Egito." A ordem de Israel teve sua origem em Moisés; e a ordem na alma de Moisés teve sua origem em seu salto no ser, ou seja, em sua resposta a uma revelação divina. Dispomos

---

[12] O episódio da noite é doloroso para historiadores mais conservadores. AUERBACH, *Moses*, 51, diz: "É um pensamento inaceitável que Deus, que acabou de revelar seu nome para seu favorito Moshe numa grande revelação e incumbiu-o de sua missão, viesse imediatamente em seguida, à noite, atacá-lo com intenções de matar". A saída dessa dificuldade é encontrada por Auerbach por meio de uma generosa reorganização do texto.

de duas fontes principais para o entendimento da experiência mosaica. A primeira é o prólogo à revelação, em Êxodo 2; a segunda é o relato da própria revelação, no episódio da sarça em Êxodo 3,1–4,17.

A firme circunscrição do objeto de investigação, bem como das fontes, é necessária a fim de evitar um descarrilamento para as inúmeras questões laterais que inevitavelmente se acumularam na literatura sobre um evento de importância histórica mundial. Não estamos interessados, por exemplo, no javismo pré-mosaico, exceto na medida em que ele afete a experiência mosaica em si. O Yahweh que se revelou a Moisés era conhecido para ele, conforme relata a narrativa bíblica, como um deus tribal de um ou mais clãs hebreus. Yahweh talvez fosse o deus dos madianitas ou dos quenitas com quem Moisés encontrou refúgio no deserto — embora deva ser entendido que a suposição antes preferida, a chamada hipótese quenita, encontra-se hoje seriamente abalada; e ele certamente era o deus dos pais, de Abraão, Isaac e Jacó. Situava-se, ademais em estreita relação com a família de Moisés, pois duas vezes ele é designado como o deus de seu pai (no singular: Ex 3,6; 18,4); e o nome da mãe de Moisés era Jocabed (Ex 6,20), o único nome teofórico composto com Yahweh antes da *berith* sinaítica. O fato de Yahweh ser uma divindade bem conhecida, porém, só é importante na medida em que atesta a continuidade dos símbolos e não tem nenhuma influência no conteúdo da revelação. Deus, quando se revelou a Moisés, pôde ser identificado por ele como uma divindade conhecida; e, em especial, pôde ser assim identificado pelos hebreus que Moisés deveria trazer do Egito, ou eles dificilmente o teriam seguido. Todavia, embora a continuidade do símbolo tenha podido gerar confiança, o Yahweh de Moisés foi Deus no modo de sua revelação a Moisés; nenhum Yahweh prémosaico tem algo a ver com a constituição de Israel como o Filho de Deus na história. Assim, devemos também excluir todas as especulações que tentam reduzir Yahweh ao primitivismo que é adequado a um deus do segundo milênio a.C. na ordem progressiva das coisas — se ele seria, por exemplo, um "deus da montanha" (porque apareceu no monte Sinai), ou um "deus do fogo", um "*jinn*" (porque o Sinai da narrativa parece ter sofrido erupções vulcânicas, lançando para o alto nuvens incandescentes muito adequadas como o assento de um deus), ou um "deus das árvores" (porque se revelou numa sarça). Todas essas especulações não são admissíveis diante da informação bíblica de que Yahweh "desceu" para a sarça (Ex 3,8) e para o monte Sinai (19,11) de algum lugar "acima", onde o clamor de seu povo o alcançou (2,23). Ele era um *deus absconditus*, escondido em regiões celestiais, e manifestava-se nos lugares e formas exigidos pela ocasião. Apareceu a Moisés em Horeb; acompanhou-o no caminho e até tentou matá-lo; esteve com ele no Egito para ajudar sua boca pesada; e desceu sobre os egípcios para matar seus primogênitos. A mobilidade de Yahweh, é verdade, variou ao longo da história israelita; no século VII a.C., por exemplo, quando ele se tornou cada vez mais associado a Jerusalém, ela era pequena; mas nunca desapareceu completamente e os exilados descobriram com satisfação que Yahweh continuava com eles na Babilônia.

Nossa primeira fonte, o prólogo de Êxodo 2, é uma unidade de trabalho literário, composta a partir de várias tradições por um artista de considerável habilidade psicológica e dramática. Das subseções, 2,1-10 é geralmente atribuída à fonte E, 11-22 a J e 23-25 a P, a menos que se prefira uma distinção ainda mais sutil de fontes. Não mencionamos as atribuições por desejarmos nos alongar mais sobre elas, mas, ao contrário, porque queremos enfatizar que o significado da composição não pode ser encontrado pela identificação das fontes componentes. O aumento da tensão espiritual em Moisés transmitido por Êxodo 2 não deriva das fontes distinguíveis J, E e P, mas tem uma origem independente que desafia as tentativas de datação. A forma literária, certamente, é tardia, uma vez que absorveu as fontes datáveis, mas o conteúdo, o crescimento de Moisés em direção ao seu encontro com Deus, é uma descrição não datável de um processo espiritual. Não sabemos quando começou a tradição que, por fim, recebeu a forma literária de Êxodo 2, mas não há nada nela que não se encaixaria no tempo de Moisés[13].

O autor desconhecido prossegue encadeando uma série de episódios paradigmaticamente engrandecidos de forma que, por sua mera sequência, com um mínimo de comentários, eles comuniquem a crescente tensão. Moisés é, primeiro, o bebê entre as raças, uma criança hebraica exposta e criada como o filho da filha de Faraó (2,1-10). É, depois, o jovem, egipcianizado, mas não ignorante de sua origem, que se sente estranhamente atraído para seus irmãos hebreus. Vários incidentes provocam intervenções que revelam seu caráter e o inclinam para o seu destino. Em uma ocasião, quando um egípcio mata um hebreu, Moisés assume a questão em suas próprias mãos e mata o egípcio. Em

---

[13] Para uma distinção bem detalhada das fontes em Êxodo 2, cf. SIMPSON, *The Early Traditions of Israel*, 160-163, bem como as referências de páginas para Êxodo 2 no *Index of Scriptural Passages*. Para outras subdivisões de fontes, cf. AUERBACH, *Moses*, 13-29 — muito esclarecedor quanto à destruição do significado do texto integral. BUBER, *Moses*, não discute Êxodo 2 como um texto integral.

outra ocasião, ele observa uma briga entre dois hebreus e mostra-lhes que estão errados. Dessa vez, porém, sua intervenção tem um resultado desagradável, quando um dos hebreus pergunta-lhe agressivamente quem o nomeou capataz e juiz deles e se ele iria matá-lo como fez com o egípcio. De repente, Moisés conscientiza-se de sua situação: ele assumiu autoridade em rivalidade com a administração egípcia; por uma impensada sensação de responsabilidade, ele se colocou como juiz em questões de seu povo; e seu povo, longe de aceitar a sua autoridade, ameaça-o de traição aos egípcios. O perigo é real; e Moisés precisa fugir para o deserto, para escapar de execução como líder hebreu revoltoso (2,11-15). Moisés é, agora, um fugitivo no deserto para o qual, mais tarde, conduzirá seu povo, mas é ainda o homem de autoridade. Enquanto estava sentado junto a um poço em Madiã, um grupo de pastores tenta expulsar as filhas de um sacerdote vizinho que tinham vindo pegar água para o rebanho de seu pai. Uma vez mais, ele intervém e ajuda as mulheres; e, por causa disso, é convidado a permanecer com o sacerdote e recebe uma das filhas em casamento. Mesmo assim, ele continua plenamente consciente de que é um estrangeiro, um homem que não está com seu povo. No Egito, ele não podia ser totalmente egípcio, porque era hebreu; em Madiã, ele é o estrangeiro egípcio, com situação de residente (*ger*). Quando tem um filho, dá-lhe o nome de Gersom, "pois sou um estrangeiro residente [*ger*] numa terra estrangeira" (2,16-22). Anos se passam, o Faraó anterior morreu e os infelizes incidentes da juventude de Moisés são esquecidos. O homem idoso que antes assumia autoridade como um hebreu sobre os hebreus está agora maduro no tempo de Deus para assumir a autoridade sobre Israel como o servo de Yahweh. O último episódio introduz o Deus a quem sobem os clamores de Israel na escravidão. Agora é a sua hora de ouvir, de se lembrar da aliança com Abraão, Isaac e Jacó:

> E Deus agora viu os filhos de Israel,
> E Deus conheceu.

O conhecimento de Deus é sua ação. Quando Deus "conheceu", Moisés estava pronto para a revelação (2,23-25).

A segunda fonte, o episódio da sarça em Êxodo 3,1–4,17, não apresenta, à primeira vista, a clareza de construção que distingue o prólogo. O texto em sua forma atual está ligado, pelo resumo de motivos discutido anteriormente, ao episódio das pragas e tem o propósito de fazer o equilíbrio com a história do encontro entre Moisés e Faraó na unidade maior da narrativa do Êxodo. Vamos lidar com essa camada de significado na análise subsequente da *berith*.

O objetivo, portanto, de equilibrar os encontros de Moisés com Deus e com Faraó foi alcançado pela expansão de um relato original da revelação por meio de acréscimos que apontam para os eventos posteriores. Felizmente, porém, as interpolações são claramente reconhecíveis pelo conteúdo e pelo estilo e vamos seguir Martin Buber ao eliminar as seguintes passagens como acréscimos[14]: (a) 3,15-22, uma vez que ela é parcialmente repetitiva e parcialmente uma antecipação de detalhes do conflito com Faraó; (b) 4,1-9, que antecipa os *portenta* de Moisés que não têm nenhuma conexão interna com a revelação divina; e (c) 4,13-17, que prepara a participação de Aarão no conflito com Faraó. O que resta, ou seja, o corpo de texto que compreende 3,1-14 e 4,10-12, é, uma vez mais, um drama espiritual de primeira ordem, embora não saibamos se foi escrito pela mesma mão que Êxodo 2. É esse texto restante que vamos agora analisar. É preciso mencionar que, como no caso do prólogo, a atribuição das partes componentes às fontes J e E não serve de ajuda para o entendimento da composição[15].

O drama da revelação é organizado como uma sequência de cenas claramente distinguíveis:

(1) Êxodo 3,1-3: Moisés, cuidando dos rebanhos de seu sogro, chega ao Horeb, a Montanha de Deus:

> E o mensageiro de Yahweh deixou-se ser visto por ele, numa chama de fogo, do meio de uma sarça [*seneh*].
> E ele olhou, e eis que a sarça [*seneh*] ardia no fogo
> e a sarça [*seneh*] não era consumida.
> E Moisés disse: virarei para o lado e verei essa grande visão,
> porque a sarça [*seneh*] não se consome.

A insistência repetitiva no *seneh*, com a sua alusão a *Sinai*, chama atenção para dois estágios da revelação. Deus revela-se primeiro a Moisés do meio do *seneh*, depois ao povo no *Sinai*. *Seneh* (Ex 3) e *Sinai* (Ex 19) estão ligados como os dois atos em que a constituição de Israel é completada[16].

(2) Êxodo 3,4: A presença divina chama a atenção de Moisés despertando, de modo geral, a consciência de seus sentidos. Ela se faz agora uma presença voltada pessoalmente para ele:

---

[14] Buber, *Moses*, 67-70.

[15] Para outra delimitação do núcleo do episódio, levando em conta as fontes J e E, mas negligenciando o significado do texto que atravessa as fontes, cf. Auerbach, *Moses*, 31-36.

[16] *Seneh* e *sinai* têm, provavelmente, uma raiz comum. Além de Gesenius, cf. Engnell, Mose, col. 312; e Auerbach, *Moses*, 32 ss., 168 ss.

> Quando Yahweh viu que ele se virava para olhar,
> Deus o chamou da sarça [*seneh*]
> e disse: Moisés! Moisés!
> E ele disse: Aqui estou!

Por meio da resposta simples, Moisés coloca-se na presença da voz, quem quer que possa ser o falante, e está pronto para ouvir.

(3) Êxodo 3,5-6: A voz revela-se como divina e, desse modo, introduz a distância apropriada na presença mútua. Moisés está em solo sagrado e não deve se aproximar mais. Quando ele, então, para e tira suas sandálias, a voz identifica-se como o deus de seu pai, como o deus de Abraão, Isaac e Jacó. Ouvindo isso, Moisés cobriu o rosto, pois teve medo de olhar para Deus.

(4) Êxodo 3,7-10: Ver Deus é morrer. Moisés escondeu seu rosto da aterrorizante presença sensorial e escuta, com sua alma, o que a voz tem a dizer. E a voz lhe fala do conhecimento divino que é ação. A revelação começa: "Eu vi, vi a opressão de meu povo que está no Egito"; e termina: "Conduz meu povo, os filhos de Israel, para fora do Egito!" Aqui, pela primeira vez, aparece o tema de "meu povo [*ammi*]", envolvendo firmemente a promessa de liberdade em 3,8. Como o *seneh* prenuncia o *Sinai*, o *ammi* prenuncia a *berith* pela qual os clãs hebreus, que ainda não têm conhecimento do destino que os aguarda, serão transformados em "meu povo". No conhecimento de Deus, a ação distendida no tempo histórico é completada. Além disso, a ação histórica começou sutilmente com a revelação, pois o conhecimento de Deus tornou-se agora o conhecimento do Moisés que, no curso de sua vida, chegou ao ponto de poder ouvir a voz divina articular a sua ordem. No momento em que Moisés pode ouvir a voz designá-lo servo de Yahweh, ele cresceu espiritualmente em servo de Yahweh. A ordem só poderia ser rejeitada por um homem que nunca pudesse ouvi-la; o homem que pode ouvir não pode rejeitar, porque ele entrou ontologicamente na vontade de Deus, uma vez que a vontade de Deus entrou nele. Quando a consciência da vontade divina atingiu a clareza da revelação, a ação histórica teve início.

(5) Êxodo 3,11-14 e 4,10-12: Quando a ordem chega a Moisés, ela não pode ser rejeitada, mas pode ser recebida com dúvidas quanto à capacidade humana de realizar o aparentemente impossível. Quem é ele para convencer Faraó e tirar Israel do Egito (3,11)? E como ele poderá explicar ao possível futuro povo que o deus de seus pais, que demorou tanto para ouvir seus clamores na escravidão, é o Deus que agora vai de fato ajudá-los (Ex 3,13)? Tais dúvidas são superadas quando o Deus dos pais revela a sua verdadeira natureza por meio

da autointerpretação de seu nome, "Yahweh". A interpretação é parte da ação que começou em Moisés com a revelação e também determina a forma literária da cena. Do mesmo modo como, na cena anterior, a promessa de liberdade foi acompanhada pelas referências introdutória e conclusiva a "meu povo", agora a revelação suprema da natureza de Deus é acompanhada pelo "Eu estarei [*ehyeh*] contigo" de Êxodo 3,12 e 4,12. Na exegese no centro, o significado de Deus é então revelado como "Eu sou quem eu sou [*ehyeh asher ehyeh*]". Aos céticos filhos de Israel, Moisés deverá dizer: "*Ehyeh* enviou-me a vós" (3,14). O povo, assim, romperá a servidão ao Egito e entrará no presente sob Deus, assim que tiverem respondido à revelação da presença de Deus com eles. A presença mútua de Deus e Moisés no diálogo da sarça terá, então, sido expandida para a presença mútua de Deus e seu povo, por meio da *berith*, na história[17].

O diálogo da sarça só poderia ser escrito por um homem que tivesse um conhecimento íntimo dos eventos espirituais da revelação divina e da reação humana. Era uma mente profética de primeira ordem; e o fato de as fontes J e E terem sido usadas na composição permite-nos situá-lo não antes do início do século VIII a.C. Será preciso indagar se uma obra tão distintamente profética em forma contém uma substância histórica que se possa considerar que remonte, numa tradição ininterrupta, ao tempo de Moisés. E, em particular, devemos perguntar se a exegese do nome divino como EU SOU QUEM EU SOU pode ter tido Moisés como seu autor. Como essas questões são hoje obscurecidas por uma imensa controvérsia que, em primeiro lugar, não é sempre muito clara na enunciação dos problemas e, em segundo, é com muita frequência influenciada por uma ideologia progressista, precisamos esclarecer brevemente qual é, em nossa opinião, a natureza do problema.

---

[17] Nossa análise segue, de modo geral, BUBER, *Moses*, o capítulo sobre Der brennende Dornbusch, 56-81. Contra Buber, cf. AUERBACH, *Moses*, 39-44. Na opinião de Auerbach, Moisés tenta descobrir o verdadeiro nome de Deus porque isso dá poder sobre a divindade; e faz referência a episódios comparáveis em Gênesis 32,28, Juízes 13,17 e Provérbios 30,4. A interpretação está em conflito com o conteúdo declarado do episódio e talvez possa ser mais bem explicada como uma tentativa de salvar os significados das fontes componentes J e E. Importante para a exegese do nome divino é o estudo recente de E. SCHILD, On Exodus III 14 — "I AM THAT I AM", *Vetus Testamentum* 4 (1954) 296-302: "A resposta para a pergunta de Moisés não é uma definição circular evasiva 'Eu sou quem quer que eu seja', isto é, eu sou eu e não vou lhe contar mais nada — mas é uma resposta positiva em que Deus define a si próprio como Aquele que É, que existe, que é real" (301). A tese de que o segundo *ehyeh* refere-se à realidade de Deus baseia-se no raciocínio gramatical referente à construção de orações depois de *asher*. Se os especialistas em Antigo Testamento em 1954 ainda debatiam a gramática da oração relativa, o leigo em 1955 poderá talvez ler a passagem no sentido sugerido pelo contexto.

Precisamos perceber, em primeiro lugar, que estamos lidando com uma revelação presumivelmente recebida por Moisés, e nada além dessa revelação; e, segundo, que, quanto ao conteúdo da revelação, não temos nenhuma fonte além dos episódios analisados acima. Assim, o rico debate etimológico sobre o nome de Yahweh, com suas variadas conjecturas, algumas mais plausíveis do que outras mas nenhuma conclusiva, deve ser excluído como irrelevante para o nosso problema. A narrativa em si não faz referência a nenhum significado vinculado ao nome de Yahweh que pudesse ter influenciado o conteúdo da revelação. Ao contrário, ela apresenta o nome como sendo de significado desconhecido, de modo que uma exegese é necessária para dotá-lo de vitalidade espiritual. A exegese, ademais, não tem a intenção de ser uma etimologia. Até onde sabemos, o *ehyeh* não tem, etimologicamente, mais a ver com *yahweh* do que *mashah* com *mosheh*, ou seja, absolutamente nada. A exegese brinca com uma alusão fonética, mas seu significado é autônomo[18].

No que se refere ao significado autônomo, um problema formidável é inserido na controvérsia pelo fato de que, desde o tempo dos Padres, a autointerpretação divina (*Ego sum, qui sum*) tem sido a base da especulação cristã quanto à natureza de Deus. A primazia do *esse* divino, em oposição à primazia platônica do *bonum* divino, é tão distintamente o grande tema da filosofia cristã sobre a essência de Deus que ela foi adequadamente chamada de filosofia do Êxodo. A suposição, porém, de que o membro de um povo nômade no século XIII a.C., ou antes, tenha cunhado uma fórmula que contenha uma metafísica do ser é absurda para os historiadores esclarecidos, e excessiva até para os historiadores mais conservadores. Oesterley e Robinson, por exemplo, dizem:

> Podemos estar legitimamente seguros de que a teologia israelita na época de Moisés não diferia substancialmente da de outros povos no mesmo estágio de desenvolvimento. O significado do nome produziu muitas discussões. A derivação hebraica antiga sugerida por Êxodo 3,14 — "EU SOU O QUE EU SOU" — foi posta sob suspeita, por implicar uma concepção metafísica de Deus excessivamente avançada para um povo nômade antigo.[19]

---

[18] Sobre o significado provável do tetragrama, cf. Auerbach, *Moses*, 44-49. Auerbach considera que o tetragrama seja uma ampliação, para fins de culto, da forma curta do nome divino por meio de *He emphaticum* e indica um processo similar em *elohim* a partir do plural *elim*. Se a suposição de Auerbach sobre uma formação artificial estiver correta, não será possível sequer tentar qualquer exegese etimológica de "Yahweh".

[19] Oesterley e Robinson, *Hebrew Religion*, 153.

E mesmo Lods, o mais sensível dos historiadores de Israel, diz:

> A natureza essencial do Deus de Israel é e deve continuar sendo inescrutável. De acordo com a nossa análise, a palavra Yahweh é meramente um título formal que o Deus de Horeb revelou em resposta às necessidades práticas do culto, mas pretendia ser um lembrete contínuo da expressão de que ele era o epítome: "Ele é aquilo que ele é", o Ser que ninguém pode conhecer. Embora tal explicação seja imponente, ela parece muito teológica, muito artificial para transmitir o significado original do nome do deus madianita.[20]

As passagens são esclarecedoras por várias razões. Em primeiro lugar, os autores consideram que nada extraordinário pode acontecer na história; nenhuma personalidade singular, nem mesmo que Deus assim o queira, pode romper o "estágio de desenvolvimento". Eles podem fazer sua suposição, em segundo lugar, porque não se apercebem que a revelação cria história como a forma interior de experiência humana no presente sob Deus e, portanto, deve haver, inevitavelmente, um rompimento com o "estágio de desenvolvimento", em qualquer tempo em que ela ocorra. O "desenvolvimento" não seria menos rompido se o rompimento ocorresse alguns séculos depois. E, terceiro, como eles não estão conscientes da natureza da revelação como um "rompimento", como o salto no ser, confundem a exegese do nome, que é, de fato, uma explicação da experiência de presença divina, com uma etimologia do nome "Yahweh". Obviamente, o tema não pode ser tratado com sucesso nesse nível bastante baixo de precisão metódica.

No entanto, embora os argumentos apresentados nas duas passagens não possam ser chamados sequer de discutíveis, eles são motivados por uma relutância bastante razoável em ler metafísica na revelação da sarça. Assim, vemo-nos diante de um dilema. Por um lado, os autores citados acima (e muitos outros) sentem, justificadamente, que a exegese de Êxodo 3,14 não pode ser uma proposição filosófica referente à natureza de Deus — não por ter presumivelmente ocorrido no século XIII a.C., entre um povo nômade, mas porque, por razões anteriormente discutidas, nenhuma proposição filosófica jamais ocorreu na história de Israel. Por outro lado, quando lemos em Damascenus:

> O principal de todos os nomes aplicados a Deus é "ELE QUE É". Pois, uma vez que compreende tudo em si mesmo, ele inclui o próprio ser como um oceano de substância infinito e indeterminado;

---

[20] LODS, *Israel*, 323.

não podemos negar que a interpretação cristã é bem fundada no texto[21]. Embora não possamos escapar do dilema nem duvidando do texto nem o fazendo avançar alguns séculos, uma solução sugere-se se consideramos uma distinção feita por Gilson:

> Pode-se, claro, não afirmar que o texto do Êxodo oferecesse uma definição metafísica de Deus para a humanidade. Ainda assim, se não há metafísica *no* Êxodo, há uma metafísica *do* Êxodo.[22]

A distinção de Gilson aplica a um caso concreto, com efeito, o nosso princípio da evolução da compacidade para a diferenciação. Embora a passagem do Êxodo não seja uma proposição metafísica, ela contém em sua compacidade o significado diferenciado pelos filósofos cristãos.

Uma vez que tenhamos reconhecido a exegese do episódio da sarça como um simbolismo compacto que necessita de explicação, não só a interpretação filosófica parecerá bem fundada como os trabalhos de análise aplicados por pensadores cristãos ao episódio em geral poderão ser aceitos como um auxílio importante para o entendimento do símbolo. Vamos usar, para esse objetivo, o resumo do problema oferecido por Santo Tomás na *Suma Teológica*[23]. Tomás considera o ELE QUE É o nome mais apropriado de Deus por três razões: (a) porque expressa Deus de acordo com a sua essência, ou seja, como o próprio ser; (b) porque é universal e não determina mais precisamente a essência divina que é inacessível ao intelecto humano nesta vida; e (c) porque expressa o ser no presente que é apropriado a Deus, cujo ser não tem passado ou futuro. Tomás, porém, vai além das implicações que o *ehyeh* tem para uma filosofia do ser e põe em cena os outros componentes de significado. Embora o nome ELE QUE É seja o mais apropriado com relação ao modo de expressar a essência divina, o nome Deus é mais apropriado com relação ao objeto que se pretende expressar pelo nome; e ainda mais apropriado é o nome *tetragrammaton* para o fim de expressar a substância singular e incomunicável de Deus. Os três nomes que ocorrem na última seção do episódio da sarça — *ehyeh, elohim, YHWH* — são coordenados por Santo Tomás com a estrutura do ser divino em profundidade, levando da essência filosoficamente comunicável para o nome apropriado do objeto e para a profundeza da substância incomunicável.

---

[21] João DAMASCENO, *De fide orthodoxa* 1.9, in J. P. MIGNE (ed.), *Patrologia Graeca*, 94, 836.
[22] Etienne GILSON, *L'Esprit de la Philosophie Médiévale*, Paris, ²1948, 50 n 1.
[23] TOMÁS DE AQUINO, *Suma Teológica* I, q. 13, 11.

Se, agora, colocarmos a questão da "proposição filosófica" no contexto da análise tomista, o *ehyeh* não parecerá mais uma irrupção filosófica incompreensível, mas antes um esforço de articular uma experiência compacta de presença divina de modo a expressar a onipresença essencial com o homem de um Deus substancialmente oculto. O "eu estarei contigo", podemos dizer, não revela a substância de Deus, mas a fronteira de sua presença com o homem; e, precisamente quando a fronteira da presença divina tornou-se luminosa pela revelação, o homem ficará sensível ao abismo que se estende além para a substância incomunicável do *Tetragrammaton*. Na verdade, a revelação do episódio da sarça, uma vez tendo a presença divina se tornado uma experiência histórica do povo por meio da *berith*, não teve nenhuma sequência digna de nota na história dos símbolos israelitas e certamente nenhuma consequência filosófica. A profundeza não revelada que estava implícita na revelação, porém, fez o nome de Deus tornar-se o impronunciável *Tetragrammaton* YHWH. A filosofia não pode tocar mais do que o ser da substância cuja ordem flui por todo o mundo.

A grande questão da "proposição filosófica" deu lugar ao discernimento de que uma metafísica do ser pode ser diferenciada a partir de Êxodo 3,14, mas não é o significado do símbolo compacto em si; e o resumo do problema por Santo Tomás levou-nos de volta ao pleno sentido do episódio da sarça como a revelação a Moisés da presença divina com ele e seu povo.

A revelação do Deus oculto, por meio de Moisés, revela sua presença com seu povo; revelação e constituição histórica do povo são inseparáveis. Um texto interessante chegou até nós nas profecias de Oseias, que prova sem margem para dúvidas que esse era de fato o sentido em que os próprios israelitas entendiam as fórmulas do episódio da sarça. Oseias, como vimos, diagnosticou o "esquecimento" do povo quanto a seu Deus e suas instruções como o sintoma de desastre iminente. O Deus e o povo que haviam sido unidos historicamente na presença mútua por meio das revelações do *seneh* e do *sinai* podiam separar-se outra vez. O Deus que havia se manifestado como presente podia também retirar-se; e, então, ele não seria mais o "eu estarei contigo" e o povo não seria mais "meu povo". O profeta sabia que a separação já estava em processo e seria consumada por um desastre na história pragmática se o povo não voltasse atrás e se lembrasse de seu Deus. Assim como, na revelação a Moisés, o conhecimento divino havia abarcado a constituição efetiva de Israel no tempo histórico, a revelação de Oseias abarcava a dissolução efetiva do povo, acompanhada da destruição externa do Reino do Norte. Para trazer a presciência divina para a ciência do povo, Oseias escolheu o método de dar a seu filho um nome simbólico (1,9):

> E ele [Yahweh] disse:
> Dá-lhe o nome de Lo-ammi [não meu-povo];
> pois não sois o meu povo [*lo-ammi*];
> e eu não eu-sou [*lo-ehyeh*] para vós.

O texto é importante no sentido de que prova não só o papel do simbolismo na constituição da organização teopolítica israelita, mas também a existência das fórmulas no meio do século VIII. Além disso, como a indicação do nome para a infeliz criança destinava-se a ser entendida de maneira geral como uma ação reveladora, o simbolismo provavelmente era conhecido para o povo que Oseias deseja atingir. Desse modo, não pode ter sido criado por Oseias, mas deve pertencer a uma tradição de idade considerável[24].

A estrutura e a data do símbolo foram suficientemente esclarecidas para preparar para a questão crucial de ser possível ou não atribuir o *ehyeh asher ehyeh* ao próprio Moisés. Uma resposta afirmativa pode ser baseada na estreita relação entre o símbolo da sarça e os Hinos de Amon da XIX Dinastia (*c.* 1320-1205 a.C.). Vamos estabelecer sucintamente o paralelo:

(1) Nas passagens que emolduram o episódio da sarça, 3,12 e 4,12, o *ehyeh* tem o significado "eu estarei contigo"; e a tradução de Chicago parafraseia corretamente o *ehyeh* em 4,12 como "eu te ajudarei" — embora a paráfrase destrua a estrutura do texto. O significado de que Deus estará presente como o ajudante, além disso, é confirmado pela instrução a Moisés de dizer ao povo: "*Ehyeh* enviou-me a vós" (3,14). A passagem teria de ser parafraseada: "Aquele que está presente como vosso ajudante enviou-me a vós". À luz desse significado, apoiado pela profecia de Oseias, deve ser entendido o *ehyeh asher ehyeh* central, usualmente traduzido como EU SOU QUEM EU SOU. A menos que introduzamos categorias "filosóficas" extrínsecas, o texto só pode significar que Deus se revela como aquele que está presente como o que ajuda. Embora o próprio Deus esteja oculto (o primeiro *ehyeh*) e, portanto, precise revelar-se, ele estará manifesto onde e na forma que escolher (o segundo *ehyeh*).

(2) Essa concepção da divindade como estando oculta em sua profundeza e, ao mesmo tempo, manifesta em muitas formas de sua escolha é, porém, pre-

---

[24] Para a profecia de Oseias, ver Buber, *Moses*, 79.

cisamente a concepção de ser divino que encontramos nos Hinos de Amon da XIX Dinastia. Vamos recordar algumas das passagens características:

> O primeiro a ganhar existência nos tempos mais antigos,
> Amon, que ganhou existência nos primórdios,
> de modo que a sua natureza misteriosa é desconhecida. […]
>
> Sua imagem não aparece em escritos.
> ninguém é testemunha dele. […]
> Ele é por demais misterioso para que sua majestade possa ser revelada,
> ele é por demais grande para que os homens façam perguntas a seu respeito,
> poderoso demais para ser conhecido.
>
> Misterioso de forma, radiante de aparência,
> o deus maravilhoso de muitas formas.
>
> "Oculto" [*amen*] é seu nome como Amon,
> ele é Rá de rosto
> e seu corpo é Ptah.[25]

Além disso, mesmo dentro da forma cosmológica, tornam-se perceptíveis os motivos que tendem a transformar o deus supremo do império no Deus que está presente para o homem em suas necessidades:

> Não dizem as viúvas: "Nosso marido tu és"
> e os pequenos: "Nosso pai e nossa mãe"?
> O rico vangloria-se de tua beleza
> e o pobre venera teu rosto.
> O que está preso volta-se para ti
> e o que está doente chama a ti...
> Todos estão voltados novamente à tua presença,
> para que possam fazer orações a ti.[26]

Não se deve esquecer, porém, que as aproximações de uma experiência divina do tipo citado acima permanecem dentro da esfera da piedade e da oração particulares. Elas não rompem o mito cosmológico do império.

O paralelo entre os símbolos javista e de Amon é suficientemente claro para não exigir elaboração. A tensão entre a profundeza oculta de Deus e suas manifestações foi transposta, pelo episódio da sarça, da forma de mito cosmológico para a forma de presença revelada na história[27]. Tal transposição

---

[25] Traduzido por Wilson, em *ANET*, 368 ss.
[26] Ibid., 371.
[27] Paralelos entre os símbolos israelitas e egípcios têm sido feitos com frequência, em particular o paralelo entre os supostos "monoteísmos" de Moisés e de Akhenaton. Para um levanta-

poderia muito bem ter sido a obra decisiva de Moisés, se considerada a questão fundamental de sua existência como ela apareceu na análise anterior, ou seja, o conflito entre as ordens de Yahweh e o império egípcio. É fortemente provável que a revelação da nova ordem fosse formulada em símbolos que anulassem claramente a ordem dos deuses egípcios como esta era entendida na época. Seria o mesmo tipo de oposição simbólica que pudemos observar no episódio de Abrão em Gênesis 14. A revelação poderia romper a experiência cosmológica, mas não poderia ser comunicável a menos que desse continuidade aos símbolos, porém mudando o seu significado. O Deus de Moisés tinha de se fazer inteligível para seu povo, não só como o Deus dos pais, mas também como o Deus da nova dispensação histórica em oposição ao Amon do império. Assim, inclinamo-nos a atribuir o simbolismo do episódio da sarça a Moisés; e, como os textos egípcios que proporcionam a continuidade são posteriores ao período de Amarna, seria preciso pressupor uma data para Moisés no século XIII a.C.

§4 A nova dispensação

A ação histórica que havia começado com a revelação na sarça foi completada pela revelação no Sinai. A criação da organização teopolítica israelita por meio da *berith* é o último ato do drama em que a nova dispensação da história sob Deus foi estabelecida em oposição à ordem faraônica. Ao lidar com o ato da fundação, vamos usar o mesmo método que nas seções anteriores. Não serão necessários mais do que lembretes breves quanto aos pontos fundamentais:

Uma vez mais, não há fontes para a fundação e seu significado além da própria narrativa bíblica. Assim, todas as especulações extrínsecas, em especial as de natureza ideológica, devem ser excluídas. Além disso, do mesmo modo como a questão da proposição "filosófica" teve de ser eliminada, na seção anterior, como anacrônica diante dos símbolos compactos, agora a questão paralela de ideias de tal "moralidade" sublime e pura como as contidas no Decálogo de Êxodo 20 poderem ou não ser atribuídas ao famoso "povo nômade do século XIII a.C." também tem de ser eliminada. Embora o Decá-

---

mento dessas tentativas, bem como para as razões pelas quais elas não são sustentáveis, ver LODS, *Israel*, 318 ss., o apêndice sobre The Theory of the Egyptian Origin of the Work of Moses. Nossa própria tentativa no texto opera com um método não usado anteriormente.

logo, sem dúvida, tenha algo a ver com "moralidade", assim como o episódio da sarça tinha a ver com "filosofia", ele não é um catecismo moral, mas o conjunto de regras fundamentais que constituem um povo sob Deus. Ao fazermos referência à comunidade constituída sob Deus, ademais, preferimos o termo *organização teopolítica*, criado por Martin Buber[28], ao termo *teocracia*, criado por Flávio Josefo[29], pelas razões já discutidas[30]. A fundação sinaítica, por fim, da mesma forma que o episódio da sarça, não ocorre num vácuo histórico, mas opõe sua nova ordem aos símbolos do império egípcio. Desse modo, vamos, uma vez mais, examinar com atenção os paralelos e diferenças em relação à forma cosmológica[31].

---

[28] BUBER, *Moses*.

[29] JOSEPHUS, *Contra Apionem*, 2, 16. A "teocracia" de Josefo — uma forma de governo estabelecida por Moisés que coloca a autoridade suprema nas mãos de deus — tem, substancialmente, o mesmo significado da *organização teopolítica* de Buber.

[30] Cap. 8.2.3.

[31] Nossa análise deve muito à obra de Buber por inúmeros detalhes, como as frequentes referências de rodapé mostraram. Será adequado, portanto, caracterizar brevemente a natureza da obra, seus sucessos e deficiências, especialmente porque não só fizemos grande uso de detalhes como também nos sentimos de acordo com a tese fundamental de Buber: "Vista historicamente, a ideia expressa no dito aquilino e nos textos ligados a ele significa a rejeição da eterna soberania dos faraós por parte do grupo de hebreus que saíam do Egito rumo à liberdade. A liberdade para a qual se dirigiam é entendida por seu líder como liberdade divina, isto é, como soberania divina. Numa perspectiva histórica isso significa: a soberania do espírito pelos carismáticos tomados e certificados por ele, em virtude das leis justas promulgadas em nome do espírito" (*Moses*, 158).

Buber, assim, viu o grande conflito entre as ordens mosaica e faraônica, mas, na execução da ideia, com frequência não aplicou a noção geral aos problemas específicos. A declaração de Israel como o Filho de Deus em oposição a Faraó, por exemplo, não é mencionada, nem a relação entre as concepções de Deus no episódio da sarça e nos Hinos de Amon; nem viu ele o padrão cosmológico na concepção do Povo Escolhido que nos ocupará no presente texto.

Em parte, tais deficiências podem ser explicadas pela falta de familiaridade do autor com as fontes cosmológicas egípcias e do Extremo Oriente e, em parte, por sua compreensível relutância em usar fontes patrísticas e escolásticas como guia para o esclarecimento de problemas mosaicos. O obstáculo decisivo, porém, parece ter sido a situação metodológica, que também impõe, em nossa análise, os frequentes apartes críticos. O estudo sério das formas simbólicas e sua expressão literária começou apenas recentemente. E o estudo na narrativa bíblica, em particular, ainda está muito sobrecarregado com o desatamento das fontes componentes — uma tarefa indispensável, sem dúvida, mas que não é solução para os problemas nos níveis mais altos de significado, como a construção do prólogo da revelação de Moisés ou do episódio da sarça.

As dificuldades que precisam ser superadas ficarão mais claras se citarmos algumas passagens da grande autoridade da última geração, *Geschichte des Altertums*, de Eduard MEYER: "Do fogo do espinheiro, o próprio Yahweh foi ao Egito a fim de libertar seu povo. [...] Por meio disso, o próprio Moisés também foi levado ao Egito. Segundo o Javista, ele nasceu aí; nisto, uma

A ação que culmina na aliança tem início quando Deus ouve o clamor de seu povo e revela-se a Moisés. A série de eventos é uma unidade de ação na medida em que o início e o fim estão unidos no conhecimento de Deus; na distensão do tempo histórico, porém, a unidade precisa ser criada, passo a passo, por meio da resposta humana à revelação divina. O problema de execução histórica é formulado no episódio da sarça. Quando Moisés alega sua insignificância humana em comparação com a ordem divina, Deus responde (Ex 3,12):

> Mas eu estarei contigo [*ehyeh*];
> e este será o sinal para ti, de que te enviei:
> Quando tiveres trazido o povo do Egito,
> servireis a Deus nesta montanha.

A presença divina assegura ao homem que ele pode cumprir uma ordem que sente estar além de seus poderes humanos; e o cumprimento é o "sinal" da presença. No caso concreto, Moisés pode cumprir sua missão porque Deus estará presente com ele; e o cumprimento efetivo, o serviço do povo na montanha, será o "sinal" da presença. Como, no tempo histórico, o "sinal" encontra-se no futuro, o fim que, na eternidade, é unido ao início pelo conhecimento de Deus pode ser unido na esfera humana apenas pela confiança responsiva do homem na presença de Deus. Não há revelação a Moisés como um evento his-

---

lenda amplamente difundida foi transferida para ele. [...] O traço típico da dissimulação é que os temas usados nela são imediatamente abandonados na continuação. [...] Também Moisés não é nada menos do que um guerreiro e herói. [...] mas sempre apenas um taumaturgo provido de forças mágicas por sua ligação com a divindade. [...] e, do mesmo modo, não é por feitos heroicos que ele força o Faraó a consentir a saída do Egito, mas por artes mágicas. [...] De fato, um egípcio chamado Moisés pode, de algum modo, ter ido parar em Qadesh e ter obtido aí uma posição de líder entre os sacerdotes, de modo que seu nome perdurou como o do fundador de sua arte. Contudo, não se encontram mais informações sobre ele; não há quaisquer influências egípcias na religião e no culto de Yahweh, os quais possuem, antes, o caráter de uma tribo do deserto autenticamente semita" (II/2, 207-209).

A atitude em relação aos problemas bíblicos que se manifesta nas passagens é certamente inadequada. Todavia, ela é hoje uma influência poderosa: as estranhezas em questões de religião encontradas em *Study of History* de Toynbee podem ser explicadas em grande medida pela confiança incauta deste na autoridade de Eduard Meyer. Assim, embora o Moisés de Buber seja insatisfatório em muitos aspectos (a posição crucial do resumo de motivos, discutida na seção anterior, por exemplo, não foi observada por ele), a obra é da maior importância, porque rompe, em princípio, com as esquisitices espirituais da era positivista e aponta o caminho para um tratamento mais realista das fontes. Se nossos comentários críticos podem ser restritos a um mínimo, isso se deve, em grande medida, ao fato de Buber, de forma pacientemente detalhada, ter esclarecido a situação.

tórico a menos que, pela experiência de revelação, Moisés torne-se um servo de Yahweh; e nenhum povo será trazido do Egito a menos que, no ato de sair do Egito, ele entre no serviço de Yahweh das montanhas. O dom da revelação requer aceitação para se tornar a forma da existência histórica.

O Êxodo, conforme se estende entre as revelações do *seneh* e do *sinai*, é o drama histórico *kat'exochen*, na medida em que traz a ordem da existência para a forma histórica por meio da resposta humana à revelação. Moisés deve aceitar a liderança de seu povo, bem como a missão diante de Faraó; Faraó deve ser convencido a deixar o povo partir; o povo deve ser induzido a partir e a entrar no serviço de Yahweh. Em cada estágio do drama, a execução poderá se desfazer se a resposta adequada não vier; e só vem, de fato, com relutância, hesitações, retardamentos e mesmo com uma resistência que precisa ser quebrada. A própria substância do drama é a moldagem da ação humana na ação conhecida por Deus; e as principais etapas para superar a resistência do homem determinam, portanto, a construção literária da história do Êxodo. Os grandes protagonistas individuais são Moisés e Faraó, o criador da nova ordem e o defensor da ordem antiga. Suas histórias são organizadas de forma a se equilibrarem. Na primeira história, Deus tem de superar a resistência de Moisés; na segunda, Moisés, que é estabelecido como "um deus para Faraó", tem de superar a resistência do governante egípcio. Abordagens preexistentes de episódios individuais foram absorvidas e subordinadas à construção abrangente do conflito de ordens. Comentamos os acréscimos ao episódio da sarça; e precisamos agora destacar que as interpolações, embora devam ser eliminadas a fim de clarificar a construção original do episódio, não podem ser descartadas como exemplos da falta de habilidade de redatores de segunda classe; elas são elaborações cuidadosamente pensadas que encaixam o episódio original no contexto maior do conflito de ordens. As demoras acrescentadas à história de Moisés são calculadas para equilibrar a série de demoras faraônicas e de pragas, que, por sua vez, são reunidas de várias lendas independentes sobre os desastres infligidos aos egípcios. Além disso, o paralelo é acentuado pelos episódios culminantes: a declaração de Israel como o Filho de Deus está em equilíbrio com a destruição dos primogênitos do Egito; a enigmática cena noturna, em que Moisés quase é morto por Yahweh, está em equilíbrio com o desastre do mar Vermelho em que a força do Filho de Deus egípcio é efetivamente engolida. Apenas pela construção sobreposta de toda a narrativa podemos encontrar o grande tema que desapareceria se os episódios componentes fossem considerados isoladamente — ou seja, a transição da ordem histórica do império para o Povo Escolhido. A apresentação elaborada dos protagonistas individuais em sua resistência a Deus é, ademais, calculada para colocar na proporção adequada a resistência do protagonista coletivo, do povo de Israel. A nova dispensação, afinal, não será a ordem nem de Moisés nem de Faraó, mas do povo sob Deus; e o povo resiste, da primeira traição contra Moisés, passando pelos resmungos contra a sua ação libertadora e as acusações quando os perseguidores egípcios se aproximam, até o estado de desânimo e os atos de motim e deserção no deserto. Moisés e Faraó são representantes da humanidade em sua resistência à ordem antevista por Deus. E o clímax do Êxodo, o estabelecimento efetivo da nova dispensação por meio da *berith*, não é de modo algum um final feliz, mas o início do ritmo perpétuo de deserção e retorno para a ordem de existência humana no presente sob Deus. Assim, embora a ação que começou com a revelação a Moisés de fato termine com a revelação ao povo, a resistência à ordem continua dentro da nova forma histórica. A história, no sentido da tarefa perpétua de recuperar da pressão da existência mundana a ordem sob Deus, apenas começou.

O último ato do drama é a constituição de Israel como o povo sob Deus por meio da *berith*. Os problemas de estratificação literária nessa parte da narrativa assemelham-se aos do episódio da sarça, com a diferença de que agora ocorrem numa escala quantitativamente maior. Há, uma vez mais, uma base de materiais que pode ser atribuída às fontes J e E. Tendo, então, os materiais J e E como sua estrutura fundamental, um mestre desconhecido compôs um drama paradigmático que esclarece o significado da constituição teopolítica. E a obra-prima de construção literária foi, por fim, usada por historiadores posteriores para outros objetivos, de modo que hoje ela se encontra seriamente distorcida e mesmo parcialmente destruída por vastas interpolações e acréscimos. O estrato do meio, o drama espiritual da *berith*, é o que tem interesse primário para os nossos problemas. Ele é composto de três cenas principais:

(1) Quando o povo chegou ao monte Sinai, Moisés "subiu a Deus" para receber novas instruções (Ex 19,1-3), na forma de uma mensagem que ele devia transmitir aos filhos de Israel. A mensagem (4-6) informava o povo sobre as condições e o significado da *berith*. Moisés reuniu os anciãos e expôs a mensagem diante deles. Ela foi aceita pelos anciãos e pelo povo. Em seguida, Moisés relata a aceitação a Yahweh (7-8).

(2) Depois que a revelação divina e a resposta humana ficaram de acordo, a *berith* propriamente dita pôde ser concluída. A cerimônia foi preparada por

purificações rituais e pela delimitação de uma área sagrada (Ex 19,9-15). Então, Yahweh desceu sobre o Sinai (16-25) e o povo reunido ao pé da montanha (Ex 24,1-3). E, quando o Deus e o povo estavam em sua presença mútua, a *berith* foi concluída por meio de um ato cultual (4-11).

(3) Após a conclusão da *berith*, Moisés recebeu a ordem de subir novamente à montanha para receber as tábuas da lei, em que Yahweh havia escrito as regras fundamentais que governavam a relação entre ele e o povo e a relação entre os membros do povo (Ex 24,12).

Toda a ação da aliança, assim, é claramente organizada nesse nível da narrativa como, primeiro, a revelação do significado da *berith* e sua aceitação pelo povo; segundo, o ato cultual da *berith*; e terceiro, a proclamação das regras que continuem o povo como uma organização teopolítica.

A construção clara, porém, é perturbada e parcialmente destruída pelas interpolações excessivas mencionadas acima. Entre a descida de Yahweh à montanha (no final de Ex 19) e a reunião do povo ao seu pé (início de Ex 24) foi inserido o Livro da Aliança (Ex 20–23). Além disso, quando a *berith* é concluída e Moisés sobe à montanha para receber as tábuas de pedra, são-lhe apresentadas, em vez disso, instruções detalhadas para a construção de uma "tenda" e seu equipamento e ritual (Ex 25–31). Apenas no final, como se então lhe tivesse ocorrido a ideia, Deus entrega-lhe as tábuas, embora não nos seja dito o que está escrito nelas (Ex 31,18). Segue-se o episódio do bezerro de ouro (Ex 32–33), que leva Moisés a quebrar as tábuas, com seu conteúdo ainda não revelado (32,19). Uma vez mais, ele tem de subir em busca de um segundo conjunto de tábuas (Ex 34) e, por fim, temo-las em segurança e descobrimos que elas contêm o Decálogo cultual de Êxodo 34,10-26. É evidente que coleções de leis de vários períodos foram reunidas em torno da *berith* sinaítica a fim de que participassem da dignidade da fundação original. Assim como o episódio da sarça havia sido inflado para ser posto em equilíbrio com a história das pragas, também o drama da *berith* foi inflado para fazer que se originassem nele tantos desenvolvimentos jurídicos quanto fosse possível.

O drama da *berith* foi seriamente afetado pelas interpolações, no sentido de que as regras da organização teopolítica, que deveriam estar inscritas nas tábuas, desapareceram de onde deve ter sido o seu lugar original, isto é, o final de Êxodo 24. Além disso, as regras e os mandamentos que deveriam ser emitidos na continuidade da *berith* agora não só seguem como também precedem a sua conclusão. Como consequência, hoje é matéria controversa se a *berith* foi concluída com base no Decálogo ou se o Decálogo foi emitido com base na *berith*. A confusão tem sua origem específica na interpolação do Livro da Aliança antes da conclusão da *berith*, um procedimento que impôs um duplo significado a certos termos do ato cultual de Êxodo 24,3-8. Pois, em 24,8, a *berith* é concluída "de acordo com todas essas palavras [*debharim*]"; e, na forma como o texto está hoje, o termo *debharim* pode tanto se referir aos *debharim* da mensagem em Êxodo 19,4-6 como aos *debharim* do Decálogo em Êxodo 20. No primeiro caso, a *berith* seria concluída com base na mensagem divina e em sua aceitação pelo povo; no segundo caso, com base no Decálogo, que, de acordo com o drama, deveria ser inscrito nas tábuas posteriormente. Os historiadores que fizeram as interpolações adotaram a segunda interpretação, pois em Êxodo 34 encontramos o significado da aliança identificado não com a mensagem, mas com o próprio Decálogo (34,27-28). E, por fim, como as palavras inscritas nas tábuas desapareceram de seu lugar apropriado, precisamos decidir qual dos vários decálogos, se é que algum deles, poderia ser o que fugiu do lugar. Quanto a essa questão, defendemos o decálogo de Êxodo 20,1-7, porque, primeiro, seu claro conteúdo teopolítico é adequado às intenções do drama nas três cenas e, segundo, sua excelência formal e sua profundidade espiritual estão de acordo com a alta qualidade do pequeno drama.

Com relação à confiabilidade histórica e à data do drama, não se pode ir além de probabilidades. Depois da biografia espiritual de Moisés em Êxodo 2 e do episódio da sarça, encontramos agora, pela terceira vez, um autor brilhante do "estrato do meio". Não sabemos quem ele foi ou se os três trechos foram escritos por uma ou mais pessoas. Só podemos dizer que os autores devem ter sido homens de grande sensibilidade espiritual, que foram capazes de captar em dramas paradigmáticos a essência da pessoa e da obra de Moisés. Pela análise das fontes componentes, sabemos, ainda, que eles usaram os materiais J e E, ou — mais cautelosamente — as tradições que também se introduziram no trabalho dos historiadores J e E. Sobre a tradição do significado que os autores desconhecidos sobrepuseram aos materiais, porém, não sabemos nada. E, quanto à confiabilidade histórica, só podemos dizer que, por um lado, os dramas do "estrato do meio" não contêm nada que fosse historicamente impossível e, por outro, eles deixam surgir um Moisés de estatura convincente.

Vamos examinar agora as três cenas do drama da *berith* em sua sequência.

Quando o povo por fim chegou ao monte Sinai, Moisés "subiu até Deus" para receber suas instruções. Yahweh ordenou-lhe que transmitisse aos filhos de Israel, para que eles expressassem sua aceitação, a seguinte mensagem (19,4-6):

> Vós mesmos vistes o que fiz ao Egito,
> como vos carreguei sobre asas de águia e vos fiz chegar até mim.
> Agora, pois, se ouvirdes a minha voz e guardardes a minha aliança,
> sereis minha parte pessoal [*segullah*] entre todos os povos.
>
> Pois a terra inteira me pertence
> e vós sereis para mim um reino de sacerdotes [*mamlekheth kohanim*],
> e uma nação santa [*goy qadosh*].

As duas primeiras linhas reafirmam o grande tema histórico: o povo viu o que aconteceu ao Egito, enquanto os filhos de Israel foram trazidos para Deus. Se a ação de Deus agora for complementada pela resposta humana, Deus estará pronto para estabelecer a nova ordem, expressa nos símbolos imperiais: a jurisdição de Deus incluirá "toda a terra" com seus habitantes. Entre todos os povos, porém, o povo de Israel será escolhido como a propriedade (*segullah*) especialmente estimada da casa do governante. Ele será o domínio (*mamlakah*) régio; e os membros do domínio da casa serão os *kohanim*, ou seja, ajudantes pessoais do rei. A palavra *kohanim*, que na maioria dos casos tem o significado de sacerdotes, é na verdade usada, em algumas circunstâncias, no sentido de ajudantes do rei[32]; e talvez tenha havido uma intenção de ambiguidade de significado na presente ocasião, em que o domínio régio era o *segullah* de Deus e seus membros, portanto, eram uma "nação santa".

O significado das imagens imperiais é esclarecido por sua elaboração em Deuteronômio 32,8-9:

> Quando o Altíssimo [Elyon] deu as devidas partes às nações,
> quando ele dividiu os filhos de Adão [ou homem],
> ele definiu as fronteiras dos povos
> de acordo com o número dos filhos de Israel [ou Deus-El].
> Pois a parte de Yahweh é o seu povo,
> Jacó a medida de sua propriedade.

O texto é difícil; pode também transmitir o significado de que Deus, quando fixou as fronteiras para os povos, deu a cada um o seu anjo guardião e manteve Israel como a sua própria parte[33]. Qualquer tradução que escolhamos,

---

[32] 2 Samuel 8,18; 1 Reis 4,5; 1 Crônicas 18,17. Referências de Gesenius. Para uma discussão mais detalhada da questão, cf. BUBER, *Moses*, 155.

[33] Cf. a tradução em Jewish Publication Society, RSV, Chicago, Moffat. Segui a tradução de Buber porque ela representa o texto hebraico mais literalmente do que qualquer outra. A passa-

permanece o quadro de uma humanidade dividida em povos de acordo com um plano divino, com Israel como a parte pessoal de Yahweh. Além disso, o texto está claramente relacionado à mensagem do Sinai, pois os versículos imediatamente seguintes (10-12) retomam a imagem da águia que protege seu filhote e o carrega em suas asas do deserto para a segurança.

Da mensagem, assim, surge uma nova ordem, não apenas de Israel, mas da humanidade, expressa analogicamente pelos símbolos de um império com um domínio real no centro, cercado pelas províncias[34]. Essa era precisamente a linguagem requerida para tornar a nova dispensação inteligível para um povo a ponto de separar-se do Egito e de seus símbolos cosmológicos[35]. Por causa dessa continuidade cosmológica, porém, era também uma linguagem que poderia se tornar obscura para o universalismo espiritual se os símbolos fossem entendidos num sentido terreno[36]. Na verdade, um milênio e meio teve de passar antes que o *segullah* de Yahweh, os *mamleketh kohanim* tivessem expressado plenamente o seu significado na *civitas Dei* invisível.

A cerimônia da *berith*, a segunda cena do drama, foi um rito sacrifical (Ex 24,4-11). Por sua natureza como ato cultual, ela pode revelar pouco do significado associado a ela por seus participantes.

A cerimônia começou com a construção de um altar por Moisés, ao pé da montanha, e de doze pilares, "de acordo com as doze tribos de Israel" (4). A

---

gem é ainda mais complicada pelo fato de que o deus-mundo El talvez não seja idêntico ao deus regional Yahweh a cujo lote coube Israel. Sobre essa questão, cf. H. S. NYBERG, *Hoseaboken*, Uppsala Universitets Arsskrift, 1941, 7, 2, 34, e, do mesmo autor, Studien zum Religionskampf im Alten Testament, 365 ss.

[34] A construção, embora característica de todos os impérios cosmológicos, é de uma pureza prototípica. Uma pureza similar foi alcançada na concepção chinesa posterior do *chung kuo*, o domínio central.

[35] Do fato de que o simbolismo se encaixa na situação do Êxodo não é possível tirar nenhuma conclusão acerca da data em que o texto recebeu a sua forma atual. A data do drama da *berith* certamente é muito posterior. O mesmo argumento aplica-se ao fato de que o tema da passagem, embora não a sua linguagem precisa, é retomado em inúmeras ocasiões em Deuteronômio (Dt 7,6; 10,14; 14,2; 29,2; 32,8-11). A preocupação deuteronômica com o tema não indica necessariamente uma data deuteronômica para o drama. Todos os argumentos desse tipo, infelizmente, funcionam em ambas as direções.

[36] Na história do judaísmo, o simbolismo teve continuidade na Diáspora, com a ênfase em suas implicações terrenas. Cf. a santidade especial da terra de Israel sobre todas as outras terras, bem como as regiões concêntricas de santidade dentro da terra de Israel até o Santo dos Santos ser alcançado no Templo, na *Mishnah*, trad. Herbert Danby, Oxford, Clarendon Press, 1933, Tractate Kelim I, 6-9.

edificação dos pilares sugere que, pela *berith*, o aglomerado de clãs hebreus era constituído como um povo, organizado pela primeira vez em doze tribos. Um detalhe distintamente arcaico é o próximo passo, quando "os jovens de Israel" recebem a ordem de realizar o sacrifício (5) — aparentemente não havia sacerdotes na ocasião. Então, o vínculo entre Deus e o homem foi forjado por meio de Moisés. Ele espargiu metade do sangue sobre o altar de Deus e metade sobre o povo, e disse: "Este é o sangue da Aliança que Yahweh fez convosco, de acordo com todas essas palavras" (6-8). "Todas essas palavras" parece-nos significar as palavras da mensagem e não as palavras do Decálogo interpolado. E, por fim, Moisés e os anciãos sobem para consumir a refeição sacrifical na presença de Deus (9-11):

> E eles contemplaram a Deus,
> e comeram e beberam.

Isso foi tudo. E a escassez de informações não deve causar surpresa, pois o estabelecimento da ordem no presente sob Deus não é um evento na literatura, mas na alma dos homens. "E eles contemplaram a Deus, e comeram e beberam" é a fórmula perfeita para um evento em que a ordem divina torna-se estabelecida na história, embora, externamente, nada de fato aconteça.

Embora nada aconteça externamente quando o homem contempla a Deus e o salto no ser ocorra em sua alma, muito acontece depois, na prática da conduta. Os clãs hebreus que concluíram a aliança com Deus, ainda que sob considerável persuasão por parte de Moisés e dos anciãos, tornaram-se um novo povo na história por meio de sua resposta à revelação. Eles tornaram-se Israel na medida em que sua existência era agora ordenada como uma organização teopolítica sob regras fundamentais que emanavam de seu Deus. Essas regras, supostamente a ser inscritas nas tábuas, não aparecem hoje no contexto do drama; e expressamos nossa inclinação para reconhecer o Decálogo de Êxodo 20,1-17 como o conjunto de regras que ficou faltando, por razões de conteúdo e de qualidade formal e espiritual. Quanto à qualidade textual da fonte, é preciso fazer algumas ressalvas. As motivações associadas às ordens em 20,5b-6, 7b, 11 e 12b parecem acréscimos e devem ser eliminadas. As especificações das ordens em 9-10 e 17b talvez sejam elaborações posteriores. O "não esculpirás uma imagem…", que hoje é contado como uma ordem, contém na verdade três ordens, cada uma delas começando por *lo*; talvez os três mandamentos, relacionados pelo seu tema, tenham sido contraídos em um para atender ao desejo de uma forma de Decálogo; caso contrário, os dez mandamentos seriam doze[37].

O significado do Decálogo é determinado pelo seu próprio conteúdo, bem como pelo contexto do drama que tem início com a mensagem de Êxo-

---

[37] Podemos aceitar o Decálogo de Êxodo 20 como uma fonte legítima sem dificuldade, porque só estamos interessados em saber se, em substância e forma, ele se encaixa no drama da *berith* que estamos analisando no momento. Os historiadores que levantam a questão de esse ser ou não o Decálogo "original" escrito pelo próprio Moisés deparam-se com uma situação mais complexa. Nossa análise baseia-se no pressuposto de que o drama da *berith* extraiu uma essência paradigmática das tradições, de modo que a questão da originalidade, num sentido pragmático, torna-se secundária. Não sabemos, claro, se o drama da *berith* é um relato confiável ou se o Decálogo passou ou não por transformações no processo de esclarecer seu conteúdo essencial para obter uma pureza paradigmática. Seja como for, gostaríamos de enfatizar que, neste caso específico, não temos conhecimento de nenhuma razão pela qual a substância do Decálogo não pudesse ter Moisés como seu autor. Quanto a esse ponto, todavia, as melhores autoridades discordam amplamente entre si. Lods, por exemplo, diz: "O Decálogo de Êxodo XX e Deuteronômio V é inteiramente ocupado com responsabilidades morais e sociais. Não temos prova de que tal atitude jamais tenha sido característica dos primórdios de Israel, ao passo que é um dos aspectos distintivos do movimento profético, em especial de seu início. Yahweh deseja justiça e misericórdia, não sacrifícios (Amós 5,21-5; Os 6,6; Mq 6.1-8). O Decálogo é, como o Deuteronômio, um débil eco da mensagem dos profetas dos séculos VIII e VII" (*Israel*, 316). Para essa visão, Lods pode encontrar forte apoio em Mowinckel, *Le décalogue*, especialmente 60. Oesterley e Robinson são mais cautelosos: "Embora não haja nada [nos mandamentos] que proíba uma origem no deserto, as evidências não são suficientemente fortes para justificar que sejamos dogmáticos contra ou a favor de sua autoria mosaica. — Isto, no entanto, podemos dizer. Sejam ou não esses mandamentos obra de Moisés, eles de fato representam muito adequadamente o padrão moral geral que podemos atribuir a Israel nos dias anteriores ao Assentamento" (*Hebrew Religion*, 168 ss.). O leitor pode fazer sua escolha: para Lods, não temos nenhuma prova de que a atitude dos mandamentos "jamais tenha sido característica dos primórdios de Israel"; para Oesterley e Robinson, os mandamentos "representam muito adequadamente o padrão moral geral" dos primórdios de Israel. Pode, ainda, afirmar com Mowinckel — que parece ter sido influenciado por Lévy-Bruhl — que a "mentalidade pré-lógica" dos primitivos torna inconcebível um Decálogo sem provisões cultuais. E pode considerar improvável, com Nowack (*Der erste Dekalog*, apud Buber, *Moses*, 179), que Moisés fosse um gênio religioso com paralelo apenas em Jesus. Nossa própria posição quanto à pressuposição ideológica de que tais coisas não podem acontecer no século XIII a.C. foi apresentada em ocasiões anteriores. De interesse para nossa posição é o argumento de Rudolf Kittel, *Geschichte des Volkes Israel*, Gotha, F. A. Perthes, ²1909, 1, 383 ss. e 445-448. Kittel aceita o Decálogo como mosaico apesar do que ele considera seu conteúdo "moral", porque julga errônea a concepção ideológica de uma evolução do culto para a moralidade. Em apoio à sua posição, ele faz referência aos mandamentos "morais" contidos no Livro dos Mortos egípcio, bem como entre os primitivos australianos. Pressupõe, desse modo, que o Decálogo de mandamentos em 4-8 seja ainda mais antigo do que Moisés, por ser mais primitivo. Elias Auerbach, *Moses*, 198-203, defende uma data mosaica, porque, em especial o décimo Mandamento, parece expressar o "ideal do deserto". Contra a argumentação de Auerbach, cf. Immanuel Lewy, Auerbach Neuester Beweis fuer den Mosaischen Ursprung der Zehngebote Widerlegt, *Vetus Testamentum* 4 (1954) 313-316.

do 19,4-6. A *berith* foi concluída e Israel é aceito como o domínio real de Yahweh, o Rei. Assim, o Decálogo não é um catecismo de preceitos religiosos e morais, mas uma proclamação do Deus-Rei estabelecendo as regras fundamentais para a ordem do novo domínio. Ele começa com uma declaração da autoridade de onde os mandamentos emanam:

> Eu, Yahweh,
> teu Deus que te trouxe
> da terra do Egito, da casa da escravidão.

Yahweh é o senhor da história que tirou seu povo do serviço ao Egito para o seu próprio serviço. Nessa posição, como o novo governante, ele emite uma série de ordens, organizadas por tema em três grupos:

1. Não terás outros deuses diante de mim (literalmente, em minha face).
2. a. Não esculpirás imagem, ou nada que se assemelhe ao que está no céu acima, ou na terra embaixo, ou nas águas sob a terra.
   b. Não te prostrarás diante deles.
   c. Não servirás a eles.
3. Não invocarás o nome de Yahweh, teu Deus, com más intenções.
4. Lembrarás do sábado, para mantê-lo santo.
5. Honrarás teu pai e tua mãe.
6. Não matarás.
7. Não cometerás adultério.
8. Não roubarás.
9. Não darás falso testemunho contra teu próximo.
10. Não cobiçarás a casa do teu próximo.

As ordens são dirigidas tanto a Israel coletivamente como a cada membro do povo individualmente. Mantivemos a forma do imperativo, embora traduções recentes tenham-na abandonado a fim de enfatizar o caráter da palavra que é falada pessoalmente ao homem individual, na medida em que ele é um membro do domínio divino. Os mandamentos não são regras gerais de conduta, mas a substância da ordem divina a ser absorvida pela alma daqueles que ouvem o chamado. Apenas na medida em que a substância divina da proclamação tiver entrado na substância humana terá o povo de fato sido transformado no domínio real sob Deus.

O primeiro grupo de três ou, com as subdivisões do segundo, de cinco mandamentos trata da relação entre Deus e o homem. Os mandamentos não contêm nenhuma "doutrina monoteísta"; sua intenção é proibir condutas enganosas que possam obscurecer a natureza do Deus que se revelou como o *ehyeh asher ehyeh*. Yahweh é o Deus escondido que se manifesta na forma, e no momento, de sua escolha. Ele não deve ser tornado manifesto por meio de imagens de produção humana, porque sua natureza como o Deus escondido seria obscurecida — e o homem não pode obscurecer a natureza de Deus por uma ação simbólica sem afetar a ordem de sua relação com Deus. Além disso, por trás de todas as tentativas de representar a imagem de Deus à semelhança de qualquer coisa dentro do cosmo visível, ainda que as tentativas sejam aparentemente inofensivas, oculta-se o desejo de trazer Deus para dentro do alcance do homem. O homem não pode se curvar diante da imagem (2.b) ou servi-la (2.c) sem colocar a força divina representada na imagem no lugar da realidade divina que se apresenta aos homens, segundo seu próprio arbítrio, por meio da "palavra". E, de tal possessividade, é apenas mais um pequeno passo para o mau uso mágico de um poder divino que foi trazido ao controle do homem (3). O autor do Decálogo discerniu o desejo humano de criar um Deus manejável como a origem das tentativas de representação, qualquer que seja a forma que elas possam assumir. No primeiro mandamento, ele vai à raiz da questão, quando proíbe "ter outros deuses", não porque Yahweh esteja politeisticamente com ciúme de rivais, ou monoteisticamente negue a sua existência, mas porque o homem encontra-se em rebelião contra Deus quando tem outros deuses "em minha face". A expressão "em face de", no sentido de existência revoltosa ou antagônica, ocorre também em outros contextos, como, por exemplo, em Gênesis 16,12 e 25,18, em que o proscrito Ismael vive e se estabelece "em face" de seus irmãos. O reconhecimento de outros deuses é um ato de autoafirmação revoltosa que rompe a relação entre Deus e o homem[38].

O terceiro grupo, composto de cinco mandamentos, é autoexplicativo. Os mandamentos transferem as regras de solidariedade interna dos clãs para o novo corpo social do povo de Israel. As proibições protegem os bens básicos de vida, casamento, propriedade e honra social. E o último mandamento uma vez mais penetra a fonte de distúrbios quando proíbe que se abriguem sentimentos de cobiça, de inveja, que poderiam vir a irromper nos distúrbios específicos[39].

Os dois grupos de prescrições são habilmente ligados pelos mandamentos afirmativos do grupo médio. A ordem de um povo vive não só no aqui e agora das relações corretas do homem com Deus e com os outros homens, mas nos ritmos da existência do povo no tempo. A articulação da ordem no

---

[38] Buber, *Moses*, 93.
[39] Ibid., 195 ss.

tempo, pelo ritmo divino do dia santo e pelo ritmo divino das gerações, deve ser honrada. A ordem de lembrar o ritmo divino (4) conclui os mandamentos referentes à relação com Deus; e o mandamento de honrar o ritmo humano (5) introduz os mandamentos referentes à relação entre os homens[40].

O Decálogo, claramente, não é uma reunião acidental de preceitos "religiosos" e "morais", mas uma construção magnífica, com uma firme compreensão dos pontos essenciais da existência humana em sociedade sob Deus. Embora o símbolo compacto não ofereça uma "filosofia da ordem" explícita, do mesmo modo como o episódio da sarça não ofereceu uma "filosofia do ser", ele certamente é animado por um discernimento de que a ordem certa, de alguma forma, crescerá numa comunidade quando a sintonia com o ser divino escondido não for perturbada pela autoafirmação humana. Como ele não emite regras positivas, nem cultuais nem morais, o campo permanece amplamente aberto, em ambos os aspectos, para crescimento civilizacional. Todavia, o Decálogo restringe e direciona o crescimento por suas prescrições contra a existência revoltosa. Ele é envolto pelos firmes blocos do primeiro e do décimo mandamentos com suas prescrições contra a rebelião antiteísta do orgulho e a rebelião anti-humana da inveja. Entre as duas represas protetoras, pode-se mover, no meio, a ordem do povo pelo ritmo do tempo. Por meio da articulação da vontade divina nos mandamentos do Decálogo, Moisés, de fato, deu a Israel sua constituição como o povo sob Deus na existência histórica.

---

[40] Ibid., 194.

Capítulo 13
Os profetas

§1 O esforço profético

Sem as revelações da sarça para Moisés e do Sinai para o povo, não haveria mensageiros da aliança; mas, sem os mensageiros, provavelmente saberíamos pouco sobre Moisés e os acontecimentos de sua época. A grande questão do "Moisés histórico", que agita os estudiosos modernos, deve ser considerada de importância secundária em comparação com a questão real, ou seja, o esforço profético de recuperar, para o Povo Escolhido, uma presença sob Deus que estava a ponto de ser perdida. Foi para estabelecer o seu significado, conforme constituído pelos acontecimentos sinaíticos, que autores desconhecidos elaboraram as tradições que estavam preservadas em lendas de cultos, poemas e relatos em prosa de modo a produzir os dramas pragmaticamente engrandecidos que estudamos no capítulo anterior. Dessas cenas do "estrato médio" da narrativa bíblica surge o Moisés que viveu, em continuidade histórica, no meio da experiência profética em Israel. O Moisés dos profetas não é uma figura do passado que, com sua mediação, fez que Israel fosse estabelecido para sempre como o povo para Yahweh, o Rei, mas o primeiro de uma linha de profetas que, no presente, sob a palavra reveladora de Yahweh, continuou a trazer Israel do Egito para a existência sob Deus.

Se distinguirmos, assim, o Moisés "histórico" do Moisés vivo e, além disso, definirmos a experiência profética como o ambiente de sua vida, os problemas do movimento profético, desde a crise do século IX até o exílio do século VI, ficarão mais claros:

(1) Quando os autores proféticos lembraram a obra de Moisés e a engrandeceram paradigmaticamente em cenas dramáticas, seu trabalho não foi um fim em si. Ele serviu ao propósito de despertar a consciência do Povo Escolhido para o modo de sua existência em forma histórica. O povo precisava ser lembrado, primeiro, de sua origem na resposta dos pais à revelação de Yahweh por meio de Moisés e, segundo, do fato de que a sua existência continuada dependia de sua resposta continuada à revelação de Yahweh por meio dos profetas. A lembrança do passado funde-se, portanto, com o chamado no presente. Ambos pertencem ao mesmo contínuo de revelação, que cria a forma histórica quando se encontra com o contínuo da resposta do povo. A forma histórica do povo desenvolve-se no tempo; mas só permanece como forma histórica desde que o povo, ao mesmo tempo em que perdura no tempo, viva na tensão da resposta à revelação eterna e atemporal de Deus.

(2) A fusão profética de passado e presente num contínuo de tensão viva entre tempo e eternidade, porém, tem seus perigos, pois, precisamente quando a deserção do povo atinge tais proporções que lembretes repetidos e enérgicos das condições de existência em forma histórica tornaram-se necessários, a lembrança do passado pode ter efeitos tão inesperados quanto indesejáveis. Estudamos um desses efeitos indesejáveis no capítulo sobre a Torá deuteronômica, quando acompanhamos a linha que levou da lembrança das origens ao Mito de Moisés. Longe de resultar numa nova resposta do povo à palavra viva de Yahweh conforme pronunciada pelos mensageiros, o esforço profético descarrilou em uma constituição para o reino de Judá que, supostamente, emanaria do Moisés "histórico". O passado que deveria ser revitalizado num presente contínuo tornou-se agora realmente um passado morto; e a palavra viva a que o coração deveria responder tornou-se o conjunto de leis a que a conduta deveria se conformar.

(3) Essa evolução para o Moisés mítico e a Torá, embora causada pela persistente evocação da constituição teopolítica de Israel e, às vezes, talvez até favorecida pelos círculos proféticos, certamente não era sua intenção fundamental. Assim, quando os primeiros sintomas de descarrilamento tornaram-se perceptíveis, ou seja, desde o século VIII, a lembrança das origens foi acompanhada de advertências contra a interpretação errônea de que Yahweh ficaria satisfeito com observâncias rituais e com uma conformidade que desconsiderasse o espírito da lei. Como consequência, a luta dos profetas pela

forma histórica de Israel teve de lidar com dois males ao mesmo tempo: por um lado, os profetas tinham de levar Israel de volta de sua deserção em prol de deuses cananeus e mesopotâmicos para a obediência a Yahweh; por outro lado, quando eram bem-sucedidos nesse primeiro aspecto, tinham de converter Israel de seu chauvinismo e sua dependência de atuação externa para uma vida comunitária no espírito da aliança.

(4) Os problemas mais sérios dos profetas, porém, derivam da própria natureza de seu trabalho, ou seja, de seu esforço de clarificar o significado da existência na forma histórica. Quando as revelações do período mosaico foram estudadas e revividas por homens de tanta sensibilidade espiritual como os autores do episódio da sarça e do drama da *berith* devem ter sido, provavelmente surgiram implicações da experiência que requeriam simbolizações de um novo tipo. As implicações universalistas, por exemplo, que podiam ser suprimidas no plano popular pela truculência da existência coletiva, eram importantes para a alma de espiritualistas solitários torturados pela tristeza quanto ao destino do Povo Escolhido. Quando as deserções sincréticas suscitaram a questão de em que sentido Israel ainda poderia ser visto por Yahweh como "Meu Povo", a possibilidade de Deus escolher outro povo teve de ser considerada. Além disso, quando o perigo crescente dos impérios vizinhos teve de ser interpretado como punições divinas, os povos estrangeiros tornaram-se instrumentos de Yahweh na execução de um plano histórico; e, consequentemente, as características de Yahweh como o Deus universal da humanidade ficaram cada vez mais acentuadas. O aparecimento de personalidades proféticas, sucedendo-se umas às outras ao longo das gerações em oposição ao povo, ademais, teve de suscitar o problema da existência pessoal sob Yahweh, em seu espírito, independentemente da existência coletiva de Israel. Se Israel como povo estava condenado, não seria possível a uns remanescentes, constituídos talvez dos seguidores dos profetas, escapar e ser salvos para um futuro melhor? Não poderia o povo de Deus contrair-se em um grupo de personalidades espirituais em livre associação sob Deus? Deveriam aqueles que estavam dispostos a caminhar humildemente com seu Deus sofrer o destino dos desertores? Era Israel de fato idêntico ao povo "histórico"? As implicações, desdobrando-se em tais perguntas, acabariam por suscitar a questão decisiva: teria o Reino de Deus de assumir, necessariamente, a forma de um Israel político? E, se essa pergunta fosse respondida de modo negativo, teria ele, necessariamente, de assumir a forma de um povo politicamente organizado? Se Israel relegou Moisés e a aliança a um passado morto transformando-os num

mito constitucional, os profetas estavam prestes a relegar Israel a um passado morto transformando o Reino de Deus em algo que, na época, não era mais do que as luzes incipientes de um novo amanhecer no horizonte.

Neste capítulo de conclusão, vamos tratar da transformação dos símbolos teopolíticos do período mosaico por intermédio dos profetas. A primeira seção abordará o desdobramento dos problemas, contidos numa forma compacta nos símbolos mais antigos sob a pressão das novas experiências. Para essa seção, as profecias de Jeremias serão nosso guia. Pois, nesse momento tardio, no último período do reino de Judá, os dois séculos e meio de resistência à deserção e ao chauvinismo, bem como de contínua ocupação com o significado da fundação sinaítica, haviam diferenciado as experiências a ponto de serem claramente necessários, embora nem sempre encontrados, novos símbolos para sua expressão adequada. A segunda seção tratará da busca de novos meios de expressão. Depois de Jeremias, com sua clareza de problemas e o véu ainda estendido sobre as soluções, servem de guia as profecias do gênio desconhecido do século VI a quem a convenção filológica refere-se como Dêutero-Isaías. Seu símbolo do Servo Sofredor situa-se na linha divisória entre o profetismo e o cristianismo.

§2 O desdobramento do problema

A criação de Israel como o povo sob Deus começa com a Mensagem de Yahweh a Moisés, prossegue para a Aliança e conclui com a constituição do povo sob o Decálogo. Como as violações da constituição do Decálogo são em ampla medida as ocasiões em que o problema da ordem israelita se tornam tangíveis, será conveniente inverter a sequência do drama da *berith* na análise da preocupação de Jeremias com a existência teopolítica de Israel.

1 O Decálogo

Vamos começar com "a palavra que veio a Jeremias de Yahweh" para ficar junto à porta do Templo e falar às pessoas, porque o Discurso no Templo (Jr 7) refere-se diretamente ao texto do Decálogo. De acordo com as informações de Jeremias 26, o discurso foi feito em 609/8 a.C.

Yahweh, por intermédio de Jeremias, alerta as pessoas que entram no Templo para que elas se corrijam, ou ele não as fará habitar aquele lugar (7,3). Elas não devem confiar que "o Templo de Yahweh é este!", pois essa não será a casa delas a menos que pratiquem estritamente a justiça entre si, não oprimam os estrangeiros residentes, os órfãos e as viúvas, não derramem sangue inocente nem sigam outros deuses, para sua desgraça (7,4-8). Na situação atual, elas "roubam, matam e cometem adultério, oferecem sacrifícios a Baal e seguem outros deuses", e saem e continuam cometendo suas abominações (7,9-10). "Esta casa que leva o meu nome terá se tornado, por acaso, um covil de ladrões aos vossos olhos?" (7,11)

As passagens do Discurso no Templo fornecem informações valiosas sobre o sentido em que as advertências dos profetas devem ser lidas. As categorias tão frequentemente usadas por historiadores modernos ao falar de ética, ou política, ou religião, ou teologia dos profetas podem ter seus usos taxonômicos, mas são anacrônicas quando aplicadas à intenção dos profetas, porque o simbolismo israelita tem a sua própria lógica: quando os profetas levantam problemas de ordem, eles o fazem com referência, por meio de uma extensa interpretação, à constituição do Decálogo. As passagens de Jeremias têm seu clímax nas citações diretas do Decálogo, tanto em sua forma de Êxodo 20 como na de Deuteronômio 5, e interpretam todos os tipos de conduta transgressora como sendo, em última instância, uma violação dos Mandamentos. E tal interpretação é possível porque o Decálogo, embora seja um conjunto de regras substantivas, é ao mesmo tempo uma exemplificação das prescrições para restringir a autoafirmação com relação a Deus e ao homem. Como consequência, seu significado pode concentrar-se, em última análise, numa única ordem: "Escutai a minha voz e eu serei o vosso Deus e vós sereis o meu povo; e andai constantemente no caminho que eu vos ordeno" (Jr 7,23); e as violações podem, portanto, concentrar-se correspondentemente numa única transgressão: "No entanto, não escutaram nem deram ouvidos, mas andaram conforme o seu próprio parecer e a teimosia de seu coração perverso, e seguiram para trás em vez de para frente" (Jr 7,24).

Devido a essa estrutura intricada do Decálogo, os profetas podem classificar os males sociais em geral nas categorias de roubo, assassinato, adultério, falso testemunho e cobiça; e empunham esse formidável instrumento implacavelmente, a fim de rasgar a teia de instituições e costumes, das distâncias convenientes que a estratificação social, direitos adquiridos, hábitos profissionais e posições herdadas criam, numa sociedade complexa, entre as ações e seus efeitos humanos, e de tornar visível o ataque direto do homem ao homem em situações que, numa visão mais complacente, podem ser percebidas como males sociais lamentáveis, porém inevitáveis. Amós, por exemplo, numa magnífica relação de causa e efeito, fala dos ricos (3,10):

> Eles não conhecem o reto agir,
> esses amontoadores de violências e rapinas nos seus palácios.

Oseias coloca uma série de transgressões não identificadas sob as categorias do Decálogo (6,8-10):

> Galaad é uma cidade de malfeitores,
> cheia de marcas de sangue;
> como bandidos em emboscada,
> um bando de sacerdotes
> assassina no caminho de Siquém;
> eis os horrores que eles cometem.
> Na casa de Israel vi coisas horríveis:
> lá se prostitui Efraim, contamina-se Israel.

Miqueias é explícito quanto à aquisição de riquezas como um caso de cobiça segundo o Decálogo (2,1-2):

> Ai dos que projetam a maldade
> e em seus leitos tramam o mal!
> Ao romper da aurora, eles o executam,
> pois o poder está em suas mãos.
> Se cobiçam campos, roubam-nos;
> se casas, delas se apoderam.
> Agarram o dono e sua casa,
> o homem e seu patrimônio.

E ele chega a ver a ordem do povo pervertida em uma guerra civil conduzida pela classe alta contra os pobres (2,8-9):

> Ontem, meu povo se erguia contra um inimigo;
> de cima da túnica, tirais o manto,
> daqueles que, ao voltar da guerra,
> passam com toda a segurança.
> Quanto às mulheres de meu povo, vós as expulsais,
> cada qual da casa que amavam.
> De seus filhos arrebatais
> para sempre a honra que vem de mim.

Um século mais tarde, Jeremias ainda expressa as mesmas queixas: pode-se procurar pelas ruas de Jerusalém sem encontrar um homem que aja corretamente ou busque a verdade (5,1-2); e o julgamento estende-se igualmente aos pobres e aos ricos (5,4-6), embora os ricos ainda sejam selecionados para denúncias específicas de seus delitos (5,26-28).

A desordem em Israel, assim, era medida pela ordem abrangente do Decálogo. Quanto às pessoas, os ricos e os pobres, o rei e os sacerdotes, os sábios e os falsos profetas eram igualmente julgados pelo padrão de autoafirmação antidivina ou anti-humana; e, quanto ao tema, transgressões civis e criminais, rituais e constitucionais, abusos de poder, posição e riqueza, dureza de coração e indiferença pelos infortúnios das outras pessoas eram igualmente classificados como violações da ordem fundamental de escutar a voz de Deus. Como o método profético de interpretação não era um capricho ou uma novidade, mas o princípio aceito da ordem israelita; como, ademais, o povo, em geral, e as classes dominantes e a corte, em particular, estavam convencidos de que sua conduta era um cumprimento impecável das leis que haviam sido elaboradas de acordo com o Decálogo; e como, por fim, a constituição deuteronômica, com suas provisões para a monarquia, o sacerdócio e o monopólio de culto de Jerusalém, era entendida como a legislação mosaica, as profecias do tipo mencionado criavam um sério problema de ordem pública. As profecias de Jeremias não só insultavam setores influentes do povo como estavam em conflito com a constituição de Judá. Quando, em seu discurso, ele ameaçou o Templo (7,12-15), Jerusalém e o povo (7,16-20) de destruição por Yahweh se Israel persistisse numa conduta que todos os israelitas de importância, do rei para baixo, consideravam legítima e constitucional sob a Aliança sinaítica e o Decálogo, sua ação aproximou-se de alta traição; e quando definiu como transgressora qualquer conduta que estivesse em desacordo com a palavra dos profetas (7,25-26), ou seja, com a sua própria palavra em particular, ele opôs sua própria autoridade profética à autoridade pública de Israel. Seria Israel idêntico ao reino de Judá, organizado sob a Torá conforme interpretada pelo rei, suas autoridades e seus sacerdotes? Ou seria idêntico a uma comunidade inteiramente diferente que vivia sob o Decálogo conforme interpretado por Jeremias?

A pergunta não podia ser respondida com um meio-termo. Na época, porém, os dois Israéis ainda eram mantidos juntos em uma única comunidade pela correlação de esperanças e medos. A corte e a classe dominante, embora rejeitassem a palavra do profeta, não ousavam atacar em princípio uma autoridade de que dependiam para a sua própria legitimidade; e os profetas, embora pronunciassem a sentença de morte de Yahweh contra a sociedade corrupta e seus governantes, esperavam um milagre de conversão que pudesse evitar o desastre de seu povo. O conflito, assim, permanecia como uma tensão dentro do reino de Judá.

De todo modo, era um conflito de proporções formidáveis. Ficamos sabendo algo sobre ele pela sequência ao Discurso no Templo, conforme relatado em Jeremias 26. O discurso é reduzido a um resumo de pontos essenciais que soa quase como um indiciamento. Jeremias teria dito: se o povo não ouvir Yahweh, ou seja, seguir sua lei (*toroth*) e atender às palavras (*debharim*) de seus servos, os profetas, o Templo será destruído como Silo e a cidade será transformada numa maldição para todas as nações da terra (26,4-6). Os que escutavam se inflamaram. Cercaram Jeremias e o prenderam, bradando que ele teria de morrer por sua profecia, em nome de Yahweh, de que o Templo e a cidade seriam destruídos (26,7-9). Os príncipes (as autoridades judiciais) foram informados; eles vieram do palácio vizinho e sentaram-se à porta para ouvir o caso (26,10). Os sacerdotes e profetas foram os acusadores e pediram a morte de Jeremias; mas os príncipes e o povo ficaram impressionados com a garantia do profeta de que de fato havia falado por ordem de Yahweh (26,11-15). O grupo temporal prevaleceu sobre o grupo espiritual no conflito. Príncipes e povo decidiram que um homem que falava verdadeiramente em nome de "Yahweh, nosso Deus", não merecia morrer (26,16). A decisão foi fortemente influenciada pelo precedente de Miqueias no reinado de Ezequias. Miqueias havia pronunciado basicamente as mesmas profecias que Jeremias (Mq 3,12); e fora perdoado, com o resultado de que Yahweh pôde ser persuadido a não cumprir sua ameaça. Seria mais cauteloso seguir o mesmo curso que no caso de Miqueias (26,17-19). A decisão de não matar um profeta foi sensata: se ele não fosse enviado por Yahweh, nada aconteceria de uma forma ou de outra; se ele fosse enviado por Yahweh, sua execução poderia precipitar um desastre, enquanto sua absolvição deixava a esperança de que as coisas, no fim, não fossem mais terríveis do que depois de Miqueias. Mas o fato de Jeremias ter escapado da sentença de morte não implicava que alguém tivesse escapado dos problemas que seu profetismo suscitava.

Nem todos os profetas haviam tido tanta sorte quanto Jeremias nessa ocasião. A história de seu julgamento é seguida pela informação de que um certo Urias, que profetizou "contra a cidade e a terra" da mesma maneira que Jeremias havia feito, fora morto com a espada pelo próprio rei, depois de ter sido extraditado do Egito, onde buscara refúgio (26,20-23). O rei Jeroboão, a quem, afinal, cabia a responsabilidade pela ordem do reino, aparentemente não estava disposto a aceitar mansamente o desafio profético à sua autoridade. E o conflito entre o rei e Jeremias foi, de fato, apenas adiado, pois cinco anos mais tarde (c. 603 a.C.) o profeta, que não ousou mais se aproximar do Templo, enviou, por ordem de Yahweh, seu secretário Baruc com um pergaminho no qual estavam escritas as palavras de Yahweh para que estas fossem lidas publicamente no Templo num dia de jejum ritual, para que, talvez, as pessoas se convertessem de seu mau caminho (36,1-7). Depois da leitura, o pergaminho foi confiscado pelos príncipes e examinado. Eles tiveram de transmiti-lo ao rei, porém, uma vez mais, tiveram a cautela de avisar Baruc para se esconder com Jeremias onde ninguém pudesse encontrá-los (36,8-19). Por fim, o pergaminho chegou a Joaquim. Era inverno e havia um fogo aceso diante dele num braseiro enquanto um auxiliar lia para ele o pergaminho. Cada vez que três ou quatro colunas eram lidas, o rei, que ouvia em profundo silêncio, cortava-as com sua faca — e então Joaquim, o rei de Judá, lançava as palavras de Yahweh, o Rei de Israel, no braseiro até que todo o pergaminho foi consumido pelo fogo (36,20-24).

O julgamento do profeta e as sentenças de morte mútuas quando a ordem de Deus está prestes a se separar da ordem do homem formam um agregado de símbolos que se repete, à distância de dois séculos, na Hélade de Sócrates e Platão. Agora, o filósofo representa a ordem do Deus de Delfos; os "sacerdotes e profetas" reaparecem como os intelectuais sofistas e políticos no papel de acusadores; há, novamente, a forte minoria do "povo" que vota contra a sentença de morte; e há Platão, que em seus diálogos continua o julgamento e deixa claro que os deuses haviam condenado Atenas quando Atenas condenou Sócrates. A comparação deve nos deixar cientes de que não estamos lidando com eventos contingentes, mas com processos essenciais de experiência e simbolização. Paralelos desse tipo nem são curiosidades históricas nem sugerem misteriosas leis da história. Eles mostram que a relação entre a ordem transcendente e a ordem mundana, quando atinge o nível da experiência consciente em profetas ou filósofos, é articulada em símbolos estreitamente relacionados; e, quando os homens em cuja experiência vive o problema tornam-se uma forma na vida da comunidade, as respostas são, uma vez mais, tão estreitamente relacionadas que o padrão de ação torna-se um jogo simbólico, representando o drama da revelação.

• • •

O drama, na forma como foi representado no final do século VII por Jeremias e seus antagonistas, originou-se na experiência profética do conflito entre a ordem histórica da sociedade e a ordem divinamente revelada. Felizmente, chegou até nós, no relato feito por Isaías de sua primeira revelação, um registro autobiográfico do tipo de experiência que se desenvolve, quando entra no fluxo da vida comunitária, no drama de Jeremias e seu julgamento. Em Isaías 6,1-5, lemos:

> No ano da morte do rei Ozias vi o Senhor sentado sobre um trono alto e excelso. A cauda de sua veste enchia o Templo. Acima dele permaneciam serafins. Cada um tinha seis asas: duas para cobrir o rosto, duas para cobrir os pés e duas para voar. Eles gritavam um para o outro, dizendo:
> "Santo, santo, santo, é Yahweh de todo poder,
> sua glória enche a terra inteira!".
> Os gonzos das portas puseram-se a tremer à voz daquele que gritava, e o Templo se enchia de fumaça.
> Eu disse então:
> "Ai de mim! Estou perdido,
> sou um homem de lábios impuros,
> habito no meio de um povo de lábios impuros
> e meus olhos viram o Rei, Yahweh
> de todo poder."

Embora a referência à morte de Ozias nos permita datar a revelação em c. 740 a.C., a informação não é oferecida com esse propósito. Ela antes sugere que uma revelação não é um assunto privado de um profeta, mas a entrada de Deus, num momento específico, por meio do profeta, na ordem pública do povo. A ocasião da morte do rei, ademais, enfatiza o significado da revelação como uma irrupção de ser eterno numa ordem caracterizada pela mortalidade representativa do rei. Quando o rei mortal de Judá extingue-se, o Rei de Israel eternamente vivo deixa-se ser visto por Isaías. Mas para que pode servir a revelação, quando confronta morte com vida? Os mortos voltarão à vida? Isaías é impuro, um homem de um povo impuro; e os impuros devem morrer quando veem Yahweh, o Rei, em sua glória. O tema da morte é sutilmente modificado do falecimento do rei para a morte espiritual do povo que ele representava.

O conteúdo da revelação (6,6-13) não é portanto uma informação, mas o início de uma purificação. A revelação de fato será em vão quando até mesmo o instrumento humano é impuro. Assim, o serafim toca os lábios de Isaías com uma pedra em brasa, para que sua culpa seja removida (6,6-7). Só quando o instrumento de transmissão para o ser divino estiver limpo poderá Isaías ouvir a voz divina propriamente dita e colocar-se em sua presença como fez Moisés na revelação da sarça (6,8). E, da voz, ele recebe a ordem assustadora de dizer a "esse povo" (6,9):

> "Ouvis e ouvis, mas não compreendeis;
> vedes e vedes, mas não percebeis".

E, à sua pergunta, "Até quando, Senhor, até quando?", ele ouve a resposta (6,11-13): até que as cidades fiquem desertas e os habitantes tenham fugido e a terra seja uma desolação.

> E mesmo que um décimo permaneça nela,
> este será consumido novamente,
> como um terebinto ou um carvalho,
> cujo toco permanece quando ele é derrubado.

O fogo vivo que purificou Isaías também terá de queimar o povo. Em sua situação atual, eles ouvem e não compreendem, eles veem e não percebem. E o que quer que surja da provação, as imagens de destruição deixam claro que o reino de Judá não mais será reconhecível. O antigo Israel, do modo como foi constituído pela aliança, está letalmente impuro, e um novo surgirá do fogo.

Se seguimos a revelação de Isaías até este ponto, porém, é preciso perguntar: o que esse novo Israel tem a ver com o antigo? A continuidade parece ser rompida por uma época tão incisiva quanto a revelação sinaítica. Não estará morta a antiga aliança quando o povo com quem ela foi feita tiver morrido? E "Israel" não estaria a ponto de se tornar o nome de qualquer sociedade humana que viva na forma histórica, na presença sob Deus? Parecemos ter chegado aos limites do símbolo da aliança.

2 A Aliança

Uma vez que o Decálogo foi aceito como a lei fundamental de Israel, a crítica profética não só podia como devia julgar a conduta do povo pelos seus padrões. Todavia, embora as queixas, repreensões e advertências dos profetas representassem as condutas repreensíveis como violações dos Mandamentos, evidentemente havia mais em jogo do que uma interpretação de regras jurídicas. Poder-se-ia mesmo dizer que os profetas enfraqueciam sua causa quando se envolviam em argumentações sobre transgressões às prescrições do Decálogo, pois um homem poderia muito bem alegar que não havia cometido assassinato ou roubo quando usasse sua perspicácia comercial para aumentar sua propriedade à custa de um camponês imprudente que tivesse se endividado em excesso. Depois que a expansão do Decálogo em códigos como o Livro da Aliança ou a Torá deuteronômica foi admitida como o desdobramento adequado de seu significado, uma interpretação alternativa, ainda que não pretendesse ser um argumento legal, poderia ser entendida como tal para fins de induzir ao erro. Embora o apoio em padrões decalógicos conferisse autoridade à crítica profética, isso obscurecia mais do que esclarecia a questão real: que os profetas julgavam a conduta conforme sua compatibilidade não com uma lei fundamental, mas com a ordem certa da alma.

A ambiguidade do apelo profético era inevitável em viirtude da forma compacta do Decálogo, que não permitia uma distinção entre questões existenciais e normativas. Embora a construção como um todo deixasse claro que as transgressões concretas eram proibidas como manifestações de existência autoafirmativa em rebelião contra Deus e o homem, os Mandamentos que se concentravam na questão existencial eram expressos na mesma forma normativa que os demais. Em particular, a relação positiva entre Deus e homem, homem e Deus, era formulada negativamente na prescrição de não ter outros deuses em face de Yahweh. Estudamos anteriormente o significado dessa peculiaridade quando examinamos a diferença entre a revelação israelita e a filosofia helênica: uma articulação positiva da questão existencial teria exigido a experiência da alma e de sua ordem certa pela orientação no sentido do Deus invisível; e essa experiência nunca é claramente diferenciada, na história israelita, do coletivismo compacto da existência do povo — nem mesmo na era profética e, certamente, não na era que formou o Decálogo. Assim, num momento em que uma teoria da psique e uma teologia teriam sido necessárias para desenvolver os significados implícitos na legislação sinaítica, os profetas estavam seriamente limitados pela falta de um vocabulário positivo. Eles não tinham à sua disposição nem uma teoria das *aretai* no sentido platônico-aristotélico para que pudessem ter oposto caráter a conduta nas relações humanas, nem uma teoria de fé, esperança e amor no sentido heraclíteo para que pudessem ter oposto a reviravolta da alma em direção a Deus à observação ritual de seus mandamentos. Em particular, a falta de uma teologia diferenciada deve ter sido um enorme obstáculo para uma articulação adequada das intenções proféticas: ao ler a história das discussões de Jeremias com os refugiados judaítas no Egito (Jr 44), perguntamo-nos se o homem comum israelita, e mais ainda a mulher comum, de fato chegou a compreender por que não deveria ter nenhum outro deus além de Yahweh; e começamos a imaginar se os profetas em algum momento de fato conseguiram deixar as razões claras para eles. As famosas deserções de Yahweh para deuses cananeus e mesopotâmicos aparecerá sob uma nova luz se considerarmos que o povo em geral provavelmente nunca compreendeu um mandamento cujo significado espiritual permaneceu não articulado.

A noção de que a existência sob Deus significa amor, humildade e retidão de ação em vez de legalidade de conduta foi a grande realização dos profetas na história da ordem israelita. Embora seu esforço para separar a questão existencial da forma decalógica não tenha levado a expressões de clareza teórica definitiva, os símbolos usados em seus pronunciamentos não deixaram dúvida quanto ao significado pretendido: o componente normativo da constituição decalógica era uma fonte de más ações na medida em que dotava as instituições e a conduta do povo, que derivavam, por interpretação, do Decálogo, da autoridade da ordem divinamente desejada, por mais que as instituições reais pervertessem a vontade de Deus. Além disso, os profetas reconheceram que qualquer letra, como externalizava o espírito, estava em risco de se tornar uma letra morta e que, em consequência, a aliança escrita em tábuas precisava dar lugar à aliança escrita no coração.

Alguns exemplos representativos ilustrarão a luta dos profetas com os variados fenômenos de externalização, sua investigação de seus motivos, sua busca de uma linguagem que pudesse exprimir positivamente a ordem certa da alma em abertura para Deus e sua visão final de uma aliança que eliminasse o perigo de externalização.

O ataque de Jeremias aos transgressores do Primeiro e do Décimo Mandamento leva ao cerne das dificuldades dos profetas. O texto (10,1-16) mostra um Jeremias no momento menos afligido pelas violações ao Decálogo do que preocupado em explicar aos desertores por que sua conduta é insensata. Ele os adverte a não se perturbar com os sinais dos céus apenas porque os *goyim* perturbam-se com eles (10,2). Os deuses estrangeiros não são mais do que uma árvore cortada da floresta, esculpida com um cinzel pelas mãos de um artesão, decoradas pelos homens com prata e ouro e firmadas com martelo e pregos para que não tombem (10,3-5). Não há razão para ter medo deles, pois eles não podem fazer nem mal nem bem (10,5). Quando as pessoas tiverem tomado consciência da insensatez de seus medos e crenças, esta parece ser a suposição, elas verão (10,10) que

> Yahweh é Deus em Verdade;
> ele é o Deus vivo e o Rei eterno!

A forma de exortação argumentativa, porém, é enganosa. Por trás da linguagem persuasiva, quase a de um filósofo iluminado empenhado em dissolver a superstição por meio de informação, ocultava-se um problema que até mesmo um Jeremias hesitava em articular abertamente.

A argumentação, sem dúvida, não é insincera, mas certamente é tortuosa. Jeremias sabia, claro, que os deuses estrangeiros eram deuses falsos porque Yahweh havia se revelado como o Deus verdadeiro, e não que Yahweh era o Deus verdadeiro devido à descoberta por alguma outra pessoa de que as imagens dos deuses não eram mais do que pedaço de madeira esculpida; e sabia muito bem, ademais, que esculpir um deus era proibido precisamente porque essa não era uma ação tão inócua quanto produzir uma peça de mobília. Além disso, já no século VIII, Oseias dissera a respeito do bezerro de Samaria (8,6):

> Um artesão o fez;
> e ele não é Deus.

Sendo assim, na época de Jeremias o argumento devia ser um elemento profético básico que não impressionava ninguém, por estar tão obviamente errado. Mais de uma vez ele deve ter ouvido a resposta às suas expostulações que ele próprio põe na boca do povo (2,25):

> "É inútil! pois eu amo os deuses estrangeiros
> e irei atrás deles!"

Os textos de Jeremias não devem, portanto, ser vistos como uma argumentação calculada para persuadir alguém, mas antes como uma tentativa desesperada de encobrir as verdadeiras razões da deserção de Israel, que não cederão a argumentos, fazendo de conta que a argumentação poderá superá-las.

As verdadeiras razões da deserção não escaparam a Jeremias: o povo ia atrás dos deuses estrangeiros, não havia dúvida, porque os amava; preferia as manifestações de força divina dentro do mundo ao Deus invisível e transcendente ao mundo. Com tristeza, ele assistia ao espetáculo sem precedentes de uma nação abandonando os seus deuses (2,11-12):

> Alguma nação já trocou seus deuses,
> mesmo que esses não sejam deuses?
> No entanto, meu povo trocou sua glória
> pelo que é inútil.

E trocou tão completamente que "tantos quanto as tuas cidades são teus deuses, ó Judá" (2,28). Jeremias fez a descoberta (hoje chamaríamos de *insight* de antropologia cultural) de que os povos, usualmente, não trocam seus deuses; portanto, se mesmo assim os trocarem, a razão teria de ser tão extraordinária quanto o fato. Ele havia descoberto, além disso, que povos não trocam seus deuses quando estes são falsos deuses; e que, no único caso extraordinário de troca, o deus era "Deus em Verdade". Seria a natureza do "Deus em Verdade" a causa da singular deserção? Tornou-se claro, em resumo, que Israel, embora não fizesse objeção a ser um Povo Escolhido, não se interessava por ser escolhido se o preço fosse deixar de ser um povo como os outros. Se Jeremias rejeitava os deuses cósmicos como inúteis, o povo rejeitava, se não como inútil, mas pelo menos como imperfeito, um Deus em Verdade transcendente ao mundo; os deuses que eram falsos para Jeremias não eram tão falsos para um Israel que tanto queria ser um Povo Escolhido como ser um povo como os outros. Estava chegando criticamente perto o momento em que o Deus dos profetas, para estabelecer o seu Reino, teria de se separar de um povo que entendia o fato de ter sido escolhido como não mais do que um bônus agradável que se somava à sua existência cosmológica não regenerada.

O caráter tortuoso dos textos de Jeremias revela, assim, a percepção de que as deserções de Israel tinham algo a ver com a construção da organização teopolítica como uma materialização do Reino de Deus num povo concreto com suas instituições e que só cessariam com a organização teopolítica sob a própria Aliança. Na história do profetismo do século VIII até a queda de Jerusalém, devemos distinguir, portanto, (1) as queixas dos profetas quanto à má conduta de Israel (2) do grau variável de sua percepção de que as repreensões não só eram sem esperança como, talvez, até mesmo sem sentido. Vamos examinar primeiro as queixas.

As queixas, embora variadas em forma, eram notavelmente constantes quanto à substância. Todos os profetas de Amós e Oseias a Jeremias reconheceram os sintomas do problema. Essa substância, nós a encontramos mais claramente expressa na acusação direta de Oseias (8,4):

> Sem mim instituíram reis,
> sem mim nomearam chefes.
> Com sua prata e seu ouro fizeram ídolos
> para sua própria destruição.

Os reis e deuses do povo, assim, eram os sintomas representativos da queda de Israel. A sugestão frequente de que Oseias estivesse condenando apenas as instituições do Reino do Norte, mas não o reinado nacional de Saul ou a monarquia davídica, não encontra apoio diante de 13,9-11:

> Eis-te destruído, Israel,
> pois só comigo está teu socorro.
> Onde está agora o teu Rei, para te salvar em todas as tuas cidades,
> — e os teus juízes, a respeito dos quais dizias:
> "Dá-me um rei e chefes!"
> Eu te dou um rei na minha cólera
> e no meu furor eu o retorno.

O reinado da forma como existia em Israel desde Saul até o presente era, para Oseias, a grande deserção (10,13-15):

> Cultivaste a maldade e colhestes a iniquidade,
> comeste o fruto da mentira.
> Pusestes tua confiança em teu poderio,
> na multidão dos teus guerreiros.
>
> O tumulto se levanta em meio ao teu povo
> de modo que todas as cidades fortificadas serão devastadas. [...]
> Ao amanhecer, o rei de Israel será totalmente exterminado.

Do núcleo institucional dos reis, dos deuses e do exército, a condenação dos profetas estende-se amplamente, então, por todos os fenômenos de civilização de um povo. Em Oseias 8,14, lemos:

> Israel esquece o seu Criador; construiu palácios.
> Judá multiplica as suas cidades fortificadas.

Jeremias adverte (9,22):

> Que o sábio não se glorie de sua sabedoria!
> Que o valente não se glorie de sua força!
> Que o rico não se glorie de sua riqueza!

Isaías exibe uma notável circunspecção ao identificar fenômenos de orgulho rebelde contra Yahweh (2,12-17):

> Pois haverá um dia para Yahweh de todo poder,
> contra tudo que é orgulhoso, soberbo e arrogante,
> e que será rebaixado:
> contra todos os cedros do Líbano orgulhosos e arrogantes,
> e todos os carvalhos de Basan,
> contra todas as montanhas soberbas
> e todas as colinas arrogantes,

> contra todas as altas torres
> e todas as muralhas inacessíveis,
> contra todos os navios de Társis
> e todos os barcos suntuosos.

Em particular, as mulheres atraem a atenção hostil de Isaías (3,16):

> Já que as filhas de Sião são orgulhosas,
> e andam de pescoço esticado
> distribuindo olhadelas,
> caminhando a passos saltitantes
> fazendo tilintar os guizos dos seus pés.

Coisas terríveis sobreviriam a tais criaturas (3,24):

> Em vez de perfume, podridão,
> de cinto, uma corda,
> de tranças caprichadas, cabeça raspada,
> de roupa fina, tanga de saco.

Houve de fato uma grande mudança em Israel desde os dias em que Davi pôde dizer:

> Filhas de Israel, chorai por Saul,
> Que vos vestiu em escarlate e outros prazeres,
> Que pôs ornamentos de ouro em vossas vestes!

Se isolamos as queixas dos profetas, como acabamos de fazer em nossa seleção, ficamos inclinados a nos perguntar o que os servos de Yahweh queriam. Deveria Israel ter se submetido aos filisteus em vez de criar um rei e um exército? Deveriam os navios de Társis permanecer no porto? Deveriam os cedros do Líbano crescer apenas até metade de sua altura? E deveriam as filhas de Sião ser desleixadas? É importante perceber que nenhum profeta jamais respondeu a uma pergunta desse tipo. Se essas eram as queixas dos profetas, podemos dizer, o povo bem poderia ter respondido que os profetas não tinham nenhum respeito pela beleza da criação de Deus, que eles não permitiam que o homem desenvolvesse suas faculdades de mente e corpo concedidas por Deus e que não sabiam distinguir orgulho de alegria de vida. E o contra-ataque seria realmente justificado — se o povo tivesse podido articular esse tipo de acusação. O povo, porém, não vivia na tensão de ordem temporal e espiritual (que ainda não havia se diferenciado) mais do que os profetas, e sim na tensão entre o mito cosmológico e uma ordem javista que ainda carecia seriamente de clareza quanto às relações entre o espírito e o mundo. E a tentativa dos profetas de esclarecer o significado da revelação sinaítica estava, portanto, tão certa em rejeitar a forma mítica da ordem do povo quanto errada em rejeitar a ordem da existência mundana junto com a forma mítica.

A atmosfera de estranheza, e mesmo de morbidez, que paira sobre as queixas dos profetas será aliviada quando as violentas rejeições forem colocadas ao lado das exigências positivas. Quando Jeremias ordena que os sábios, os fortes e os ricos não se vangloriem de suas vantagens, ele continua sua advertência (9,23):

> Se alguém quiser gloriar-se, glorie-se disto,
> de ser bastante arguto para me conhecer:
> a mim, Yahweh, que exerço a compaixão [hesed],
> a justiça [mishpat] e a retidão [zedakah] sobre a terra.

O texto reúne os principais termos positivos que os profetas desenvolveram para designar os traços desejados da alma; além disso, atribui-os a Yahweh e pressupõe que o homem também os irá adquirir se "compreender e conhecer" a Deus; por essa pressuposição, move o conhecimento de Deus para a posição de uma virtude abrangente e formativa da alma, comparável à visão platônica do *Agathon*; e, por fim, emparelha os traços positivos com as queixas, que rejeitam a ordem mundana em princípio como uma externalização. Em todos esses aspectos do texto, Jeremias teve predecessores. O emparelhamento de rejeição e exigência é um tipo literário observado já em Amós (5,21-24):

> Detesto, desprezo vossas peregrinações,
> não posso suportar vossas assembleias,
> quando me fazeis subir holocaustos;
> e em vossas oferendas nada há que me agrade;
> vosso sacrifício de animais cevados, dele viro o rosto;
> afasta de mim o alarido de teus cânticos,
> o toque de tua harpas, não posso nem ouvi-lo.
> Que o direito jorre como água
> e a justiça seja uma torrente inestancável.

O texto de Amós é importante não só por estabelecer o tipo literário, mas especialmente porque o profeta rejeita até mesmo os sacrifícios a Yahweh como uma externalização das qualidades do homem que, na linguagem filosófica, teriam de ser chamadas de virtudes. Além disso, Amós faz a tentativa de legitimar suas exigências derivando-as da realidade do período mosaico (5,25):

> Acaso me apresentastes sacrifícios e oferendas
> no deserto, durante quarenta anos, casa de Israel?

Até onde sabemos, isso foi feito; e, em particular, a *berith* foi concluída com um sacrifício. A passagem mostra até que ponto os profetas estavam dispostos a ir em seu esforço desesperado para desvencilhar a ordem da alma sob Deus de uma ordem mundana que tinha sido formada pelo mito. Às virtudes de *mishpat* e *zedakah* de Amós, Oseias depois acrescenta *hesed*, que é traduzido diversamente, de acordo com o contexto, como compaixão, piedade, graça, bondade amorosa etc. (6,6):

> Pois desejo *hesed*, não sacrifício,
> e o conhecimento de Deus, eu o prefiro aos holocaustos.

E, nessa ocasião, aparece também a virtude do conhecimento (*da'ath*) de Deus como uma força formativa geral na alma. Da clarificação gradual da questão e do desenvolvimento correspondente de um vocabulário positivo surge, no final do século VIII, o belo resumo da exortação dos profetas em Miqueias 6,6-8:

> Com que hei de aparecer diante de Yahweh,
> inclinar-me diante do Deus altíssimo?
> Apresentar-me-ei diante dele com holocaustos?
> Com bezerros de um ano?
>
> Desejará Yahweh milhares de carneiros?
> Quantidades de torrentes de óleo?
> Sacrificarei meu primogênito pela rebeldia?
> O filho de minha carne pelo pecado de minha alma [*nephesh*]?
>
> "Foi-te dado a conhecer, ó homem, o que é bom,
> o que Yahweh exige de ti:
> Nada mais que respeitar *mishpat* e amar *hesed*,
> e aplicar-te a caminhar com teu Deus."

As justaposições de rejeição e exigência deixam claro que os profetas queriam superar a externalização da existência; e os textos revelam o notável grau de sucesso que seus esforços alcançaram: eles desligaram a questão existencial da fusão teopolítica das ordens divina e humana; reconheceram a formação da alma pelo conhecimento (Oseias) e pelo temor (Isaías) de Deus; e desenvolveram uma linguagem para articular suas descobertas. Foram limitados, certamente, pela sua incapacidade de avançar para a filosofia, mas a parte de seu trabalho que estamos examinando no momento segue paralelamente, sem dúvida, à descoberta das *aretai* na Hélade. Ainda assim, as rejeições da ordem mundana continuam a ser uma estranheza. Os profetas, aparentemente, não só eram incapazes de ver como nem sequer estavam interessados em descobrir um caminho da formação da alma para instituições e costumes que pudessem considerar compatíveis com o conhecimento e o temor de Deus. A atitude dos profetas é fascinante pelo fato de que parece violar o bom senso[1].

• • •

Chegamos ao centro do que pode ser chamado de ontologia dos profetas. Sua estranha concepção da ordem do ser ficará mais inteligível se examinarmos um caso em que a questão de o que fazer concretamente numa situação que afeta a ordem pública não foi evitada. Para esse fim, serão usadas algumas profecias de Isaías referentes à conduta de guerra.

Durante as guerras com Israel e Síria em 734, e com a Assíria no final do século, a própria Jerusalém foi ameaçada de conquista pelo inimigo. Aí se apresentava a ocasião para um profeta dizer o que um povo deveria fazer numa emergência, se era um insulto para Yahweh contar com um exér-

---

[1] Interpretamos o profetismo como a luta contra a Lei, como a tentativa de desligar as questões existenciais das normativas. Que isso é de fato o núcleo essencial do esforço profético é confirmado pela interpretação talmúdica da profecia, que tem como seu propósito a reversão do esforço e a afirmação da supremacia da Torá. Sobre esse tema, cf. Nahum N. GLATZER, Study of the Talmudic Interpretation of Prophecy, *Review of Religion* (1946) 115-37. Na concepção talmúdica, "a tarefa do profeta é entendida como a mesma que a tarefa do intérprete da Lei: ensinar a Torá a Israel". "As palavras proféticas de natureza geral e abrangente remetem a uma lei ou observância específica" (128). Pelas palavras "de natureza geral e abrangente" Glatzer refere-se às passagens que desenvolvem o vocabulário profético das "virtudes", ou *aretai*, discutidas acima no texto: "Caminhar humildemente com teu Deus" (Mq 6,8), de acordo com R. Eleazar b. Pedat (século III), significa "escoltar os mortos para o túmulo e conduzir a noiva à câmara nupcial" (Sukkah 49b). "Buscar o Senhor" é interpretado como buscá-lo nas casas de oração e estudo, "abandonar o Senhor" como desobediência a um determinado mandamento ou uso. A "palavra de Deus" profética é identificada com "a palavra da Torá". Até mesmo o "conhecimento de Deus" profético é invertido. A "desejo o conhecimento de Deus em vez de holocaustos" (Os 6,6), R. Simeon b. Yohai (século II) comenta: "As palavras da Torá são mais caras para mim do que holocaustos e oferendas de paz". Os motivos das inversões são vários. Um deles é o desejo de depreciar os profetas, porque, nos primeiros autores cristãos, "Jesus aparece como o término e culminação da profecia". Um problema mais imediato foi a supressão do irracionalismo pneumático dentro da comunidade judaica. "Os rabinos destacavam termos proféticos indefinidos, vagos e mais teóricos, que se prestavam a apoiar religiões pneumáticas, e traduziam-nos em exigências concretas. Termos como 'Conhecimento de Deus', 'Aliança', 'Caminho do Senhor' abriam espaço para experiências emocionais religiosas não controladas. O Talmud, sem perder de vista a questão mais profunda na relação entre o homem e Deus, enfatiza o 'estudo da Torá' e a 'observância da Lei' como o significado concreto de 'Aliança' e 'Conhecimento de Deus', demonstrando assim a tarefa comum do profeta e do rabino" (condensado de ibid., 127-29). Por trás da interpretação talmúdica está, claro, a transformação da revelação sinaítica na palavra escrita da Torá que estudamos no capítulo sobre a "Torá deuteronômica".

cito e mesmo ter um rei e uma administração. E Isaías, de fato, por ordem de Yahweh, aproximou-se do rei quando ele estava ocupado numa temerosa inspeção do suprimento de água e ofereceu seu conselho. O profeta foi ao encontro de Acáz e lhe disse (7,4): "Presta atenção: fica calmo, não temas, não deixa teu coração esmorecer por causa dessas duas achas de lenha fumegante [isto é, Síria e Israel]". As coisas ficariam bem se o rei aceitasse o conselho, pois Yahweh havia dito "isso não ficará de pé e isso não acontecerá" quanto aos planos do inimigo serem coroados de sucesso (7,6-7); mas, se o rei não aceitasse o conselho, Yahweh havia dito: "Se não confiardes, não permanecereis" (7,9)[2]. Isso foi tudo.

Por ocasião da ameaça assíria e da aliança com o Egito, Isaías uma vez mais falou a palavra de Yahweh. A primeira das profecias, 30,15, não faz mais do que confirmar a anterior: a "força" de Israel está em "retornar e descansar", em "sentar-se em tranquilidade e confiança". Avançamos, portanto, para a mais reveladora 31,1:

> Ai dos que descem ao Egito para ali buscar ajuda.
> Confiam em cavalos,
> confiam nos carros de guerra por serem numerosos,
> nos cavaleiros por serem fortes,
> mas não têm um olhar para o Santo de Israel,
> não buscam Yahweh.

Tal conduta é tola porque (31,3)

> O egípcio é um homem, e não um deus,
> seus cavalos são carne, e não espírito [*ruah*].

A análise das passagens por Gerhard von Rad mostrou que Isaías retomou as tradições do ritual de guerra, havia muito inativas em seu tempo, e transformou-as de um modo estranho[3]. Colocou-se no papel do *nabi*, da época dos Juízes e do início da monarquia, que sancionava a Guerra Santa. Essas guerras da confederação, como nos lembramos, eram defensivas. Como elas eram realizadas em prol do Povo Escolhido, em princípio, pelo próprio Yahweh, a confiança em Yahweh e em sua ajuda era uma condição para a participação nas forças

---

[2] A RSV traduz: "Se não tiveres fé, certamente não te estabelecerás". Nenhuma tradução pode transmitir que o *confiar* e o *permanecer* de nossa tradução são formas do mesmo verbo em hebraico. Ele tem o significado de ser firme ou confiável, de ter confiança, com a consequência de ser constante e tranquilizar-se. Tais qualidades de caráter, então, ajudarão um homem a perseverar e a permanecer ao longo de uma situação crítica, o "estabelecer-se" da RSV.

[3] VON RAD, *Der Heilige Krieg*, 1951, 55-62.

guerreiras. Além disso, a vitória era alcançada por meio do terror numinoso lançado por Yahweh sobre as fileiras do inimigo. Enquanto essa confiança era associada ao ardente desejo do povo pela luta, tudo corria tão bem quanto as fortunas da guerra permitissem. Quando, porém, conforme previmos, a confiança assumiu a forma de uma exigência profética de permanecer passivo, de ficar tranquilo e deixar Yahweh encarregar-se da luta e de contar com o pânico numinoso para frustrar os planos do inimigo, foi inevitável que surgissem dificuldades do conflito entre a exigência e as necessidades da existência mundana. Esse conflito tornou-se real no caso de Isaías. O profeta exigiu que a "Casa de Davi", isto é, o rei e sua corte, não confiasse no exército ou nos auxiliares egípcios, mas "consultasse Yahweh", isto é, Isaías. E o que ele ofereceu como conselho foi a confiança no *ruah* de Yahweh que vivia nele.

As profecias de Isaías requerem, para seu pleno entendimento, o exame de textos anteriores e posteriores referentes à guerra. O conselho de substituir o exército pelo *ruah* de Deus vivo no profeta, embora possa soar incrível a princípio, fará algum sentido se lembrarmos do antigo apelativo: "Meu pai, meu pai! Os carros de Israel e seus cavaleiros!" (2Rs 2,12). O significado do grito emitido por Eliseu quando Elias foi levado ao céu num carro de fogo fica obscuro com base apenas nesse texto — pode-se apenas dizer que, pelo menos desde o século IX (a fórmula pode ser muito mais antiga), "meu pai", isto é, o profeta, era considerado a verdadeira armadura de Israel. As implicações desdobram-se, porém, quando o grito se repete por ocasião da morte de Eliseu em 2 Reis 13,14-19: o profeta estava prostrado, em sua doença terminal, e o rei Joás (804-768 a.C.) foi visitá-lo. Era um tempo de guerra com os sírios de Damasco. O rei, em seu pesar, dirigiu-se ao profeta com as palavras "Meu pai, meu pai!" etc.; e Eliseu respondeu ao que deve ter entendido como um apelo à sua função de "os carros e cavaleiros de Israel", orientando a mão do rei em atos de magia simpática que deveriam assegurar a vitória sobre a Síria. A cena serve como uma introdução para as vitórias efetivas relatadas em 13,25.

Sobre as profecias de Isaías, por fim, alguma luz é lançada pelo trabalho historiográfico mais tardio do Cronista (século IV, talvez mesmo III), na medida em que a história da batalha decisiva na guerra com Mesa de Moab (2Rs 3), em que Eliseu teve participação, foi reescrita pelo ponto de vista de Isaías em 2 Crônicas 20; na manhã da batalha, o rei de Judá dirigiu-se a seu povo com as próprias palavras de Isaías: "Confiai em Yahweh, vosso Deus, e permanecereis; confiai nos profetas e prosperareis" (2Cr 20,20). A seguir, foi ordenado que um coro cantasse em louvor ao Senhor; Yahweh enviou poderes sobrenaturais para espalhar confusão entre os inimigos; e as forças inimigas destruíram-se entre si até o último homem (20,21-23). Judá não teve nada a fazer a não ser confiar e recolher os despojos (20,24-25).

Esses são os textos. Como categorizar seu significado é um problema espinhoso. Vamos primeiro examinar os comentários de Gerhard von Rad. No caso de Isaías, Von Rad fala de uma "espiritualização" do ritual da Guerra Santa. As obras de Yahweh na história tornaram-se, como um todo, a Guerra Santa de Deus por Sião no sentido escatológico (Is 5; 12; 19), uma guerra que não exige nenhum sinergismo humano, em especial nenhuma ação militar. E o profetismo tornou-se tão completamente o sucessor da antiga instituição do ritual de guerra que o profeta e seu carisma substituíram a defesa por forças armadas[4]. Essa é uma descrição correta até certo ponto — mas não toca no problema crucial de como o carisma profético pode ser considerado por qualquer pessoa um substituto eficaz para as armas no campo de batalha. A questão ontológica do *ruah* de Yahweh, manifestado eficazmente no profeta, aponta antes para um desenvolvimento da magia simpática de Eliseu para a magia sublimada do carisma de Isaías. A "confiança" por si só, sem as operações materiais de Eliseu, produzirá os resultados desejados. Esse pelo menos parece ser o sentido em que a "confiança" era entendida pelo Cronista. Com relação, agora, às Crônicas, Von Rad observa a "correlação resoluta entre piedade e prosperidade terrena". E embora o elemento predominante dessa correlação seja "a forte fé na bênção divina", a segurança de que "ninguém depositou sua confiança em Yahweh em vão", também um "componente utilitário" pode ser discernido em tal piedade[5]. O problema da magia, ao que parece, não pode ser totalmente descartado, pois o "componente utilitário", ou seja, a convicção de que a prosperidade é a recompensa da fé, tem algo a ver com magia na medida em que pode ser entendido ou como uma magia espiritualizada ou como uma fé que mergulhou no nível da magia. Todavia, como quer que seja interpretada, essa magia secundária requer a diferenciação anterior de confiança num Deus transcendente a partir das experiências compactas de presença divina, bem como de um poder humano que pode influenciar o poder divino consubstancial.

Os comentários de Von Rad, embora não sejam conclusivos, apontam para a compleição mágica da experiência isaiânica como a fonte da dificuldade. A

---

[4] Ibid., 62, 67.
[5] ID., *Das Geschichtsbild des chronistischen Werkes*, Beitraege zur Wissenschaft vom Alten und Neuen Testament, 4:3, Stuttgart, 1930, 16.

confiança eficaz de Isaías parece situar-se em algum ponto entre a magia simpática da lenda de Eliseu e o aplainamento utilitário da fé em Crônicas. Por um lado, a repressão severa ao sinergismo humano, a redução do papel do homem no drama da história a uma abnegação confiante da ação, definitivamente não é mágica no sentido de uma ação humana que pretenda compelir uma ação favorável das forças divinas. Por outro lado, a fórmula "Se não confiardes, não permanecereis" carrega a implicação de que haverá a permanência se houver confiança. O conselho de Isaías não se origina numa ética de não violência; ele não é calculado para perder a guerra a fim de ganhar algo mais importante do que a vitória terrena, mas, ao contrário, para vencer a guerra por meios mais seguros do que um exército. No conselho de Isaías, podemos dizer, o elemento de fé num Deus transcendente (que também está contido na compacidade da magia) diferenciou-se tanto que uma prática de magia simpática, como na lenda de Eliseu, tornou-se impossível; e a sensibilidade à distância entre o plano divino e a ação humana tornou-se mesmo tão aguda que toda a assistência pragmática na execução do plano é considerada uma exibição de desconfiança. E, no entanto, uma aura de magia cerca inegavelmente o conselho: ela deve-se ao fato de que o próprio plano divino foi trazido para dentro do conhecimento do homem, visto que Isaías sabe que Deus quer a sobrevivência de Judá como um povo organizado na história pragmática. Com esse conhecimento é dada a confiança, não na vontade inescrutável de Deus que deve ser aceita por mais amarga que ela seja quando não concorda com os planos do homem, mas na vontade conhecível de Deus que se conforma aos programas de Isaías e do Povo Escolhido. Esse conhecimento do plano divino lança seu feitiço paralisante sobre a necessidade de ação no mundo; pois, se a ação humana concreta não conseguirá nada além do que Deus pretende fazer sozinho, ela pode de fato ser considerada uma intromissão desconfiada por parte do homem. Essa é uma sutileza de experiência além da magia no sentido comum. O que pode ser observado aqui em formação lembra antes o fenômeno posterior da gnose. Quanto ao ambiente mais imediato da experiência, pode-se dizer: a infusão de ordem cósmico-divina na sociedade por meio do culto e do mito dos impérios cosmológicos tornou-se, em Israel, a presença cultual do Reino de Deus nos festivais anuais; e torna-se agora, no profetismo de Isaías, uma presença pragmaticamente eficaz na história do Povo Escolhido. O plano divino conhecível, que para sua incorporação na história pragmática não requer nada além da confiança ilimitada da "Casa de Judá", é a ordem cósmico-divina dos impérios, numa transformação decisiva através do meio da existência histórica israelita.

O conflito entre a experiência compacta de ordem, do tipo cosmológico, com a forma histórica de existência cria o problema isaiânico. Na introdução a este volume, explicamos que o salto no ser não é um salto para fora da existência; a ordem autônoma deste mundo permanece o que ela é, mesmo quando o Deus único transcendente ao mundo é revelado como a fonte suprema de ordem no mundo, bem como no homem, na sociedade e na história. Isaías, podemos dizer, tentou o impossível: fazer do salto no ser um salto para fora da existência em direção a um mundo divinamente transfigurado para além das leis da existência mundana. A restauração cultual da ordem divina cósmica torna-se a transfiguração do mundo na história quando transportada para a forma histórica de existência. Na verdade, essa transformação peculiar não é uma questão de necessidade, talvez inerente à lógica da experiência e dos símbolos. A transformação deve-se ao elemento de "conhecimento" referente ao plano divino. E esse "conhecimento" parece ligar a revelação de Deus ao homem com as vitórias pragmáticas de Judá da mesma maneira como a Torá deuteronômica ligava a revelação sinaítica à constituição de Judá. Um estilo comum de simbolização deve ser observado na Lei e nos Profetas. Pela intervenção do "conhecimento", assim, a restauração recorrente da ordem pelo culto cosmológico torna-se, quando entra na forma histórica da existência, uma transfiguração singular do mundo de acordo com o plano divino. Abre-se um abismo entre o mundo como ele é e o mundo como ele será quando tiver sido transfigurado.

Não existe nenhum termo técnico para descrever o estado da psique em que a experiência de ritmos cósmicos, no contexto da forma histórica, dá nascimento à visão de um mundo que mudará sua natureza sem deixar de ser o mundo em que vivemos concretamente. Vou introduzir, portanto, o termo *metástase* para designar a mudança na constituição do ser contemplada pelos profetas. E vou falar de experiências metastáticas, de fé, esperança, vontade, visão e ação metastáticas, e de símbolos metastáticos que expressam essas experiências[6].

---

[6] Numa primeira tentativa de lidar com esse problema, eu havia levado a análise apenas até o ponto em que se torna visível a linha de magia que vai das lendas de Eliseu, passando pela confiança isaiânica, até a historiografia do Cronista. E falei de um "componente mágico no carisma profético", em especial com relação às profecias de Isaías. Em conversas com vários estudiosos do Antigo Testamento, porém, a noção de um "componente mágico" em Isaías foi recebida com sérias dúvidas, embora, na situação, nenhuma solução alternativa tenha sido desenvolvida para os problemas sem dúvida apresentados pela fé e pelo conselho do profeta. Que-

A constituição do ser é o que é e não pode ser afetada por caprichos humanos. Assim, a negação metastática da ordem da existência mundana não é nem uma proposição verdadeira na filosofia nem um programa de ação que pudesse ser executado. A vontade de transformar a realidade em algo que, por essência, ela não é representa a rebelião contra a natureza das coisas conforme ordenadas por Deus. E, embora a rebelião tenha se tornado sublime na confiança de Isaías de que o próprio Deus irá mudar a ordem do mundo e permitir que Judá obtenha suas vitórias sem lutar, o perigo de descarrilamento em várias direções é evidente. Essa fé metastática, então, ainda que tenha se tornado articulada nos profetas, não se originou com eles, mas era inerente, desde os primeiros momentos da fundação mosaica, à concepção da organização teopolítica como o Reino de Deus encarnado num povo concreto e em suas instituições. Ela pôde ficar latente, ou permanecer comparativamente inócua, profundamente entranhada como estava na compacidade de experiências e símbolos antigos, durante séculos, mas teve de se tornar virulenta quando, sob a pressão de eventos históricos, ficou evidente que a realidade de Israel não era exatamente um Reino de Deus e não mostrava nenhuma inclinação a tornar-se um. A crescente constatação do conflito deu origem a toda uma série de tentativas de fazer a renitente realidade do mundo, por meio de imaginação e ação metastáticas, conformar-se às exigências do Reino. Essas operações podem ser mais bem classificadas pela dimensão temporal como ações simbólicas referentes ao futuro, ao presente e ao passado da ordem verdadeira:

(1) *Pro futuro*: a. Israel sofrerá punição nas mãos de Yahweh, porque sua má conduta é a causa do conflito. A realidade renitente será totalmente destruída. Essa é a resposta representada pelo terrível Dia de Yahweh de Amós. Nesse contexto (Am 2,13-16) ocorre, de maneira significativa, o terror numinoso da Guerra Santa como o modo de punição infligido a Israel. b. Israel surgirá de suas misérias presentes e futuras como um verdadeiro Reino de Deus, em que as condições de existência deram lugar a algo como uma Idade

---

ro expressar minha gratidão em particular ao professor Nahum N. Glatzer (Boston), ao professor Gerhard von Rad (Heidelberg) e ao professor Rudolf Bultmann (Marburg) pela solidária resistência que me forçou a retomar a análise. As implicações ontológicas do simbolismo profético atraíram pouca atenção. Até onde sei, o problema nunca foi formalmente estudado. A literatura sobre a classe metastática de experiências em específico, no entanto, é enorme. Especialmente desde a descoberta dos Salmos como hinos e rituais de culto, a transição do significado cultual para o significado escatológico dos Salmos tornou-se tema de uma vasta investigação. Sobre esses problemas, cf. cap. 9.5.

de Ouro. A data das inúmeras profecias desse tipo (por exemplo, Am 9,13-15; Is 2,2-4; Mq 4,1-5; Jl 3,18-21) é matéria controversa. Elas talvez nem sempre pertençam aos profetas pré-exílicos a que são atribuídas, Todavia, não há razão para duvidar de que o tipo em si, como nos casos de Oseias 2,16-25 ou Isaías 9,1-7, remonta pelo menos ao século VIII.

(2) *Pro praesente*: a. O Reino de Deus será imposto à realidade presente por meio do mito e da representação constitucional, como na Torá deuteronômica. b. O Reino de Deus será imposto à realidade presente pela confiança metastática, como no caso de Isaías.

(3) *Pro praeterito*: A realidade será metastaticamente transformada em retrospectiva pela reescrita da história, como no caso do Cronista.

Na variedade de formas simbólicas é reconhecível a substância comum da vontade metastática de transformar a realidade por meio de fantasia escatológica, mitológica ou historiográfica, ou pela perversão da fé num instrumento de ação pragmática. Esse componente metastático tornou-se tão predominante no complexo fenômeno do profetismo que, no judaísmo posterior, criou a sua forma simbólica específica na literatura apocalíptica. Assim como o declínio de Israel e Judá foi acompanhado pelas formas de profetismo, o judaísmo da nova era imperial foi acompanhado pelo simbolismo do apocalipse. Além disso, o reconhecimento da experiência metastática é de importância para o entendimento não só da ordem israelita e judaica, mas da história da civilização ocidental até os dias atuais. Embora no principal desenvolvimento do cristianismo, na verdade, os símbolos metastáticos tenham sido transformados nos acontecimentos escatológicos para além da história, de modo que a ordem do mundo recuperou a sua autonomia, o contínuo de movimentos metastáticos jamais foi rompido. Ele circunda, rivaliza e penetra intensamente o cristianismo na gnose e o marcionismo e numa infinidade de heresias gnósticas e antinomianas; e foi absorvido no simbolismo do próprio cristianismo por meio do Antigo Testamento, bem como pelo Apocalipse de São João. Ao longo da Idade Média, a Igreja esteve ocupada com uma luta contra heresias de compleição metastática; e, com a Reforma, essa corrente subterrânea veio novamente à superfície numa volumosa enchente — primeiro, na ala esquerda dos movimentos sectários, depois nos movimentos de credo políticos seculares que se propunham a impor a metástase por meio de ação revolucionária.

A análise do problema metastático esclarecerá agora os aspectos da posição profética que desafiavam o bom senso. As rejeições drásticas da ordem do povo, como vimos, tinham uma série de motivos. Elas serviam analiticamente ao propósito de opor a ordem de uma alma formada pelo conhecimento e pelo temor de Deus à mera conformidade de conduta; eram motivadas por sensibilidade moral na medida em que denunciavam várias formas de opressão e crueldade nas relações sociais; vinham espiritualmente em defesa do javismo quando repreendiam a preferência do povo por deuses estrangeiros; eram arcaístas, compreensivelmente, quando expressavam nostalgia pelos primeiros tempos da organização teopolítica; e sua veemência era necessária para contrapor-se ao vigoroso coletivismo do povo. Ainda assim, tendo-se dado o devido peso a todos os motivos, eles não explicavam a rejeição qualitativamente diferente da ordem institucional em princípio. Nenhuma lista de queixas, por mais que seja longa e terrível, chega a ser uma negação ontológica das condições de existência no mundo. O fator enigmático, que causou esse efeito adicional, é agora encontrado na experiência metastática. Precisamente, porém, quando essa experiência é reconhecida como o fator que estava faltando no campo de motivações diversas, ela se torna não mais do que um componente no esforço complexo dos profetas para esclarecer a questão existencial sob as condições concretas da ordem israelita nos séculos VIII e VII a.C. A natureza desse problema adicional, ou seja, da relação entre a experiência metastática e a questão existencial, vai se tornar mais evidente se examinarmos o texto mencionado acima, Oseias 2,14-23 (versão inglesa) [2,16-25 (versões tradicionais)].

Extraindo seu belo simbolismo da esposa infiel que retorna para o marido, Oseias desenvolve uma típica visão apocalíptica do futuro (2,16) [2,18]:

> Acontecerá naquele dia, diz Yahweh,
> que tu me chamarás *ishi* [meu marido]
> e já não me chamarás *baali* [meu mestre Baal].

E, nesse dia, acontecerá (21-23) [23,25] que

> Responderei à expectativa dos céus,
> e eles responderão à expectativa da terra.
> E a terra responderá por meio do trigo, do vinho novo, do azeite fresco,
> e eles responderão à expectativa de Jezreel [Semeado-por-Deus].
> Eu a semearei para mim na terra, enternecer-me-ei por Não-lastimada
>   [*lo-ruhamah*],
> e direi a Não-meu-Povo [*lo-ammi*]: "Tu-és-meu-povo",
> e ele dirá: "Meu-Deus".

A constituição do ser é transfigurada num estado de perfeição, o mundo que conhecemos deu lugar a um novo mundo por meio de um ato de graça divina. E Oseias não só está consciente de um novo ato de criação que sobrepujará a criação e a aliança da antiga ordem, como também encontra a linguagem para ele (2,18) [2,20]:

> Naquele dia, firmarei uma aliança [*berith*] em favor deles com os animais do campo,
>   os pássaros do céu, os répteis do chão;
> o arco, e a espada, e a guerra, eu os quebrarei, e já não existirão na terra;
> permitirei aos habitantes que durmam em segurança.

A metástase, assim, afeta toda a criação, mas mudará especificamente a relação entre o homem e Deus (2,19-20) [2,21-22]:

> Eu noivarei contigo para sempre.
> Eu noivarei contigo, pela justiça [*zedek*] e pelo direito [*mishpat*],
> pelo amor [*hesed*] e pela ternura [*rachamim*].
> Eu noivarei contigo pela fidelidade [*emunah*],
> e tu conhecerás a Yahweh.

O anseio metastático do profeta expressa-se incisivamente na visão de um mundo transfigurado. O anseio, porém, não obscurece seu entendimento de que a mudança não pode ser produzida pela ação humana, nem mesmo por uma vontade de crer; e a visão se expande, portanto, para incluir um ato de graça divino que conferirá a ordem definitiva ao mundo. Cercando-o de símbolos metastáticos, Oseias, por fim, articula o verdadeiro tema, ou seja, a reordenação da existência humana por meio do conhecimento (*da'ath*) de Deus. Com uma profusão de termos, ele descreve o noivado do homem com Deus em constância, retidão, amor terno, justiça e compaixão. Até onde se pode julgar, essa teia intricada de motivos e símbolos, a experiência metastática, embora encontre expressões ocasionais nos profetas e descarrile de forma duvidosa em fenômenos posteriores, é, com Oseias, antes um fator maiêutico do que perturbador em seu esforço de extrair o Reino de Deus na alma dos homens de sua matriz teopolítica.

Quando retornamos, agora, a Jeremias, encontramos que a diferenciação da questão existencial avançou notavelmente para além de Oseias. Em Jeremias 31,29-30, lemos:

> Naquele tempo já não se dirá:
> "Os pais comeram uvas verdes
> e os dentes dos filhos ficaram embotados".
> Não! Cada um morrerá por seu próprio pecado [*awon*]:
> e se alguém comer uva verde, seus próprios dentes é que ficarão embotados.

O coletivismo da existência, ainda que não completamente eliminado, está ao menos seriamente abalado por uma concepção de responsabilidade e castigo pessoais que foi ainda mais desenvolvida por Ezequiel (Ez 18). E, mesmo quando o povo ainda aparece como um corpo, as metáforas enfatizam o estado de ordem pessoal, como em Jeremias 17,1:

> O pecado de Judá está escrito
> com estilete de ferro,
> com ponta de diamante;
> está gravado na tábua de seu coração.

Os corações tornaram-se agora as tábuas em que os Mandamentos foram escritos, e o que está escrito nos corações do Povo Escolhido não é a aliança com Deus, mas a *berith* inteiramente diferente da qual Isaías (28,15) fizera o povo se vangloriar:

> Firmamos uma *berith* com a Morte,
> fizemos um pacto com o Xeol.

Da profundeza para onde a antiga aliança havia caído, sobe, então, a profecia culminante de Jeremias (31,31-34):

> Dias virão, diz Yahweh, em que firmarei com a comunidade de Israel e a comunidade de Judá uma nova aliança.
> Será diferente da aliança que firmei com seus pais quando os tomei pela mão para fazê-los sair da terra do Egito.
> Eles romperam minha aliança [*berith*]; eu, porém, continuo sendo o dono [*baal*] deles, diz Yahweh.
> Eis, pois, a aliança que firmarei com a comunidade de Israel depois desses dias, diz Yahweh:
> eu depositarei minha lei [*toroth*] no seu íntimo, inscrevendo-a em seus corações;
> eu me tornarei Deus para eles, eles se tornarão um povo para mim.
> Já não ensinarão uns aos outros, cada um a seu irmão, repetindo "Aprendei a conhecer o Senhor!";
> pois todos, pequenos e grandes, me conhecerão, diz Yahweh.
> Eu perdoo o seu crime; não mais mencionarei sua falta.

3 A mensagem

Ser Israel significava existir em continuidade com a ação do drama da *berith*. No primeiro ato desse drama, na mensagem de Êxodo 19,4-6, Yahweh havia prometido fazer de Israel a sua propriedade (*segullah*) entre todos os povos, o domínio real de seus servos imediatos (*mamlekheth kohanim*) e uma nação santa (*goy qadosh*), com a condição de que o povo ouvisse sua voz e mantivesse a sua aliança. A ordem cósmico-divina do Egito estava para ser superada por uma nova ordem de história sob o Deus transcendente ao mundo que havia se revelado no Sinai. No âmbito dos símbolos, o domínio real como o centro divino da ordem no império cosmológico foi, correspondentemente, transformado no Povo Escolhido, o ônfalo sagrado da história do mundo. Apenas depois de a mensagem ter sido aceita acontece o segundo ato, a conclusão ritual da *berith* entre Deus e o povo que agora havia se tornado o "seu povo". E, dando prosseguimento à *berith*, por fim, Yahweh proclamou o Decálogo como a lei fundamental da ordem do povo. O significado do drama, embora ele se desenvolva numa sequência de três atos distintos, era único e indivisível; nenhuma parte dele poderia ser removida sem afetar o todo. O povo que surgiu dos acontecimentos sinaíticos como Israel não poderia desobedecer aos mandamentos do Decálogo sem romper a aliança; não poderia romper a aliança sem reverter a aceitação de sua situação como o Povo Escolhido; e não poderia recusar-se a ser o *goy qadosh* sem estar em revolta contra a vontade revelada de Deus. Essa cadeia de significado que percorre os atos pelos quais Israel ganhou sua existência em forma histórica não havia ficado explícita, porém, nas tradições dos eventos. Ela permanecera, de fato, tão profundamente integrada aos próprios relatos dos acontecimentos que, mesmo na forma que chegou até nós, a narrativa não é clara quanto à *berith* preceder o Decálogo ou o Decálogo preceder a *berith*. Apenas na crise de Israel, quando a continuidade de sua existência como o *goy qadosh* ficou problemática devido à conduta empírica do povo, classe dominante e corte, conforme observado pelos profetas, surgiu o motivo experiencial para uma investigação do significado preciso da existência sob Deus.

Os profetas tentaram salvar a ordem de Israel pelo esclarecimento de seu significado. Seguimos esse esforço na ordem inversa do drama da *berith*, passando pelo Decálogo e pela aliança, porque a observação empírica da conduta que violava os mandamentos foi o que forneceu, de fato, o motivo para a investigação. Sob o impacto dessa investigação, como vimos, os símbolos do drama da *berith* desintegraram-se, porque sua compacidade de significado mostrou-se inadequada para expressar as experiências diferenciadas dos profetas. As questões normativas e existenciais do Decálogo tiveram de ser distinguidas até o ponto em que a falta de um vocabulário filosófico permitia a distinção; e um catálogo de virtudes, descrevendo a ordem existencial, foi desenvolvido. Esse novo quadro de virtudes, que expressava o espírito contido compactamente no quadro de mandamentos do Decálogo, parecia exigir, então, uma aliança diferente da *berith* com base na qual o Decálogo havia sido proclamado; e foi formado, assim, o símbolo de uma aliança escrita no coração. E a aliança, por fim, ficou baseada na mensagem, em suas promessas e em sua aceitação. Poderia a mensagem escapar ao destino dos outros símbolos? Era a revelação ainda válida na forma em que havia sido expressa na época de Moisés? Na verdade, o fato de que o simbolismo da mensagem ainda não havia esgotado a sua força na época de Jeremias foi provado pela Torá deuteronômica, que ainda se referia a Israel como o *segullah* e *goy qadosh* de Yahweh (Dt 7,6; 14,2; 26,18-19). Apenas os *mamlekheth kohanim* haviam desaparecido, provavelmente porque os *kohanim* tinham se tornado tão inequivocamente sacerdotes no sentido de oficiais de culto que o símbolo não mais evocava a ideia de ajudantes do rei. Ainda assim, embora a continuidade da tradição tornasse possível, pelo menos para os círculos deuteronomistas, aplicar os símbolos na reforma arcaísta do século VII a.C., a ordem de Israel havia mudado tão profundamente, pela má conduta observada pelos profetas, que a Torá como um todo não expressava mais do que um de seus fatores componentes — e esse, na opinião dos profetas, já não era o mais importante. A separação vigorosa da ordem egípcia, a declaração de Israel como o filho de Deus em oposição a Faraó e a criação do *goy qadosh* tinham recuado seis séculos para o passado. Os primórdios da nova dispensação não podiam ser recuperados por um ato de violência arcaizante para um Israel que estava em revolta contra Deus. Nas circunstâncias, essa identificação do reino de Judá com o *goy qadosh* por meio de um mito metastático era para Jeremias, ao contrário, mais um sintoma da rebelião contra a palavra de Deus conforme pronunciada pela boca dos profetas. Assim, o simbolismo da mensagem não poderia ser isentado do ataque profético, embora, com esse alvo, o esforço de esclarecimento atingisse o centro originador da existência histórica na revelação de Yahweh. Os profetas viam-se diante da tarefa de reformular o problema da história de tal maneira que o Israel empírico de seu tempo pudesse desaparecer de cena sem destruir com seu desaparecimento a ordem da história conforme criada pela revelação.

Quando a crítica profética dos símbolos atingiu o centro da revelação, não foi mais possível restringir o argumento a questões específicas de má conduta. A cadeia de significado contida no drama da *berith* explodiu de imediato em uma articulação violenta. A constituição do ser como um todo, com a origem de sua ordem em Deus, estava em jogo. A magnitude dos conflitos pode ser mais bem entendida se apresentados primeiro os três conjuntos de argumentos que tiveram de ser levados em conta de uma só vez:

(1) Quando os profetas mediram a conduta empírica de Israel pelos símbolos do drama da *berith*, eles puderam observar que o povo nem ouvia a voz nem mantinha a aliança de Yahweh. Eles sabiam que o Decálogo havia se tornado uma questão de obediência legal e cultual, em violação ao espírito, e que a aliança tinha sido rompida. Nessa situação de desordem do lado humano, quando o povo não mais cumpria suas obrigações sob a aliança, impunha-se a questão quanto a ainda estar ou não o parceiro divino preso à sua promessa. A mensagem ainda era válida? Israel ainda era o Povo Escolhido na dispensação sinaítica da história? Essas eram as perguntas sugeridas pelo simbolismo contratual da *berith*.

(2) Assim, porém, que os profetas as fizeram, o abismo de revelação e fé mostrou-se incomensurável com a lógica do contrato, pois a substância da aliança não era fornecida pela reunião das mentes de parceiros equivalentes, mas pela revelação de Deus como a fonte da ordem no homem, na sociedade e na história. O conjunto de argumentos legais referentes à conclusão, à violação e à dissolução de um acordo teve de ser complementado por um segundo conjunto de argumentos referentes à substância da revelação e suas consequências. No plano da ordem substantiva, não se podia pressupor que o Deus que havia se revelado e feito a escolha tivesse enganado o povo com falsas promessas ou enganado a si mesmo quanto às qualidades do parceiro humano. Além disso, não se podia pressupor que a vontade revelada de Deus de criar uma nova ordem da história tivesse sido debilitada pela vontade oposta do sujeito humano da ordem. A revelação de Deus, uma vez tendo entrado na realidade da história, não podia ser lançada para fora da história por uma decisão humana de ignorá-la.

(3) Essa segunda linha de reflexões, conduzida na certeza da fé profética, do conhecimento de Deus, deparou-se, porém, com os fatos incontroversos da má conduta de Israel, os sintomas empiricamente observados da crise da ordem que motivaram o esforço profético: que a revelação podia ser ignorada, que a fé podia ser abandonada, que a aliança podia ser rompida, que o Povo Escolhido nem se importava de ser escolhido e que ele estava a ponto de ser aniquilado por poderes imperiais que não eram mais paradigmas de virtude do que Israel.

Pela primeira vez, os homens experimentaram, em sua crua brutalidade, o conflito entre a ordem da história divinamente desejada e aquela humanamente realizada, e a alma dos profetas foi o campo de batalha nessa guerra do espírito.

A atitude dos profetas nessa tempestade, sua ação e sua paixão, seus discursos e silêncios criaram símbolos de uma validade tão permanente quanto o próprio conflito. Essa validade deve-se à conspiração de fé e razão. A penetração intelectual dos temas forçou o simbolismo até o ponto em que, sob a concretude sensorial da linguagem profética, os problemas ontológicos tornaram-se claramente visíveis. E essa força de penetração intelectual tem sua fonte na fé dos profetas, em seu *da'ath* de Deus, que mantém em sua tensão a permanência da ordem divina e a transitoriedade da desordem humana. De qualquer maneira que o Israel empírico se conduza, a ordem divinamente revelada é, sem nenhuma dúvida, a ordem imutável da história; o que Deus deseja não pode ser desfeito pelos feitos do homem. O simbolismo do episódio da sarça, em que Yahweh se revelou a Moisés como EU SOU QUEM EU SOU, foi trazido, pela fé profética, para perto de desenvolver a metafísica do ser nele contida. Quando os profetas trabalham com o significado da mensagem, os princípios de uma filosofia da história tornam-se pelo menos discerníveis, embora não alcancem uma articulação conceitual.

Em primeiro lugar, os profetas penetraram no que, na terminologia moderna, poderia ser chamado de dialética da presciência divina e da decisão humana. No lado da presciência divina, eles sabiam: Deus havia escolhido Israel como a nação santa da nova ordem; como Deus não usava o método de tentativa e erro, a ordem revelada tinha de ser realizada; o que quer que Israel fizesse, tinha de permanecer como o Povo Escolhido. No lado da decisão humana, eles sabiam: o Israel empírico não realizou a ordem revelada; e um desastre terrível, equivalente a extinção, era iminente na política pragmática. Diante desse conflito entre a ordem revelada e a ordem empírica, os profetas expressavam a palavra de Yahweh no simbolismo dual das profecias de punição e salvação. As profecias do dia terrível destinavam-se a induzir a mudança interior que evitaria a punição; e as profecias da salvação final ofereciam o futuro que se seguiria à mudança interior concreta. As profecias ficarão sem sentido se forem entendidas como simples previsões de acontecimentos futuros, sem nenhuma relação com a sintonização da ordem humana com a divina por meio da mudança interior.

Essa proposição, de que as profecias ficarão sem sentido a menos que sejam entendidas como as alternativas que dependem da mudança interior, só é válida, no entanto, no plano da existência profética. O entendimento literal, ou fundamentalista, da profecia como uma informação objetiva sobre o futuro adquire um sentido sinistro e mesmo fatal se for o mal-entendido deliberado do povo de quem a mudança interior é exigida, pois a dialética da ordem divinamente antevista e humanamente realizada não é meramente um "problema teórico", mas a luta ontologicamente real por uma ordem conduzida na existência de cada homem. Além disso, é a luta pela ordem na sociedade conduzida entre os homens que tomam partido contra ou a favor da sintonia com a ordem divina. E, nessa luta, não há limites no lado dos resistentes. Precisamente porque a preocupação profética não é com acontecimentos futuros, mas com a ordem existencial no presente, as profecias serão entendidas pelo povo a quem são dirigidas como informações literais sobre o futuro. Os de coração renitente são, eles próprios, dialéticos argutos; eles sabem tão bem quanto os profetas que a vontade de Deus, expressa em sua escolha, não pode ser enfraquecida pelo povo. Assim, eles fingirão não ouvir o apelo existencial na profecia de desastre; pois, se não o ouvirem, não só não precisarão responder ao apelo como poderão interpretar a profecia como um insulto a Deus e sua escolha e, desse modo, obter o direito de perseguir e martirizar o "profeta da ruína".

A profecia da salvação, por sua vez, presta-se tão facilmente à não audição do apelo que seu uso impróprio para esquivar-se da questão da ordem existencial tornou-se o próspero negócio dos "falsos profetas", contra quem Jeremias conduziu sua campanha da vida inteira. Os profetas autênticos eram forçados, como consequência, a enfatizar, em público, a profecia do desastre, expondo-se desse modo ainda mais ao destino do "profeta da ruína" que ataca blasfemamente a ordem revelada, como no caso de Jeremias. E Isaías, em seu esforço para evitar o mau uso de suas palavras, aparentemente chegou ao ponto de confiar suas profecias de salvação a um círculo de discípulos, para que fossem mantidas em segredo no momento. Os profetas, assim, forçaram a dialética da ordem à articulação de um amplo conjunto de distinções ontológicas entre o Deus transcendente ao mundo e o mundo, a tensão entre as ordens divinamente desejada e humanamente realizada, os tipos de existência em fé e em deserção, o apelo existencial e a renitência, o simbolismo dual das profecias de punição e salvação, o recurso fundamentalista da má interpretação literal, a exploração do recurso pelos "falsos profetas", o sofrimento da perseguição e do martírio e o recurso profético de proteger e preservar a verdade da salvação por meio de escolas de discípulos que se tornaram os portadores do segredo. A gama de articulações das distinções ontológicas ao conflito físico entre os profetas e seus inimigos sugere que, com a entrada da revelação na história, uma nova ordem foi de fato estabelecida. Pois mesmo aqueles que a rejeitam não podem criar uma ordem alternativa, mas são forçados a criar um simulacro pervertendo os símbolos da revelação e do profetismo. Até a perdição precisa falar a linguagem da salvação. Lembramos a profunda profecia de Oseias 13,9: "Essa será tua destruição, ó Israel, pois é comigo que encontras o teu auxílio". Quanto às profecias de punição e salvação, concluímos, portanto, que ambas não devem ser separadas: juntas elas são um único simbolismo por meio do qual os profetas articularam sua experiência do conflito entre a ordem divina e a realização humana, do mistério de que Deus sofre rebelião humana contra a sua ordem presciente na distensão do tempo histórico. E, no que se refere à interpretação dos textos proféticos, não podemos, portanto, seguir os historiadores que duvidam da autenticidade das profecias de salvação final nos grandes profetas, os quais atribuem, por exemplo, Amós 9 a um período posterior com base em que esse trecho contradiz flagrantemente o corpo principal das profecias de desastre de Amós, pois tal raciocínio introduziria a categoria do "profeta da ruína" nas premissas da interpretação e tornaria sem sentido o problema profético.

Em várias ocasiões, falamos das distinções ontológicas implícitas na preocupação profética com a ordem da história. As próprias distinções, bem como o modo de sua implicação, requerem nossa atenção porque, por um lado, essas questões tocam os fundamentos de uma filosofia da história, ao passo que, por outro, em nosso estado contemporâneo de confusão intelectual seu caráter fundamental raramente é compreendido.

Os profetas não tinham dúvidas quanto às pressuposições ontológicas de seu problema de ordem: sem o Deus que "conhece" seu povo e o profeta que "conhece" Deus, não haveria Povo Escolhido, deserção dos mandamentos, rompimento da aliança, crise de Israel, chamado profético a um retorno e suspense entre destruição e salvação. A existência em forma histórica pressupõe a existência do Deus transcendente ao mundo, bem como o fato histórico de sua revelação. Essa pressuposição, incorporada no *da'ath* profético, não requeria articulação na época porque o ambiente dos profetas ainda não continha o ateísmo filosófico entre os seus variados fenômenos de deserção da ordem. Ainda assim, embora na ausência de uma dúvida articulada a articulação positiva correspondente fosse desnecessária, o tema estava intensamente vivo no conteúdo da profecia, pois os profetas viviam concretamente como membros de um povo chamado Israel, que sentia a sua ordem, em continuidade histórica, como constituída pela revelação sinaítica. Embora previssem desastres para a humanidade empírica à sua volta, nunca duvidaram sequer por um momento de que a dispensação da história criada pela mensagem iria continuar, qualquer que fosse o "resto" de Israel ou "ramo" da casa de Jessé que se tornasse seu portador empírico no futuro. A história, uma vez que se tornou ontologicamente real pela revelação, carrega consigo a direção irreversível da existência compacta em forma cosmológica para o Reino de Deus. "Israel" não são os seres humanos empíricos que podem ou não manter a aliança, mas a expansão da criação divina na ordem do homem e da sociedade. Nenhuma quantidade de deserções empíricas pode afetar a constituição do ser conforme esta se desenvolve à luz da revelação. O homem pode fechar o olho de sua alma para sua luz; e pode envolver-se na futilidade da rebelião; mas não pode abolir a ordem pela qual sua conduta será julgada. Expressões simbólicas modernas da crise, como o dito "Deus está morto" de Hegel, ou o ainda mais forte "Ele foi morto" de Nietzsche, que revelam o grau em que seus autores se impressionaram com os grandiosos acontecimentos de sua época, teriam sido inconcebíveis para os profetas — para não falar da fantasia rebelde de ver a ordem da história originada na vontade de planejadores ideológicos de esquerda e de direita. Se os profetas, em seu desespero por Israel, entregaram-se a sonhos metastáticos, em que a tensão da ordem histórica era abolida por um ato divino de graça, eles ao menos não se entregaram a pesadelos metastáticos, em que o *opus* fosse realizado por atos humanos de revolução. Os profetas podiam sofrer com Deus pela deserção de Israel, mas não podiam duvidar da ordem da história sob a vontade revelada de Deus. E, como não podiam duvidar, foram poupados da confusão intelectual quanto ao significado da história. Eles sabiam que história significava a existência na ordem do ser conforme esta se tornara visível pela revelação. Não era possível voltar atrás da revelação e viver a existência na ordem cósmico-divina depois de o Deus transcendente ao mundo ter se revelado. Não se podia fingir viver em outra ordem do ser além daquela iluminada pela revelação. E menos ainda podia-se pensar em ir além da revelação, substituindo a constituição do ser por um substituto feito pelo homem. O homem existe *dentro* da ordem do ser; e não há história *fora* da forma histórica sob a revelação. Nas trevas circundantes da deserção de Israel e da iminente destruição política — mais escuras, talvez, do que a revolta mundial contemporânea contra Deus — os profetas tinham como fardo o mistério de como as promessas da mensagem poderiam prevalecer na confusão. Eles tinham esse mistério como fardo pela sua fé; e a história de fato continuou pela palavra de Deus pronunciada por intermédio dos profetas. Existem tempos em que a ordem divinamente desejada só é realizada humanamente na fé de sofredores solitários.

Sua fé no tempo de crise forçou os profetas a se opor à ordem da sociedade e encontrar a ordem de sua existência na palavra pronunciada por Yahweh. Sofrer em solidão significava sofrer, em comunhão com Deus, sob a desordem de uma comunidade a que o profeta não deixava de pertencer.

A participação no conflito atingiu seu extremo quando Jeremias realizou em sua vida a crise de Israel. Desastre e salvação, o simbolismo dual mantido unido pelo apelo existencial, foram realizados por ele, por ordem de Yahweh:

(1) Jeremias permaneceu sem família porque a palavra divina viera a ele, dizendo: "Não tomes mulher nem tenhas filhos e filhas neste lugar" (16,2). Pois filhos e pais morreriam de fome, sem ser lamentados nem enterrados (16,3-5); a voz de júbilo e a voz de alegria, a voz do noivo e a voz da noiva seriam banidas desse lugar "diante de teus olhos e em teus dias" (16,9). A desintegração da ordem de Israel atingiu o ponto em que o primeiro dos *toroth*, o "Crescei e multiplicai-vos", foi suspenso; o povo seria destruído fisicamente, pelo rompimento da cadeia do *toldoth*.

(2) No entanto, a vida continuará "neste lugar", pois também veio a Jeremias a palavra, ordenando-lhe, como parente mais próximo, que comprasse um campo de um parente em Anatot (32,7-8). O profeta obedeceu e ordenou que Baruc colocasse o contrato de compra, junto com uma cópia, num vaso de argila, "para que durem muitos dias". "Pois assim diz Yahweh dos exércitos, o Deus de Israel: no entanto haverá novamente casas e campos e vinhas comprados nesta terra" (32,15).

(3) À intensa realização do simbolismo correspondeu a intensa experiência do apelo que havia se tornado destino de Jeremias fazer ao povo. No oráculo de 1,14-19, Yahweh convocou "todos os reinos do norte". Eles devem colocar seus tronos diante das portas e muralhas de Jerusalém e de todas as cidades de Judá. E Yahweh pronunciará seu julgamento contra eles por todas as suas deserções. Nessa situação, Jeremias teria de falar tudo o que Yahweh lhe ordenasse; e foi encorajado por seu Deus: "Não tenhas medo diante deles, para que eu não te faça ter medo diante deles. Pois eis que eu faço de ti neste momento uma cidade fortificada, e uma coluna de ferro, e muralhas de bronze acima de toda a terra — contra os reis de Judá, contra seus príncipes, contra seus sacerdotes e contra o povo da terra. Eles lutarão contra ti e não te vencerão. Pois eu estou contigo, para te libertar" (1,17-19).

Os oráculos revelam uma nova estrutura no campo de forças históricas. O profeta tinha de realizar o destino de Israel em sua própria vida, porque o ônfalo santo da história se havia contraído do Povo Escolhido em sua existência pessoal. Na crise histórica de grandes proporções que envolvia os *goyim* junto com Judá, ele se tornara a Cidade de Deus acima das cidades condenadas da terra, para não ser vencido nem pelos "reinos do norte" nem pelo povo e pelo governo de Judá. Ele era o único representante da ordem divina; e, o que quer que a vontade inescrutável de Deus pudesse guardar para o futuro, o significado do presente estava determinado pela Palavra que foi pronunciada do ônfalo divino-humano em Jeremias. O Povo Escolhido fora substituído pelo homem escolhido.

Os símbolos da mensagem não eram adequados para expressar a estrutura alterada do campo histórico. Novos símbolos tiveram de ser encontrados; e eles foram de fato encontrados por Jeremias, pelo método de transferência, nos oráculos de seu chamado (*c.* 626 a.C.):

(1) No primeiro oráculo (1,5), a palavra de Yahweh vem a Jeremias, dizendo:

> Antes mesmo de eu te formar no útero, eu te conhecia;
> e antes que saísses do útero, eu te consagrei;
> um profeta para as nações eu te constituí.

O profeta é o Filho de Deus. O filho é formado por Deus no útero da mãe. Mesmo antes de sua formação, ele é "conhecido" por Deus; e, antes de seu nascimento, ele foi consagrado para o serviço de Deus como o profeta para as nações. A linguagem é tomada do simbolismo real dos impérios cosmológicos — assemelha-se fortemente a uma inscrição de Assurbanipal, o governante de Assur e soberano de Judá na época da juventude de Jeremias[7]. Como o governante assírio, o profeta é constituído para seu serviço pelo Deus desde tempos distantes antes do tempo do mundo; e os "tempos distantes" da inscrição assíria agora fundem-se com a eternidade do chamado divino que havia sido revelado na mensagem do Sinai. A vontade de Deus não é enfraquecida, afinal, pelo povo recalcitrante, mas continua, com eficácia histórica, na ordenação de Jeremias desde a eternidade. A filiação de Deus, tendo se movido de Faraó para Israel, e do povo para o seu rei davídico, chegou, por fim, ao profeta. Embora isso ainda esteja muito longe de ser a revelação cristã de que apenas

---

[7] Para a inscrição de Assurbanipal, cf. LUCKENBILL, *Ancient Records of Assyria and Babylonia*, v. 2, seção 765. A inscrição foi citada no capítulo 1.2.

Deus pode ser o Filho de Deus — o mistério expresso na teologia trinitária e na cristologia — é um grande passo em direção à noção de que a ordem desde a eternidade não é encarnada num povo e em seus governantes na história pragmática. A transferência do simbolismo real para o proscrito institucional Jeremias é um avanço decisivo no esclarecimento do problema messiânico que irá nos ocupar em seguida; e as consequências fizeram-se sentir, poucas décadas depois, nas profecias do Dêutero-Isaías.

(2) Quando Jeremias recebe a palavra de sua ordenação como profeta para as nações, ele protesta humildemente (1,6):

> Ah, Senhor Yahweh! Eu não sei falar;
> pois sou jovem.

E ele responde (1,7-8):

> Não digas: sou jovem.
> Pois a quem eu te enviar, tu irás;
> e o que eu te ordenar, tu dirás.
> Não tenhas medo deles;
> pois eu estou contigo para te salvar.

O segundo oráculo transfere o simbolismo de Moisés para Jeremias — é a hesitação, anulada por Yahweh com sua promessa de estar com o profeta, que conhecemos do episódio da sarça. Ambos os oráculos, unidos pela identidade de Jeremias a quem eles são dirigidos, formam um só conjunto de significado, no sentido de que a figura régia do primeiro é um Moisés postado diante de Yahweh, enquanto a figura mosaica do segundo é um Filho de Deus. Em sua combinação, eles lançam luz sobre as mudanças na experiência da autoridade que ocorreram desde o tempo de Moisés. Lembramos as dificuldades para responder à pergunta "Quem foi Moisés?" derivadas do fato de que, com exceção do "servo de Yahweh" (*ebed Yahweh*), não havia nenhum símbolo disponível para caracterizar sua posição na criação da ordem de Israel — entre a posição faraônica e a do novo Filho de Deus, a posição de Moisés permanecia não articulada. Agora, quando os profetas movem-se cada vez mais distintamente para a posição de preservadores e restauradores da ordem, seu autoentendimento pode ser ampliado por meio dos símbolos mosaicos, ao passo que a figura de Moisés torna-se mais inteligível por meio do esforço profético de autoentendimento. Em particular, as vicissitudes do símbolo do *Ebed-Yahweh* esclarecerão o processo em que o significado da autoridade que emana de Deus torna-se mais nítido. O *Ebed-Yahweh* original é Moisés (Js 1,1) e, em sua sucessão, o símbolo aplica-se a Josué (Js 24,29; Jz 2,8); ele avança em seguida para Davi (especialmente 2Sm 7) e Salomão (a transferência em 1Rs 3,7); depois, vagueia para os grupos de profetas do século IX (2Rs 9,7) e para os profetas solitários do século VIII (Am 3,7); e é aplicado pela primeira vez a um profeta concreto na expressão "meu servo Isaías" (Is 20,3). Jeremias não a utiliza especificamente para si, porque, com ele, o símbolo tornou-se a designação geral dos profetas (Jr 7,25; 25,4; 26,5; 29,19; 35,15); e ele a usa até mesmo para designar instrumentos não proféticos da vontade de Yahweh na história como o rei da Babilônia (Jr 25,9; 27,6; 43,10). A movimentação do símbolo reflete a movimentação da autoridade em Israel de Moisés, passando pelo conquistador de Canaã e o fundador do império, para os profetas, até que a concentração da autoridade em si próprio permite que Jeremias use os símbolos dos portadores de autoridade anteriores, na medida em que parecem adequados, na expressão de sua própria existência profética. A fluidez dos símbolos, sua divagação ao longo do processo em que o significado da autoridade foi sendo esclarecido, deve ser percebida caso se queira compreender a permutabilidade dos símbolos, como num jogo onírico, no Dêutero-Isaías. Além disso, seu reconhecimento deixará claro por que hoje se tornou impossível saber em que medida a existência profética foi formada por tradições de Moisés ou em que medida as tradições de Moisés foram formadas pela experiência profética.

(3) No terceiro oráculo, a autoridade divina é de fato transferida para Jeremias. Yahweh estende a mão e, tocando a boca do profeta, diz (1,9b-10):

> Eis que ponho minhas palavras em tua boca.
> Vê! Eu te encarreguei, a partir deste dia, das nações e dos reinos,
> para arrancar e para demolir,
> para destruir e para derrubar,
> para construir e para plantar.

Essa é a nova mensagem, que substitui a do Sinai para Moisés. O profeta não é mais o fundador e legislador de seu povo, mas algo como um senhor da história sob Deus, "instituído" ou "encarregado" das nações e dos reinos, para seu bem ou seu mal conforme responderem ao apelo. O encargo é elaborado em Jeremias 18,1-12, em que o profeta recebe a ordem de ir à casa do oleiro e observar como ele transforma a argila em suas mãos em outro vaso quando o primeiro parece ter sido perdido. "Como a argila na mão do oleiro, assim sereis vós em minha mão, ó Casa de Israel" (18,6). Se Deus pretende destruir uma nação, ele se arrependerá se esta abandonar o mal. E, se pretende plantar, ele se arrependerá se a nação fizer o que é mal aos seus olhos (18,7-10). Em princípio, essa ainda é a profecia dual, que depende do apelo à mudança. Mas, no caso de Israel, não há esperança — não porque Yahweh decidiu-se contra o seu povo, mas porque o povo responde ao apelo: "Não há esperança! Pois nós seguiremos nossos próprios planos; e agiremos, todos, de acordo com a obstinação de nosso coração mau" (18,12). Essa é a conjuntura da história em que Jeremias se torna o único vigário de Deus.

A experiência de Yahweh como o Deus universal da história, e do falante de sua palavra como um "profeta para as nações", tornou-se plenamente articulada apenas em Jeremias, mas estava presente mesmo em Amós, o primeiro da linhagem dos profetas solitários cujas palavras chegaram até nós. Em Amós 9,7, lemos:

> Para mim, não sois vós como filhos dos cuchitas,
> ó filhos de Israel? — oráculo de Yahweh.
> Acaso não tirei eu Israel
> da terra do Egito,
> os filisteus de Caftor
> e os arameus de Quir?

É difícil imaginar uma categorização mais drástica das nações com Israel e de Israel com as nações do que pela sugestão de que a escolha divina para o Êxodo não estava restrita ao *goy qadosh*. Essa libertação da escravidão que as nações conseguiram também foi concedida por Yahweh; e, com o êxodo da escravidão, elas aceitaram, assim como Israel, a lei de Yahweh, embora na forma restrita de um mandamento de reconhecer a humanidade mútua entre elas em sua conduta. Assim, elas estão sob o julgamento de Yahweh, como Israel, quando violam flagrantemente as regras de conduta humana em suas brigas, como Amós detalha minuciosamente em suas profecias contra as nações (Am 1,3–2,3). Essa constância do problema profético de Amós a Jeremias, e mesmo a Ezequiel, resultou numa forma literária distinta — se o termo pode ser usado para palavras faladas e sua tradição — que ainda é discernível mesmo na organização pós-exílica secundária dos livros proféticos. Nessa forma, é preciso distinguir (1) os tipos de oráculos que entram em complexos de significado maiores, (2) a variedade de combinações significativas dos tipos básicos e (3) a ordem sobreposta das coleções. Os tipos básicos são determinados, por um lado, pelas alternativas do apelo a Israel como oráculos de desastre e salvação referentes a Israel e Judá; por outro lado, pela inclusão das nações no plano histórico de Yahweh como oráculos referentes às nações. Combinações significativas simples são: (1) a sequência de oráculos de desastre e salvação referentes a Israel; (2) a sequência de oráculos de desastre referentes a Israel e às nações; (3) a sequência inversa de oráculos contra as nações que tem como clímax os oráculos de desastre contra Israel; (4) a sequência de oráculos de Israel seguida pelos oráculos contra as nações; (5) a sequência de oráculos de Israel interrompida pelos oráculos contra as nações; (6) várias sequências de oráculos completados por uma sequência final de desastre e salvação (esta última forma provavelmente refletindo os rituais de derrota e vitória do culto real). Uma forma simples de organização também pode ser encontrada, por exemplo, no pequeno livro de Sofonias, o contemporâneo mais velho de Jeremias, com sua divisão de profecias de julgamento contra Judá e a humanidade em geral (Sf 1), profecias contra as nações (Sf 2) e retomada das profecias contra Jerusalém, seguidas pelas profecias de salvação, num típico capítulo de conclusão (Sf 3). Quanto às coleções maiores, a organização é mais clara em Ezequiel com a sua ordem cronológica de oráculos de desastres que precederam a queda de Jerusalém (Ez 1–24); oráculos contra as nações, principalmente durante o cerco de Jerusalém (Ez 25–32); e oráculos de restauração, depois da queda da cidade (Ez 33–48). A coleção de Isaías propriamente dito (Is 1–35) segue a forma de Ezequiel em sua organização sobreposta, mas é extremamente complexa nas subdivisões. E tanto Isaías como Jeremias complicam-se ainda mais pela inserção de trechos biográficos e históricos. Ainda assim, pode-se discernir em Jeremias os três conjuntos principais de profecias contra Judá e Jerusalém (Jr 1–24); os oráculos contra as nações (Jr 46–51); e o pequeno livro de conforto, que contém as profecias de salvação (Jr 30–33) — embora a Septuaginta faça os oráculos contra as nações virem imediatamente em seguida (inseridos em Jr 25 do texto massorético) às profecias contra Israel. No livro de Amós, um conjunto de texto firmemente organizado começa com os oráculos contra as nações (1,3–2,3) e tem seu clímax nas profecias contra Judá (2,4-5) e Israel (2,6-16), enquanto o último capítulo é organizado da mesma maneira que Sofonias 3, como uma retomada da profecia de desastre (9,1-8) seguida pelas profecias de salvação (9,9-15).

De meados do século VIII a.C. até a queda de Jerusalém, a ordem histórica sob um Deus universal é a preocupação constante dos profetas — o que é confirmado pelo uso generalizado da forma literária descrita acima. Esse problema geral, porém, não é mais do que o pano de fundo para a preocupação específica dos profetas com o destino de Israel no cenário mundial subitamente ampliado, pois o reconhecimento, em Amós, de que, Yahweh é o Deus das nações tanto quanto do Povo Escolhido não abole a posição peculiar de Israel como o centro de onde irradia a ordem da história. Embora os termos concretos da mensagem não mais se apliquem ao povo recalcitrante, sua intenção não é invalidada pela deserção do Israel empírico; e essa intenção só pode ser realizada se a ordem histórica pretendida possui um ônfalo, pois a ordem da sociedade e da história participa da ordem de Deus apenas na medida em que o Deus universal e transcendente é experimentado como tal na fé dos homens que ordenam sua existência com base em sua fé e, assim, tornam-se o centro representativo da sociedade e da história. Se os reinos de Israel e Judá estão condenados, a questão torna-se ainda mais premente: quem será o portador da ordem histórica no futuro? Se não são mais o povo e o rei de Judá, quem será o "Israel"? Que tipo de "povo" sob que tipo de "rei" surgirá da destruição iminente como o novo Israel sob a nova aliança? Como, na ocupação profética com tais questões, a figura de um governante mais satisfatório do que os reis davídicos contemporâneos surge como tema importante, todo o complexo de questões veio a ser chamado, por uma convenção historiográfica, de "problema messiânico".

O termo *problema messiânico*, que se origina em interesses exegéticos cristãos, é justificado na medida em que o simbolismo cristão do Messias de fato evoluiu em continuidade com o simbolismo profético desenvolvido na articulação dessas questões. É enganoso, no entanto, na medida em que os matizes cristãos do termo tendem a obscurecer o fato de que os profetas, em seu tempo, não estavam ocupados com a revelação do Logos — pelo qual o mundo ainda teria de esperar cerca de setecentos anos — mas com as características de um governante político de Israel em sua época, ou num futuro próximo a ser medido em poucas décadas. Assim, num estudo crítico da questão, o termo *Messias*, carregado como está de conotações cristãs, deve ser evitado sempre que possível. A fim de ser posicionado adequadamente em seu contexto histórico, o problema deve ser expresso nos termos das fontes proféticas. Na continuidade dos símbolos, o caminho deve ser traçado retroativamente do "Cristo Messias" para o grego *christos* da Septuaginta, que traduz o *mashiah* do texto hebraico; e *mashiah* significa "o Ungido", ou seja, o rei de Israel. Assim, na crise de Israel, os profetas não estavam interessados num Messias, mas na conduta de seus reis; e, quando a conduta pareceu acelerar, em vez de evitar, o desastre, eles se interessaram pelo tipo de governante que sucederia o Ungido davídico de Yahweh, assim que alguma forma de organização surgisse novamente do "resto" deixado pela tempestade da história.

Os termos do problema profético, bem como seus símbolos, foram estabelecidos pelo fundador do império, pelo próprio Davi. Em suas famosas "últimas palavras", ele havia traçado o perfil do verdadeiro governante de Israel (2Sm 23,1-4):

Eis as últimas palavras de Davi:

Palavras de Davi-ben-Jessé,
palavras do homem posto no alto,
messias do Deus de Jacó,
e favorito dos cantos de Israel.
O espírito de Yahweh fala por mim,
e sua palavra está na minha língua.
O Deus de Israel disse,
o Rochedo de Israel me declarou:

"Governa os homens segundo a justiça,
aquele que governa no temor de Deus.
E como luz da manhã, ao levantar do Sol,
numa manhã sem nuvens,
desse brilho, depois da chuva,
a relva brota da terra".

O oráculo em seu contexto manifesta o espírito da ordem imperial na forma cosmológica. Aqui fala o governante que é colocado como o mediador entre Deus e o povo, o homem que foi exaltado para governar o homem; ele é um homem como os outros (Davi-ben-Jessé) e, no entanto, mais do que os outros (o Ungido), por posição ontológica em algum ponto entre Deus e o homem. A construção das "últimas palavras" faz lembrar principalmente o provérbio babilônico:

A sombra de Deus é o Homem,
e a sombra do Homem são os homens,

que é acompanhado no texto pelo comentário: "Homem, isto é, o Rei, que é a imagem de Deus"[8]. E, por intermédio dessa imagem próxima de Deus, esse "Homem que governa o homem", o *moshel* de 23,3, o *ruah* de Yahweh fala, descrevendo a imagem do verdadeiro governante. Para a posição dessa imagem o texto não traz nenhum termo — devemos descrevê-la como algo do tipo de um paradigma platônico, uma ideia que entrará na realidade por meio da *methexis* de um homem nela. Apenas quando a ideia tiver se torna-

---

[8] Para o texto e suas implicações, cf. Franz M. Th. BOEHL, Der Babylonische Fuerstenspiegel, *Mitteilungen der Altorientalischen Gesellschaft* 9, n. 3, Leipzig (1937) 49, 41, 46.

do realidade num homem, pela participação existencial, poderá ela ser pronunciada, como por Davi, com autoridade como o paradigma do governo. E Davi, aparentemente, tinha clara consciência dessa conexão entre participação existencial e a expressão do *ruah*, pois conclui seu oráculo com as perguntas (23,5): "Pois não é assim minha casa com Deus? Pois não fez ele a *berith* eterna comigo?". O homem que participa do paradigma do governo "fala" a imagem que se tornou realidade nele e, assim espera ele, em sua casa.

Depois de a imagem do governante ter sido articulada, ela pode ser convertida num padrão pelo qual a conduta do governante concreto deve ser medida. Essa possibilidade, que também existe em civilizações cosmológicas, adquire uma importância peculiar em Israel, porque a monarquia era sincretista no sentido de que um governo em forma cosmológica teve de encontrar seu lugar na organização teopolítica criada pela revelação sinaítica. E a combinação das duas formas foi alcançada, como vimos, pela instituição profética de Davi e sua casa por uma palavra de Yahweh que declarou que o rei era seu filho. Assim, embora a monarquia tenha desenvolvido seu ritual cosmológico, a restauração da ordem não se apoiou apenas na catarse anual pelos festivais de culto, mas foi complementada pelas críticas e advertências proféticas dirigidas ao rei. O "Homem que governa o homem" teve de se adequar ao modelo apresentado em 2 Samuel 23,3-4 e elaborado mais detalhadamente no Salmo 72; e os profetas, que o haviam instituído, podiam lembrá-lo do modelo quando sua conduta não o acompanhava. Por toda a história da monarquia, desde o seu início, encontra-se a tensão teocrática entre profeta e rei — de Samuel e Saul, passando por Natan e Davi, a Elias e Acab e à revolta contra os omridas. E essa tensão teocrática na instituição real forma o nunca-a-ser-esquecido pano de fundo para a preocupação dos grandes profetas, desde meados do século VIII a.C., com a figura do rei.

Na ocupação profética com o problema é possível distinguir três fases: (1) uma fase institucional, representada por Amós e Oseias; (2) uma fase metastática, representada por Isaías; e (3) uma fase existencial, representada por Jeremias.

Na primeira fase, quando os grandes profetas começaram a expressar a crise de Israel nas alternativas de desastre e salvação, a crítica da ordem atual era apenas complementada pela evocação de uma ordem perfeita futura. A fé numa restauração cultual da ordem presente foi quebrada, na verdade, quando a ordem restaurada do futuro foi separada do estado de coisas presente por um abismo de destruição. Mas o futuro era concebido como uma ordem institucional, não tão diferente da atual, com exceção de suas imperfeições. Quando Israel tivesse de ser destruído devido à má conduta do povo e do rei, o fim seria uma restauração dos sobreviventes sob um rei seguindo o modelo oferecido por Yahweh no oráculo de Davi. Quanto ao povo, Amós 9,8 prenuncia a sobrevivência de um "resto" como o núcleo étnico para o futuro:

> Eis que os olhos do Senhor Yahweh estão sobre o reino pecador —
> e eu o eliminarei da superfície da terra,
> exceto que não destruirei totalmente a casa de Jacó.

Quanto às instituições, as ameaças de destruição em Amós 9,9-10 são seguidas pela promessa de que "o tabernáculo desmoronado de Davi" será reerguido das ruínas (9,11). Quanto ao estado geral das coisas, os oráculos finais (9,13-15) prenunciam que o destino de Israel será restaurado, com o campo florescendo e as cidades reconstruídas. E Oseias, por fim, completa o quadro com o oráculo (Os 3,4-5):

> Por muitos dias os filhos de Israel ficarão
> sem rei, sem príncipe,
> sem sacrifício, sem pilar, sem *efod*, sem *terafim*.
> Depois disso voltarão os filhos de Israel
> e procurarão a Yahweh, seu Deus, e a Davi, seu Rei.

A última linha confirma nossas reflexões anteriores sobre o "Homem que governa o homem" como o paradigma, sucintamente chamado de "Davi", que deve ser humanamente realizado por meio da "procura", assim como Deus deve ser realizado existencialmente por meio da fé.

Em Amós e Oseias, a forma cosmológica ainda exerce uma forte influência sobre sua concepção do processo da história. Embora suas alternativas de desastre e salvação fossem além da restauração da ordem pelo culto, substancialmente eles não faziam mais do que segmentar o ritmo cósmico numa sequência de desordem e ordem no tempo histórico. Com Isaías, o contemporâneo mais jovem de Oseias, tem início a noção de que não se pode avançar do ciclo, em que as instituições são restauradas pelo culto, para o surgimento irreversível da ordem final na história sem reformular radicalmente os símbolos. Quando o fluxo e o refluxo da ordem cósmica tornam-se as trevas e a luz de períodos sucessivos na história, novas expressões para a dinâmica da ordem, ainda não proporcionadas na compacidade dos símbolos cosmológicos, precisam ser diferenciadas. Com Isaías, a experiência de metástase, da transfiguração substantiva da ordem, que estava presente de forma incipiente mesmo em Amós e Oseias, entra na preocupação profética com o governo de Israel. As motivações da experiência de Isaías, bem como sua evolução no curso de cerca de quatro décadas após o chamado de *c.* 740/34, são ainda discerníveis na sequência de profecias que, agora, formam o texto de Isaías 6–12[9].

O primeiro dos símbolos isaiânicos distintivos é o Senhor, que se senta em seu trono "alto e exaltado", enquanto a cauda de seu manto enche o Templo. Yahweh é o Rei três vezes santo sobre a terra, ao mesmo tempo em que "a plenitude de toda a terra é seu *kabhod*", sua glória ou substância divina (6,1-5). O simbolismo da passagem do Trisagion é de origem cultual[10], mas Isaías utiliza-o para expressar a presença do *kabhod* divino sobre toda a terra ao longo de todo o tempo da história. E desse *kabhod* sempre presente deriva a dinâmica isaiânica da história, pois o *kabhod* só pode tornar-se a substância da ordem na sociedade e na história quando os homens deixam-se penetrar por ele por meio da fé; a ordem depende da resposta humana ao *kabhod*. A metástase histórica do mundo, em contraste com a restauração cultual, para o domínio de Deus, o Rei, requer a mudança interior receptiva. Além disso, esse conhecimento da dinâmica histórica vem a Isaías (e por meio dele) porque, na visão do chamado, ele responde à revelação do *kabhod* oferecendo-se como mensageiro de Yahweh para seu povo (6,8). A metástase começou de fato em sua pessoa e deve se expandir pelas profecias que Isaías dirigirá a Israel, embora a mensagem não vá ser efetivamente ouvida antes dos terríveis desastres causados pela obstinação do povo (6,9-13).

Não sabemos como o entendimento desse chamado por Isaías desenvolveu-se ao longo dos cinco ou dez anos seguintes. Na forma como temos o texto hoje, o relato do chamado é o prefácio para sua grande intervenção política, para seu apelo ao rei Acáz, na hora do perigo, para depositar sua confiança em Yahweh em vez de dar seguimento aos preparativos militares para o conflito com o Reino do Norte e a Síria. A instituição davídica do Ungido de Yahweh ainda tem tanto peso para Isaías, pelo menos nessa época, que ele repete o confronto profeta–rei ainda agora, quando o rei deve ser levado além da instituição para a transfiguração. A metástase que começou no profeta só pode ganhar sua dimensão social de ordem em Israel pela cooperação do "Homem

---

[9] A interpretação de Isaías a seguir apoia-se fortemente em Martin BUBER, *The Prophetic Faith.*

[10] Ivan ENGNELL, *The Call of Isaiah*: An Exegetical and Comparative Study, Uppsala Universitets Arsskrift, 1949, 11, 16, 33-37.

que governa o homem", do rei de Judá. A confiança do rei transfigurará a ordem da história, de modo que não só o desastre iminente será evitado, como o *kabhod* de fato preencherá a ordem de Israel para sempre (7,1-9). Mas o rei responde ao apelo com um silêncio eloquente e o profeta é forçado a oferecer a ele um "sinal" de sua escolha para confirmar a veracidade do oráculo (7,10-11). Dessa vez, o rei educadamente recusa a oferta, pois a aceitação de um "sinal" o comprometeria e, talvez, interferiria com seus planos mais terrenos para a defesa de Jerusalém (7,12). Com a recusa do rei em ter algo a ver com o apelo de Isaías, a tentativa de realizar a metástase por meio do governante atual chegou ao fim. Nessa conjuntura, Isaías volta-se do presente para o futuro, sem abandonar a concepção de ordem por meio da monarquia. Por ordem de Yahweh, ele dá ao rei o "sinal", ainda que este não o queira, mas é um "sinal" referente ao sucessor de Acáz no trono. "A jovem mulher", diz o oráculo, presumivelmente a rainha, está prestes a ter um filho. Ela o chamará de *immanu-el*, Conosco-Deus — um nome simbólico que estende o tema do chamado de Isaías, da "Plenitude de toda a terra — seu *kabhod*". Esse filho, em que o *kabhod* de Deus estará "conosco", é o futuro rei, que sabe recusar o mal e escolher o bem. Porém, na ocasião em que ele estiver apto a fazer a escolha, o país terá sido devastado tão completamente por guerras que terá revertido de uma economia agrícola para pastoral, graças ao rei atual, que recusa o bem e escolhe o mal (7,13-17)[11]. A cena entre o profeta e o rei termina com essa ameaça e essa promessa.

Sobre a sequência do confronto entre profeta e rei não sabemos nada. No entanto, como o texto seguinte, 7,18–8,10, traz uma série de oráculos que desenvolvem a profecia de Emanuel, podemos supor que a situação de Isaías tenha se tornado difícil: quando um profeta, talvez acompanhado de um grupo de discípulos, proclama em público que está à espera de um Emanuel para substituir o rei atual, sua atividade pode ser interpretada como uma incitação à rebelião. Algum atrito desse tipo deve de fato ter ocorrido, pois em 8,11 Yahweh tem de segurar com força a mão de seu profeta para que ele não ceda

---

[11] A questão muito debatida quanto à profecia de Emanuel em Isaías 7,14 falar de uma "jovem mulher" (texto massorético) ou de uma "virgem" (Septuaginta) é de pouca importância para o entendimento da passagem. Consideravelmente mais importante é o fato de que tanto o texto hebraico como o texto grego têm o artigo definido antes do substantivo em vez do artigo indefinido de RV, ou de RSV, ou mesmo da tradução de Chicago. Pela mudança de artigos nas versões eclesiásticas, "a" jovem mulher definida, provavelmente a noiva do rei que está grávida do sucessor ao trono, torna-se "uma" jovem mulher indefinida que terá um filho num futuro indefinido.

aos modos do povo. Ele não deve chamar de conspiração o que eles chamam de conspiração, nem temer o que eles temem (8,12); a Yahweh ele deve chamar de santo e a ele deve temer (8,13). Devem-se pressupor dificuldades desse tipo como o pano de fundo da decisão imediatamente seguinte de Isaías de não revelar ao público as suas profecias de um governante metastático e confiá-las como um segredo a seus discípulos (8,16). Enquanto isso, à espera da vinda do *kabhod*, Isaías e seus filhos deveriam "permanecer como sinais e prodígios de Yahweh dos exércitos em Israel" (8,17-18). O resto de Israel, como portador da mensagem selada, tornou-se assim historicamente presente em Isaías, seus filhos e seus discípulos.

A mensagem em si, "o testemunho fechado e a instrução selada", está contida na profecia do Príncipe da Paz (9,1-6), que começa com as linhas:

> O povo que andava nas trevas
> viu uma grande luz.

Essa luz, que brilha fortemente sobre aqueles que habitam a sombra da morte, é a criança recém-nascida, o futuro governante (9,5):

> Pois uma criança nos nasceu,
> um filho foi dado a nós.

Sobre seus ombros se assentará o *misrah* — um termo que ocorre apenas neste contexto no Antigo Testamento e talvez seja mais bem traduzido pelo latim *principatus*; e seu nome será — entre outros, que o texto de culto não nos permite separar com certeza — Príncipe da Paz (9,5). O zelo de Yahweh produzirá isso (9,6)

> Para o aumento da nobreza (*misrah*) e para a paz sem fim,
> sobre o trono de Davi e sobre o seu Reino,
> estabelecendo-o e firmando-o,
> em justiça e em retidão,
> desde agora e para sempre.

Essa profecia deve ser tratada com cautela, pois seu texto é tão conciso que, sob pressão, fornecerá facilmente qualquer significado desejado. O que pode ser afirmado com segurança é a continuidade com o oráculo de Emanuel: a criança ainda é um governante no trono de Davi e sobre o seu reino, exercendo seu *misrah* sobre o resto de Israel, embora devamos notar que a descendência da casa real não é mais enfatizada e mesmo a designação real é cuidadosamente evitada. Para além desse ponto, a interpretação torna-se arriscada, o que é mais lamentável pelo fato de que a ordem de segredo indica que uma questão de certa importância estava envolvida. O que é tão perigosamente novo em relação ao Príncipe da Paz para que a profecia não deva ser comunicada ao público que já tem conhecimento do oráculo de Emanuel? Ou não haveria de fato nada por trás desse segredo além de um medo humano de uma situação desagradável nas mãos de uma população irada ou das autoridades? Seguindo a sugestão de Martin Buber, desconfiamos que a resposta a essas perguntas pode ser encontrada na linha final (9,6) de que "o zelo de Yahweh dos exércitos produzirá isso". Se essa frase é tomada em todo o seu peso, ela significa que a transfiguração da história não permanecerá mais no suspense que caracteriza o encontro com Acáz. O tempo para apelos chegará ao fim; Deus não esperará para sempre por uma resposta que não está próxima, mas irá ele próprio providenciar o homem que responda, de modo que a sua *kabhod* preencha a terra em sua ordem realizada. Essa seria de fato uma mudança fundamental na posição de Isaías e explicaria também por que esse conhecimento deveria ser "fechado e selado", pois ele não teria nenhum uso para os homens que não respondem ao apelo e, menos que todos, para os reis recalcitrantes de Judá; ele é importante apenas para o resto, ou seja, para Isaías e seus discípulos, que terão de esperar até que a crise atual tenha cumprido seu curso e Yahweh lhes ofereça a criança que irá governá-los como o novo Israel.

Essa interpretação é confirmada pela última das grandes profecias metastáticas, em Isaías 11,1-9. O texto não se relaciona a uma situação concreta, nem é a continuidade discernível que o ligaria à profecia do Príncipe da Paz, já que este está ligado ao oráculo de Emanuel. Seu lugar como o último na série de grandes profecias relacionadas por seu conteúdo indica, provavelmente, uma data posterior; talvez seja algo como uma "última palavra" de Isaías sobre essas questões. Ele começa com uma passagem que restaura a conexão com a dinastia davídica (11,1):

Um ramo sairá do tronco de Jessé
e um rebento brotará de suas raízes.

Um tronco, ou toco, da dinastia, assim, sobreviverá ao desastre; e, desse resto davídico, como do resto do povo o novo Israel, brotará o seu novo governante. E ele não é o governante porque recusou o mal e escolheu o bem como Emanuel, mas porque o espírito, o *ruah*, de Deus desceu sobre ele (11,2):

Pousará sobre ele o *ruah* de Yahweh, —
O *ruah* de sabedoria e entendimento,
O *ruah* de conselho e poder,
O *ruah* de conhecimento [*da'ath*] e temor de Yahweh.

Com essa dotação, ele será o rei segundo o modelo de Davi, em temor de Yahweh e em retidão, mas, no entanto, algo mais do que um Davi, pois irá julgar não pelo que vê e ouve, mas pelas verdadeiras justiça e equidade (11,3-5). O *kabhod* penetrou de fato a estrutura do mundo e a metástase está completa:

> E o lobo morará com o cordeiro,
> e o leopardo deitará com o cabrito.

Não haverá danos nem destruição em toda a Montanha Sagrada de Deus, pois a terra estará cheia do *da'ath* de Yahweh, como as águas cobrem o mar (11,9).

Os símbolos de Isaías 11,1-9, por fim, são retomados em Isaías 2,2-4 a fim de ampliar a visão do Israel transfigurado numa visão de paz mundial metastática. Pois, no "fim dos dias", ocorrerá que a montanha da casa de Yahweh será erguida acima das colinas e as nações afluirão a ela, dizendo (2,3):

> Vinde, subamos à montanha de Yahweh,
> à casa do Deus de Jacó;
> e ele ensinará sobre seus caminhos,
> para que possamos andar em suas trilhas;
> pois de Sião sai a Instrução [*torah*],
> a Palavra-de-Yahweh de Jerusalém.

O próprio Yahweh será o juiz entre as nações; "elas quebrarão suas espadas e farão delas podadeiras" e não mais aprenderão a arte da guerra (2,4). Instituições governamentais e seus ocupantes humanos não são mais mencionados.

As profecias de Isaías movem-se, assim, do apelo ao historicamente real rei Acáz para o "sinal" de um futuro e mais receptivo Emanuel; de Emanuel para o Príncipe da Paz que governará, no trono de Davi, não sobre o Israel empírico contemporâneo, mas sobre o resto que está ganhando concretude histórica em Isaías e seus discípulos; do Príncipe da Paz para um "resto" da dinastia davídica em quem o *ruah* desceu; e, por fim, para uma visão de paz mundial em que as instituições perderam sua nitidez. Com a articulação da experiência metastática, com o desenrolar de suas consequências, os problemas institucionais que derivam da resistência humana à realização do *kabhod* devem, de fato, tornar-se irrelevantes. Pois o *ruah* de Yahweh transfigurou a natureza humana, de modo que a ordem da sociedade e da história tornou-se substantivamente a ordem do *kabhod*.

Quando a experiência metastática foi explorada até os seus limites por Isaías, o profetismo chegou a um impasse existencial. Embora Amós e Oseias pudessem ainda prenunciar uma restauração do reino segundo os modelos davídicos, Isaías havia eliminado totalmente a tensão cultual de ordem institucional da sequência de trevas e luz; no período de duas gerações, a pressão da forma histórica havia lançado o simbolismo cultural contra a parede branca da visão metastática. A situação do profeta não era mais a de um sábio egípcio na ruptura do império entre o Antigo e o Médio Impérios. Como na crise egípcia a forma cosmológica não foi rompida, a expectativa de um Faraó-Salvador — "Ameni, o triunfante, seu nome", "o filho de uma mulher da terra da Núbia" — podia ser cumprida pelo restabelecimento da ordem imperial. A fé metastática do profeta, ao contrário, excluía o cumprimento por meio de qualquer estabelecimento pragmático[12]. Depois que a fé na metástase da ordem social e cósmica por intermédio de um ato de Deus alcançou a rigidez da articulação plena, não havia mais nada a fazer a não ser sentar e esperar que o milagre acontecesse. Se ele não acontecesse — e não aconteceu até hoje — o profeta morreria na espera; e, se ele tivesse formado um grupo de discípulos que transmitissem sua fé para discípulos futuros, gerações poderiam se passar antes que a experiência de sua passagem se tornasse um motivo suficientemente forte para reexaminar a validade do que havia se tornado um artigo de fé[13]. Assim, talvez não tenha sido apenas por uma questão de supressão pelo novo regime de Manassés que nenhum profeta apareceu na geração seguinte a Isaías e Miqueias. Além disso, uma suspensão do profetismo como consequência do impasse metastático é sugerida pela estrutura peculiar do livro de Isaías. Na coleção que entra na Bíblia sob o nome "Isaías", pode-se distinguir: as profecias isaiânicas propriamente ditas (Is 1–35) com seus apêndices (Is 36–39); as profecias do anônimo Dêutero-Isaías (Is 40–55), que devem ser

---

12 Essa é a razão pela qual comparações entre o "messianismo" profético e os precursores egípcios, feitas no plano da história literária, são enganosas.

13 A questão de quanto tempo uma expectativa metastática pode durar antes de ser afetada pela passagem do tempo reaparece sempre que uma situação similar repete-se na história. O caso mais importante é a expectativa da Parusia e de sua transformação pelo derramamento pentecostal do Espírito. Problemas especiais são criados quando a metástase é esperada para uma data definida, como, por exemplo, no movimento joaquimita do século XIII, ou no movimento millerita norte-americano do século XIX. O tempo necessário para a ruptura experiencial pode ser muito longo nos movimentos modernos, em que a metástase não é operada por um ato de Deus, mas pela ação humana na esfera econômica e política. Quando a metástase está "em progresso" pela ação humana, a expectativa pode, aparentemente, alimentar-se de "prestações" por séculos, como a fé metastática progressista alimentou-se dos estágios da revolução industrial e das melhorias do padrão de vida material. E uma duração similar parece ser provável para a metástase comunista e sua alimentação na realização em "prestações".

datadas de meados do século VI a.C.; e uma coleção de oráculos posteriores, de várias autorias desconhecidas, usualmente chamada de Trito-Isaías (Is 56-66). Se entendermos que as três partes da coleção não foram reunidas por acaso, mas que representam o corpo de tradições preservado por um círculo profético que, em continuidade, derivou de Isaías e seus discípulos, haveria um intervalo de cerca de um século e meio na tradição entre o próprio Isaías e o Anônimo do século VI. Se entendermos ainda que o intervalo não se deva à perda acidental dos ditos de um ou mais grandes profetas, mas que, de fato, nenhum profeta de importância tenha surgido dentro do ciclo isaiânico durante esse tempo, o longo silêncio indicaria a esterilidade da espera pela metástase. E, por fim, é duvidoso até mesmo se a mera espera e o intervalo de tempo teriam fornecido um motivo suficiente para o reexame dos símbolos, pois, quando a profecia é, por fim, retomada no Dêutero-Isaías, os símbolos do profeta anônimo trazem a marca não só da tradição isaiânica, mas, distintamente, do trabalho de Jeremias.

Em Jeremias, temos de procurar as experiências que promoveram o entendimento da ordem para além das visões metastáticas de Isaías. Como primeiro motivo deve ser notado o intervalo de tempo, embora seu efeito seja difícil de medir. Entre os chamados de Isaías e de Jeremias passaram-se mais de cem anos. Foi tempo suficiente para que uma personalidade profética não pertencente ao círculo interno dos discípulos de Isaías, e formada, em vez disso, pelo estudo de Oseias, relaxasse a tensão de olhar para um futuro que nunca se tornava presente. Pois a ordem do ser é a ordem de que o homem participa pela sua existência enquanto esta dura; e a consciência da representação, a presença da morte na vida, é o grande corretivo para os sonhos futuristas — embora talvez seja necessária uma personalidade forte para romper tais sonhos depois de eles terem se tornado um poder social na forma de credos aceitos. A preocupação fundamental do homem é com a sintonização de sua existência, no tempo presente, com a ordem do ser. E Jeremias de fato retornou da visão metastática do futuro para a experiência do presente não transfigurado. Nesse retorno, porém, ele não teve de romper totalmente com Isaías, pois seu grande predecessor, apesar da articulação extrema de sua experiência nos símbolos do governante metastático, havia obtido um avanço sólido, que jamais seria abandonado, no entendimento da ordem: que a ordem da sociedade na história é reconstituída, de fato, pelos homens que desafiam a desordem da sociedade circundante com a ordem que eles experimentam como viva em si mesmos. A palavra do profeta não é falada ao vento, ela não é fútil ou impotente, se não reforma a sociedade que ele ama porque nela nasceu. A Palavra que fala por intermédio dele é ela própria uma realidade histórica e forma a ordem de uma nova comunidade onde quer que seja ouvida. Em Isaías, seus filhos e discípulos, o "resto" de Israel, que tinha sido o conteúdo das profecias de salvação, tornara-se a realidade da salvação. A palavra profética sobre o futuro tornou-se um presente histórico nos homens que a pronunciaram e preservaram em comunidade. E embora o Israel que estava pragmaticamente organizado como o reino de Judá tenha seguido o caminho de todas as organizações, seus governos e reis na história, a Palavra falada pelos profetas e preservada pelas comunidades que as escutaram ainda forma o "resto" de Israel no presente. Essa percepção do significado da existência profética como a continuação da ordem na história, quando sua realização na ordem pragmática de um povo está em crise, foi a herança de Isaías a ser ampliada por Jeremias.

Isaías havia recebido o "problema messiânico" de Amós e Oseias em sua forma institucional de um Israel sob um rei segundo o modelo de Davi. Em sua própria experiência de ordem, a forma institucional foi preservada, embora estivesse agora carregada do ato metastático de confiança que ele exigiu do rei Acáz. Quando o rei teve o bom senso de não fazer experiências de transfiguração, Isaías não abandonou nem a forma institucional nem a vontade metastática, mas a metástase teve de ser estendida para a formação de um resto pelo próprio profeta e para seu cumprimento por meio do aparecimento futuro de um governante. Além disso, na medida em que ser o portador do segredo referente ao governante futuro era a essência do resto, sua formação teve as características de um primeiro passo na direção da metástase completa — neste aspecto, o procedimento de Isaías prenuncia os tipos posteriores de metástase por "prestações". Para que o problema da ordem fosse restaurado à sua concretude, Jeremias teve de reverter a projeção futurista de Isaías e trazer o rei de volta ao presente. Isso ele fez, como vimos, quando, nos oráculos de seu chamado, transferiu o simbolismo real para si próprio. A ordem de Israel estava novamente completa no presente, embora contraída na existência de Jeremias, que representava o destino do povo ao mesmo tempo em que carregava o fardo do Ungido. Essa é a terceira fase, a existencial, da ocupação profética com o "problema messiânico".

O esforço envolvido nessa realização deve ter sido enorme. Para enxergá-lo em suas verdadeiras proporções, é preciso lembrar que esse *tour de force* de recapturar o presente foi conduzido dentro dos limites que a compacidade da experiência profética estabelecia para Jeremias, tanto quanto para Amós, Oseias ou Isaías. O simbolismo profético, lembramos, derivou dos ritos de derrota e vitória dos festivais de Ano Novo; sob a pressão da forma histórica, a tensão cultual da ordem dissolvera-se em períodos sucessivos de desastre e salvação. A experiência profética, assim, foi essencialmente metastática. E acompanhamos a expressão desse caráter na crítica de conduta dos profetas sob as categorias decalógicas, em sua luta pela ordem existencial do homem por meio das virtudes e em sua criação do símbolo de uma nova aliança que transfigurará o mundo e a sociedade. Em todos esses aspectos, as profecias de Jeremias não só conformaram-se ao tipo como o levaram à perfeição. E não mais do que na estrutura geral de sua profecia Jeremias desviou-se desse tipo em sua articulação do "problema messiânico", em especial em Jeremias 23,1-8. O fato de que o problema havia passado, para ele, por uma mudança de aspecto tornou-se perceptível apenas na circunstância de que suas profecias não continuaram ou elaboraram os símbolos isaiânicos, mas reverteram à previsão de um resto sob um rei-modelo davídico, como a encontramos em Amós e Oseias[14]. Essa firmeza da forma profética foi o fardo que teve de ser carregado por Jeremias; ela precisa ser levada em conta caso se deseje avaliar a força que foi necessária não para rompê-la — mesmo um Jeremias não poderia fazer isso — mas para tomar consciência de que os problemas de ordem não giravam em torno do Israel empírico e suas instituições, mas em torno do homem que sofria concretamente sob a desordem. Assim, a grandeza da realização de Jeremias não se torna manifesta no conjunto geral de seus oráculos que permanecem fiéis a uma forma padronizada, mas nos oráculos de seu chamado, na realização do destino de Israel, no Discurso do Templo e no julgamento. Acima de tudo, porém, ela deve ser procurada em sua criação de uma nova forma de expressão profética: o que é novo em sua obra sobrevivente são os trechos de autobiografia espiritual, em que os problemas da existência profética, a concentração da ordem no homem que fala a palavra de Deus tornam-se articulados. O grande motivo que havia animado a crítica de conduta e a recomendação das virtudes pelos profetas chegara, enfim, à sua fonte na preocupação com a ordem da existência pessoal sob Deus. Em Jeremias, a personalidade humana rompera a compacidade da existência coletiva e reconhecera-se como a fonte abalizada de ordem na sociedade.

---

[14] Não só o oráculo referente a um resto sob um rei davídico, mas as profecias de salvação em geral, revelam em inúmeros detalhes a mudança de aspecto. Para os indicadores dessa mudança em Jeremias, cf. BUBER, *Prophetic Faith*, 172 ss.

O tipo de experiências que forçaram Jeremias a se voltar para si mesmo e para o reconhecimento de sua personalidade como o campo de batalha da ordem e da desordem na história pode ser inferido do aviso sobre uma conspiração contra a sua vida (18,18):

> Então eles disseram:
> "Vamos armar um plano contra Jeremias;
> sempre será possível achar instrução divina junto aos sacerdotes,
> conselho junto aos sábios, a palavra junto aos profetas.
> Vamos então destruí-lo com a difamação;
> não prestamos atenção alguma a suas palavras".

O motivo da conspiração era o fato de Jeremias assumir uma autoridade pessoal sob Deus, o que invalidava as fontes tradicionais de autoridade do povo nos sacerdotes, nos sábios e nos profetas (os "falsos profetas" de Jeremias); e seu objetivo era silenciar a palavra que emanava da nova autoridade. Nesse perigo, Jeremias voltou-se para Yahweh com a pergunta: "Acaso o mal deve ser o pagamento pelo bem, para que eles tenham cavado uma cova para a minha vida?" (18,20) E pressupondo que essa não poderia ser a intenção de Deus ele lhe implorou que visitasse os conspiradores, suas esposas e seus filhos com fome, pestilência e morte violenta (18,21-23). Em outro aviso de uma conspiração para assassiná-lo, Jeremias formulou o motivo das reivindicações de seus inimigos: "Não profetizarás em nome de Yahweh ou morrerás por nossas mãos" (11,21); e o aviso é acompanhado da mesma súplica sentida de sofrimento para seus inimigos (11,20.22-23). Esse desejo de vingança de Jeremias não deve ser encoberto por um silêncio caridoso ou tratado com delicada discrição, como se fosse uma fraqueza imprópria para uma figura pública ilustre, pois ele é uma preciosa evidência da paixão espiritual que o inflamava. O homem que previu a destruição de Israel, de Jerusalém e do Templo, que desejou para o rei de Judá (22,19):

> Será enterrado como se enterra um jumento,
> Será arrastado e lançado fora das portas de Jerusalém,

não era um homem de abrir exceções para inimigos pessoais. Ao contrário, como ele era o representante da ordem divina, o perdão para um ataque à sua vida teria sido uma presunçosa atribuição de importância a seus próprios sentimentos e uma traição à sua posição. O profeta de Israel não podia ser tolerante com um ataque à vida que servia a Yahweh.

Além disso, a justiça de Deus estava em jogo. Nos desejos vingativos de Jeremias estava envolvida, como o texto mostrou, a questão torturante do pagamento do bem com o mal. Era verdade que Israel merecia punição por seus pecados, mas como a ordem poderia ser restaurada se a punição dos maus recaísse sobre Israel coletivamente e incluísse os bons? Josias, o rei-reformador, caíra na batalha de Magedo contra o Egito; e Jeremias era alvo de complôs contra sua vida. Sempre existiriam alguns maus e, se o castigo divino não se tornasse mais seletivo, não haveria fim para o sofrimento. Jeremias colocou suas dúvidas diante de Deus nos lamentos de 15,10.15:

> Que desgraça, minha mãe, me teres dado à luz,
> a mim que, na terra inteira, sou homem contestado e contradito.
> Não tenho dívidas, nem emprestei,
> e mesmo assim todos me maldizem.
> [...]
> Tu sabes!
> Yahweh, lembra-te de mim, cuida de mim,
> vinga-me de meus perseguidores.

Deus sabe que o profeta sofre por causa dele: Jeremias não pode unir-se à companhia dos homens alegres e divertir-se com eles, porque a mão de Deus está sobre ele e força-o a sentar-se sozinho (15,16-17). Por que, então, sua dor é incessante e sua ferida incurável? Será Deus para ele como um riacho traiçoeiro, como águas em que não se pode confiar? (15,18) A tal questionamento, Yahweh responde (15,19):

> Se voltares, sendo eu que te faz voltar,
> ficarás de pé em minha presença.
> Se, em vez de palavras levianas, pronunciares palavras de valor
> tua boca será a minha.

Não há resposta para as perguntas: o questionamento em si é a deserção, da qual Jeremias deve retornar à presença de Deus; apenas quando, ao retornar do questionamento, ele tiver separado o precioso do vil, será o porta-voz da palavra de Deus. O profeta tem de viver com o mistério da iniquidade. Mas isso não é fácil: "Meu sofrimento é incurável, meu coração está doente dentro de mim" (8,18).

Jeremias não encontrou paz para essas perguntas. Ele as elaborou mais profundamente no grande diálogo de Jeremias 12, em que as apresentou como um caso judicial para julgamento ao Deus com quem ele tinha a querela (12,1):

> Tu és justo, Yahweh!
> Mesmo assim, eu quero discutir contigo.

Sim, quero discutir contigo alguns casos.
Por que têm êxito os empreendimentos dos malvados?
Por que os pérfidos traidores ficam à vontade?

Por que Deus não os pune individualmente, mas, em vez disso, inflige sofrimentos coletivamente, aos fiéis junto com os maus? (12,4)

Até quando a terra ficará de luto
e seca a grama do campo?
Toda a fauna morre
por causa da maldade de seus habitantes,
os que dizem: "Ele não vê nossos caminhos".

A essa pergunta, uma vez mais, não vem nenhuma resposta que possa solucionar o mistério da iniquidade, mas uma contrapergunta (12,5):

Se te cansas correndo com pedestres,
como poderás competir com cavalos?
Se precisas de uma terra em paz para sentir segurança,
que farás nas brenhas do Jordão?

Coisas muitos mais terríveis irão acontecer do que as que Jeremias já experimentou — e ele terá de enfrentá-las, as perguntas não respondidas. Mas, então, a tensão é aliviada pelas palavras de Deus, que devem ser entendidas como um solilóquio que Jeremias teve a permissão de ouvir (12,7 ss.):

Vou abandonar a minha casa,
rejeitar meu patrimônio;
vou entregar a minha amada
nas mãos de seus inimigos.
Meu patrimônio se tornou para mim
como um leão na floresta. [...]
Um bando de pastores saqueou a minha vinha,
pisoteou minha lavoura. [...]
A terra inteira está devastada,
e ninguém preocupa-se com ela.

O que é o sofrimento de Jeremias, em comparação com o sofrimento de Deus?

A existência profética é a participação no sofrimento de Deus. Para além dessa percepção obtida por Jeremias para si próprio está sua aplicação à existência de cada homem. O secretário do profeta, Baruc, aparentemente estava inclinado a experimentar de forma solidária as mesmas dores de seu mestre. Quando terminava de escrever as palavras de Jeremias, ditadas por este, em um livro, ele deve ter se lamentado com frequência (45,3):

> Pobre de mim!
> Yahweh acrescentou aflição aos golpes que me atingem;
> estou exausto de tanto gemer,
> não encontro repouso.

Pois Jeremias estava autorizado a transmitir a ele a informação sucinta, vinda do próprio Yahweh (45,4-5):

> O que eu construo, eu mesmo o destruo,
> o que eu planto, eu mesmo o arranco, e isto para toda a terra.
> E tu, procuras realizar grandes projetos?
> Não te preocupes mais com isso!
> Vou atrair a desgraça sobre toda carne,
> diz Yahweh,
> mas a ti concederei o privilégio de ao menos salvar a vida,
> onde quer que fores.

§3 O Servo Sofredor

O problema de ordem israelita foi percebido pelos profetas, de meados do século VIII a.C. até a queda de Jerusalém em 586, na discrepância entre a ordem efetiva dos reinos e a ordem pretendida pela mensagem do Sinai. A discrepância foi intensamente experimentada como uma deserção da ordem verdadeira; apenas um retorno imediato poderia evitar o castigo divino iminente. E a expectativa de desastre próximo traduziu-se na urgência do chamado ao retorno. Os primeiros profetas — Amós, Oseias, Isaías, Miqueias — que tiveram essa experiência intensa, não encontraram em seu ambiente sintomas de um retorno sério; e, ao mesmo tempo, tiveram de assistir ao desastre avançando na forma da invasão assíria e da queda do reino de Israel. Assim, no espaço das duas gerações dos primeiros profetas, seu chamado ao retorno mudou de aspecto na medida em que a expectativa de ver reformados instituições e costumes da sociedade concreta deu lugar à fé numa metástase da ordem depois que a sociedade concreta atual tivesse sido engolida pelas trevas de uma catástrofe. Quando o problema da ordem ganhou esse aspecto metastático, os profetas responderam a ele desenvolvendo as duas posições distintas representadas por Isaías e Jeremias:

(1) Isaías dedicou-se ao esforço supremo de uma intervenção política que, se bem-sucedida, deveria ser o início da guerra metastática. Quando o rei de Judá não atendeu ao seu apelo, o profeta formou seu grupo de discípulos como

o resto de Israel fora da sociedade concreta contemporânea e confiou o segredo de sua ordem verdadeira a seu *limmudim* para ser revelado apenas no futuro indeterminado em que Yahweh deixasse seu *ruah* transfigurador descer sobre o governante desse resto. Esse segredo fora de fato tão bem resguardado ao longo das gerações de discípulos que nada foi ouvido dele durante os anos restantes do reino, nem nos primeiros anos do exílio.

(2) Um século mais tarde, Jeremias foi chamado para ser o profeta para as nações. Pela mensagem do Sinai, Israel havia sido constituído como o centro sagrado de toda a humanidade, mas a ordem da aliança e o Decálogo pertenciam apenas à sociedade israelita; nenhuma ordem havia sido fornecida para as nações como uma sociedade da humanidade. Os golpes da história haviam feito Israel dar-se conta de que existia uma humanidade fora da ordem sinaítica. O perigo filisteu fizera necessário complementar a organização teopolítica com a organização de um reino; e os eventos que se seguiram mostraram que mesmo a instituição da monarquia não era proteção suficiente contra Egito, Assíria e Babilônia. As "nações", que, durante a recessão do poderio imperial, podiam permanecer à margem da atenção, haviam entrado na relação concreta de guerra e conquista com Israel. Se o reino de Israel tinha caído e o reino de Judá estava à beira da extinção, a existência do homem em sociedade sob Deus aparentemente não assumiu a forma concreta de uma pequena organização teopolítica israelita, mesmo se complementada pela monarquia, cercada de impérios poderosos que a respeitavam como o ônfalo sagrado de sua própria ordem. Se a mensagem do Sinai havia revelado a ordem da história, obviamente o modo como sua intenção foi formulada não podia ser a última palavra na história da ordem. Esse problema, reconhecido até mesmo por Amós, tornou-se plenamente articulado por Jeremias na expansão da sua preocupação profética de Israel para as *oikumene* do Oriente Próximo. Embora "Israel" continuasse a ser o centro sagrado, a sociedade sob a nova mensagem incluía as "nações"; e, como tanto Israel como as nações estavam, no momento, num estado de desordem, o centro da ordem havia se contraído na pessoa de Jeremias.

O que as duas respostas têm em comum ficará claro se sua diferença for caracterizada pela posição relativa dos fatores de tempo e espaço em sua simbolização da ordem. Isaías, depois de sua experiência com Acáz, moveu-se da ordem concreta de Israel para um futuro em que a ordem verdadeira do "resto" iria se tornar o centro de uma sociedade mundial que viveria numa paz metastática. Jeremias moveu-se espacialmente da ordem de Israel para a desordem contemporânea de Israel e das nações em guerra e nutriu a esperança de que ela pudesse dar lugar, no futuro, à ordem de Yahweh, que, no momento, estava concentrada nele. Ambos os profetas, assim, tiveram em comum a tendência a mover-se da ordem da sociedade israelita concreta para uma meta indeterminada.

É possível aproximar-se do significado do movimento por meio das indagações sugeridas por seu vago *terminus ad quem*. A preocupação dos profetas vai além do Povo Escolhido, organizado como um reino para a sobrevivência no campo de poder pragmático, para uma sociedade que, embora de alguma maneira derivada do povo contemporâneo por sobrevivência e expansão, certamente não é idêntica a ele. Não há resposta para a pergunta: de que sociedade os profetas estão falando quando prenunciam o portador da ordem verdadeira? Certamente não da sociedade em que eles vivem; e é de duvidar que qualquer sociedade concreta que tenha se formado na história desde a sua época seria reconhecida por eles como o seu objeto. O mesmo argumento aplica-se à sociedade ampliada que incluirá as "nações". Também não há resposta para a segunda pergunta: que tipo de ordem a sociedade terá? Pois ela será a ordem transfigurada de uma sociedade depois da metástase. E uma ordem transfigurada não era objeto de conhecimento para os profetas, nem se tornou objeto de conhecimento para qualquer pessoa desde a sua época. Como nem a identidade da sociedade nem a natureza de sua ordem podem ser determinadas, insinua-se a desconfiança: o movimento dos profetas, afinal, faz mesmo sentido? Se a análise for voltada contra o muro dessa desconfiança, ficará claro que o sentido do movimento só poderá ser encontrado se a aparente falta de sentido for entendida como o ponto de partida na busca por seus motivos.

É preciso aceitar o fato de que as perguntas não podem encontrar resposta. O *terminus ad quem* do movimento não é uma sociedade concreta com uma ordem reconhecível. Se a preocupação dos profetas com essa meta aparentemente negativa faz sentido ainda assim, ela deve ter sido motivada pela percepção, ainda que pouco clara e insuficientemente articulada, de que há problemas de ordem que vão além da existência de uma sociedade concreta e de suas instituições. A experiência metastática de Isaías, que até aqui foi examinada sob o aspecto de um afastamento estéril das realidades da ordem de Israel, aparecerá sob uma nova luz se for considerada uma experiência da distância entre a ordem verdadeira e a ordem realizada concretamente por qualquer sociedade, mesmo Israel. E a experiência de Jeremias da tensão entre as duas ordens, sua sofrida participação no sofrimento divino, é até mesmo articulada o bastante para deixar claro que o profeta tinha pelo menos um vislumbre da terrível verdade: que a existência de uma sociedade concreta numa forma definida não resolverá o problema da ordem na história, que nenhum Povo Escolhido em nenhuma forma será o ônfalo definitivo da ordem verdadeira da humanidade. Quando Abrão emigrou de Ur dos caldeus, teve início o Êxodo em relação à civilização imperial. Quando Israel foi trazido do Egito por Yahweh e por Moisés, seu servo, e constituído como o povo sob Deus, o Êxodo havia alcançado a forma de uma existência teopolítica de um povo em rivalidade com a forma cosmológica. Com o movimento de Isaías e Jeremias de afastamento do Israel concreto começa a angústia do terceiro ato procriador da ordem divina na história: o Êxodo de Israel de si mesmo.

A angústia desse último êxodo foi vivida pelo profeta desconhecido que, por uma convenção moderna, é designado como Dêutero-Isaías, porque ele é o autor de Isaías 40–55. Como nada se sabe sobre ele exceto o que pode ser inferido de sua obra, uma introdução biográfica é não só desnecessária mas também arriscada, porque prejulgaria a interpretação do texto. Até mesmo falar desses capítulos de Isaías como uma "obra" com um "autor" envolve tomar partido numa série de questões muito debatidas. Esse debate em si permanecerá fora do âmbito de nosso estudo; mas os partidos tomados precisam ser esclarecidos:
(1) Considera-se que o material original de Isaías 40–55 consista num grande número de oráculos e cantos curtos, que ainda podem ser bem distinguidos. O nível de organização seguinte é composto de cadeias de peças menores, que formam unidades de significado independentes. Essas cadeias, por fim, são organizadas numa sequência significativa, que forma o "livro".
(2) As cadeias de Isaías 40–48, que são permeadas pela crença em Ciro como o libertador e restaurador de Israel divinamente instituído, podem bem ter sido formadas como "panfletos" a ser espalhados entre os exilados na Babilônia. Se essa suposição estiver correta, tanto os oráculos componentes como as cadeias terão de ser datados dos anos entre a conquista da Lídia por Ciro em 546 a.C. e sua conquista da Babilônia em 538 a.C.
(3) Os capítulos Isaías 49–55 ainda têm a estrutura de cadeias de oráculos e cantos mais curtos, mas o tom mudou. Ciro desapareceu, juntamente com as esperanças nele depositadas; e outras fontes de decepção se fazem sentir. Os oráculos dessa parte posterior provavelmente foram pronunciados e escritos durante um número indeterminado de anos depois da queda da Babilônia.

(4) No Dêutero-Isaías estão incluídos os quatro cânticos do Servo identificados por Duhm: Isaías 42,1-4; 49,1-6; 50,4-9 e 52,13–53,12. Consideramos que esses cânticos tenham o mesmo autor que seu contexto, mas que representem a última fase do trabalho do profeta.

(5) Três dos cânticos do Servo são encaixados na parte final da obra, enquanto o primeiro, juntamente com partes encadeadas a ele, está incluído na parte anterior, de Ciro. Assim, supomos que todo o conjunto de oráculos tenha sido organizado pelo profeta como uma unidade literária depois de ele ter escrito os cânticos. O primeiro cântico parece ser deliberadamente posicionado no início da parte de Ciro para enfatizar o contínuo de experiências, uma vez que evolui da expectativa de uma ordem de Israel concreta restaurada por Ciro para o mistério do êxodo da ordem concreta simbolizado pelo Servo Sofredor. O profeta reconhece, em retrospectiva, que o movimento em direção ao mistério já vinha sendo uma tendência mesmo na época do desvio para Ciro.

(6) Consideramos que o profeta tenha sido um membro de um círculo que derivou, ao longo das gerações, dos discípulos imediatos de Isaías. Em seu autoentendimento, o profeta era um dos *limmudim* de Isaías a quem foi confiado o segredo da salvação. Essas tomadas de posição não devem ser entendidas como afirmações com pretensão de certeza. Elas formulam probabilidades que estão surgindo da análise de detalhes e do aperfeiçoamento dos métodos durante o último meio século[15].

---

[15] O debate acerca do Dêutero-Isaías em geral, e dos cânticos do Servo em particular, é hoje facilmente acessível por meio do magistral estudo de Christopher R. NORTH, *The Suffering Servant in Deutero-Isaiah*: An Historical and Critical Study, Oxford, 1948. Outras informações sobre a volumosa literatura podem ser encontradas em H. H. ROWLEY, *The Servant of the Lord and Other Essays on the Old Testament*, London, 1952, especialmente os estudos sobre The Servant of the Lord in the Light of Three Decades of Criticism (3-57) e The Suffering Servant and the Davidic Messiah (61-88). Importante pela formulação sucinta dos problemas é Otto EISSFELDT, The Prophetic Literature, *The Old Testament and Modern Study* (1951) 115-161. Na análise a seguir, foram usados comentários sobre Isaías de Duhm, Volz e Bentzen.

Da literatura anterior a 1940, os seguintes estudos mostraram-se de considerável importância: Sigmund MOWINCKEL, *Der Knecht Jahwaes*, Christiania, 1921; Lorenz DUERR, *Ursprung und Ausbau der israelitisch-juedischen Heilserwartung*: Ein Beitrag zur Theologie des Alten Testamentes, Berlin, 1925; Hugo GRESSMANN, *Der Messias*, Goettingen, 1929; Otto EISSFELDT, *Der Gottesknecht bei Deuterojesaiah (Jes. 40–55) im Lichte der israelitischen Anschauung von Gemeinschaft und Individuum*, Beitraege zur Religionsgeschichte des Altertums 2, Halle, 1933; J. S. van der PLOEG, *Les Chants du Serviteur de Jahvé*, Paris, 1936; Josef BEGRICH, *Studien zu Deuterojesaja*, Beitraege zur Wissenschaft vom Alten und Neuen Testament, 4:25, Stuttgart, 1938.

Desde 1940, o estudo do Dêutero-Isaías recebeu vários novos impulsos. Um deles veio de Sidney SMITH, *Isaiah Chapters XL–LV*: Literary Criticism and History, London, 1944. O livro

O texto de Isaías 40-55 é uma hábil composição literária *sui generis* que expressa certas experiências por meio da linguagem simbólica desenvolvida no profetismo clássico de Amós a Jeremias. Nas experiências expressas, é possível distinguir grupos de motivos. Um primeiro grupo é fornecido pelos acontecimentos históricos: o exílio, a libertação por Ciro, a queda da Babilônia e as vicissitudes do império em geral. Um segundo grupo deriva da herança dos grandes predecessores: a contração de Israel no sofrimento solitário do profeta, a mensagem para uma humanidade que inclui tanto Israel como as nações e, acima de tudo, o segredo isaiânico do *kabhod* que encherá a terra.

foi recebido com críticas consideráveis, porque o autor pretendeu fazer do profeta o líder de um movimento secreto (pró-Ciro, anti-Babilônia) que foi morto pelos exilados por suas atividades traiçoeiras. Deixando de lado as extravagâncias imaginativas, o livro tem seus méritos, todavia, porque situa as profecias firmemente em seu contexto histórico. O estudo de H. S. NYBERG, Smaertornas man: Em studie till Jes. 52, 13-53, 12, *Svensk Exegetisk Arsbok* (1942) 5-82, examina o pano de fundo da forma mítica no quarto cântico do Servo e o surgimento do símbolo messiânico supraindividual dessa forma mítica. A interpretação de NORTH, *The Suffering Servant*, concorda substancialmente com a de Nyberg. O simbolismo do reinado divino nos quatro cânticos é examinado meticulosamente em Ivan ENGNELL, Till fragan om Ebed-Jahweh-sangerna och den lidande Messias hos "Deuterojesaja", *Svensk Exegetisk Arsbok* (1945) 31-65. O próprio autor apresentou uma versão em inglês desse estudo sob o título The Ebed-Yahweh Songs and the Suffering Messiah in "Deutero-Isaiah", *Bulletin of the John Rylands Library* 31, Manchester (1948) 54-93. O estudo de Engnell afirma com segurança que a forma de culto determina a linguagem dos cânticos. A busca de um modelo "histórico" da figura do Servo, seja o próprio profeta ou algum outro personagem sofredor da época, será necessariamente infrutífera, porque as "pistas" são símbolos de culto. Isso não significa, claro, que a história da época não forneça casos de sofredores cujo destino pessoal possa ter entrado na experiência do profeta. Tais inspirações em sofredores reais da época foram examinadas recentemente por J. COPPENS, *Nieuw Licht over de Ebed-Jahweh-Liederen*, Analecta Lovanensia Biblica et Orientalia, II/15, Leuven, 1950. Os problemas do simbolismo messiânico, com especial atenção ao Dêutero-Isaías, são examinados em Aage BENTZEN, *Messias. Moses Redivivus. Menschensohn*, a melhor introdução à literatura escandinava sobre o tema. O entendimento do Dêutero-Isaías é, além disso, afetado pelo debate escandinavo sobre o método "histórico-tradicional" em relação ao profetismo. Cf. Sigmund MOWINCKEL, *Jesajadisiplene*: Profetien fra Jesaia til Jeremia, Oslo, 1925; do mesmo autor, *Prophecy and Tradition*: The Prophetic Books in the Light of the Study of the Growth and History of Tradition, Avhandlingen, Norske Videnskap Akademie, 2, n. 3, Oslo, 1946, e Ivan ENGNELL, Profetia och tradition, *Svensk Exegetisk Arsbok* (1947) 110-139. Todo o complexo de problemas messiânicos foi recentemente reformulado em Sigmund MOWINCKEL, *Han Som Kommer*: Messiasforventningen i det Gamle Testament og pa Jesu Tid, 1951; cf. em particular cap. 7 sobre Herrens tjener, 129-173; e a extensa bibliografia, 390-403. Devido ao lugar que a figura do Servo Sofredor ocupa no autoentendimento de Jesus, o trabalho com os problemas do Dêutero-Isaías é quase exclusivamente cristão, predominantemente protestante. Ainda mais importante é o livro recente de BUBER, *The Prophetic Faith*, com sua interpretação do Dêutero-Isaías, 202-235. A interpretação de Buber é especialmente valiosa porque enfatiza a posição do profeta na tradição isaiânica como um dos *limmudim* do mestre.

Um terceiro grupo, por fim, é formado pelos motivos a que o próprio autor se refere como as "coisas novas": a mensagem de salvação; a autorrevelação de Deus em três estágios como o Criador do mundo, como o Senhor e juiz da história e como o Redentor (*goel*); a consciência de que o presente é a época entre o segundo e o terceiro estágios; o sofrimento do segundo estágio como o caminho para a redenção; a redenção como a resposta existencial à terceira revelação de Deus como o Salvador e Redentor; o papel de Israel como o sofredor representativo da humanidade no caminho para a resposta; e o clímax em Isaías 52,13-53,12, no reconhecimento do Servo como o Sofredor representativo. Embora a distinção e classificação das experiências motivadoras seja tão amplamente corroborada por trechos de natureza meditativa que os resultados são razoavelmente seguros, o livro como um todo não é um tratado de *oratio directa* sobre "doutrinas" definidas. Ele é um drama simbólico que não permite a separação de um conteúdo do modo de sua apresentação. Além disso, embora os motivos individuais possam ser identificados, eles fundiram-se na experiência abrangente do movimento que caracterizamos sucintamente como o êxodo de Israel de si mesmo. O texto não consiste numa série de símbolos que expressam estados de experiência sucessivos, de modo a deixar para o leitor a reconstrução, a partir deles, de uma biografia espiritual do autor. A construção é feita pelo próprio autor, para quem o movimento aparece como completo na retrospectiva de seu trabalho. Para além dos símbolos componentes, o drama como um todo é uma unidade de significado. O Êxodo aconteceu na alma do autor e sua obra é o símbolo de um acontecimento histórico.

Se essa é a natureza da obra, os métodos mais frequentemente usados em sua interpretação devem ser considerados inadequados:

(1) O drama, sem dúvida, é autobiográfico em substância, mas a evolução da experiência é mediada pela interpretação do autor em retrospectiva. Assim, não sabemos nada sobre essa experiência exceto o que o autor escolhe revelar. É razoável supor que a experiência do exílio e as vitórias de Ciro tenham desencadeado o movimento que atingiu seu clímax no quarto cântico, e também que o início e o fim não tenham sido unidos num *insight* repentino, mas tenham estado separados por um número considerável de anos — mas isso só é razoável porque o próprio texto sugere essa evolução ao longo dos anos. Qualquer tentativa de ir além do drama e reconstruir o autor como uma pessoa "histórica", portanto, não só é arriscada como não contribui em nada para o entendimento da obra.

(2) O significado do drama não pode ser encontrado arrancando um símbolo importante de seu contexto e tratando-o como se fosse uma informação algo enigmática. Existe uma biblioteca de estudos sobre a questão "Quem é o Servo Sofredor?". É ele o próprio autor, ou algum outro personagem sofredor, ou o símbolo prenuncia profeticamente Cristo — ou ele não é nenhum indivíduo, mas Israel e, se esse fosse o caso, seria ele o Israel empírico ou o Israel ideal, e seria todo o Israel ou um resto? Tais tentativas de entender a obra dêutero-isaiânica pela resolução do enigma de quem seria o Servo Sofredor não é, em princípio, diferente de uma tentativa de entender a tragédia esquiliana por meio de um estudo da indagação "Quem é Prometeu"? ou "Quem é Zeus?". E mesmo quando Glauco, na *República* (361E), descreve a figura do homem justo "que terá de suportar o açoite, a tortura, o cárcere, o ferro em brasas em seus olhos e, por fim, depois de sofrer toda sorte de males, será empalado", ninguém buscará o modelo histórico do sofredor, embora a alusão ao sofrimento do Sócrates "histórico" seja consideravelmente mais provável do que qualquer linha que possa ser traçada do Servo Sofredor a uma figura histórica. Se tais estudos, ainda assim, podem ser realizados no caso do Dêutero-Isaías com pelo menos algum sentido, a razão deve ser buscada na diferença entre as formas de ordem histórica israelita e mítica helênica. A tragédia esquiliana move-se, em busca de ordem, de sua expressão compacta no mito politeísta para o Logos da psique; o drama do Dêutero-Isaías move-se da revelação compacta do Sinai para o Logos de Deus. De Ésquilo, o movimento vai para a Visão do *Agathon* platônico; do Dêutero-Isaías ela vai para a Encarnação do Logos. Quando o homem está em busca de Deus, como na Hélade, a sabedoria ganha permanece genericamente humana; quando Deus está em busca do homem, como em Israel, o receptor responsivo da revelação torna-se historicamente único. Como a experiência humana de revelação é um acontecimento na história constituída pela revelação, a historicidade vincula-se ao receptor da revelação, à própria historicidade de Cristo. Como consequência, a pergunta "Quem é o Servo?" não é tão extravagante num contexto israelita quanto seria uma pergunta comparável com relação a um texto literário helênico. Ainda assim, embora essas reflexões possam lançar alguma luz sobre a diferença entre os *Logoi* da filosofia e da revelação, e embora elas tornem inteligível a tendência à busca da figura histórica por trás do símbolo do Servo Sofredor, elas não justificam o procedimento. Isaías 40–55 continua a ser uma composição literária; e os símbolos devem ser lidos como expressões da evolução da experiência do autor, ainda que o que ele tenta comunicar seja uma percepção referente à revelação de Deus na história.

Os vários erros de interpretação, dos quais mencionamos apenas os dois tipos mais importantes, só podem ser evitados se penetramos em sua raiz na multiplicidade de níveis de tempo que percorrem a obra:

(1) A experiência do autor evolui e amadurece ao longo de um período de, talvez, dez ou mais anos. Assim, a obra é percorrida pelo tempo da experiência desde seu início até a sua finalização. É grande a tentação, portanto, de isolar esse nível e usar as pistas do texto para uma reconstrução do curso "histórico" da experiência. Essa tentativa, porém, está fadada a falhar, como indicamos, porque o tempo da experiência foi absorvido na estrutura da obra. A reconstrução do próprio autor elimina essa possibilidade.

(2) A experiência é inseparável de sua expressão em forma simbólica. Na medida em que os oráculos e cânticos componentes originam-se em vários pontos do tempo no decorrer da experiência, aplica-se a eles o mesmo argumento usado para o tempo da experiência em si. O texto como um todo, no entanto, não é uma série de oráculos em ordem cronológica. Ele é uma composição em que as partes individuais, independentemente do tempo de sua origem, são dispostas de tal maneira que expressam o significado da experiência do modo como esta foi acumulada durante o seu curso. O trabalho de composição é, ele próprio, parte do processo em que o significado da experiência é esclarecido; a revelação é completamente recebida pelo autor apenas no ato da composição. Assim, a obra não é o relato de uma experiência que está no passado, mas a revelação em si no momento de seu supremo estado vivo. No lado humano, o tempo da composição é o tempo que acumula, o tempo em que se envelhece e amadurece, a *durée* no sentido bergsoniano; no lado divino, é o presente sob Deus na eternidade. Esse é o nível de tempo a que, na literatura sobre o tema, praticamente nenhuma atenção é dedicada.

(3) A resposta humana é um evento na história constituída pela revelação. Com a resposta, começa a obra divina de salvação, que se espalha por meio da comunicação no espaço e tempo, partindo do centro humano responsivo. Uma vez que os símbolos da obra figuram o processo de salvação, permeia a obra o tempo da salvação. E esse tempo da salvação não é o tempo interior de uma obra de ficção, mas o tempo real da ordem da revelação na história. Assim, os símbolos da obra, primeiro, tocam a história passada da revelação; além disso, relacionam-se à revelação presente conforme recebida pelo autor, com as "coisas novas" à luz das quais as "coisas antigas" tornam-se um passado da revelação; e, por fim, prenunciam o processo de salvação completado no futuro por meio da aceitação mundial da mensagem que é recebida pelo

autor, e comunicada pela sua obra, no presente. O tempo da salvação, assim, absorve tanto o tempo da experiência como o tempo da composição, na medida em que o processo histórico das "coisas novas" tem seu início na experiência do autor e continua na composição da obra que comunica a revelação. Essa natureza da obra como um evento na história da salvação, como o início de um processo que, em seus símbolos, é representado estendendo-se para o futuro, é a fonte inesgotável de dificuldades para o intérprete. Pois não pode haver dúvida de que o Servo que morre no quarto cântico é o mesmo homem que fala de seu chamado e de seu destino, na primeira pessoa, como o profeta no segundo e no terceiro cânticos. E não é contra o bom senso que um homem apresente um relato de sua morte, bem como de seus efeitos no processo de salvação? Tais argumentos de senso comum tornaram-se de fato a base para a suposição de que o quarto cântico tenha sido escrito por um membro do círculo depois da morte do profeta que escreveu os outros três cânticos, e *a fortiori* de que a obra como um todo (se for mesmo considerada uma unidade literária) não poderia ter sido escrita pelo profeta a quem se pode conceder a autoria de certas partes.

A estrutura da obra é tão intricada que apenas um comentário mais extenso poderia fazer-lhe justiça. Para fins deste estudo, é suficiente indicar as partes principais da organização e, então, analisar o problema essencial que determina os detalhes da composição.

A organização principal da obra é facilmente discernível, porque as incisões são marcadas pela posição dos cânticos do Servo. As subdivisões mais importantes são: (1) um prólogo (Is 40–41); (2) uma primeira parte (Is 42–48, excluindo o duvidoso Is 47); (3) uma segunda parte (Is 49–53); e (4) um epílogo (Is 54–55). O prólogo apresenta a mensagem de salvação e suas implicações. A primeira parte, que começa no primeiro cântico, trata da salvação de Israel e culmina na exortação para que os exilados saiam de Babilônia e façam a notícia da redenção propagar-se até os confins da terra (Is 48,20-22). A propagação da notícia da redenção de Israel forma a transição para a segunda parte, que começa com o segundo cântico. O processo de salvação agora se expande para as nações e culmina, no quarto cântico, no reconhecimento pelos reis dos gentios do Servo como o Sofredor representativo. Os hinos do epílogo, por fim, contemplam o processo de salvação completo para Israel (Is 54) e as nações (Is 55). Uma humanidade redimida rodeará Jerusalém, em resposta ao Santo de Israel.

A composição em si surge da substância da revelação; e essa substância pode ser encontrada no oráculo de abertura do livro (Is 40,1-2):

> Confortai, confortai o meu povo,
> diz vosso Deus.
> Falai ao coração de Jerusalém
> e proclamai a seu respeito
> que a sua corveia está cumprida,
> que o seu castigo está saldado,
> que ela recebeu da mão de Yahweh
> duas vezes a paga de todas as suas faltas.

O oráculo marca uma época na história do profetismo, na medida em que rompe com a forma clássica dos grandes profetas de Amós a Jeremias e cria uma nova forma simbólica. Em primeiro lugar, não é uma "palavra de Yahweh" dita para o profeta e por meio dele, mas uma ordem divina da qual os receptores são informados por vozes celestiais. E à mediação da ordem no céu corresponde, em segundo lugar, uma nova função mediadora do profeta, pois aquele que ouve as vozes celestiais não é mais a boca pela qual Yahweh adverte seu povo a retornar à ordem, mas o mediador de uma mensagem que substitui as alternativas de castigo e salvação dependentes do apelo existencial.

O significado desse novo tipo de profecia será mais bem esclarecido pela eliminação de mal-entendidos sugestivos:

(1) Como a culpa de Israel está expiada e o profeta tem de trazer a notícia da salvação independentemente da conduta do povo, é tentador entender a mensagem do oráculo como uma profecia de salvação do tipo mais antigo. A nova forma, então, não seria tão "nova", mas uma simples promessa de salvação sem a condição de reforma da conduta; e ficaria difícil distinguir o Dêutero-Isaías dos "falsos profetas" dos séculos VIII e VII. A nova forma, porém, não é uma mera questão de abandonar uma das alternativas do simbolismo dual, pois o sofrimento de Israel, longe de ter desaparecido da nova profecia, é um de seus dois principais problemas, equilibrando a preocupação com a salvação. Assim, sofrimento e salvação estão ambos presentes, mas mudaram de aspecto, como podemos dizer provisoriamente, na medida em que não são mais "alternativas" ligadas pelo apelo.

(2) Deve-se então o novo aspecto do sofrimento e da salvação ao desaparecimento do apelo? Essa suposição seria o segundo mal-entendido, pois a salvação anunciada pelo Dêutero-Isaías não é um ato divino que transfigura a ordem de Israel e da humanidade, mas uma revelação de Deus como o Re-

dentor. E, como a revelação requer uma resposta humana, o profeta tem de pedir muito energicamente que o povo não rejeite a mensagem de salvação (Is 44,22):

> Apaguei como uma névoa as tuas revoltas,
> como uma nuvem as tuas faltas;
> volta a mim, pois eu te resgatei.

E o apelo é retomado no epílogo (Is 55,6):

> Procurai Yahweh já que ele se faz encontrar,
> chamai-o, pois ele está próximo!

Assim, o apelo continua presente tanto quanto as alternativas, embora também tenha mudado de aspecto, pois toda a questão da conduta do povo está agora no passado: Israel *sofreu* por sua deserção e *foi* perdoado. O apelo, portanto, não se refere mais à conduta conforme medida pela legislação sinaítica, mas à aceitação de Deus, o Redentor.

(3) Os elementos formais do simbolismo profético clássico estão, assim, todos presentes, embora de um modo diferente. Além disso, pela eliminação dos mal-entendidos, foi possível encontrar a causa da mudança na alteração do interesse do profeta da ordem do Povo Escolhido sob a *berith* sinaítica para uma ordem sob o Deus Redentor. O caráter dessa nova ordem é claramente mostrado pelo uso que o profeta faz do símbolo da *berith*. Em Isaías 42,6, o Servo é designado como "uma *berith* para o povo, como uma luz para as nações". E, mais elaboradamente, em Isaías 55,3-5, o profeta faz Deus dizer:

> Prestai ouvido, vinde a mim;
> Escutai, e havereis de viver!
> Concluirei convosco uma *berith* perpétua,
> Sim, eu manterei as graças de Davi [*dwd*].
> Eis: dele eu fizera uma testemunha para os clãs,
> um príncipe e comandante para os povos.
> Eis: uma nação que não conheces, tu a chamarás,
> e uma nação que não te conhece correrá para ti,
> pelo fato de Yahweh ser o teu Deus,
> sim, por causa do Santo de Israel, que te deu o seu esplendor.

Se os dois textos forem associados, a "*berith* perpétua" de 55,3 é o Servo que foi designado, em 42,6, como a "luz para as nações" e é agora dado aos povos como a "testemunha, príncipe e comandante". Esse Servo principesco, que é glorificado por Yahweh, chamará as nações e seu chamado será ouvido por causa do Santo de Israel[16]. Dessa maneira, estará estabelecida a ordem da humanidade prefigurada no início da obra (Is 40,5):

> Então será revelada a *kabhod* de Yahweh
> e toda carne o verá junta,
> pois a boca de Yahweh o falou.

O tipo da nova profecia foi agora esclarecido o suficiente para ser posicionado na história da ordem israelita. Da ordem imperial em forma cosmológica surgiu, por meio do salto no ser mosaico, o Povo Escolhido em forma histórica. O significado da existência no presente sob Deus foi diferenciado da sintonia rítmica com a ordem cósmico-divina pelo culto do império. A organização teopolítica, complementada pela monarquia para a sobrevivência na história pragmática, ainda sofreu, porém, sob a compacidade de sua ordem. A ordem do espírito ainda não havia se diferenciado da ordem das instituições e dos costumes do povo. Primeiro, em sua tentativa de esclarecer o mistério da tensão, Isaías dividiu o tempo da história no presente compactamente não regenerado e num futuro quase tão compactamente transfigurado da sociedade concreta. Por intermédio de Jeremias, esse presente não regenerado ganhou, então, seu significado existencial, na medida em que a participação do profeta no sofrimento divino tornou-se o ônfalo da ordem israelita para além da sociedade concreta. E por meio do Dêutero-Isaías, por fim, surgiu do sofrimento existencial a experiência de redenção no presente, no aqui e agora. O movimento que chamamos de Êxodo de Israel de si mesmo, o movimento da ordem da sociedade concreta para a ordem da redenção, estava, assim, completo. O termo *completo* deve ser adequadamente compreendido. Ele significa que a ordem do ser revelou seu mistério de redenção como a flor do sofrimento. Não significa, porém, que a visão do mistério é a realidade da redenção na história: a participação do homem no sofrimento divino ainda teria de encontrar a participação de Deus no sofrimento humano.

A obra vive na nova dispensação que ela proclama; e, inversamente, o processo de salvação percorre a obra. A ação começa com o primeiro oráculo, quando uma voz celestial anuncia que os pecados de Israel estão perdoados

---

[16] A linha "eu manterei as graças de Davi" deve ser lida como um aposto à *berith*, isto é, ao Servo. Ela é mais inteligível sem a indicação massorética de *dwd* como *dawid*. Pois, sem os pontos, o *dwd* também pode ter o dignificado de *dod*, isto é, o amado, como em Isaías 5,1. Isso poderia referir-se tanto a Deus como ao Servo; em qualquer caso, o *dwd* é um atributo real-divino.

(40,1-2). Em círculos de revelação cada vez mais amplos, o tema percorre, então, a hierarquia celeste. Uma voz mais distante diz que a glória (*kabhod*) de Yahweh será revelada para toda carne (40,3-5); e outra ainda mais distante diz, antifonicamente, que toda carne é grama e secará como grama, mas a palavra de nosso Deus permanecerá para sempre (40,6-8). Entram, então, as fileiras mais elevadas. A voz de um comandante ordena que os arautos das boas-novas informem em Jerusalém e nas cidades de Judá que Yahweh, o Senhor, está vindo com poder — "Eis aqui o vosso Deus!" (40,9-11). A voz de um mestre segue-se e apresenta a natureza e os atributos do Deus que está prestes a aparecer. "O Deus eterno é Yahweh, o Criador dos confins da terra." Ele se assenta muito acima do círculo da terra e estende os céus como uma cortina, como uma tenda para servir de habitação. Os homens são, diante de sua grandeza, como gafanhotos. Os príncipes e juízes da terra são, diante dele, um nada.

> Mal foram plantados, mal foram semeados,
> mal o seu tronco cria raízes na terra,
> quando ele sopra sobre eles e os faz secar,
> e o redemoinho leva-os embora como palha.

Mas ele também dá energia ao cansado e aumenta a força daquele que não tem poder (40,12-31). Depois que a imagem de Deus como o Criador e o Senhor da Humanidade foi delineada até esse ponto, o próprio Deus aparece. Primeiro, dirige-se às nações e indica a queda da Babilônia como uma lição objetiva de seu poder sobre a história (41,1-4). Depois (41,5-20), fala a Israel sobre a promessa e a presença de seu auxílio:

> Eu mesmo te ajudarei — diz Yahweh —
> e teu Redentor [*goel*] é o Santo de Israel.

E, por fim, ele convoca os deuses das nações diante de seu trono e desafia-os a interpretar as "coisas antigas" ou a anunciar as "coisas novas". E declara que eles não são nada. Ele próprio, no entanto, revelou as coisas que estavam por vir. Além disso, despertou "um do norte" que pisa governantes como argamassa, como o oleiro pisa a argila. E primeiro as anunciou a Sião e enviou os arautos com as boas novas para Jerusalém (41,21-29). O Deus que é Criador, Juiz e Redentor é também o Revelador que, pelas vozes de sua hierarquia, ordenou ao profeta: "Confortai, ó, confortai o meu povo!". O ciclo desse prólogo no Céu está fechado. Começa, então, o drama propriamente dito, com a apresentação do Servo.

O resumo deve ter dado uma ideia da arte literária do autor. O prólogo, que faz lembrar certas cenas do *Fausto*, deve agora ser examinado como a exposição dos motivos que percorrem o corpo principal da obra:

(1) O motivo dominante da obra é a revelação de Deus como o *goel* de Israel, como o Redentor (Is 41,14; 43,14; 44,6.24; 48,17; 49,7; 54,5). A revelação marca uma época tão decisiva na história que todo o passado move-se para a categoria das "coisas antigas" a que, agora, podem ser opostas as "coisas novas" (43,16-19):

> Assim fala Yahweh, ele que abriu em pleno mar um caminho,
> uma senda no coração das águas desencadeadas,
> ele que mobilizou carros e cavalos,
> o exército e o poderio.
> Eles estão tombados para não mais se levantar,
> sufocados como uma mecha e apagados.
> "Não vos lembreis mais dos primeiros acontecimentos,
> não torneis a repetir os fatos de outrora.
> Eis que eu vou fazer coisa nova,
> que já desabrocha:
> não o reconhecereis?"

A "coisa nova" é a libertação do jugo babilônico (43,14-15); e o texto (16-19) expressa o caráter de época do acontecimento de modo ainda mais drástico sugerindo que "os fatos de outrora", o Êxodo do Egito, podem ser relegados ao esquecimento como desimportantes em comparação com o ato presente de libertação. Desse centro de experiência intensa o motivo se expande, seguindo a lógica dos símbolos recebidos. O Êxodo é o primeiro dos "primeiros acontecimentos", contando do presente para trás. Isaías 51,9-10 completa a sequência em direção ao passado:

> Não foste tu que despedaçaste Raab,
> que traspassaste o dragão?
> Não foste tu que secaste o mar,
> as águas do grande abismo?

A criação do mundo pela vitória de Yahweh, simbolizado como um Marduk babilônio, sobre as águas do caos primordial e a criação de Israel são as "coisas antigas" que agora devem ser seguidas pela redenção de Israel. O motivo da criação é, então, acompanhado desde o início do mundo, passando por Israel, até a nova salvação (45,8):

> Céus, lá de cima, derramai um orvalho
> e que as nuvens façam jorrar a libertação [*zedek*];

que a terra se abra, que desabroche a salvação,
e brote dela juntamente a libertação [zedakah] –
Eu, Yahweh, criei isso.

Com uma retomada do *toldoth* do céu e da terra (Gn 2,4 ss.), a criação do mundo tem continuidade na criação da salvação. Às três fases da história do mundo no sentido criativo, portanto, correspondem os nomes de Deus como o *bore*, o Criador do mundo (40,28), de Israel (43,15) e da salvação (45,8). Nessa última função, Deus é também o Redentor (*goel*), o Santo e o Rei de Israel (43,14-15). Pode-se justificadamente falar do Dêutero-Isaías como o autor da primeira teologia da história.

(2) Mas por que a libertação deve ser experimentada como uma época na história do mundo? Os exilados na Babilônia não podem ter estado em situação tão ruim. Na verdade, um grande número deles preferiu não retornar a Jerusalém e permanecer com a boa vida da "opressão". Qual foi o fator na situação que tornou possível experimentar os eventos da política de poder como uma época de redenção na história do mundo? A preocupação com esse fator fornece o segundo grande motivo, concentrado em 40,6-8:

Toda carne é grama,
e toda a sua beleza é como a flor do campo.
A grama seca, a flor murcha,
quando o hálito de Yahweh sopra sobre elas —
certamente o povo é grama —
a grama seca, a flor murcha,
mas a palavra de nosso Deus permanecerá para sempre.

A queda de Jerusalém e o exílio devem ter produzido uma crise do javismo, no sentido de que o poder do império parecia devastador e definitivo. A carne, afinal, aparentemente não secava; Yahweh e Israel secavam, enquanto os deuses e o povo da Babilônia prosperavam. Eram necessários lembretes vigorosos, como 51,12-13, de que os poderes deste mundo eram carne mortal, mesmo que, no momento, parecessem estabelecidos para sempre:

Eu, eu sou aquele que te conforta —
Quem és tu para teres medo
do homem que há de morrer
e do filho do homem
que secará como grama?
Para esquecer-te de Yahweh, teu Criador,
que estendeu os céus
e deu à terra as suas fundações?

> Para viveres com medo continuamente, o dia todo,
> da fúria do opressor
> enquanto ele se apronta para destruir?

E eram requeridas admoestações, como 46,12-13:

> Ouvi a mim, homens desalentados,
> que se julgam longe da libertação [*zedakah*]:
> "Eu trago para perto a minha libertação, ela não está distante,
> e minha salvação não tardará.
> Porei a salvação em Sião,
> para Israel a minha glória".

Tais admoestações certamente seriam mais convincentes quando a carne opressiva da Babilônia mostrasse sintomas de estar secando como a grama. O aparecimento de Ciro deve ter sido um alívio além de nossa plena compreensão, não pela libertação política, mas porque provou a realidade de Deus e de seu poder sobre a carne. Pode-se ainda sentir esse alívio em 45,1:

> Assim diz Yahweh a seu Ungido [*mashiach*],
> a Ciro, cuja mão direita segurei
> para subjugar as nações diante dele
> e afrouxar a força dos reis,
> para abrir portar diante dele
> e para que os portões não sejam fechados. [...]

Essa é a prova convincente de que Yahweh é Deus e de que não há nenhum deus além dele (45,6). A ascensão e queda do império é reconhecida como o caminho da carne sob as ordens de Deus (48,14-15):

> Reuni-vos todos e ouvi!
> Quem entre vós disse estas coisas:
> Aquele a quem Yahweh ama realizará o que lhe apraz na Babilônia
> e mostrará seu braço aos caldeus?
> Eu, eu falei; eu o chamei;
> Eu o trouxe e tornei seu caminho próspero!

E Deus trouxe a libertação por causa dele mesmo, para que seu nome não fosse profanado na história (48,11); o povo sobrecarregou Deus com suas iniquidades, mas, por seu próprio interesse, ele apaga as transgressões (43,24-25); o povo foi testado na fornalha do sofrimento (48,10) e, agora, está pronto para ouvir as "coisas novas", as notícias da salvação para sempre (45,17; 51,6).

(3) A libertação marca uma época na história, porque traz a redenção da escravidão aos falsos deuses do império. Este é o terceiro tema que vem desde o prólogo e percorre a obra. Quantitativamente, a polêmica contra os falsos

deuses ocupa um espaço considerável, mas a questão está concentrada na brilhante sátira sobre a Babilônia em Isaías 47. O capítulo, provavelmente, foi escrito por outra mão, mas encaixa-se à perfeição no contexto. Aqui, Babilônia, a caída, é coberta de escárnio: "Desce e assenta-te no pó, ó filha virgem da Babilônia!". "Entra nas trevas e senta-te em silêncio, ó filha dos caldeus!" A causa da queda é formuladae em 47,10:

> Tua sabedoria e teu conhecimento
> te desencaminharam,
> de modo que disseste a ti mesma,
> "Eu sou, e não há ninguém além de mim".

Essa é a caricatura do Primeiro Mandamento, bem como de Yahweh (48,12):

> Eu, eu sou o primeiro,
> Eu sou também o último.

Em seu orgulho do império, o homem imita Deus. Essa parte da verdade contida na revelação sinaítica permaneceu velada enquanto o Povo Escolhido sob Deus esteve cercado por impérios longevos e militar e politicamente eficazes. A queda da Assíria, da Lídia e da Babilônia no intervalo de menos de um século deixou claro que toda carne de fato secava como grama. E da sucessão de desastres imperiais, do esfacelamento empírico da ordem cósmico-divina surgiu a percepção de que, acima das vicissitudes do império, "a palavra de nosso Deus permanecerá para sempre" (40,8). Essa percepção, porém, estabelece de fato um novo éon na história, pois o Deus que se revelou como o primeiro e o último, ao soprar seu hálito sobre a carne, revela-se agora como o Deus para toda a humanidade. A carne que imitou Deus e secou devido à sua culpa é a mesma carne que, agora, verá a *kabhod* de Yahweh revelado (40,5). Além disso, Israel como uma sociedade concreta na história pragmática pereceu juntamente com os impérios. Assim, o Israel que surge da tempestade que soprou sobre toda a humanidade não é mais o Povo Escolhido completo em si mesmo, mas o povo a quem a revelação veio primeiro para ser comunicada às nações. Ele tem de emigrar de sua própria ordem concreta, assim como os povos dos impérios tiveram de emigrar da deles. O novo Israel é a aliança e a luz para as nações (42,6), o Servo de Yahweh por meio de quem Deus fará sua salvação atingir os confins da terra (49,6).

A tarefa do Servo é clara: do centro de sua recepção em Israel, a notícia da redenção deve ser disseminada por toda a terra. A execução da tarefa, no entanto, encontrará dificuldades, pois Israel como sociedade foi esmagado para se tornar a população sem líder em torno de Jerusalém, os exilados na Babilônia e os refugiados espalhados em todas as direções. Quem ouvirá esse lamentável resto de um povo a quem ninguém ouviu mesmo quando ele era uma potência de tamanho moderado? Um século mais tarde, quando Heródoto viajou pela área da Síria e da Palestina, aparentemente não ouviu sequer falar de povos como Israel ou Judá, ou de uma cidade chamada Jerusalém. Além disso, embora a Babilônia tivesse caído, seu império foi substituído pelos persas, que seriam seguidos pelos macedônios e pelos romanos. O poder do império não havia desaparecido pelo fato de um profeta ter tido a experiência de seu ressecamento como grama sob o sopro de Yahweh. E, por fim, ainda que algum tipo de Israel fosse reorganizado em seu antigo lar, quantos membros desse povo haviam de fato experimentado a libertação da Babilônia como a redenção em relação ao império para toda a humanidade? Assim, a tarefa será trabalhosa; e trará ridículo, humilhação, perseguição e sofrimento para os homens que a empreenderem em tais circunstâncias desfavoráveis. O Israel empírico não entrará na empresa missionária, pois o povo em si ainda não aceitou a mensagem de salvação. O profeta, na melhor das hipóteses cercado por um grupo de discípulos de igual pensamento, terá de se mover, portanto, para a posição de um Jeremias, que realiza o destino do Servo como representante de Israel. E tal tarefa, por fim, não será executada pelo profeta na duração de sua vida; ela exigirá o esforço de gerações de sucessores. O Servo será, assim, um novo tipo na história da ordem, um tipo criado pelo profeta em Israel e para Israel, a ser representado por outros até que a tarefa fosse completada. Essa situação do profeta deve ser percebida caso se queira compreender o movimento do símbolo do Servo, em sua obra, de Israel, o Servo de Yahweh, para o próprio profeta como representante de Israel e, na sequência, para o sucessor indeterminado que completará a tarefa que teve de ser deixada inacabada pelo profeta[17].

Quando o prólogo anunciando a obra de redenção chega ao fim, o servo é apresentado por Deus para o público celestial (42,1-4):

Eis o meu Servo que eu sustenho,
meu escolhido em quem minha alma se apraz!

---

[17] As traduções a seguir dos cânticos do Servo baseiam-se nas de NORTH, *The Suffering Servant*, 117-127. As numerosas mudanças levaram em conta o extenso debate sobre detalhes. Sugestões de Bentzen, Buber, Engnell e Nyberg foram utilizadas com frequência.

Eu pus nele meu espírito [*ruah*],
ele trará a justiça [*mishpat*] às nações.

Ele não gritará, nem fará nenhum clamor,
nem deixará sua voz ser ouvida nas ruas;
uma cana rachada ele não quebrará
e o pavio que queima tenuemente ele não apagará.

Com fidelidade ele trará a justiça,
não vacilará nem vergará,
até que na terra ele estabeleça a justiça,
e por sua instrução [*toroth*] aguardam as terras na costa.

O simbolismo régio do primeiro cântico encerra a figura tão completamente em sua armadura que ninguém pode dizer se ele se refere a Israel ou ao profeta como seu representante. O oráculo que vem imediatamente a seguir (42,5-9) dá ao Servo o seu lugar na teologia da história. O Deus que criou o mundo e a humanidade agora estabelece o Servo como "uma aliança para o povo e uma luz para as nações", para abrir os olhos cegos e tirar os prisioneiros do cárcere. O fato de que a referência é à cegueira e à prisão do espírito é mostrado por 42,16-17, em que as trevas serão mudadas em luz e os lugares escarpados em terreno plano, e apenas serão mandados de volta aqueles que ainda confiam em ídolos. Antes que isso possa ser realizado pela suave ação do Servo, porém, o próprio Servo precisa deixar de ser cego e surdo. Pois, no presente (42,19),

Quem é cego, senão o meu Servo?
E surdo como meu mensageiro que eu envio?
Quem é tão cego como o meu reabilitado [*meshullam*],
e tão totalmente quanto o Servo de Yahweh?

Nesse contexto, o Servo é claramente o Israel (42,22-25) que ainda não emergiu de sua surdez e sua cegueira para se tornar o reabilitado que poderá ser uma luz para as nações (43,1-9). Apenas quando o ato de redenção tiver tocado o povo Israel será "o Servo que eu escolhi" e poderá convencer as nações de que Yahweh é Deus (42,10); e esse ato consistirá no rompimento da prisão babilônica pelo conquistador como instrumento de Deus (42,14-15). Isaías 45,1-7, então, apresenta Ciro como o libertador; e o feito de libertação política é seguido pelo breve hino 45,8, citado anteriormente, em que os céus despejam libertação e a terra faz brotar a salvação.

Com a vitória de Ciro e o retorno iminente a Jerusalém, a redenção de Israel está completa (48,20): "Dizei: 'Yahweh redimiu o seu servo Jacó'". Isso não significa, porém, como a sequência mostra, que o Israel empírico tenha aceitado a mensagem de salvação. Significa que a redenção foi experimentada pelo profeta por Israel, como seu representante. Israel tornou-se o reabilitado, porque, em seu meio, a revelação encontrou resposta em pelo menos um homem. Pois o Servo que foi designado no céu no tempo de Deus entra agora no tempo histórico na própria pessoa do profeta, que é quem pronuncia o segundo canto (49,1-6):

> Ouvi-me, terras da costa,
> e dai atenção, povos distantes!
> Yahweh chamou-me desde o útero,
> antes de meu nascimento ele me deu o meu nome;
>
> e de minha boca fez uma espada cortante,
> na sombra de sua mão ele me escondeu;
> e fez de mim uma seta polida,
> em sua aljava ele me ocultou;
>
> e disse: "És meu Servo,
> Israel, por quem obterei glória".
>
> Mas eu disse: "Em vão trabalhei,
> por nada e por futilidades eu gastei minha força;
> no entanto, certamente minha causa está com Yahweh,
> e minha recompensa com meu Deus".
>
> E, agora, assim diz Yahweh
> que me modelou desde o útero para ser seu Servo,
> para trazer Jacó de volta a ele,
> e para que Israel a ele se reúna–
>
> (Assim fui honrado aos olhos de Yahweh
> e meu Deus tornou-se minha força) —
>
> "Pouca coisa é que sejas meu Servo
> para erguer as tribos de Jacó
> e trazer de volta os sobreviventes de Israel —
> Farei de ti uma luz para as nações
> a fim de que minha salvação possa alcançar
> os confins da terra."

O modelo de Jeremias como o senhor da história em forma imperial faz-se sentir fortemente neste segundo cântico. Israel contraiu-se no Servo, que tenta mover o Israel empírico — aparentemente em vão. Mas, apesar de seu fracasso temporário em prol da causa de Yahweh, Deus atribuiu a ele a tarefa ainda maior de tornar-se a luz para as nações. A causa do fracasso em convencer as pessoas é apresentada no texto a seguir. Yahweh de fato estendeu para o oprimido Israel — "desprezado por homens, abominado pelas nações, escravo de governantes" (49,7) — sua promessa de salvação (49,7b):

> Os reis verão e se erguerão,
> príncipes, e se curvarão,
> por causa de Yahweh que é fiel,
> do Santo de Israel que te escolheu.

Israel deveria ser o Servo, a "aliança para o povo" (49,8) — mas as circunstâncias, incomodamente, não se adaptam a um centro mundial de salvação para as nações (49,8-13). O Israel empírico ainda sofre; e seus amplos motivos de queixa exigem uma resposta na forma do extenso consolo em 49,14–50,3.

Nessa situação bastante confusa, o profeta, que pode ter se tornado alvo de comentários desagradáveis, se não de ataques mais tangíveis, faz o terceiro cântico, expressando sua confiança em Deus, bem como sua obediência às ordens divinas (50,4-9):

> O Senhor Yahweh me deu
> a língua dos ensinados [*limmudim*, discípulos],
> para que eu soubesse como responder
> aos cansados com uma palavra.
> Manhã após manhã ele desperta meu ouvido
> para escutar como aqueles que são ensinados.
> ....,
> E eu não fui rebelde
> nem recuei.
> Dei minhas costas aos que batiam
> e minhas faces aos que arrancavam [a barba];
> meu rosto eu não escondi
> dos ultrajes e das cusparadas.
>
> Mas o Senhor Yahweh me ajudará,
> portanto não estou perturbado;
> fiz de meu rosto uma pederneira
> e sei que não serei envergonhado.
>
> Perto está o meu vingador:
> Quem pelejará comigo?
> Fiquemos juntos!
> Quem é meu adversário?
> Que se aproxime!

> Eis que o Senhor Yahweh me ajudará!
> Quem, então, me condenará?
> Eis que todos se desgastarão como uma veste,
> a traça os devorará!

No terceiro cântico, o profeta caracteriza sua posição como a de um *limmud*, de "um que é ensinado", de um discípulo. Martin Buber enfatizou fortemente o fato de que apenas no contexto de Isaías a palavra *limmudim* aparece com o significado de "discípulos". Em Isaías 8,16, o profeta fecha o testemunho e sela a instrução "no coração de meus discípulos"; e em Isaías 50,4 seu sucessor fala com a língua dos *limmudim*. Teria a instrução selada no coração dos discípulos de Isaías irrompido nessa hora tardia num membro do círculo? E o segundo Isaías de fato fala com a língua de um discípulo de seu mestre? A observação é perspicaz e a suposição é tentadora, pois o Dêutero-Isaías usa de fato a linguagem do mestre e profetiza a vinda do *kabhod* de Yahweh. Todavia, acho que a suposição de Buber deve receber algumas ressalvas. A passagem Isaías 8,16 não é muito clara em seu contexto. A expressão "meus discípulos" pode referir-se aos discípulos de Isaías, mas o "meus" pode também referir-se a Deus: o profeta talvez tenha recebido a ordem de selar a mensagem no coração dos discípulos de Deus, os quais, certamente, são ao mesmo tempo discípulos de Isaías. E esse também parece ser o significado de *limmudim* em Isaías 50,4, onde o profeta apresenta-se como o homem que foi dotado por Deus da língua dos discípulos, como o homem que, manhã após manhã, escuta a Deus como os discípulos o fazem. Além disso, essa concepção do *limmud* como o homem que é ensinado por Yahweh permeia a obra do Dêutero-Isaías. No prólogo, um dos atributos de Deus é que ele não é "ensinado" por ninguém quanto a *mishpat* e *da'ath* (40,14). Deus é o professor não ensinado que diz de si mesmo (48,17):

> Eu, Yahweh, teu Deus,
> que te ensina para o teu bem
> e que te conduz pelo caminho que deves seguir.

E no epílogo Israel recebe a promessa: "Todos os teus filhos serão *limmudim* de Yahweh" (54,13). A tarefa do Servo estará cumprida quando cada homem tiver se tornado um *limmud* de Deus, como o profeta é agora. Isso não nega que a concepção origine-se com Isaías. Mas um discípulo de Isaías é, ao mesmo tempo, um discípulo de Deus; e a essência do discipulado, o ser ensinado por Deus, deve ser enfatizada para evitar a mais leve sugestão de uma transmissão "sociológica" de uma mensagem dentro de um círculo.

O profeta como o *limmud* é o homem que tem uma palavra para o cansado, por mais adversas que possam ser as circunstâncias. E o *pathos* de sua própria existência é a obediência na adversidade. Ele não se rebela ou recua (provavelmente referindo-se ao questionamento e à lamentação de Jeremias); ele não se perturbará com os maus-tratos à sua pessoa; mas, confiante em Deus, continuará a falar com a língua dos discípulos o que lhe foi ensinado por Deus.

O auto-elogio profético do terceiro cântico é seguido pela ação profética. Isaías 50,10 é uma exortação aos cansados e 50,11 é uma profecia de destino cruel para os maus. Isaías 51,1–52,12 é uma sequência de oráculos e hinos que retoma os motivos e os elabora. A autoridade do Servo é sutilmente apoiada pela transferência dos predicados do Servo para o próprio Deus. No prólogo, o profeta recebeu a ordem de confortar o povo; agora, Deus lhes afirma que "Eu, eu sou o que te conforta" (51,12-16). Antes, o Servo era a luz para os povos; agora, a instrução (*torah*) deve emanar de Deus e sua *mishpat* ser uma luz para os povos (51,4-5). Além disso, a situação do Servo no terceiro cântico é transferida para o povo em geral. Eles são agora aqueles "em cujo coração está minha instrução [*toroth*]" (51,7) e que, portanto, não precisam temer as censuras dos homens mortais; e mesmo a satisfação de ver seus inimigos consumidos pela traça como uma veste de lã é agora concedida a todos (51,8). Por fim, até os arautos com a boa nova da salvação reaparecem, anunciando para Sião: "Teu Deus tornou-se Rei" (52,7). A seção termina com a exortação a sair do meio da Jerusalém redimida, do ônfalo da humanidade, para levar a notícia da salvação para as nações e espalhá-la até os confins da terra (52,8-12):

> Ide-vos! Ide-vos! Saí daqui!
> Não toqueis em nada impuro!
> Saí do meio dela; mantende-vos puros,
> vós que levais os utensílios de Yahweh!
> Pois não deveis sair apressados,
> nem partir em fuga,
> porque Yahweh irá diante de vós
> e o Deus de Israel será a vossa retaguarda.

Com as imagens do Êxodo do Egito, Israel é impulsionado para o seu Êxodo de si mesmo.

No segundo e no terceiro cânticos, o profeta é quem fala; no primeiro e no quarto cânticos, é Deus. O êxodo que deve agora ser realizado leva ao futuro, para além do tempo do profeta e de sua obra. O tempo da salvação que entrou no tempo do profeta segue para além dele em direção ao cumprimento. No primeiro cântico, Deus apresentou o Servo ao público celestial e revelou sua intenção de salvação; no quarto cântico, Deus apresenta o Servo como seu sofredor representativo aos reis e às nações, para que todos possam aceitá-lo e ser salvos. O Deus que é primeiro e último tem as primeiras e as últimas palavras no drama da salvação que alcança do céu à terra.

Na primeira parte do cântico, Deus apresenta o Servo como o governante exaltado da humanidade (Is 52,13-15; a segunda e a terceira linhas de 52,14 são posicionadas depois de 53,2):

> Eis que o meu Servo prosperará,
> ele será exaltado e elevado e posto muito alto,
> Como muitos horrorizaram-se à vista dele
> ……
> Assim deve ele surpreender muitas nações,
> por causa dele reis fecharão a boca,
> pois o que não lhes havia sido dito eles verão
> e o que não haviam ouvido entenderão.

A apresentação é respondida por um coro composto dos reis e das nações e, talvez, também do próprio povo do profeta. Podemos falar dele como um coro da humanidade. Eles, por fim, acreditam no que lhes foi dito sobre o Servo e seu sofrimento representativo (53,1-9):

> Quem poderia ter acreditado naquilo que nos foi dito?
> E o braço de Yahweh — a quem ele foi revelado?
>
> Pois ele cresceu como um pequeno rebento diante de nós
> e como raiz brotando da terra seca.
> Não tinha forma nem beleza para que devêssemos olhá-lo,
> nenhuma aparência que pudesse nos deleitar,
> tão desfigurada a sua aparência, distinta da dos homens,
> e sua forma distinta da dos filhos do homem.
>
> Desprezado e abandonado pelos homens,
> um homem afligido por dores e marcado pela doença,
> e, como alguém de quem os homens desviam o olhar,
> ele era desprezado e não fazíamos caso dele.
>
> No entanto, eram nossas as doenças que ele levava,
> e nossas as dores que ele suportava,
> enquanto o víamos como golpeado,
> castigado por Deus e afligido.
>
> Ele foi ferido por nossas transgressões,
> foi machucado por nossas iniquidades,

> o castigo para o nosso bem recaiu sobre ele
> e por suas marcas nós fomos curados.
>
> Todos nós, como ovelhas, andávamos desgarrados,
> cada um voltou-se para seu próprio caminho,
> e Yahweh fez cair sobre ele
> a iniquidade de todos nós.
>
> Ele foi oprimido — e humilhou-se
> e não abriu a boca —
> como um cordeiro que é conduzido ao matadouro,
> e como uma ovelha diante dos tosquiadores,
> ele ficou mudo
> e não abriu a boca.
>
> Com violência de julgamento ele foi arrebatado
> e, com seu destino, quem se importou?
> Ele foi removido da terra dos vivos,
> por nossas transgressões o golpe caiu sobre ele.
>
> E fizeram-lhe a sepultura com os ímpios,
> e com os ricos em sua morte,
> embora ele não houvesse praticado nenhuma violência
> e não houvesse engano em sua boca.

A história inacreditável em que agora se acredita, o mistério do sofrimento representativo, é transmitida da humanidade maravilhada para as vozes celestiais que refletem (53,10):

> No entanto, Yahweh agradou-se em esmagá-lo com doenças,
> de fato ele se entregou como um sacrifício pela culpa.
> Ele verá uma descendência que prolonga os dias
> e o desígnio de Yahweh prosperará em suas mãos.

E, das vozes celestiais, o tema é por fim tomado pelo próprio Deus (53,11-12):

> Do trabalho fatigante de sua alma ele verá luz,
> será saciado com o seu conhecimento:
> Meu Servo trará a libertação para muitos,
> e suas iniquidades ele suportará.
>
> Portanto, designarei como seu quinhão as multidões,
> e incontável será o seu espólio:
> Porque ele expôs sua alma à morte
> e com os transgressores foi contado,
> enquanto carregava o pecado dos muitos
> e pelos transgressores intercedia.

O êxodo da ordem cósmico-divina do império é completado. O Servo que sofre muitas mortes para viver, que é humilhado para ser exaltado, que suporta a culpa dos muitos para vê-los salvos como sua descendência é o Rei acima dos reis, o representante do divino acima da ordem imperial. E a história de Israel como o povo sob Deus é consumada na visão do gênio desconhecido, pois, como o sofredor representativo, Israel foi além de si mesmo e torna-se a luz de salvação para a humanidade.

Sobre a eficácia da visão do profeta na história do judaísmo quase nada se sabe pelos cinco séculos seguintes. Um sinal aqui e ali na literatura apocalíptica revela que há "sábios entre o povo que trazem entendimento para os muitos" (Dn 11,33) na tradição do Dêutero-Isaías. E descobertas como o documento de Damasco e os manuscritos do mar Morto provam que movimentos relacionados a essa tradição devem ter sido muito mais fortes do que as literaturas canônica e rabínica nos deixariam desconfiar. Esses movimentos emergem novamente na superfície histórica no cristianismo. Uma oração de tanta intensidade como a *Nunc dimittis* de Lucas 2,29-34 não pode ser explicada como uma reminiscência literária; ela pertence a uma tradição viva do Dêutero-Isaías. E a preocupação com o problema do Servo Sofredor é atestada pela história de Atos 8: o eunuco etíope da rainha, sentado em seu carro e lendo Isaías, reflete sobre a passagem: "Como um cordeiro, ele foi conduzido ao matadouro". Ele pergunta a Filipe: "Dize-me, de quem o profeta está falando? Dele mesmo ou de alguma outra pessoa?". Então Filipe começou, relata o historiador dos apóstolos, e, partindo dessa passagem, contou-lhe a Boa Nova sobre Jesus.

Índice de referências bíblicas

As referências bíblicas (capítulos e versículos) são apresentadas em negrito para distingui-las dos números de páginas. (Por exemplo, Gênesis **1,26**, página 63.) Os números de páginas no início de cada entrada referem-se a páginas em que o livro da Bíblia é discutido em geral, sem referência a capítulos e versículos específicos. (Por exemplo, Gênesis, páginas 63-66.)

Antigo Testamento

Gênesis: 63-66, 67, 88, 192, 193-195, 205, 212, 221-225, 422, 424; **1-11**, 16; **1-13**, 246; **1,26**, 63; **1,27**, 15; **1,28**, 225; **1,29-30**, 226, 227; **2,3**, 226; **2,4**, 223; **2,4-7**, 223-224; **2,4ss.**, 557; **2,7**, 226; **2,17**, 63; **3,4-5**, 64; **3,22**, 64; **3,22-24**, 292; **3,23-24**, 64; **4,15**, 257; 4,17, 223; **4,23ss.**, 235; **4,25**, 223; **5**, 222, 223; **5,1**, 223, 227; **6**, 66, 83; **6,1-4**, 64; **6,3**, 64; **6,5-8**, 64; **6,9**, 223; **6,9-10**, 222; **9**, 194; **9,1**, 225; **9,3-6**, 226, **9,6**, 227; **9,9**, 226; **10**, 194, 222; **10,1**, 223; **10,21**, 220; **11,1**, 64; **11,1-9**, 222; **11,4**, 64; **11,5-9**, 64; **11,10**, 222,223; **12,1-3**, 64; **14**, 39, 40, 245, 246, 250-253, 255-257, 333, 336, 445, 469; **14,1-24**, 245-246; **14,18**, 335; **14,18-20**, 247, 249; **14,21**, 249; **14,22-24**, 249-251; **15**, 246, 250-252, 257; **15,1**, 250; **15,16**, 250; **15,18-21**, 250; **16**, 235; **16,12**, 481; **17**, 235; **17,1-8**, 226; **17,9-14**, 226; **18,17-18**, 194; **22,18**, 227; **23**, 295; **25,8**, 296; **25,9**, 295; **25,12-15**, 78; **25,16**, 78; **25,17**, 296n11; **25,18**, 481; **28,11-22**, 75; **32,2s.**, 64; **32,28**, 462; **34**, 256; **35**, 75; **35,8**, 295; **35,20**, 295; **35,29**, 296; **37,9-10**, 82; **38**, 308; **47,30**, 296; **48,21-22**, 255; **49**, 78; **49,4**, 78; **49,23-24**, 78; **49,27**, 78; **49,29**, 296

Êxodo: 193, 420, 465; **1-15**, 192, 212, 442; **2**, 42, 457, 458, 460, 475; **2,1-10**, 448, 458; **2,10**, 448-450; **2,11-15**, 459; **2,11-22**, 455; **2,16-22**, 459; **2,18**, 257; **2,23**, 457; **2,23-25**, 458, 459; **3,4**, 460; **3,1-4,17**, 456, 459-462; **3,4**, 460; **3,5-6**, 461; **3,6**, 256, 457; **3,7-10**, 461; **3,8**, 457, 461; **3,11**, 461; **3,11-14**, 461-462; **3,12**, 462, 467, 471; **3,13**, 461; **3,13-14**, 258; **3,14**, 462-464, 466, 467; **3,15-22**, 460; **4,1-9**, 460; **4,10**, 453; **4,10-12**, 460, 461; **4,11**, 454; **4,21-23**, 42, 444, 445; **4,21-26**, 455; 4,22,

445, 446; **4,24-26**; 454; **4,27**, 445; **5-12**, 440, **5,1-3**, 446; **5,6-23**, 446; **5,21**, 446; **6,12**, 455; **6,20**, 457; **6,28-75**, 454; **6,30**, 454, 455; **7,8-13**, 440, 441; **7,16**, 446; **8,1**, 445*n*5, 446; **8,20**, 445*n*5, 446; **9,1**, 446; **9,13**, 446; **9,16**, 446; **10,3**, 446; **10,23**, 441; **11,4-5**, 441; **11,7**, 441; **12,12**, 441; **12,31-32**, 446-447; **12,40**, 448; **13,19**, 448; **14**, 269; **14,11-12**, 447; **14,13-14**, 169; **14,19**, 443; **14,20**, 447; **14,24**, 447; **14,27-28**, 447; **14,31**, 269; **15**, 262; 15,21, 447; 18, 257; 18,4, 458; 19, 460, 475; **19-24**, 352, 386, 418*n*1; **19,1-8**, 473; **19-4-6**, 475-476, 480, 512; **19,9-25**, 474; **19,11**, 457; **20**, 373, 387, 469, 475, 479*n*37, 487; **20-23**, 387, 389, 390, 474; **20,1**, 390; **20,1-17**, 478; **20,2-17**, 387, 388; **20,3**, 390; **20,5b-6**, 478; **20,7**, 390; **20,7b**, 478; **20,9-10**, 478; **20,11**, 478; **20,12b**, 478; **20,13**, 390; **20,15**, 390; **20,17b**, 478; **20,18-21**, 388; **20,19**, 430; **20,23-26**, 388; **20,23-23,19**, 383, 386; **21,1**, 389; **21,2-22,15**, 387; **21,12**, 390; **21,12-27**, 389; **21,28-22,4**, 389; **22,1**, 390; **22,5-14**, 389; **22,16**, 389; **22,17**, 389; **22,18**, 390; **22,19**, 389, **22,20**, 390; **22,21**, 391, **22,21-23,9**, 389; **22,25**, 391; **22,26-27**, 391; **22,29-30**, 388; 23,8, 391; 23,10, 388; 23,10-19, 388; 23,16, 388; 23,20-22, 391-392; 23,20-33, 393; **24**, 474; **24,1-11**, 473; **24,3**, 387, 388; **24,3-8**, 474; **24,4**, 387; **24,4-11**, 477; **24,7**, 387; **24,8**, 387, 475; **24,12**, 474; **25-31**, 474; **28**, 378; **31,18**, 474; **32-33**, 474; **32,19**, 474; **34**, 387, 388, 475; **34,10-26**, 474; **34,17-26**, 383; **34,27**, 387; **34,27-28**, 475; **34,28** 387

Levítico: 426; **17-26**, 204; **17,11**, 226*n*22

Números: 196, 212; **20,1**, 295; **21,27**, 213

Deuteronômio: 26, 173, 192*n*4, 204, 205, 210, 226, 352, 353, 414-416, 417*n*1, 433-437, 444; **1-11**, 417, 418*n*1; **1-30**, 417, 421; **1,1-5**, 419; **2**, 247*n*4; **2,20**, 247; **4,32-34**, 436; **4,35**, 414; **4,39**, 414; **4,45-49**, 419; **5**, 388, 425, 479*n*37, 487; **5,2**, 425; **5,2-4**, 430*n*5, **5,22**, 387; **6,4-5**, 415; **6,5**, 433; **6,5-7**, 16; **6,10-12**, 415; **6,13-15**, 415; **6,20-25**, 190, 436; **7,1-5**, 415; **7,6**, 477*n*35, 514; **7,6-8**, 415; **7,9**, 415; **7,16-26**, 415; **9,1**, 430*n*5; **10,14**, 477*n*35; **11,23ss.**, 431n9; **11,26-29**, 419; **12**, 205, 425, 426; **12-26**, 417, 418*n*1; **14,2**, 477n35, 514; **15,15**, 430n5; **15,22-25**, 432; **16,18-20**, 432; **17,1-13**, 432; **17,14ss.**, 433; **17,14-18,22**, 425; **17,14-20**, 425; **17,16-17**, 426; **17,18-20**, 426; **18,1-8**, 426; **18,9-11**, 426; **18,9-22**, 426; **18,15**, 427, 436; **18,15-18**, 439; **18,16**, 427, **18,18**, 427; **18,21-22**, 427; **19,1**, 431*n*9; **20,16ss.**, 431*n*9; **26,5b-9**, 189, 210; **26,16-19**, 418*n*1; **26,17**, 430*n*5; **26,18-19**, 514; **27-30**, 417, 418*n*1; **27,9**, 430*n*5; **29,2**, 477*n*5; **29,10**, 430*n*5; **30,11-14**, 429, **30,15**, 430*n*5; **30,19**, 430*n*5; **31-34**, 417, 421; **32,8-9**, 476; **32,8-11**, 477*n*35; **32,10-12**, 477*n*35; **33,7**, 328; **34**, 213

Josué: 173, 190, 193, 196; **1,1**, 522; **8,34**, 191; **9-10**, 256; **10,1**, 335; **10,3**, 335; **24,2b-4**, 190; **24,5-7**, 190; **24,8-13**, 190; **24,14-27**, 190; **24,25-26**, 226; **24,29**, 522; **24,32**, 295

Juízes: 173, 190, 195-197, 204, 264, 269-271, 395; **1,1-21**, 308; **1,8**, 208; **1,16**, 257; **2,6-3,6**, 269; **2,8**, 522; **2,23-3,6**, 269; **3,7-11**, 207; **4,4**, 264; **4,14-16**, 264; **4,15**, 266; **5**, 249-259, 267; **5,4**, 263; **5,11**, 263, 264; **5,13**, 263; **5,19-20**, 261*n*18; **5,23**, 267; **6-9**, 271; **6,8-10**, 271; **6,11**, 271; **6,23**, 271; **6,25**, 271; **6,32**, 271; **6,34**, 265, 271; **7**, 265; **7,14-18**, 272; **7,22**, 266; **8,22**, 272; **8,23**, 304*n*14; **8,27**, 272; **8,31**, 274; **8,33**, 274, **9**, 274; **9,1-5**, 274; **9,2**, 273; **9,4**, 256; **9,8-15**, 274; **9,22-57**, 274; **11,3**, 309; **11,14-28**, 278; **11,24**, 278; **11,29-40**, 279; **13-16**, 283; **13,17**, 462; **15,9-13**, 308; **15,11**, 283; **17**, 283; **21,25**, 270

1 Samuel: 195, 204; **1**, 280, 286; **1,20**, 286; **2,12-36**, 284; **3**, 286; **4**, 283; **4-6**, 283; **5,8**, 283; **5,11**, 283; **6,4**, 283; **6,12**, 283; **7**, 300; **8-12**, 17; **8,1**, 300; **8,3**, 300; **8,5**, 301, 304; **8,6**, 301; **8,7-9**, 301; **8,11-18**; 301; **8,20**, 301; **9,1-14**, 285; **9,9**, 286; **9,15-16**, 285; **10,1**, 285; **10,5**, 285; **10,6**, 285; **10,7**, 285; **10,9**, 285; **10,10**, 286, 287*n*8; **10,11-12**, 275; **10,17-24**, 301; **10,26-27**, 302; **10,27**, 304; **11**, 304; **11,12**, 304; **12,1-5**, 302; **12,6-25**, 302; **12,8-13**, 190; **12,14-15**, 302; **13,2**, 309; **13,19-22**, 283; **14**, 304; **14,52**, 309; **15**, 302, 323; **15,17**, 303; **16,18**, 309; **18,3**, 310; **18,5**, 310; **18,7-9**, 310; **19,23-24**, 287*n*8; **22,1**, 310; **22,2**, 309; **22,7**, 310; **25,28**, 264; **27**, 311; **28,3**, 291, 295; **28,3-25**, 291; **28,9**, 291, **28,13**, 291

2 Samuel: 190, 195, 204, 316; **1,19-27**, 280, 299; **2,1**, 325; **2,1-4**, 311, 325; **2,8-9**, 311; **2,9**, 326; **2,11**, 311; **2,12-13**, 311; **3,1**, 312; **3,2-5**, 355; **3,6-30**, 311; **3,33-34**, 312; **4**, 312; **5,1-5**, 312; **5,2**, 326; **5,3**, 326; **5,14-16**, 335; **5,17-25**, 312; **6,14**, 287, **6,21-22**, 288, 329; **6,23**, 288; **7, 17**, 329, 330, 355, 362, 523; **7,8b-10**, 329; **7,12-16**, 362; **7,14**, 368; **7,26**, 330; **8,16-18**, 336; **8,18**, 476n32; **9-20**, 231; **10,12**, 321; **10,15-19**, 321; **11**, 317; **11,1**, 282, 321; **11,11**, 319; **12,1-15a**, 317, 318; **12,7-9**, 324; **12,15b-25**, 317; **13**, 327; **15-18**, 327; **15,2-6**, 327; **15,24-29**, 336; **20,1**, 327; 327; **21,15-16**, 332n11; **21,16-22**, 247n4; **21,19**, 332n10; **22**, 450; **22,17**, 449n9; **23,1-4**, 527; **23,3**, 527; **23,3-4**, 528; **23,5**, 330, 528; **23,9**, 332n11; **23,24**, 332n11; **24**, 321

1 Reis: 173, 187, 195-196, 204-205, 316, 332n11, 375n2, 403; **1-2**, 231; **1,5-10**, 327; **1,1-53**, 327; **2,12-25**, 327; **2,26-27**, 336-337; **3,1**, 377; **3,7**, 523; **4,5**, 476n32; **4,7-19**, 316; **5,13-18**, 316; 378; **8,53**, 378; **9,10-14**, 316; **9,15-22**, 315; **11**, 377; **11,3**, 379; **11,8**, 377; **11,14-22**, 376; **11,26-39**, 376; **11,29-39**, 369n1; **11,40**, 376; **11,41**, 205; **12,1**, 327; **12,16-18**, 316; **12,19**, 328, 329; **12,26-33**, 380; **14,10**, 205; **14,29**, 205; **16,21-28**, 281, 403; **16,24**, 381; **16,29-34**, 403; **16,32-33**, 382; **17**, 405; **17-18**, 404-405; **17,1**, 403; **18,17-18**, 404; **18,21**, 405; **18,22**, 404; **18,27**, 406; **18,36-37**, 406; **18,39**, 406; **19,2**, 405; **19,10**, 404; **19,11-13**, 407; **19,14**, 404; **19,19-21**, 408; **20**, 404; **20,14-15**, 381, 381n9; **21,20-21**, 404; **22**, 404, 417

2 Reis: 172, 187, 212, 332n11, 403, 518; **1**, 406, 2,11, 408; **2,12**, 504; **3**, 504; **3,27**, 278; **8,18**, 382; **9,7**, 523; **13,14-19**, 504; **13,25**, 504; **21,5**, 416; 416; **22-23**, 417, 422; **22,13**, 422; **22,16**, 422; **23**, 416; **23,1-3**, 417; **23,2**, 417, 422; **23,2-3**, 226; **23,4-5**, 416; **23,7**, 416; **23,10**, 416; **23,11**, 416; **23,12**, 416; **23,13**, 416; **23,21**, 417; **23,24**, 417; **23,25**, 417

1 Crônicas: 173, 196, 212, 219n21, 220, 246n1, 332n11, 504, 506; **1-9**, 219; **2**, 258n15; **2-8**, 220; **3,5-9**, 335; **3,19**, 336; **9,1**, 220; **17**, 329n5; **17,11-12**, 228; **18,17**, 476n32; **21**, 322n3

2 Crônicas: 172, 196, 212n21, 246n1, 332n11, 504, 506; **8,11**, 377; **13,6-7**, 376; **20**, 504; **20,20-25**, 504; **29,10**, 226

Esdras: 173, 196, 212, 219, 219n21; **4,1-4**, 221; **8,35**, 221; **10,3**, 226; **10,9**, 219

Neemias: 173, 196, 212, 219n21; **9,6-37**, 192; **10,1**, 226

Ester: 246n1

Jó: 83; 9,11, 83; **23,2-4**, 83; **23,8-9**, 83; **23,15-17**, 83; **31,26-28**, 83

Salmos: 202, 332n11, 340-345, 360-361, 452; **2**, 342, 344-345, 398, 451; **2,1-4**, 363-364; **2,7**, 355, 368; **8**, 65; 367; **18**, 450-452; **18,17**, 449; **18,17-18**, 450; **18,42-46**, 450; 18,43ss., 452; **18,49-50**, 452; **19,1-10**, 366; **20**, 342; **21**, 342; **24,7-10**, 364; **29,1**, 334; **45**, 342; **46,4**, 335; **47**, 342; **50**, 191, 352; **72**, 342; 366, 528; **78**, 190; **81**, 352; **85**, 335; **89,7**, 334; **89,27**, 335; **93**, 342, 360, 365; **96**, 366; **97**, 342; **97,1-2**, 365; **99**, 342, 365, 365n83; **101**, 342; **104**, 366; **105**, 190; **110**, 333n16, 337, 337n32, 339; **110,5-6**, 338-339; **110,7**, 339; **132**, 342; **135**, 190; **136**, 187-189, 190

Provérbios: **8**, 83; **30,4**, 462n17

Eclesiastes: **9,4-6**, 296

Isaías: 196; **1-35**, 525, 535; **1-39**, 19; **2,2-4**, 509, 534; **2,12-17**, 498; **3,16**, 499; **3,24**, 499; **5**, 505; **5,1**, 333, 554n16; **5,7**, 414; **6-12**, 530; **6,1-5**, 492, 530; **6,6-7**, 492; **6,6-13**, 492; **6,8**, 493, 530; **6,11-13**, 493; **7,1-12**, 530; **7,4**, 18, 19, 503; **7,6-7**, 503; **7,9**, 18, 503; **7,13-17**, 531; **7,14**, 531n11; **7,18-8,13**, 531; **8,14**, 414; **8,16**, 564; **8,16-18**, 531; **9,1-6**, 532; **9,1-7**, 509; **11,1-9**, 533-534; **12**, 505; **14,12-15**, 335; **14,15**, 556; **19**, 505; **20,3**, 523; **28,15**, 512; **30,15**, 18, 503; **31,1**, 18, 503; **31,3**, 503; **36-39**, 535; **38,18-19**, 294; **40-41**, 551; **40-48**, 545; **40-55**, 535, 545-549; **40,1-2**, 552; **40,1-31**, 556; **40,5**, 554, 559; **40,6-8**, 555; **40,8**, 559; **40-14**, 564; **40,28**, 557; **41,1-29**, 555; **41,14**, 556; **42-48**, 551; **42,1-4**, 546, 560; **42,5-9**, 561; **42,6**, 553, 559; **42,10**, 561; **42,14-15**, 563; **42,16-17**, 561; **42,19**, 561; **42,22-25**, 561; **43,1-9**, 561; **43,14**, 557; **43,15**, 557; **43,16-19**, 556; **43,24-25**, 558; **44,6**, 556; **44,22**, 553; **44,24**, 556; **45,1**, 558; **45,1-7**, 561; **45,6**, 558; **45,8**, 558-557, 561; **45,17**, 558; **46,12-13**, 558;

47, 551, 559; **47,10**, 559; **48,10**, 558; **48,11**, 558; **48,12**, 559; **48,14-15**, 558; **48,17**, 556, 564; **48,20**, 561; **48,20-22**, 551; **49-53**, 551; **49-55**, 545; **49,1-6**, 545, 562; **49,6**, 559; **49,7**, 556, 563; **49,8-13**, 563; **49,14-50,3**; 563; **50,4**, 546, 563-564; **50,10**, 565; **50,11**, 565; **51,1-52,12**, 565; **51,4-5**, 565, **51,6**, 558; **51,7**, 565; **51,8**, 565, **51,9-10**, 556; **51,12-13**, 557; **51,12-16**, 565; **52,7**, 565; **52,8-12**, 565; **52,13-15**, 566; **52,13-53,12**, 546, 548, 566-567; **52,14**, 566; **53,1-9**, 566; **53,2**, 566; **53,10**, 567; **53,11-12**, 567; **54-55**, 551; **54,5**, 556, **54,13**, 564; **55,3-5**, 553; **55,6**, 553; **56-66**, 536; **63,11**, 449, 449n9; **63,11ss.**, 296; **63,16**, 296; **63,17**, 297

Jeremias: 196, **1-24**, 525; **1,5**, 521; **1,6-8**, 522; **1,9b-10**, 523; **1,14-19**, 520; **1,17-19**, 520; **2,11-12**, 496; **2,25**, 496; **2,28**, 496; **5,1-2**, 789; **5,4-6**, 489; **5,26-28**, 489; **7**, 786; **7,3**, 486; **7,4-11**, 487; **7,12-20**, 489; **7,23**, 487; **7,24**, 487; **7,25**, 523; **7,25-26**, 489; **8,18**, 540; **9,22**, 498; **9,23**, 500; **10,1-16**, 495; **10,2**, 495; **10,3-5**, 495; **10,5**, 495; **10,10**, 495; **11,20-23**, 539; **12**, 540; **12,1**, 540; **12,4**, 541; **12,5**, 541; **12,7 ss.**, 541; **15,10**, 540; **15,15**, 540; **15,16-19**, 540; **16,2-5**, 520; **16,9**, 502; **17,1**, 512; **18,1-12**, 523; **18,18**, 539; **18,20**, 539; **18,21-23**, 539; **22,19**, 539; **23,1-8**, 538; **25**, 525; **25,4**, 523; **25,9**, 523; **26**, 486, 490; **26,4-23**, 490; **26,5**, 523; **27,6**, 523; **29,19**, 523; **30-33**, 525; **31,29-30**, 511; **31,31-34**, 512; **32,7-8**, 520; **32,15**, 520; **35,15**, 523; **36,1-24**, 491; **43,10**, 523; **44**, 494; **45,3-5**, 541; **46-51**, 525

Ezequiel: 196; **1-24**, 525; **5**, 76; **5,5-6**, 76; **5,7-17**, 76; **14**, 294; **18**, 294; 512; **25-48**, 525; **33**, 294

Daniel: 196; **11,33**, 568

Oseias: 466-467, **1,9**, 467; **2,14-23**, 510; **2,16-25**, 509; **3,4-5**, 529; **4,1-2**, 384; **4,6**, 384; **4,14**, 384; **6,6**, 479n37, 501, 502n1;
6,8-10, 488; **8,1**, 384; **8,4**, 497; **8,6**, 496; **8,14**, 498; **10,13-15**, 498; **12,13**, 436; **13,9**, 518; **13,9-11**, 498

Joel: **2,28-29**, 399; **2,32**, 399; **3,18-21**, 509

Amós: **1,3-2,3**, 524, 525; **2,4-5**, 525; **2,6-16**, 525; **2,13-16**, 508; **3,7**, 523; **3,10**, 488; **5,21-24**, 479n37, 500; **9**, 518; **9,1-8**, 525; **9,7**, 524; **9,8-11**, 529; **9,9-15**, 525; **9,13-15**, 509, 529

Jonas: 413

Miqueias: 414; **2,1-2**, 488; **2,8-9**, 488; **3,1**, 414; **3,12**, 490; **4,1-5**, 509; **6,1-8**, 479n37; **6,6-8**, 501; **6,8**, 502n1

Sofonias: **1**, 525; **2**, 525; **3**, 525

Malaquias: 393-394, 395-396; **3,1**, 393; **3,22-23**, 393; **3,23**, 398n18; **3,24**, 394

Livros apócrifos/deuterocanônicos

Judite: 246n1
Sabedoria de Salomão: **18,24**, 378n7
Eclesiástico: 196

Novo Testamento

Mateus: **1,2-16**, 227; **1,17**, 228; **5,17**, 396; **16,27-28**, 402; **17,1-13**, 396; **17,4**, 397; **17,5**, 396, **17,8**, 397; **17,9-13**, 396

Lucas: **2,29-34**, 568; **3,23-38**, 227

João: **1,6-7**, 142

Atos: **2**, 399; **8**, 568

Romanos: 178; **8,38-39**, 84

1 Coríntios: **14**, 290

Gálatas: **3,7-9**, 194; **4,8-11**, 84; **4,26**, 72n8

Hebreus: 368; **13,21**, 452

Apocalipse: 509; **12,1**, 83; **20,6**, 123; **20,14**, 115n35; **21**, 72n8

Índice onomástico

Aarão 257, 440, 441, 444-446, 454, 460
'Abdu-Heba 254
Abel e Caim 222, 235, 257
Abiatar 336, 337
Abimelec 39, 274, 309
Abner 310-312, 326
Abraão 171, 190, 193, 194, 197, 205, 210, 220-222, 226-228, 235, 243, 246, 253, 258, 295, 296, 316, 334, 406, 457, 459, 461
Abraham ibn Ezra, rabino 421
Absalão 308, 327
Acab 288, 381, 382, 403, 404, 440, 528
Acad 71, 73, 74, 448
Acaron 279, 283, 406
Acáz, rei 18, 503, 530, 531, 533, 534, 537, 543
Adamah (solo) 224
Adam (homem) 220, 224, 225
Adão 38, 65-67, 194, 219-228, 476
Adapa, mito de 36, 65, 66, 68, 90
"Admoestações de Ipuwer" 104, 143, 150
Adonias 327, 336
Adonisedec 256, 335
Aduram 316
África 122
Agar 235
Agathon 407, 500, 549
Agnosticismo 31

Agostinho, Santo 26, 54, 181, 236
Ahriman 94-96
Ahura Mazda 93-95, 96
Akhenaton 12, 37, 107, 149, 152-157, 180, 254, 281, 366, 379, 468
Albright, W. F. 61, 69, 165, 168, 169, 184, 247, 249, 254, 256, 278, 283, 348, 378
Alexandre 28, 59, 80, 100
Aliança 10, 12-14, 16-19, 38-43, 119, 163, 170, 171, 173, 183, 190-196, 208, 210, 217, 219, 221, 225-227, 229-235, 241-243, 248, 250, 256, 278, 330, 352, 353, 355, 356, 358, 359, 367, 370, 374, 380, 382-387, 391-393, 403, 412, 415, 417-419, 422, 424, 425, 431, 452, 456, 459, 471, 474-476, 478, 483, 485, 486, 489, 493-495, 497, 502, 503, 511-515, 518, 519, 526, 538, 543, 559, 561, 563. *Ver também Berith*
Alma 14, 17, 21, 37, 39, 43, 50, 88, 107, 109, 115, 132, 142-148, 155, 156, 161-163, 172, 176, 177, 179, 182, 199, 226, 250, 251, 253, 257, 290, 293-295, 297-299, 306, 350, 385, 415, 424, 429, 432, 434, 443, 456, 461, 478, 480, 485, 494, 495, 500, 501, 510, 511, 515, 519, 548, 560, 567
Alt, Albrecht, 165, 191, 251, 254, 333, 353, 383
Am (povo) 436
Amalec, Guerra contra 302
Amanah (acordo) 226

Amarna, Cartas de 253-256, 362, 376
Amarna, Revolução de 37, 115, 149, 152, 162, 379
Ambrósio, Santo 303
Amenemhet I 151
Amenemhet III 125
Amenhotep IV. *Ver também* Akhenaton
Am-ha-aretz (povo da terra) 221, 289
Am haretz 431
Ammi (meu povo) 461
Amnon 327, 334
Amon 37, 42, 97, 115-117, 130, 133-135, 149, 151-155, 161, 162, 189, 190, 310, 315, 379, 416, 467-470
Amon, Hinos de 37, 42, 133, 161, 162, 189, 379, 467, 468, 470
Amon, rei 190
Amon e amonitas 310, 315, 316, 334
Amonitas 190, 282, 304, 321, 334
Amon-Rá 115-117, 149, 151, 153, 154
Amor 14, 16, 32, 35, 55, 59, 84, 116, 150, 242, 280, 295, 298, 300, 318, 384, 415, 432, 433, 494, 495, 511
Amorreus 188, 195, 247, 248, 250, 251, 255, 256, 315
Amós 43, 370, 398, 399, 401, 425, 479, 488, 497, 500, 501, 508, 518, 524-526, 528-530, 534, 537, 538, 542, 543, 547, 552
Am Yahweh (povo de Yahweh) 263, 265, 268, 321, 437
Ana 286
Anahita 96
Analogia entis 37, 135
Analógica, simbolização da ordem 49-55
Ancestrais, culto dos 292, 293, 295, 296
Anima naturalis 432
Animais, manifestação de deuses em 120, 121
Ano Novo 40, 81, 82, 85, 92, 344-346, 348, 357, 358, 364, 442, 538
Ano Novo, lenda do 192
Anshar 89
Ansiedade e ignorância 46, 47, 49, 54
Anthes, Rudolf 99, 112
Anticristo 402
Antigo Oriente Próximo. *Ver* Aquemênida, império; Egito; Israel; Mesopotâmia

Antigo Testamento 12, 13, 15-17, 21, 22, 164, 165, 167, 168, 171-173, 175, 179, 184, 187, 189, 200-203, 208, 211-213, 215, 216, 242, 322, 331, 333, 334, 340, 341, 344-346, 348, 349, 351, 352, 355-357, 386, 412, 413, 421, 427, 428, 444, 453, 462, 507, 509, 532
Antinomianas, heresias 509
Anu 66-69, 72, 82, 89, 91, 416
Anúbis 120
'Apiru 254-256
Apocalípticos, movimentos e literatura 196, 197, 508, 509, 567
Apócrifos 196
Apokatastasis 395, 396
Apóstolos 78, 568
Apsu 82, 89, 90
Aquemênida, império 12, 36, 60, 93-95, 97
Arameus 163, 167, 189, 190, 194, 210, 310, 315, 334, 376, 380-382, 524
Arca 263, 279, 283, 287, 319, 320, 323, 329, 336, 364, 377, 378
Arcaísmo 434
Ares, águas e lugares (Hipócrates) 79
Aretai (virtudes) 494, 501, 502
Aristóteles 28, 29, 79, 432
Arqueologia 201
Artaxerxes I 96
Artaxerxes II 96
Asa 381
Asaradon 416
Assembleia de Siquém 190, 191
Assíria 18, 41, 74, 85, 169, 375, 380, 382, 430, 433, 434, 502, 503, 521, 542, 543, 559
Assírio, Código 383
Assur 71, 74, 85, 88, 113, 521
Assurbanipal 74, 78, 416, 434, 521
Astarte 377, 382
Astrologia 291
Astronomia 85
Atalia 381
Aton 127, 149, 152-157
Atos de Salomão 205, 370
Atos dos Reis de Israel 205, 370, 403
Atos dos Reis de Judá 403
Atum 116-119, 123-126, 130, 138-141

Auerbach, Elias 435, 456, 458, 460, 462, 463, 479
Aureliano 80
Australianos, primitivos 479

Baal 39, 41, 249-251, 256, 274, 277, 279, 280, 288, 379, 382, 390, 393, 405-407, 416, 440, 487, 510
Baal Berith 39, 248, 251, 382
Baal de Tiro 382, 390, 405
Baal-Melek 416
Baal Melqart 382
Baal-Zebub 406
Baasa 375
Babel, Torre de 64, 193, 222, 223, 228
Babilônia 44, 60, 64, 65, 72-76, 80, 85, 86, 88, 91, 92, 96, 97, 113, 164, 168, 178, 219, 344, 348, 354, 357, 365, 399, 412, 458, 523, 543, 545, 547, 551, 555, 557, 558-560
Baentsch, Bruno 388
Baitylion 75
Barac 260, 264, 265, 271
Baruc 491, 520, 541
Begrich, Josef 343, 345, 546
Behistun, Inscrição de 36, 95-97
Bem e mal 94, 97, 98, 119, 143, 144, 150, 385
Bene elohim (filhos de Deus) 334
Bene hannebi'im (filhos dos profetas) 288
Benjamim, tribo de 285
Bentzen, Aage 165, 337, 347, 351, 546, 547, 560
Bergson, Henri 550
Berith 38-40, 42, 191, 225-227, 245, 248, 250-253, 255, 256, 272, 274, 277, 280, 310, 312, 316, 326-330, 333, 353, 358, 372, 382, 386, 392, 393, 401, 411, 413, 414, 417, 419, 420, 422, 425, 443, 445, 457, 459, 461, 462, 466, 469, 473-475, 477-480, 485, 486, 500, 511-515, 528, 553, 554. *Ver também* Aliança
Berkhof, Hendrik 301
Beth-ab (família) 258
Betsabé 40, 310, 316-320, 322-325, 329
Bezerro de ouro, episódio do 474
Bíblia, crítica da. *Ver também* Antigo Testamento
Bíblia, narrativa 21, 37, 38, 64, 164, 187, 193, 194, 201, 203-205, 207, 209-211, 237, 253, 255, 256, 258, 281-283, 309, 311, 314-316, 328, 335, 337, 386, 404, 421, 437, 438, 444, 457, 469, 470, 483. *Ver também* Antigo Testamento; Novo Testamento
Biblos 255
Biblos geneseos 227
Biologismo 31
Bodin, Jean 79
Boehl, Franz M. T. 69, 336, 527
Boman, Thorleif 208
Bore (Criador) 557
Bottéro, Jean 331
Breasted, James A. 99, 102, 105, 126, 135, 141, 144, 152, 154, 156
Buber, Martin 165, 177, 203, 223, 301, 367, 388, 435, 449, 455, 456, 458, 460, 462, 467, 470, 471, 476, 479, 481, 530, 533, 538, 547, 560, 564
Buda 50
Bultmann Rudolf 508
Buttenwieser, M. 340

Caim e Abel 235
Calvinismo 303
Cam 221, 222; filhos de 194
Cambises 96
Camos 278, 280, 377, 416
Canaã 14, 38, 76, 162-164, 168-171, 173, 174, 181, 188, 190, 192-197, 210, 218, 230, 231, 234, 235, 245, 248, 250-253, 255, 256, 258, 259, 261-263, 270-272, 302, 321, 334, 348, 357, 362, 372, 388, 400, 401, 407, 412, 419, 425, 426, 431, 523
Canonização 164, 196, 422
Canto de Lamec 235
"Canto do Harpista" 36, 105-108, 129, 145
Cantos do Servo 545, 552, 560, 568. *Ver também* Servo Sofredor
Carisma 323, 374
Carnoy, A. J. 94
Cartago 382
Cary, M. 94
Casamento de reis 273, 377, 378
Cassuto, Umberto 333, 334
Cavaignac, Eugène 61
Cazelles, Henri 435

Celso 51
Ceticismo 36, 104, 106, 107, 143, 145, 151
Chaberim (aliados) 247
Charles, R. H. 368
Cherem (proscrição) 266, 302, 390, 394
Chicago Oriental Institute 99
Childs, B. 20
China 31, 50, 60, 82, 87, 98, 108
Christos 526
Ch'un 109
Chung kuo 76, 77, 477
Ch'un-tse 109
Ciaxares 417
Cidade de Deus 335, 521
Cidades-estado 51, 69, 70, 85, 91, 111, 122, 169, 247, 280, 282, 283
Cineus 257
Círculo D 212
Circuncisão 226, 454-456
Ciro (libertador de Israel) 545-548, 558, 561
Ciro (rei da Babilônia) 96, 97
Cis 285
Civitas Dei 55, 477
Clements, R. E. 20
Código de Hamurabi 72, 73, 75, 80, 383
Código Sacerdotal 204
Codorlaomor 245
Coélet 295, 296
Collins, J. J. 20
Compacidade 14, 36, 37, 38, 88, 91, 92, 107, 110, 119, 121, 123, 131, 132, 134, 136, 142, 162, 178, 179, 189, 217, 218, 233, 234, 237, 241, 252, 298, 350, 357, 360, 385, 452, 453, 465, 506, 508, 513, 529, 537, 538, 554
Compaixão 291, 367, 500, 501, 511
Comte, Auguste 423
Comunidade de iguais 37, 144, 145
Comunidade do ser 10, 11, 35, 46, 47, 49, 53-55, 87, 132
Comunismo 423
Confederação de Israel 258, 259, 262, 269, 274, 305, 313, 367
Confúcio e confucionismo 50, 87, 88, 108, 109
Conhecimento 11, 19, 31, 33, 45-49, 54, 60, 63, 64, 78, 79, 83, 85, 94, 101, 139, 179, 180, 203, 213, 214, 281, 289, 322, 344, 346, 358, 362, 384, 385, 434, 459, 461, 462, 466, 471, 479-502, 506, 507, 510, 511, 515, 530, 533, 544, 559, 567
Constantino 53, 80, 81
Consubstancialidade 11, 12, 35, 37, 47, 63, 67, 126, 131, 132, 134, 136, 139, 140, 148, 154, 402
"Contra-rei" 443
Conversão 18, 54, 55, 98, 490
Cook, S. A. 165
Coppens, J. 547
Cosmogonia. *Ver* cosmológica, ordem
Cosmológica, ordem 29, 35, 57, 59, 108, 161, 252, 350, 352, 374, 443
Crenshaw, J. L. 20
Criação 63, 65, 73, 74, 83, 88, 91, 93, 94, 130, 136, 138-141, 144, 183, 187-189, 192-194, 196, 199, 204, 205, 210, 219, 224, 225, 228, 231, 232, 347, 357, 442, 499, 556, 557
Cristianismo. *Ver também* Jesus
Cristo. *Ver* Jesus
Crítica de fontes, método de crítica bíblica 203, 210, 212, 215
Crítica literária 40, 203, 205-207, 209, 210, 215, 343, 356, 359
Crítico-formal, método para Salmos 342-346
Cross, F. 19
Culto, padrões de 213, 348, 350
Cultos e lendas de culto 191, 192, 215, 287
Cumont, Franz 80
Cursos civilizacionais: e Egito 99-110; e Israel 167-177

D, narrativa. *Ver* Deuteronomista (D), narrativa
Dã 380
Da'ath (conhecimento [de Deus]) 358, 501, 518, 533, 534, 564
Dabar (palavra [de Deus]) 330, 353, 358, 390, 412
Damasceno, João 465
Damasco 167, 169, 310, 315, 334, 504, 568
Damasco, documento de 568
Danby, Herbert 477
Daniel 196, 227, 247

Dario I 93, 94, 95, 97

Davi 14, 17, 39, 40, 42, 43, 192, 200, 216, 227, 228, 231, 256, 263, 274, 280-284, 287-291, 299, 306, 307, 309-320, 322-337, 339, 353, 354, 356, 358, 359, 362-364, 367-370, 372, 375-377, 381, 414, 430, 440, 450, 452, 499, 504, 523, 527-529, 532, 534, 537, 553, 554

Davídica, aliança 17

Dawidum (general ou comandante de tropa) 331, 332

Dearman, J. 19

Debharim (palavras [de Yahweh]) 41, 387-391, 421, 424-426, 438, 443, 475, 490

Débora (ama de Rebeca) 295

Débora (profetisa) 260, 264, 320, 367

Débora, Cântico de 39, 257, 259, 262-270, 275, 281, 308, 316, 439

Decálogo 14, 19, 41-43, 352, 373, 387-391, 422-425, 469, 474, 475, 478-482, 486-489, 493-495, 513, 515, 543

Delfos, ônfalo em 75

Deserto 37, 41, 74, 112, 162, 163, 173, 174, 188, 193, 234, 235, 257, 277, 296, 357, 394, 407, 408, 411, 419, 422, 425, 444, 446, 447, 451, 457, 459, 471, 473, 477, 479, 500

Deus 10-20, 29, 32, 35-39, 41-45, 48, 54, 55, 59, 63-65, 75, 83, 84, 88, 94, 96, 117, 142, 145, 148, 162-164, 172, 173, 177, 179-184, 187-190, 192-195, 197, 201, 205, 210, 211, 214, 215, 217-219, 221, 222, 224-227, 235, 236, 242, 248-252, 257, 260, 262, 266, 272, 285, 286, 291, 293, 294, 296-305, 321, 328, 333-335, 345, 346, 350, 354, 355, 358, 360, 361, 366-368, 372, 374, 378, 379, 384-387, 390, 392-397, 399, 400, 402, 403, 405-408, 411-416, 419-427, 429, 430, 432, 433, 435-437, 439, 441-444, 446, 447, 449, 451-476, 478, 480-487, 489-497, 499-502, 504-531, 533-535, 538-541, 543, 545, 548-550, 552-568

Deus absconditus 457

Dêutero-Isaías 15, 43, 192, 273, 354, 413, 425, 486, 522, 523, 535, 536, 545-547, 549, 552, 554, 557, 564, 568

Deuteronômio 16, 42, 173, 189, 190, 192, 204, 205, 210, 212, 226, 229, 328, 352, 353, 387, 388, 414-421, 425, 426, 428-433, 436, 437, 444, 476, 477, 479, 487

Deuteronomista (D), narrativa 202-206, 213, 214, 270, 271, 303, 306, 332, 375, 387

De Vaux, R. 19, 69

Dever, W. 20

De Wette, W. M. L. 204, 417

Dez Mandamentos (Decálogo) 374, 387-390, 422, 473-475, 479-482, 486-495, 513-515

Dia de Yahweh 41, 393-399, 401, 508

Diáspora 477

Dies dominicus (dia do Senhor) 81

Dike de Zeus 87

Dilúvio 64, 78, 83, 194, 222, 223, 228, 347, 442

Dina, clã de 256

Dioniso, cultos de 287

Dodekaoros 77, 79, 80

Dodo 332

Domingo 81

dualismo 36, 96, 98, 113, 114, 127

Duhm, B. 339, 546

Durée 550

E, narrativa. *Ver* Eloísta (E), narrativa

Ea 66-68, 89-91

Ebed Yahweh (servo de Yahweh) 442, 522

Eclipse de Deus 37, 177

Éden. *Ver* Adão

Edom 260, 278, 310, 315, 376

Efra, santuário para Yahweh em 272

Efraim, tribo de 375

Efron, o heteu 193

Egito 17, 18, 36, 37, 42, 50, 59, 60, 74, 80, 94, 96, 97, 99, 102, 104, 106, 108, 111-120, 122-124, 126, 128, 130, 135-137, 139, 141, 142, 144, 145, 147, 149, 151-153, 155, 157, 161-164, 168, 170, 178, 180, 188-190, 193, 218, 253-258, 269, 281, 301, 302, 315, 344, 348, 355, 357, 362, 365, 376, 379, 380, 382, 399, 412, 419, 425, 434, 436, 437, 439-448, 451-453, 455-459, 461, 462, 470-472, 476, 477, 480, 483, 490, 494, 503, 512, 513, 524, 540, 543, 545, 556, 565

Ehyeh asher ehyeh (Eu sou quem eu sou) 462, 467, 481

Eichrodt, Walter 42, 165, 252, 429, 432, 433

Eidos 139

Eisler, Robert 80

Eissfeldt, Otto 165, 206, 283, 546
Ela 375
Elam e elamitas 195, 246, 264
Elcanan 332
Eleazar 332
Eleazar b. Pedat, rabino 502
El Elyon 40, 248-250, 257, 330, 331, 334, 335
Eleph (mil) 258
Eli 284, 336
Elias 41, 205, 235, 279, 288, 370, 374, 392-398, 400-408, 411, 412, 435, 440, 441, 479, 504, 528
Eliseu 205, 235, 370, 374, 392, 404, 407, 408, 441, 504-507
Elohim (Deus) 15, 63, 64, 66, 203, 224, 248, 297, 385, 424, 455, 465
Elohim (fantasmas dos mortos) 291-295
Eloísta (E), narrativa 203, 370, 372, 383, 386-388, 391
Emanuel, profecia de 43, 531
Em busca da ordem (Voegelin) 21
Encarnação 397, 402, 549
Endor, feiticeira de 39, 291, 292, 303, 306
Engel-Janosi, Friedrich 176
Engnell, Ivan 38, 165, 203, 211-216, 331-333, 335, 347-349, 442, 443, 449, 460, 530, 547, 560
Enki 72
Enkidu 78
Enlil 70-72, 85, 86, 88, 89, 161, 263
Ensi 70, 71
Entronização, Cantos de 342, 344, 351, 354, 359, 360
Enuma elish 36, 88, 89, 92, 111, 135
Epinomis (Platão) 55
Era ecumênica (Voegelin) 9, 16
Erman, Adolph 99, 135
Escatologia 41, 81, 357, 361, 400, 402
Escravos 80, 236, 316, 389, 399, 425, 436, 563
Esdras 168, 173, 196, 212, 219, 226, 413
Espírito Santo 296, 430, 449
Ésquilo 32, 549
Etbaal 381, 382
Etiópia 568
Etnografia 79, 80
Evolucionismo 348

Existencialismo 31, 296
Êxodo de Israel de si mesmo 15, 43, 545, 548, 554
Êxodo de Israel do Egito 162
Extaticismo 39, 290
Ezequias 226, 294, 430, 490
Ezequiel 16, 76, 196, 204, 294, 512, 524, 525

Faraós. *Ver* Egito
Fausto (Goethe) 556
Fé 17-20, 31, 55, 106, 127, 131, 143, 150, 161, 181, 182, 216, 236, 266, 269, 293, 296, 322, 418, 494, 503, 505-509, 515-517, 519, 520, 526, 528-530, 535, 542
Feiticeira de Endor 39, 291, 292, 303, 306
Fellahim 176
Fenícia 380, 382
Ferezeus 315, 316
Festa dos Tabernáculos 346
Festival da Aliança de Siquém 191
Fides caritate formata 432
Filho de Deus 36, 42, 121, 123, 227, 354, 355, 368, 378, 396, 443, 446, 447, 449, 451-453, 455, 457, 470, 472, 514, 521, 522
Filipe 568
Filisteus 163, 167, 169, 171, 230, 231, 233, 247, 263, 268-270, 279, 280, 282-285, 288, 291, 292, 299, 300, 304, 306-314, 326, 329, 358, 371, 372, 386, 499, 524, 543
Fílon 378
Fílon, o judeu 194
Filosofia 17, 21, 22, 28-30, 32, 39, 43, 50, 52, 59, 88, 108, 109, 181, 208, 211, 295, 298, 324, 340, 347, 348, 350, 359, 385, 424, 463, 465, 466, 470, 482, 494, 501, 508, 516, 518, 549
Finet, André 331
Flávio Josefo 470
Forma civilizacional 36, 107, 110, 119, 142
França 79
Frankfort, H. A. 61
Frankfort, Henri 36, 61, 71, 81, 99, 101-104, 107, 108, 113, 114, 120, 121, 124, 126, 127, 136, 137, 139-141, 347
Freudismo 30
Furlani, Giuseppe 61, 69

Gabaon 256, 311, 312
Gattungen de Salmos 342-344, 349
Geb 137
Gedeão 39, 269-274, 277, 287, 304, 305
Gelboé, batalha de 291, 299, 303
Genealogias no Antigo Testamento 219-222, 226, 227
Gentios, Paulo sobre 182
Gersom 459
Gibborim (guerreiros) 300, 332
"Gilgamesh e Aga" 70
Gilgamesh, épica de 68, 78, 80
Gilson, Etienne 465
Ginsberg, H. L. 169, 247, 249
Glatzer, Nahum N. 502, 508
Glauben (crença) 354
Gnose 28, 30, 97, 506, 509
Gnosticismo 18
Godley, A. D. 76
Goel (Redentor) 296, 548, 555-557
Goetze, A. 383
Golias 247, 332
Gomorra 245, 247
Goodspeed, E. J. 396, 397
Gordon, Cyrus H. 169, 249
Goy qadosh (nação santa) 512-514, 524
Goyim (nações) 301, 425, 426, 431, 521
Graf-Wellhausen, hipótese de 421
Granet, Marcel 109
Gray, G. B. 94
Gray, John 362
Grécia e gregos 167, 292, 293, 297, 298
Gressmann, Hugo 546
Groenbech, Vilem 344
Guerra 14, 18, 20, 31, 39, 40, 42, 43, 50, 70, 73, 190, 202, 231, 245, 248, 249, 254, 255, 259-272, 277-279, 282, 283, 288, 290, 292, 300, 302-304, 306-310, 312, 313, 315, 317, 319-324, 326, 327, 329, 335, 338, 358, 369-372, 375, 376, 380, 386, 430, 431, 434, 488, 502-506, 508, 511, 515, 531, 534, 542-544
Guerra santa. *Ver* Guerra
Gunkel, Hermann 40, 211, 246, 342-345, 354

Hadad 249, 376

Hamurabi 69, 72, 73, 75, 77, 78, 80, 111, 171, 246, 383
Han som kommer (Mowinckel) 331, 348, 547
Harakhti 116
Harém 39, 74, 273, 274, 317, 320, 327, 328, 376
Haremhab 153
Harper, Robert Francis 72
Hathor 120
Hatshepsut, rainha 126
Hayom (hoje) 430
Hebron 254, 308, 311, 312, 325-328, 334, 335
Heckel, Ursula 363
Hedonismo 36, 106, 107
Hegel, G. W. F. 519
Heidel, Alexander 65, 80, 88
helenização 197. *Ver também* Grécia e gregos
Heráclito 293
Heródoto 76, 78, 79, 119, 120, 560
Heróis, culto dos 295-296
Heros eponymos 294
Hershman, A. M. 282
Hesed (compaixão) 500, 501, 511
Hesíodo 53, 169, 324
Heveus 315
Hexateuco 189, 204, 207, 216
Hicsos 100, 101, 149, 168, 253, 254, 256, 448
Hierarquia dos deuses 81; da existência 48; do ser 54
Hilliers, D. 20
Hinneberg, Paul 342
Hino da Vitória 258
Hinrichs, J. C. 72, 99, 115, 136, 206, 254, 283, 345
Hipócrates 79
Hipoteca de Canaã 14
Hiram de Tiro 316
História 9-17, 20-22, 27-32, 46, 49, 51, 54, 59, 60, 63, 75, 88, 89, 101, 110, 113, 129-131, 142, 155, 163, 164, 167, 170, 172, 174-185, 187-194, 197, 199-201, 211, 214, 217, 218, 220, 225-233, 241, 251-253, 272, 281, 286, 297, 316, 317, 320, 340, 350, 357-359, 361, 372, 373, 385, 394, 397, 400, 402-404, 428, 430, 435, 439, 441-443, 447, 452, 462, 464,

468, 469, 478, 491, 505, 507, 509, 514-519, 521, 523, 526, 529, 542-568. *Ver também* Historiografia

Historia sacra 54, 181, 353

Historicização 296, 361

Histórico-crítico, método de crítica bíblica 15

Histórico-tradicional, método de crítica bíblica 210-215

Historiografia 20, 38, 170, 172, 178, 185, 191, 195, 200, 204, 216, 217, 219, 227, 228, 230-233, 281, 370, 386, 507

Hitita, Código 383

Hititas e império hitita 161, 246, 282, 380

Hobab 257

Hoelscher, G. 418

Homem 13-15, 22, 28, 29, 31, 32, 35-37, 40, 43, 45-48, 50-55, 61, 63-70, 78, 83-89, 91, 93, 105-107, 109, 119-122, 130, 132, 139-148, 150, 151, 155, 156, 162, 163, 173, 174, 179, 180, 182, 192, 193, 214, 219, 220, 224-227, 235, 236, 247, 251-253, 261, 265, 270, 271, 275, 280, 285, 286, 290, 291, 293, 294, 296-300, 309, 312, 317-319, 322-324, 341, 346, 357, 358, 368, 378, 380, 385, 390-392, 394-398, 400, 402, 403, 420, 422-424, 427, 429, 432, 434, 435, 437, 443, 444, 446, 447, 449, 453, 454, 456, 459, 461, 462, 466, 468, 471, 472, 476, 478, 480, 481, 487, 488, 490-494, 499-503, 505-507, 511, 515-517, 519, 521, 527-531, 533, 536, 538-541, 543, 549, 551, 554, 557, 559, 562, 564-566. *Ver também* Alma, Ser

Homero 52, 86, 87, 293

Homonoia 298

Hooke, S. H. 40, 346, 347

Hórus 47, 115, 117-120, 137

Hulda 417, 422

Humanismo de Israel 299, 300, 384

Humanos. *Ver* Homem

Hurritas 168, 171

Huwawa 78

Ideologia 32, 349, 350, 354, 462

Ignorância e ansiedade 46, 47, 49, 54

Igualdade e comunidade de iguais 144, 145, 147, 433

Ikhnaton 52. *Ver também* Akhenaton

Imanência 131

Imitatio Moysis 439

Imortalidade 48, 64, 293, 294, 385, 424

Imperiais, Salmos 40, 41, 202, 339, 340, 348, 359, 367, 368, 378, 398, 416, 450, 452

Imperial, simbolismo 14, 40, 330, 331, 339, 340, 342, 348, 359-361, 367, 368

Império 12-14, 28, 29, 35, 36, 39, 40, 50-52, 54, 59-61, 69, 71-73, 75-77, 82, 84-86, 91, 93-97, 100-103, 105-109, 111, 112, 114, 115, 122, 123, 125, 142-144, 149, 151, 152, 154-157, 161, 163, 170, 171, 175, 176, 178-180, 183, 195, 197, 216, 227, 228, 277, 280, 282, 283, 297, 300, 306, 307, 309-311, 313-316, 318-321, 324, 325, 327, 328, 330, 331, 333, 334, 336, 346, 352, 356, 357, 359, 365, 367-372, 374-380, 382, 385, 386, 398-401, 412, 413, 428, 431, 433, 434, 439, 443, 453, 468-470, 473, 477, 485, 506, 513, 521, 523, 527, 535, 543, 547, 554, 557-560, 568

"Instruções" para Merikare 150

Irwin, William A. 61

Isaac 190, 194, 253, 258, 406, 457, 459, 461

Isaac de Toledo, rabino 421

Isaías 15, 18, 19, 43, 192, 196, 273, 289, 296, 297, 333, 354, 370, 413-415, 417, 425, 449, 453, 486, 492, 493, 498, 499, 501-509, 512, 517, 522, 523, 525, 528-538, 542-549, 552-554, 556, 557, 559, 561, 564, 565, 568

Isaías (livro da Bíblia) 535, 536

Isbaal 311, 312, 326

Ishakhu 70

Ishtar 74, 78, 96

Ismael 78, 235, 481

Israel 9-17, 19-23, 28-31, 33, 37, 39-44, 50, 52, 54, 59, 60, 76, 82, 84, 88, 129, 142, 159, 162-165, 167-172, 174, 175, 178, 179, 182, 183, 185, 188, 190-197, 201, 204, 205, 207, 210, 211, 214, 216-218, 220-223, 225, 226, 230, 231, 233-236, 242, 243, 247, 249, 253, 255-275, 278-285, 287-289, 291-293, 296-309, 311-317, 319-331, 333, 334, 336, 337, 339, 341, 342, 344, 346-348, 350-362, 364, 367-378, 380-387, 391-395, 397-408, 411-417, 419, 420, 424-431, 433, 435-437, 439-442, 444-449, 451, 452, 455-462, 464, 466, 469, 470, 472, 473, 476-486, 488, 489, 491-493, 496-500, 502-504, 506, 508,

509, 512-516, 518-534, 537-540, 542-549, 551-565, 568
Israelita, compacidade 218, 234
Israelita, humanismo 301, 302, 384

J, narrativa. *Ver* Javista (J), narrativa
Jaagersma, H. 19
Jacó 75, 78, 168, 190, 193, 194, 220, 221, 253, 255, 256, 258, 295, 296, 365, 414, 457, 459, 461, 476, 527, 529, 534, 561, 562
Jacobsen, Thorkild 61, 70, 72, 88
Jacó-el 295
Jael 261
Jafé 194, 221, 222; filhos de Jafé 194
Jainismo 50
James I 303
Jâmnia, sínodo de 196
Jardim de Éden. *Ver* Adão
Javã, filhos de 194
Javismo 39, 196, 197, 233-236, 242, 257, 269, 270, 273, 277, 280, 282, 287-289, 298, 308, 313, 317, 323, 326, 330, 334, 356, 362, 380, 400, 401, 406, 412, 416, 457, 510, 557
Javista (J), narrativa 203-206, 210, 211, 213-215, 231, 246, 269, 370, 372, 383, 387, 388, 392, 417, 419, 420, 444, 458, 460, 462, 475
Jebuseus 315, 332, 337, 362
Jefté 270, 278, 309, 416
Jemla 288
Jepsen, Alfred 383
Jeremias 14, 21, 43, 61, 80, 81, 164, 196, 412, 417, 422, 486-492, 494-498, 500, 511, 512, 514, 517, 520-522, 523-525, 528, 536-545, 547, 552, 554, 560, 562, 565
Jeremias, Alfred 61, 80, 81
Jericó, batalha de 256
Jerobaal 271. *Ver* Gedeão
Jeroboão 41, 375, 376, 380, 490
Jerusalém 18, 19, 40, 72, 76, 164, 170, 179, 187, 199, 220, 222, 228, 232, 246-251, 254, 256, 259, 263, 283, 287, 297, 307, 308, 311, 313, 330-337, 339, 344, 354, 362, 367, 369, 370, 373, 376, 377, 380-382, 412, 416, 421, 426, 458, 488, 489, 497, 502, 520, 525, 531, 534, 539, 542, 551, 552, 555, 557, 560, 561, 565

Jesus 42, 84, 171, 222, 227, 236, 396, 397, 402, 452, 453, 479, 502, 547, 568
Jetro 257
Jeú 41, 370, 375, 380, 381, 383, 412
Jezebel 288, 381, 405
Jó 83, 571
Joab 281, 310-312, 317, 319, 321-323, 327
João Batista 396, 397
João, São 83, 141, 509
Joaquim 432, 491
Joaquimita, movimento 535
Joás 504
Jocabed 457
Johnson, Aubrey R. 40, 331, 335, 341, 346-348, 354
Jonas 413
Jônatas 291, 299, 309
Jônios 194
Jorão 381
Josafá 381
José 82, 193, 227, 255, 256, 295, 448
José-el 295
Josias 204, 205, 226, 358, 370, 416, 417, 422, 428, 430, 431, 433, 540
Josué 173, 190, 191, 193, 196, 204, 205, 226, 256, 269, 522
Jotam 274
Judá 16, 18, 40, 164, 168, 169, 173, 203, 205, 219, 221, 229, 231, 243, 259, 273, 278, 281, 283, 307, 308, 311, 313, 314, 319, 320, 325-328, 342, 348, 349, 356, 369-374, 376, 380-383, 386, 399, 403, 407, 412-416, 420, 422, 423, 425, 426, 428, 430, 432-434, 438, 452, 484, 486, 489-493, 497, 498, 504-509, 512, 514, 520, 521, 524-526, 531, 533, 537, 539, 542, 543, 555, 560
Judaísmo 16, 38, 42, 171, 197, 400, 428, 429, 433, 477, 509, 568
Judá, tribo de 231, 369
Juízo Final 403
Junge, Eberhard 430
Junker, Hermann 103, 136, 140, 145
Justiça 17, 18, 40, 43, 60, 72, 73, 81, 103, 119, 126, 128, 141, 151, 192, 236, 264, 279, 301, 309, 317, 324, 327, 335, 339, 365, 366, 432, 441, 479, 487, 500, 511, 527, 532, 534, 539, 551, 561

| Índice onomástico **581**

Ka 37, 156
Kabhod (glória) 43, 530-534, 547, 554, 555, 559, 564
Kalama 71, 75
Kalokagathos 309
Karkar, batalha de 170, 380
Kat'exochen 472
Kees, Hermann 99
Khnum 130
King, L. W. 95
Kingu 443
Kishar 89
Kittel, Rudolf 165, 479
Kohanim (ajudantes reais, sacerdotes) 476, 477, 514
Kramer, S. N. 70, 161, 383
Kraus, Hans-Joachim 40, 341, 345, 351-356, 362
Kuban, Estela de 139
Kultepe, Textos de 251, 335
Kurkur 71, 75

Lahamu 89
Lahmu 89
Lamentações sumérias pela destruição de Ur 161
Landon, Stephen H. 61
Lao-Tsé 50
Ledawid 332, 337
Leeser, Isaac 165
Lefèvre, A. 322
Lei de Moisés 393, 394, 430, 431
Lei, códigos de. *Ver* Código de Hamurabi; Livro da Aliança
Leis (Platão) 54, 55, 76, 78
Lenda Pascal 214, 216, 443
Lenda profética, forma da 42, 439, 440, 445
Leste da África 122
Levi, tribo de 256, 426
Lévy-Bruhl, L. 479
Lewy, Immanuel 479
Lewy, Julius 251, 333, 335
Lídia 545, 559
Limmud (discípulo), *limmudim* (discípulos) 543, 546, 547, 563-565

Lindeskog, Goesta 340
Lista do Rei suméria 72
Livro da Aliança 41, 226, 370, 374, 383, 386, 387, 392, 419, 422, 424, 425, 431, 474, 475, 494
Livro das Guerras de Yahweh 370
Livro de Jasar 370
Livro dos Atos de Salomão 370
Livro dos Atos dos Reis de Israel 370
Livro Egípcio dos Mortos 479
Lods, Adolphe 165, 202, 203, 256, 283, 285, 286, 292, 303, 317, 340, 341, 373, 383, 388, 418, 449, 464, 469, 479
Logion de Jesus 396
Logos 32, 37, 52, 141, 142, 298, 526, 549
Lot 246, 249, 334
Lúcifer de Cagliari 303
Luckenbill, D. D. 74, 521
Lugal 70
Lugalzaggisi 71, 72, 75

Maat e *maat* 125-129, 137, 147, 156, 264, 420
Macabeu, nacionalismo 197, 412
Macedônios 169, 560
Macroantropo da sociedade 35, 49, 50
Madiã e madianitas 39, 195, 257, 265, 271, 272, 371, 386, 444, 455, 457, 459, 464
Magedo, batalha de 540
magia 18, 54, 91, 125, 426, 504-507
Magna Mater 82, 83
Maimônides 282, 302
Mal 16, 36, 63, 64, 94, 97, 98, 118, 119, 144, 146-151, 181, 183, 258, 269, 294, 327, 349, 352, 368, 379, 385, 401, 447, 488, 495, 516, 523, 531, 533, 539, 540, 552, 553, 555
Malakh (mensageiro) 392-394, 397, 412, 415
Malakh da *berith* 401, 411
Malaquias, textos de 393-398, 400, 401
Mamlakah (domínio real) 164, 372, 399, 476
Mamleketh kohanim 477
Manassés 272, 412, 415, 416, 423, 430, 432, 535
Maomé 416
Maquiavel, Nicolau 358
Marcionismo 509

Marduk 72-74, 78, 81, 82, 85, 86, 88, 89, 91, 96, 556
Mari, Textos de 331, 332
Mar Morto, manuscritos do 568
Mar Vermelho, milagre do 42, 446, 449, 450
Marx, Karl 349
Marxismo 29, 423
Mashah (tirar) 449, 450, 463
Mashiach (O Ungido) 452, 558
Material histórico 200, 228, 303, 439
Matteh (tribos) 258
Mazzoth 442
McCarthy, D. J. 19
Medos 76
Meek, Theophile J. 72, 383
Meissner, Bruno 61, 65, 73, 80
Melquisedec 246-250, 257, 335-339
Memórias de Davi 216, 289, 370
Mendenhall, G. 19, 254
Menés 113, 120, 137, 149
Mensageiro(s), Moisés como 443; profetas como 392-394, 402, 403, 411, 412, 416
Mercer, A. B. 115, 124, 139, 363
Merikare 150
Merneptah 162, 258
Mesa de Moab 504
Meshullam 336
Mesopotâmia 12, 35, 51, 59, 63, 70, 80, 86, 93, 94, 111, 119, 161, 315, 376
Messiânico, problema 43, 522, 526, 537, 538
Messias e messianismo 298, 356, 367, 368, 372, 452, 522, 527, 528, 535
Metástase e profecias metastáticas 18, 19.31, 32, 507-511, 529-534, 536, 541, 542, 544
Methexis 527
Methodus (Bodin) 79
Meyer, Eduard 61, 69, 71, 94, 102, 152, 165, 253, 255, 256, 373, 470, 471
Mical 287, 312, 323, 328, 329
Micênica, civilização 293
Microcosmo: na Mesopotâmia 73, 74; da sociedade 50, 51
Milhamoth Yahweh (guerras de Yahweh) 264
Millerita, movimento 535
Ming 86, 109

Minoica, civilização 169
Miqueias 288, 392, 414, 415, 417, 488, 490, 501, 535, 542
Míriam 295, 447
Mishneh Torah 282, 302
Mishpachah (clãs) 258
Mishpat (justiça) 500, 501, 565
Mishpatim (ordens ou decisões) 387, 388-391, 424, 425, 438
Misrah (nobreza) 532
Mitani 246
Mítica, história 67, 353
Mito 11, 12, 28-30, 36-38, 41, 51, 55, 59-61, 63, 65-68, 78, 90, 91, 130-132, 134, 135, 137-142, 144, 148, 155, 169, 171, 175, 177, 187, 220, 228, 229, 241, 242, 294, 295, 346, 349, 352, 353, 358, 361, 374, 418-423, 428, 438, 439, 443, 468, 484, 486, 499, 501, 506, 509, 514, 549
Mito histórico 353
Mitra 96
Moab 278, 280, 310, 315, 334, 456, 504
Moabita, guerra 278
Mohammed Ali, Khedive 112
Mohr, J. C. B. 341, 435
Moisés 12-16, 18, 21, 39, 41-43, 162, 164, 170-174, 177, 182, 204, 205, 207, 209, 211, 213, 226, 227, 229, 231-233, 243, 253, 257, 258, 268, 269, 277, 296, 334, 352, 385-388, 390, 392-394, 396, 397, 401-403, 407-409, 415, 417-423, 425-433, 435-463, 466-475, 477-479, 482-486, 493, 514, 516, 522, 523, 545
Moloc 416
Monarcômacos 303
Monarquia 13, 14, 17, 82, 172, 192, 195, 197, 205, 216, 220, 227, 230-234, 237, 241, 257, 267-275, 281, 282, 284-286, 288, 289, 294, 300, 301, 304-306, 313, 314, 316, 317, 324, 326, 331, 334, 340, 342, 347, 351, 354-356, 359, 360, 362, 392, 401, 425, 431, 433, 451, 452, 489, 498, 503, 528, 531, 543, 554
Mongol, império 82
Monistas, religiões 98
Monoteísmo 37, 52, 94, 132, 134, 279, 292, 414, 468
Monte Carmelo, milagre do 405
Monte Horeb 407, 412

Monte Sinai 221, 225, 226, 352, 386, 392, 457, 473, 475
Monte Tabor, visão 396, 397, 402
Montesquieu, Charles-Louis de Secondat, Barão de la Brède de 80
Moortgat, Anton 61
Morse, D. 22
Mortalidade e imortalidade 48, 64, 68, 293, 294, 385, 424, 492
Mosheh 449, 463
Moshel (líder) 527
Moshlim (líderes) 213
Mowinckel, Sigmund 40, 191, 331, 332, 337, 341-345, 348, 349, 352, 353, 361, 479, 546, 547
Mummu 89
Mythisierung (mitologização) 351
Mythologische Wesensgestalt 354

Nabi (profeta) 271, 286, 287, 289, 358, 427, 436, 439, 443, 454, 503. *Ver também* Profetas
Nabot 404, 405
Nacionalismo 30, 41, 197, 412, 434
Nadab 375
Narrativa da Bíblia. *Ver* Bíblia, narrativa
Natan 40, 41, 228, 317, 319, 323, 324, 329, 353, 355, 362, 363, 368, 401, 440, 528
Naum 417
Nebi'im (profetas) 264, 284, 285, 428. *Ver também* Profetas
Nebijah (profetisa) 264
Neemias 168, 173, 192, 196, 212, 219, 226, 413
Neokantismo 30
Nephesh (vida) 226
Nietzsche, Friedrich 519
Nilo, vale do 59, 111, 113, 115
Nínive 413, 417, 434
Ninkarrak 67
Nippur 70, 73, 76, 85, 86, 88, 113
Noé 64, 78, 194, 220, 222, 225-228
North, Christopher R. 203, 206, 418, 546, 547, 560
Nosos 32
Noth, Martin 165, 191, 206, 215, 258, 308, 326, 331, 353

Nous 298
Novo Testamento 340, 395, 423, 573
Nowack, W. 165, 479
Números: quatro 73, 80, 226, 227; doze 80, 82
Nunc dimittis, oração 568
Nyberg, H. S. 246, 261, 333-336, 477, 547, 560

Obrigação 31, 35, 49, 76, 95, 324, 389, 411, 433, 515
Ocozias 279, 381
Odium generis humani 197
Oesterley, W. O. E. 165, 183, 292, 463, 479
Omri 195, 235, 278, 281, 375, 380, 381, 403
Omrida, dinastia 41, 370, 372, 374, 375, 381, 382, 403, 412, 439
Ônfalo 36, 75-77, 79, 91, 513, 521, 526, 543, 545, 554, 565
Ontologia e história 518, 520
Oppenheim, A. Leo 72
Oração, fórmula de, de Deuteronômio 189-191
Oratio directa 548
Ordem 9-18, 20-22, 27-32, 35-43, 45, 47-55, 57, 59, 60, 63, 65, 69, 72-77, 79-82, 85-91, 93, 95, 99, 100, 103, 104, 107-110, 112-115, 117, 119, 121-127, 129, 130, 132, 137, 138, 140-144, 148, 149, 157, 159, 161-164, 167, 174, 175, 177-183, 192, 193, 199, 201, 202, 208, 210, 215, 216, 218-222, 224, 225, 229, 233-236, 241-243, 245, 250-254, 257, 259, 262, 264, 268, 269, 272, 273, 277, 279-281, 284, 285, 290, 293, 294, 296, 301-310, 316, 317, 319, 320, 322, 324, 325, 329, 338, 340, 345-352, 354-362, 364, 365, 367, 370, 371, 373, 374, 376, 383-385, 387-392, 394, 400-402, 407, 411-415, 419, 420, 423-425, 428, 430, 432-434, 437, 439, 440, 442, 443, 445-447, 451-457, 460-462, 466, 469-474, 476-478, 480-482, 486-495, 499-503, 506-540, 542-546, 549, 550, 552-554, 558-560, 564, 565, 568
Ordem de Israel 29, 41, 210, 324, 358, 360, 367, 392, 411, 428, 456, 513, 514, 520, 522, 531, 537, 544, 546, 552
Ordem do ser 9-11, 15, 22, 27, 29, 35, 47, 48, 51, 53-55, 110, 130, 132, 179, 193, 224, 225, 349, 357, 358, 502, 519, 536, 554
Ordem e história (Voegelin) 9, 20, 21, 28, 31, 32

Oriente Próximo. *Ver* Aquemênida, império; Egito, Israel, Mesopotâmia
Oseias 41, 43, 284, 289, 370, 384, 385, 391, 425, 439, 466, 467, 488, 496-498, 501, 509-511, 518, 528-530, 534, 536-538, 542
Osíris e religiosidade de Osíris 50, 102, 104, 106, 137, 156
Otoniel 270
Ovelha do homem pobre 318, 319, 323, 324
Ozias 492

P, círculo 212-214
P, conjunto, do Tetrateuco 215
P, narrativa. *Ver* Sacerdotal (P), narrativa
Padronismo 40, 345, 350
Paideia (instrução) 196
Palavra de Deus 16, 29, 41, 211, 218, 299, 358, 378, 412, 421-423, 439, 454, 456, 502, 514, 519, 538, 540, 541
Palestina 168-170, 184, 247, 253, 271, 282, 306, 308, 311, 315, 376, 380, 560
Paradigmática *versus* pragmática, história 13, 14, 170, 175, 195, 241, 243, 417
Parrot, A. 69, 203, 331
Parusia 402, 535
Passah 212, 442
Patriarcas 295
Paulo, São 84, 182, 183, 194, 236, 290
Paz 17, 42, 51, 93, 94, 116, 127, 144, 145, 148, 151, 209, 234, 235, 255, 260, 267, 290, 291, 311, 335, 359, 360, 367, 380, 401, 430, 447, 452, 502, 532, 534, 540, 541, 544
Pedersen, Johannes 38, 165, 192, 211, 212, 214-216, 344, 350, 442
Pedra Moabita 278
Pedro 397, 402
Pentateuco 196, 203-207, 241, 246, 386, 421, 422, 426, 428
Pentecostes 535
Perdue, G. 21
Periagogé 54
Pérsia e persas 12, 76, 94, 167, 297, 560
Petrie, Flinders 103
Pfeiffer, Robert H. 165, 340
Pietismo 341
Pirâmides 108

Pitágoras 293
Platão 28, 29, 32, 52, 53, 55, 79, 80, 109, 148, 182, 293, 298, 385, 407, 432, 491
Plerosai 397
Pólis 28-30, 50, 55, 79, 92, 432
Política, ordem: na China 85-87; simbolização da, na Mesopotâmia 69-85. *Ver também* Ordem
Positivismo 348
Povo Escolhido 13, 14, 28, 29, 37, 43, 54, 119, 163, 174, 182, 190, 192, 304, 305, 316, 321, 328-330, 350, 352, 358, 360, 367, 370, 372, 374, 378, 382, 385, 386, 399-401, 403, 413, 419, 451, 452, 470, 473, 483-485, 497, 503, 506, 512, 513, 515, 516, 518, 521, 526, 544, 545, 553, 554, 559
Praeparatio evangelica 179
Pragmática *versus* paradigmática, história 13, 14, 170-175, 195, 241, 243, 417
Principatus 532
Príncipe da Paz, profecia do 43, 532, 533
Pritchard, James B. 15, 69, 70
Procksch, Otto 246
"Profecias de Neferrohu" 37, 151
"Profeta da ruína" 517, 518
Profetas 14, 16-20, 38, 39, 41-43, 76, 104, 128, 170, 171, 195-197, 204, 219, 221, 232, 234-236, 242, 243, 268-270, 273, 281, 284-291, 294, 296-299, 301, 304, 318, 330, 335, 337, 339, 342, 353, 355, 370-372, 376, 384-386, 392-395, 397, 398, 400-406, 409, 411-413, 415-417, 422, 424-428, 432, 436, 439, 440, 443, 449, 452, 454, 456, 466, 479, 483-487, 489-495, 497-505, 507-511, 513-526, 528, 530, 531, 535-547, 551-555, 560-566, 568
Profetismo 39, 235, 287-289, 411, 425, 427, 428, 486, 490, 497, 502, 505, 506, 509, 518, 534, 535, 547, 552
Progressivismo 30, 375
Proselitizante, movimento 197
Protestantismo. *Ver* Cristianismo
Pseudepigráficos 196, 421
Psicologismo 31
Psique 292, 293, 385, 424, 494, 507, 549
Ptah 37, 130, 133, 134, 136-141, 468
Ptolomeu 79
purificação 163, 412, 416, 492

Questão existencial e experiência metastática 488, 489
Quinah (elegia fúnebre) 299, 300

Rá 120, 123-127, 130, 133, 134, 139, 147, 149, 151, 154, 155
Racionalização 35, 36, 52, 77, 82, 84, 85, 94, 310
Rad, Gerhard von. *Ver* Von Rad, Gerhard
Ramsés II 133, 162
Raquel 295
Ras Shamra, tabuinhas de 15, 346, 347, 379
Reais, Salmos 342, 351, 359. *Ver também* Imperiais, Salmos
Realidade ontológica da humanidade 38, 180
Realismo histórico *versus* filosofia 295-297
Rebeca 295
Recabitas 235, 258, 374, 401
Rechtsstaat (Estado de direito) 433
"Recorrência eterna" 178, 179
Redenção 15, 44, 81, 236, 548, 551, 554, 556, 557-562
Reforma 421, 509
Rei-filósofo 109
Reinado divino 40, 119, 121, 345, 347-351, 353, 354, 356, 431, 547
Reino de Deus 164, 218, 372, 400, 485, 486, 497, 506, 508, 509, 511, 519
Reino do Norte. *Ver* Israel (Reino do Norte)
Reino do Sul. *Ver* Judá
Rekhmire 126, 128
Religiosas, guerras. *Ver* Guerra
Renascimento 81, 123, 217, 292, 412
Rephaim (gigantes) 247
Repristinação 42, 434
República (Platão) 80, 385, 549
Revelação 9, 10, 12-15, 19-23, 28-31, 33, 39, 41-44, 49, 54, 96, 102, 179, 181-183, 192, 199, 211, 218, 221, 243, 251, 281, 285, 286, 298, 350, 352, 358-361, 400, 423-425, 427, 428, 432, 434, 453, 456, 457, 459-464, 466, 469-474, 478, 483-485, 491-494, 499, 502, 507, 514, 515, 517-519, 521, 526, 528, 530, 548-553, 555, 556, 559, 562
Revolta profética 41, 235, 305, 356, 370, 400, 403, 404, 412, 424, 439

Rib-Addi 255
Ricoeur, P. 20
Riesenfeld, Harald 340
Riessler, Paul 368
Ritornar ai principii 358
Robinson, Theodore H. 165, 183, 292, 307, 375, 449, 463, 479
Roboão 327, 376, 379
Roeh (vidente) 264, 285, 286
Romano, império 101, 176, 197, 297
Romantismo 341
Rosenzweig, Franz 165
Rost, Leonard 356
Rostovtzeff, M. 61
Rowley, H. H. 165, 168, 203, 206, 341, 347, 354, 418, 546
Ruach (espírito [de Yahweh]) 280
Russell, D. S. 20

Sabbath 226
Sábio 87, 90, 106, 109, 115, 145, 147, 148, 428, 489, 498, 500, 535, 539, 568
Sacerdócio 40, 67, 149, 153, 154, 284, 336, 338, 384, 426, 489
Sacerdotal (P), narrativa 203, 204, 209, 220, 223, 233, 244, 420, 460
Sadoc 336
Salém 335, 336
Salim 335
Salmanasar III 380
Salmanasar V 336
Salmos 30, 38, 40-42, 65, 187-191, 193, 202, 294, 331-333, 337, 339-348 348, 351, 352, 355, 358-360, 363-368, 378, 398, 416, 449-452, 508, 528
Salmos de Salomão 41, 367, 368
Salomão 17, 40, 41, 168, 170, 195, 199, 200, 204, 205, 230, 231, 241, 273, 275, 281, 310, 311, 314-318, 321, 327, 329, 335-337, 362, 367-371, 376-381, 416, 430, 523
Saltos no ser 10
Salvação. *Ver* Redenção
Samaria 259, 283, 288, 303, 380, 381, 382, 421, 427, 440, 496
Samuel 39, 115, 190, 195, 204, 231, 264, 280, 285-287, 291, 292, 295, 300-304, 306, 316,

317, 321, 323, 324, 326, 329, 330, 332, 354, 355, 362, 368, 399-401, 440, 449, 450, 476, 528

Sangue 115, 128, 226, 227, 299, 312, 367, 384, 431, 452, 454, 478, 487, 488

Sansão 283, 308

Santidade de Israel 477

Santidade, Código da (H) 204

Sapiencial, literatura 16, 196, 213, 281

Sara 295

Sarça, diálogo entre Yahweh e Moisés 455, 457, 459-475, 482, 483, 485, 493, 516, 522

Sargon de Acad 448

Sargon II 380

Sassons, J. 20

Satã 322, 455

Saul 39, 168, 190, 205, 231, 272, 281-294, 299, 300, 302-304, 306, 307, 309-313, 315-317, 323-326, 328-331, 362, 371, 372, 375, 390, 429, 440, 450, 498, 499, 528

Sawyer, J. 20

Schoeps, Hans Joachim 435

Schrade, Hubert 379

Schrader, O. 96

Seba 327, 328

Séfora 454, 455

Segullah (propriedade estimada) 476, 477, 512, 514

Sellin, E. 165

Sem 194, 220-222; filhos de Sem 194

Senaquerib 416

Seneh (sarça) 460-466, 472

Sepher (livro) 219, 223, 224, 428

Sepher toldoth (livro das gerações [de Adão]) 227

Septuaginta 213, 227, 338, 378, 405, 426, 525, 526, 531

Ser 9-14, 16-18, 21, 22, 27, 28, 29, 31, 32, 35-37, 45-55, 60, 63, 67, 68, 74-76, 84, 87, 98, 107, 110, 119, 121, 130-132, 134, 137, 154, 161, 162, 167, 172, 174, 179-182, 193, 194, 224, 225, 229, 241, 292, 293, 299, 349, 357, 358, 374, 394, 399, 412, 432, 463-466, 502, 507, 508, 510, 514, 516, 519, 554

Seren 283

Sermão na Montanha 236

Servo Sofredor 15, 43, 357, 413, 486, 542, 546, 547, 549, 568. *Ver também* Dêutero-Isaías

Set 118, 119, 194, 224

Seth 137

Sethe, K. 115, 135, 363

Shabaka 135

Shaliah (mensageiro) 442

Shalom (paz) 335

Shalom, guerra 335

Shamash 74, 78, 366

Shar puhi 443

Shebet (tribos) 258

Shem (nome) 220

Shophet (juiz) 264

Shu 155

Shulamit 336

Shuwardata 254

Sião 17, 19, 338, 354, 364, 499, 505, 534, 555, 558, 565

Sidersky, D. 69

Simbolização 11, 12, 27, 35, 36, 45, 47, 49-55, 59, 69, 71, 72, 74, 75, 82, 85-88, 93, 94, 103, 121, 129, 130, 208, 227, 330, 357, 358, 361, 367, 385, 402, 428, 431, 439, 445, 453, 454, 491, 507, 543

Simeão, tribo de 256

Simeon b. Yohai, rabino 502

Simpson, C. A. 207, 458

Sin (deus babilônico) 96

Sinai, Aliança do 16, 19, 353, 356, 358, 359

Sinai, festival do 191

Sinai, tradições do 192

Sintonia com o ser 11, 172, 374, 482

Siquém 38, 190, 191, 255, 256, 274, 280, 295, 327, 488

Siquém, Assembleia de 190, 191

Síria 155, 168, 169, 282, 376, 380, 502-504, 530, 560

Siríaca, aliança 380

Siríaca, civilização 37, 60, 167, 169-171, 280, 288, 330

Siro-efraimita, guerra de 18

Sísara 259-263, 265-267, 270, 271, 284

Sitz im Leben (contexto vital) de Salmos 342, 349

Smith, J. M. Powis 165, 383

Smith, Sidney 69, 546
Snaith, N. H. 203, 354
Socialista, ideologia 30
Sociedade como macroantropo 35, 50; como microcosmo 35, 49
Sócrates 43, 491, 549
Sodoma 245-249, 334
Sofia 83
Sofonias 417, 525
Sofrimento de Deus 14, 43, 541
Sol, símbolo do 80, 81, 114
Speiser, E. A. 70, 72
Spengler, O. 37, 102, 1795-178, 184
Spiegel, Joachim 100, 103, 104, 107, 143
Study of History (Toynbee) 61, 99, 100, 101, 171, 471
Subjetividade da história 182
Suicídio: contemplação do 143, 145-148
Summa Theologiae (Tomás de Aquino) 465
Summus deus 85, 331, 367
Sumo sacerdotes. *Ver* Sacerdócio
Sumodeísmo 39, 52, 53, 80, 82, 85, 94, 279
Supracivilizacional, drama da humanidade 110
Surgimento e retração na história de Israel 193-196
Swete, H. B. 165

Talmúdico, judaísmo 197
Tao (ordem) 109, 148
Taoismo 108
Tebni 375
Teh (força) 86, 88, 109, 148
Tehom ([a] profundeza) 442
Telos 210
Templo 17, 41, 43, 66, 69, 70, 74, 124, 137, 139, 147, 148, 153, 168, 196, 205, 213, 220, 241, 246, 249, 272, 273, 316, 336, 337, 339, 357, 367, 370, 371, 377-380, 382, 393, 413, 416, 417, 426, 477, 486, 487, 489-492, 530, 538, 539
Teocracia 39, 300, 303, 372, 399, 470
Teologia da história 44, 557, 561
Teologia menfita 12, 37, 52, 129, 135-138, 140-142, 145, 229, 418, 419
Teologismo 31

Teopolítica, organização 42, 305, 306, 329, 330, 356, 372, 382, 386, 400, 451-453, 467, 469, 470, 474, 478, 497, 508, 510, 528, 543, 554
Terminus ad quem 544
Tetrabiblos (Ptolomeu) 79
Tetragrammaton YHWH 463, 465, 466
Tetrateuco 173, 212, 213, 215, 216
Texto de Tumba 37, 144, 145, 148
Textos das Pirâmides 36, 115, 117, 122-127, 139, 363
Theologia civilis 55
Theologia negativa 37, 134, 135
Theologia supranaturalis 55
Thompson, R. C. 61, 95
Thompson, W. 22
Thoth 120
Thureau-Dangin, François 69, 71
Tiamat 82, 89, 90, 91
Tiefgehend umgepraegt 354
T'ien 86
Tiglat-Pileser I 380
Tiglat-Pileser III 74, 380
Tipo(s): Moisés como 443, 444, 454; de ordem 28, 30; de ordem cosmológica 59-61; servo como 559, 560
Tiro 316, 381, 382, 383, 390, 405
Toldoth (gerações) 219-227, 557
Tolerância: pelo amor à existência 55; conflitos de análogos e tolerância inicial 50-53
Tomás de Aquino, Santo 465
Torá. *Ver* Torá deuteronômica
Torah (Lei) 219, 226, 428
Torá de Moisés 41, 417, 418, 420. *Ver também* Torá deuteronômica
Torá deuteronômica 16, 41, 205, 411, 412, 414, 420, 422, 423, 425, 427, 428, 433, 438, 484, 494, 502, 507, 509, 514
Toroth (instruções) 38, 219, 225, 226, 419, 422, 424, 425, 439, 490, 512, 520, 561, 565
Torre de Babel 64, 193, 222, 228
Toynbee, A. J. 36, 37, 50, 61, 94, 99-104, 107, 167, 169-172, 175-178, 184, 471
Transcendência 53, 82, 131, 132, 134, 142, 242, 252, 293, 454
Transitoriedade e durabilidade 47-49

Transjordânia, guerra da 270
Translatio imperii 328, 329
Trinitarismo 134
Trito-Isaías 296, 297, 536
Tucídides 316
Tukulti-Urta I 74
Tutankhamon 127, 157
Tutankhaton 157
Tutmés III 126, 128, 151, 180, 183, 256
Tutmés IV 153

Ugaríticas, fontes 362
Umgebildet 354
Ungido de Yahweh 347, 431, 452, 530

Uppsala, escola de 20, 213, 216
Urartu 380
Urias 317, 319-322, 324, 490
Urkunde 223
Utnapishtim 78

Van der Meer, P. 69
Van der Ploeg, J. S. 546
Vico, Giambattista 420
Vida após a morte 293, 295, 385
Virtudes 43, 132, 213, 323, 500-502, 513, 538
Vita Moysis (Fílon) 378
Voegelin, Eric. *Ver obras específicas*
Von Rad, Gerhard 191, 208, 216, 348, 349, 352, 429, 505

Edições Loyola

editoração impressão acabamento

rua 1822 nº 341
04216-000 são paulo sp
T 55 11 3385 8500/8501 • 2063 4275
www.loyola.com.br